Dr. phil. Wolfgang Boochs

Deutsche Kolonien in Afrika

AFRIKANER

unter deutscher Flagge

Bibliografische Information der Deutschen Nationalbibliothek:
Die Deutsche Nationalbibliothek verzeichnet diese Publikation in der
Deutschen Nationalbibliografie; detaillierte bibliografische Daten
sind im Internet über dnb.dnb.de abrufbar.

ISBN: 9 783753 442242

Herstellung und Verlag: BoD – Books on Demand, Norderstedt

Gestaltung und Satz: Karl King fotonaut@gmx.net www.karlking.de

Inhaltsübersicht

A. Allgemeines   13

I. Rassismus und Kolonialismus, die Black Lives Matter Bewegung   13

1. Die Ursprünge des Rassismus, Aufklärung, Kant und Hegel   14
2. Die heutige Rassismusdebatte   16

II. Grundlagen der deutschen Kolonialpolitik und die Erinnerung   17

1. Die historische Bedeutung einer Erinnerungskultur   18
2. Die Aufarbeitung der deutschen Kolonialgeschichte   20

III. Deutsche Kolonialpolitik in Afrika   31

IV. Deutsche Kolonien und Integrationspolitik   34

B. Die Musterkolonie Deutsch Togo- *Togoland*   39

I. Allgemeines   39

1. Geografie, Lage und Größe   39
2. Klima   42
3. Flora, Pflanzenwelt   42
4. Fauna, Tierwelt   43

II. Entstehungsgeschichte der Kolonie Togo   44

1. Der Name Togo   44
2. Die Entdeckung Togos durch europäische Seefahrer   44
3. Der Abschluss des Schutzvertrages vom 5. Juli 1884   46
4. Die Eroberung des Hinterlandes   49
5. Das Schicksal Togos nach Ausbruch des 1. Weltkrieges   57

III. Staatliche Institutionen   57

1. Die Kolonialverwaltung   57
2. Die Polizeitruppe   58
3. Eingeborenenpolitik   59

4. Liste der Kaiserlichen Kommissare und Gouverneure von Togo   60
5. Gerichtsbarkeit, Rechtsprechung, Strafexpeditionen, Kettenhaft   61
6. Der Haushalt, Einnahmen und Ausgaben Togos   62

IV. Infrastruktur in Togo   65

1. Straßen- und Wegebau   65
2. Landfrage   65
3. Eisenbahnbau   66
4. Telekommunikation   67
5. Gesundheitsversorgung   68
6. Die Hauptstadt Lome   68

V. Produktion, Landwirtschaft, Handel und Handwerk   71

1. Handel   71
2. Landwirtschaft und Handwerk   72
3. Eingeborenenproduktion   73

VI. Die Bevölkerung Togos und deren Alltag   74

1. Bevölkerung   74
2. Die einzelnen Volksstämme   75
3. Eingeborenenreligion, Missionen und Schulen   76
4. Gesundheitswesen, Hygiene, und Krankenhäuser   79

C. Die Kolonie Deutsch- Kamerun   81

1. Die Geschichte der Kolonisierung Kameruns   81

a) Die Kolonisierung Kameruns durch portugiesische Seefahrer   81
b) Niederlassungen von Handelsfirmen, Entdeckung des Landesinneren   82
c) Die Entstehungsgeschichte von Deutsch- Kamerun bis 1895   82
d) Die Ausdehnung der deutschen Schutzherrschaft auf das Hinterland   91
e) Der Aufstand der Dahomey Soldaten   94
f) Die Geschichte von Deutsch- Kamerun 1897-1911   97
g) Der Geschichte von Deutsch- Kamerun 1911-1914   100

2. Geografie, Lage und Grenzen der Kolonie, Bevölkerungsstatistik   101

a) Die geografische Lage Kameruns   101
b) Klima und Temperaturen in Kamerun   106
c) Flora, die Pflanzenwelt Kameruns   107
d) Fauna, die Tierwelt Kameruns   111

3. Staatliche Institutionen   113

a) Die Kolonialverwaltung   113
b) Die Schutztruppe   115
c) Finanzen, Steuern und Abgaben   118

4. Infrastruktur   118

a) Verkehrswesen   118
b) Wegebau   121
c) Post und Nachrichtenwesen   121
d) Städte in Kamerun   121
aa) Duala   121
bb) Victoria   123
cc) Kribi   123
e) Schulen   124
f) Rechtsprechung, Justizwesen   125
g) Gesundheitswesen   126

5. Wirtschaft, Handel und Handwerk   126

a) Europäische Unternehmen   126
b) Handel und Eingeborenenproduktion   127
c) Handwerk   129
d) Geld- und Bankwesen   129
e) Grundeigentum und dessen Übertragung   130

6. Die Eingeborenenbevölkerung und ihr Leben   131

a) Die Eingeborenenbevölkerung   131
b) Die *weiße* Bevölkerung   135
c) Die Wohnhäuser   135
d) Kunst und Handwerk   136
e) Musikinstrumente, Textilien   137

f) Religion, Männer- und Geheimbünde um den Juju, Missionen 137

7. Die Kolonie Kamerun während und nach dem ersten Weltkrieg 138

D. Die Kolonie Deutsch- Ostafrika

I. Einführung

I. Einführung 139

1. Das Land Deutsch- Ostafrika, Geografie und Klima 139
2. Flora, Pflanzenwelt 145
3. Fauna, Tierwelt 146

A. Die Geschichte der Kolonie Deutsch- Ostafrika

A. Die Geschichte der Kolonie Deutsch- Ostafrika 146

I. Die Anfänge

I. Die Anfänge 146

1. Ostafrika in der Antike bis zum 13. Jahrhundert 146
2. Ostafrika unter portugiesischem Einfluss 147
3. Die Eroberung Ostafrikas durch Araber und der englische Einfluss 147

II. Die Geschichte Ostafrikas als deutsche Kolonie

II. Die Geschichte Ostafrikas als deutsche Kolonie 150

1. Carl Peters, Vorsitzender der Deutsch- Ostafrikanischen Gesellschaft 150
2. Der Araberaufstand von 1888-1889 163
3. Die Enim Pascha Expedition 169
4. Das Helgoland- Sansibar- Abkommen 172
5. Gründung der Kolonie Deutsch- Ostafrika zum 1. Januar 1891 173
6. Der Aufstand der Wahehe und Wadschagga 177
7. Militäraktionen 1891-1905 181
8. Missstände in der Kolonie, Arbeiterfrage, Steuern 182
9. Maji- Maji Aufstand 184
10. Die Zeit nach dem Maji- Maji Aufstand 191
11. Lettow Vorbeck und sein Widerstand 194

III. Die staatliche Struktur in Deutsch- Ostafrika

III. Die staatliche Struktur in Deutsch- Ostafrika 201

1. Liste der Gouverneure von Deutsch- Ostafrika 201
2. Verwaltung 205
3. Hauptstadt, Regierungs- und Verwaltungssitz Daressalam 212
4. Die Schutztruppe 213
5. Polizei 215

6. Recht und Gerichtsbarkeit 216
7. Finanzen und Steuern 216
8. Wirtschaft 219
9. Handel und Industrie 220
10. Geld und Bankwesen, Währung 222
11. Die Arbeiterfrage 223
12. Das Bildungs- und Schulwesen 224
13. Verkehrswesen 227
14. Post und Telegraphennetz, Presse 229
15. Medizinalwesen 230
16. Bevölkerungsstatistik 231

IV. Die Bevölkerung und deren Alltag 232

1. Eingeborenenbevölkerung 232
2. Massai 233
3. Die Ausländer 234
4. Körper- und Gesichtsverschönerungen 236
5. Bekleidung, Schmuck 236
6. Siedlungsformen, Wohnungen der Eingeborenen 237
7. Berufe, Eingeborenenproduktion 237
8. Sprachen und Schriften 239
9. Kunst 239
10. Kriege und Waffen 240
11. Tanz und Musik 240

V. Religion und Mission 240

1. Religionen der Eingeborenen 240
2. Kirchen und Missionen 241
3. Die katholische Missionen 243
4. Die evangelischen Missionen 244

VI. Zum Verständnis der Deutschen Kolonialpolitik 245

E. Die Kolonie Deutsch- Südwest 247

I. Allgemeines 247

1. Land und Klima 247
2. Fauna und Flora 249

II. Geschichte der Kolonie Deutsch- Südwest 251

1. Die Anfänge 251
2.Völker in Südwest 251
2.1 Hottentotten oder Namas 251
2.2. Hereros 258
2.3 Buschmänner oder Saan (Sammler) 261
2.4 Bergdamaras 264
2.5 Ovambos 265
2.6 Zusammensetzung der Eingeborenenbevölkerung in 1892 265
3. Missionen und Händler als Vorbereiter der Kolonisation 266
4. Kolonialpionier Adolf Lüderitz 272
5. Reichskommissar Dr. Göring 1885-1890 284
6. Die deutsche Schutzherrschaft über Südwest und die Schutztruppe 285
7. Hauptmann Curt Carl Bruno Francois 291
8. Gründung von Swapokmund 295
9. Witbois- Namas und ihr Kapitän Hendrik Witbooi 297
10. Die Auseinandersetzung mit den Namas 300
11. Die Zeit von 1897 bis 1901 311
12. Auseinandersetzungen nach 1897 314
12.1 Afrikaaneraufstand von 1897 314
12.2 Aufstand der Swartbooi- Hottentotten 1897 und 1898 315
13. Lage der Hereros vor Ausbruch des Aufstandes in 1904 316
14. Deutsche Siedler 319
15. Schulwesen 320
16. Rechtswesen, Gerichtsbarkeit 321
17. Kolonialverwaltung 321
18. Wirtschaft, Landwirtschaft und Viehzucht 324
19. Handel 325
20. Geld- und Bankwesen 325
21. Bergbau 326
22. Verkehrswesen 326
23. Medizinische Versorgung 327
24. Bondelzwartsaufstand von 1903 328
25. Hereroaufstand von 1904 328
26. Entscheidungsschlacht am Waterberg, General Lothar von Trotha 346
27. Aufstand der Nama- Hottentotten 356
28. Folgen der Aufstände von Hereros und Namas die Völkermordfrage 365
29. Gouverneur von Lindquist 1905-1907 367
30. Mischehenverbot von 1905 und die Frauenfrage 374
31. Gouverneur von Schuckmann 1907-1910 377

32. Diamantenfund   379
33. Gouverneur Dr. Seitz 1910-1914 und die Kapitulation   382

Anmerkungen: 383

Literatur: 389

Liebeserklärungen an Afrika:

Afrika hat seine Geheimnisse und selbst ein weiser Mensch
wird diese nie verstehen.Er kann sie aber Respektieren.   Miriam Makeba

Ich kann mich an keinen Morgen in Afrika erinnern,
an dem ich aufgewacht bin und nicht glücklich war.   Ernest Hemingway

Niemand kann dem Reiz Afrikas widerstehen.   Rudyard Kipling

A. Allgemeines

Afrikanische Länder unter deutscher Flagge oder nach einer heute durch den Gebrauch des N- Wortes als rassistisch gebrandmarkten Bezeichnung des früheren Gouverneurs von Deutsch- Ostafrika von Rechenberg *Negerländer unter deutschen Flagge,* waren die Kolonien Deutsch-Ostafrika, Südwest, Togo und Kamerun.

I. Rassismus, Kolonialismus und die *Black Lives Matter* Bewegung

Die Themen Rasse und Rassismus sind im Zusammenhang mit Kolonialpolitik und der *Black Lives Matter* Bewegung momentan zentrale Themen in der öffentlichen Diskussion1). Die Herkunft des Wortes *Rasse* ist nicht eindeutig geklärt. Erklärungsversuche weisen auf die lateinischen Substantive *radix,* Wurzel und auf *generatio,* Generation und Zeugungsfähigkeit hin. Der Terminus *Rasse* stammt ursprünglich aus der Tierzucht und wurde danach in der Biolgie auch zur Klassifizierung von Organismen verwendet.

Der Begriff *Rasse* findet sich heute nicht nur im Grundgesetz, sondern auch in völkerrechtlichen Abkommen wie in der Erklärung der Menschenrechte von 1948, in der Europäischen Menschenrechtskonvention von 1950 und in der EU-Grundrechtscharta von 2009.

Nachdem die französische Regierung den Begriff *Rasse* im Jahre 1998 ersatzlos aus ihrer Verfassung gestrichen hatte, forderte die Partei *Die Grünen* nach dem gewaltsamen Tod des Afroamerikaners George Floyd und dem weltweiten Erstarken der *Black-Lives Matter* Bewegung mit einer Änderung des Art.3 des Grundgesetzes ein Gleiches für die deutsche Verfassung. Diese Forderung griff nunmehr auch die Bundesregierung auf, indem sie bekräftigte: *Das Grundgesetz muss vor Rassismus schützen, ohne dabei von Rasse zu sprechen.* Nach einem ersten Entwurf soll der Artikel 3 des Grundgesetzes folgenden Wortlaut erhalten:

Niemand darf wegen seines Geschlechtes, seiner Abstammung,seiner Sprache, seiner Heimat und Herkunft,seines Glaubens,seiner religiösen oder politischen Anschauungen oder rassistisch benachteiligt oder bevorzugt werden.

Geblieben ist der Schutz vor rassistischer Benachteiligung, der zum Hauptanliegen der *Black-Lives-Matter Bewegung* geworden ist. Die *Black-Lives Matter* Bewegung (englisch für *Schwarze Leben zählen*) ist eine internationale Bewegung gegen Rassismus, die innerhalb der afroamerikanischen Gemeinschaft in den USA entstanden ist und sich gegen Gewalt gegen *Schwarze* bzw. *People of Color* einsetzt. *Black Lives Matter* organisiert regelmäßig Proteste gegen die Tötung *Schwarzer* durch Polizeibeamte sowie wie bei anderen rassistischen Problemen wie *Racial Profiling* und Polizeigewalt.

Die Bewegung begann 2013 mit der Benutzung des Hashtags *Black Lives Matter* in den sozialen Medien nach dem Freispruch von George Zimmermann nach dem Todesfall des afroamerikanischen Teenagers Trayvon Martin. Sie erreichte ihren vorläufigen Höhepunkt am 25. Mai 2020, nachdem der Afroamerikaner George Floyd im Verlauf einer gewaltsamen Festnahme in Minneapolis getötet worden war. Danach begannen ausgedehnte Demonstrationen gegen Polizei-gewalt und Rassismus in zahlreichen Städten in den USA. Diese weiteten sich weltweit aus nach Australien, Asien und Europa. In Wien kamen trotz Corona am 4. Juni ca. 50.000 Menschen zur Demonstration *Black Lives Matter Vien-na* gegen Rassismus und Polizeigewalt. Am 6. Juni 2020 demonstrierten nach Polizeiangaben ca. 15.000 Menschen in Berlin und bis zu 25.000 in Menschen gegen Rasismus trotz Corona.

In Großbritannien kam es am 7. Juni zu Großdemonstrationen. Dabei sürzten Demonstranten in Bristol die Bronzestatue des Politikers und Sklavenhändlers Edward Colston (1636-1721) vom Sockel ins Hafenbecken. In Richmond im US Bundesstaat Virginia stürzten Demonstranten ein Standbild des Seefahrers und Entdeckers Amerikas Christoph Kolumbus. In Antwerpen veranlasste die Stadt-verwaltung am 9. Juni die Entfernung einer Statue Leopolds II. (1835-1909), der für die grausame belgische Herrschaft im Kongo Freistaat verantwortlich gemacht wird. In Hamburg beschmierten Unbannte das *Bismarck Denkmal* im Stadtteil Altona mit roter Farbe.

Statt weitere Statuen vom Sockel zu stoßen, sollte man sich kritisch mit Personen und rassistischen Meinungen auseinandersetzen. Dies gilt auch für die Person Kants, dem berühmtesten Philosophen der Aufklärung, dem vielfach Rassismus vorgworfen wird.

1. Die Ursprünge des Rassismus, Aufklärung, Kant und Hegel

Die *Black Lives Matter* Bewegung führt auch zu den Ursprüngen von Rassismus, die sich bis zur Aufklärung und deren Vertreter, die Philosophen Immanuel Kant sowie Hegel als Philosophen der Aufklärung zurückverfolgen lassen 2). Kant hat nicht nur Rassen definiert, sondern auch eine Hierarchie von Rassen aufge-stellt. Diese Thesen hat er jedoch im Laufe seines weiteren philosophischen Wirkens, bei dem im Zuge eines universalistischen und kosmopolitischen

Denkens, welches jedem Menschen die gleiche Menschenwürde zumisst, aufgegeben. Seine Rassentheorie hat Kant in einem Aufsatz: *Von den verschiedenen Rassen der Menschen* in Kants gesammelte Schriften Bd. II S. 429-443 niedergelegt. Diese Theorie vertrat er vor allem auch in seiner Vorlesung zur *Physischen Geographie*. Nach Kant gehören *Weiße* und *Schwarze* zwar zu ein und derselben Naturgattung Mensch, wobei er die Gattung als die Tatsache der Zeugung von Nachkommen ansah. *Schwarze* und *Weiße* waren für Kant nicht verschiedene Arten von Menschen, jedoch verschiedene Rassen. Insgesamt teilte Kant die Menschheit in vier verschiedene Rassen ein, von denen er alle weiteren ableitete:

• die Rasse der *Weißen*,
• die *Negerrasse*
• die *hunnische* Rasse
• die *hindistanische* Rasse.

Zur ersten Rasse der *Weißen* zählte Kant neben den Europäern die Mauren, den türkisch- tartarischen Volksstamm und die Perser. Zur zweiten Rasse gehören die afrikanische Negerrasse, zur dritten die Reiterstämme östlich des Uralgebirges und zur vierten Rasse die Völker Indiens. Von diesen Rassen leitete Kant alle weiteren Volksstämme ab, z.B. die Amerikaner (Ureinwohner, *Indianer*) wegen der Ähnlichkeit in der Hautfarbe und dem bartlosen Kinn als eine noch nicht völlig eingeartete hunnische Rasse.

Kant ging dabei davon aus, dass alle Spielarten der Menschen im Menschen selbst schon vorhanden sein müssen. Sie würden dann durch ihre jeweilige Umgebung und Umwelt gleichsam hervorgebracht. Insoweit ist nach Ansicht Kants der Mensch schon für alle Bedingungen des Lebens geschaffen. Sonne und Luft seien die Ursache der Verschiedenheit der Menschen. Darüber hinaus sah Kant einen Zusammenhang zwischen körperlichen Eigenschaften und Charaktereigenschaften. Für Kant ist der *Neger, welcher in feuchter Hitze beheimatet ist*, einerseits *stark, fleischig* und *gelenk*, andererseits aber auch *faul, weichlich* und *tändelnd*. Diese *angeborenen* negativen Charaktereigenschaften können nach Kant *nur durch Zwang gemäßigt werden*.

Für die Entwicklung des Menschen ist für Kant vor allem die *Lokalmodifikation* entscheidend. Darunter versteht Kant die Anpassung der Menschen an den jeweiligen Boden, d.h. an seine Umgebung. Kant glaubt, dass es eine *Stammgattung* der Menschen gegeben habe, die verschollen oder noch nicht entdeckt sei. Den Ursprung dieses Menschen vermutet er im Norden, wo die Umgebung infolge einer glücklichen Mischung von Kälte und Hitze für die Entwicklung der

Menschenrasse am günstigsten sei. Diesem Ideal kommt nach Kant der Nordeuropäer, zu dem er den Deutschen zählt am nächsten. Ausgehend von dieser Feststellung stellt Kant eine *Stammgattungstabelle* auf aus wertvollen, weniger wertvollen bis zu *minderwertigen Menschenrassen*.

Die Einwohner des gemäßigten Erdstriches, also die Europäer sind nach Ansicht Kants schöner an Körper, arbeitsamer, scherzhafter, gemäßigter in ihren Leidenschaften, verständiger als irgendeine andere Gattung der Menschen in der Welt. Die Menschheit gibt es nach Kant in ihrer größten Vollkommenheit in der *Rasse der Weißen*. Die *gelben* Indianer haben ein geringes Talent. Die *Neger sind weit tiefer* und am tiefsten steht ein Teil der *amerikanischen Völkerschaften*. Kant, der zeitlebens seine Heimatstadt Königsberg niemals verlassen hat, wird deshalb in seinem Leben niemals auf einen Afrikaner getroffen sein. Er kannte die unterschiedlichen, von ihm beschriebenen Rassen nur aus der damals in Preußen zugänglichen Literatur. Kants Schüler Friedrich Wilhelm Hegel kam zu ähnlichen Schlussfolgerungen. So schrieb Hegel:

Der Neger stellt einen Naturmenschen in seiner wilden und ungezähmten Natur dar. Wenn man ihn richtig verstehen und behandeln will, muss man allen Respekt vor Menschen, sowie Moralität und Gefühle beiseitelegen. Es ist nichts an das Menschliche anklingende in diesem Charakter zu finden.

Es wäre nun sicherlich falsch die rassistischen Ansichten Kants und Hegels damit zu entschuldigen, dass sie halt Kinder ihrer Zeit gewesen sind. Stattdessen muss man die kritischen rassistischen Stellen in ihren Werken diskutieren. Falsch wäre es jedoch im Rahmen der heutigen Rassismusdebatte unsere bedeutesten Philosophen der Aufklärung deswegen vom Sockel zu stürzen. Insbesondere sollten die Vorwürfe uns nicht von der Lektüre Kants und Hegels Klassiker abhalten. Hierzu gehören insbesondere seine bedeutenden Werke wie die *Kritik der reinen Vernunft* und die *Kritik der praktischen Vernunft*.

2. Die heutige Rassismusdebatte

Im Zuge der heutigen Rassismusdebatte und der eingeforderten *Political Correctness* werden heute Statuen von Politikern und Kulturgrößen gestürzt, Bücher umgeschrieben, Mode- Kollektionen gemieden und Straßen umbenannt. Betroffen sind nicht nur Politiker, denen Beiträge bei der Kolonisierung Afrikas vorgeworfen werden, wie z.B. dem Reichskanzler Otto von Bismarck, dem deutschen Kaiser Wilhelm II. und dem Militär Lettow Vorbeck. Gefährdet sind neben den Statuen der Philosophen Hegel und Kant, auch die Statue von Richard Wagner, dem Antisemitismus vorgeworfen wird. Als fremdenfeindlich und rassistisch werden nicht nur das N-Wort, sondern darüber bisher im Alltag bislang als unverdächtig verwendete Bezeichnungen *Zigeunerschnitzel, Onkel Tom, Mohrenkopf, Mohrenstraße, Negerkuss*, der *Nickneger* in der Kirche, *Negerkönig* und *Negerprinzessin* bei *Pippi Langstrumpf* etc. Als rassistisch problematisch werden neuerdings selbst Krippenfiguren und Krippendarstellungen, insbesondere die Figur des dunkelhäutig dargestellten Weisen Melchior angesehen. In diesem Zusammenhang wird auch das sogenannte *Blackfacing*, das Schminken mit schwarzer Farbe im Karneval als rassistisch abgelehnt.

Als rassistisch bedenklich wird weiterhin das sogenannte *Cultural Appropriation*, zu deutsch: *kulturelle Aneignung* angesehen. Darunter versteht man die Bedienung an anderen Kulturen aus modischen oder kommerziellen Gründen. Dieser Vorwurf wird z. B. Modedesigner gemacht, soweit sie sich für ihre Kollektionen traditioneller afrikanischer Muster bedienen oder Leuten, die sich eine afrikanische Frisur wie Braeds oder Dreadlocks machen lassen. Das Ende der vom Soziologen Levent Tezcan in der taz als *quasireligiösen Furor* bezeichneten Erscheinungen, mit denen eine neue Generation *People of Color* jede auch noch so verborgene rassistische Regung in der Seele ausrotten will, ist offen.

Auf der anderen Seite wird zwar eine kritische Diskussion über die kolonialpolitische Vergangenheit Deutschlands und deren Auswüchse für notwenig erachtet, aber vor jeder Zensur und dem Auslöschen kultureller Erinnerungen in Form von Abreißen von Statuen nachhaltig gewarnt. Die heute beschworene *Political Correctness*, unter dem Begriff versteht man das Bemühen auch Minderheiten in der Sprache abzubilden alles zu vermeiden, was andere in irgendeiner Form verletzen oder diskrimieren könnte, wird von Kritikern als Vorform von Zensur abgelehnt. Dies kann im Einzelfall dazu führen, dass der Korridor des Sagbaren aus Angst vor Verletzungen immer enger gesteckt wird. Soweit die Moral unsere Sprache dominiert, ist sicherlich die Meinungsfreiheit bedroht.

II. Grundlagen der deutschen Kolonialpolitik und die Erinnerung

Trotz der aktuellen Rassismusdebatte galt Afrika in der deutschen Berichterstattung jahrzehntelang als vergessener Kontinent. Berichtet wurde vor allem über Afrika einerseits als Tier- und Touristenparadies, andererseits als Hölle für die Afrikaner selbst, voller Katastrophen wie Armut, Hunger, Seuchen, Staatskrisen und kriegerischen Auseinandersetzungen, kurzum für das reiche Europa ein Kontinent zum Vergessen. Vergessen und verdrängt wurde dabei vor allem, dass die reichen Europäer und deren Kolonialpolitik die Hauptschuld an diesem

Elend trugen. Soweit die Europäer ein schlechtes Gewissen plagte, versuchten sie dieses mit der Aufforderung zur humanitären Hilfe und mehr Entwicklungshilfe zu besänftigen. Dies gilt in besonderem Maße auch für Deutschland und die Deutschen, in deren Bewusstsein Afrika und die koloniale Vergangenheit nur wenig präsent war.

1. Die historische Bedeutung einer Erinnerungskultur

Die Beschäftigung mit Afrika und dessen kolonialer Vergangheit sowie das Erinnern daran führt uns zum Begiff der Erinnerungskultur, unter der man den Umgang des Einzelnen und der Gesellschaft mit ihrer Vergangenheit und ihrer Geschichte versteht 3).

Im Zusammenhang mit der Erinnerungskultur stellt sich notwendigerweise die Frage: *Was dürfen wir nicht vergessen?* Beiträge einer Erinnerungskultur sind vor allem Denkmäler, Mahnmale und Gedenkstätten für Personen und historische Ereignisse, aber auch öffentliche Veranstaltungen wie Gedenktage, die begleitet sind von ritualisierten Formen wie Militärparaden und Kranzniederlegungen.

Zur Erinnerungskultur der kolonialen Vergangenheit Deutschlands in Afrika gehört bislang in erster Linie das Erinnern an Negatives und vor allem an Rassismus, wie an die Völkermorde der deutschen Schutztruppe an Hereros und Namas in Deutsch- Südwestafrika sowie an die am Maji- Maji Aufstand in Deutsch- Ostafrika beteiligten Afrikanern. Gerade in diesen Fällen beinhaltet die Erinnerungskultur erhebliche Konfliktpotentiale, z.B. bei der Frage nach der Entschädigung von Opfern oder auch bei der Rückgabe geraubter kolonialer Kulturgüter. Gerade in diesen Fällen kann die Erinnerungskultur ein Mittel sein, vergangene Konflikte aufzuarbeiten und letztlich zu überwinden.

So ist eine Erinnerungskultur und vor allem eine Aufarbeitung der Koloniegeschichte Deutschlands, das am Ende seiner Kolonialzeit sogar ein geschlossenes mittelafrikanisches Kolinialreich angestrebt hatte, bislang weitgehend ausgeblieben. Noch während des 2. Weltkrieges besaß der reaktionäre Reichskolonialbund fast zwei Millionen Mitglieder, welche die erneute Inbesitznahme der im Ersten Weltkrieg verlorenen Gebiete forderten und sich zu einem Einsatz in den früheren Kolonialgebieten bereit erklärten. Dies änderte sich erst mit dem verlorenen 2. Weltkrieg. Selbst in der deutschen Geschichtsschreibung wurde die Stellung und Verantwortung Deutschlands als Kolonialmacht entweder schlechthin geleugnet oder die Thematik angesichts der Verantwortung Deutschlands für den 1. und 2. Weltkrieg und deren Folgen sowie insbesondere für den

Holocaust der Juden vernachlässigt. Vielfach hat man sich damit begnügt die Bewohner der Kolonien als rückständige hilflose Opfer zu bemitleiden sowie die Nachkommen der Kolonialherren als ahnungslose Nachkommen blutrünstiger Täter darzustellen und ihnen ein schlechtes Gewissen einzureden.

Die dem kolonialen Denken und der Kolonisierung zugrundeliegende Ideologie von der Vorherrschaft der *Weißen*, ihrem Staatswesen sowie ihren kulturellen und religiösen Werten ist heutzutage aktueller als je zuvor. Ein derartiges Gedankengut entwickelte sich im 19. Jahrhundert nicht nur in den Köpfen autokratischer Politiker und Militärs, sondern wurde selbst auch von Gelehrten und Intellektuellen vertreten,von denen damals vorkoloniale Förderorganisationen gegründet oder unterstützt wurden.

In dieser Ideologie zeigt sich die untrennbare Verbindung zwischen Kolonialismus und Rassisimus. Beide argumentieren mit der angeblich durch die Rasse bedingten Unterschiede zwischen *Weißen* und den Eingeborenen. Diese Unterschiede wurden festgemacht an der Sitte und Moral, den Kleidungs- und Ernährungsgewohnheiten, den kulturellen Bräuchen und der Einstellung zur Arbeit 4). Die Betonung der Unterschiede zwischen *Weiß* und *Schwarz* wurde verbunden mit negativen Urteilen über die Eingeborenen, die vielfach als wild, *kulturlos, faul, schmutzig, dumm, unehrlich und unsittlich* bezeichnet wurden. Durch diese den Eingeborenen als typisch zugeschriebenen Eigenschaften wurde der Kolonialismus durch die Kolonialherren gerechtfertigt. Für sie war der Kolonialismus eine *Kultur- und Zivilisierungsmission*. Dies wird deutlich aus der Beschreibung des Kolonialismus durch den ersten Leiter des Reichskolonialamtes, Staatssekretär Dernburg aus dem Jahre 1907:

Kolonisation heißt die Nutzbarmachung des Bodens, seiner Schätze, der Flora, der Fauna und vor allem der Menschen zugunsten der Wirtschaft der kolonisierenden Nation und diese ist dafür zu der Gegengabe ihrer höheren Kultur, ihrer sittlichen Begriffe, ihrer besseren Methoden verpflichtet. 5)

Im kolonialen Alltag zeigte sich der von Rassismus geprägte Kolonialismus vor allem in der strikten Trennung der *Weißen* und *Schwarzen* in getrennten Wohnvierteln, getrennten Schulen und Krankenhäusern. Die fehlende Aufarbeitung der Kolonialgeschichte ist neben der verfehlten Flüchtlingspolitik eine der Ursachen für ein zu beobachtendes Anwachsen des Rassismus gegenüber Afrikanern und anderen Ethnien und belastet damit das Verhältnis Deutschlands zu Afrika und den Afrikanern sowie zu anderen Staaten, die ehemalig deutsche Kolonien waren.

2. Die Aufarbeitung der deutschen Kolonialgeschichte

Eine Aufarbeitung der deutschen Kolonialgeschichte bedarf einer tiefgründigen Auseinandersetzung und Aussprache über Fragen und Probleme der Kolonialgeschichte gemeinsam mit den Bewohnern der ehemaligen Kolonien.

Die deutsche Kolonialgeschichte umfasst insgesamt einen Zeitraum von Mitte des 19. Jahrhunderts bis Mitte des 20. Jahrhunderts, nachdem die Kolonien als Folge des verlorenen 1. Weltkrieges gemäß dem Versailler Vertrag 1918 von Deutschland an die Siegermächte abgetreten werden mussten. Dieser Verlust führte bei den Deutschen zu einem Aufschrei der nationalen Empörung, selbst bei den vormaligen Kolonialgegnern. Diese hatten die Kolonien, die 1913 mit nur 0,6 % am deutschen Außenhandel beteiligt waren, schon immer für ein nationales Verlustgeschäft angesehen.

Der Ruf nach deutschen Kolonien war in den Staaten des 1815 gegründeten Deutschen Bundes und des 1833 gegründeten Deutschen Zollvereins ab den 1840 er Jahren von privater und wirtschaftlicher Seite erhoben worden.

Die ersten Rufe nach deutschen Kolonien wurden im Vergleich zu den klassischen Kolonialländern England und Frankreich erst sehr spät laut.Sie kamen nicht von staatlicher, sondern von privater und wirtschaftlicher Seite. 1815 in Verbindung mit der Gründung des Deutschen Bundes und vor allem nach Gründung des Deutschen Zollvereines. Von privater Seite erfolgte 1839 die Gründung der Hamburger Kolonialgesellschaft, welche für die Ansiedlung deutscher Auswanderer die östlich von Neuseeland gelegenen Chatham Inseln kaufen wollte sowie im Jahre 1842 die Gründung eines Vereins zum Schutze deutscher Einwanderer in Texas, der das Ziel verfolgte die deutschen Siedlungen in Texas zu einer Kolonie *Neu Deutschland* auszuweiten.

Die deutschen Kleinstaaten beschränkten sich in ihrem politischen Denken pragmatisch ausschließlich auf Europa und die dort gegebenen politischen Möglichkeiten. Ein Grund hierfür war vor allem das Fehlen einer schlagkräftigen deutschen Flotte, die für den Erwerb überseeischer Kolonien als absolut erforderlich angesehen wurde. Ein Vertreter dieser Ansicht war vor allem Graf Otto von Bismarck (1862-1879), der den Erwerb von überseeischen Kolonien zunächst strikt ablehnte. Man kann bei ihm schon von einer Kolonialphobie sprechen. Von Beginn an waren Kolonien für ihn nützliche Versorgungsposten für Beamte. Er verglich den Kolonialbesitz mit dem seidenen Zobelpelz in polnischen Adelsfamilien, die keine Hemden haben. Diese Ansicht vertrat Bismarck auch weiterhin, als Anfang der 1880 er Jahre es auch in Deutschland zu einer mächtigen Kolonialbewegung kam. So schrieb er an einen Kollegen, den preußischen Kriegs- und Marineminister Albrecht von Roon 6):

Einerseits beruhen die Vorteile, welche man sich von Kolonien für den Handel und die Industrie des Mutterlandes verspricht, zum größten Teil auf Illusionen. Denn die Kosten, welche die Gründung, Unterstützung und namentlich die Behauptung der Kolonien veranlasst, übersteigen sehr oft den Nutzen, den das Mutterland daraus zieht, ganz abgesehen davon, dass es schwer zu rechtfertigen ist, die ganze Nation zum Vorteil einzelner Handels- und Gewerbezweige mit erheblichen Steuerlasten zu belasten. Andererseits ist unsere Marine noch nicht weit genug entwickelt, um die Aufgabe nachdrücklichen Schutzes in fernen Staaten zu übernehmen.

Bismarck verwies weiterhin darauf, dass Deutschland anders als England oder Holland nicht über eine geschulte Bürokratie zur Verwaltung von Kolonien sowie keine Seeflotte verfüge. Einem Reichstagsabgeordneten gegenüber erklärte Bismarck im Jahr 1881:

So lange ich Reichskanzler bin, treiben wir keine Kolonialpolitik.

Gegenüber dem deutschen Afrikaforscher Eugen Wolf erklärte Bismarck:

Ihre Karte von Afrika ist ja sehr schön, aber meine Karte von Afrika liegt in Europa. Hier liegt Russland und hier liegt Frankreich und wir sind in der Mitte, das ist meine Karte von Afrika.

Statt auf den Erwerb von Kolonien setzte er auf den Erwerb von einzelnen Marinestützpunkten zum Schutz des Handels. Seine Haltung gegenüber dem Besitz von Kolonien änderte sich ab 1884 aus innen- und außenpolitischen Gründen, vor allem im Reichswahlkampf im Sommer und Herbst 1884 sowie aus Furcht vor einem Thronwechsel, bei dem er durch den starken Einfluss der aus England stammenden Kronprinzessin sowie des englischen Premiers Gladstone eine Etablierung eines parlamentarischen Systemes nach englischem Muster befürchtete. Diese Furcht wich erst, als das Kabinett Gladstone im Juni 1885 durch die konservative Regierung unter Robert Arthur Salisbury abgelöst wurde 7). Für andere europäische Großmächte, vor allem für England und Frankreich war der Erwerb überseeischer Kolonien ein wichtiger Bestandteil ihrer Politik zwischen dem ausgehenden 19. und der Mitte des 20. Jahrhunderts, dem Zeitalter des Imperialismus. Für sie hatte die weltweite Erschließung von Raum und Resourcen außerhalb Europas erste Priorität. Begünstigt wurde diese Haltung vor allem in Ländern wie England, Holland, Frankreich, Spanien und Portugal die von alters her Seefahrernationen waren. Begünstigt wurde die Entwicklung weiterhin durch die dynamische Entwicklung der Industrialisierung und Urbanisierung sowie von Verkehrs- und Kommunikationseinrichtungen in diesen europäischen Staaten. Unter diesen Staaten entwickelte sich schnell ein Wettbewerb und eine Rivalität um die weltweit besten Plätze. In diesen Wettbewerb konnte Deutschland erst sehr spät einsteigen, 1871 nach Gründung des Deutschen Reiches. Es entstand danach eine Art Torschlusspanik, weil Deutschland nur noch die *Restposten* übrigblieben, die letzten unerschlossenen Räume und Landstriche, an denen die etablierten europäischen Kolonialmächte nur wenig Interesse hatten.

Die Befürworter von Kolonien begründeten ihren Anspruch auf Kolonisierung unterentwickelter Länder außerhalb Europas mit ihrer moralischen Verpflichtung und mit dem ureigenen Auftrag diese armen, unterentwickelten Länder an ihrer Erfolgsideologie und den Segnungen ihres wissenschaftlich- technischen Fortschritts teilhaben zu lassen.

Nach der Reichsgründung von 1871 gewannen die Befürworter des Erwerbs von Kolonien und ihre Kolonialpropaganda immer mehr die Oberhand. Es entstanden verschiedene Kolonialgesellschaften wie 1873 die *Afrikanische Gesellschaft in Deutschland*, 1882 der *Deutsche Kolonialverein* sowie 1884 *die Gesellschaft für Deutsche Kolonisation*, die sich vehement für einen *Platz an der Sonne* und den Erwerb von Kolonien durch das Deutsche Reich einsetzten.

Als Argumente für eine Kolonialpolitik Deutschlands wurden vorgebracht 8):

- *Kolonien bieten nach ihrer Erschließung Absatzmärkte für deutsche Industrie waren und einen Ersatz für die schwächelnde Nachfrage in Deutschland*
- *Kolonien bieten Auffangbecken für die deutsche Auswanderung, die Deutschland damit nicht verlorengehen*
- *Deutschland hat eine Kulturmission, seine angeblich überlegene Kultur weltweit zu verbreiten*
- *Der Erwerb von Kolonien bietet die Möglichkeit zur Lösung der sozialen Frage für für deutsche Arbeiter*
Für die Kolonialenthusiasten wurde der Erwerb von Kolonien zunächst auch zu einer Erfolgsgeschichte.

Auf der Aktivseite ihrer kolonialen Bilanz standen der Bau von Schulen, an denen 120.000 Einheimische lernten, die Taufe von 150.000 Afrikaner und der Ausbau der Infrastruktur in den afrikanischen Kolonien. Sie wiesen mit Stolz daraufhin, dass während der deutschen Kolonialzeit insgesamt 3754 Kilometer Eisenbahnstrecke gebaut wurde. Bei ihrer Bilanz berücksichtigen sie dagegen nicht, dass die Kolonien wirtschaftlich ein Zusatzgeschäft waren, nur die Kolonie Togo trug sich finanziell selbst.

Bismarck verfolgte diese Diskussion von Beginn an mit der ihm eigenen Skepsis. Für ihn blieb seine europäische Gleichgewichtspolitik und die Präferenz für ein informelles Handelsimperiums, in dem deutsche Firmen Gelegenheit haben mit außereuropäischen Gebieten Handel zu treiben, wichtiger als jede *Balgerei in und um Afrika*. Einem Journalisten erklärte er im Jahre 1888 erneut:

Ihre Karte von Afrika ist ja sehr schön, aber meine Karte von Afrika liegt in Europa. Hier liegt Russland und hier liegt Frankreich und wir sind in der Mitte, das ist meine Karte von Afrika 9).

Bismarck präferierte damit ein informelles Handelsimperium, in dem deutsche Firmen mit außereuropäischen Gebieten erfolgreich Handel trieben und sie damit höchstens ökonomisch durchdrangen. Die Okkupation von Territorien oder den Aufbau einer eigenen Staatlichkeit lehnte er dagegen strikt ab.

Nach Meinung Bismarcks, die er in einem Brief an den preußischen Kriegs- und Marineminister von 1868 äußerte, beruhten die Vorteile, welche sich die Befürworter von Kolonien für den einheimischen Handel und die Industrie versprachen, zum größten Teil auf Illusionen, da die Kosten für eine Gründung, Unterstützung und Behauptung von Kolonien den Nutzen der Kolonien für Deutschland bei weitem übertreffen würden. Außerdem sei es nicht zu rechtfertigen die Steuerbürger zum Vorteil einzelner Handels- und Gewerbzweige zu erheblichen Steuerlasten heranzuziehen. Auch sei die deutsche Marine derzeit nicht in der Lage den Schutz der Kolonien sicherzustellen.

Im Jahr 1879 änderte Bismarck jedoch im Rahmen seiner Schutzzollpolitik zur Sicherung der deutschen Wirtschaft gegen ausländische Konkurrenz auch seine Kolonialpolitik. So versuchte er im April 1880 ohne Erfolg durch Einbringung seiner *Samoavorlage* in den Reichstag ein in Schwierigkeiten geratenes privates deutsches Kolonialhandelsunternehmen finanziell aufzufangen.

Die Motive für die Änderung der Kolonialpolitik lagen zum einen in Bismarcks Innenpolitik 10). Danach gab er vor allem aus wahltaktischen Gründen vor der bevorstehenden Reichstagswahl 1884 dem durch das Kolonialfieber in der Bevölkerung entstandenen öffentlichen Druck nach. Aber auch außenpolitisch versprach er sich durch das Mitziehen im Wettlauf der europäischen Großmächte die Stellung Deutschlands in Europa zu verteidigen. Trotz dieser Richtungsänderung änderte sich an Bismarcks liberal- imperialistischen Idealvorstellungen einer überseeischen Politik Deutschlands durch privatwirtschaftliche Initiativen und entsprechenden Schutzerklärungen für deutsche Handelsunternehmen nicht viel.

1884 stellte Bismarck nach englischem Vorbild mehrere afrikanische Besitzungen deutscher Kaufleute unter den Schutz des Deutschen Reiches. Die annektierten Territorien galten danach als Schutzgebiete und nicht als Kolonien. Dabei war zunächst beabsichtigt, die afrikanischen Territorien durch Kolonial- oder Konzessionsgesellschaften verwalten zu lassen. Als erstes Gebiet stellte Bismarck die Lüderitzbucht in Südwestafrika als Deutsch Südwestafrika unter den Schutz des Deutschen Reiches. Danach folgten Togoland und Kamerun sowie im Februar 1885 Gebiete in Ostafrika sowie das *Kaiser- Wilhelmsland* in Nordost-Guinea im Mai 1885.

Der Ausdruck *Schutzgebiete* deutet darauf hin, dass das Deutsche Reich sich zunächst in erster Linie als Sicherungsmacht in diesen Gebieten sah. Die wirtschaftliche Entwicklung, der Aufbau der Infrastruktur und Verwaltung der Gebiete wurden zumeist privaten Gesellschaften übertragen. Da diese jedoch in erster Linie an der Erzielung von Gewinnen interessiert waren, waren für die Befriedigung der Gebiete und den Aufbau der Infrastruktur längerfristig staatliche Investitionen erforderlich, die das Projekt deutsche Kolonie wie von vielen befürchtet zu einem riskanten und teuren Unternehmen und schließlich zu der befürchteten kolonialen Bruchlandung machte.

Die koloniale Strategie Bismarcks eines Kolonialreiches mit beschränkter Haftung scheiterte bereits zu Anfang an den alltäglichen Problemen und an einer Aneinanderreihung von unglücklichen Zufällen wie Naturereignisse und an dem Widerstand der einheimischen Bevölkerung gegen Enteignungs- und Unterdrückungsmaßnahmen. In den Augen der deutschen Bevölkerung waren die Kolonien ein Zuschussgeschäft und ein enormer Kostenfaktor, ohne eine Chance jemals Gewinne abzuwerfen, zumal die Afrikaner nicht gewillt waren sich freiwillig auf eine regelmäßige Lohnarbeit einzulassen. Durch das Schutzgebietsgesetz von 1886 behielt sich das Deutsche Reich die Oberhoheit und gewisse konkretisierte Eingriffsrechte hinsichtlich der Schutzgebiete vor. Damit reduzierte Bismarck das Engagement des Deutschen Reiches finanziell und organisatorisch auf ein Mindestmaß.

Dazu kamen zahlreiche Skandale, die sich die deutschen Kolonisatoren, vor allem Soldaten und Verwaltungsbeamte von Beginn an in ihrem Verhalten gegenüber der einheimischen Bevölkerung leisteten. Sie traten vielfach als *Herrenmenschen* gegenüber den Einheimischen auf, was vielfach auch auf die

Unerfahrenheit der Deutschen in der praktischen Kolonisation zurückzuführen ist. Diese Erfahrung hatten die Briten und Franzosen den Deutschen voraus.

Das abschreckendste Beispiel war dabei Carl Peters, der in Deutschland als Symbolfigur des deutschen Kolonialismus galt, sich aber in Afrika zu einem weißen Monster entwickelte. Als *Herrenmensch* störte ihn die schleichende Aufwertung der einheimischen Bevölkerung, denen er nur eine *Sklavennatur* zubilligte. Für die weißen Ansiedler sah er die Gefahr zu *verkaffern*. Er hatte aus Eifersucht seine schwarze Geliebte mitsamt ihrem Liebhaber aufhängen lassen. Seine Kolonialverbrechen nutzten nicht nur seine Feinde, sondern überhaupt die Kolonialgegner in Deutschland zu einer Generalabrechnung über die deutschen Kolonialmethoden.

Am Ende der Schrecknisse, verursacht durch Deutschlands koloniales Versagen stand 1904 der Völkermord an den Hottentotten und den Hereros in Deutsch-Südwestafrika, mit dem der General der deutschen Schutztruppen von Trotha offenbar auf eine *rein- weiße* Kolonie spekulierte.

Unter Historikern ist umstritten, inwieweit die Verbrechen des Kolonialzeitalters als Vorläufer des Holocaust angesehen werden können 11).

Für eine Bejahung dieser Frage wird angeführt, dass Reichskanzler Bernhard von Bülow in einem Schreiben an den damaligen Oberbefehlshaber in Deutsch-Südwest Lothar von Trotha die Errichtung von *Konzentrationslagern* für die Unterbringung und Unterhaltung der Reste des Hererovolkes angekündigt hatte. Anders als die Konzentrationslager der Nazis waren die Konzentrationslager in Deutsch Südwest jedoch nicht als Vernichtungslager konzeptiert, sondern orientierten sich an den Lagern, in welchen die Engländer die Einheimischen in Südafrika gefangen hielten.

Nach der Abdankung Bismarcks im Jahr 1890, der 1889 sogar einen Rückzug Deutschlands aus der Kolonialpolitik erwogen hatte, ging die Kolonialpoltik unter Kaiser Wilhelm II. (1888-1918) jedoch in die andere Richtung. Am 1. April 1890 wurde innerhalb des Auswärtigen Amtes eine Abteilung für Kolonialpolitik, die Kolonialabteilung mit einem Kolonialdirektor als Leiter geschaffen. Erster Kolonialdirektor war Paul Kayser. Er vertrat die Kolonialpolitik im Reichstag und war gegenüber den Kolonien weisungsbefugt. Faktisch war er selbständig. Die Kritik an der Kolonialabteilung wuchs in Deutschland nach den Aufständen der Hereros und Namas in Deutsch- Südwest sowie dem Maji- Maji Aufstand in Deutsch- Ostafrika, die sich zu Kolonialkriegen ausgeweitet hatten. Die damit einhergehenden, geradezu explodierenden Kosten für die Verwaltung und die

Schutztruppe machten eine grundlegende Reform der Kolonialpolitik und der Kolonialverwaltung erforderlich.

Dies zeigten auch die Reichtagswahlen, die *Hottentottenwahlen* genannt wurden, weil die Missstände in der Kolonialpolitik wahlentscheidend waren und den Sozialdemokraten herbe Verluste zufügten. Die daraufhin eingeleitete Reform in der Kolonialpolitik begann im Mai 1907 mit der Schaffung eines eigenständigen Reichskolonialamtes. Zum Ersten Kolonialstaatssekretär wurde der Bankier Bernhard Dernburg ernannt, der Direktor der Darmstädter Bank, die damals eines der bedeutesten deutschen Kreditinstitute war. Diesem gelang innerhalb kurzer Zeit es die Kosten für die Verwaltung der Kolonien einzudämmen und die deutsche Kolonialpoltik zu beruhigen.

Nachfolger von Dernburgs wurden Friedrich von Lindequist, ehemaliger Gouverneur von Deutsch-Südwestafrika (1910-1911) sowie Wilhelm Solf, ehemaliger Gouverneur von Samoa (1911-1918) beide Experten in der Leitung der obersten Kolonialverwaltung. Aus dem Personalbestand der Kolonialabteilung rekrutierten sich die Verwaltungsbeamten in den Kolonien. Die oberste Spitze der Kolonialverwaltung bildeten die Gouverneure in den Kolonien, die Bezirksamtmänner, Distriktchefs und Leiter der verschiedenen Regierungsstationen.

Dabei handelte es sich vielfach um Personen, vor allem auch um Personen aus dem Adel, die es in der Heimat zu nichts gebracht hatten oder dort nichts galten oder in Skandale verwickelt waren. Unter ihnen war auch eine überdurchschnittliche Zahl homosexueller Männer, die wegen ihrer sexuellen Ausrichtung in Deutschland geächtet waren. Vielfach waren es die *schwarzen Schafe* der Familie, die sich in der Fremde bewähren sollten und deshalb in den Kolonien ihr Glück versuchten. Dort war es ihnen möglich eine Karriere zu machen, die in Deutschland nicht oder nicht mehr möglich war. Von Vorteil war für sie auch eine Befreiung vom Wehrdienst. Insoweit boten die Kolonien gerade derartigen Nonkonformisten etliche Möglichkeiten, die sie in Deutschland nicht hatten. Vielen gelang anschließend über den Mobilitätsvorsprung in der Fremde ein Aufstieg in die Elite nach der Rückkehr in die Heimat. Deutschland versuchte unter Kaiser Wilhelm II. mit seiner auf Expansion ausgerichteten Außenpolitik durch Erwerb weiterer Handelsvertretungen seinen Kolonialbesitz auszubauen. Dabei wurde der Standpunkt vertreten, Deutschland müsse als *Nachzügler* den ihm zustehenden Anteil am Kolonialbesitz von den anderen Kolonialmächten einfordern 12). Außerdem wurden von der deutschen Kolonialbewegung Gedanken einer *Kreuzzugsbewegung* ins Spiel gebracht, man müsse den Sklavenhandel in den Kolonien bekämpfen und die einheimische Bevölkerung von den muslimischen Sklaventreiber befreien 13).

Wegweisend für die deutsche Kolonialgeschichte wurde die Äußerung des damaligen Staatssekretär im Auswärtigen Amt, des späteren Reichskanzlers und preußischen Ministerpräsidenten Bernhard von Bülow innerhalb einer Rede vor dem deutschen Reichstag am 6. 12. 1897, das Deutsche Reich beanspruche als zu spät gekommene Nation seinen Platz an der Sonne 14). Damit beanspruchte er neben den Besitz von Kolonien auch ein Mitspracherecht in allen kolonialen Angelegenheiten. Von Bülow vertrat mit dieser allein auf das nationale Prestige ausgerichteten Politik eine völlig andere Sicht der Kolonien als vor ihm der Reichskanzler Otto von Bismarck.

Die Geltendmachung dieses Anspruches von Bülows bedeutete die Inkaufnahme von Eroberungskriegen unter körperlichen Misshandlungen und emotionaler Demütigung der okkupierten Länder sowie deren Enteignung.

Rechtlich wurden die deutschen Kolonien entsprechend Artikel 1 der Reichsverfassung nicht als Bestandteile des Deutschen Reiches angesehen, sondern als *überseeische Reichsnebenländer*. So waren die meisten Kolonien durch Okkupation an das Deutsche Reich gelangt, der anschließend durch Abschluss von Verträgen mit Eingeborenenhäuptlingen, Staaten oder mit deutschen Handelsunternehmen eine völkerrechtliche Scheinlegimation gegeben wurde. Völkerrechtlich waren derartige Verträge mit Eingeborenenhäuptlingen oder Handelsunternehmen unwirksam, weil sie keine Staaten im Sinne des Völkerrechts darstellten. Das Deutsche Kolonialrecht fügte sich im Wesentlichen aus Reichsgesetzen, Rechtsverordnungen, Verwaltungsverfügungen und Runderlassen zusammen.

Die koloniale Rechtsordnung war geprägt durch ein komplexes duales Rechts- und Gerichtssystem. Dieses war gekennzeichnet von der Ungleichheit zwischen Kolonisten, den Nichteingeborenen und Kolonisierten, den Eingeborenen. Zwischen beiden Personengruppen gab es verschiedene Rechtsordnungen mit unterschiedlichen Rechstsetzungs- und Rechstsprechungsorganen. Während für die Kolonisten gemeinhin reichsdeutsches oder preußisches Zivil- und Strafrecht angewandt wurden, bestimmten sich die Rechtsverhältnisse der Kolonisierten grundsätzlich nach dem jeweils eigenen lokalen Recht und in geringerem Umfang nach einem von den deutschen Kolonialbeamten entwickelten, sogenannten Bezirksleiterrecht.

Zum Recht der Kolonisten gehörte das Konsulargerichtsbarkeitsgesetz von 1879, welches die Fälle behandelt, in denen ein besonders ermächtigter deutscher Konsul in einem anderen Staat über dort lebende Reichsangehörige die Zivil- und Strafrechtspflege nach reichsdeutschen bzw. preußischen Vorschriften ausüben durfte,soweit dies ein völkerrechtlicher Vertrag zwischen dem Deutschen Reich als Entsendestaat und der ausländischen Macht als Empfangsstaat vorsah.

Das Recht der Kolonisierten, d.h. der Eingeborenen bestimmte sich, soweit es keine gesetzlichen Vorschriften gab nach dem jeweiligen lokalen Gewohnheitsrecht. Dabei konnte es sich je nach Kolonie auch um religiöses oder ausländisches Recht bzw. lokales Bezirksleiterrecht gehandelt haben. Dabei war religiöses Recht dem Gewohnheitsrecht gleichgestellt. Bei dem Bezirksleiterrecht handelte es sich um von den lokalen deutschen Verwaltungsbeamten in ihrer Funktion als Bezirks- oder Stationsleiter im Rahmen ihrer Rechtsprechung als Eingeborenenrichter angewandte Rechtsgrundsätze. Diese stellten eine Mischung von deutschem und lokalem Recht dar.

Am 17. April 1886 wurde das Gesetz betreffend die Rechtsverhältnisse der deutschen Schutzgebiete als gesetzliche Grundlage für das Recht aller deutschen Kolonialgebiete geschaffen. Dieses ermächtigte den Kaiser rechtliche Regelungen für die deutschen Kolonien durch Verordnungen zu erlassen. Dieses Verordnungsrecht konnte vom Kaiser auf den Reichskanzler sowie von diesem auf die Gouverneure in den Kolonien übertragen werden.Die Gerichtsbarkeit für Kolonisten war so geregelt, dass die Gerichtsbarkeit in erster Instanz durch den Kaiserlichen Bezirksrichter und das Kaiserliche Bezirksgericht ausgeübt wurde. Für Vorgänge,welche die Kompetenzgrenzen der 1. Instanz überstiegen, waren die Bezirksgerichte zuständig. Diese setzten sich aus dem jeweiligen Bezirksrichter als Vorsitzenden und zwei mit gleichwertiger Stimme versehenen Laienrichtern in zivilrechtlichen Streitigkeiten bzw. vier Schöffen in Strafsachen zusammen.Die Gerichtsbarkeit zweiter Instanz über die Kolonisten wurde vom Kaiserlichen Oberrichter bzw. von diesem zusammen mit Beisitzern als Kaiserliches Obergericht ausgeübt.

Die Gerichtsbarkeit für die Eingeborenen wurde von einheimischen Autoritäten und deutschen Verwaltungsbediensteten ausgeübt. Die Regelung strafrechtlicher Angelegenheiten beanspruchte Deutschland für sich. Bürgerlich rechtliche Streitigkeiten wurden von einheimischen Institutionen, bestehend aus lokalen Machthabern, religiösen Autoritäten oder einheimischen Verwaltungsbediensteten entschieden. Sie urteilten nach dem Gewohnheitsrecht oder nach dem jeweiligen religiösen Recht. Kontrolliert wurde diese Rechtsprechung der Eingeborenengerichte vielfach von deutschen Verwaltungsbeamten. Dadurch wurden vielfach willkürliche Urteile vermieden. Die Einreichung von Klagen und Beschwerden durch die Eingeborenen erfolgte mündlich in der jeweiligen lokalen Sprache an öffentlichen Gerichtstagen, die in den Bezirken in der Regel einmal pro Woche abgehalten wurden.Die Gerichtsbarkeit der Eingeborenen verlief in der Regel konfliktfrei. Die meisten Konflikte der Eingeborenen untereinander, vor allem auch kleinere Strafsachen konnten im Rahmen traditioneller Verfahren unter Heranziehung lokaler Rechtsvorstellungen gelöst werden.

Streitigkeiten zwischen Eingeborenen und Nichteingeborenen unterlagen der gemischten Gerichtsbarkeit. Ihre Lösung bereitete häufig ideologische und praktische Schwierigkeiten. Entscheidend für die Zuständigkeit des Gerichtes war der Gerichtsstand des Beklagten oder der des Angeklagten in Strafsachen. Der Kläger oder Ankläger hatte sich dem jeweiligen Prozessrecht des für den Beklagten oder Angeklagten zuständigen Gerichts zu unterwerfen. Dies war für die Nichteingeborenen häufig nachteilig, so dass in der Praxis häufig das Recht der nichteingeborenen Partei angewendet wurde.

Die Unterscheidung zwischen Eingeborenen und Nichteingeborenen hatte für die betroffenen Personen gravierende Auswirkungen. An sie knüpften das anzuwendende Recht, die zuständige Gerichtsbarkeit aber auch die Art der verhängten Strafe an. Eine Gleichheit der Kolonialbevölkerung war in der kolonialen Rechts- und Gerichtsordnung nicht vorgesehen. Die Unterscheidung setzte sich auch auf dem Gebiet der Strafvollstreckung fort.Straftaten von Nichteingeborenen wurden je nach Art und Schwere der Tat mit der Todesstrafe, mit Freiheitsstrafen oder Geldstrafen geahndet. Für Eingeborene standen neben diesen Strafen weitere Strafen wie die Prügelstrafe, Kettenstrafen, Zwangsarbeit oder die Unterbringung in sogenannten *Besserungssiedlungen* zur Verfügung. Die rechtliche Unterscheidung zwischen Eingeborenen und Nichteingeborenen trug damit erheblich zur Spaltung der kolonialen Gesellschaft bei.

Das Gleiche galt für die von der Reichsregierung in den Kolonien verfolgte Prestigepolitik. Auch diese hatte zur Folge, dass die Beziehungen zwischen den deutschen Kolonialherren und der Kolonialbevölkerung von Anfang an durch rechtliche und soziale Ungleichheit gekennzeichnet war. Die gegründeten Kolonialgesellschaften verfügten über völlig unzureichende Landes- und Administrationskenntnisse. Ihr Handeln war zumeist unkontrolliert und chaotisch und einzig auf die schnelle Ausbeutung der Länder ausgerichtet. Dabei stellten die Deutschen in den Kolonien nur eine kleine, aber privilegierte Minderheit dar. Die Folge dieser falschen Behandlung der Einheimischen war, dass diese Widerstand leisteten. Die Aufstände wurden durch ständige Militärexpeditionen in unterschiedliche Teile der Kolonien unterdrückt. Diese wurden begleitet durch exzessive Bestrafungen und unkontrollierte Gewaltanwendungen durch die Angehörigen der Schutztruppe. Ein den Beamten gewährter großer Spielraum im Verwaltungsalltag führte immer wieder zu größeren Kolonialskandalen, welche bis nach Deutschland publik wurden. So kam es in Deutsch- Südwest und Deutsch- Ostafrika zu den beiden Kolonialkriegen. In Deutsch- Südwest zum Aufstand der Herero und Nama 1904, der in einem Völkermord an der Bevölkerung endete sowie in Deutsch- Ostafrika zum Maji- Maji Aufstand von 1905- 1906 mit ähnlichem Ergebnis.

Nach diesem verheerenden Ergebnis kam es in der Politik und Bevölkerung in der deutschen Kolonialpolitik zu einem Umdenken 15). Die Missstände, Misswirtschaft sowie die Eskalation kolonialer Gewalt und fortwährende Widerstände der einheimischen Bevölkerung provozierten letztlich das Eingreifen des Deutschen Reiches und den Aufbau einer eigenen Kolonialverwaltung.

Zuständig für die Verwaltung der Kolonien war zunächst das Auswärtige Amt. 1890 wurde innerhalb des Auswärtigen Amtes eine Kolonialabteilung eingerichtet. Oberster Souverän in den deutschen Kolonien war nach dem Schutzgebietgesetz der deutsche Kaiser. Der Reichstag war nur über Budgetfragen mit den Kolonien befasst. So hatte er vor allem über die Finanzierung von Truppenentsendungen bei Aufständen zu entscheiden. Diese Gewaltenteilung gab den Gouverneuren in den Kolonien unbeschränkte Machtfülle, welche die Kolonien nach der Art von Vizekönigen regieren konnten.

Große Macht hatten auf der unteren Ebene auch die Bezirksamtsleute, zu deren wichtigsten Aufgabe der Kontakt zu der einheimischen Bevölkerung gehörte. Zu diesem Zweck bereisten sie als eine Art Reisekönige ständig die ihrer Verwaltung unterliegenden Bezirke, lösten dabei Konflikte und entschieden Rechtsstreitigkeiten. Zu ihren Aufgaben gehörten Polizei und Sicherheit, Straßenbau, Schulen die Erhebung von Steuern und die Arbeiterpolitik.

1907 erfolgte als Reaktion auf die Kolonialkriege in Deutsch-Ost sowie Südwest Kolonialreformen und in diesem Zusammenhang die Einrichtung eines Reichskolonialamtes. Mit der Gründung des Reichskolonialamtes als oberster Verwaltungsbehörde für die deutschen Kolonien mit Bernhard Dernburg und Wilhelm Solf als Kolonialstaatssekretär an der Spitze versuchte man die Lebensbedingungen der Kolonialbevölkerung zu verbessern. Ziel der veränderten Kolonialpolitik war es mit dem Mutterland eng verbundene, administrativ und wirtschaftlich unabhängige Kolonien zu schaffen. Damit hatte die Reichsregierung letztlich Erfolg. Nach 1905 kam es zu keinen weiteren neuen Aufständen in den Kolonien und auch die wirtschaftliche Leistungsfähigkeit der Kolonien konnte gesteigert werden. Damit wurden die Kolonien bis 1914 von einer finanziellen Unterstützung durch das Reich weitgehend unabhängig 16). Es wurde sogar über eine Vergrößerung des Kolonienbesitzes durch die Schaffung eines geschlossenen Gebietes *Deutsch- Mittelafrika* nachgedacht. Entsprechende Vorbereitungen wurden jedoch durch den Ausbruch des 1. Weltkrieges 1914 jäh beendet. Auf den Kriegsausbruch waren die Truppen in den Kolonien nicht vorbereitet. Zwar versuchten sie anfangs noch Widerstand zu leisten, letztlich blieb es bei dem Versuch. Mit dem Inkrafttreten des Versailler Vertrages im Januar 1920 verlor das Deutsche Reich alle seine Kolonien. Diese teilten die Siegermächte der Entente als Mandatsgebiete unter sich auf.

III. Deutsche Kolonialpolitik in Afrika

Unbestritten hatte die deutsche Kolonialpolitik in Afrika auch Lichtblicke im Sinne einer Erfolgsgeschichte. Dies galt vor allem für den Zeitraum 1907-1914, als es nach der sogenannten *Hottentottenwahl* in 1907 im Reichstag zu einer kolonialfreundlichen Mehrheit kam.Im Rahmen dieser Politik führte der neu ernannte Kolonialstaatssekretär Bernhard Dernburg mit der Politik einer *Erhebung der Eingeborenenkultur* ein modernisiertes koloniales Management ein 17).

Dieses postiv anzusehende Umdenken in der Kolonialpolitik zeigte sich vor allem in der Bildungs- und Schulpolitik, sowie bei der Schaffung einer Infrastruktur im Bau von Schulen, von Krankenhäusern und dem Bau von Straßen und Wegen sowie insbesondere durch den Bau eines Eisenbahnnetzes. Die Deutschen brachten ihren Kolonien den europäischen Fortschritt, Gesundheitsfürsorge und Krankenbehandlung sowie eine stärkere Gleichberechtigung von Mann und Frau. Damit legten sie unwillentlich den Grundstein für das Entstehen der späteren unabhängigen Nationalstaaten. Dadurch dass sich bei der Kolonisierung europäische Kultur mit traditionellen Wert- und Glaubensvorstellungen der Kolonisierten vermischte, bildeten sich neue kulturelle Identitäten, welche die Afrikaner noch heute zu ihrem Vorteil nutzen.Diese positiven Erscheinungen wurden überdeckt durch den Umstand, dass die Kolonialpolitik wirtschaftlich gesehen als unrentables Zusatzgeschäft war.

Die postiven Seiten der deutschen Kolonialpolitik werden vor allem überschattet durch bis 1907 begangene katastrophale Fehler, welche noch heute die gesamte deutsche Kolonialpolitik insgesamt in einem schlechten Licht erscheinen lassen. Eine Ursache war vor allem die fehlende oder mangelnde Mitnahme *(Integration)* der einheimischen Bevölkerung und die Praktizierung einer gesellschaftlichen Unterwerfungs- und kulturellen Unterordnung. Diese führten zu einer Reihe von blutigen Erhebungen der einheimischen Bevölkerung, zum Scheitern der Kolonialpolitik und damit zu deren Bruchlandung in den deutschen Kolonien Afrikas. Eine Rolle spielten auch nicht eingelöste Zusagen an die Völker ihre Lebensgrundlagen nicht über Gebühr einzuschränken. Die Erinnerung an die deutsche Kolonialpolitik wird negativ geprägt vor allem durch die inhumane Behandlung der Eingeborenen durch Gestalten wie Carl Peters, der von den Einheimischen in Ostafrika als *Mann mit Blut an den Händen*, von deutschen Politikern als *Negerfresser* und *Hänge Peters* bezeichnet wurde sowie von Trotha, der für den Völkermord an den Hottentotten und Herreros in Deutsch-Südwest verantwortlich war. Diese Ungeheuerlichkeiten machten die afrikanische Kolonialpolitik letztlich zu einer Bruchlandung.

Eine der letzten Spielfilme des Dritten Reiches trug den bezeichnenden Titel *Quax in Afrika*. Er sollte eine Fortsetzung des Erfolgfilms *Quax, der Bruchpilot* aus dem Jahre 1943 werden. Der bis Januar 1944 gedrehte Film wurde von den Alliierten wegen seiner rassistischen Tendenzen nach Kriegsende verboten. Die Uraufführung fand am 22. Mai 1953 in mehreren deutschen Städten statt. Der Film zeigt in der Hauptrolle Heinz Rühmann als Bruchpiloten, der im Jahre 1945 in den schwarzen Kontinent flog und dort eine Bruchlandung hinlegte wie dreißig Jahre vorher das deutsche Kaiserreich mit seinen afrikanischen Kolonien und das Dritte Reich, dessen revisionistischen kolonistischen Träumereien mit der Niederlage im 2. Weltkrieg abrupt zu Ende waren.

Nach seiner unfreiwilligen Landung wurde *Quax* gezwungen, die Eingeborene *Banani* zu heiraten. Am Ende kehren alle wieder nach Deutschland zu ihren Ehefrauen zurück. Über seine dunkelhäutigen Statisten hatte sich Rühmann verächtlich geäußert:

Die Brüder kenne ich doch wieder weitgehend, die habe ich schon mal im Berliner Zoo gesehen.

Carl Peters war mit seinen nationalistischen Positionen und dem von ihm vertretenen rassistischen Sozialdarwinismus ein Vorbild für die Nazis und der von ihnen propagierten *Herrenmenschenideologie*. Er wurde als Vorläufer des Nationalsozialismus gefeiert. Ihm zur Ehre wurde 1933 in Hannover ein Denkmal errichtet. Es zeigt die leeren Umrisse Afrikas mit einem darüber schwebenden deutschen Adler. Es weist Afrika als Niemandsland aus und sollte bei Kolonialbefürwortern Eroberungsgelüste wecken.

Auch ansonsten enthielt der Rühmann- Film alle gängigen Afrika Klischees mit einfältigen Schwarzen sowie giftigen Schlangen, Malaria- Mücken und anderen agressiven Tieren. Daneben wurde in zahlreichen kolonialen Romanen unter einer zumeist romantisierenden *Blut- und Boden* Ideologie das Recht Deutschlands zu kolonialer Betätigung herausgestellt.

Im Dritten Reich war die deutsche Kolonialgeschichte in Afrika ständig präsent. Allein der Reichskolonialbund, die 1922 gegründete *Koloniale Reichsarbeitsgemeinschaft* sowie die *Deutsche Kolonialgesellschaft*, die seit 1930 von Heinrich Schnee, dem letzten Gouverneur von Deutsch- Ostafrika geleitet wurde und welche die Erinnerung an das koloniale Erbe Deutschlands an seine Kolonien aufrechterhielten, hatten fast zwei Millionen Mitglieder. Viele dieser Mitglieder hatten materielle oder ideelle Interessen an der Rückgabe der Kolonien.

In die Kolonialforschung flossen zu dieser Zeit hohe Geldbeträge, die dazu verwendet werden sollten, nach dem erhofften Endsieg im 2. Weltkrieg die im 1. Weltkrieg und im Versailler Friedensvertrag verlorenen Kolonien wieder in Besitz zu nehmen. Hierfür hatten sich bereits unzählige Freiwillige gemeldet. Die dafür benötigte Kolonial- und Tropentechnik befand sich auf dem neuesten Stand. Hitler selbst präferierte mit seiner Forderung eines Ritt gen Osten eine Ostraumpolitik Eroberungen im Osten zur Schaffung eines neuen Lebensraumes und damit eindeutig eine deutsche Bodenpolitik in Europa. Mit dem Beginn des Russlandsfeldzuges interessierte den Führer die Kolonialpoltik und die Idee der Schaffung eines deutschen Kolonialreiches in Mittelafrika nur noch am Rande.

Nach dem Ende des 2. Weltkrieges verblasste die Erinnerung an das wilhelminische Kolonialreich. Kolonialdenkmäler wurden abgetragen und der Kontinent Afrika wurde vergessen.Die Kolonialgeschichte erfuhr einen Perspektivwechsel, indem sie einzig allein als Zeugnis für die eine mit Schuld besetzte Vergangenheit angesehen wurde. So wurde ein den Opfern der deutschen Kolonialherrschaft in Namibia 1884-1914 gewidmetes Denkmal in Bremen, mit einem Elefanten und einer Gedenktafel anlässlich der Unabhängigkeit Namibias, im Jahre 1990 in ein Anti- Kolonial- Denkmal umgewandelt. Noch heute wissen nur wenige Deutsche, dass Deutschland Kolonien in Afrika besaß und vor Beginn des 1. Weltkrieges ein geschlossenes mittelafrikanisches Kolonialreich anstrebte. In das Bewusstsein der westlichen Welt gerückt wurde Afrika immer nur durch die Berichterstattung der westlichen Medien über humanitäre Katastrophen, über Armut, Hunger, Seuchen, Staatszerfall und Kriege. Diese bezweckte unter anderem der übrigen Welt ein schlechtes Gewissen einzureden und wurde in der Regel mit der Aufforderung zur humanitären Hilfe verbunden 18).

Diese Lage war unmittelbar nach dem Ende des 1. Weltkrieges eine völlig andere. Kolonistische Phantasien und Träumereien überdauerten die Niederlage Deutschlands im 1. Weltkrieg, als die alliierten Siegermächte 1919 im Versailler Vertrag die kolonisatorische Mission Deutschlands für beendet erklärten und die Kriegsgegner die deutsche Kolonien als Mandatsgebiete unter ihre Verwaltung stellten und sie in den Augen vieler Deutsche als Beutestücke unter sich verteilten.

Dieses Vorgehen löste in ganz Deutschland einen Aufschrei der Empörung aus, obwohl der Verlust der Kolonien das Deutsche Reich wirtschaftlich und finanziell nur unbedeutend traf. Der Anteil der Kolonien am deutschen Außenhandel betrug 1913 nur 0,6 Prozent. Darauf hatten stetig die Kolonialgegner hingewiesen und die deutschen Kolonien als grandioses Verlustgeschäft bezeichnet. Dennoch beriefen sich die Kolonialrevisionisten auf den Verlust für Deutschland wichtige afrikanische Rohstoff- und Absatzmärkte 19).

IV. Deutsche Kolonialpolitik und Integrationspolitik

Nachdem Deutschlands koloniale Vergangenheit über Jahrzehnte totgeschwiegen wurde, beginnt Deutschland nunmehr zaghaft mit der Aufarbeitung seiner Koloniegeschichte und seiner Verantwortung 20). Unmittelbar nach dem schmerzhaften Verlust der Kolonien nach dem verlorenen 1. Weltkrieg entstand der Mythos, die Deutschen seien eigentlich gute Kolonialherren gewesen. Diesem Mythos entsprang in der Weimarer Zeit sowie in der Zeit der Naziherrschaft die Forderung nach Rückgewinnung der Kolonien. Diese Forderung wurde bekräftigt durch entsprechende Kolonialausstellungen, Vorträge, Bücher und Filme.

Nach dem verlorenen 2. Weltkrieg und den Verbrechen an den Juden, dem Holocaust hatte Deutschland alle Hände voll damit zu tun, sich mit seiner unmittelbaren Vergangenheit und seiner Veranwortung dafür auseinandersetzen. Das Phänomen des deutschen Kolonialismus wurde dadurch in den Hintergrund gedrängt. Erst in jüngster Zeit in Zusammenhang mit der Flüchtlingskrise und der verfehlten europäischen Flüchtlings- und Integrationspolitik sowie mit der *Black-Lives-Matter* Bewegung in den USA erinnert man sich an die deutsche Kolonialzeit und an die von Deutschen begangenen Kolonialverbrechen. Es wurde daraufhin der Ruf nach einer Gedenkkultur laut. Dies zeigte sich daran,dass in dem letzten Regierungsprogramm der Großen Koaltion erstmals explizit festgehalten wurde, dass die Erinnerung an die Verbrechen in der Kolonialzeit Teil einer deutschen Gedenkkultur werden soll wie bereits die Aufarbeitung des NS- Terrors oder der SED Diktatur. Im Koalitionsvertrag heißt es:

Ohne Erinnerung keine Zukunft- zum demokratischen Grundkonsens in Deutschland gehören die Aufarbeitung der NS- Terrorherrschaft und der SED-Diktatur, der deutschen Kolonialgeschichte, aber auch positive Momente unserer Demokratiegeschichte.

Wie diese Gedenkkultur aussehen soll, ist jedoch weitgehend unklar. Zu einer derartigen Gedenkkultur gehört es, dass man neben den Schattenseiten der

Kolonialpoltik auch die wenigen positiven, nach 1907 zu beobachtenden Aspekte in der Kolonialpolitik herausarbeitet. Themen einer derartigen Gedenkkultur könnten sein: Fragen eines zentralen Gedenkortes für die Opfer des deutschen Kolonialismus sowie die Frage nach einer Rückgabe von kolonialer Raubkunst. Eine derartige Gedenkkultur müsste dabei im Kontext einer europäischen und globalen Erinnerungskultur an das Kolonialzeitalter zu sehen sein.

In Berlin wurde als erster Schritt zur Schaffung einer derartigen Gedenkkultur Straßennamen im Afrika- Viertel in Berlin- Wedding umbenannt, z.B. Petersallee und die Lüderitzstraße. Dabei geht es um Straßennamen von kolonialen Verbrechern wie Carl Peters und Adolf Lüderitz. Damit beginnt Deutschland sich mit seiner kolonialen Vergangenheit auseinanderzusetzen.

Kritik wird derzeit noch vor seiner Fertigstellung auch am Bau des Berliner Humboldtforums geübt. Es soll demnächst in dem wieder aufgebauten Berliner Stadtschloss einziehen und demnächst die ethnologischen Sammlungen aus dem Museum in Berlin Dahlem aufnehmen. Bei diesen Sammlungen wird kritisiert, dass sie koloniale Raubkunst enthalten. Für die Kulturstaatsministerin Monika Grütters müssen alle Objekte, die sich eindeutig als *Raubkunst* erweisen, zurückgegeben werden. Diese Ansicht wird auch von Michelle Müntefering, der Referentin für Auswärtige Kulturpolitik im Auswärtigen Amt geteilt.

Hierfür soll die Herkunft von Museumsbeständen mit kolonialem Hintergrund durch das Deutsche Zentrum Kulturgutverluste erforscht werden. Dieses Zentrum wurde ursprünglich für NS- Raubkunst gegründet. Derartige postkoloniale Denkmalprojekte werden vielfach als Provokation angesehen als Stein des Anstoßes für eine Öffentlichkeit, welche Deutschland immer noch als eine unbelastete Kolonialmacht ansieht. Die Haltung der deutschen Bundesregierung nähert sich damit der der französischen Regierung an, welche durch ihren Präsidenten Emmanuel Macron erklärt hat:

Das afrikanische Erbe darf kein Gefangener europäischer Erbe sein.

Afrikanische Intellektuelle wie der Kameruner Achille Mbembe sehen das Thema koloniale Verantwortung im Zusammenhang mit der europäischen Flüchtlingspolitik:

Europa kann nicht einfach die afrikanischen Objekte in den Herzen seiner Städte einschließen und gleichzeitig Afrikanern die Einreise und damit auch den Anblick dieser Objekte verwehren.

Seit fast drei Jahren führt Deutschland mit Namibia Verhandlungen, um den

Völkermord an den Herero und Nama in der ehemaligen Kolonie Deutsch-Süd-westafrika aufzuarbeiten. Zentraler Gegenstand der Verhandlungen ist die Gründung einer Stiftung, die eine gemeinsame Gedenk- und Erinnerungskultur begründen soll. Außerdem sollen deutsche Schulbücher hinsichtlich der deutschen Kolonialgeschichte neu gefasst und ein Jugendaustauschprogramm mit Namibia ins Leben gerufen werden. Die Verhandlungen sind derzeit jedoch ins Stocken geraten, nachdem es zu Auseinandersetzungen mit Vertretern der Herero und Nama Communities gekommen ist. Diese fühlen sich an den Gesprächen auf Regierungsebene nicht angemessen beteiligt und haben Deutschland nun vor einem Gericht in New York auf Reparationen verklagt. Bis heute fehlt vor allem auch ein zentraler Gedenkort für die Opfer des deutschen Kolonialismus.

Derzeit spaltet das Thema Flüchtlingspolitik, insbesondere die Frage nach Integration von Asylbewerbern und Flüchtlingen die deutsche Politik und die Deutschen. Dabei besteht durchaus die Gefahr, dass Fehler der deutschen Kolonialpolitik, die schließlich zur Bruchlandung führten, wiederholt werden. Scheiterte damals die deutsche Kolonialpolitik an fehlender Integration der Einheimischen, so ist zu befürchten,dass auch die derzeitige Asyl- und Integrationspoltik an ähnlichen Fehlern scheitern wird. Insoweit bestehen heute augenfällige Analogie und Parallelen zu der verfehlten Integrationspolitik in der deutschen Kolonialzeit.

Integration wird allgemein als *Eingliederung in ein Großes Ganzes* im Sinne einer Assimilation verstanden. Assimilation ist dabei die Aufgabe der eigenen und sprachlichen Herkunft im Sinne einer totalen Anpassung an die deutsche Gesellschaft. Die Forderung nach Integration findet derzeit über alle Parteien hinweg in Deutschland einhellige Zustimmung. Dabei geht es jedoch um die einseitige Integration von Migranten. Integration wird vielfach als liberal und tolerant ausgerichtete Offenheit von Demokratien verstanden, die sich gegenüber den Migranten als überlegen betrachten. Diese werden als kulturell rückständig und sozial korrektur bedürftig angesehen. Kulturell- religiöse Differenzen werden als fundamentalistisch und islamistisch angesehen. Dieses Verständnis von Immigration kann im Einzelfall rassistische Züge aufweisen und zu Diskriminierungen und Ausgrenzungen durch die deutsche Gesellschaft führen. Soziale Ungleichheiten und Ausgrenzungen von Migranten werden dabei letztlich als kleine Missverständnisse banalisiert, die auf fehlende Deutschkenntnisse der Migranten zurückzuführen sind.

Dieses Manko kann auch nicht durch das Angebot von Integrationskursen behoben werden. Deren erfolgreiche Absolvierung wird zur innerdeutschen Existenzberechtigung der Integrationsbedürftigen gemacht. Unzureichende Prüfungsergebnisse führen dabei zu negativen Sanktionen durch eine Verweigerung der Erteilung einer Aufenthaltserlaubnis oder der Staatsbürgerschaft, zu Kürzungen der sozialen Grundsicherung oder durch aufenthaltsrechtliche Benachteiligungen.

Die den Migranten von vielen Kritikern unterstellte Unterlegenheit führt zu ihrer Forderung nach der Anerkennung einer deutschen Leitkultur. Migranten werden wie Kranke oder Kinder als unmündig und unselbständig behandelt. In dieser Situation wird es wie in der Kolonialpolitik als Bürde des *weißen Mannes* angesehen den Fremden ihr Glück in der Integration aufzuzwingen. Damit wird die Integration zu einer gesellschaftlichen Unterwerfungs- und kulturelllen Unterordnungstechnik. Damit ist nicht auszuschließen, dass die Deutschen in ihrer Integrationspolitik die gleichen Fehler wiederholen wie bei ihrer Kolonialpolitik in Afrika, die zu einer Reihe von nachhaltigen Katastrophen führte

Im Folgenden werden die deutschen Kolonien in Afrika vorgestellt und die Grundlagen deutscher Kolonialpolitik analysiert.

B. Die Musterkolonie Deutsch- Togo *(Togoland)*

I. Allgemeines 21)

Togoland, die ehemalige deutsche Kolonie Togo und heutige Republik Togo mit einer Bevölkerung von ca. 1 Million Einwohner erstreckt sich wie ein schmales Handtuch zwischen dem Nullmeridian und dem 5. östlichen Längengrad auf einer Fläche von etwa 87.200 Quadratkilometer von der Küste, dem Golf von Guinea im Süden über 579 Kilometer fächerförmig nach Norden bis an die Grenze von Burkina Faso. Togo war somit die kleinste deutsche Kolonie.

Auf eine 50 Kilometer breite flache Küstenzone mit einem sich in gerader Linie hinziehenden Strand und der sich anschließenden Lagunenniederung folgen ein Hügelland, eine sich über weite Flächen des südlichen und östlichen Togo erstreckende Inselberglandschaft und die Hochebene, das Quatchi Plateau. Daran schließen die Togo-Berge an, welche Togo von Süd nach Nord durchziehen mit dem Mount Agou mit 986 Metern als höchster Erhebung. Auf dessen Westseite folgt ein in mehrere Untergebirge gegliedertes Vorgebirge, welches die Form einer Schollenlandschaft hat. Im Norden der Kolonie befinden sich die Becken der Flüsse Oti und Volta, im Nordosten wiederum eine Inselberglandschaft. Entlang der Küste beherrschen tropische Wälder die Landschaft. Im Landesinneren wird dagegen das Landschaftsbild durch die Feucht- und Trockensavannen mit den für diese Landschaft typischen einzelnen Bäumen und Sträuchern bestimmt.

Togo, seit 1884 aufgrund eines Schutzvertrages zwischen König Mlapa II. und Gustav Nachtigal deutsche Kolonie, galt unter allen Kolonien des Deutschen Reiches als die Musterkolonie, da sie von Beginn an ohne Reichszuschuss auskam. Einnahmen und Ausgaben der Kolonie deckten sich. Ein Grund hierfür wird vielfach in der Bevölkerungsstruktur des Landes gesehen. Danach wurden die Bewohner Togos, die vielfach Sudanneger waren, im Unterschied zu den in anderen afrikanischen Kolonien lebenden Bantuneger als die kultiviertesten Eingeborenen aller deutschen Kolonie angesehen.

1. Geographie, Lage und Größe 22)

Togo liegt an der Westküste Afrikas, am Golf von Guinea, dessen Küstenteil *Sklavenküste* genannt wird und war deutsche Kolonie von 1884 bis 1916. Benannt ist Togo nach der Landschaft *Togo*, die südöstlich des Togosees liegt. Ein dort lebender Häuptling war der erste mit dem der deutsche Kommissar über dieses Gebiet Dr. Nachtigal einen Schutzvertrag abgeschlossen hatte.

Während die am Atlantischen Ozean gelegene Küste Togos nur rund 50 Kilometer lang war, erstreckte sich das Land ungefähr 560 Kilometer weit ins Innere über den 11. Breitengrad hinaus. Die Fläche Deutsch Togos betrug ca. 87.200 qkm, die Breite in westlicher Richtung ca. 175 km. Sie umfasste das Gebiet der heutigen Republik Togo und des östlichen Teils des heutigen Ghana. Die Bevölkerung betrug ca. 1 Million Menschen, davon waren 1912 nur 350 *Weiße*.

Togo hatte im Norden eine ca. 120 km lange Grenze mit dem Niger und dem französischen Gebiet Haute Senegal, im Westen grenzte es an die englische Goldküstenkolonie, das heutige Ghana, im Osten an Dahome sowie im Süden an den Atlantischen Ozean.

Die Grenzen der deutschen Kolonie Togo zu den Kolonien Frankreichs und Englands wurden jeweils durch völkerrechtliche Verträge festgelegt, so mit Frankreich durch die deutsch- französische Abkommen vom 23. Juli 1897 und vom 28. September 1912 bezüglich der französischen Besitzungen in Dahome und im Sudan sowie mit England durch die Abkommen vom 1.Juli 1890 sowie vom 14. November 1899 hinsichtlich der Grenze zwischen Togo und der englischen Goldküstenkolonie.

Im Anschluss an die Küste, die wegen des nur langsam absinkenden Meeresbodens eben und steril war und eine starke Brandung hatte, türmte sich im Laufe der Jahrtausende eine einige Meter hohe Sandbank auf. Diese war unterschiedlich breit von 100 Metern bis 4000 Metern. An diese schloss sich in einer Entfernung von 1,5 bis 3 Kilometer parallel zur Küste eine Lagunenniederung an. Diese entstand aufgrund von kleinen Flüssen, die die Sandbank nicht durchbrechen und deshalb nicht ins Meer münden konnten. Dadurch sind zwei voneinander getrennte Lagunensysteme entstanden. Eins reicht von der Voltamündung fast 100 Kilometer bis nach Lome. Das zweite Lagunensystem, der sogenannte Togosee erstreckt sich von Lome 60 Kilometer nach Osten und fließt bei Agbanaken in den Fluss Mono an der Grenze zum Benin. Dieser mündet, nachdem er die Sandbank durchbricht, in den Atlantik .

Der flache, versandete Einfall des Meeresbodens sowie die starke Brandung, eine mit mächtigem Schwall gegen den flachen Strand anrollende Atlantikdünung *(Kalema)* zwangen die Togo anlaufenden Schiffe in einer Entfernung von mindestens 350 bis 400 Metern vom Strand auf Reede zu ankern. Dort wurden sie abgefertigt. Die Verbindung zum Festland wurde durch Landungsboote hergestellt, wobei das Ausbooten von Passagieren und das Löschen der Güter stets gefährlich waren und insbesondere im sturmreichen Südwinter zu häufigen Verlusten, auch an Menschenleben führte. So wurde 1883 die Besatzung eines deutschen Frachters, der vor der Küste Togos gestrandet war, von Eingeborenen kurzerhand umgebracht. Deutsche Seeversicherungen weigerten sich zu dieser Zeit das bestehende Risiko abzusichern.

Die Küste Togos ist im Westen zumeist ausgetrocknet, in der Mitte und im Süden wird sie durch den Schio, Haho- und Monufluss gespeist. Vor dieser Lagunenlandschaft liegt vor der Küste eine zwei Kilometer breite Strandnehrung. Diese hat sich aufgrund der Atlantikdünung und der äquatorialen Gegenströmung zu einem Lagunenwall aufgeworfen. An diesem stauen sich die aus dem Landesinneren kommenden Flüsse. Steigt das Wasser in der Regenzeit auf Höhe der Lagunenwälle und darüber an, so ergießen sich die Wassermassen als schlammiger Lagunenwasserstrom in Richtung Meer. Die Lagunen sind vor allem nach der Regenzeit überschwemmt, versumpfen anschließend und sind damit ein ideales Paradies für Stechmücken.

So war in der Kolonie Togoland vor allem an der Küste und in Küstennähe die Malaria die häufigste und für Europäer gefährlichste Krankheit, die oftmals mit Komplikationen wie Krankheiten des Darmes, der Leber, Milz, Lunge, Nieren und Nerven einherging. Das Wasser der Lagunen ist salzig wegen ihrer Verbindung zum Meer. An die Lagunenlandschaft schließt sich im Norden eine Ebene an, die unterbrochen wird durch zahlreiche 70 bis 200 Meter hohe Inselberge. Nach dem Landesinneren steigt sie sanft an zu einem bis zu mehreren Metern hohen Plateau, darauf folgt in Mitteltogo in einer Entfernung von ca. 120 Kilometern zur Küste eine Gebirgslandschaft, das Togogebirge mit dem Agu, mit 1025 Metern als höchster Erhebung im Osten, ca. 300 Kilometer von der Küste entfernt. Diese Gebirgslandschaft erstreckt sich von der ehemals englischen Goldküstenkolonie, zwischen Kpewe und Bame, wo sie die Grenze zu Togo überschreitet und sich als schmales Gebirge in nordöstlicher Richtung hinzieht, bevor sie sich bei den Landschaften Awatime und Kpoeta zu einem Gebirgsmassiv mit einer größeren Hochfläche verbreitert.

Durchbrochen wird das Gebirgsmassiv durch die Kameschlucht und den Ahäbach, die durch den Francoispass verbunden sind. Parallel zu diesem Bergmassiv läuft eine kleinere Gebirgskette, welche die Form von einzelnen sich unmittelbar aus der Ebene erhebenden Bergzüge hat als Fortsetzung der auf englischem Gebiet gelegenen Akwamukette. Die das zentrale Togogebirge westlich und östlich begleitenden Gebirgsketten und Massive erreichen dabei häufig die Höhe des Hauptgebirges. Die beiden größten Flüsse der Kolonie Togo waren der Volta,der aus dem Schwarzen und Weißen Volta entsteht und trotz zahlreicher Stromschnellen bis hinauf nach Keta Kratschi für kleinere Schiffe befahrbar war und der Monu, die durch das Togogebirge als Wasserscheide getrennt waren. Der Monu bildete in seinem Unterlauf die Grenze zu Dahome. Zwischen dem Togogebirge und dem Monu flossen noch der Schibo sowie der Haho, die beide vom Akpossoplateau kommend in den Togosee mündeten.

2. Klima 23)

Das Klima in Togo ist ein typisches Tropenklima. Die kühlste Jahreszeit in Togo sind die Monate Juli und August mit einer mittleren Temperatur von 24-25 Grad Celsius, vom September bzw. Oktober steigt die mittlere Temperatur auf 27 Grad an und erreicht in den Monaten Februar und März mit 29 und 30 Grad Celsius ihren Höhepunkt. Ab Mai fällt sie wieder ab. Dabei sind die Temperaturen im Norden höher als an der Küste oder im Gebirge.

Die Guineaküste zwischen Lome und Akra ist ein überaus regenarmer Landstrich. So beträgt die mittlere jährliche Niederschlagsmenge in Lome 723 mm. Die höchste Regenmenge wies in der Kolonialzeit das Togogebirge mit einer mittleren jährlichen Regenmenge von 1639 mm bis 1658 mm auf. Die absolute Luftfeuchtigkeit war in der Nähe der Küste mit 80- 90 Prozent hoch. Am geringsten war sie in der kältesten Jahreszeit, im August. Dann nahm sie bis zum November bis kurz vor Einsetzen der Trockenzeit zu, dann bis Februar wieder etwas ab bis zum März, wenn mit dem Monsun der erste Regen einsetzte. In der Regenzeit traten häufig Gewitter auf. An der Küste setzte in der Regel in den Vormittagsstunden der Seewind ein, in den Nachstunden wurde der Seewind in der Regel abgelöst durch schwache aus Norden oder Nordosten vom Land her wehende Winde.

Dem Klima und der Gliederung des Landes entsprach auch die Vegetation Togos. An der Küste fand man eine sumpfige Mangrovenlandschaft. Daran schloss sich eine parkartige Graslandschaft an geprägt von einer Ölpalmenzone und Dorngebüsch, die dann in eine Baum- und Buschgrassteppe überging. Diese wurde vor allem an den Flussläufen durch den Galeriewald und den immergrünen Regenwald unterbrochen . Typische Steppenbäume waren die Tamarinden, Schibutterbäume, die Wollbäume und die Affenbrotbäume.

3. Flora, Pflanzenwelt 24)

In der Vorzeit war Togo von dichtem Urwald bedeckt gewesen. Der größte Teil des Urwaldes wurde vom Menschen verwüstet und für die Anlage von Feldern und Plantagen geopfert. Heute fehlt der Urwald in Togo ganz. Durch das allmähliche Sinken des Grundwasserspiegels bedingt durch Regenarmut und der Waldverwüstung durch den Menschen entstand die über ganz Togo verbreitete Baumsteppe, ein hochstämmiger, lichter Trockenwald. Das häufig zu beobachtende Abbrennen der Bäume führte außerdem zu einer Art Obstgartensteppe, einem aus verkrüppelten Bäumen bestehender Buschwald.

Im Nordwesten und Nordosten der Kolonie, die noch zur südlichen Sudanzone gerechnet werden kann, fand sich eine Gras- und Laubbuschsteppe, im äußersten Norden der Kolonie eine Dornbuschsteppe. Am Strand wuchs eine an das Bermudagras erinnernde Grasart. Der sich daran anschließende Dünengürtel war von einem schwer durchdringbaren Gebüsch bedeckt. Große Strecken des salzhaltigen Dünengürtels waren mit Kokospalmen und Maniok bepflanzt. An die Lagunen schloss sich ein Gebiet an, das unter Kultur genommen und mit Mais und Maniok bepflanzt wurde.

An nicht bebauten Stellen war Buschland vorherrschend, geprägt durch übermannshohen und schwer durchdringbaren Busch. Häufig waren auch BaobabBäume sowie der Butterbaum, die Akazie und die Tamarinde und die 30 bis 40 Meter hohen Borassapalmen. An das Buschland grenzte die Ölpalmzone. In dieser Zone wurden von den Eingeborenen Mais, Maniok, Yams und Erdnüsse angebaut. Nach der Ölpalmzone folgte die Togobaumsteppe mit dem für sie typischen hohen, undurchdringlichen Gras. Die in der Steppe befindlichen Bäume und Sträucher waren häufig Opfer des von Eingeborenen entfachten Grasfeuers. Die Vegetation änderte sich erst im Gebirge. An Gebirgsabhängen, an Gewässern und in Schluchten sowie an vielen Flussläufen auch außerhalb der Gebirgszone gab es tropischen Regenwald mit Urwaldbäumen wie der Kapok und der riesige Odumbaum neben der typischen Togobaumsteppe, wobei in den sumpfigen Niederungen an die Stelle des Steppengrases das 3- 4 Meter hohe starke Elefantengras trat.

4. Fauna, Tierwelt 25)

Die Tierwelt Togos war gemischt aus Vertretern der Steppe, der Sudanflora sowie Vertretern des Waldes. An Säugetieren gab es zu Kolonialzeiten in Togo diverse Affensorten, Löwe, Leopard, Hyänen, aber auch Elefanten, Flusspferde, Antilopen, Büffel, verschiedene Mäuse- und Rattenarten, eine Vielzahl von Vogelarten, Reptilien, Krokodile, Schildkröten, Eidechsen, Schlangen, darunter die Puffotter und Nashornviper, Amphibien, Kröten und zahlreiche Froscharten, verschiedene Insektenarten, von denen am gefährlichsten die die Malaria übertragende Anophelesmücke war sowie die *Stegomyia fasciata*, die Gelbfieber überträgt, die *Glossina palpalis*, die Überträgerin der Schlafkrankheit und die *Glossina morsitans*, die Überträgerin der *Tsetsekrankheit* der Rinder. Als Haustiere wurden in Togo Zwergziegen, Schafe, Rinder, Hausschweine, Hühner und im Norden auch Esel und Pferde gehalten.

II. Entstehungsgeschichte der Kolonie Togo

1. Der Name Togo 26)

Der Name von Togo, ehemals *Togoland* setzt sich zusammen aus dem Wort *To* für Wasser und *Go* für Ufer und bedeutet so viel wie *hinter dem Meer* oder *jenseits der Lagune*

2. Die Entdeckung durch europäische Seefahrer 27)

Togo wurde zunächst von portugiesischen Seefahrern entdeckt. Sie schufen mit dem Fort in Elmina den ersten europäischen Stützpunkt in Westafrika.Es folgten Franzosen, Engländer, Holländer und Dänen, die auf der Suche nach Handelsniederlassungen nach Westafrika kamen. Traurige Berühmtheit erlangte der Küstenstrich, der auch *Sklavenküste* genannt wurde, durch den einsetzenden Sklavenhandel. Auf der Suche nach Sklaven kamen auch Deutsche aus Brandenburg im Auftrag des Preußischen Kurfürsten an die Küste und errichteten das Fort *Großfriedrichsburg*. Durch afrikanische Zwischenhändler entwickelte sich ein Überseehandel mit Westeuropa. Neben Sklaven waren für die Europäer auch der Handel mit Elfenbein und Pfeffer von Interesse, wodurch Togo zu dem Land wurde *wo der Pfeffer wächst*.

Besiedelt wurde Togo seit dem 17. Jahrhundert durch den Stamm der Ewe, der von Norden kommend sich zu beiden Seiten der Lagune niederließ, wo sie auf dem Plateau wegen der dort vorherrschenden kühlen Brise ihre Dörfer und Felder errichteten. Die Lagune bot den Ewe nicht nur Trinkwasser, sondern auch ausreichend Nahrungsmittel in Form von Fisch und Meeresfrüchten, zugleich wurde sie als Verkehrsader genutzt. Die Besiedlung erfolgte nach afrikanischem Bodenrecht, demzufolge eine Familie nach Bebauung und Bepflanzung des Bodens dessen Eigentümer wurde.

Im Jahre 1857 gründeten hanseatische Handelsunternehmen mehrere Niederlassungen an der damaligen *Sklavenküste* am Golf von Guinea. Dieses Gebiet war zu dieser Zeit gerade *herrenlos* trotz verschiedener vorheriger Besitzergreifungen durch die Engländer, Franzosen, Portugiesen oder Holländer. Vor allem der Handel mit Alkohol erwies sich als ein lukratives Geschäft, weil die britischen und französischen Kolonien um Togo hohe Schutzzölle auf Alkohol erhoben.Als erstes Unternehmen ließ sich das Bremer Unternehmen Vietor 1857 in Togo nieder. Dieses Unternehmen galt wegen seiner guten Behandlung und Bezahlung seiner eingeborenen Arbeitnehmer als vorbildlich und wurde im christlichen Sinne als *fromme Firma* bezeichnet. Die deutschen Unternehmen waren seit 1882 durch einen regelmäßigen Dampferverkehr der Woermannlinie mit der Heimat verbunden.

Nach den Händlern entdeckten auch die Missionare der in Hamburg heimischen Norddeutschen Mission die Goldküste und Westtogo als Betätigungsfeld und spielten bei der Kolonisierung Togos eine wichtige Rolle. Sie begannen 1847 mit der Missionierung des Ewe Stammes. Mit dem erklärten Ziel die scheuen Bewohner der Sklavenküste zutraulich zu machen, kamen 1892 katholische Missionare ins Land. Insgesamt errichteten die Missionen in der deutschen Kolonialzeit 342 Missionsschulen, was Togo den höchsten Bildungsstand und mit einer Scholarisationsquote von 1,4 %. das modernste Schulwesen in Westafrika einbrachte. Die Missionierung der Ewe schritt weiter voran, nachdem der Missionar Lorenz Wolf das Neue Testament und die Gesangbücher in die Ewesprache übersetzt hatte. Dietrich Westermann verfasste 1857 den *Schlüssel zur Ewesprache* sowie 1907 eine *Ewe Grammatik*. Bedeutsam waren auch die Forschungen des Missionars Jakob Spieth zur *Ewekultur*.

Bereits 1859 hatte die *Norddeutsche Missionsgesellschaft* im Land der Ewe vier Stationen errichtet, von denen sie die unter den Ewe noch geltende Blutrache, den Ahnen- und Voodookult, die Initiationsrituale und Beschneidungsfeste der Eingeborenen bekämpfte dadurch, dass sie den Eingeborenen Schreiben und Lesen lehrte und sie damit an die westliche Kultur und Religion heranführten.

Die ersten Deutschen, die nach Togo kamen, zeichneten sich wie viele Neulinge aus Europa, durch Arroganz und Besserwisserei aus. Das galt vor allem auch für die ersten deutschen Kolonialbeamten, die sich wegen ihrer Hautfarbe gegenüber den Afrikanern überlegen fühlten und denen man rassistisches *Herrenmenschtum* vorwerfen muss.

Auf Druck der deutschen Öffentlichkeit entsandte der Reichskanzler von Bismarck, der den Kolonialträumen großer Teile der deutschen Bevölkerung auch unter Berücksichtigung des Verhältnisses zu England und Frankreich wenig abgewinnen konnte, den deutschen Generalkonsul Dr. Gustav Nachtigal (1834-1885) nach Togo und Kamerun. Vorher hatten deutsche Handelsfirmen in Westafrika beim Reichskanzler zur Wahrung ihrer Geschäftsinteressen politische Rückendeckung und militärischen Schutz angemahnt.

Vier der deutschen Handelsfirmen Friedrich M. Vietor & Söhne, C.Goedelt, Wölber & Brohm; G.I. Gaiser und R. Müller sowie Max Grumdbach & Co hatten Niederlassungen in *Klein Popo*, *Bey Beach* und in *Bagida*. In *Klein Popo* ging am

3.Februar1884 mit der SMS Sophie ein deutsches Kriegsschiff vor Anker, um dort lebende Deutsche nach dem Ausbruch von Unruhen zu sichern.

3. Der Abschluss des Schutzvertrages vom 5. Juli 1884 28)

Am 2. Juli 1884 traf der Generalkonsul Dr. Nachtigal auf seinem Weg nach Kamerun mit der SMS Möwe in *Klein Popo* ein. Am 5. Juli 1884 kam es nach einem langen *Pallaver* mit den Häuptlingen aus *Togo Dorf* sowie *Plakko*, dem Stabträger und damit Stellvertreter des zu diesem Zeitpunkt wohl schon toten Königs Mlapa III. Coodaycee und Okloo zum Abschluss eines Protektoratvertrages mit folgendem Inhalt:

Der Generalkonsul des deutschen Reiches Dr. Gustav Nachtigal, im Namen seiner Majestät des Kaisers, und Mlapa, König von Togo, vertreten für sich, seine Erben und seine Häuptlinge durch Plakko, Träger des Stockes des Königs Mlapa, haben folgendes Übereinkommen getroffen:

§ 1: König Mlapa von Togo, geleitet von dem Wunsch, den legitimen Handel, welcher sich hauptsächlich in den Händen deutscher Kaufleute befindet, zu beschützen und den deutschen Kaufleuten volle Sicherheit des Lebens und Eigentums zu gewähren, bittet um den Schutz Seiner Majestät des Deutschen Kaisers, damit er in den Stand gesetzt werde, die Unabhängigkeit seines an der Westküste von Afrika, von der Ostgrenze von Porto Seguro bis zur Westgrenze von Lome oder Bey Beach, sich erstreckenden Gebietes zu bewahren. Seine Majestät der Kaiser gewährt seinen Schutz unter Vorbehalt aller gesetzmäßigen Rechte Dritter.

§ 2: König Mlapa wird keinen Teil seines Landes mit Souveränitätsrechten an irgendeine fremde Macht oder Person abtreten, noch wird er Verträge mit fremden Mächten ohne vorherige Einwilligung Seiner Majestät des Deutschen Kaisers eingehen.

§ 3: König Mlapa gewährt allen deutschen Untertanen und Schutzgenossen, welche in seinem Lande wohnen, Schutz und freien Handel und will anderen Nationen niemals mehr Erleichterungen, Begünstigungen oder Schutz gewähren, als den deutschen Untertanen eingeräumt werden. König Mlapa wird ohne vorherige Zustimmung seiner Majestät des deutschen Kaisers keine anderen Zölle und Abgaben als die bis jetzt üblich erheben, nämlich 1 Schilling für jede Tonne Palmkerne, 1 Schilling für jedes Fass Palmöl, welche an die Häuptlinge des betreffenden Ortes zu zahlen sind.

§ 4: Seine Majestät, der deutsche Kaiser wird alle früheren Handelsverträge zwischen König Mlapa und anderen respektieren und wird in keiner Weise den in König Mlapas Land bestehenden freien Handel belasten.

§ 5: Seine Majestät, der deutsche Kaiser wird in die Art und Weise der Zollerhebung, welche bis jetzt von König Mlapa und seinen Häuptlingen befolgt ist, nicht eingreifen.

§ 6: Die vertragschließenden Parteien behalten sich künftige Vereinbarungen über die Gegenstände und Fragen von gegenseitigem Interesse, welche nicht in diesem Vertrage eingeschlossen sind, vor.

§ 7: Dieser Vertrag wird vorbehaltlich der Ratifikation durch die deutsche Regierung sogleich in Kraft treten.

Der Vertrag wurde von Dr. Nachtigal, zwei Dolmetschern und vier deutschen Zeugen sowie von Plakko und vier einheimischen Häuptlingen als Zeugen mit Kreuzen unterzeichnet. Otto von Bismarck nannte diese *Negerkreuze*.

Da man den Schutzvertrag der britischen und französischen Regierung vorlegen musste, war die Wortwahl eher europäisch und diplomatisch, als würden hier gleichberechtigte Partner verhandelt haben. Ende des 19. Jahrhunderts konnte eine Kolonie als staatliches Territorium nur nach internationaler Anerkennung durch andere Kolonialmächte existieren. Mit dem Schutzvertrag verwirklichten die afrikanischen Häuptlinge und die deutschen Kaufleute durch politische Maßnahmen ihre jeweiligen Interessen. Den Häuptlingen sicherte der Schutzvertrag eine Jahresrente sowie weitgehende Machtbefugnisse zu. Zu ihren Pflichten gehörte auf der anderen Seite die Förderung des Handels, die Schlichtung von Rechtsfällen, der Wegebau und die Aufrechterhaltung der öffentlichen Ordnung .

Am 6. Juli 1884 erfolgte in *Bagida Beach* die offizielle Flaggenhissung mit einer Ansprache Nachtigals. Am 6. Juli ernannte und vereidigte Nachtigal den deutschen Kaufmann Heinrich Randad in Lome als Konsul. Dieser leitete die Kolonialverwaltung bis zum 24.Juni 1885, dann übernahm Ernst Falkenthal als erster Kaiserlicher Kommissar die Verwaltung der Kolonie in *Bagida*. Die Könige Aiushi Agbanor und Garsa *(Gassu)* baten den deutschen Kaiser um Schutzherrschaft. Gustav Nachtigal wurde in Eichstädt in der Altmark geboren. Er kam zunächst als Militärarzt nach Köln und siedelte von dort wegen eines Lungenleidens nach Tunis um, wo er zum Militär- und Leibarzt des dortigen Bey aufstieg. Dort ereilte ihn 1868 ein Auftrag des Preußenkönigs anstelle des zunächst als Überbringer vorgesehenen Gerhard Rohlfs dem Sultan von Bornu, das westlich vom Tschadsee gelegen war, Geschenke wie Taschenuhren, Armbänder und ein Teeservice zu überbringen.

Die weitere Besiedlung des Küstengebietes durch die Deutschen erfolgte ohne größere Probleme vor allem durch den Abschluss von Schutzverträgen mit den dort wohnenden Oberhäuptlingen. Als Gegenleistung wurde ihnen Jahresrenten zugesichert, dazu eine Mitbeteiligung an von den Deutschen erhobenen Zöllen von einem Schilling pro Tonne Palmkerne und ein Fass Palmöl. Ansonsten sollten ihre Machtbefugnisse weitgehend unangetastet bleiben.

Der Einfluss und die Autorität der Deutschen waren zunächst auf die Küstengebiete, auf den sogenannten Bestreichungsfaktor der Kriegsmarine beschränkt, d.h. die Gebiete, die von der Bordartellerie der deutschen Kriegsschiffe sowie durch Landungskorps von den Kriegsschiffen zum Schutz vor inneren und äußeren Feinden erreicht werden konnten.

Durch den Protektoratsvertrag vom 5. Juli 1884 stand Deutschland zunächst nur ein Küstenstreifen von insgesamt 15 Kilometer mit den Küstenorten Be *(Lome)* und Bagida zu. *Klein Popo* und *Porto Seguro* blieben deshalb zunächst französisch. Am 5. September 1884 folgte ein Schutzvertrag mit dem König von *Porto Seguro*, das 13 Kilometer westlich von *Klein Popo* direkt an der Küste gelegen war, dort wo die Sandbank zwischen Meer und Lagune ca. 4 Kilometer breit war. Auf dem Plateau gegenüber von *Porto Seguro* entstand aus fünf Dörfern ein Dorf mit Namen Togo, das sich schon bald zu einem dritten Handelszentrum an der Küste entwickelte.

Am 26.Juni 1885 traf Ernst Falkenthal (1858-1911), der zum Kaiserlichen Kommissaren von Togo ernannt worden war, in *Bagida Beach* ein und errichtete dort in einem Fabrikgebäude seinen Amtssitz. Mit zwölf Haussas gründete Falkenthal am 3. November 1885 zu seinem Schutz die erste Polizeitruppe.

Nach einem Abkommen mit Frankreich vom 24. Dezember 1885 verzichtete Frankreich auf seine Ansprüche auf *Klein Popo* und *Porto Seguro*. *Klein Popo* wurde in Anecho, zu Deutsch *Eidechsenzunge* umbenannt. Der Ort hatte bis zum 1. Januar 1905 seinen Namen nach dem Knall der Europäischen Schusswaffen *Popo, Klein Popo*. Die Änderung erfolgte auf Wunsch der prüden Deutschen wegen der Assoziation zum deutschen Wort *Popo* für Gesäß und Hintern. Deutschland erhielt den Ort als Kompensation für den Verzicht auf Ansprüche in Guinea am Fluss Dubreka. Damit umfasste das deutsche Schutzgebiet Togo einen 50 Kilometer langen Küstenstreifen mit einem etwa fünf Kilometer breiten Hinterland .

Nach Anecho verlegte Falkenthal zunächst auch seinen Amtssitz. 1887 ließ er beim Dorf Sebe einen neuen Amtssitz errichten, der jedoch erst von seinem Nachfolger Jesko von Puttkamer im November 1887 bezogen wurde. In Anecho, ehemals *Klein Popo* eröffneten europäische Handelsfirmen Filialen, die vor allem auf den Handel mit den Produkten der Ölpalme ausgerichtet waren.

Zu den wichtigsten Aufgaben der Kolonialverwaltung gehörte es den atlantischen Export- Import Handel durch Erhebung von Importzöllen zu kontrollieren. Zuständig hierfür war ab 1887 in Anecho sowie ab 1889 in Lome ein Zollbeamter, der als Amtmann auch für die zivile Verwaltung der beiden Ortschaften zuständig war. Um die europäischen Unternehmen vor der afrikanischen Konkurrenz zu schützen, wurde von jedem Unternehmen eine Firmensteuer von jährlich 1000 Mark erhoben.

4. Die Eroberung des Hinterlandes 29)

Die wirtschaftlichen Aktivitäten der Deutschen beschränkten sich im Anfang zunächst auf die etwa vier Kilometer breite und 50 Kilometer lange Küstenregion. Für die Deutschen war es jedoch lebensnotwenig ihr Kolonialgebiet durch Ausdehnung ins Hinterland und Landesinnere zu erweitern. Erst zwei Jahrzehnte später umfasste das von den Deutschen eroberte und beherrschte Gebiet das gesamte spätere, die Kolonie Togo ausmachende Gebiet. Wirtschaftlich wurde die Herrschaft gesichert durch die Anlage von Großplantagen im Landesinnern sowie den Bau der Eisenbahnlinie von Lome nach Anecho und einer Landungsbrücke bei Anecho, durch die Togo an den Weltmarkt angeschlossen werden konnte und durch die die Kolonie internationale Anerkennung fand.

Ab 1886 begannen die Deutschen mit der teilweise gewaltsamen Eroberung des nördlichen Hinterlandes von Togo. Die Erschließung des Hinterlandes von Togo erfolgte zunächst durch Expeditionen. Dabei lassen sich folgende drei Zeitperioden unterscheiden: In der ersten Periode vertrat die deutsche Kolonialverwaltung die Ansicht, dass zur Angliederung eines Gebietes an das Deutsche Reich bereits der Abschluss eines Schutzvertrages mit dem Häuptling des Gebietes genüge, eine Besetzung dieses Gebietes wurde nicht für erforderlich gehalten. In der zweiten Zeitperiode galt der von den Franzosen unter Berufung auf die Berliner Generalakte von 1885 vertretene Grundsatz, aufgrund dessen allein die tatsächliche Besetzung eines Gebietes den Anspruch auf dieses Gebiet begründe. Unter Berufung auf diesen Grundsatz legten die Franzosen im Hinterland von Dahomey und Togo Militärstationen an ohne Rücksichtnahme auf bereits bestehende Schutz- und Freundschaftsverträge.

In der dritten Periode begründete allein das Unterwerfen eines Gebietes einen Besitzanspruch auf dieses Gebiet. In den Jahren nach 1884, dem Jahr der Gründung der Kolonie Togo wurden in 1886 und 1897 durch Falkenthal und den Verwaltungsvize Grade die Landschaften Agotime, Tove, Keve und Palime, 1888 die Liati Region durch Ernst Henrici jenseits des Togo- Atakora-Gebirges, das die Wasserscheide zwischen den Flüssen Volta und Mono bildete, unter deutschen Schutz gestellt.

Am 1. Februar 1888 schlossen Falkenthal und der französische Generalgouverneur von Dahomey Jean Bayol ein Grenzabkommen, indem sie nicht auf die Grenzen der einheimischen Stämme Rücksicht nahmen, sondern den Grenzverlauf durch eine ideale geographische Linie entlang einem Meridian festsetzten. Dadurch entstand zwischen Togo und dem französischen Benin eine gleichsam mit einem Lineal gezogene, ca. 300 Kilometer lange Grenze bis zum 9. Grad nördlicher Breite.

Dabei ließ sich Falkenthal jedoch von den Franzosen über den Tisch ziehen, da deutsche Expeditionen, um den Osten von Togo zu erreichen, erst einmal 300 Kilometer nach Norden ziehen mussten.

Nach diesem Fehler wurde Falkenthal von der Reichsregierung seines Amtes enthoben. Die Reichsregierung beschloss die Ausdehnung der Kolonie ins Landesinnere und die Umsetzung in kolonialrechtliche Grenzvereinbarungen selbst in die Hand zu nehmen. Hierzu entsandte die Reichsregierung zwei Forschungsexpeditionen in nordwestliche und nördliche Richtung.

Die in nordwestliche Richtung gehende Expedition stand unter der Leitung des königlich preußischen Hauptmannes Curt von Francois 1853-1931. Zwischen Daka und Oti stattete er dem König der kriegerischen Dagomba in seiner prächtigen und weitläufigen Residenz einen Besuch ab. Diesen Besuch beschreibt Francois wie folgt:

Nur die Häuptlinge und Krieger haben Gewehre, im Übrigen führt man Pfeil und Bogen, Lanzen und eine Art von Wurfeisen, Messer, Schwerter, Streitäxte. Die Pfeile sind oft vergiftet, die Schilde werden aus Büffel- oder Elefantenhaut hergestellt.

Von seiner Expedition brachte von Francois Schutzverträge mit den Häuptlingen von Jendi, Gambaga, Karaga und Natong mit. Er eroberte unter anderem Palime, Kpandu, Kratschi, Jendi, Adele.

Francois zog anschließend von Bagida über Kpandu zum Voltafluss, dann den Fluss entlang bis in die Landschaft Kratschi. Von dort zog er entlang der alten Karawanenstraße über Kete nach Salaga und weiter ins Gambagagebiet. Hier wurde er vom gewaltbereiten Mossistamm zum Rückzug gezwungen. Am 16. Juli 1888 traf er wieder an der Küste ein.Bei diesen Expeditionen gelang es von Francois Schutzverträge mit den Häuptlingen von Jendi, Gambaga, Karaga und Natong abzuschließen. Die weiteren von Francois mit den Gebieten Adablu, Ho, Boem und Kunja abgeschlossenen Schutzverträge wurden von den Engländern als Kampfansage angesehen. Um eine weitere Eskalation im Verhältnis zwischen England und Deutschland aus dem Wege zu gehen, einigten sich die Kontrahenten auf eine neutrale Zone, welche die Königreiche Gondja mit Salga und Dagomba umfasste.

Im März 1888 erreichte eine weitere Expedition unter Stabsarzt Dr. Ludwig Wolf Paratou, die Hauptstadt des Tschaudjoreiches. Dort gelang es Wolf am 7. Mai 1889 mit dem Oberhäuptling Djabo Bukari einen Schutzvertrag abzuschließen.

Hauptmann Erich Kling sowie Oberleutnant von Doering erreichten das Adeleland im Norden Togos, wo sie am 2. Juni 1888 auf dem Berg Adado in einer Höhe von 710 Metern die Handelsstation Bismarckburg als erste Station der Togokolonie im Landesinnern und eine der ersten europäischen Stationen in ganz Westafrika gründeten. Die Station wurde jedoch am 30. Juni 1894 durch den damaligen Landeshauptmann Jesko von Puttkamer wieder aufgegeben zugunsten einer neuen Regierungsstation, die am Fluss Volta errichtet wurde in der Nähe der beiden Städte Kete und Kratschi, einem Fetischsitz.

Bei seiner Expedition in das Tschaudjoreich verstarb Dr. Wolf am 26. Juni 1889 nach einem Sturz vom Pferd .Es bestand das Gerücht, dass Wolfs Diener mit Gift nachgeholfen haben soll.

Jesko von Puttkamer (1855-1917), ein Neffe des Reichskanzlers Otto von Bismarck stand als Nachfolger des glücklosen Kaiserlichen Kommissaren Falkenthal seit 1887 bis Oktober 1888 interimistisch und ab 1889 als Kaiserlicher Kommissar an der Spitze der Kolonie.

Am 21.Dezember 1893 erhielt er den Titel *Landeshauptmann*. Das Gebiet der Kolonie umfasste zu dieser Zeit ca. 40.000 Quadratkilometer. Zu seinen Aufgaben gehörten in der Personalpolitik der Aufbau einer effektiven Kolonialverwaltung sowie der Umbau der vorhandenen Polizeitruppe zu einer schlagkräftigen Schutztruppe. Für den Verwaltungsaufbau suchte er Beamte, die sich in Togo langfristig eine Karriere aufbauen wollten.

Sein Ziel war die weitere Expansion der Kolonie nach Norden. Dazu ließ er eine 100 Kilometer lange Straße von Lome nach Palime durch Busch und Savanne bauen und errichtete am 7. Mai 1890 auf dem 470 Meter hohen Pass die erste Verwaltungs- und Forschungsstationstation im Landesinnern, die er Misahöhe nannte nach seiner Geliebten Misa von Esterhazy. Sie diente in erster Linie der Sicherung der über sie führenden Handels-und Karawanenstraße und sollte ein Gegengewicht gegen das Vordringen der Engländer und Franzosen darstellen.

Die privat finanzierte Deutsche Togo- Hinterlandexpedition (DTE) sollte durch Vertragsabschlüsse mit den lokalen Herrschern bis hinauf zum Niger neues Kolonialgebiet gewinnen. Im Dezember 1894 errichtete die Expedition in Kete-Kratschi eine Regierungsstation, die zweite Station *Bismarckburg* im Togo Hinterland nach *Misahöhe*.

Die Deutsche Togo Hinterland Expedition zog von dort weiter nach Salaga, Jendi und Sansanne Mungo, der Hauptstadt des Tschokossi Reiches, wo der Expeditionsführer Hans Gruner einen Schutzvertrag mit dem einheimischen König abschloss, obwohl dieser bereits vorher entsprechende Schutzverträge mit den Briten und Franzosen abgeschlossen hatte. Von dort zog die Expedition bis zum Nigerstrom bei Say und nach Gwandu im heutigen Nordnigeria. Im Mai 1895 kehrte die Expedition nach Lome zurück. Jesco von Puttkamer war zu dieser Zeit bereits Gouverneur in Kamerun. Sein Nachfolger wurde ab dem 25. März 1895 August Köhler (1850-1902).

Weitere Stationen entstanden in Kpandu, Ho am Volta, Atakpame und Jendi. In Nordtogo war die Station Kete Kratschi die einzige deutsche Militärstation. Sie wurde seit April 1895 durch den Oberleutnant Graf Zech auf Neuhofen geleitet. Unter seiner Leitung blühte die Station zu einem Handelszentrum auf, von dem zwei bedeutende Handelswege in das Innere Togos führten, die östliche Kotokoli Route, die über Sugu und Borgu zu den Haussastaaten sowie die westliche Route,die über Jendi in das Mossigebiet sowie weiter über Sansane-Mangu und Gurma nach Ganda führte. Graf Zech gelang es diese Handelsstraßen dadurch zu fördern, dass er zu den Häuptlingen an der Handelsstraße freundschaftliche Beziehungen aufnahm.

Als Graf Zech in Krete Kratschi die Nachricht erhielt, dass die Franzosen begannen, in Tschaudjo Stationen anzulegen, brach er, obwohl er nur über sehr bescheidene militärische und finanzielle Mittel verfügte, Anfang 1896 mit nur 16 Soldaten nach Paratau und Sugu auf. Dort gelang es ihm als Gegengewicht gegen das Vordringen der Franzosen den Oberhäuptling Djabo von Tschaudjo als Freund zu gewinnen und in Paratau eine kleine Station zu gründen. Mit dem

Oberhäuptling von Sugu schloss er sogar einen Schutzvertrag und hisste dort die deutsche Flagge.

Als schwierig erwies sich auch die Eroberung und Besiedlung des Hinterlandes vor allem im Norden, wo die muselmanischen Dagomba, die Tyokossi sowie die paleonegritischen Völker der Konkomba und Kabre siedelten.

Im Hinterland von Togo schlossen sich die einzelnen Eingeborenenstämme hermetisch gegeneinander ab und betrachteten jeden Fremden, der in ihr Land kam, grundsätzlich als einen Feind oder als willkommene Beute.

Im Dezember 1896 wurde eine Expedition unter der militärischen Führung von Oberleutnant Valentin von Massow nach Nordtogo ausgesandt. Als die Expedition die Einheimischen durch Niederbrennen ihrer Dörfer provozierte, stellten sich ca. 7000 Dagomba Krieger ihnen entgegen, die noch traditionell mit Pfeil und Bogen bewaffnet und dadurch den Deutschen waffentechnisch hoffnungslos unterlegen waren. Sie wurden bei Adibo, südlich von Jendi vernichtend geschlagen. Anschließend besetzten die Deutschen die Hauptstadt Jendi und brannten sie kurzerhand nieder. Danach zogen sie nordwärts bis nach Sansanne Mango weiter, wo sie eine Regierungsstation gründeten. Dabei gerieten sie in Konfrontation mit französischen und britischen Truppen, die ebenfalls die Gebiete im Norden Togos beanspruchten. Dadurch drohten die europäischen Regierungen in den Konflikt hineingezogen zu werden.

Diese Gefahr entschärften die europäischen Regierungen durch Abschluss internationaler Grenzvereinbarungen unter Aufteilung der strittigen Gebiete So wurde am 23.Juli 1897 in Paris zwischen Deutschland und Frankreich ein Vertrag über die Kolonialgrenzen in dieser Region abgeschlossen. In diesem Abkommen wurden die Grenzen der deutschen Kolonie im Wesentlichen festgelegt. Danach erkannte die französische Regierung den Anspruch der Deutschen auf das sogenannte Mono Dreieck, auf Mango, Tschaudjo und Bassari an, die Deutschen verzichteten dafür auf Gurma und Parma im Norden von Togo sowie Djougou im Nordosten. Damit erreichten die Franzosen ihr strategisches Ziel ihre Kolonialgebiete Dahomey (Benin) mit Obervolta (Burkina Faso) zu vereinigen.

Die Dagomba wurden erst in dem Gefecht vom 4. Dezember 1896, bei dem 100 Soldaten und 200 Träger der Schutztruppe gegen 7000 Dagomba Krieger kämpften, besiegt und unterworfen. Im Januar 1897 marschierten Massow und der seit Juli 1896 amtierende Stationschef von Sansanne Mango Dr.Gruner durch das Gebiet der Konkomba bis nach Bassari. Von dort aus zog Gruner südwestwärts nach Kete-Kratschi, Massow zusammen mit der Polizeitruppe entlang der Ostgrenze bis nach Sebe bei Anecho. Im Mai 1897 unternahm Gruner einen Züchtigungsfeldzug gegen die Bassari und errichtete dort eine Militärstation. Das Gleiche machte er in Banjeli und Bapurre im Konkombagebiet. Nach einer Niederlage von Gruners 23 köpfigen Söldnertruppe bei dem Ort Nali gab Gruner die Militärstation Sansanne Mango auf und zog sich nach Bassari zurück. Anschließend unterwarfen sich die Tchyokossi unter ihrem König Adjanda sowie der muselmanische-cotokolische Souverän von Tschaudjo den Deutschen. In den Jahren 1897 und 1898 wurden durch Dr. Gruner die Konkomba befriedet.

Zwischen 1897 und 1900 wurden insgesamt 25 Polizeiaktionen durchgeführt, davon richteten sich 8 gegen die Kabre, fünf gegen die Noba, Gurma und Nachaba, drei gegen die Bassari, Dagomba und gegen die Gemeinschaften des Dorfes Tschaudjo.

Durch die Expeditionen und den Abschluss von Schutzverträgen gerieten die Deutschen immer mehr in Gebiete, die zum Einflussbereich der Engländer gehörten. Herold gründete am Pass über dem Togo-Atakora-Gebirge die politische und wissenschaftliche Station *Misahöhe*.

Eine zweite Expedition wurde durch Bugslag und Kling durchgeführt. Während Bugslag bereits zu Beginn der Reise schwer erkrankte, erreichte Kling Tagored und Salaga, die Mohamedanerstadt, zog weiter durch das Gebiet Tschaudjo bis nach Barba und kehrt danach schwer angeschlagen nach *Bismarckburg* zurück.

Oberstleutnant Georg von Doering erreichte Bassari, wo er mit dem Oberhäuptling einen Schutzvertrag abschloss, der Forschungsreisende Dr. Hans Gruner schloss einen Vertrag mit Dakada von Kpando ab, in welchem er dem Häuptling als Anerkennung der Deutschen als Schutzmacht eine Rente zusicherte.

Die Togo Hinterland Expedition, die über Pama und Gurma Ssai und Giris am Niger erreichte, schloss einen entsprechenden Vertrag mit dem Sultan von Gando. Dasselbe erfolgte mit den Nupe, den Ilorin, den Kpele, Tamberma und Kebe, die alle den deutschen Kaiser als ihren Schutzherrn anerkannten. Oberstleutnant Ernst von Carnap- Quernheim reiste 1895/1896 von Salaga über Gambaga nach der Hauptstadt des Tschokossi Reiches Sansane-Mangu , wo er ein Schutzabkommen abschloss und eine Regierungsstation errichtete. Das gleiche machte er mit dem Gurmafürsten von Matschakuale.

Verstöße gegen die Schutzverträge sowie Ungehorsam und Arbeitsverweigerung wurden von den Deutschen sofort mit militärischen Machtmitteln, insbesondere durch Waffengebrauch, Strafexpeditionen der Polizeitruppe geahndet. Diese bestand aus großgewachsenen Negern, vor allem aus Haussas und Mossis.Um die gefährliche Lage zu entspannen, hatten sich Deutschland und England auf eine neutrale Zone, welche die Königreiche Gondja mit Salaga und Dagomba im Norden Togos umfasste, geeinigt. Diese Regelung blieb bis zum Abkommen aus dem Jahre 1900 bestehen, als das in der neutralen Zone befindliche Dagomba-reich zusammen mit Konkomba an Deutschland ging. Damit fanden die Erschlie-ßungs- und Unterwerfungsexpeditionen ihren endgültigen Abschluss. Alle Gebiete in Togo befanden sich nunmehr im deutschen Besitz und konnten für den Handel freigegeben werden. In der Folgezeit wurden lediglich in Einzelfällen kleinere Stra-fexpeditionen gegen unbotmäßige Häuptlinge unternommen.

In einem weiteren Kolonialabkommen vom 1.Juli 1890, dem sogenannten *Sansibar-Helgoland* Vertrag gelang es Deutschland und England bereits vorher ihre kolonialen Interessenssphären vor allem in Ostafrika abzustecken, indem Deutschland seine Ansprüche auf die Insel Sansibar im Tausch gegen die Insel Helgoland aufgab. In diesem Abkommen wurde was Togo betrifft vor allem die Grenze zur britischen Goldküstenkolonie zwischen der Grenze bei Lome bis an die Südgrenze geregelt. Als Grenzen in Nord- Süd Richtung wurden drei in diese Richtung fließende Flüsse bzw. Bäche, für die Ost- West Richtung drei Breiten-grade ausgewählt. Landeshauptmann Puttkamer bezeichnete 1892 die verein-barte Grenze zwischen Lome und dem Mittelauf des Volta, die wie ein Zickzack-linie verlief und das Siedlungsgebiet der Ewe durchschnitt als eine unnatürliche Zerstückelung des Gebietes und als politisch bedenklich.

Nach diesem Abkommen erhielt Deutschland die Landschaften Adaklu, Kpan-do und Ho sowie das linke Voltaufer zwischen den Mündungen des Daji und Daka. Dadurch dass die Grenze nicht in der Flussmitte des Volta gezogen wurde, ging der für die Region wichtige Voltafluss ganz an England. Zugrunde lag ein verhängnisvoller Fehler des deutschen Unterhändlers, der als Grenze das linke Ufer des Volta vorschlug, um die ganze Breite des Flusses für Deutschland zu sichern. Dabei übersah er, dass nach internationalem Recht ein Fluss immer von seiner Quelle aus gesehen wird. Dies wurde von den Engländern ohne Zögern akzeptiert. Seinen Irrtum, den Deutschland vom ersehnten Zugang zum Volta ausgeschlossen hatte, bemerkte der Diplomat erst nach seiner Rückkehr nach Berlin. Im Jahr 1895 schloss Dr. Hans Gruner mit dem am Niger gelegenen Gando Verträge ab. Darin wurden die Gebiete Nupe und Ikorin unter deutschen Schutz gestellt.

Im November 1897 ließ Thierry den Tschokossi König Nbema Sabie auf der Flucht erschiessen, ersetzte ihn durch den ihm genehmen König Adjamda und ließ ihn auf den Kaiser vereidigen. Dasselbe geschah mit anderen Häuptlingen und Königen. Sie wurden, soweit sie sich den Anordnungen der Kolonialverwaltung widersetzten, abgesetzt und durch der Kolonialverwaltung ergebende Personen ersetzt. Oft genügte danach schon die Androhung von Gewalt, um einen lokalen Herrscher zum kolonialen Gehorsam zu veranlassen. Das von den Kolonialherren bei ihren Feldzügen verwandte Schema beschrieb Oberstleutnant Massow nach der Eroberung des Konkomba Landes im Dezember 1897 wie folgt:

Im Ganzen habe ich ca. 40-50 Ortschaften eingeäschert, soviel als möglich Farmen zerstört, ca. 300 Stück Rindvieh und 100-200 Schafe fortgetrieben. Die Eingeborenen, die sich mit Pfeil und Bogen zur Wehr setzten, wurden gnadenlos mit den modernen Präzisionswaffen zusammengeschossen.

Massow erkrankte am 19. Juli 1899 an Schwarzwasserfieber, woran er kurz danach am 23. Juli 1898 verstarb. Er wurde zunächst am am 25. Juli 1899 unter militärischen Ehren unter einem großen Schattenbaum auf dem Stationshof von Kirikjikri begraben und später nach Deutschland überführt.

Im Rahmen des sogenannten Samoaabkommens vom 14. November 1899 sowie in einem gemeinsamen Protokoll vom 5. März 1901 wurden das Salaga Gebiet und das dazu gehörende Dagomba Reich zwischen Deutschland und England territorial aufgeteilt. Deutschland und England vereinbarten die Aufteilung der neutralen Zone zwischen der britischen Goldküste und der Kolonie Togo und das nördlich von ihm gelegene Hinterland am grünen Tisch ohne Rücksicht auf ethnische, gesellschaftliche und politische Bedingungen, wobei Salaga und der Hauptteil dem Gebiet der Goldküste und damit den Briten zugeschrieben wurde.

1897 zog die Kolonialverwaltung von Sebe nach Lome um, allein schon wegen des dort für Europäer erträglicheren Klimas und der besseren strategischen Lage in Bezug auf das englische Kittadreieck. In den nördlichen unterworfenen Teilen Togos richteten die Deutschen eine indirekte Verwaltung ein, diese Gebiete durften von Fremden nur mit ausdrücklicher Genehmigung der Kolonialverwaltung betreten werden. Dabei nahmen sie keine Rücksicht auf Ethnien und traditionelle politische Einheiten. Nach etwa 15 Jahren erlebte Togo ab 1901 eine ruhige, weitgehend friedvolle Zeit abgesehen von einigen Skandalen wie die Tötung eines Unterhäuptlings im Jahr 1902 unter Gouverneur Horn, der an den Folgen der Auspeitschung verstarb. Togo wurde von Aufständen Eingeborener wie in Deutsch- Südwest und Deutsch- Ostafrika weitgehend verschont, was Togo den Ruf als Musterkolonie einbrachte.

5. Das Schicksal Togos nach Ausbruch des 1. Weltkriegs

Nach dem Ausbruch des 1. Weltkrieges wurde die Kolonie Togo gemeinsam von den Engländern und Franzosen erobert und am 27. August 1914 offiziell den Engländern übergeben. 1916 wurde Togo zwischen den Engländern mit einem Gebiet von 33.000 Quadratkilometern und den Franzosen, die ein Gebiet von 54.000 Quadratkilometern erhielten, aufgeteilt.

Durch den Versailler Vertrag verlor Deutschland 1920 seine Kolonie Togo endgültig, wobei der Westteil Togos zur britischen Kolonie Goldküste, der Ostteil französisches Mandatsgebiet wurde. 1956 wurde Britisch- Togoland nach einer Volksabstimmung an Ghana angegliedert, während Französisch- Togoland zur unabhängigen Republik Togo wurde.

III. Staatliche Institutionen

1. Die Kolonialverwaltung 30)

An der Spitze der Kolonie Togo stand der kaiserliche Repräsentant. Dieser trug ab 1885 den Titel Kaiserlicher Kommissar, ab Dezember 1893 den Titel Landeshauptmann und ab April 1898 den Titel Gouverneur. Zu seinen Aufgaben gehörte die Planung, Organisation und Kontrolle der die gesamte Kolonie betreffenden Angelegenheiten. Unterteilt war die Verwaltung in einzelne Fachreferate wie Finanzen, Zoll, Medizinalwesen, Vermessung, Kataster, Bauwesen und Militär. Mit jedem Amtsantritt eines neuen Gouverneurs verbanden die Afrikaner die Hoffnung, es werde nunmehr besser. Das Gleiche erwarteten sie auf lokaler Ebene von jedem neuen Bezirkschef. Der Vertreter des Gouverneurs war der Kanzler oder Erste Referent. Bis 1891 unterstand Togo der deutschen Verwaltung durch die Kolonie Kamerun. Erster Oberkommissar für Togo war in dieser Zeit der Gouverneur von Kamerun, Freiherr Julius von Soden, erster Reichskommissar Ernst Falkenthal.

Erster Amtssitz des Reichskommissars war zunächst der Küstenort Bagida, danach Sebe an der Nordseite der Lagune. 1897 wurde der Verwaltungssitz von Sebe aufgrund des besseren Klimas dort nach Lome verlegt. Haupthandelszentrum war Anecho, das frühere *Klein-Popo*.

Die Kolonie Togo war zunächst in sieben, ab 1905 nach Aufteilung von Lome in einen Stadt- und Landbezirk in acht Verwaltungsbezirke aufgeteilt. Davon lagen in Nordtogo die Bezirke und Regierungsstationen Sokode-Bassari, Sansanne Mango sowie Kete-Kratschi im Nordosten am Fernhandelsweg der Haussa. Der Zugang zu den drei Nordbezirken war von 1907 bis 1912 gesperrt und erforderte eine besondere Genehmigung, auch für Deutsche.

Die anderen Bezirke und Bezirksämter im Süden Togos waren Atakpame, Misahöhe, am Fernverkehrsweg beim Ort Palime sowie die Küsten- und Handelszentren Anecho und Lome. Lome wurde durch den Gouverneur Zech am 1. August 1905 in die Bezirke Lome Stadt und Lome Land aufgeteilt.

Zwischen den militärisch organisierten Regierungsstationen und den zivilen Bezirksämtern bestanden verwaltungstechnisch keine wesentlichen Unterschiede. An der Spitze eines Verwaltungsbezirkes, Regierungsstation oder Bezirksamt stand ein Stationsleiter, ein Amtsvorsteher oder Bezirksamtmann als Bezirkschef. Dieser war anfangs längerfristig eingesetzt, erst ab 1910 ging man zur Auswechslung des Stationsleiters über, um den Einfluss der Stationsleiter auf das Gouvernement einzuschränken. Die Stationsleiter regierten ihren Bezirk jeweils souverän wie Könige. Ihnen waren vom Gouverneur weiterreichende Zuständigkeiten übertragen, nicht nur die Aufrechterhaltung von Ruhe und Ordnung, sondern auch die Entwicklung von Handel und Landwirtschaft. Außerdem wurden ihnen zivile, militärische und juristische Machtbefugnisse übertragen. Dadurch wurden sie zu den eigentlichen unumschränkten Machthabern in der Kolonie, die selbst einen Gouverneur entmachten konnten.

Den Bezirkchefs standen ein Verwaltungsassistent sowie ein Unteroffizier als Polizeimeister zur Seite. Der Unteroffizier kommandierte zugleich auch die im Bezirk als Polizei stationierte Söldnereinheit. Auf lokaler Ebene in den Dörfern unterstanden die Dorfhäuptlinge der direkten Anweisung des Bezirkschefs. Sie konnten einen Häuptlingspolizisten unterhalten. Häuptlinge, die nach Ansicht der Bezirkschefs ihre Funktionen mit zu geringem Eifer oder mit übermäßigen Eigeninter0esse ausübten, konnten entweder vom Bezirkschef entlassen oder wegen Amtsmissbrauchs oder Erpressung bestraft werden. In der Verwaltung waren viele Einheimische beschäftigt.

2. Die Polizeitruppe 31)

Anders als in den anderen deutschen Kolonien gab es in Togo lediglich eine Polizeitruppe, die für Ruhe und Ordnung zu sorgen hatte, niemals jedoch eine militärische Schutztruppe. Größere Aufstände gab es in Togo nur in den ersten Jahren der Besitzergreifung der Hinterlandbezirke Togos. Ansonsten blieb es in Togo anders als in den anderen afrikanischen Schutzbezirken weitgehend ruhig.1885 gründete der nach Togo entsandte Kaiserliche Kommissar mit zunächst zwölf Söldnern diese Polizeitruppe. Kommandosprache war deutsch, das mit englischen Sprachbrocken durchsetzt war. Von 1886 bis 1894 bildete Feldwebel Julius von Piotrowski als Polizeimeister die Polizeitruppe zu einer kleinen, schlagkräftigen Kolonialtruppe aus. Von den Untergebenen wurden bedingungsloser Gehorsam und die Befolgung von Befehlen verlangt. Dabei vermied man es den Polizisten mehr Wissen als nötig zu vermitteln aus Angst, diese könnte ihr Wissen gegen die Kolonialherren verwenden. 1897 bestand die Truppe aus einem Kommandeur, drei Unteroffizieren und 150 einheimischen Polizisten. Im gleichen Jahr erhielt die Polizeitruppe das erste Maschinengewehr, man bildete jedoch keinen Einheimischen zu dessen Bedienung aus.Die Polizeitruppe bestand zuletzt aus 560 Mann, 2 Offizieren, 6 Unteroffizieren. Ihr gelang es kleinere Aufstände zwischen 1895 und 1899 zu unterdrücken. Die Truppe war mit dem Kavallerie- Karabiner 71 bewaffnet und trug weiße, mit rotem Nahtbesatz versehene Marineuniformen und den roten Fes, jedoch keine Schuhe, so dass sie barfuß marschierten und paradierten. Erst 1913 kam es zu einem größeren Aufstand der Dagomba, der jedoch auch von der Polizeitruppe unterdrückt wurde. Die zahlenmäßig zu schwache Polizeitruppe kapitulierte bereits am 25. August 1914, kurz nach Ausbruch des 1. Weltkriegs.

3. Eingeborenenpolitik 32)

Die Kolonialverwaltung Togos orientierte sich an der preußischen Bürokratie und dem preußischen Militarismus. Dies führte bei der Eingeborenenpolitik im Ergebnis dazu, dass die Deutschen ein Rassistenregime errichteten, das dem südafrikanischen Apartheidsystem gleichkam, eine Unterteilung von *Weißen* und *Schwarzen*, Deutschen bzw. Europäern und Afrikanern. Staatsbürgerliche Rechte hatte nur die Deutschen, ihnen waren auch die leitenden Positionen in der Kolonie vorbehalten. Das Prinzip der Rassendiskriminierung gehörte deshalb trotz gegensätzlicher Bekundungen zum Alltag der Kolonialverwaltung. Sie war ein wichtiger Bestandteil der Herrschaftssicherung und darauf ausgerichtet die Diskrepanz im Entwicklungsniveau zwischen Deutschland und Togo nicht zu verkleinern, sondern zu vergrößern.

Über die von ihm und dem Deutschen Reich verfolgte Eingeborenenpolitik hat sich Graf Zech ungewohnt offen in einer Denkschrift wie folgt ausgesprochen:

Den Eingeborenen hat die deutsche Verwaltung mancherlei Unannehmlichkeiten gebracht und tief in ihr Privatleben eingegriffen. Sie hat den Sklavenhandel unterbunden, das Sklavenhalten erschwert, diese seit Jahrhunderte bestehende und tief ins Wirtschaftsleben eingreifende soziale Einrichtung in kurzer Zeit fast beseitigt, und sie tritt mancher althergebrachten Rechtsanschauung als mit den Begriffen der Zivilisation unvereinbar entgegen. Sie verlangt Steuerleistungen von den Eingeborenen und vieles andere mehr.

Wenn diese Neuerungen den Eingeborenen auch in den ersten Jahren recht unbequem waren, so haben sie sich doch mit der Zeit damit abgefunden. Sie erkennen immer mehr, dass ihnen die deutsche Verwaltung andererseits auch wesentliche Vorteile bringt und haben einsehen gelernt, dass die Regierung nicht allein den Handel der Europäer zu schützen und zu fördern sucht, sondern auch den Interessen der Eingeborenen dient. Raub und Erpressung sind beseitigt worden, Ruhe, Sicherheit und Ordnung sind im Lande geschaffen.

Der Verkehr, der sich früher nicht über die Nachbarorte hinaus erstreckte, ist jetzt auf weite Entfernungen ermöglicht und durch Anlage von Wegen, Brücken und Eisenbahnen erleichtert. Die Verwaltung hat ferner die Eingeborenenkulturen verbessert, sie hat Schulen errichtet, in wasserarmen Gebieten durch Tiefbohrungen Wasser erschlossen und durch Ärzte, die unter den Eingeborenen oft verheerend auftretende Seuchen wie z.B. die Pocken, bekämpft sowie die hygienischen Verhältnisse nach Möglichkeit verbessert. Auch beim Handel mit dem europäischen Kaufmann finden die Eingeborenen ihren Vorteil. Sie erhalten durch ihn Werte in die Hand, welche sie zur Verbesserung ihrer Lebenshaltung verwenden können.

Die Teilnahme der Eingeborenen an der Verwaltung erstreckt sich bisher nur auf die Mitwirkung der eingeborenen Häuptlinge und ihrer Organe, welche unter Aufsicht und als Mittelspersonen der örtlichen Verwaltungsbehörden die ihnen unterstellten Gemeinden und Landschaften verwalten. Hierbei wird streng darüber gewacht, dass keine Übergriffe durch die eingeborenen Machthaber geschehen und andererseits, wo es nötig ist, die Autorität der eingesetzten Häuptlinge geschützt und gestärkt. Bei der fortschreitenden Entwicklung der Küstenorte und einer späteren Einrichtung von Kommunalverwaltungen wird es wohl möglich sein, besonders befähigte Eingeborene durch Verleihung von beratenden Stimmen an der örtlichen Verwaltung teilnehmen zu lassen.

4. Liste der Kaiserlichen Kommissare und Gouverneure von Togo

Freiherr Julius von Soden, Kaiserlicher Kommissar	1884-1885
Ernst Falkenthal, Kaiserlicher Kommissar	1885-1887
Jesko von Puttkamer, Kaiserlicher Kommissar	1887-1888

Eugen Ritter von Zimmerer, Kaiserlicher Kommissar 1888-1891
Jesko von Puttkamer 1892-1895
August von Köhler bis 1898 Landeshauptmann, dann Gouverneur 1895-1902
Waldemar Horn, Gouverneur 1902-1905
Julius, Graf von Zech auf Neuhofen, Gouverneur 1905-1910
Edmund Brückner, Gouverneur 1910-1912
Herzog Adolf-Friedrich zu Mecklenburg- Schwerin, Gouverneur 1912-1914
Hans Georg von Doering, Gouverneur 1914

5. Gerichtsbarkeit und Recht, Strafen, Strafexpeditionen, Kettenhaft 33)

Da es ein schriftlich niedergelegtes Zivil- und Strafgesetz für Eingeborene nicht gab, wurden bei der Rechtsprechung gegen Eingeborene die im deutschen Zivilgesetzbuch bzw. Strafgesetzbuch niedergelegten gesetzlichen Bestimmungen und Rechtsanschauungen angewandt. Dabei wurden die besonderen afrikanischen Verhältnisse in besonderer Weise berücksichtigt, dadurch dass ein weites Ermessen auf Grundlage des gesunden Menschenverstandes eingeräumt wurde. Dieses führte in der Regel zu pragmatischen Entscheidungen, durch welche der Rechtsfrieden wiederhergestellt werden konnte.

Die Rechtsprechung über die Eingeborenen lag in den Händen der Bezirksamtmänner und Stationsleiter. Nur schwere Strafen wie die Todesstrafe sowie eine Gefängnisstrafe über sechs Monate bedurften der Bestätigung durch den Gouverneur. Dieser war auch für die Entscheidung über Berufungen gegen erstinstanzliche Urteile zuständig. Die Gerichtsbarkeit über Europäer fiel in die Zuständigkeit des Bezirksrichters in Lome. Während Widerstand und Aufstände ganzer Bevölkerungsschichten von der Kolonialverwaltung durch Aussenden von Strafexpeditionen geahndet wurden, bei denen die Kolonialherren insbesondere ihre waffentechnische Überlegenheit ihrer Maschinengewehre gegenüber den Eingeborenen ausspielten, hatte der Ungehorsam Einzelner gegenüber den Geboten der Kolonialherren, den Einsatz der Prügelstrafe zur Folge. Über den Einsatz der Prügelstrafe gab es Vorschriften und Dienstanweisungen. So wurde durch eine Dienstanweisung des Gouverneurs Zech als Züchtigungsinstrument ein Tauende von ungefähr 60 cm Länge und 1 bis 2 cm Stärke bestimmt. Dabei durften nur vom Gouverneur verabfolgte Tauenden in Gebrauch genommen werden. Der Gebrauch des Tauendes wurde für humaner erachtet als der traditionelle Gebrauch der Nilpferdpeitsche oder Dickhäuterpeitsche, die vielfach schwere Verletzungen und Arbeitsunfähigkeit zur Folge hatte. Trotz dieser Bestimmung wurden Afrikaner von Deutschen auch mit der Reitpeitsche, der Gerte oder einem Stock geschlagen. Das offizielle Strafmaß betrug 25 Schläge mit

61

dem Tauende, wobei ein Schlag besonders dem Kaiser gewidmet war *and one for the Kaiser*. Die Prügelstrafe gehörte damit zum Alltag in der Kolonie. Allein schon aus ihrer rassistischen Grundhaltung heraus glaubte jeder Weiße einen Eingeborenen ohne Einschränkung schlagen zu dürfen. Die Prügelstrafe wurde für systemerhaltend erklärt und bedingungslos eingesetzt nicht nur durch Kolonialbeamte. Selbst Gouverneur von Puttkamer bekannte 1894 in einem amtlichen Schreiben an die Kolonialabteilung in Berlin:

Wir Deutschen haben leider wohl nicht ganz zu Unrecht hier an der Küste den sprichwörtlichen Ruf besonderer Brutalität.

Eine weitere während der deutschen Kolonialherrschaft gebräuchliche Strafe war die Kettenhaft bzw. die Gefängnisstrafe mit Zwangsarbeit. Dabei bestanden kaum Unterschiede, weil man die zu Kettenhaft Verurteilten zur Arbeit heranzog die anderen Gefangenen schloss man bei der Zwangsarbeit wegen Fluchtgefahr ebenfalls an eine Kette an. Außerdem wurden die Gefangenen noch geschlagen oder ihnen Stöße mit dem Gewehrkolben versetzt. Als Strafen wurden auch das stundenlange Strafestehen, bis der zu Bestrafende vor Erschöpfung umfiel, sowie die Unterbringung der Eingeborenen und ihrer Familie in Sippenhaft oder in Verbannungssiedlungen verhängt. 1902 wurde durch eine Gouverneursverordnung die Haussklaverei beseitigt. Ab 1907 wurde ein eigenes Eingeborenenrecht geschaffen.

6. Der Haushalt, Einnahmen und Ausgaben Togos 34)

Als Musterkolonie wurde Togo vor allem auch wegen eines ausgeglichen Haushaltes bezeichnet, das die Kolonie von Zuschüssen des deutschen Reiches weitgehend unabhängig machte. Bereits fünf Jahre nach der Gründung der Kolonie im Jahre 1884 hatte sich Togo den Ruf einer deutschen Musterkolonie erworben, weil in den offiziellen Bilanzen Einnahmen und Ausgaben ausgeglichen waren. Auf der Einnahmeseite schlugen vor allem die Handelszölle zu Buche, durch welche die Verwaltungskosten der Kolonie im Wesentlichen gedeckt werden konnten. Zu diesen Verwaltungskosten wurden jedoch nicht die Kosten für Expeditionen in das Landesinnere gezählt. Diese wurden aus dem *Afrikafonds* bestritten, der eigentlich wissenschaftlichen Zwecken diente.

Begünstigt wurde die Lage in Togo vor allem auch dadurch, dass Widerstand der einheimischen Bevölkerung fast ganz ausblieb und deshalb auch Kosten für Militäraktionen nicht anfielen. Dies hob vor allem die Kölnische Zeitung in einem Artikel vom 10. November 1894 hervor:

Unsere Musterkolonie Togo, die sich aus winzigsten Anfängen und fast ohne Reichszuschuss aus eigenen Zolleinnahmen stattlich entwickelte, hat uns im Gegensatz zu Kamerun, Südwest- und Ostafrika bisher nicht die allerleiseste Sorge bereitet. Es ist dort niemals deutsches Blut geflossen und abgesehen von der Unterdrückung einer kleinen Räuberei in Dokbodewe im April 1891 niemals zu einem Kampf gekommen.

Der günstige Haushaltsabschluss ist dabei vornehmlich auf die Mehreinnahmen an Steuern und Zöllen zurückzuführen, was der Kolonie es über mehrere Jahre hinweg ermöglichte ihre Ausgaben aus eigenen Einnahmen zu bestreiten. Haupteinnahmequellen der Kolonialverwaltung waren die Zölle, deren Tarif 1904 von 4 % auf 10 % angehoben wurde. Zollfrei blieben Waren wie künstliche Düngemittel, landwirtschaftliche Maschinen und Geräte, Mineralwasser.

Andere Waren, deren Verbreitung volkswirtschaftlich weniger erwünscht waren wie Alkohol, Tabak, Feuerwaffen, Pulver sowie Spirituosen waren mit hohen Zöllen belegt. So wurde der Einfuhrzoll von 64 Pfennig pro Liter in 1907 auf 80 Pfennig je Liter angehoben . Trotz dieser Anhebung sanken die Zolleinnahmen ständig von 91 % im Jahre 1902 auf 50 % im Jahre 1914. An deren Stelle trat die Erhebung direkter Steuern. An Steuern wurden eine Spirituosen- oder Branntweinsteuer, Schank- und Verkaufssteuer, eine Firmensteuer, eine Hundesteuer sowie eine Gummihandel- Erlaubnissteuer erhoben.

Am 20. September 1907 erließ der Gouverneur Zech eine Verordnung *betreffend die Heranziehung der Eingeborenen zu Steuerleistungen*. Danach hatte jeder männliche Togolese zwölf Arbeitstage im Jahr an Steuerleistungen zu erbringen. Für Verdienste von über 400 Mark, ab 1914 von 600 Mark wurde eine Einkommensteuer nach einem gestaffelten Einkommenstarif erhoben. Statt die Arbeit in Person zu leisten konnte der Eingeborene für jeden Tag 0,50 Mark als Ablösung zahlen. Eine Sonderregelung bestand für die Bevölkerung von Lome und Anecho, vormals *Klein Popo*, sie hatten die Steuer auf der Grundlage ihres Einkommens ausschließlich in Geld zu leisten.

Auch in anderen Landesteilen zogen viele männliche, arbeitsfähige Steuerpflichtige (ca. 41 %) die Zahlung von Geld der Arbeitsleistung als Ablösung vor. Seit dem 1.4.1908 war die Ablösung der Steuerarbeit durch Geld möglich, seit dem 1.4.1909 galt für die Eingeborenen in Lome und Anecho eine Eingeborenensteuer. Diese richtete sich nach der Höhe des Einkommens und wurde in mehreren Klassen mit steigenden Sätzen erhoben. Nur wenn diese Steuer in Geld nicht entrichtet wurde, trat an ihre Stelle Steuerarbeit. Steuerpflichtige aus dem Norden, die ihre Steuer nicht in Geldform zahlen konnten, wurden vielfach zur

Pflichtarbeit im Süden zwangsverpflichtet. Bei der Pflichtarbeit handelte es sich um körperliche Arbeiten, vor allem beim Bau von Regierungsstationen und Rasthöfen, Arbeiten im Rahmen von Aufforstungen und bei Versuchspflanzungen, Botengänge und Lastenbeförderung, beim Bau und Unterhaltung von Wegen, Straßen, Brücken, Märkten, Plätzen auf Baumwollfeldern und Kapok Plantagen. Diese Arbeiten kamen vor allem der Kolonialverwaltung und der Allgemeinheit zunutze. Einnahmen aus direkten Steuern stiegen von 57.000 Mark im Jahre 1907 auf 853.000 Mark im Jahre 1912.

Die Erhebung der direkten Steuern erfolgte anhand von Steuerkarten. Sie wurden in den Dörfern von den Häuptlingen überwacht, die dafür mit 4 % an den Steuereinnahmen beteiligt wurden. Weitere Einnahmen kamen aus Gerichtsgebühren und Polizeistrafen im Jahr 1913 insgesamt 44.450 Mark, aus den jährlichen Taxen der Export- und Importfirmen, seit 1899 insgesamt 800 bzw. 1000 Mark für die Hauptniederlassung sowie 400 bzw. 500 Mark für jede Zweigniederlassung.

Dazu kamen Einnahmen aus den drei Eisenbahnlinien von Lome nach Anecho, der Linie Lome-Palime und der Linie Lome- Atakpame, dazu Einnahmen aus der Landungsbrücke bei Lome, die 1904 fertiggestellt wurde. Seit 1905 konnten auch die Zinsen und die Tilgung der vom Reich für den Bau der Eisenbahnlinie von Lome nach Palime gewährten Darlehen in Höhe von 780.000 Mark und seit 1911 auch die Zinsen und Tilgung für die zum Bau der Hinterlandbahn nach Atakpame aufgenommene Schutzgebietsanleihe in Höhe von 10.500.000 Mark aus den Einnahmen bestritten werden. Der Betrag für den Bau der Küstenbahn von Lome nach Anecho von insgesamt 1.120.000 Mark konnte ebenfalls aus den laufenden Einnahmen der Rechnungsjahre 1901,1902,1904 und 1905 entnommen werden Das Rechnungsjahr 2010 schloss mit einem Überschuss von 721.000 Mark, 2011 mit einem Überschuss von 672.924 Mark ab, auch in 1912 war der Haushalt ausgeglichen. Ausgaben von 3.150.610 Mark standen Einnahmen in gleicher Höhe gegenüber 1913 betrugen die Einnahmen der Kolonie 4.057.136 Mark, diesen standen Ausgaben von 3.593.636 Mark gegenüber, was unter dem Strich zu einem positiven Ergebnis führte Ursache für die geringen Ausgaben Togos waren vor allem die geringen Ausgaben für die Kolonialverwaltung, Pensionen und Militäraktionen. Diese günstige Haushaltslage gab Togo die Möglichkeit ca. 7 % des Haushaltsvolumens von 4 Millionen Mark in den Bau von Krankenhäusern und Schulen zu investieren.

V. Die Infrastruktur in Togo

1. Straßen- und Eisenbahnbau 35)

Die Infrastruktur in Togo wurde vor allem durch den Straßen- und Eisenbahnbau bestimmt. Es wurden in der deutschen Kolonialzeit drei Eisenbahnstrecken mit einer Gesamtlänge von ca. 320 Kilometern gebaut. Die Eisenbahn veränderte das wirtschaftliche und soziale Leben in der Kolonie entscheidend in Richtung auf eine städtische Siedlungsstruktur. Neben der Eisenbahn gewannen auch das Automobil sowie das Fahrrad als Verkehrs- und Transportmittel immer mehr an Bedeutung. Viele Straßen des ca. 1216 Kilometer umfassenden Straßennetzes waren jedoch nicht asphaltiert. Die Verbindung nach Deutschland erfolgte seit 1899 über den Schiffsverkehr dreimal monatlich durch Hamburger und Liverpooler Dampfer.

2. Die Landfrage 36)

In Deutschland war die rechtswidrige Vertragspraxis der im Jahre 1902 gegründeten Togogesellschaft von den Eingeborenen Ländereien zumeist gegen Schnaps einzutauschen und diese später beim Bau der Eisenbahnlinie von Lome nach Palime teuer zu verkaufen und damit riesige Spekulationsgewinne zu erzielen, auf heftige Kritik gestoßen. Die Togogesellschaft hatte 1902 für wenig Geld von der Regierung 40.000 Hektar fruchtbares und dichtbesiedeltes Land im Bezirk Misahöhe erworben und mit einem eingeborenen Arbeiterproletariat ein europäisches Plantagensystem geschaffen. Um die Vorwürfe gegenüber der Togogesellschaft zu prüfen, wurde ein Untersuchungsausschuss eingesetzt, der im September 1910 den Landbesitz der Togogesellschaft auf 17.663 Hektar reduzierte. Darüber hinaus wurde 1910 eine Landreform unter Leitung von Graf Julius von Zech auf Neuenhofen durchgeführt. Zech kam 1895 nach Togo und erwarb in den folgenden Jahren von seiner Station Kete Kratschi Ländereien in Mittel- und Nordtogo für das Deutsche Reich.

Zech trat danach in den Zivildienst über und wurde der erste Bezirksamtmann von Anecho sowie von 1903-1905 stellvertretender und von 1905-1910 Gouverneur von Togo. Mit seiner Landreform beschloss Zech den Kauf von Grundstücken der Eingeborenen weitgehend durch die Erbpacht zu ersetzen. Auch konnten hinsichtlich von Ländereien, soweit ein Einheimischer assistierte, durch einen *Eingeborenenvogt* Besitzrechte angemeldet werden. Diese Ländereien konnten nicht mehr wie früher üblich für herrenlos erklärt werden. Zech setzte auch durch, dass die einheimischen Bauern unterschiedliche Kulturen anbauten, was sie von den zufälligen Schwankungen des Agrarweltmarktes weitgehend unabhängig machte. Neben der Landreform förderte Zech über die Missionen die Bildung der Eingeborenen und ihre technischen Fähigkeiten durch Entwicklungsprogramme im agrarischen, forst- und landwirtschaftlichen Bereich, z.B. in Form von Kleintierfarmen.

Außerdem versuchte er das Eingeborenenrecht zu kodifizieren und das deutsche Zivil- und Strafrecht mit dem Gewohnheitsrecht der Eingeborenen zu verbinden. Für Lome plante er eine Stadtverwaltung unter Teilnahme der eingeborenen Bürger, denen er mehr Verantwortung und Mitsprache übertragen wollte.

3. Eisenbahnbau [37]

Das Eisenbahnstreckennetz in Togo hatte eine Gesamtlänge von 320 Kilometern. Als erste Eisenbahnlinie in Togo wurde am 18.Juli 1905 die 43 Kilometer lange Linie Lome nach Anecho an der Küste , die sogenannte Küstenbahn oder *Kokosnusslinie* eröffnet. Sie diente vor allem dazu die wichtigsten Produkte der Küstenregion Palmkerne, Palmöl und Mais zur Landungsbrücke nach Lome zu bringen. Die Linie verlief auf der Sandbank von Lome nach Anecho *(Klein Popo)* inmitten von Dünen und Kokosnussplamen.

Gebaut wurde sie von März 1904 an mit vier Deutschen und 150 Afrikaner. Die Baukosten betrugen 1.8 Millionen Mark, die aus dem Kolonieetat finanziert wurden. Auf der Strecke fuhren jährlich ca. 40.000 Personen, die meisten von ihnen brachten ihre landwirtschaftlichen Produkte in die Stadt. Am 27. Januar 1907 folgte die 119 Kilometer lange Eisenbahnstrecke in nordwestlicher Richtung von Lome nach Palime, die *Inlandbahn* oder *Kakaobahn*, auf der vor allem die Produkte der Plantagen am Agu Berg transportiert wurden. In Palime gab es 1913 acht Zweigfaktoreien von Handelsfirmen, 2 Baumwollentkernungsanlagen, je eine evangelische und katholische Missionsstation sowie eine Regierungsklinik.

Am 1. November 1911 wurde als dritte und letzte Bahnlinie die *Hinterlandbahn oder Baumwolllinie*, die 167 Kilometer lange Eisenbahnlinie von Lome nach Atakpame eröffnet, die Togos Hauptbaumwollanbaugebiet mit der Hauptstadt Lome verband und billige Arbeitskräfte aus dem Norden in den Süden Togos brachte. Sie wurde überwiegend fertiggestellt durch Steuerarbeiter oder Pflichtarbeiter aus Nordtogo, die wegen ihrer Steuerrückstände für ein Jahr zwangsverpflichtet wurden sowie durch angeworbene Kontraktarbeiter, die bei einem 9 Stunden Tag 75 Pfennig Lohn abzüglich 25 Pfennig für Verpflegung erhielten. Die Sterblichkeitsrate unter den Arbeitern war hoch, so starben von den 2000 eingesetzten Arbeitern 336. Dies hatte zur Folge, dass viele der restlichen Arbeiter voller Panik zur Goldküste flohen. Die Hinterlandbahn erwies sich auch als wenig rentabel, da die Gebiete gering bevölkert waren.

Die Eisenbahngesellschaft, die über 18 Lokomotiven, 20 Personenwagen und 200 Güterwaggons verfügte, wurde zum größten Arbeitgeber in Togo. Das Personal der Eisenbahn setzte sich aus ca. 20 deutschen Lokomotivführern und 150 Afrikanern zusammen. In Lome befand sich eine Werkstatt für die Lokomotiven und Waggons.

4. Telekommunikation

Seit 1894 bestand eine telegrafische Verbindung zwischen Togo und Deutschland. Um den Funkverkehr mit den übrigen Kolonien auszubauen, beschloss die Reichsregierung in Zusammenarbeit mit dem Reichspost-, Reichsmarine- und Reichskolonialamt eine Großfunkstelle zunächst in Kamerun zu bauen, durch welche Berlin mit den afrikanischen Kolonien in Verbindung bleiben sollte. Da die Rufzeichen der Großfunkstelle Nauen bei Berlin nur bis zu einer Entfernung von 4600 Kilometern zu vernehmen waren, beschloss man die Großfunkstelle anstatt in Kamerun, in Togo zu errichten. Dort fand man in Kamina, in der Region von Atakpame den idealen Standort für eine Funk- und Empfangsstation für alle afrikanischen Kolonien.

Mit dem Bau wurde die Firma Telefunken beauftragt. Projektleiter war Freiherr Anton von Codelli, dem es am 7. Juni 1911 gelang nach Aufstellung eines Funkmastes eine Funkverbindung mit Nauen bei Berlin aufzubauen. Wegen atmosphärischer Störungen war zunächst nur ein Empfang am Vormittag und Abend möglich. Nach Anlegung von vier,120 Meter hohen Sendemasten aus Winkeleisen und drei Türmen von 75 Meter Höhe als Empfangsmasten und zwei weiteren Masten von 120 Meter Höhe als Sendeantenne und einem 3,8 Kilometer langen Drahtseil, das die Antenne bildete wurde Kamina zu einer Großfunkstelle ausgebaut und Ende Juli 1914 in Betrieb genommen. Die Großfunkstelle Kamina umfasste insgesamt ein Gebiet von 12 Quadratkilometern. Neben den Funkmasten standen auf der Fläche ein Sendehaus mit Wasserturm, eine Maschinenhalle, ein 14 Meter hoher Wasserturm sowie ein Wohnhaus für den Betriebsleiter, ein Gästehaus und Personalunterkünfte. Insgesamt kostete die Anlage 5 Millionen Mark. Sie war nur knapp einen Monat in Betrieb bis 24. August 1914, als die deutsche Regierung der Kolonialverwaltung nach Ausbruch des 1. Weltkrieges den Befehl erteilte, die Anlage selbst zu zerstören. Nach der Sprengung am 27.August 1914 wurde die Station von den Alliierten angegriffen und erobert.

5. Gesundheitsversorgung 38)

Bis zum Jahre 1908 gab es in ganz Togo nur zwei Krankenhäuser an der Küste in Lome und Anecho. Zu den in diesen Krankenhäusern stationierten Ärzten kamen ab 1908 Ärztehäuser mit guten Operations- und Laboratoriumsräumen in Palime sowie 1913 in Atakpame hinzu.

In Lome wurde am 23. Mai 1909 das mit deutschen Spendengeldern erbaute Königin- Charlotte-Krankenhaus im dortigen Europäerviertel eröffnet. Bis zu diesem Zeitpunkt trug jeder in Togo lebende Deutsche selbst das gesundheitliche Risiko. Starb jemand, so wurde er einfach durch einen anderen ersetzt. Die vorhandenen Regierungsärzte achteten aus rassistischen und kolonialen Gründen darauf, dass ihnen von den einheimischen Heilgehilfen keine Konkurrenz erwuchs, indem sie selbständig praktizierten und einen selbständigen Handel mit Medikamenten betrieben. Mancher Militärarzt fühlte sich darüber hinaus zu allgemeinen Verwaltungsaufgaben berufen, wodurch sie endgültig zu Kolonialbürokraten wurden.

6. Die Hauptstadt Lome 39)

Zur Zeit der Inbesitznahme durch die Deutschen war Lome ein kleiner bescheidener Küstenort. Im Jahre 1895 lebten dort 31 Weiße und 2084 Eingeborene. Die Hauptstadt Lome war ein Stück Deutschland, ein Schmuckstück inmitten Afrika, die den Eindruck von peinlicher Ordnung und Sauberkeit vermittelte, mit ihren Faktoreihäusern, den Regierungsgebäuden, Kirchen und Denkmälern, wobei die Herz Jesu Kathedrale der Steyler Missionsgesellschaft, die architektonisch der Kirche im holländischen Gründungsort Steyl nachempfunden war, alle anderen Gebäude überragte.

Ein weiteres Wahrzeichen von Lome waren das Gouvernementshaus, das Königin Charlotte Krankenhaus sowie die 366 Meter lange Landungsbrücke mit Eisenbahngleisen. Die weißen Häuser der Regierungsbeamten standen meistens inmitten von gepflegten Gartenanlagen. Ein Reichstagsabgeordneter, der Lome 1905 bei einer Studienreise besuchte, beschrieb die Stadt mit folgenden Worten:

Ganz überraschend war für uns das geschäftliche Leben auf dem Markt, dem Johann Albrechtsplatz. Niemand von uns hatte eine derartige Entfaltung geschäftlichen Lebens in der Kolonie für möglich gehalten. Der Verkehr in den zahlreichen Faktoreien, die eigene Hausindustrie der Eingeborenen, wir sahen Weber und Färber bei der Arbeit, die handeltreibenden Syrer und Haussas, die ihre zahlreichen Erzeugnisse, Landbewohner, die hereinkommenden Karawanen, das alles gibt ein wunderbares Bild einer gedeihlichen Entwicklung.

Den Namen erhielt Lome nach den circa drei Meter hohen Lo-Büschen, welche die zwei Meter breite Sandbank bedeckten. Der Ort bestand anfänglich aus dem an der Lagune gelegenen Mutterdorf Be und Aflao. Dort ließen sich am Küstenstrand ab 1880 zehn europäische Handelsfirmen nieder, wo sie Parzellen ankauften oder von afrikanischen Zwischenhändlern anpachteten und Handelsfaktoreien anlegten.

Folgende deutsche Gesellschaften und Handelsfirmen hatten in Lome ihre Geschäftsleitung bzw. Filialen:

Die Augu Pflanzungsgesellschaft, Bödecker und Meyer, Bremer Kolonial Handelsgesellschaft, Deutsche-Westafrikanische Bank, Deutsch- Westafrikanische Handelsgesellschaft, Deutsche Kolonial Eisenbahnbau und Betriebsgesellschaft, deutsche Togo Gesellschaft, Goedelt, Luther und Seyfert, Pflanzungsgesellschaft Kpeme, Swanzy Ltd., Togo- Baumwollgesellschaft, Togo- Pflanzungsgesellschaft, Victor Söhne, Vietor und Freese, Wallbrecht und Co, Woermann Linie.

Die Faktoreien bestanden zumeist aus einem Haupthaus mit der Wohnung des europäischen Händlers im Obergeschoss und den Verkaufsräumen im Erdgeschoss. Die Waren holten die Firmen mit Brandungsbooten von den vor der Küste auf Reede liegenden Hochseeschiffen. Die gut ausgebauten Straßen verliefen von Zentrum fächerförmig ins Landesinnere Am Nordende der Faktoreigrundstücke verliefen parallel zum Strand die Hamburgerstraße sowie ab 1884 die Bremerstraße.

Nördlich davon begann das Afrikanerviertel rund um den Marktplatz sowie in der zweiten und dritten Parallelstraße zum Strand, wo sich zunächst die Zuwanderer sowie Afrikaner, die bei den europäischen Handelsfirmen als Handelsagenten, Handwerker und Lohnarbeiter, aber auch als selbständige Zwischenhändler beschäftigt waren, ansiedelten.

Vom westlichen Ende der Hamburgerstraße verlief die Salaga Road, welche die Stadt in nordwestlicher Richtung mit dem Hinterland bis ins 400 Kilometer entfernte Salaga verband. Auf diesem Fernweg transportierten die Haussa Händler ihre Waren bis in die britische Goldküstenkolonie.

Erst im Jahre 1890 wurde der erste deutsche Beamte, der Zollassistent Richard Küas (1861-1943) in Lome stationiert, nachdem der Bayer Eugen von Zimmerer (1843-1918) Kaiserlicher Kommissar in Togo war. Er regierte jedoch nicht von

Lome, sondern noch von Klein Popo aus. Dieser nahm von dort aus Einfluss auf die Stadtentwicklung von Lome, indem er eine Bekanntmachung betreffend das Straßennetz von Lome erließ. Er ließ Lome mit einem Straßennetz durchziehen, das noch heute im Stadtbild sichtbar ist wie die Regierungsstraße, die vom Strand bei der alten Landungsbrücke bis zur Lagune verlief. An der Missionsstraße befanden sich die 1892 gebauten Gebäude der katholischen Mission.

Alle Straßen waren mit Laterit befestigt und mit Alleebäumen bepflanzt. Die Straßen waren breit angelegt, obwohl bis 1914 in Lome nur 4 Autos fuhren. Bei der Stadtentwicklung versuchte man die Kosten möglichst gering zu halten, um den Ruf Togos als Musterkolonie, die sich selbst finanzierte, aufrecht zu erhalten. Bei seiner Stadtplanung berücksichtigte Zimmerer zur Vermeidung von Konflikten mit den Einheimischen grundsätzlich das Wegesystem der Afrikaner, das er mit deutschem Ordnungssinn verbesserte.

Östlich der Regierungsstraße wurde das Regierungsviertel Moabit geplant, das in Anlehnung an das Gefängnis Moabit in Berlin nicht nur seinen Namen erhielt, sondern als einer der ersten Gebäude auch einen Gefängnisbau. Fertiggestellt wurde das Regierungsviertel nach dem Umzug der Kolonialverwaltung von Sebe nach Lome am 6. März 1897. Schnell wuchs danach auch die Bevölkerung von Lome um ein Drittel auf 3054 Bewohner im Jahre 1900 sowie weiter auf 7500 im Jahre 1913. Davon waren die meisten im Handel und in der Verwaltung beschäftigt. Jeden fünften Tag wurden Großmärkte abgehalten, zu denen in der Regel etwa 5000 Menschen kamen. Zugleich wuchs mit dem Anwachsen der Bevölkerung auch die Kriminalität in der Stadt. Einen weiteren wirtschaftlichen Aufschwung erfuhr Lome mit der Fertigstellung der Landungsbrücke im Januar 1904 sowie mit dem Bau der drei Eisenbahnlinien, nach Anecho, im Jahre 1905, nach Palime im Jahr 1907 sowie Atakpame im Jahr 1911, welche von ca. 100.000 Menschen im Jahr genutzt wurden. Für die 120 Kilometer lange Strecke von Lome nach Palime benötigte die Bahn fünf Stunden anstelle von vorher fünf Marschtagen.

Die am 27. Januar 1904 zu Kaisers Geburtstag eingeweihte Landungsbrücke erleichterte den Export und Import außerordentlich. Vereinfacht wurden vor allem die Anlandung und die Ausschiffung von Waren angesichts der starken Brandung vor der Küste von Lome. Diese Brandung führte am 17. Mai 1911 zu einer Katastrophe, als aufgrund schweren Seeganges der Mittelteil der Brücke in den Ozean stürzte. Entlang der Küste am Strand lagen die Büros der ausländischen Handelsfirmen, das Verwaltungszentrum der Deutschen Togogesellschaft, das Gebäude der Woermann-Schifffahrtslinie, die Deutsch Westafrikanische Bank, die Post, das Hotel Kaiserhof, die evangelische und katholische Kirche, die Missionsgebäude der Norddeutschen und der Steyler Mission sowie die von den Missionsgesellschaften unterhaltenen Schulen. Westlich der Landungsbrücke entstand an der Wilhelmstraße das Regierungsviertel mit dem Gouverneurspalast und den Verwaltungsgebäuden der Kolonialverwaltung.

Aus rassistischen und hygienischen Gründen lebten wie im ostafrikanischen Daressalam die etwa 7500 Afrikaner getrennt von den Wohngebieten der Europäer in der östlichen Stadthälfte. Diese afrikanische Bevölkerung bildete keine einheitliche soziale Gruppe die meisten der arbeitsfähigen Männer ca. 1500 waren unqualifizierte Lohnarbeiter. Nur ca. 50 Händler gehörten zur reicheren, afrikanischen Oberschicht. Nicht nur die Löhne zwischen den gelernten und ungelernten Arbeiter differierten beträchtlich, sondern auch die Wohn- und Eigentumsverhältnisse in der Schicht der Afrikaner. Von den afrikanischen Grundeigentümern, zumeist Händler und Handelsagenten besaßen insgesamt 307 von 496 eigene Grundstücke, 43 afrikanische Grundstückseigentümer besaßen drei oder mehr Grundstücke, die sie mit hohen Gewinnen verpachteten oder vermieteten. Ähnlich sauber und geordnet wie Lome war der zweite Küstenort Anecho. Beide Orte hatten jedoch mit den Moskitos der nahegelegenen Lagune zu kämpfen, die eine ideale Brutstätte für die Überträger der Malaria bildete.

V. Produktion, Landwirtschaft, Handel und Handwerk

1. Handel 40)

Die deutsche Kolonialverwaltung kannte zunächst nur ein Ziel: Förderung und Kontrolle des Einfuhrhandels. Zu den traditionell eingeführten deutschen Importwaren gehörten vor allem Gewehre, Schießpulver und Schnaps, zu den Exportprodukten Landesprodukte insbesondere Palmöl, Palmkerne, mit 75,7 % im Jahre 1911 die Hauptausfuhrprodukte, außerdem Mais, Kautschuk sowie Baumwolle, die auf dem internationalen Markt nur bedingt wettbewerbsfähig waren, Elfenbein, Kakao, Kaffee, Erdnüsse, Kopra, Kokosnüsse, Kopra, das geschnittene und getrocknete Fruchtfleisch der Kokospalme, Pfeffer, lebende Tiere und Häute. Zwei Drittel dieser Produkte wurden nach Deutschland exportiert.

Während der Export und Import in den Händen europäischer Handelshäuser lag, befand sich der Binnenhandel überwiegend in den Händen einheimischer Händler. Zur Kontrolle des Einfuhrhandels errichtete die Kolonialverwaltung vor allem an der Ost- und Westgrenze Kontrollposten, bestehend aus 4 Zollämtern und 15 Zollerhebungsstellen, die Grenzkontrollen durchführten und Einfuhrzoll erhoben. Der Einfuhrzoll betrug z.B. für ein Rind 6 Mark, für ein Schaf oder Schwein 2

Mark, je Geflügel 25 Pfennige. Ab 1906 wurde darüber hinaus eine Wegesteuer eingeführt, insbesondere um die Haussa Händler zur Kasse zu bitten.

Insgesamt überstieg zwischen 1901 und 1910 der Import den Export, was vor allem auf die großen in Togo vorgenommenen Investitionen zurückzuführen ist. So wurde in dieser Zeit ca, 7 % der Haushaltssumme für den Neubau von Hospitälern und Schulen investiert. Der Export stieg von 3,06 Millionen Mark im Jahre 1900 auf 9,96 Millionen Mark im Jahre 1912, der Gesamthandel in demselben Zeitraum von 6,6 auf 21,4 Millionen Mark.

Allein 25 % des Gesamtimports machte die Branntweineinfuhr im Jahre 1904 mit 16.299 Hektolitern aus. Dieses versuchte man vor allem auf Interventionen der Missionsgesellschaften durch Anhebung der Importzölle zu begegnen, so dass der Branntweinimport danach nur noch 6 bis 8 % des Gesamtimports ausmachte bis er im Jahre 1912 wiederum auf 12.346 Hektoliter anstieg. Als wirksamere Maßnahme zur Bekämpfung des Alkoholkonsums erwies sich ab 1909 die Maßnahme, den Alkoholausschank in der Kolonie an eine behördliche Genehmigung zu binden. Die Einfuhr von Alkohol in die islamisierten Gebiete in Nordtogo wurde gänzlich verboten. Für das Deutsche Reich machte der Handel mit Togo nur ca. 7,8 % des gesamten deutschen Kolonialhandels aus, er wurde nur noch von dem Handel mit Deutsch- Neuguinea unterboten und war damit wirtschaftlich von geringem Wert. Das erste deutsche Handelsunternehmen in Togo war die Firma F.M. Vietor aus Bremen, es folgten ihr ab 1879 hanseatische Unternehmen wie C.Woermann, Wölber & Brohm, C. Goedelt, G.L. Gaiser, Grumbach & Co und R. Müller. Sie siedelten sich vor allem in Anecho an. Dieses entwickelte sich auf einem 60 bis 250 Meter breiten etwas erhöhten Landstreifen zwischen Meer und Lagune zu einem Handelszentrum . Andere deutsche Handelsunternehmen wie Wölber & Brohm, Vietor & Söhne und C. Goedelt siedelten sich in dem Stranddorf Bey Beach sowie in Bagida an.

2. Landwirtschaft und Handwerk

Der Baumwollanbau war in Togo ein wichtiger Wirtschaftsfaktor. Dieser wurde systematisch gefördert durch die Errichtung von Saatzuchtanlagen, welche vor allem die Baumwollsorten Sea- Island und Typus Ho entwickelten.1902 wurde im Süden von Togo in Nuatjä eine Baumwollschule eingerichtet, welche die fachmännische Pflege neuer Baumwollfelder sicherstellen sollte. Diese wurde 1907 zu einer allgemeinen Ackerbauschule mit dem Angebot von Ackerbaulehrgängen sowie 1912 zu einer Landeskulturanstalt erweitert.
Die Viehwirtschaft erstreckte sich auf die Zucht von Rindern, vor allem in den von

der Tsetse Fliege verschonten Regionen im Norden Togos sowie auf die Zucht von Schweinen, Ziegen, Schafen und Geflügel.

Neben der Landwirtschaft gab es eine Eigenproduktion durch das Handwerk. Verbreitet waren dabei Dienstleistungen von Maurer, Zimmerer, Tischler, Schlosser, Schmiede, Goldschmiede, Schneider, Gerber und Weber wie in der Gegend von Banjeli kam es sogar zu einer Eisenverhüttung.

3. Eingeborenenproduktion 41)

Die meisten Eingeborenen waren Ackerbauern und waren in der Landwirtschaft beschäftigt. Dabei betrieben sie ausschließlich Hackbau . Die Bedeutung des Fruchtwechsels war den Eingeborenen zwar bekannt, der Pflug jedoch weitgehend unbekannt.

Die meisten Güter der landwirtschaftlichen Produktion blieben im Land. Ausgeführt wurden vornehmlich Mais, Maniok, Yams, Palmkerne, Palmöl, Baumwolle, Kautschuk und Erdnüsse. Die traditionelle Eingeborenenwirtschaft bestand bis 1914 unter Änderung der Rahmenbedingungen fort. Damit sicherten sich die Eingeborenen eine wirtschaftliche Eigenständigkeit, was ihr Selbstbewusstsein und ihren Einfluss auch gegenüber dem deutschen Kolonialregime steigerte. Die traditionelle Landwirtschaft bildete die Grundlage der Wirtschaft, weil sie die Ernährung der Bevölkerung sicherte und Hungersnöte verhinderte. Darüber hinaus verkauften die afrikanischen Bauern ihre landwirtschaftlichen Produkte nicht nur auf den lokalen Märkten, sondern über den Fernhandel bis in die Nachbarländer und nach Europa. Exportiert wurden neben den Früchten der Ölpalme, vor allem auch Mais und Kakao. Neben der Eingeborenenproduktion förderte die deutsche Kolonialregierung die Plantagenwirtschaft der deutschen Siedler als alternatives Wirtschaftskonzept. Dazu dienten vor allem das Steuersystem, das System der Zwangsarbeit sowie der erzwungene Anbau von Baumwolle und anderen Exportprodukten.

Ölpalmen waren vor allem in der sogenannten Ölpalmzone in Süd- und Mitteltogo sowie im südlichen Teil der Gebirgszone, Kokospalmen auf dem schmalen Dünenstreifen verbreitet. Aus den Ölpalmen wurden Palmkerne, Palmöl sowie Palmwein , von den Kokospalmen Kopra gewonnen. Mais wurde vor allem in den Gebieten zwischen der Lagunenniederung und der Ölpalmzone produziert. Baumwolle wurde in kleinen Baumwollfeldern oder als Zwischenkultur zwischen anderen Feldfrüchten produziert. Erdnüsse wurden fast überall in Togo angebaut. Wichtig war für die Ausfuhr von Erdnüssen nach Europa ihr vorheriges Trocknen, feucht verschiffte Erdnüsse wurden während des Seetransports vielfach ranzig und damit ungenießbar.

Eine Kautschukkultur war in Togo weitgehend unbekannt. Kautschuk wurde aus wildwachsenden Kautschukpflanzen, vor allem aus Lianen in der Gebirgszone sowie aus dem *Ficus Vogelii* gewonnen.

Einige Stämme waren geschickt in der Lederbearbeitung, andere bei der Schmiedearbeit, insbesondere bei der Herstellung von Hacken, Messern, Pfeilspitzen, Speeren, Glocken und Armringen sowie Schmuckgegenständen. Darüber hinaus findet man bei einigen Stämmen Mattenflechterei, Töpferei und Weberei.

Den Vertrieb der von den Eingeborenen produzierten Waren übernahmen die Haussa, die als Kaufleute vielfach zu Wohlstand kamen. Anders als die Landwirtschaftsbetriebe wurde die Errichtung von Industriebetrieben von der Kolonialverwaltung nicht gefördert. Insgesamt erwies sich die Eingeborenenproduktion als durchaus ebenbürtig mit der Produktion der weißen Produzenten und war ein Eckpfeiler der Wirtschaftsstruktur Togos.

VI. Die Bevölkerung Togos und deren Alltag

1. Bevölkerung 42)

Für *Weiße* war die Niederlassung in Togo während der Kolonialzeit wegen der ungünstigen klimatischen Verhältnisse wenig attraktiv. Während im Jahr 1900 lediglich 114 Deutsche in Togo lebten, stieg ihre Zahl Anfang 1913 auf 320 , zu Beginn des ersten Weltkrieges stieg die Zahl auf ca. 438 Personen, davon waren 92 Frauen.

Die nach Togo auswandernden Deutschen entstammten unterschiedlichen sozialen Schichten. Es handelte sich um Adlige, Offiziere, Akademiker, Kaufleute, Unteroffiziere. Missionsangestellte, Handwerker oder Lohnangestellte. Die meisten erhofften sich von ihrem Aufenthalt in Togo materiellen Gewinn und ein besseres berufliches Fortkommen als in der Heimat. Allein die Missionare kamen in der Regel mit idealistischen Vorstellungen nach Togo.

Der in Togo gezahlte Lohn war durch die Tropenzulage in der Regel doppelt so hoch als in Deutschland gezahlte Löhne. Viele erreichten schon nach kurzer Zeit eine gehobene Stellung als Vorgesetzte der Schwarzen oder als Ausbilder. Deshalb achteten sie auch darauf sich die Privilegien zu bewahren und diese nach Möglichkeit zu erweitern.

Ein Problem in Togo war die steigende Anzahl an Mischlingen. 1912- 1913 waren es 263. Diese wurden von der Kolonialverwaltung ausschließlich zur Eingeborenenbevölkerung gerechnet und genossen keinerlei Vorrechte vor der übrigen Eingeborenenbevölkerung. Die meisten Weißen lehnte die Forderung *gleiches Recht für alle* oder den Eingeborenen *als schwarzen Bruder zu sehen und zu behandeln* als *gefährliche Spinnerei* ab.

Bei den Eingeborenen Togos sind folgende Bevölkerungsgruppen zu unterscheiden: Ewe, Guangvölker, Tschi oder Asantevolk, die Timgruppe, die Dagomba- Mossigruppe, die Gurmagruppe und die Jorubagruppe. Die meisten waren Ackerbauern, einige Stämme, vor allem die Ewe waren auch gute Händler. Die meisten Volksstämme in Too hatten die europäischen Kultureinflüsse schnell und gut aufgenommen.

Im Norden von Togo überwog der hamitisch- äthiopische Menschentyp, charakteristisch war die schlanke Körperform, schmale Gesichter mit hohen Nasen und langen Beinen. Demgegenüber überwog im Süden und im Gebirge Togos der dunkelbraune Menschentyp, muskulös, mittelgroß, dicklippig und breitnasig.

2. Die einzelnen Volksstämme

Während die Ewe als friedliebend und reinlich sowie als tüchtige Handels- und Kaufmänner galten, wurden die übrigen Volksstämme von den Deutschen kritischer und negativer eingeschätzt. So galten die Akposo als räuberisch und streitsüchtig sowie als faul, die Adjuti sollen sich vor allem dem Nichtstun, dem Schnapstrinken und Kautschuksammeln gewidmet haben, die Anyna wurden als gewalttätig, eher ängstlich und schüchtern sowie zum Stehlen und zum Betrügen geneigt beschrieben. Die Bassari wurden einerseits als groß und stattlich entwickelt geschildert, andererseits sollen sie jähzornig, räuberisch, aufbrausend und lügnerisch gewesen sein, die Atakpame dagegen selbstbewusst, fast unverschämt. Im Norden der Kolonie siedelten die Fulbe, die ein Hirtenvolk und Mohammedaner waren wie die muslimischen Haussas, die vor allem vom Zwischenhandel lebten.

In Togo wurden ca. 21 Sprachen gesprochen. Verkehrssprache in Togo war die Ewe Sprache sowie als Handelssprache die Sprache der Haussas. Unbekannt waren den Einheimischen bis zur Kolonisierung durch die Deutschen das Rad und der Kreis, obwohl sie in kreisrunden Hütten wohnten, unbekannt war ihnen auch die Töpferscheibe, die Winde, der Wagen, die Verwendung von Zugtieren, der Pflug und der Hebel.

3. Eingeborenenreligion, Missionen und Schulen 43)

In Togo herrschte ein Fetischismus als Vorstufe zur Religion, als die Missionare mit ihren Bekehrungsversuchen begannen. Sie stießen dabei zunächst bei den Fetischleuten auf massiven Widerstand. Alles was schief lief, wurde von ihnen den christlichen Missionaren in die Schuhe geschoben und als Strafe für die Aufgabe gesellschaftlicher Traditionen hingestellt. Nach ihrem Glauben hatte der Gott Mawu die Menschen schwarz geschaffen.

Stark verbreitet war unter den Eingeborenen noch die Zauberei, die von den eingeborenen Priestern ausgeübt wurde. In deren Mittelpunkt standen Gottesurteile sowie die Wasserprobe. In diesem Zusammenhang hatte der Jewe Geheimbund, eine Art religiöser Orden großen Einfluss. Dieser verwandte häufig kriminelle Mittel und übte öffentlichen Terror aus. Dabei erweiterte der Geheimbund seine Mitgliederzahl nicht nur durch freiwilligen Eintritt, sondern auch durch Raub von Frauen und durch Schutzgelderpressung. Wer die von ihm geforderte Geldsumme nicht zahlte, wurde gefoltert, vielfach sogar umgebracht.

Als erste Missionare kamen 1850 englische Missionare der 1811 in London gegründeten Wesleyan Missionary Society auf Vermittlung von europäischen Händlern in *Klein Popo* von Lagos nach Togo. Sechs Jahre später gründete die Norddeutsche Missionsgesellschaft mit Sitz in Bremen, um die Ewe Bevölkerung zu missionieren, eine Missionsstation im Küstenort Keta, östlich der Voltamündung. Es folgten Missionare der schweizerischen Basler Mission.

Im August 1892 kamen die ersten katholischen Missionare zwei Patres und drei Laienbrüder der Steyler Mission, der Gesellschaft des Göttliches Wortes mit dem Mutterhaus im niederländischen Steyl bei Venlo, nach Togo und gründeten eine Missionsstation in Lome. Um 1900 drang die Steyler Mission auch nach Norden bis Atakpame vor. Ende 1911 hatten die Norddeutsche Missionsgesellschaft 6484 Mitglieder, die Wesleyanische Missionsgesellschaft 809 Mitglieder sowie die Steyler Missionsgesellschaft 12572 Mitglieder.Die Missionsgesellschaften warben gemeinsam für die Übernahme des Christentums mit dem Slogan: *Wer den Fortschritt des weißen Mannes übernehmen will, muss auch sein Christentum übernehmen.* Sie nutzten damit das Interesse der Afrikaner an Schulbildung aus, um das Evangelium über die Schulen zu verbreiten.
Deshalb kombinierten die Missionsgesellschaften ihre Missionierung konsequen-

terweise mit Bildung und Schule. So unterhielt die Norddeutsche Missionsgesellschaft 1908-1909 insgesamt 133 Missionsschulen mit 3817 Schülern,am 1. April 1912 153 Knabenschulen, 2 Mädchenschulen, 6 Kleinkinder- und 1 Fortbildungsschule sowie ein Lehrerseminar mit insgesamt 4489 Schülern und 1464 Schülerinnen die Steyler Missionsgesellschaft am 1. April 1912 179 Knabenschulen, 9 Mädchen-, 5 Kleinkinderschulen, 1 Fortbildungs-, 1 Handwerkerschule sowie 1 Lehrerseminar mit insgesamt 6571 Schülern und 1207 Schülerinnen und die Wesleyanische Mission am 1. April 1912 6 Schulen mit 506 Schülern und 69 Schülerinnen.

Die Missionsgesellschaften standen nicht nur dem Islam und dem Götzenkult der Eingeborenen, sondern auch sich untereinander und der Kolonialverwaltung von Anfang an voller Skepsis gegenüber. Grundsätzlich hatten sich die Missionare den Weisungen der Kolonialverwaltung unterzuordnen. Kritik von Missionaren wurde von dieser nicht geduldet, sie mussten danach vielfach das Land verlassen. Als unerwünschte Kritik galt vor allem die Forderung nach Gleichbehandlung von Weißen und Schwarzen. Der Unterrichtsplan in den Volksschulen war der Kulturstufe der Eingeborenen und den Bedürfnissen des praktischen Lebens angepasst. Der Schulunterricht wurde anfänglich in Englisch und der Landessprache gehalten. Am 9. November 1891 eröffnete der deutsche Volksschullehrer Karl Koebele die erste Regierungsschule in *Klein Popo* mit insgesamt 65 Schulkindern, denen der Sinn für gute deutsche Art, Liebe zu Kaiser und Reich und Gehorsam gegen die Obrigkeit beigebracht werden sollte. Unterrichtssprache war Deutsch. 1906 erließ der Gouverneur eine Verordnung, wonach an den Schulen außer der Landessprache allein Deutsch als Sprache zugelassen wurde. In der Folgezeit wurde jedoch weniger Geld für die Bildung und Schulen ausgegeben als für die Polizeitruppe und Gefängnisse. An Bildung für die Einheimischen hatte die Kolonialverwaltung wenig Interesse.

Am 25.August 1902 wurde in Lome die zweite Regierungsschule mit 17 Schülern eröffnet, am 1.4.1912 eine Schule im Norden von Togo mit 23 Schülern in Sokode. Die Schulausbildung dauerte zunächst vier Jahre, ab 1910 sechs Jahre. In erster Linie erhoffte die Kolonialregierung sich mit den Schülern treu ergebene Angestellte auszubilden und heranzuziehen. Insgesamt haben in 12 Jahren 3314 Schüler die Regierungsschulen besucht, eine im Vergleich zu den Schülern der Missionsschulen geringe Zahl. Dennoch gab es zwischen Regierungsschulen und Missionsschulen im Bildungsniveau kaum Unterschiede. Die Absolventen der Missionsschulen wurden ebenfalls in Gegenwart des Bezirksamtmannes geprüft. In 1909 wurden Grundsätze für Schulprüfungen aufgestellt. Danach wurden von den Behörden nicht mehr allgemeine Schulprüfungen für alle Kurse abgehalten, sondern nur Abgangsprüfungen der letzten Kurse von einer Regierungskommission durchgeführt. Nach der Zahl der diese Prüfung bestehenden Schüler wurden auch die behördlichen Schulbehilfen auf die Missionen verteilt. Ein einheitlicher Lehrplan sorgte für eine einheitliche Durchführung der Abschlusskurse in den Missionsschulen.

In den Dorfschulen wurde gesteigerten Wert auf die landwirtschaftliche Ausbildung der Schüler gelegt, um sie in ihren angestammten Berufen zu erhalten. Nur die besten Schüler wurden nach erfolgreichem Bestehen der Abgangsprüfung vor der Prüfungskommission auf die Fortbildungsschule übernommen, wo sie eine gründliche Ausbildung erhielten.

Die katholische Mission unterhielt seit 1899 eine Handwerkerschule in Lome, in der alle Handwerke gelehrt wurden wie Tischlerei, Maurerei, Schneiderei, Schusterei, Sattlerei, Schlosserei sowie Druckerei und Buchbinderei. Lange Zeit waren bei den Deutschen in Togo rassistische Thesen und Skepsis gegen jegliche Schulbildung für Afrikaner verbreitet, Diese zeigten sich vor allem in einem Standardwerk des ehemaligen Kommandeurs der Polizeitruppe Georg Trierenberg, der in Bezug auf die Bildungspolitik feststellte:

Der Schulunterricht kann bei unkultivierten Völkern manche Gefahren mit sich bringen wie das Entstehen eines halbgebildeten faulenzenden Proletariats, das sich in den Dorfschulen einige unzureichende Kenntnisse im Deutschen angeeignet hat und hernach zu faul ist, um wieder zu Spaten und zur Hacke zu greifen, oder welches die höhere Intelligenz ungebildeten Eingeborenen gegenüber missbraucht und dergleichen mehr. In Togo sind diese Auswüchse einer beginnenden Kultur durch die vorausschauende Eingeborenen- und Schulpolitik der Regierung vermieden worden. Das Festhalten an dieser Politik auch in Zukunft wird zugleich die beste Abwehr gegen die äthiopische Bewegung sein.

Dennoch war bei den Afrikanern in Togo deren Bildungs- und Freiheitswille nicht aufzuhalten. Die Folge davon war, dass sich eine gebildete Intelligenz entwickelte. Über die Schulen und Missionen und den guten Stand der Bildung äußerte sich der Reichstagsabgeordnete Arendt nach einer parlamentarischen Inspektionsreise im Jahre 1905:

Wir besichtigten die Schulen und Missionsanstalten. In der evangelischen Mission empfingen uns die Kinder mit dem Gesang: Deutschland- Deutschland über alles und gaben uns hübsche Proben ihres Könnens im Deutschen. Noch zahlreichere Schüler weist die katholische Missionsschule auf, wo die gleichen Leistungen erzielt werden. Die Katholiken erfreuen sich bereits einer sehr schönen doppeltürmigen Kirche, der Bau des evangelischen Gotteshauses wird in den nächsten Tagen beginnen. Vor der katholischen Kirche überraschte uns ein Posaunenchor schwarzer Knaben durch recht tüchtige Leistungen. Ganz nahe der Kirche ist ein geschmackvolles Denkmal inmitten hübschen Anlagen den Männern gewidmet, welche bei der Erforschung des Hinterlandes von Togo ihr Leben ließen. Wir ehrten ihr Andenken durch Niederlegung eines Kranzes. Wir sahen hierauf die Regierungsschule, wo hauptsächlich Söhne der Häuptlinge der Landbezirke zu Beamten und Dolmetschern herangeführt werden. Auch hier war der Eindruck sehr günstig.*

4. Gesundheitswesen, Hygiene, ärztliche Versorgung und Krankenhäuser 44)

Zu den wichtigsten Aufgaben der Kolonialverwaltung gehörte eine Verbesserung der gesundheitlichen Verhältnisse in den größeren Städten in Lome und Anecho, insbesondere eine Verbesserung der hygienischen Verhältnisse. Hierzu gehörte vor allem der Bau von Aborten, einer geregelten Fäkalienabfuhr zum Meer, eine Verhinderung der Tümpelbildung, welche Brutstätten von Stechmücken waren, die Krankheiten wie Malaria, Gelbfieber und Filarien übertrugen.

Außerdem wurden in Lome und Palime Schlachthöfe gebaut mit Schlachtzwang. Schweinefleisch wurde einer Trichinenschau unterzogen In den großen Städten wurden Regierungsärzte stationiert, welche einen regelmäßigen Gesundheitsdienst sowie die örtliche Stechmückenbekämpfung und die poliklinische Behandlung der Eingeborenen und deren Durchimpfung gewährleisteten.An den Orten, wo Regierungsärzte ihren Sitz hatten, gab es Krankenhäuser für Europäer und Polikliniken für Eingeborene 45).

Als Resümee stellten Parlamentarier bei einer Visite über die Kolonie Togo und dessen Aufwärtstrend fest:

Wenn wir auf Togo blicken, finden wir nirgends etwas Faszinierendes, nirgends lassen sich dort mühelos Reichtümer sammeln, aber überall gesunde, solide Verhältnisse: ein Land geschaffen für die gründliche, ausdauernde Art, so dass sich die Arbeit nicht tausendfältig, aber mit Sicherheit lohnt und ein Land, dessen weitere Erschließung und Entwicklung eine aussichtsreiche und lohnende Aufgabe für das deutsche Mutterland ist

C. Die Kolonie Deutsch- Kamerun

I. Die Geschichte der Kolonisierung Kameruns

In der vorkolonialen Zeit war das Gebiet des heutigen Kameruns von Stammesvölkern unterschiedlicher Herkunft besiedelt. In den Urwäldern des Südens siedelten Bantustämme, die sich durch eine akephale Struktur auszeichneten. Politische Strukturen fehlten weitgehend. Im Westen und im Norden Kameruns fanden sich Ansätze für eine stärkere Zentralisierung der Menschen im Rahmen von frühstaatlichen Gebilden. Dabei handelte es sich im äußersten Norden um Sultanate wie Bornu, Mandara, Logone-Birni und Makari-Goulfey, das Reich Fombina (Adamawa mit den Subemiraten Ngaoundere, Garoua-Lainde, Maroua, Rei-Bouba, Tibati, Banyo) sowie in Westkamerun das Königreich Bamum.

a) Die Kolonisierung Kameruns durch portugiesische Seefahrer 46)

Die Kolonisierung Kameruns begann damit, dass portugiesische Seefahrer unter Fernando do Re im Jahre 1472 den Meerbusen von Biafra im Golf von Guinea als idealen Ankerplatz entdeckt hatten, wo es auch Krabben, auf Portugiesisch *Camaroes* gab, die von ihnen als Delikatesse geschätzt waren.

Den in das Meeresbecken mündenden Fluss Wuri nannten sie *Rio dos Camaroes* also *Krabbenfluss*. Die Engländer übernahmen die Bezeichnung, aus *Camaroes* wurden *Cameroons*, bei den Franzosen *Cameroun* sowie im deutschen *Kamerun*.

Der als Ankerplatz geschätzte Ort war bereits in vorkolonialer Zeit ein Handels- und Haupthafenplatz, an dem sich viele Händler niedergelassen hatten. Sie tauschten Landesprodukte gegen Branntwein, Schmuck, Stoffe , Kleidung und Eisenwaren, Pulver, Tabak und Salz. Dieser Handel beschränkte sich jedoch nur auf die Küstenlandschaft, während der Handelsverkehr ins Landesinnere mit den Binnenstämmen von den Dualaleuten mit ihren Kanus beherrscht wurde. Mit dem Erscheinen der Portugiesen ab 1520 setzte ein verstärkter Warenaustausch mit den Küstenbewohnern des Duala Stammes ein. Getauscht wurden Handelswaren, insbesondere Sklaven, Elfenbein und Palmöl. Es wurden Zuckerrohrplantagen angelegt, bis zum Verbot des Sklavenhandels in dem Abkommen der Engländer mit den Dualas vom 10.Juni 1840 war dieser der ertragsreichste Wirtschaftszweig. Am Ende des 17. Jahrhunderts, im Jahre 1682 hatte bereits der Große Kurfürst Friedrich Wilhelm von Brandenburg in Verfolgung handelspolitischer Interessen auf westafrikanischem Boden an der Küste von Guinea die Kolonie *Groß Friedrichsburg* gegründet.

Die Kolonie hielt jedoch nur kurze Zeit bis 1711 an. Dann musste sein Nachfolger Friedrich I. den Bankrott der Kolonie erklären, da Brandenburg- Preußen nicht über die finanziellen Mittel und die militärische Ausstattung zur Aufrechterhaltung seiner Kolonie verfügte.

b) Die Niederlassungen deutscher Handelsfirmen, Entdeckung des Landesinneren 47)

An der Küste siedelten sich ab 1868 auch deutsche Handelsfirmen an. So erwarb die Hamburger Firma C. Woermann ein abgetakeltes Segelschiff und ließ es im Kamerunfluss als Hulk verankern. Anschließend unterhielt das Handelshaus eine Faktorei im Ästuar. Zehn Jahre später verkehrte bereits der erste Dampfer der sogenannten Woermannlinie regelmäßig zwischen Hamburg und Kamerun. Es folgte die Handelsfirma Jantzen und Thormälen, die Handelsniederlassungen in Bimbia, Malimba, Victoria und an der Mündung des Kampoflusses gründete.

Die Entdeckung des Landesinneren war Afrikareisenden, Forschungsreisenden, Entdeckern und Wissenschaftlern vorbehalten wie dem Hildesheimer Friedrich K. Hornemann, Heinrich Barth, Gustav Nachtigal, Gerhard Rohlfs, Schweinfurth und Flegel. Eduard Robert Flegel aus Wilna entdeckte dabei die Quellen des Benue sowie den Reichtum von Adamaua. Sie alle waren unmilitärisch ohne Waffen unterwegs.

c) Die Entstehungsgeschichte von Deutsch- Kamerun bis 1895 48)

Seit 1862 waren deutsche Handelshäuser in Westafrika, insbesondere in Gabun tätig. Darunter war das hamburgische Handelsunternehmen Woermann, vertreten durch den Agenten Emil Schulz, der zugleich auch kaiserlicher Kommissar für dieses Gebiet war. Ein weiteres großes deutsches Handelsunternehmen in Westafrika und Kamerun war das Unternehmen Jantzen und Thormählen, das 1875 gegründet wurde. 1868 hatte die Firma C. Woermann ihre erste Faktorei auf einem auf dem Fluss verankerten Hulk-Schiff im Gebiet des Kamerunflusses eingerichtet. Niederlassungen befanden sich in Bimbia, Victoria und Malimba am Campofluss.

1868 gründete die Firma C. Woermann ihre erste Niederlassung auf dem Festland in Batanga. Bereits 1884 besaß das Unternehmen vier Faktoreien in Kamerun und acht Niederlassungen zwischen Batanga und Ogowe mit insgesamt 20 europäischen Angestellten. 1874 stellte Woermann bei der Reichsregierung den Antrag zum Schutz der deutschen Handelsniederlassungen einen deutschen Konsul zu benennen. Dieser Vorstoß blieb zunächst ohne den erhofften Erfolg. Die Verbindung zwischen Hamburg und Kamerun wurde durch 5 Schiffe der Woermanschifffahrtslinie hergestellt. Die deutschen Handelsunternehmen genossen in Kamerun gegenüber den englischen Unternehmen den Vorteil mäßig gute Waren billiger als die Engländer zu liefern. Besonders begehrt waren dabei deutscher Schnaps und Salz. Dadurch, dass die Firma Woermann über eine eigene Frachtdampferlinie verfügte, verbilligte sich der Transport der Waren.

Im Auftrag der Deutschen Afrikanischen Gesellschaft waren Forschungsreisende wie Barth, Vogel, Rohlfs, Nachtigal und Eduard Robert Flegel in den Jahren 1882 und 1883 in die Gebiete Nord- und Nordostkameruns sowie im Jahre 1885 im Auftrag des deutschen Kolonialvereins bis zu den Quellen des Benue bzw. nach dem islamisierten Fulbestaat Adamaua vorgedrungen, das wegen seines Elfenbeins, seines Reichtumes und seiner autokratisch- feudalen Staatsordnung bis nach Europa hin bekannt war.

Seit dem Ende der siebziger Jahre des 19. Jahrhunderts forderten britische Kaufleute, Missionare und Reisende von ihrer Regierung Kamerun zu annektieren, weil sie eine Annexion durch Frankreich befürchteten. Zugleich wollten sie dadurch das Zwischenhandelsmonopol der Duala, das ihre Gewinne schmälerte, ausschalten und in dem Gebiet eine für ihre Handelsinteressen notwendige durch Militär und Polizei gesicherte Ordnung schaffen.1882 hatten bereits einheimische Häuptlinge in London den Antrag gestellt, die Schutzherrschaft über ihr Gebiet zu übernehmen. Dieser Antrag blieb jedoch eineinhalb Jahre unbeantwortet, was sich schließlich für die Briten als nachteilig herausstellen sollte.

Außer den Engländern und Franzosen beschäftigten sich auch deutsche Handelshäuser zur Wahrung ihrer Handelsinteressen mit einer Annexion Kameruns. Ende 1883 hatte Fr. Colin die Idee, im Gebiet der freien Bagas und Susus, gegenüber den englischen Los- Inseln eine deutsche Kolonie, die sogenannte *Dembiahkolonie* zu gründen.

Ähnliche Gedanken veranlassten den Kaufmann Adolf Woermann (1847-1910) zur Verfassung einer Denkschrift, die er im März 1883 an das Auswärtige Amt in Berlin sandte. Adolf Woermann, Kaufmann, Reeder und Politiker in einer Person war für die Kolonisierung Westafrikas von großer Bedeutung. Er wurde am 10. Dezember 1847 als Sohn des Kaufmannes und Reeders Carl Woermann in Hamburg geboren und übernahm 1880 nach dem Tod des Vaters das Handelsunternehmen. In der Denkschrift, die fast einem Pamphlet für eine neue Afrikapolitik des Deutschen Reiches ähnelte, forderte Woermann eine Verhinderung der

Besitznahme der Kongomündung durch Portugal auf diplomatischen Wege, Verhandlungen mit Spanien über die Abtretung von Fernando Po an Deutschland und Anlage einer Flottenstation auf der Insel, Annexion der Insel Klein Eloby bzw. Verhandlungen mit Spanien über ihre Abtretung an Deutschland, Annexion der den Inseln zunächst liegenden Küstenstrecke durch Deutschland.

Dabei ging es Woermann zwar auch um den Schutz des deutschen Handels, in erster Linie jedoch um den Woermannschen Handel. Woermann sah insbesondere seine Plantagenpläne durch die befürchtete Annexion durch England gefährdet. Befürchtet wurde auch die Erhebung von hohen Schutzzöllen auf Branntwein, Schießpulver und Tabak.

Von einer deutschen Annexion erhoffte sich Woermann eine bedeutende Erhöhung der Handelsgewinne durch die Beseitigung des Zwischenhandelsmonopols der Duala, große Entwicklungsmöglichkeiten für seine Woermannlinie, eine Reihe von modernen Dampfschiffen, welche die alten Segelschiffe ablösten, als Folge der künftigen Entwicklung einer Kolonie Kamerun, die Möglichkeit der sicheren Anlage von Plantagen in größerem Umfang sowie Gewinne aus Grundstücksspekulationen. Diese von Woermann formulierten Ziele stießen im Auswärtigen Amt zunächst auf Ablehnung. Vor allem wurde eingewandt, dass der Erwerb von Kolonien nicht im Sinne der Politik von Bismarck und der Reichsregierung liege.

Otto von Bismarck sträubte sich lange gegen ein Kolonialsystem, welches dem deutschen Reich und dem Reichshaushalt zusätzliche Verpflichtungen und Aufgaben vor allem im Kriegsfall aufbürdeten. Er bevorzugte ein billiges Kolonialsystem, das von deutschen Handelsunternehmen getragen wurde.

Am 19. März 1884 ernannte Reichskanzler Bismarck Dr. Gustav Nachtigal, der am 23. Februar 1834 als Sohn eines evangelischen Pfarrers in Eichstedt bei Stendal in der Altmark geboren wurde, zum kaiserlichen Kommissar für die afrikanische Westküste. Seinen ursprünglichen Berufswunsch, Miltärarzt musste Nachtigal nach einer Erkrankung an Lungentuberkulose frühzeitig aufgeben. Dennoch ging er nach Nordafrika, wo er zeitweise als Arzt praktizierte, unter anderem seit 1864 als freiwilliger Militärarzt des Beis in Tunis. Dort lernte er den deutschen Orientreisenden Heinrich von Maltzan kennen, auf dessen Empfehlung er 1869, für den Afrikaforscher Gerhard Rohlfs als Bote, ein Geschenk des Königs von Preußen an den Sultan der westlich vom Tschadsee gelegenen Provinz Bornu überbrachte. Aus diesem Auftrag wurde eine sechsjährige Forschungsreise, die Nachtigal in von keinem bislang von einem Europäer betretene Gebiete um den Tschadsee führte. Die Ergebnisse dieser Forschungsreise fasste er in einem auch wissenschaftlich viel beachteten dreibändigem Reisewerk *Sahara und Sudan* zusammen. Diese Anerkennung half ihm bei seiner weiteren Karriere. 1875 übernahm Nachtigal den Vorsitz der *Afrikanischen Gesellschaft* in Deutschland,1879 von Ferdinand von Richthofen den Vorsitz der *Berliner Gesellschaft für Erdkunde*.

Im April 1882 wurde Nachtigal zum deutschen Generalkonsul in Tunis berufen. 1884 erhielt er den ehrenvollen Auftrag, die für deutsche Handelsgesellschaften interessanten Gebiete in Westafrika als Protektorat unter den Schutz des deutschen Reiches zu stellen mit den entsprechenden Vollmachten. Hierzu gehörte insbesondere die Küste von Kamerun, das in der Bucht von Biafra gelegene Gebiet zwischen dem Nigerdelta und Gabun. Er hatte von Bismarck am 19. März 1884 folgenden Auftrag erhalten:

Sammlung von Informationen über den deutschen Handel und Grundbesitz in Westafrika, Überprüfung der Eignung von Fernando Po als Flottenstation und Sitz des künftigen Konsulates, Feststellung britischer Annexionsabsichten in Westafrika, Sicherung der Gleichberechtigung der deutschen Kaufleute in den Kolonien der anderen Mächte sowie in den unabhängigen Gebieten durch Abschluss entsprechender Verträge mit den Häuptlingen.

In den Instruktionen an Nachtigal hieß es ganz im Sinne von Bismarcks Wunsch eines billigen Kolonialsystemes:

Die Einrichtung eines Verwaltungsapparates, der die Entsendung einer größeren Anzahl deutscher Beamten bedingen würde, die Errichtung ständiger Garnisonen mit deutschen Truppen und die Übernahme einer Verpflichtung des Reiches, den in solchen Gebieten sich ansiedelnden Deutschen und ihren Faktoreien und Unternehmungen, auch während etwaiger Kriege mit größeren Seemächten, Schutz zu gewähren, wird dabei nicht beabsichtigt.

Im Unterschied zu den anderen Kolonialgebieten in Togo und Südwest, denen zunächst nur ein kaiserlicher Schutzbrief ausgestellt wurde, konnte Woermann unter Hinweis auf den großen Einfluss der britischen Kaufleute und Konsularbeamten für Kamerun bei Bismarck die Proklamierung eines deutschen Protektorates und die Einsetzung eines kaiserlichen Kommissars sowie die Stationierung eines deutschen Kriegsschiffes durchsetzen.

Um die von der Koloniengründung wirtschaftlich profitierenden deutschen Handelsunternehmen mehr an der Verwaltung und dem Aufbau der Kolonie sowie den damit anfallenden Kosten zu beteiligen, bestand Bismarck auf der Bildung einer Vereinigung oder eines Syndikates von Kamerun- und Togokaufleuten, das die sonstige Verwaltung übernehmen sollte. Am 12. Oktober 1884 wurde in Hamburg das Syndikat für Westafrika gegründet. Dieses machte schon bald Forderungen und Ratschläge für eine Organisation einer Kolonialverwaltung in Kamerun, wollte sich jedoch nur sehr zögerlich an deren Finanzierung beteiligen. Erst nach den Unruhen im Dezember 1884 gelang es dem Syndikat das von ihnen vorgeschlagene Verwaltungssystem durchzusetzen und die Kosten auf das Deutsche Reich abzuwälzen.

Seine Absicht die Gebiete in Kamerun möglicherweise zu annektieren hielt Bismarck möglichst lange geheim, um die Briten über seine Absichten zu täuschen. Woermann erhielt von Bismarck den Auftrag exakte Richtlinien für eine Annexion Kameruns auszuarbeiten. Diese lieferte Woermann am 30.4.1884 mit folgendem Inhalt:

1. Der kaiserliche Kommissar bzw. der Kommandant des Kriegsschiffes nimmt den Küstenstrich zwischen Bimbia und Cape St. John durch Flaggenhissung und öffentliche Proklamation für das Deutsche Reich in Besitz. Voraussetzung dafür ist, dass die deutschen Firmen mit den Häuptlingen Verträge geschlossen haben, nach denen diese ihre Hoheitsrechte an den deutschen Kaiser abzutreten gewillt sind.

2. Frühere Rechte und Ansprüche anderer Europäer werden respektiert. Handelsverträge anderer Nationen mit den Häuptlingen bleiben in Kraft. Dem Handel nichtdeutscher Kaufleute dürfen keine Beschränkungen auferlegt werden.

3. Den eingeborenen Häuptlingen ist zunächst die Erhebung von Abgaben ganz in bisheriger Weise zu gestatten.

Als erste Maßnahmen nach der Annexion schlug Woermann die dauernde Stationierung eines deutschen Kriegsschiffes und die Einsetzung eines Zivilbeamten für die Verwaltung Kameruns vor. Bismarck übernahm die Instruktionen Woermanns und gab sie am 19. Mai 1884 an Nachtigal weiter. Außerdem erteilte er ihm die Weisung, sich zu beeilen, keine fremden Mächte zu brüskieren, vor allem keine französischen Interessen zu verletzen und sich stets auf das Erreichbare zu beschränken. Zunächst verhandelte Woermann mit den Häuptlingen der Dualas King Bell und Aqua über den Anschluss ihrer Gebiete an das Deutsche Reich. Die Verhandlungen gestalteten sich schwierig, da sich die Dualas dem Anschluss widersetzten und einen Anschluss an England bevorzugten. Dies wurde noch gesteigert durch das Erscheinen eines englischen Kriegsschiffes und der Furcht der Dualas vor Vergeltungsmaßnahmen der Briten.

Anfang Juni reiste Nachtigal mit dem deutschen Kriegsschiff Möwe von Gibraltar in Richtung Westafrika, wo er zuerst Station in Togo machte, um das Land unter den Schutz des Deutschen Reiches zu stellen. Dies erreichte er durch den am 5. Juli 1884 mit dem König Mlapa abgeschlossenen Protektoratsvertrag. Am Abend des 11. Juli 1884 traf die Möwe mit Nachtigal an Bord in Kamerun ein, wo sie zur Demonstration der militärischen Macht der Deutschen den Dualafluss hinauffuhr. King Bell, der in den Tagen zuvor unter dem Druck seiner Sippenangehörigen Verhandlungen mit den Engländern geführt hatte, hatte diesen versprochen eine Woche auf die Ankunft des englischen Konsuls warten zu wollen. Durch die Ankunft des deutschen Kriegsschiffes beeindruckt erklärten sich die Häuptlinge jedoch bereit vorher Verhandlungen mit den Deutschen aufzunehmen.

Dazu übergaben sie den Deutschen ein Schriftstück, in dem sie 9 Forderungen formuliert hatten:

1. Unantastbarkeit des Zwischenhandelsmonopols, Kreditgewährung wie bisher
2. Kein Protektorat, sondern Annexion,
3. Weiterbestehen der Vielehe,
4. Keine Enteignung des Kulturlandes
5. Keine Zölle
6. Keine Besteuerung der Haustierhaltung
7. Frauen dürfen nicht geraubt, sondern müssen bezahlt werden
8. Keine Prügelstrafe ohne ernsthafte Verfehlungen, keine Schuldhaft
9. We are the chiefs of Cameroons.

Die Annahme dieser Forderungen durch die deutschen Unterhändler war der Hauptgrund für das anschließende Zustandekommen der Protektoratsverträge. Am 10. Juli 1884 traf Nachtigal mit seinem Begleiter Dr. Buchner von Togo kommend auf dem deutschen Kriegsschiff Möwe in Douala ein. Bereits kurz vorher war das englische Kanonenboot *Goshawk* in den Kamerunfluss eingelaufen mit der Absicht die Gebiete unter britischen Schutz zu stellen.Für die Deutschen war es ein glücklicher Umstand, dass der englische Konsul nicht an Bord war, so dass eine Inbesitznahme durch die Briten unmöglich war. Die englische Goshawk musste unverrichteter Weise umkehren, um den britischen Konsul zu holen. Dies nutzte Nachtigal aus, um den Briten zuvorzukommen. In Bimbia unterzeichnete er am 11. und 12. Juli 1884 als Führer der deutschen Delegation Schutzverträge mit den wichtigsten einheimischen Häuptlingen Ndumb´a Lobe (Bell) und Ngandaá Kwa (Akwa) und Dido, indem diese jeweils ein Kreuz unter die Verträge setzten.

In diesen Verträgen traten die Häuptlinge Hoheitsrechte, Gesetzgebung und Verwaltung ihres Gebietes an die deutschen Firmen C. Woermann und Jantzen &

Thormählen unter folgenden Bedingungen ab:
- Unverletzlichkeit der Rechte Dritter,
- Gültigkeit früher abgeschlossener Freundschafts- und Handelsverträge,
- Anerkennung von Eigentumsrechten der Einwohner an bewirtschaftetem
  und bebautem Land,
- Weiterzahlung der Kuni
- vorläufige Respektierung der Landessitten.

Außerdem wurde den Häuptlingen ihre Zustimmung zu den Verträgen durch Bestechung, Gewährung von finanziellen, pekunären Vorteilen schmackhaft gemacht. Als Gegenleistung versprachen die Deutschen den Häuptlingen eine jährliche Rente, die Wahrung des Besitzstandes von Grund und Boden, ein Selbstverwaltungsrecht sowie Respekt vor Landessitten und Bräuchen.

Am 14. Juli 1884 kam es in Duala zur Erklärung der deutschen Schutzherrschaft durch Nachtigal und zur Hissung der deutschen Flagge. Anschließend fuhr Nachtigal weiter, um in Bimbia, Malimba, Klein- Bantanga und Kribi ebenfalls nach Abschluss entsprechender Schutzverträge die deutsche Flagge zu hissen. Dr. Buchner, Nachtigals Begleiter wurde provisorisch als Gouverneur eingesetzt. Adolf Woermann kommentierte das Ereignis in seinem Tagebuch mit folgenden Worten:

Cameroons ist jetzt deutsch und wird es nun hoffentlich immer bleiben. Ein Triumph für uns Deutsche, ein Mahnzeichen für die Schwarzen, dass wir auch Kriegsschiffe haben.

Fünf Tage später am 19. Juli 1884 traf der britische Konsul Hewett in Douala ein, um Kamerun für England in Besitz zu nehmen. Als er erfahren hatte, dass die Deutschen ihm zuvor gekommen seien, protestierte er zwar bei Nachtigal gegen die Besitzergreifung der Deutschen, musste jedoch aufgrund der vollendeten Tatsachen erfolglos abreisen. Hewett erhielt danach den Spitznamen
The too late consul.

Das Küstengebiet nördlich und südlich von Duala wurde unter dem Widerspruch Englands unter deutsche Schutzherrschaft genommen. Dennoch hatten rivalisierende Häuptlinge für Geldzuwendungen ihr Gebiet mehrmals auch an andere Nationen wie Frankreich und Spanien abgetreten.

Dr. Buchner gelang es weitere Verträge mit 14 Küstenstammesführern abzuschließen. Die mit ihren Annexionsplänen gescheiterten Engländer versuchten nunmehr durch Vertragsabschlüsse mit den Häuptlingen des Hinterlandes, die

Deutschen auf die Küstenregion zu beschränken. Als 1884 Auseinandersetzungen zwischen rivalisierenden deutsch und englandfreundlichen Duala- Clans ausbrachen, wurden sie von den Deutschen im Dezember 1884 durch 331 Matrosen der Kreuzer S.M.S. Bismarck und S.M.S.Olga unter dem Befehl von Konteradmiral Eduard Knorr unterdrückt, obwohl sie sich nicht primär gegen die deutsche Herrschaft richteten. Die beiden Kreuzer befanden sich seit dem Oktober 1884 vor der Küste Kameruns, um den Afrikanern Furcht einzuflößen und bei ihnen den Eindruck zu verstärken, dass hinter den deutschen Kaufleuten die Macht des deutschen Reiches stände.

Admiral Knorr berichtete über diesen Erfolg am 10. 01. 1885 in einem Telegramm nach Berlin:

Bismarck und Olga haben am 20., 21. und 22. Dezember 1884 aufrührerische Negerparteien in Kamerun mit Waffengewalt niedergeschlagen, mehrere Häuptlinge und eine größere Zahl der Krieger sind gefallen bzw. geflohen. Autorität der Flagge und Ruhe am Ort wieder hergestellt.

Von Kaiser Wilhelm II. wurde die Nachricht mit Genugtuung gelesen. Knorr erhielt daraufhin auf Vorschlag des Kanzlers Bismarck den Stern zum Roten Adlerorden II. Klasse mit Schwertern. Damit war die Ruhe in der Kolonie zunächst hergestellt. Auch handelspolitisch wirkte sich dieser Sieg für die deutschen Handelshäuser positiv aus. Es folgte eine Periode äußerer Ruhe an der Kamerunmündung.

Am 24. Dezember 1885 kam es zu einem Vertrag mit den Franzosen, die bereits 1880 Schutzverträge mit einheimischen Stammesführern abgeschlossen hatten. In diesem Vertrag wurde die Dembiahkolonie, in dem sich das Handelsunternehmen von Fr. Colin befand, an Frankreich abgetreten.1894 wurde aus der Polizeitruppe eine Schutztruppe gebildet Diese bestand im Jahre 1900 aus 40 Offizieren, 53 Unteroffizieren und 900 afrikanischen Söldnern.

Die deutschen Handelsunternehmen hatten ein großes Interesse daran, das bestehende Zwischenhandelsmonopol der Küstenbevölkerung, insbesondere der Dualas zu beseitigen und die Kolonie und damit ihr Betätigungsfeld von der Küste weiter nach Norden zu erweitern in der Absicht Zugang zu den Palmölgebieten am Benue und Niger zu gewinnen. Dies gelang den Deutschen jedoch erst, nachdem sie militärisch aufgerüstet hatten und die Küstenstämme sich nach zahlreichen Kämpfen der militärischen Übermacht der Deutschen beugen mussten. Zur Ausdehnung des deutschen Territoriums nach Norden wurden einzelne neue Stützpunkte errichtet. Erst in den neunziger Jahren gelang den deutschen

Firmen Woermann und Jantzen & Thormälen die von ihnen dringend angestrebte Anlage von Plantagen im klimatisch begünstigten Kamerungebirge. Mit der Ausdehnung ihres Machtbereiches landeinwärts nach Norden trat Deutschland in Konkurrenz zu den beiden anderen europäischen Kolonialmächten Frankreich und England. Bismarck zeigte dabei vor allem Interesse an guten Beziehungen zu Frankreich und gab den deutschen Kolonialbeamten die Weisung bei der Ausdehnung ihres Machtbereiches um keinen Preis französische Interessen zu verletzen.

Deutsch französische Verhandlungen über die Grenzen Kameruns begannen anlässlich der Kongo Konferenz im November 1884 in Berlin, an der Adolf Woermann als Delegierter Deutschlands teilnahm. Am 1. Dezember 1884 schlossen Deutschland und Frankreich einen vorläufigen Vertrag, der den Rio Campo als Grenze zwischen dem deutschen Schutzgebiet Kamerun und Französisch-Äquatorial Afrika vorsah. Frankreich verzichtete dabei auf Ansprüche im Gebiet des Kongo. Es folgten weitere Abmachungen mit Frankreich durch Verträge vom 24. Dezember 1885, 15. März 1894 sowie in den Jahren 1901 und 1902, durch welche Deutschland und Frankreich insbesondere die gemeinsame Ostgrenze Kameruns absteckten. Die endgültige Festlegung des Grenzverlaufs zu den englischen Kolonien erfolgte durch bilaterale Verträge mit Großbritannien vom 3. Mai 1885, 27. Juli 1886, 2. August 1886,14. April 1893 und 15.November 1893.

Am 8. Juli 1885 traf Freiherr von Soden in Kamerun ein, um den Gouverneursposten einzunehmen. In seiner Begleitung befanden sich Jesko von Puttkamer, der später Kanzler wurde sowie der Unteroffizier Füllbier, der eine Polizeitruppe ausbilden sollte. Er hatte die Aufgabe die territoriale Ausdehnung Kameruns voranzutreiben und das Hinterland für den direkten europäischen Handel zu öffnen. Auch nach Einrichtung einer Selbstverwaltung blieb der Einfluss der deutschen Kaufleute unverändert groß. Am 10. Oktober 1886 wurde die deutsche Reichsmarkwährung eingeführt, am 1. Februar 1887 wurde in Duala die erste deutsche Postagentur eröffnet, am 1.Juni 1887 Kamerun zum Weltpostverein angemeldet. Am 21.Februar erhielt Kamerun Anschluss an das Welttelegrafennetz. Dazu legte eine englische Gesellschaft ein Kabel mit einem Anschluss Kameruns an das englische Kabel in Bonny. Für dessen Benutzung hatte die deutsche Kolonialverwaltung 134.000 Mark jährlich zu zahlen.

Am 24. Februar 1887 eröffnete der Regierungsoberlehrer Theodor Christaller die erste Regierungsschule in Belldorf, einem Dorf am Kamerunfluss.

d) Die Ausdehnung der deutschen Schutzherrschaft auf das Hinterland, Expeditionen berühmter Afrikaforscher 49)

Die deutsche Schutzherrschaft beschränkte sich anfänglich bis 1895 unter den Gouverneuren von Soden (1885-1891) und von Zimmerer (1891-1895) überwiegend auf das Küstengebiet von Kampo bis Rio del Rey, wo es als wesentliche Aufgabe der deutschen Schutzmacht angesehen wurde, die Handelsinteressen zu vertreten und zu schützen. Dazu gehörte auch, dass die Zwischenhandelsmonopole der küstennahen Gesellschaften, vor allem in Duala mit militärischer Gewalt von der deutschen Schutzmacht durchbrochen wurden.

Wegen des ungesunden Klimas und der ständigen Gefahr an Malaria zu erkranken dachte das Deutsche Reich nicht daran in Kamerun oder Togo Siedlungskolonien zu gründen. Schutzverträge mit den Stämmen im Landesinneren fehlten. Den Deutschen fehlten weitgehend Kenntnisse hinsichtlich der Verhältnisse im Hinterland, welcher Stamm mit welchem befreundet oder verfeindet war.

Die ersten Erkenntnisse gewannen sie durch Forschungsreisen, die nicht von der Küste, sondern zumeist den großen Handelsrouten folgend von der Sahara und dem Tschadseegebiet und von dort in den Norden Kameruns unternommen wurden. Die ersten Expeditionen von der Küste in das Landesinnere, das Grasland Westkameruns wurden seit 1886 durch Eugen Zintgraff sowie durch die Offiziere Hans Tappenbeck und Richard Kund durchgeführt.

Eugen Zintgraff unternahm 1886-1887 eine Expedition den Wuri aufwärts über Jabassi bis Buti in die Gegend von Manga Mena. Von dort aus stieß er nördlich nach Nyansoso vor und kehrte dann zum Kamerungebirge zurück, wo er gegen die Bakwiri, die Bomboko und Barundu kämpfte. Im Dezember 1887 brach Zintgraff erneut zur Erkundung und Erschließung des nördlichen Hinterlandes von Kamerun bis zum Benue auf. Am 1. Januar 1888 legte er die Militärstation Barombi, am 6. November die Militärstation Bali an.

1887 unternahmen Kund, Tappenbeck und Weißenborn die Batangaexpedition, die sie von der Batangaküste ins Landesinnere führte. Dieser Versuch scheiterte jedoch an den Bakokos, welche die Expeditionsteilnehmer überfielen und ausraubten. Auch der zweite Versuch im nächsten Jahr war wenig erfolgreich.

Während Zintgraff auf seinen Erkundungsreisen das nördliche Grasland Westkameruns erforschte, bereisten Tappenbeck und Kund das Hinterland der Batangaküste und gründeten 1889 dort den Außenposten und Forschungsstation Jeundo, die heutige Hauptstadt Yaunde. Tappenbeck und Weißenborn starben jedoch wenig später an der Küste am Fieber, Kund kehrte schwer erkrankt und verwundet nach Deutschland zurück. Curt von Morgen gelang es Beziehungen mit den Wute zu knüpfen und öffnete anschließend den schiffbaren Abschnitt des Sanaga für den Handel.

Weitere bekannte deutsche Forschungsreisende waren Barth, Vogel, Rohlfs, Flegel, Schuckmann und Zöller. Von denen verloren einige ihr Leben wie Adolf Overweg aus Hamburg, der Krefelder Eduard Vogel, ein Afrikaforscher und Astronom. Vogel wurde am 7. März 1829 in Krefeld geboren. Bei einem Versuch bis ins Hochland von Adamaua im Norden Kameruns vorzudringen musste er am Ufer des Benue wegen kriegerischer Eingeborenenstämme umkehren. Bei einem Besuch des Sultans von Jola im Tschadgebiet ließ dieser ihn bei Wadai erschlagen. Auf der Suche nach Vogel wurde auch der Afrikaforscher Karl Moritz von Beurmann bei Wadai ermordet.

Auf seiner dritten Afrikareise zog Flegel den Niger und den Benue hinauf und schloss Schutzverträge in Adamaua ab. Nachdem er eine Station an der Einmündung des Tarabba errichtet hatte, erkrankte er schwer und starb im Nigerdelta. Richard Kund erstürmte Wuatare, Curt von Morgen stieß bis nach Yaunde, Eugen Zintgraff aus Düsseldorf zusammen mit Karl Zeuner aus Emmendingen im Nordwesten bis zum Elefantensee vor.

Dort gründete von Zintgraff die Station Barombi, später *Johann- Albrechtshöhe* und zog anschließend nach Batom und Banjang weiter und durchquerte als erster Europäer auf seiner Expedition ins 1400 hoch gelegene Grasland den Urwaldgürtel, der die Grenze zum inneren Kamerun darstellte. Eugen Zintgraff unternahm in Überschreitung seiner Kompetenzen Erkundungen ins Grasland Kameruns, im Gebiet der Balis. Ihm gelang es die Rivalitäten der dort lebenden Stämme auszunutzen und Bali 1891 unter deutsche Schutzherrschaft zu stellen. Dort gründete er auf Bitten des Bali Häuptlinges die Regierungsstation *Baliburg* als deutschen militärischen Vorposten in Nordkamerun. Die dort beheimateten Bali galten damals als ausgezeichnete Krieger. Gerichtsassessor Wehlan, der wegen seiner Strafexpeditionen und seinen Verhören ein schlechter Ruf vorausging, unterwarf mit brutaler Gewalt die im südwestkamerunischen Hinterland siedelnden Stämme der Bakoko und Mabea. Wehlan wurde daraufhin nach einer Disziplinaruntersuchung nur mit einer Geldstrafe und Strafversetzung belegt.

Während die Forschungsreisen zunächst nur wissenschaftlichen Charakter hatten und durch den Afrikafonds des Deutschen Reiches oder der *Afrikanischen Gesellschaft* finanziert und organisiert wurden, nahmen sie später immer mehr politische und militärische Natur an. Sie dienten dem wirtschaftlichen Wettbewerb mit den anderen europäischen Kolonialstaaten und so der Ausdehnung der deutschen Herrschaft in den betreffenden Ländern. Die Ausbeute der Wissenschaftler waren demgegenüber Vogeleier, Regenwürmer, Wanzen, Spinnen sowie Penisfutturale und Unterlippenscheiben. Die von den Forschern in Kauf genommenen Strapazen waren ungeheuer. Sie berichtete ein Forscher:

Die Ratten fressen Stiefel und Sandalen an und machen nächtliche Kletterübungen am todmüden Schläfer; die Fliegen dringen in Augen, Mund, Nase, zerstechen den Körper und setzen sich, eitererzeugend in Wunden, die Ameisen überziehen im Nu den wehrlosen Wanderer, den ahnungslos Rastenden zu Tausenden und martern ihn mit Bissen, die Sandflöhe bohren sich heimtückisch unter die Nägel der Zehen, erzeugen dort Geschwüre und machen den Menschen oft für Wochen vollkommen marschunfähig.

Lange Zeit bis 1891 blieben aus diesen Gründen Teile im Hinterland Kameruns unerforscht und unterlagen demnach nicht der deutschen Schutzherrschaft. Mit der Erforschung des Hinterlandes von Kamerun waren nicht nur Forscher befasst. Der Gouverneur beauftragte auch einen engen Mitarbeiter, den Hauptmann Karl von Gravenreuth, der wegen seiner Tollkühnheit den Spitznamen *Löwe von Afrika (Simba ja Mrima)* führte, mit der Erforschung des Hinterlandes von Kamerun im Zusammenhang mit der Durchführung einer Strafexpedition gegen die Aboleute, die dem Kaiser den Krieg erklärt hatten.

Mit der Eroberung des Ortes Miang und der Zerstörung seiner Kulturanlagen, hatte von Gravenreuth seine Mission zunächst erfolgreich erfüllt. Als Gravenreuth zusammen mit Maximilian von Stetten anschließend noch den Auftrag erhielten die Kpe (Bakwiri) von Buea zu unterwerfen, verlor von Gravenreuth dabei am 5. November 1891 sein Leben. Sein zweiter Offizier, Oberleutnant von Stetten wurde bei den Kämpfen schwer verwundet. Dr. Preuß, der Leiter des Botanischen Gartens der Regierungsstation Viktoria rettete die Reste der Expeditionstruppe an die Küste zurück. Erst nachdem die Kpe durch eine von Curt Morgen und Hans Dominik angeführte Einheit der Schutztruppe im Dezember 1894 endgültig besiegt werden konnte, wurde der Leichnam von Gravenreuth von Buea nach Duala überführt und dort unter dem Standbild eines bronzenen Löwen bestattet, auf dessen Sockel sich das Bild Gravenreuths befand.Über den Zustand des Leichnams vor der Umbettung wurde berichtet:

Lang ausgestreckt lag er da,wenige Zeugfetzen fielen bei der ersten Berührung wie Zunder von den weißen Knochen, nur die Füße steckten in den wohlerhaltenen gelben, festen Schnürschuhen.

Das Hinterland Kameruns schien den Deutschen danach wie vernagelt und nur militärisch zu erschließen zu sein. Am 30. Oktober 1891 wurde in Kamerun eine Polizeitruppe aufgestellt. Am 15.November 1893 schlossen Deutschland und England ein Abkommen über das Hinterland von Kamerun, in dem feste Grenzen gegen Nigeria bis zum Tschadsee festgelegt wurden.

1894 übernahm nach dem Tod Gravenreuths Max von Stetten das Kommando über die kaiserliche Schutztruppe. Er führte im Dezember 1894 eine Strafexpedition gegen die Bakwiri, die ihre Ländereien am *Kamerunberg* gegen die Landnahme durch deutsche Siedler verteidigt hatten. Als ihr Stammesführer Dschagga gefallen war, unterwarfen sich die Bakwiri.

Im Abkommen vom 15. März 1894 verständigten sich Deutschland und Frankreich über strittige Gebiete im Hinterland von Kamerun. Dabei erhielt Deutschland den sogenannten *Entenschnabel*.

Nachdem von Stetten wegen einer Verwundung ausgefallen war, übernahm Hauptmann Hans von Ramsay die Schutztruppe und führte eine Expedition mit dem Ziel Ubangi sowie weiter zum Schari und an dessen Lauf entlang zum Tschadsee durch. Dabei marschierte Ramsay mit seiner Truppe den Sanaga hinauf und legte die Balinga Station an. Wegen Überschreitens der für diese Expedition von Berlin bewilligten Geldmittel von 400.000 Mark wurde die Expedition bei Edea aufgegeben, was französischen Forschern ermöglichte vom Norden und Osten nach Mittelkamerun vorzudringen und Schutzverträge mit den einheimischen Herrschern abzuschließen.

Einige Monate später gelang es jedoch Baron Edgar von Üchtritz und Siegfried Passarge auf ihrer im Auftrag des DKG durchgeführten Expedition auf dem *Niger-Benue-Weg* zum Tschadsee weitere Schutzverträge mit den Herrschern von Bubandjidda, Ngaundere und Marua in Nordkamerun abzuschließen. 1895 führten sie mehrere militärische Expeditionen gegen die Bakoko am unteren Sanaga durch. 1896 schlug Oltwig von Kamptz eine Revolte der Ewondo und Banestämme gegen die Regierungsstation Jeunde (Yaunde) nieder und sicherte damit den freien Zugang von Jeunde zur Küste.

e) Der Aufstand der Dahomeysoldaten 50)

Auslöser des Aufstandes war die schlechte Behandlung und Ausbeutung der Dahomeysoldaten innerhalb der deutschen Schutztruppe und vor allem die Vergewaltigung ihrer Frauen durch die *weißen* Soldaten und teilweise auch durch ihre Vorgesetzten. Der Forschungsreisende Karl von Gravenreuth hatte von dem Dahomey König Behanzin 370 Frauen und Männer als Sklaven zur Bildung einer Expeditionstruppe für die Erschließung des Nordens für 320 Mark für jeden Mann und 280 Mark für jede Frau angekauft. Die Kolonialverwaltung verwendete die angekauften Frauen und Männer jedoch in der eigenen Polizeitruppe bzw. im Dienst des Gouvernements. Sie wurden als Entschädigung für den an Benhazin gezahlten Kaufpreis geringer entlohnt als die gewöhnlichen Polizisten und Kolonialangestellten. Außerdem fanden brutale Übergriffe gegenüber den Frauen statt, die ohne Entlohnung auf den Regierungsplantagen hart arbeiten mussten. Verantwortlich hierfür war der Vertreter des Gouverneurs von Zimmerer, der Kanzler Leist, der mehrere dahomeyische Frauen entblößt vor den Augen ihrer Männer auspeitschen ließ. Leist war bereits vorher durch Skandale aufgefallen, insbesondere durch unzüchtigen Verkehr mit im Gefängnis einsitzenden Pfandweibern.

Bekannt wurde dies vor allem durch einen Artikel des Kolonialarztes Dr. Wilhelm Valentin in der Neuen Deutschen Rundschau, in welchem er vor allem die bei der Unterwerfung der Bakoko in den Jahren 1892 und 1893 angewandten Methoden der unter Führung von Wehlan stehenden Schutztruppe anprangerte. So sollen Gefangene tagelang auf einem Schiff gefesselt und der großen Hitze ausgesetzt worden sein, so dass sich Würmer in den dabei entstandenen Wunden einnisteten. Als ihnen nicht mehr zu helfen war, ließ Wehlan sie wie wilde Tiere abschießen.

Zunächst hatten die Dahomey noch versucht ihre Forderungen auf einen angemessenen Lohn und eine bessere Behandlung friedlich, so z.B. durch ein Gesuch vom 6. März 1893 an den Kanzler Leist durchzusetzen. Dieses Gesuch hatte folgenden Wortlaut:

An Sr. Hochwohlgeboren, den Kaiserlichen Kanzler des Schutzgebietes von Kamerun Leist.

Wie Euer Hochwohlgeboren selbst wohl weiß, wir alle Dahomeyleute sind Ihrer Eigentum, wir haben keine Eltern und keine Verwandten hier, und wir sind seit 2 Jahren hier und haben bis jetzt niemals etwas Taschengeld bekommen, so bitten wir alle Euer Hochwohlgeboren aufrichtig zu sagen, dass wir sind Ihrer Eigentum und deshalb bitten wir Sie ganz gehorsamst, ob sie uns nicht mitleiden können und uns etwas Taschengeld geben. Da wir aber auch etwas Vergnügen gerne mitmachen möchten, aber wir können es nicht, weil wir kein Taschengeld haben, wir sind ebenso brauchbar wie die anderen Gouvernement Soldaten und wir haben eben so gut unserem Herzen und Hände für deutsches Vaterland ergeben wie jeder deutsche Soldat, so bitten wir Ihnen gehorsamst uns auch etwas Taschengeld zu geben. Herr Kanzler Wehlan hat uns einmal 60 Mark geschenkt. Das ist alles was wir bekommen haben".

Euer Hochwohlgeboren gehorsamster, gez. Mamadou

Leist ließ die Verfasser des Gesuchs daraufhin zu sich kommen und verwarnte sie sich weiter in die Angelegenheiten der Kolonialregierung einzumischen. Zur Strafe kürzte Leist ihre Nahrungsmittelration. So wurde die Tagesration Reis um ein Siebentel, die Tagesration Fleisch um die Hälfte und die Wochenration Zucker um zwei Drittel gekürzt. Diese Schikane bedeutete für die Dahomey Soldaten eine weitere Verschlechterung ihrer Lage. Dies führte dazu, dass sie nur widerwillig ihre Pflichten beim Exerzieren und bei der Waffenpflege erfüllten.

Als die Beschwerden und Proteste hiergegen nichts nutzten, von den Deutschen gegebene Versprechungen nicht erfüllt wurden, sahen sie keinen anderen Ausweg als sich gegen ihre deutschen Arbeitgeber zu erheben. Als Dahomey Frauen sich erneut weigerten ohne Lohn auf der gouvernementseigenen Kaffeeplantage zu arbeiten und Leist sie vor den Augen ihrer Männer nackt mit 10 bis 15 Hieben mit der Flusspferdpeitsche auspeitschen ließ, kam es am 15. Dezember 1893 zur Dahomey Meuterei von 96 Dahomey Leuten, darunter 43 Frauen.

Führer der Aufständischen war Mamadou. Ihr Ziel war die Bestrafung und Tötung Leists sowie darüber hinaus die Vertreibung der deutschen Kolonialmacht. Dazu suchten sie Unterstützung bei den Dualahäuptlingen, insbesondere bei King Bell, die ihnen jedoch letztlich verweigert wurde, da ihnen ihre Handelsinteressen mit den Deutschen und ihre Gewinninteressen letztlich wichtiger waren als die Vertreibung der Deutschen.

Die Rebellen besetzten das Regierungsgebäude und töteten den deutschen Regierungsrat Otto Riebow, der für die Rechtsprechung in Kamerun zuständig war und den ersten Band der Deutschen Kolonialgesetzgebung verfasst hatte. Dabei kämpften die Rebellen von Beginn an voller Leidenschaft, mit hoher Kampfmoral und Heldenmut, wobei sie alles weitgehend unversehrt ließen. Sie plünderten nicht, sie brandschatzten nicht und nahmen nur die Lebensmittel, die sie zu ihrer Ernährung benötigten. Letztlich jedoch vergeblich.

Schließlich konnte der Aufstand unter Einsatz des deutschen Kanonenbootes Hyäne unter dem Kommando des Leutnants zur See Deimling zwischen dem 15. und dem 23. Dezember 1893 blutig niedergeschlagen werden. Aufgrund des negativen Echos, welche die Vorfälle international hatten, ließ der Reichstag die

Vorfälle untersuchen. Der für die körperliche Züchtigung der Dahomeyfrauen ver-antwortliche stellvertretende Gouverneur Leist wurde in zweiter Instanz aus dem Dienst entlassen und zu einer Strafe verurteilt.

f) Die Geschichte Deutsch- Kameruns von 1897 bis 1911

Anlage von Plantagen am Kamerunberg, weitere Militäraktionen im Norden und Nordosten der Kolonie, die Errichtung des Verwaltungssitzes in Buea 51)

Ende des 19. Jahrhunderts begannen die Deutschen mit der Anlage von Pflan-zungen und Plantagen am Südhang des Kamerunberges. Angelegt wurden vor allem Plantagen mit Kautschuk, Ölpalmen, Mango, Breiapfel und Guaven.1897 gründete Dr. Eugen Zintgraff mit einem Grundkapital von 2,5 Millionen Mark sei-ne große Kakaopflanzung Viktoria am Kamerunberg. Gouverneur von Puttkamer wurde selbst Aktionär der Westafrikanischen Pflanzungsgesellschaft Victoria, die einseitig die Interessen der deutschen Farmer verfolgte.

So erließ der Gouverneur am 15.Juni 1896 ein Dekret, das unbesetztes Land verstaatlichte und den lebensnotwendigen Besitz einer afrikanischen Familie auf weniger als zwei Hektar beschränkte. Dadurch kam es zu Unruhen, die sich ge-gen die deutschen Kolonialherren richteten. In der Folgezeit kam es zu weiteren Militäraktionen im Norden und Nordosten der Kolonie.

Am 14. Januar 1899 erstürmte der kaiserliche Major Oltwig von Kamptz aus Torgau die Wute Residenz Ngila (auch Kaiser-Wilhelmsburg) und am 11. März 1899 Joko, einen Handelsknotenpunkt im Fulbestaat Tibati und befreite damit den Nordosten der Kolonie. Nach Gründung der Handels- und Militärstation Joko drang von Kamptz weiter nach Norden bis nach Ngaundere vor. Im Oktober 1901 wurde eine Expedition unter dem Major der Schutztruppe Hans Dominik (1870-1910) aus dem westpreußischen Kulm zu den Fulbestaaten Nordkameruns ent-sandt, um Kontakt mit den islamischen Fürstentümern Adamauas aufzunehmen. Er unterwarf die Bule zwischen Njong und Kampo und die Bangwa im Manen-guba Hochland. Vorher hatte jedoch bereits der Stationsleiter von Joko, Rudolf Cramer von Clausbruch aus Czernowitz gegen den Willen und Befehle des Gou-verneurs von Puttkamer die Zentren Ngaundere und Garua besetzt und damit vollendete Tatsachen geschaffen.

Schimmelpfennig kämpfte gegen die Vute und Pavel und hisste in Garua die deutsche Flagge. Trotz der Ausschreitungen und Eigenmächtigkeiten der Schutztruppe blieben Dominik und Cramer unbestraft. Dominik setzte ungeachtet dessen seinen Marsch in den Norden fort. Die deutsche Schutztruppe besiegte im November 1901 zusammen mit den Engländern die Truppen des Emirs Djubayru von Yola, die aus mehreren Tausend gepanzerten Reitern und Speerträgern bestanden. Am 20.Januar 1902 besiegten deutsche Truppen unter Oberstleutnant Hans Dominik erneut Truppen der Fulbe unter dem Sultan von Jola Suberu bei Miskin-Marua. Damit wurde die Eingliederung der Tschadseeländer Mandara, Deutsch Bornu und die Kotoko-Sultanate durch Curt Pavel, dem Kommandeur der Schutztruppe ein Jahr später ermöglicht.

Yola verblieb dagegen bei den Briten. 1903 löste Franz Müller Kurt von Pavel als Kommandeur der Schutztruppe ab. 1904 führte Müller eine Strafexpedition gegen die Anjang im Nordosten von Ossidinge durch, die sich erhoben hatten.

Als die Njem und Ndsimu im Waldgebiet am oberen Njong sich erhoben, konnten sie von der Schutztruppe unter allergrößten Opfern geschlagen werden. Dasselbe galt von den Maka Stämmen des Dumebezirks, die von Hans Dominik erst 1910 endgültig besiegt wurden. Diese Stämme waren noch Kannibalen und hatten einige Jahre vorher noch einen deutschen Kaufmann und seine 52 Angestellten getötet und anschließend aufgefressen.

Es sollte Dominiks letzter Sieg gewesen sein. Er selbst starb auf der Heimreise an den Strapazen des Feldzuges. Das von dem Berliner Kolonialbildhauer Möbius zu seinen Ehren angefertigte Standbild von *Kameruns größten Soldaten*Hans Dominik konnte aufgrund des Kriegsausbruches nicht wie vorgesehen in Jaunde aufgestellt werden, es wurde stattdessen nach seiner Rückkehr nach Deutschland im Garten der Hamburger Universität aufgestellt.

In den besetzten Gebieten setzten die Deutschen kooperationsbereite Herrscher ein, die unmittelbar der deutschen Schutztruppe unterstanden und für die Kolonialverwaltung von den Eingeborenen Tribute in Naturalien und Geld einzutreiben hatten. Ab April 1914 wurde eine Kopfsteuer erhoben, an denen die Lamibe Sultane zu 15 %, deren Würdenträger zu 5 % und die Dorfhäuptlinge zu 5 % beteiligt wurden.

1901 zog Gouverneur von Puttkamer, um seine Verwaltungsbeamten längere Zeit arbeitsfähig zu erhalten, von Duala zu dem höhergelegenen Buea am Kamerunberg um. Dort herrschte auf einer Höhe von ca. 1000 Metern ein gesundes Klima. Das Fieber der Tiefebene und des Urwalds wagte sich nicht hinauf. Es entstand in Buea eine saubere Beamtenstadt mit schmucken weißen Tropenhäusern und freundlichen Gärten und Parkanlagen, überragt vom Gouverneurspalast einem als bescheiden, aber vornehm beschriebenem Gebäude.

Die Residenz des Gouverneurs umgab ein kleiner botanischer Garten, der mit allerlei seltenen Bäumen und Pflanzen bepflanzt war und von den Bewohnern Bueas nach Feierabend gerne für einen Spaziergang genutzt wurde. Ein Tennisplatz bot Gelegenheit sich sportlich zu betätigen In dieser Beamtenstadt gediehen Spargel, Gurken, Rettich, Radieschen und Erdbeeren, selbst Kartoffeln wurden angebaut. Eine Sennerei mit Vieh aus dem Allgäu versorgte die Bewohner von Buea täglich mit frischer Milch und Butter. In den Gärten von Buea blühten außerdem Rosen und Veilchen.

1912 lebten in Buea 57 Regierungsbeamte, 21 Pflanzer, 12 Offiziere und Unteroffiziere, 11 Missionare,4 Kaufleute sowie 21 Frauen und 21 Kinder. Die idyllische Ruhe der Beamtenstadt wurde einmal im Sommer durch einen Vulkanausbruch des Fako gestört, welche die Bewohner für kurze Zeit zu einem Umzug nach Duala zwang. Als unangenehm wurde von den Bewohnern des Ortes die große Regenzeit von Mai bis Oktober empfunden, wenn die Stadt in dichtem Neben gehüllt war und es Tag und Nacht regnet und alles von Nässe triefte.

Am 21.Februar 1901 erließ der Reichskanzler eine Verordnung über die Hausssklaverei in Kamerun mit dem Ziel in der Kolonie allmählich die Sklaverei abzuschaffen.1903-1904 wurde durch eine deutsch-englische Grenzexpedition die Grenze zum britischen Protektorat von Yola bis zum Tschadsee markiert. Von 1904 bis 1906 kam es im Nordwesten Kameruns am Oberlauf des Cross River zum Anyang- bzw. Mpawankukrieg.

Im Jahre1906, nachdem die Gesellschaft Südkamerun einen Dampfer auf den oberen Njong brachte, und 1910 kam es zu den beiden Maka Aufständen am oberen Nyong, der niedergeschlagen wurde. Bereits 1903 war es in den Waldgebieten am oberen Dja und Njong nach Ermordung und Flucht von europäischen Händlern zu Unruhen gekommen, die jedoch von der Polizeitruppe niedergeschlagen werden konnten.

1908 entstanden innerhalb der mohammedanischen Bevölkerung im Norden Aufstände, die jedoch ebenfalls schnell von der Polizeitruppe niedergeworfen wurden. Aufgrund der ständigen Aufstände und der Militäraktionen herrschte in Deutschland das Gefühl, in Kamerun sei praktisch das ganze Jahr über Krieg, sollte gerade keiner sein, glaubte man, er ruhe nur für ein paar Wochen. In den Jahren 1908 und 1911 regulierte Deutschland durch Verträge mit Frankreich die Süd- und Ostgrenze der Kolonie.

g) Die Geschichte von Deutsch- Kamerun von 1911 bis 1914 52)

Durch das Marokko- Kongo Abkommen aus dem Jahre 1911 und das deutsch französische Abkommen vom 4. November 1911 wurde die Kolonie Deutsch-Kamerun nochmals vergrößert durch den Erwerb von *Neukamerun*, von weitgehend unerforschten Gebieten aus der französischen Kolonie Zentralafrika und einem Bevölkerungszuwachs von ½ Million Menschen. Als Gegenleistung wurde der sogenannte *Entenschnabel*, ein kleineres Gebiet im Nordosten Kameruns *Französisch- Zentralafrika* zugeschlagen. Die bis zum Erwerb von *Neukamerun* zur Kolonie gehörende Fläche wurde danach *Altkamerun* genannt.

Deutschland hatte damit Zutritt zum Kongo und zu einem einem seiner größten Nebenflüsse, dem Ubangi. Am 1. Februar 1912 wurde der Ubangivorsprung in deutsche Verwaltung genommen.

Am 22. Februar 1913 wurde in ganz Kamerun eine Kopfsteuer von 10 Mark eingeführt, am 10. September 1913 wurden die Einfuhrzölle zugunsten der Erbauung von Automobilstraßen erhöht.

Durch das Abkommen mit England vom 11. März 1913 wurden die Grenzen zu Britisch Nigeria festgelegt. Am 30. Oktober 1913 wurde in Yaunde ein Europäerkrankenhaus eröffnet, am 1. August 1914 nach Ausbruch des 1. Weltkrieges in Europa die Mittellandbahn von Duala über Eseka hinaus auf einer Länge von insgesamt 180 Kilometern fertiggestellt.

Seit 1910 entwickelte die deutsche Kolonialverwaltung Pläne, die Bevölkerung von Duala gegen eine geringe Entschädigung zu enteignen und umzusiedeln. Damit wollte man eine weitere Vermischung der weißen und eingeborenen Bevölkerung verhindern. Die einheimische Bevölkerung wehrte sich vehement, jedoch weitgehend erfolglos gegen diese Pläne durch Eingaben an den Gouverneur und den deutschen Reichstag. In seiner Not wandte sich der Anführer der Duala Bevölkerung Rudolf Duala Manga an den Sultan von Bamum und bat ihn um Unterstützung bei einem Aufstand gegen die Deutschen. Nachdem der Sultan die Aufstandspläne den Deutschen verraten hatte, wurde Manga zusammen mit seinem Sekretär und einigen Verwandten am 8. August 2014 wegen Hochverrates hingerichtet.

Nach dem Ausbruch des 1. Weltkriegs im August 1914 konnte sich die deutsche Schutztruppe noch etwa zwei Jahre in der Kolonie halten. Danach zog sie sich in das benachbarte spanische Rio Muni Gebiet zurück und wurde daraufhin auf Fernando Poo oder in Spanien interniert.

Nach Kriegsende ging Kamerun 1919 nach dem Versailler Vertrag in die Hände des Völkerbundes über, der die Kolonie an Großbritannien und Frankreich als Mandat gab. Nach dem 2. Weltkrieg gingen die beiden Völkerbundmandate als Treuhandmandate an die Vereinten Nationen. Nach einer Volksabstimmung im Jahre 1960 wurde das französische Mandatsgebiet unabhängig, der nördliche Teil des britischen Mandatsgebietes entschied sich für einen Anschluss an Nigeria, während der südliche Teil sich für den Anschluss an den unabhängigen Staat Kamerun entschied.

2. Geographie, Lage und Grenzen der Kolonie, Bevölkerungsstatistik

a) Die geografische Lage Kameruns 53)

Die Kolonie Kamerun lag im innersten Winkel der Bucht von Guinea und trennte das sogenannte Ober-Guinea von Nieder- Guinea. Nach Norden breitete sich Kamerun fächerförmig aus bis zum großen Tschadsee in der Nähe des 13. Nördlichen Breitengrades.

Die Fläche der Kolonie betrug anfangs ca. 495.000 qkm, ab 1911 nach der Angliederung von Neukamerun ca. 790.000 qkm. Damit war die Kolonie Kamerun ca. 1,3 mal so groß wie das Mutterland, das Deutsche Reich. Die Einwohnerzahl Kameruns betrug 1897 2.600.000 Einwohner, davon waren 253 Europäer, von diesen 181 Deutsche.

Mit der Angliederung von Neukamerun stieg die Zahl der Einwohner auf 3 Millionen, davon waren im Jahre 1912 1.900 Europäer, darunter 1.000 Deutsche. Nach einer amtlichen Statistik aus dem Jahre 1913 betrug die Zahl der Eingeborenen 2.648.610, die der nicht eingeborenen farbigen Bevölkerung 2.405, die der Mischlinge 110.131. 1913 lebten 1871 Weiße in Kamerun, davon bildete die größte Berufsgruppe die Kaufleute und die Angestellten der Handelshäuser, gefolgt vom Militär- und Verwaltungspersonal sowie von der Gruppe der Missionare und später den Angestellten der Plantagengesellschaften.

Der Küstenanteil der Kolonie Kamerun am Atlantischen Ozean war relativ gering. Die Fläche verbreiterte sich zum Inneren nach Osten hin und reichte im Osten über 14 Breitengrade hinweg vom 13. nördlichen Breitengrad bis zum 1. südlichen Breitengrad, bis hin zum Kongo und zum Tschadsee. Dadurch ergaben sich große Unterschiede bezüglich der Landschaften und des Klimas. So gab es im Norden sowie am Tschadsee ein trockenes Steppengebiet, im Süden am Ssanga dichten Urwald.

Kamerun hatte eine gemeinsame Grenze mit drei anderen europäischen Kolonialmächten, mit Frankreich im Osten und Süden angrenzend an Französisch-Zentralafrika, mit England im Nordwesten an Britisch- Nigeria und Spanien angrenzend an die Kolonie Spanisch- Guinea, die als Enklave im deutschen Gebiet lag. Mitte des 19. Jahrhunderts setzten über die alten Transsahararouten wissenschaftliche Forschungen im Hinterland ein. So durchquerte der deutsche Afrikaforscher Barth im Auftrag der Königlichen Geographischen Gesellschaft in London die Sahara und kam bis in den Norden Kameruns. Gustav Nachtigal erreichte das Gebiet des Tschadsees.

Über die geographische Gestalt der Kolonie Kamerun äußerte sich Hutter:

Die Gestalt Kameruns ist infolge des Grenzlinienverlaufs eine ganz eigenartige und man braucht keine karikierende Ader zu besitzen, um willkürlich an die Gestalt eines nicht gerade sehr graziösen Vogels, etwa eines Wiedehopfes mit Schopf und mit nach Osten gewendetem Schnabel zu denken.

Über die Kolonie äußerte sich Hutter auch sonst wenig vorteilhaft:

Kamerun ist eine vernachlässigte Kolonie geblieben. Schlusslicht unter den vier afrikanischen Schutzgebieten, Rätselland mit vielen kritischen Punkten im Hinterland. Fast an keiner Stelle zeigt Afrika, die schwarze Schöne, ein so ernstes finsteres Anlitz, drohend abzuschrecken von dem verwegenen Beginnen in ihr Geheimnis einzudringen, ihre Schönheit hüllenlos schauen zu wollen. Fast an keiner Stelle ruft sie gegen den kühnen Eindringling auf ihrer Schwelle bereits Natur und Menschen auf, Hemmnisse dem vorwärts strebenden Fuß zu bereiten, Schwierigkeiten aufzutürmen.

Auch über die Bewohner Kameruns äußerte sich der deutsche Forschungsreisende Hugo Zöller wenig positiv:

Unter allen Negerstämmen, die ich an der westafrikanischen Küste kennengelernt habe, gibt es, glaube ich keinen, der schwerer als das Volk von Kamerun zu regieren wäre.

Die Landschaften der Kolonie Kamerun wurden durch das Küstenvorland, das Plateau von Kamerun, die Massivregion von Adamaua, das Logone-Tschad-Becken sowie das Ssangatiefland bestimmt.

Das Küstenvorland bildete einen bis zu 50 Meter hohen Landstreifen, der von der Küstenlinie zu beiden Seiten des Kamerunberges bis zum Beginn des Anstie-

ges zum Gebirgsplateau reichte. Unterbrochen wurde dieser Streifen durch den Kamerunberg, ein Vulkan, der sich aus dem Vorland bis zur Höhe von 4070 Metern als fremdes Gebilde erhebt. Von den Eingeborenen wurde der *Kamerunberg* in der Dualasprache *Mungo ma Loba- Berg des Donners* bezeichnet.
Der *Kamerunberg*, bestehend aus dem Hauptmassiv, dem *Großen Kamerunberg* und dem *Kleinen Kamerunberg*, ist eine Vulkanruine, ein aus mehreren erloschenen Vulkanen zusammengesetztes Massiv von ca. 50 Kilometer Durchmesser.

Das Massiv steigt in mehreren Terrassen an. Die erste Stufe liegt etwa in 900 Metern Höhe, auf ihr befindet sich der Ort Buea, späterer Sitz der Kolonialregierung, die zweite Stufe steigt steil bis etwa 2800 Meter an, von dieser Terrasse erhebt sich bis etwa 4170 Meter der Berggipfel, der Fako. Eine ständige Schneebedeckung hat der Kamerunberg nicht. Fast immer ist der Gipfel in einer Nebel- und Wolkenschicht verborgen, so dass man nur selten den Gipfel vom Fuß des Berges frei liegen sehen kann. Die Vegetation am Kamerunberg ändert sich jeweils mit der Höhe. Während der Fuß des Kamerunberges mit dichtem Urwald bedeckt ist, ändert sich die Vegetation allmählich ab 1000 Meter Höhe, in der aufgrund des ab dort herrschenden Wassermangels vor allem Baumfarne sowie Sträucher und Stauden die Waldbäume ablösen. Ab 1800 Meter beginnt der Höhenwald mit Grasfluren und Buschwerk. Ab 2700 Meter ist eine alpine Vegetation anzutreffen mit Hochweidegräsern und niedrigwüchsigen Pflanzen inmitten von Geröll, Lava und Aschehalden, die auf die Vulkantätigkeit des Fako hindeuten.

Über die Besteigung des Kamerunberges äußerte sich ein Reisender wie folgt:

Die Frage, ob die Besteigung des Fako die aufgewendeten Mühen lohnt, ist nicht ohne weiteres zu bejahen. Sie ist zweifellos geologisch interessant, kann aber landschaftlich nicht verglichen werden mit den Reizen einer Hochtour in unseren Alpen. Es fehlen die freundlichen Almen und majestätischen Firnen, es fehlt der wechselreiche Ausblick auf immer neu in der Nähe und Ferne auftauchende Felszacken, Gletscher und Seen. Die Wanderung ist allzu einförmig und der oberste Teil des Fako macht den Eindruck unsagbarer Öde und Todesstarre.

Am Fuße des Kamerunberges liegen die beiden Hafenstädte Bimbia und Victoria, der Hafen für Buea. Buea selbst wurde wegen seiner gesunden Lage kolonialer Regierungssitz. Höhen über tausend Metern wurden von den Einheimischen als Wohn- und Besiedelungsorte wegen der niedrigeren Temperaturen nicht geschätzt. Westlich des Kamerunberges besteht die Küstenlandschaft aus dem Mündungsgebiet des Kamerunflusses, einem sumpfigen, flachen Schwemmland , das durch zahlreiche kleinere Nebenflüsse, die mit dem Kamerunfluss verbunden sind, zu einem netzförmigen System von Kanälen ausgebildet ist. Dieses sumpfige Schwemmland ist bedeckt durch Mangrovenwälder, baumartige Wasserpflanzen, deren Wurzeln hoch aus dem Sumpf herausragen.

Über die Mangrovenvegetation schrieb der Reisende Sembritzki :

Wenn während der Flut die Inseln vollständig überschwemmt werden, scheint das Buschwerk aus den Tiefen emporzusteigen, ein schwimmender Wald zu sein. Seltsam sind zahlreiche Luftwurzeln, die wie Rettungsseile oder Weihnachtsbaum-Flitterfäden herabhängen, ein Spiel des Windes und der Wellen. Sinkt aber der Spiegel, so erstaunt man, die Wasserbäume auf wahren Ungeheuern von Wurzelstelzen stehen zu sehen, die den Stamm derartig hochheben, dass er von der Flut nicht berührt werden kann. Man glaubt, der gesamte Busch sei aus dem Boden emporgezogen, um entfernt zu werden. Höchlichst erstaunt sind wir, wenn bei unserer Annäherung an eine Mangroveninsel deren grauer Schlamm lebendig zu werden scheint. Zahllose Fische schnellen von ihrem weichen Lager empor, um zu fliehen. Bei Hochwasser können wir sogar bemerken, dass diese quabbenartigen Tierchen mit Hilfe ihrer Flossen an dem Wurzelwerk emporklettern. Es sind Kletterfische, die sowohl durch Kiemen als auch durch Lungen atmen.

Im weiteren Verlauf hat die Küste bis Kribi die Form einer geradlinigen Flachküste mit Strandwällen und Nehrungen. Zwischen Kribi und Kampo tritt das Gebirge als bis zu 20 Meter hohe Kliffküste bis an die Küste heran. Kribi ist der wichtigste Hafen an der Südküste, von dem aus wichtige Handelsstraßen ins Landesinnere führen. Von dem Küstenvorland schließt sich ein weites 700- 800 Meter hohes Plateau aus mehreren Stufen an, das sich über den größten Teil von Kamerun erstreckt. Die erste Stufe, das Kamerunplateau steigt von der Küste aus auf etwa 600 Meter Höhe und weiter nach Norden zu dem 1800-3000 Meter hohen Gebirge, den Hochländern an und fällt dann weiter nach Norden mehr oder weniger steil in ein 300- 600 hohes Tiefland ab.

Im Norden befindet sich auch das Hochmassiv von Adamaua, das die Gebiete zwischen dem Nordrand des Kamerunplateaus und dem Nordende des Mandaragebirges ausfüllt und durch das Benuetiefland in zwei Teile geteilt wird.

Im Nordwesten der Kolonie befinden sich das Manengubagebirge, die Elongberge und das Kumbohochland, die am Sanaga direkt in die dort 500 Meter hoch gelegene nördliche Plateaufläche steil abstürzen. Die dortigen Flüsse sind aufgrund der Wasserfälle und Stromschnellen nicht schiffbar. Ganz im Norden reicht Kamerun bis an das Becken des Tschadsees heran mit der von Südosten nach Nordwesten verlaufenden Mulde des Flusses Schari.

Nach Osten und Süden geht das Gebirgsland in die wellige und nur durch einzelne teilweise bis zu 2000 Metern hohen Inselberge überragte Hochfläche über, die sich bis in das Kongogebiet erstreckt. Diese große Hochfläche im Innern Kameruns zerfällt in zwei Teile, die auch ihrer Vegetation nach grundverschieden sind.

Der südliche Teil der Hochfläche erstreckt sich zwischen Sanaga und Kampo mit einer Höhe von 600-700 Metern. Diese steigt im Südosten und Südwesten bis zu 1000 Metern an und ist mit dichtem Urwald bedeckt. Der nördliche Teil des Hochlandes besteht demgegenüber aus einer Park- und Graslandschaft mit einem Pflanzenbewuchs in Form einer Buschsteppe.

Die bedeutendsten Flüsse Kameruns sind der teilweise schiffbare Kreuzfluss *(Cross River) Rio del Rey* oder *Kamerunfluss*, der den Mungo und den Bimbiafluss aufnimmt, der Wuri mit dem Abo und dem Dibome als Nebenflüsse.Im Süden Kameruns fließen der Ngoko (Njong)- bzw. der Ssangafluss (Sanaga) in Richtung Küste.

Die Flüsse fliessen entweder zur Küste und münden dort ins Meer, die Flüsse im Norden *(Scharisystem)* fliessen zum Tschadsee (Schari und Logone) sowie die vom Nordrand des Kamerunplateaus kommenden Flüsse fließen zum Benue und im Südosten der Kolonie die Flüsse Kadei und Dume zum Kongo. Das Mündungsgebiet des Kamerunflusses hat eine Ausdehnung bis zu 15 Kilometern.

Der Ssanga entspringt im zentralen Hochland von Kamerun und fließt gerade nach Südwest bis zur Küste. Er ist mit zahlreichen Stromschnellen durchsetzt und deshalb nicht schiffbar. Bei Edea stürzt der Ssanga über eine von Süden nach Norden sich erstreckende Stufe westwärts in gewaltigen Wasserfällen und Stromschnellen, die eine Touristenattraktion sind.

Anders als der Ssanga ist der Njong zumindest streckenweise schiffbar, so von der Quelle bis Dehane, nach einigen Stromschnellen ist der Fluss auf den letzten Kilometern bis zur Küste wieder befahrbar. Nicht befahrbar sind weiterhin die südlich vom Njong fließenden Küstenflüsse wie der Lokundje, der Kribi und der Lobe, die nicht mit Eingeborenen Kanus befahrbar sind genauso wie der Kampo, der noch auf französischem Gebiet entspringt sowie Wuri und Mungo.

Im Norden Kameruns fließt der Benue, der größte Nebenfluss des Niger, der schiffbar ist und den Nordosten Kameruns mit Adamaua und den Tschadseeländern mit den Flüssen Schari und Logone mit dem Atlantik verbindet. Stromaufwärts können der Benue und seine Nebenflüsse während der Regenzeit, stromabwärts das ganze Jahr über durch flachgehende Dampfer befahren werden.

b) Klima und Temperaturen in Kamerun 54)

Klimatisch bildet Kamerun kein einheitliches Gebiet, sondern ist ein Land voller landschaftlicher und klimatischer Gegensätze. Das Klima wird von den großen Luftdruckzonen über Afrika beeinflusst und unterscheidet sich demnach nach den Regionen in Sahararegion und Kongobecken mit Feuchtsavannengebieten, Grasland und Mangroven welche die Schwemmlandküsten bedecken. Im Süden herrscht Regenwald vor, im Norden Trockensteppe und Halbwüste. Dazu kommt die Vulkanlandschaft des *Kamerunberges*.

Tagsüber gibt es einen ständigen Wechsel von Land- und Seewind. Die Ursache hierfür ist, dass das Land sich tagsüber erhitzt, wodurch eine Luftbewegung vom kühlen Meer zum Land stattfindet. In der Nacht kehrt sich dieser Vorgang um.

Die Temperatur in Kamerun hängt im Wesentlichen vom Sonnenstand, von der Lage zur Küste und von der Meereshöhe ab. Zweimal im Jahr zieht die Sonne vertikal über Kamerun hinweg. Dabei strömt im Januar relativ kalte Luft des über der Sahara liegenden Hochdruckgebietes als kalter Nordostpassat mit niedrigem Luftdruck nach Süden. Im Juli kehren sich die Verhältnisse um, in dem von Süden von der Kalahari her ein kühler Wind nach Norden strömt. An der Küste sind die Temperaturschwankungen mit 25 bis 28 Grad geringer.

Der wärmste Monat ist der Februar mit einer Durchschnittstemperatur von 27 Grad Celsius, der kühlste Monat mit einer Durchschnittstemperatur von 23 Grad Celsius der Juli. Die täglichen und jährlichen Temperaturschwankungen sind gering, sie bewegen sich nur um 2 bis 4 Grad. An der Küste weht ständig ein frischer Seewind bis in die Flussmündungen hinein. Am kältesten ist es im Gebiet des Kamerunberges. Dort beträgt die mittlere Temperatur des auf 980 Meter gelegenen Buea angenehme 19,8 Grad. Dies führte dazu, dass die Deutschen ihren Regierungssitz an diesen Ort verlegten.

Die Niederschläge nehmen an der Küste von Süden zum Norden, sowie zum Landesinnern zu. Regen bringen vor allem die Westwinde, die vom Meer kommen. Größere Regenmengen gibt es auch an den Erhebungen und an den Gebirgsrändern, da Gebirge die Winde zur Abgabe ihrer Feuchtigkeit zwingen.

Die Niederschläge verteilen sich in den verschiedenen Gebieten Kameruns unterschiedlich. In Meereshöhe betragen die jährlichen Niederschläge 3000-5000 mm, auf dem Hochplateau Kameruns dagegen 1500- 2500 mm. Während das Küstenvorland östlich des Kamerunberges nur eine einzige Regenzeit mit einem Maximum im Juni bis September kennt, gibt es im Süden Kameruns zwei

Regenzeiten unterbrochen von einer Trockenzeit. Westlich des Kamerunberges regnet es fast täglich ohne Trockenzeit. Gewitter treten häufig in den Nachmittagsstunden auf. Die Regenmenge hat Einfluss auf die Wasserführung der Flüsse und auf deren Schiffbarkeit. Es ergeben sich teilweise Differenzen von 134 Metern beim Cross River in Ossidinge sowie beim Benue.

Die Luftfeuchtigkeit ist insbesondere an der Küste sehr hoch, vor allem zur Regenzeit.Sie beträgt in Duala von Januar bis März 74 %, von Juli bis September 85 %, in Buea sogar 89 %.

c) Flora, die Pflanzenwelt Kameruns 55)

Die Pflanzenwelt Kameruns hängt vor allem von Klima, Bodenbeschaffenheit und Höhenlage ab. Dabei ist insbesondere zwischen Waldland, Grasland und der trockenen Steppe zu unterscheiden.

Am Küstenvorland ist zunächst ein Urwaldgürtel anzutreffen. Fast ein Viertel der Fläche Kameruns ist mit Urwald bedeckt, einem undurchdringlichen Gewirr von gewaltigen über 50 Metern hohen kerzengraden Laubbäumen, Palmen, riesigen Farnen, Schlinggewächsen, die sich von Baum zu Baum winden und Unterholz. Durch dieses Dickicht kann sich der Mensch nur mit Hilfe eines Buschmessers einen Weg bahnen. Inmitten dieses Dickichts wachsen jedoch Blumen von ungeheurer Farbenpracht, vor allem Orchideenarten.

Ihren Eindruck vom Kameruner Urwald zur Kolonialzeit haben Reisende in ihren Stimmungsbildern treffend wie folgt wiedergegeben:

In weiter, grün gewölbter Halle nimmt das Waldmeer den Eintretenden auf. Das Laubdach ruht auf unzähligen, oft wunderlich geformten Säulen und ist in 20 bis 30 Meter Höhe über dem Boden gespannt. Ungeheure Stämme, astlos, schnurgerade und walzenrund verlieren sich nach oben in den Blättermassen. Lianen, sich kreuzend verschlingend, die eine dünn und glatt, die andere von der Stärke eines Schenkels und mit scharfen Farnen bewehrt, kriechen in den seltensten Windungen auf dem Boden entlang und liegen zusammengerollt um die Stammesenden der Urwaldriesen gehäuft; dann wieder umklammern sie in den mannigfaltigsten Verschlingungen Stamm und Geäst, schwingen sich in luftiger Höhe von Wipfel zu Wipfel, ranken sich erwürgend an den Stämmen hinan oder hängen in wüsten Gewirr herab bis zum Boden, mit ihren erdrückten, erstickten Opfern niedergerissen. Über all diesem Chaos und den Laubmassen entfalten, da und dort durch eine Lücke sichtbar, frei und hoch die mächtigen Stämme, die

107

das Auge in den niedrigeren Wipfeln hat verschwinden sehen, in einer Höhe von 50 bis 60 Metern ihre breit ausgelegten Kronen: Ein Wald über dem Walde.Das Fehlen von Verbindungsgliedern zwischen dem Boden und dem 40 bis 50 Meter über ihn emporgehobenen Blätterdach einerseits, das Massige und Riesenhafte der Pflanzengestalten andererseits gibt dem Tropenurwald ein ernstes, großartiges Gepräge. Was aber den in erstem Moment naheliegenden Vergleich mit einem deutschen, hochaufgeschossenen Nadelwald wieder ganz und gar umwirft, ist eben das Massige der Erscheinung hervorbringende Pfeilerbau der Riesenstämme.

Im Unterschied zum deutschen Wald besteht der Urwald in Kamerun nicht aus einer oder aus einigen wenigen Holzarten, sondern aus einem reinen Gemisch der verschiedensten Baumarten. Dabei überwiegt vor allem der mächtige und gewaltige Baumwollbaum, daneben findet man häufig auch Mahagonibäume, Rotholz- und Gelbholzarten. Da einige Baumarten Nutz- und Edelhölzer wie z.B. Ebenholz sind, begründet der Baumbestand einen wirtschaftlichen Reichtum der Kolonie, der in geordneter Forstwirtschaft genutzt wurde. Vieler dieser Urwaldriesen weisen Höhen von 30- 50 Meter sowie einen Durchmesser bis zu 3 Meter auf. Eine Untersuchung der Kameruner Holzgesellschaft ergab insgesamt 43 Arten von Nutz- und Edelhölzern. Auf einem Hektar Waldgebiet standen 75 Kubikmeter wertvolles Holz. Die meisten Holzarten eigneten sich dabei zu Furnierarbeiten und für Parkettböden.

Unmittelbar an der Küste gibt es Mangrovenwälder, wobei die Mangroven als Stelzpflanzen auf Brackwasser angewiesen sind. Dieser Mangrovenwald geht allmählich in den Sumpfwald mit dichtem Unterholz und Phönixpalmen über sowie daran anschließend in den immergrünen Regenwald mit 40-60 Meter hohen Baumriesen, dazwischen ein Lianendickicht. Im Gebirge, insbesondere am *Kamerunberg* trifft man in einer Höhe von 1800 bis 2700 Metern auf den Höhenwald, in den Steppengebieten mit mehrmonatiger Trockenzeite auf den Steppenbuschwald mit mäßig hohen, oft verkrüppelten Bäumen, mit lederartigen Blättern, oftmals mit Dornen.

Der Urwald geht vielfach in eine Art Parklandschaft über, daran schließt sich Grasland mit einzelnen Baum- und Buschgruppen, den sogenannten Galeriewäldern an. Das Grasland ist fruchtbar und wurde in der Kolonialzeit von den Eingeborenen, zumeist Sudannegern nutzbar gemacht und in eine Kulturlandschaft umgewandelt. Der Graswuchs unterscheidet sich von unserem Graswuchs dadurch, dass kein zusammenhängender Rasen gebildet wird. Die Gräser stehen büschelweise getrennt und erreichen vielfach eine bedeutende Höhe wie z.B. das Elefantengras.

Große Teile des nördlichen Kameruner Hochlandes sind eine Steppenlandschaft, die von Affenbrotbäumen und Dornbüschen sowie durch einen wilden Baumwollstrauch geprägt ist.

Bei den Nutzpflanzen spielte zur Kolonialzeit bei den Bewohnern des Waldlandes vor allem die Banane als Nahrungsmittel eine Hauptrolle. Aus dem Bananenmehl stellten die Eingeborenen einen dicken Brei her, der das tägliche Mittagessen bildete. Daneben war der Anbau von allerlei Knollenfrüchten wie Yams, Bataten, Süsskartoffeln, Maniok oder Kassada weit verbreitet. Daneben wurden aber auch Bohnen, Reis, Mais, Tomaten, Ananas, Erdnüsse und Sesam angebaut.

Von den Bewohnern des Graslandes insbesondere den Sudanstämmen und den Fullahs im Norden wurden ebenfalls Bananen, Erdnüsse, Reis, Bataten und Bohnen angepflanzt, das Hauptnahrungsmittel war jedoch die Hirse. Aus ihr wurde vor allem das unter den Bewohnern im Norden sehr beliebte Hirsebier hergestellt, während im Süden Palmwein, der aus der Weinpalme hergestellt wurde, das Lieblingsgetränk war. In den Waldgebieten trat an die Stelle der Weinpalme die Ölpalme. Im Norden Kameruns war vor allem der Anbau von Baumwolle auf riesigen Baumwollfeldern weit verbreitet.

Das Gedeihen zahlreicher Nutzpflanzen machte Kamerun zu einem Plantagen- und Pflanzungsland erster Güte. Die größten Plantagenanlagen befanden sich dabei rund um den *Kamerunberg*, wo die Nutzpflanzen infolge des jung vulkanischen Verwitterungsbodens bis auf 900 Meter Höhe besonders gut wuchsen. Die klimatischen Verhältnisse und Bodenverhältnisse waren besonders gut geeignet für den Anbau von Kakao sowie für Ölpalmen und Kautschukpflanzen. Der Kautschuk war Kameruns wichtigstes Ausfuhrprodukt. Das Angebot von vor allem wildwachsendem Kautschuk auf Bäumen, sog. Kikxia Arten oder auch Lianen (Landolphen Arten) in den Urwäldern war enorm. Dabei wurden vor allem wildwachsende Kautschukpflanzen bei der Gewinnung des Produkts durch Abzapfen des Milchsaftes oftmals planlos aus Gewinnsucht und Faulheit einfach abgehauen und dadurch vernichtet. Neben dem wildwachsenden Kautschuk gab es Kautschukplantagen mit einer besonders ertragreichen Kautschuksorte, dem Para Kautschuk. Die Anbaufläche betrug im Jahre 1908 ca. 3000 Hektar, die Zahl der Bäume rund 4 Millionen. Die Kautschukgewinnung auf den Pflanzungen war deutlich professioneller.

Die gebräuchlichste Zapfmethode war der sogenannte *Fischgrätenschnitt*. Am Fuß des Baumes wurde ein Blechgefäß aufgestellt, in den der Milchsaft floss. Anschließend wurde der Saft unter Zusatz einer Säure zum Gerinnen gebracht und dann zu kleinen Bällen geformt. Die Gesamtausfuhr von Kautschuk aus Kamerun betrug im Jahre 1908 1.214.320 kg im Werte von 4.779.740 Mark, allein vom Hafen Kribi im Süden Kameruns wurden im Jahre 1908 970.230 kg Kautschuk im Werte von 3.954.102 Mark exportiert.

Der Kakaobaum verlangt zu seinem Wachstum viel Feuchtigkeit sowohl am Boden, als auch in der Luft. Wichtig sind für den Kakao weiterhin der Gärungs- und Fermentierungsprozess sowie der Trocknungsprozess für die Bohnen durch Sonnenwärme und freier Luft. Baumwolle wurde überwiegend in den Steppenländern im Norden Kameruns angebaut. Allein im Jahre 2008 wurde Kakao für rund 2.700.000 Mark exportiert, die Anbaufläche betrug ca. 7500 Hektar.

Die Ölpalme wuchs wild im Landesinneren bis hin nach Adamaua sowie an der Küste Kameruns vornehmlich am Kamerunberg in einer Höhe bis zu 700 bis 900 Metern. Sie wurde ungefähr 15 Meter hoch, ihr Stamm hatte einen Durchmesser vom 20 bis 40 cm. Ihre etwa pflaumengroßen Früchte saßen nahe dem Scheitel des Stammes. Schon im dritten Jahr begann die Ölpalme zu blühen, im vierten und fünften Jahr trug sie Früchte. Wirtschaftlich waren die Ölpalmen bedeutsam wegen des Exports ihrer Früchte, den Palmkernen sowie des Palmöls, das aus dem Mark der Ölpalmen gewonnen und aus dem Fett hergestellt wurde, welches in der Seifenfabrikation verwandt wurde. Allein in den Jahren 1908 und 1909 wurden Palmkerne für 2.200.000 Mark exportiert.

Bei der Gewinnung des Palmöls wurden die Früchte in große Töpfe gefüllt und mit Wasser bedeckt. Nach Abgießen des Wassers wurde die Masse in Tröge umgefüllt und durch Umrühren das Fruchtfleisch von den Palmkernen getrennt. Dann wurde das Fruchtfleisch herausgefischt und das Öl ausgepresst. Die in den Trögen zurückgebliebene Brühe wurde nochmals gekocht und das sich ausscheidende Öl abgeschöpft. Als weiteres für die Eingeborenen wichtiges Produkt wurde aus den Palmkernen der Palmwein, *Mimbo* gewonnen.

Die Pflanzungen der großen europäischen Gesellschaften waren erschlossen durch unternehmenseigene Schmalspur- und Feldbahnen. Die größten Plantagenländereien rund um den *Kamerunberg* gehörten mit 15.000 Hektar der Westafrikanischen *Pflanzungsgesellschaft Victoria*, gefolgt von der Woermannschen *Pflanzungsgesellschaft Bibundi* und der *Molivepflanzung* mit 14.000 Hektar. Daneben gab es ein halbes Dutzend Pflanzungen zwischen 2000 und 3000 Hektar und eine Reihe kleinerer Pflanzungen unter 1000 Hektar.

Vor allem im hochstämmigen Urwald war die Anlage einer Pflanzung eine schwierige Angelegenheit. Dazu wurde zunächst das Unterholz niedergeschlagen und abgebrannt, bevor eine Anzahl der größten Urwaldbäume gefällt werden konnte.

Diese wurden nach Zerlegung als Nutzholz verwendet. Danach zündete man das verbleibende Kleinholz an, um Luft zu schaffen. Mit der zurückbleibenden Asche wurde außerdem der Boden gedüngt. Einen Teil der großen Bäume, insbesondere die Ölpalmen blieben als Schattenbäume stehen, die Ölfrüchte stellten darüber hinaus ein schöne Nebeneinnahme dar. Das freigewordene Land wurde anschließend mit Hacken umgegraben, Pflugarbeit war in dem von Wurzeln und Baumstümpfen durchzogenen Boden unmöglich. Erst danach konnte man mit der Pflanzarbeit beginnen.

Da viele Eingeborene diese harten Rodungsarbeiten nicht liebten und die Arbeit im Urwald darüber hinaus sehr ungesund war, war es für die Gesellschaften schwierig genügend Arbeiter zu bekommen. Sie wurden deshalb gut bezahlt und gut behandelt, um ein Davonlaufen zu verhindern.Als gute Plantagenarbeiter galten unter den Eingeborenen die Jaunde- und Buleleute aufgrund ihrer kräftigeren Statur und Widerstandsfähigkeit gegenüber dem feuchtwarmen Klima im Urwald. Die Weiterverarbeitung der Hölzer fand nur in kleinem Maßstab statt. Teilweise wurden die Hölzer zu Bauzwecken verarbeitet oder in den Eingeborenentischlereien der Kolonialverwaltung oder der Missionsgesellschaften.

d) Fauna, die Tierwelt Kameruns 56)

Die Tierwelt und Tierformen Kameruns richteten sich nach den vier Regionen, die in Kamerun anzutreffen sind: dem Sudan, dem Kongobecken, Nieder- und Oberguinea. Wichtig waren darüber hinaus die in diesen Regionen anzutreffenden Pflanzen, die den Tieren als Nahrung dienten.

In den Urwaldregionen Kameruns fanden sich Säugetiere wie Affen, darunter Menschenaffen wie Schimpansen und Gorillas, Halbaffen, Schuppentiere, der rote Büffel, das Pinselohrschwein, Flusspferd, Leopard.

In der Savannenregion im Nordosten Kameruns, in den Steppen von Adamaua waren damals vor allem Wiederkäuer wie in Ostafrika Antilopen und Gazellen, Elefanten, Nashörner, Raubtiere wie Löwen, Leoparden, Hyäne, Schakale, wilde Hunde, Zebra, Paviane, Erdferkel, Nagetiere, Strauße und Hühnervögel heimisch. Von ihnen bildete vor allem der Leopard eine Landplage. Elefanten fanden sich im Waldland bis zur Küste, im Ngaumdere Hochland sowie im Stromgebiet des Schari und Logone. Der Elefant wurde vor allem wegen des Elfenbeines gejagt. Das Elfenbein wurde von einheimischen Trägern, insbesondere den Haussas zur Küste gebracht und von dort nach Europa verschifft. Der Wert des ausgeführten Elfenbeines schwankte jährlich zwischen 900.000 Mark und 1.200.000 Mark

Im Norden Kameruns traten Wassergeflügel, aber auch Giraffen und Zebra auf. Krokodile bevölkerten die Flüsse, vor allem den fischreichen Logonefluss. Besonderen Eindruck machten auf die Deutschen in der Heimat die Menschenaffen, die im Waldgebiet Kameruns lebenden Gorillas, über die Hans Dominik sagte:

Was deutsche Menschen seit dem Tag der Inbesitznahme zusätzlich faszinierte, waren Kameruns Menschenaffen, die sagenumwobenen Gorillas des Waldlandes mit der Größe eines Menschen, nur weit breitschultriger, mit kräftigen und muskelösen Armen und gewaltigen Händen, kammartig gewölbtem Rücken, der breiten, tief durchfurchten Nase, der mächtigen vorspringenden Schnauze, aus welcher ein furchtbares Gebiss mit scharfen Eckzähnen hervorfletscht, der schwarzen Behaarung, die auf dem Genick fast zu einer sträubenden Mähne sich verlängert.

Die Gorillas waren im Allgemeinen vorsichtig und scheu und lebten in der Regel in schwer zugänglichen Teilen des Urwalds. Anders als der Schimpanse, der als weniger scheu und wild und dazu als sehr gelehrig galt.

Vergleichsweise bescheiden war das Tierleben im Sumpfland des Kamerun Deltas, in dem größere Säugetiere wegen des fehlenden Nahrungsangebotes ganz fehlten. Es fanden sich vor allem zahlreiche Vogelarten See- und Stelzvögel, in den Flüssen und Sümpfen lebten zahllose Schwimmvögel wie die Nilgans, der Ibis, Enten- und Gänsearten, Störche und Reiher. außerdem Pelikane und Flamingos. Der Wald war von Papageien in den verschiedensten Farben, Nashornvögeln, Pisangfressern, Adlern, Aasgeiern und Falken bevölkert.

Singvögel in unserem Sinne fand man nicht, dagegen den Schopfadler, der größte Raubvogel Westafrikas, der blauschimmernde Eisvogel, dazu Leguane, zahlreiche Fischarten und die Krabben, *Cameroons*, von denen der Staat Kamerun seinen Namen hat, sowie die Seekuh, ein walähnliches 2- 3 Meter langes Wassersäugetier, das sich ausschließlich von Wasserpflanzen ernährt und von den Eingeborenen wegen des Fleisches eifrig gejagt wurde.

Eine wesentliche Aufgabe sah die deutsche Kolonialverwaltung in der Förderung der einheimischen Viehzucht. So hatte Gouverneur von Puttkamer Allgäuer Vieh nach Kamerun eingeführt und an den Hängen des Großen Kamerunberges eine Sennerei gegründet. Die Kühe aus dem Allgäu wurden dabei erfolgreich mit Steppenrindern (Buckelrindern) gekreuzt. Sie wurden vielfach auch für den Ackerbau dienstbar gemacht und ersetzten damit die bisher geübte primitive Hackkultur. Außerdem dienten sie der Fleischproduktion.In den Küstenregionen war die Viehzucht- und haltung schon wegen der Tsetsefliege nicht möglich. Das

Zentrum der Viehzucht befand sich in Adamaua. Dort war auch das Adamauapferd beheimatet, ein kleines ponyartiges Tier, das jedem Wetter trotzte und vielfach als Lasttier verwendet wurde wie ebenfalls Esel, Maulesel und das aus der Sahara kommende im Norden Kameruns anzutreffende Kamel. Als wegen ihrer Federn begehrte Nutztiere wurden auch Strauße gezüchtet.

3. Staatliche Institutionen

a) Die Kolonialverwaltung 57)

An der Spitze der Kolonialverwaltung Kameruns stand der Gouverneur, der unmittelbar dem Reichskolonialamt unterstellt war. In seine Zuständigkeit fiel der Erlass von die Allgemeinheit bindenden Rechtsverordnungen sowie von nur die Verwaltung bindenden Verwaltungsverordnungen. Er hatte die Polizeigewalt inne und war oberster Chef der Zivil- und Militärverwaltung. Ihm war die Schutztruppe unterstellt.

Die Verwaltung Kameruns litt von Anfang an ihrer Ineffektivität. Das lag vor allem auch an den Gouverneuren, die sich wie Jesko von Puttkamer mit insgesamt 9 Amtszeiten vielfach als Fehlbesetzungen erwiesen. Deutsche Gouverneure in Kamerun waren chronologisch in folgender Reihenfolge:

1. Dr. Max Buchner, Kaiserlicher Kommissar　　　　　　　1884-1885
2. Julius Freiherr von Soden, Gouverneur 2 Amtszeiten von 1885 bis 26.12.1889
3. Jesko von Puttkamer, Gouverneur 9 Amtszeiten vom 13.05.1887 bis Januar 1906
4. Ritter Eugen von Zimmerer 4 Amtszeiten vom 04.10.1887 bis 31.12.1894
5. Dr. Theodor Seitz mit 4 Amtszeiten　　　vom 27.10.1985 bis zum 27.08.1910
6. Dr.Otto Gleim　　　　　　　vom 26.08.1910 bis zum 28.03.1912
7. Dr. Karl Ebermaier Govereur　　　vom 29.03.1912 bis 04.03.1916

Die Geschäfte der einzelnen Verwaltungszweige führten beamtete Referenten, deren Aufgabe es war, dem Gouverneur zuzuarbeiten. Stellvertreter des Gouverneurs für den Fall der Abwesenheit des Gouverneurs war der erste Referent.

Als beratendes Organ stand dem Gouverneur der Gouvernementsrat zur Seite. Dieser bestand aus dem Gouverneur, einer Anzahl von amtlichen und in der Regel drei außeramtlichen Mitgliedern sowie deren Stellvertretern. Die außeramtlichen Mitglieder wurden vom Gouverneur nach vorheriger Anhörung der Berufskreise in den Gouvernementsrat berufen. Der Gouverneursrat war nur beratendes Organ, an seine Vorschläge war der Gouverneur nicht gebunden. ihm waren die Vorschläge für den jährlichen Haushaltsetat sowie für die Entwürfe von Verordnungen vorzulegen, bevor sie dem Reichskolonialamt zur Genehmigung vorgelegt wurden .

Der Zentralverwaltung war in den einzelnen Gebieten die örtliche Verwaltung unterstellt. Dabei waren in den befriedeten Gebieten Zivilverwaltungsbezirke, in den nicht befriedeten Bezirken Militärverwaltungsbezirke eingerichtet. Diese unterschieden sich hinsichtlich ihrer Stellung gegenüber dem Gouvernement und der Verwaltungsbefugnisse nicht von den Zivilverwaltungsbezirken. Neben diesen durch selbständige Bezirksleiter verwalteten Bezirken wurden in einzelnen Bezirken zur weiteren Dezentralisierung der Verwaltung Unterbezirke eingerichtet, deren Leiter dem Bezirksamtmann unterstellt waren.

Für die Aufrechterhaltung von Ruhe und Sicherheit in den Bezirken sorgte die Polizeitruppe, die im Jahre 1912 aus 27 Deutschen und 1155 Farbigen bestand. Daneben gab es besondere technische Verwaltungszweige wie die Finanz-, Zoll- und Medizinalverwaltung, die Verwaltung für Landwirtschaft und Forstwirtschaft sowie für Bergbau und Verkehrswesen. Dabei gab es keine scharfe Trennung zwischen der allgemeinen Verwaltung und der technischen Verwaltung, so dass deren Aufgaben auch von Beamten eines anderen Verwaltungszweiges wahrgenommen werden konnten. Die Zollverwaltung wurde durch Zollbeamte geführt, welche in den Hauptzollämtern und lokalen Zollämtern arbeiteten.Das Referat für Land- und Forstwirtschaft unterhielt in Victoria eine Versuchsanstalt für Landeskultur, die sich in Laboratorien mit der Aufzucht tropischer Nutzpflanzen, mit Saat- und Pflanzengut für die Plantagenwirtschaft insbesondere mit der Aufzucht von Kakao-, Kautschuk und Ölpalmbäumen beschäftigten. Viehzuchtstationen befassten sich mit der Zucht des eingeführten europäischen Viehs und der Kreuzung von Viehrassen. Aufgabe der Medizinalverwaltung war die Bekämpfung der einheimischen Krankheiten, insbesondere von Pocken und der Schlafkrankheit durch Regierungs- und Militärärzte.

Nach dem Kaiserlichen Kommissaren Dr. Max Bucher 1884-1885 wurde am 4. Juli 1885 Julius Freiherr von Soden erster Gouverneur der Kolonie Kamerun. Sein Nachfolger, Jesko von Puttkamer (1895-1906) hat in seiner Regierungszeit die Kolonie Kamerun nachhaltig geprägt. Er verlegte 1901 den Verwaltungssitz von Duala in das klimatisch angenehmer und damit gesünder gelegene Buea, in die Gebirgszone des *Kamerunberges*.

Die Lokalverwaltung bestand aus Bezirksämtern, Regierungs- und Militärstationen sowie im islamischen Norden von Kamerun aus Residenturen mit indirekter

Verwaltung. Die Zivilverwaltung bestand 1914 neben dem Gouvernement aus 13 Bezirksämtern mit zehn Bezirksstationen, ferner aus drei Residenturen und fünf Militärstationen. Die Bezirke in Kamerun bestanden vor 1911 der Eingliederung von *Neukamerun* aus *Rio del Rey*, Victoria, Duala, *Johann- Albrechts Höhe*, Jabassi, Bare, Ossidinge, Bamenda, Kribi, Edea, Ebolowa, Lomie, Dume, Molundu- Jukaduma, Jaunde und Banje, Residenturen in Nordkamerun waren Adamaua und Deutsche Tschadseeländer.

Ausländer, die nach Kamerun einreisen wollten, mussten entweder durch einen rechtsgültigen Vertrag eine feste Anstellung nachweisen oder über 2.500 Mark Barmittel verfügen, wovon 500 Mark bei der *Afrikanischen Betriebsgemeinschaft* zu hinterlegen waren.

b) Die Schutztruppe 58)

Schutztruppe war die offizielle Bezeichnung der militärischen Einheiten in den afrikanischen Kolonien. Sie waren nach der Formulierung im Schutztruppengesetz von 1896 vor allem für die *Aufrechterhaltung der öffentlichen Ordnung und Sicherheit* in den Schutzgebieten zuständig. Zu ihren weiteren Aufgaben gehörten die Eroberung von Gebieten, die bislang noch keinen Schutzvertrag mit den Deutschen abgeschlossen hatten, die Niederschlagung von Aufständen, die Sicherung der Grenzen des Schutzgebietes und der Schutz von Expeditionen. Die Schutztruppe war zunächst dem Reichsmarineamt unterstellt. 1896 gingen nach Verabschiedung des Schutztruppengesetzes durch den Reichstag militärische Kernkompetenzen an die Kolonialabteilung des Auswärtigen Amtes über. Die Schutztruppen bildeten einen vom Heer und Marine unabhängigen Teil des Militärs und unterstanden der unmittelbaren Hoheit des Kaisers. Der örtliche Oberbefehl oblag dem Gouverneur des Schutzgebietes, diesem unterstand der Kommandeur der Schutztruppe.

Anfangs interessierten sich weder die Parteien im Reichstag, noch die deutsche Öffentlichkeit sonderlich für die Schutztruppe und deren Schicksal. Dies änderte sich erst als Berichte über hemmungslose Gewalt der Schutztruppe im Zusammenhang mit den Kolonialkriegen in Deutsch- Südwest und Deutsch- Ostafrika sowie bei der Bekämpfung von Aufständen und damit verbundene Kostensteigerungen die deutsche Öffentlichkeit, insbesondere das Parlament und die Presselandschaft wachrüttelten. Die Schutztruppen waren die personal- und finanzintensivste deutsche Kolonialinstitution, die vom Reich erhebliche jährliche Zuschüsse erhielten. Die Personalstärke der Schutztruppen hing von dem jeweiligen Bedrohungsgrad in den einzelnen Kolonien ab. So waren während des Hererokrieges in Deutsch- Südwest 13.000 Mann stationiert. Die *farbigen* Soldaten waren ein integraler Bestandteil der Schutztruppen. Dennoch war ihr Verhältnis zu ihren *weißen* Vorgesetzten durch hierarchische Distanz und Rassismus geprägt. Während die afrikanischen Mitglieder der Schutztruppen oftmals länger als zehn Jahre dienten, kehrten die deutschen Mitgliederoftmals nach drei Jahren in ihre Heimat zurück. Dabei spielte insbesondere ihr geringes Prestige durch ihre in Militär und Gesellschaft gering geschätzte Stellung eine Rolle. Viele von ihnen wurden als suspekte Sonderlinge angesehen, die ihre gute Ausbildung in den Kolonien vergeuden würden.

Die Schutztruppe für Deutsch- Südwest bestand fast ausschließlich aus Soldaten des Heeres und der Marine, die sich freiwillig aus ihren Regimentern für den Dienst in Afrika gemeldet hatten. Afrikanische Soldaten gab es nicht. Vor ihrer Verschiffung nach Afrika wurden die Soldaten auf Ausbildungsstützpunkten in Deutschland, z.B. in Karlsruhe für ihre speziellen Aufgaben in Afrika vorbereitet.

Im Oktober 1891 wurde in Kamerun vom Hauptmann Freiherr von Gravenreuth eine paramilitärische Polizeitruppe und eine Marinemiliz aufgestellt mit zwei Gefreiten, 13 aus Togo abkommandierten Polizeisoldaten und einer Reihe freigekaufter Dahomey- Sklaven, für die das Kameruner Gouvernement für jeden Sklaven 320 Mark, für jede Sklavin 280 Mark zahlte. Mit ihnen wurde unter Umgehung des Reichstages jeweils ein Arbeitsvertrag abgeschlossen. Von diesen kam innerhalb von drei Monaten nach ihrer Ankunft ein Drittel wegen der Schwere der Arbeit und aufgrund von Krankheiten, insbesondere von Pocken ums Leben. Im Dezember 1893 bestand die Polizeitruppe aus 100 Mann, davon waren 55 ehemalige Dahomey Sklaven.

Im Jahre 1900 bestand die deutsche Schutztruppe aus 15 deutschen Offizieren sowie 23 Unteroffizieren sowie zwei Askari Kompanien von 318 eingeborenen Soldaten und 150 einheimischen Polizisten. 1908 wurde die Schutztruppe anlässlich der Expeditionen in die zentralen Savannen und in das südliche Adamaua durch freiwillige Rekruten aus den Stämmen der Bali Nyonga, Bamun und den Schützen aus dem Ewondo Stamm verstärkt.

Bis 1914 wurde die deutsche Schutztruppe auf 2 Stabsoffiziere, 16 Hauptleute, 44 Oberleutnants und Leutnants und 1550 einheimische Askari Soldaten aufgestockt. Diese wurden zumeist aus zuverlässigen Stämmen in Kamerun wie den Yaundeleuten und den Bule, aber auch aus Stämmen außerhalb Kameruns wie den Ngambi oder Ndu in Liberia und Dahomey rekrutiert. Sie waren auf insgesamt 49 Militärstationen im ganzen Land stationiert. Die Schutztruppe bestand aus 10 Kompanien mit je 150 Mann, 1200 Polizisten, die von 30 Offizieren kommandiert wurden. Im Laufe des 1. Weltkrieges wurde die Schutztruppe auf ca. 10.000 Mann verstärkt. Das Hauptquartier der Schutztruppe befand sich in Soppo am *Großen Kamerunberg* unweit der Residenz Buea. Die einzelnen Kompagnien waren mit Maschinengewehren, Schnellfeuer- oder Gebirgsschützen bewaffnet. Die 7. Kompagnie war beritten. Die Bewaffnung der Schutztruppe bestand aus der *Jägerbüchse Modell 71*, dazu das kleine Seitengewehr an schwarzer Koppel mit zwei Patronentaschen. Die Kleidung bestand aus einer Khakihose und Joppe aus demselben Stoff mit weißen Knöpfen, wollenen Beinbinden und teilweise ledernen Schnürschuhen, die Kopfbedeckung aus einem kleinen Mützchen mit dem Reichsadler.

Kommandeure der Schutztruppe in Kamerun waren chronologisch:

1. Hauptmann von Stetten	8.7.1894- 6.8.1896
2. Major von Kamptz	18.10.1897- 17.4.1901
3. Oberst von Pavel	18.5.1901- 31.1.1903
4. Generalmajor Mueller	6.4.1903- 18.2.1908
5. Oberstleutnant Puder	18.2.1908- 13.9.1913
6. Major Zimmermann	13.4.1914- 1916

Die Behandlung der Polizeisoldaten und auch ihre Besoldung waren unterschiedlich. Während die meisten Soldaten Sold erhielten, 20 Mark monatlich als Rekrut sowie 30 Mark nach Abschluss der Ausbildung, gingen die Dahomey Soldaten leer aus. Sie hatten das für ihre Befreiung verauslagte Geld abzuarbeiten. Sie hatten auch nicht die Möglichkeit, wie die anderen Soldaten, sich durch geduldete Plünderungen Einkünfte zu verschaffen, da man bei ihnen darauf achtete, dass sie alle Beute ablieferten. Dadurch entstanden bei ihnen eine tiefe Unzufriedenheit und Frustration, insbesondere weil die anderen Soldaten mit denen sie gemeinsam kämpften oder die sie sogar ausgebildet hatten, Sold bekamen.

Diesen Übelstand versuchte man dadurch zu mildern, dass man ihnen unentgeltlich Frauen zur Heirat zuführte, ohne dass sie das sonst übliche Heiratsgeld bezahlen mussten. Dies rechnete man ihnen als Vorteil an mit dem Argument, die Dahomeys seien dadurch in die Lage versetzt worden, durch entgeltliche Überlassung seines Weibes an weiberlose Soldaten zur Prostitution Geld zu verdienen.

Die Dahomey Soldaten und ihre Frauen waren getrennt von den anderen Soldaten in besonderen Bauten untergebracht und wurden dort auch verpflegt. Von ihren Vorgesetzten wurden sie oft durch Stockschläge zu *Kadavergehorsam* gezwungen. Als Disziplinarmittel wurde ihnen die Verpflegung gekürzt. Alternativ wurden sie verprügelt. Dazu legte man sie nackt über eine Tonne und schlug sie mit der Flusspferdpeitsche. Daneben wurde die Prügelstrafe täglich auch von den Vorgesetzten bei der Ausübung des Polizeidienstes angewandt. Es ist mit der Hand, dem Stock oder der Peitsche auf die Dahomey- Soldaten eingeschlagen worden, bis den Leuten das Blut aus der Nase kam. Allgemein war man der Auffassung, dass mit den Leuten ohne Schlagen *nichts anzufangen* sei.

Als brutalster Beamter galt dabei der stellvertretende Gouverneur Leist, der als Unmensch beschrieben wurde, der bei der Befriedigung sinnlicher Reize keine Schranken kannte und nur seinem Sinneskitzel genügte.

Besonders ausgebeutet wurden die Frauen der Dahomey Soldaten. Sie hatten einerseits für ihre Familie und für ihre Kinder zu sorgen, für die Männer zu kochen und den Haushalt in Ordnung zu halten. Andererseits mussten sie unentgeltlich für die deutsche Kolonialverwaltung arbeiten, weil sie die gleiche Verpflegung wie ihre Männer bekamen. Vielfach wurden sie zu Sex mit Kolonialbeamten gezwungen und vergewaltigt. Auch dabei taten sich der stellvertretende Gouverneur Leist sowie der Gerichtsassessor Ernst Wehlan unrühmlich hervor. Dabei verfügte gerade Wehlan über eine beachtliche Machtfülle, die er in negativem Sinne gegen die Eingeborenen nutzte. Proteste dagegen wurden brutal unterdrückt und die Beschwerdeführer geschlagen. Dies führte schließlich zur einer Rebellion, zum Aufstand ihrer Männer, der Dahomey Soldaten.

c) Finanzen, Steuern und Abgaben

Unter dem Gouverneur Dr. Karl Ebermaier wurde eine Kopfsteuer von 10 Mark für männliche Eingeborene eingeführt, die durch Steuerarbeit für öffentliche Zwecke zum Tagessatz von 0,20 Mark abgelöst werden konnte. Am 15.April 1907 wurde die Kopfsteuer in eine Gebäudesteuer umgewandelt.

4. Infrastruktur

a) Verkehrswesen 59)

Für die wirtschaftliche Entwicklung Kameruns und den Handel waren vor allem die Verkehrsverhältnisse in dem Land als Verbindung der Produktionsstätten mit den Verbrauchplätzen von entscheidender Bedeutung. Günstig waren die Verkehrsverhältnisse durch die Seeschifffahrt nur an der Küste. Häfen gab es vor allem in Duala, darüber hinaus in Victoria, Kribi, *Rio del Rey* und Kampo sowie ab 1911 in der Muni Bucht. Von Deutschland aus war Kamerun durch Schiffe der Woermann Linie sowie der Bremen- Afrika- und Hamburg- Amerika- Linie zu erreichen, welche die Kolonie regelmäßig anliefen. Im Jahre 1911 liefen insgesamt 396 Handelsdampfer Häfen in Kamerun an. Die meisten der deutschen Handelsschiffe waren Dampfer der Woermann Linie, der Hamburg- Amerika Linie sowie der Hamburg-Bremer-Afrika Linie. Der Postverkehr wurde noch über englische und belgische Dampferlinien abgewickelt. Die für den Norden Kameruns bestimmte Post wurde von Dampfern der *Niger- Kompagnie* den Niger und Benue, die für den Südosten bestimmte Post mit belgischen Flussdampfern den Kongo, Ssanga und Dscha aufwärts bis zur Grenzstation Molundu transportiert.

Schwierigkeiten ergaben sich für die großen Dampfer beim Anlegen in einem Hafen Kameruns. Eine entsprechende Landungsbrücke gab es nur in Victoria. In Duala mussten Seedampfer lange Zeit weit draußen in der Bucht ankern und die Passagiere und Ladung mussten mit Dampfbarkassen bzw. Leichtern zur Landungsbrücke gebracht werden. Das gleiche galt für die Landungsverhältnisse der Häfen im Süden Kameruns an der Batangaküste.

Für den Küstenverkehr standen zwei Regierungsdampfer, die *Herzogin Elisabeth* und der *Puttkamer* zur Verfügung, die auch an der Landungsbrücke von Duala anlegen und teilweise den Unterlauf der Flüsse befahren konnten. Als Verkehrswege eigneten sich darüber hinaus schiffbare Flüsse wieder Ssanga, Wuri, Mungo, Muni und Ndian, die von der Flussmündung an der Küste kurze Strecken schiffbar waren.

Die Verkehrsverhältnisse im Hinterland von Kamerun waren ungleich schwieriger als an der Küste. Im Innern der Kolonie herrschten zunächst Wege und Pfade vor, auf denen Lasten durch Träger transportiert wurden oder Fußgänger sich von Ort zu Ort bewegten. Danach wurde das Verkehrswesen von den Deutschen durch den Ausbau eines Wegenetzes und den Bau von Straßen gefördert. Üblich war der Transport von Wirtschaftsgütern mittels Lastenträger, für die ein ausgedehntes Straßennetz angelegt wurde. Ein Teil der Transporte wurde später auch durch die Eisenbahn und auf den Wasserstraßen bis ins Kongo Becken durchgeführt.

Große Karawanenstraßen wie in Deutsch- Ostafrika gab es in Kamerun nicht, da die Küstenstämme den Handel kontrollierten und niemanden zum Handeln aus dem Innern zur Küste ließen. Insoweit mussten die Waren von Stamm zu Stamm sowie von Dorf zu Dorf weitergereicht werden. Für diesen Lokalverkehr standen den Eingeborenen schmale Fußpfade sowie Flüsse zur Verfügung. Auf diesen erfolgte der Transport der Waren durch Träger, für die ihre Arbeit durchaus gefährlich werden konnte, soweit ihr Weg durch das Gebiet fremder Stämme ging.

Unter diesen Umständen war jeder Handel beschwerlich. Extrem wichtig für den Verkehr war der Aufbau eines Eisenbahnnetzes in Kamerun. Insgesamt waren in Kamerun drei Eisenbahntrassen von Bedeutung.

Die *Südbahn*, die von Kribi aus den Süden des Landes bis zum schiffbaren Ssanga bis nach Dongo erschloss, die ca. 300 Kilometer lange *Mittellandbahn*, die von Duala aus in das mittlere Hinterland über Edea bis zum schiffbaren Oberlauf des Njong führte. Das dritte Bahnprojekt war die *Nordbahn*, die *Manengubabahn*, die durch das gleichnamige Gebirge, auf einer Länge von 160 Kilometern, mit einer Spurweite von einem Meter, von Duala aus in das nördliche Hinterland nach Bonaberi fuhr. Diese Strecke wurde 1909 in Betrieb genommen.

Der Bau dieser Bahn stand von Anfang an unter keinem günstigen Stern. Während ihres Baus ging das Geld aus, worauf der Schienenstrang einige Tagesmärsche vor der großen Ölpalmenregion stoppte. Da beim Bau der breite undurchdringliche Urwaldgürtel mit seinen Riesenbäumen durchquert werden musste, stellten die Bauarbeiten einen gewaltigen Kraftakt dar, der viele Menschenopfer forderte. Der andere Bahnbau, die Mittellandbahn kam aufgrund des schwierigen Terrains lediglich 20 bis 30 Kilometer pro Jahr voran.

Weitere Pläne die Nordbahn bis nach Adamaua und Garua am Benue weiterzubauen und von dort zwei Zweigbahnen nach Dikoa nahe dem Tschadsee und eine weitere nordöstlich an den Longonefluss weiterzuführen, um die dicht bevölkerten und teils hochentwickelten Regionen Nordkameruns anzuschließen, wurden fallengelassen. Ebenfalls nicht verwirklicht wurden die Planungen für eine Südbahn, die von der Hafenstadt Kribi bis nach Ebolowa führen sollte.

Daneben gab es auf Plantagen für den Gütertransport private Kleinbahnen. Bereits vor 1906, dem Beginn des Baus der Nordbahn von Duala nach Bonaberi, bestand eine 63 Kilometer lange *Plantagenbahn* mit 60 cm Spurweite, die von der *Pflanzungsgesellschaft Victoria* erbaut wurde. Diese verfolgte den Zweck das Land am *Großen Kamerunberg* für die Plantagenwirtschaft der *Pflanzungsgesellschaft Victoria* und benachbarte Pflanzungsgesellschaften zu erschließen. Die am *Kamerunberg* liegenden Plantagen wurden außerdem durch eine 31 km lange Schmalspurbahn, die von Goppo nach Viktoria führte, an die Küste angeschlossen.

In Kamerun gab es 37 Post- und 11 Telegraphenstationen zur Durchführung des Post- und Telegraphenverkehrs, insbesondere zur Beförderung von Briefsendungen, Postanweisungen und Telegramme. Im März 1911 wurde in Duala eine Küstenstation für drahtlose Telegraphie eröffnet.

b) Wegebau

Der Bau von neuen Wegen, die Verbesserung und Reparatur vorhandener Verkehrswege gehörte zu den wichtigsten Aufgaben der Kolonialverwaltung. Die meisten Überlandwege knüpften an frühere Eingeborenenpfade an, die verbreitert und verbessert wurden. Die Schaffung eines lokalen Wegenetzes gehörte zu den Aufgaben der lokalen Behörden. Dabei wurden die Häuptlinge von der Kolonialverwaltung beauftragt, die vorhandenen Wege zu verbreitern und instand zu halten. Zum Wegebau wurde die Dorfbevölkerung herangezogen, aber auch Strafgefangene sowie Steuerschuldner, die ihre Steuerrückstände auf diese Weise abarbeiten konnten. Da diese nicht freiwillig arbeiteten, versuchten viele sich durch Flucht der Arbeit zu entziehen. Neben den lokalen Wegen gab es in Kamerun bereits richtige Fahrstraßen, welche auch Flussläufe auf festen Brücken überschritten. Eine dieser Fahrstraßen führte von Victoria an der Küste entlang nach Bibundi, eine zweite im Süden von Kribi nach Yaunde.

c) Post und Nachrichtenwesen

1911 bestanden in der Kolonie Kamerun 37 Post- und 11 Telegrafenanstalten. Diese beförderten 1911 über eine Million Briefsendungen , 70.000 Telegramme, 36.942 Paketsendungen und vermittelten 379.139 Ferngespräche. 1912 wurden Togo und Kamerun durch ein Seekabel verbunden sowie von der Gesellschaft *Telefunken* die erste Küstenfunkstation bei Duala errichtet. Außerdem wurde in 1911 und 1912 bei Duala eine Küstenfunkstelle zur drahtlosen Telegrafie gebaut. Das Postamt in Duala leitete das gesamte Post- und Telegraphenwesen.

d) Städte in Kamerun

aa) Duala 60)

Über Duala, die größte Stadt Kameruns und ehemaliger Sitz der Kolonialverwaltung verloren die Deutschen kein gutes Wort:

Ziemlich hässlich und auch ihr Charakter lässt viel zu wünschen übrig.

Duala war der Sitz der ersten Kolonialregierung, bevor diese 1901 den Sitz in das gesündere Buea am *Kamerunberg* verlegte. Duala war der Haupthafen Kameruns mit der größten Einfuhr. Im Jahre 1908 belief sich diese auf insgesamt 9.741.131 Mark. In die Bucht von Duala mündeten mehrere Flüsse, von welchen der Mungo und der Wuri wirtschaftlich eine Rolle spielten. Am linken Ufer des Wuri dehnte sich Duala aus, das aus einem Europäerviertel und mehreren Dörfern des Dualastammes bestand.

In dem Europäerviertel stand neben den weißen Tropenhäusern der Europäer des Haus des ersten Gouverneurs von Soden inmitten eines herrlichen Parks, der mit seinen Mangobäumen, Brotfruchtbäumen, schlanken Palmen und riesigen Baumwollbäumen eine Zierde Dualas war. Außerdem gab es hier ein Gerichtsgebäude, ein Hospital, ein Postamt, die Wohnhäuser der Beamten und die Kaserne der Schutztruppe sowie Niederlassungen der christlichen Missionen und Niederlassungen deutscher Handelshäuser, darunter die Woermann Faktorei. Duala besaß kein elektrisches Licht, verfügte jedoch über eine Wasserleitung und über ein Fernsprechnetz.

Hinter dem Europäerviertel erstreckte sich flussaufwärts über mehrere Kilometer das Eingeborenenviertel, das die deutsche Kolonialverwaltung aus vormals engen und schmutzigen Straßendörfern in eine saubere Eingeborenenstadt mit kiesbestreuten Straßen und beschatteten Alleebäumen sowie kleinen Häuschen mit Wellblech- und Ziegeldächern verwandelt hatte.Das gleiche negative Image wie vormals die schmutzige Stadt hatten nach der Einschätzung von Kurt Hassert, einem Professor der Geografie aus Naumburg auch die Bewohner. Sie haben zwar einen schönen und kräftigen Körperbau, dafür aber hässliche Gesichtszüge. Insbesondere die Frauen Dualas wurden als plump und stupide beschrieben:

Die Duala sind faul, unverschämt, lügnerisch und unzuverlässig.

Reichenow beschreibt sie als *ungemein träge, feige, diebisch und hinterlistig. Zu allem Überfluss haben sie natürlich nicht das Gute, was sie am Weißen kennen lernten angenommen, sondern das Schlimmste.*

Ähnlich urteilte das Reichskolonialamt über die Bewohner Dualas:

Die Dualaneger, ein intelligenter, aber verdorbener Stamm. Ihre Lieblingsbeschäftigung besteht im Schnapstrinken.

Die Hautfarbe der Dualas ist anders als die sonstigen Westafrikaner helles Braun und gleicht der Farbe von schwach gebranntem Kaffee. Im Allgemeinen tätowierten sie sich nicht. Die Kleidung der Eingeborenen bestand bei Männern und Frauen aus einem um die Hüften geschlungenen Baumwolltuch, das von einem Gürtel aus trockenen Bananenblättern gehalten wurde. Kinder waren in der Regel unbekleidet.

Die Männer trugen ihr Haar kurzgeschoren, die jungen Frauen aus Eitelkeit kunstvolle Haartrachten. Die Frauen durchbohrten ihre Ohrlappen sowie häufig auch die Nasenscheidewand, um dort Holzstifte oder Blätterpropfen als Schmuckgegenstände hindurchzustecken. Den Mädchen wurden vielfach die Augenwimpern entfernt. Als Schmuck trugen die Frauen Armringe und Perlschnüre um den Hals sowie an den Hand- und Fußgelenken, die Männer häufig aus Elefantenzähnen geschnittene Armringe.Später gewöhnten sich die Dualaneger an europäische Kleidung. So galt ihnen der schwarze Gehrock mit Zylinder trotz der Hitze in der afrikanischen Sonne als besonders chic und fein. Kein Stehkragen war ihnen dabei zu hoch. Die feinen schwarzen Damen trugen große Blumenhüte.

bb) Victoria

Der Hafenplatz Victoria wurde 1858 von englischen Baptisten gegründet, die von der benachbarten spanischen Insel *Fernando Poo* fliehen mussten. Benannt wurde der Ort nach Queen Victoria, der damaligen Königin von England. Wegen seiner Lage, überragt von den Vulkanen des *Großen und Kleinen Kamerunberges* und umrahmt vom tropischen Urwald, bezeichnete der erste Gouverneur von Kamerun, Freiherr von Soden den Ort als *das herrlichste Stück Erde, das man sich denken kann.*

Die Häuser des Städtchens lagen eingebettet in Kokos- und Ölpalmen. Victoria lag inmitten eines ausgedehnten Plantagenbezirks. Die Produkte wurden über den Hafen Victoria nach Europa exportiert. Nach dem Wert seiner Ein- und Ausfuhren lag Victoria unter den Häfen Kameruns an dritter Stelle.

Der Hafen wurde durch die vorgelagerten Inseln weitgehend vor Stürmen geschützt. Alle 14 Tage wurde er von einem Dampfer der Woermann Linie aus Deutschland kommend angelaufen. Von der Firma Woermann wurde eine 180 Meter lange Landungsbrücke gebaut, die den Seeschiffen ein direktes Anlegen ermöglichte. Seit 1906 wurde Victoria über eine Wasserleitung mit frischem Gebirgswasser versorgt.

cc) Kribi

Die Stadt Kribi liegt an der Barangaküste, dem südlichsten Teil der Küste Kameruns und war der bedeutendste Ausfuhrhafen. Bedeutung als Exporthafen erlangte Kribi vor allem durch den Anbau von Kautschuk und den wilden Kautschukbeständen in den Urwäldern im Hinterland des Ortes. Bei einem Export

Volumen 4.600.000 Mark, das 1908 über den Hafen Kribi abgewickelt wurde, entfielen fast 4 Millionen Mark allein auf den Kautschuk. Der Aufbau der Stadt Kribi aus einem ärmlichen Urwalddorf, deren Bewohner ein auf niedrigster Kulturstufe stehendes Zwergvolk war, zu einer erfolgreichen Handelskolonie, war vor allem das Verdienst deutscher Handelsunternehmen wie *Woermann*, die *Afrikanische Kompagnie* und *Randad & Stein*.

Kribi hatte eine offene Reede, so dass die großen Seeschiffe mit großen Booten be- und entladen werden mussten. Major Dominik verglich die Kribiküste mit

...einer schönen Frau, mit einer Perlenkette um den weissen Hals, in langem dunklen Samtgewande mutet das Meer an mit der weithin sichtbaren Linie der brausenden Brandung, dem weißen Strande und dem unendlichen dunklen Urwald dahinter an.

Kribi erhielt schon 1892 ein Bezirksamt, das etwa eine Viertelstunde vom Strand entfernt lag. In der Nähe des Bezirksamtes wurde 1909 ein kleiner Versuchsgarten für Ölpalmenkultur angelegt. In Kribi befand sich auch eine Missionsstation der Pallotiner. Das Straßennetz war gut ausgebaut. Die Straßen waren durchweg geradlinig und 8-10 Meter breit.

e) Schulen 61)

Die eingeborenen Kinder wurden in Regierungsschulen und Missionsschulen unterrichtet. Vielfach waren den Schulen Internate zur Unterbringung der auswärtigen Schüler angeschlossen. Daneben gab es Handwerker- und landwirtschaftliche Schulen, wo die Eingeborenen zu Tischlern, Drucker oder Polsterer, Schreiner, Schneider, Schuster sowie in Landwirtschaft, Gärtnerei und Viehzucht ausgebildet wurden.

1887 wurde in Duala eine Regierungsschule für schwarze Knaben eröffnet.Die Regierungsschulen wurden nur von Knaben besucht, der Unterricht für die Mädchen wurde den Missionsschulen überlassen. Während 1912 in den Regierungsschulen nur 833 Schüler unterrichtet wurden, waren es in den Missionsschulen 42.000.

Der Lehrplan des Gouvernements regelte den Unterricht im Lesen, Schreiben, Rechnen, Zeichnen, in der deutschen Sprache, aber auch in den Anfangsgründen von Geschichte, Erd- und Naturkunde. Daneben waren Unterrichtsfächer Musik und Turnen, sowie in den Missionsschulen Religion und für Mädchen weibliche Handarbeiten.

f) Justizwesen, Rechtsprechung 62)

Bei der Rechtsprechung in Deutsch- Kamerun ist zwischen der *Weißen-* und der *Eingeborenenrechtsprechung* zu unterscheiden. Dabei ist in der *Weißenrechtsprechung* der Grundsatz der Gewaltenteilung zwischen Exekutive und Judikative durchgeführt. Nur in Ausnahmefällen wegen der lokalen Verhältnisse konnten Verwaltungsbeamte als beauftragte Richter einzelne richterliche Geschäfte, insbesondere Beweiserhebungen vornehmen.

Die niedere Gerichtsbarkeit überließ man bei der *Eingeborenenrechtsprechung* den Häuptlingen, bei der höheren Gerichtsbarkeit wurden Dorfälteste oder andere Rechtskundige beratend herangezogen. In Kamerun gab es für die *Weißenrechtsprechung* drei Gerichtsbezirke Duala, Kribi und Lomie und zwei Gerichtsinstanzen.Die erste Instanz bildeten das Bezirksgericht und der Bezirksrichter; das Bezirksgericht war in Einzelfällen mit 2 oder 4 Laienbeisitzern besetzt.

Zweite Instanz war das Obergericht in Buea, besetzt mit einem Oberrichter und 4 Beisitzern als Beschwerde- und Berufungsinstanz in Zivil- und Strafsachen. Das Obergericht in Buea war zugleich auch für Togo zuständig. Für das Prozessverfahren und das materielle der *Weißenrechtsprechung* galt Reichsrecht.

Die Gerichtsbarkeit über die Eingeborenen oblag den Verwaltungsbehörden, eine Trennung zwischen Judikative und Exekutive bestand insoweit nicht. An Orten, an denen es keine koloniale Verwaltung gab, erfolgte die *Eingeborenenrechtsprechung* durch einheimische Vertreter, insbesondere durch die Häuptlinge. Diese konnten vom Bezirksamtmann zur Rechtsprechung in der ersten Instanz in Zivilsachen bis zu einem Streitwert von 100 Mark, in Strafsachen bis zu Geldstrafen von 300 Mark und 6 Monaten Gefängnis ermächtigt werden.

Für die diese Zuständigkeiten übersteigenden Zivil- und Strafsachen wurden *Eingeborenenschiedsgerichte*, aus vom Bezirksamtmann ernannten Mitgliedern eingerichtet. Diese konnten zugleich als zweite Instanz für die in erster Instanz entschiedenen Häuptlingssachen angerufen werden.

Oberste Instanz in der *Eingeborenenrechtsprechung* war der Gouverneur, der diese Aufgabe auf den Oberrichter übertragen konnte. Soweit die Eingeborenenrechtsprechung nicht durch die Häuptlinge oder Schiedsgerichte ausgeübt wurden, oblag sie den örtlichen *weißen* Verwaltungsbehörden, dem Bezirksamtmann oder dem Bezirks- bzw. Stationsleiter. Mangels eines kodifizierten Rechtes in Eingeborenensachen urteilten die *Eingeborenengerichte* nach ihren Rechtsgewohnheiten. Bei Mischprozessen richtete sich die Zuständigkeit nach der

Rassenzugehörigkeit des Beklagten. In diesen Prozessen fand ein Ausgleich zwischen den Rechtsanschauungen des *Eingeborenenrechts* und des Rechts der *Weißen* statt.

g) Gesundheitswesen

Das Gouvernementskrankenhaus befand sich in Duala, ein Krankenhaus für Europäer in Yaunde.Krankenhäuser gab es darüber hinaus an allen Regierungsstationen. Sechs Stationen dienten der Pockenbekämpfung, wobei sie die zur Impfung erforderliche Lymphe selbst herstellten. Ein Schwerpunkt war auch die Bekämpfung der Schlafkrankheit. Dabei wurden von der Tsetsefliege als Überträgerin der Krankheit befallene Ortschaften umgesiedelt und die Kranken in Isolierlagern behandelt .

5. Wirtschaft, Handel und Handwerk

a) Europäische Unternehmen 63)

Faktoreien, d.h. Handelsniederlassungen europäischer Firmen waren in Afrika gemeinsam mit den Missionaren die eigentlichen Kolonialpioniere, welche die Grundlage für die Kolonisierung Afrikas bildeten. Die erste Handelsfaktorei in Kamerun wurde in den sechzigern Jahren des 19. Jahrhunderts von der Firma Woermann aus Hamburg gegründet. Hierbei tat sich vor allem deren Vertreter Thormaelen besonders hervor.

Die Gründungen europäischer Handelsfirmen beschränkten sich zunächst auf die Küstengebiete um Duala und Viktoria. Die dort beheimateten Stämme wehrten sich anfänglich erfolgreich dagegen, dass die Firmen den Handel weiter in das Landesinnere ausdehnten und ihnen damit den einträglichen Zwischenhandel aus den Händen nahmen.

Dieses Monopol konnte den Küstenstämmen später erst mit Waffengewalt genommen werden. Erst danach konnten die Firmen im Landesinneren Zweigfaktoreien gründen und von dort mit den schwarzen Aufkäufern Handelsbeziehungen anknüpfen. Anfangs mussten sie sich auch Gewalttätigkeiten von misstrauischen und kriegslustigen Eingeborenen erwehren, sie lebten stetig mit der Gefahr überfallen und ausgeraubt zu werden. Dazu kamen die klimatischen Schwierigkeiten und die ständige Angst zu erkranken. Später nach Anlegung von Militärstationen besserte sich ihre Lage.

Für die wirtschaftliche Entwicklung Kameruns spielten europäische landwirtschaftliche Unternehmen mit ihrer planmäßigen Bewirtschaftung eine bedeutende Rolle. Sie gaben Tausenden von Eingeborenen eine geregelte Arbeit. Europäische Plantagenunternehmen siedelten sich wegen der günstigen klimatischen Verhältnisse vor allem um den fruchtbaren *Kamerunberg* an. Im Jahr 1910 gab es 44 europäische Plantagenunternehmen, 1912 bereits 58.

Als für die Plantagenunternehmen ertragsreich erwies sich der Anbau von Kakao und Kautschuk, Ölpalmfrüchte und Essbananen. Schwierig war für die europäischen Unternehmungen in der Regel die Beschaffung von farbigen Arbeitern für ihre Plantagen, weil diese von der Kolonialregierung auch für die Bahnbauten benötigt wurden.

Am 1.Juni 1907 erließ die Kolonialregierung eine Verordnung über die Bezahlung von Arbeitern in Kamerun. Danach mussten mit Ausnahme von Südkamerun alle Löhne in Bargeld gezahlt werden. Die Viehzucht befand sich fast ganz in den Händen der Eingeborenen, bei europäischen Unternehmen diente sie vor allem der Versorgung der *weißen* Bevölkerung mit Frischfleisch. Bergbau war in Kamerun weitgehend unbekannt. Es gab einige Dampfsägewerke, welche Möbel und Bauholz produzierten, dazu einige kleinere gewerbliche Betriebe wie Bäckereien, Sattlereien, Fleischereien, Gastwirtschaften, Baugeschäften, die jedoch nur von lokaler Bedeutung waren.

b) Handel und Eingeborenenproduktion 64)

Der Gesamthandel der Kolonie stieg ständig von 15.661.000 Mark in 1901, Import: 9.397.000 Mark und Export: 6.264.000 Mark, auf 57.577.000 Mark im Jahr 1912, bedingt durch die gesteigerte Bautätigkeit und den Bau der Eisenbahnlinien. In den meisten Jahren überstieg die Einfuhr die Ausfuhr, weil im Land hohe Kapitalinvestitionen vorgenommen wurden.

Die Hauptausfuhrartikel waren Kautschuk, der als natürliches Erzeugnis des Urwalds zumeist von den Eingeborenen im Wege des Raubbaus produziert wurde, Palmkerne, der im Vergleich zum Kakao aus Deutsch Samoa etwas bitter schmeckende Kakao, Palmöl und Elfenbein, das jedoch wegen eines verbesserten Schutzes der Elefanten rückläufig war. Auf die Ausfuhr von Kautschuk, Elfenbein, frischen Kolanüssen und lebenden Nutztieren wurden Ausfuhrzölle erhoben. Nach Kamerun eingeführt wurden vor allem Textil- und Filzwaren, Bekleidungsgegenstände, Nahrungsmittel, Fleisch und Fische, Eisenwaren, alkoholische Getränke, Reis, Tabakfabrikate, Salz sowie Geld, vor allem Silbergeld. Bei der Einfuhr musste nach der Zoll- und Zolltarifverordnung vom 1.8.1911 ein Wertzoll als Einfuhrzoll bezahlt werden . Dieser betrug bei Geweben 15 %, bei Eisenwaren 20 %, bei den übrigen Waren 10 %. Bei anderen Waren wie z.B. alkoholischen Getränken, Waffen, Pulver, Salz, Tabak, Reis und Trockenfisch bestimmte sich der Einfuhrzoll nach Maß oder Gewicht. Einzelne Waren, vor allem zur Investition oder für wissenschaftliche oder medizinische Zwecke in Kamerun bestimmte Waren waren zollfrei.

Vielfach stießen wirtschaftliche Projekte, insbesondere der Abbau der gefundenen Bodenschätze auch auf unerwartete Schwierigkeiten. So ließ sich die hochwertige Steinkohle bei Mamfe nicht abbauen, da sie bei Flut unter Wasser lag. Auch der Abbau anderer Bodenschätze wie Zinn und Kupfer lohnte sich nicht, für die Gewinnung von Glimmer fehlten geeignete Arbeitskräfte, auch die Erdölbohrungen der Kameruner Bergwerks AG waren weitgehend ergebnislos.Von allen Kolonien wurde in Kamerun wirtschaftlich am wenigsten geleistet, so lautete die stereotype Klage der Reichspolitiker in Deutschland.

Die Eingeborenen beschränkten sich bei der Eigenproduktion vielfach auf das Sammeln von Kautschuk und Ölfrüchten. Dieselben Produkte wurden auch in europäischen Plantagenbetrieben angebaut als Pflanzungskautschuk, Baumwolle oder Palmkernen bzw. Kopra, die exportiert wurden. Weitere pflanzliche Exportartikel waren die Kolanuss, das Gummi arabicum, Nutzhölzer wie Mahagoni, Ebenholz, Baumwollholz. Als Erzeugnisse des eingeborenen Ackerbaus wurde vor allem Kakao exportiert. Daneben bauten die Eingeborenen Hirse, Reis, Erdnüsse, Maniok, Yams, Bataten, Bananen, Mais, Bohnen, Kürbissse, Zuckerrohr, Pfeffer und Tabak an.

Die von den Eingeborenen erwirtschafteten Produkte hingen überwiegend von der örtlichen Lage ab. Während Waldgebiete sich wegen der fruchtbaren Humusschicht für den Ackerbau eigneten, war das Grasland nur bedingt für den Ackerbau nutzbar, sondern vor allem für die Viehzucht und-haltung. Außerdem erwies sich vor allem die Jagd und der Fischfang sowie der Handel mit Elfenbein, in den Waldgebieten, wo es Elefanten gab sowie der Handel mit Straußenfedern als nutzbringend.

Der Handel mit den Eingeborenen war ursprünglich ein reiner Tauschhandel,bei dem die Eingeborenen ihre Produkte wie Kautschuk, Elfenbein, Palmkerne, Palmöl, Kopal gegen von den Weißen angebotene Produkte wie Tabak, Schnaps, Pulver, Baumwollstoffe, Parfüme, Salz, Haushaltsgegenstände, Kurzwaren, Gewehre und Munition oder Glasperlen tauschten. Später nahmen die Eingeborenen für ihre Produkte Bargeld.

c) Handwerk 65)

Das Handwerk stand bei den Eingeborenen Kameruns auf einer relativ hohen Stufe. Das galt insbesondere für Holz- und Elfenbeinschnitzereien. Aus Elfenbein wurden insbesondere die Ringe geschnitzt, die als Kriegsschmuck verwendet wurden oder Signalhörner. Entwickelt war auch die Schmiedekunst. Waffen wurden mit allerlei Schmuck verziert, die Klingen von Messer und Speeren waren mit Ornamenten geschmückt.

Als Waffen verwendeten die Kameruner Keulen und Messer in Form von Schwertmessern, Hiebmessern, Dolchmessern und Wurfmessern, Lanzen vor allem bei den Reitervölkern. Einzelne Waldvölker verwendeten bei der Jagd auf Großwild vergiftete Spieße, die sie aus Gewehren, Bögen oder Armbrüsten abschossen. Als Schutzwaffen waren Leder- oder Holzschilde und Tierhaut- oder Wattepanzer in Gebrauch.

Aus Eisen wurden nicht nur Waffen hergestellt, sondern auch Geräte zur Bebauung von Feldern oder Glocken. Auf hoher Stufe stand die Verarbeitung von Leder, insbesondere die Herstellung von Pferdegeschirren und Sätteln, Kissen und Mützen, aber auch die Korb- und Mattenflechterei namentlich im Grasland, sowie die Baumwollweberei und Töpferei.

Die in Kamerun teils wild wachsende, teils durch Anbau gewonnene Baumwolle wurde zu Stoffen verarbeitet. In Nordwestkamerun war vor allem die Perlen- und Muschelstickerei hoch ausgebildet.

d) Geld und Bankwesen

Durch Verordnung vom 1.Februar 1905 wurde in Kamerun die Reichsmark als gesetzliches Zahlungsmittel eingeführt. Im Umlauf waren vor allem Reichssilbermünzen, Davor waren deutsches, englisches, französisches sowie der im Sudan geltende Maria- Theresientaler Zahlungsmittel. Das bisherige englische und französische Gold- und Silbergeld konnte nach einem festen Kurs von den öffentlichen Kassen in Kamerun in Zahlung genommen werden.

Die Einfuhr von Maria- Theresia Talern und von Kaurimuscheln wurde unter Strafe gestellt. Daneben gab es noch diverse Sorten *Eingeborenengeld*, vor allem die Kaurimuscheln. Der Handelsverkehr unter den Eingeborenen vollzog sich dabei vor allem im Wege des Tauschhandels. Der Geldverkehr wurde von der Deutsch-Westafrikanischen Bank in Berlin mit einer Niederlassung in Duala kontrolliert.

e) Grundeigentum und dessen Übertragung 66)

Die Übertragung von Eingeborenenland wurde durch die Kronlandverordnung von 1896 eingeschränkt. Herrenloser Boden wurde durch diese Verordnung unter die Aufsicht der Krone gestellt. Derartiges Kronland wurde von der Kolonialverwaltung *Kolonialgesellschaften* zur Verfügung gestellt. So wurde 1898 die *Gesellschaft Süd- Kamerun* mit Sitz in Hamburg und Brüssel gegründet. Diese erhielt von der Kolonialverwaltung insgesamt 77.000 qkm Kronland zur Nutzung und Erschließung durch Handel, für den Bau von Faktoreien und Stationen und für die Anlage von Plantagen auf 20 Jahre. Die Gesellschaft verpflichtete sich dafür, einen Anteil des Reingewinnes an den Landesfiskus abzutreten. 1899 wurde die Gesellschaft *Nordwest- Kamerun* gegründet. Ihr wurden insgesamt 90.000 qkm zu den gleichen Zwecken zur Verfügung gestellt. Die Gesellschaft verpflichtete sich zum Bau von öffentlichen Wegen und Eisenbahnen, zur Einrichtung einer Dampfschifffahrtsverbindung und zur Durchführung von Forschungsexpeditionen.

Aus dem herrenlosen Land im Landesinneren wurde Kronland. Um Eigentümer der herrenlosen Ländereien zu werden bedurfte der Staat der Besitzergreifung. Danach konnte der Staat das Land verkaufen oder verpachten. Die gesetzliche Regelung findet sich in der *allerhöchsten Verordnung* vom 15.Juli 1896 *über Schaffung, Besitzergreifung und Veräußerung von Grundstücken im Schutzgebiet von Kamerun.* Die Verordnung hatte folgenden Wortlaut:

§ 1: Vorbehaltlich der Eigentumsansprüche oder sonstigen dinglichen Ansprüchen, welche private oder juristische Personen, Häuptlinge oder unter den Eingeborenen bestehende Gemeinschaften nachweisen können, sowie vorbehaltlich der durch Verträge mit der kaiserlichen Regierung begründeten Okkupationsrechte Dritter ist alles Land innerhalb des Schutzgebietes von Kamerun herrenloses Kronland. Das Eigentum daran steht dem Reich zu.

Durch einen mit Verfügung des Reichskanzlers vom 17.Oktober 1896 eingefügten *§ 2* sollten die Eigentumsansprüche der Kameruner wie folgt berücksichtigt werden:

Werden auf bestimmte Landflächen Ansprüche von Häuptlingen, von Dorfgemeinden oder anderen Gemeinschaften der Eingeborenen geltend gemacht, welche auf angeblichen Hoheitsrechten beruhen oder dem Häuptlinge oder der Dorfgemeinschaft als solchen zustehen sollen, so ist den Rechten der Eingeborenen nach Möglichkeit Rechnung zu tragen und zunächst auf eine Vereinbarung im gütlichen Wege Bedacht zu nehmen, durch welche für das Fortbestehen der

Gemeinschaft erforderliche Land ausgeschieden, der Rest aber zur Verfügung der Regierung gestellt wird. Soweit eine solche Vereinbarung nicht erreicht wird, entscheidet der Gouverneur.

1903 erließ der Gouverneur von Puttkamer ein Gesetz, wonach Eingeborenenland im öffentlichen Interesse enteignet werden konnte. Dadurch kam es zu rigorosen Landnahmen zugunsten *weißer* Siedler. Einen Höhepunkt der missbräuchlichen Enteignung von Eingeborenenland stellte die für hygienisch als notwendig erachtete Sanierung von Duala dar. Dabei sollten Europäer- und Eingeborenensiedlungen durch freie Zonen räumlich voneinander getrennt werden

6. Die Eingeborenenbevölkerung und ihr Leben

a) Die Eingeborenenbevölkerung 67)

Genauso vielfältig wie die Landschaften waren die in Kamerun siedelnden Volksstämme, ca. 200 an der Zahl, von den im Norden siedelnden islamischen Haussa bis zu Jägervölkern des Regenwaldes, den kleinwüchsigen Pygmäen und den Bakundu in Kombone, einem Volk, bei dem in der Kolonialzeit noch Kannibalismus gängig war.

Kamerun und seine Eingeborenen waren ihrer Lage wegen schon immer von Völkerwanderungen betroffen. Das Land war Schauplatz von Verschiebungen, die in drei Richtungen verliefen. Die älteste Völkerwanderung kam aus Süden oder Südosten als Folge anderer nach Ostafrika drängenden Bantustämme. Die zweite Wanderung kam aus der Nilkongowasserscheide, von der Völker in ostwestliche Richtung strömten, die dritte Wanderung schließlich von Saharabewohnern in nordsüdliche Richtung, die in die fruchtbaren Gebiete im Sudan eindrangen. Die Ureinwohner Kameruns waren die Bagielli, ein Pygmäenvolk, das eine Größe von 1,45 bis 1,50 Meter erreichte und von der Jagd, insbesondere auf Elefanten lebte. Sie bewohnten das äquatoriale Waldland und wurden von einem deutschen Regierungsarzt in Duala wie folgt beschrieben:

Stirn niedrig, unterer Gesichtsteil von der Nasenwurzel ab vorgeschoben. Nase kolossal breit, plattgedrückt, mit gewaltigen fleischigen Flügeln. Gesicht besonders um den Mund herum faltig, Lippen dünn, stark behaarter Oberkörper. Farbe heller als bei den übrigen Negern, kupferig und mit erdigem Ton.

Die Bagielli wurden von einwandernden Bantu- und Sudanstämmen nach und nach in die unwegsamsten und entlegensten Urwaldgebiete zurückgedrängt.

Kameruns Grundbevölkerung stellen die Bantuvölker in den Waldgebieten und im Süden dar. Bei den Bantunegern lassen sich zwei Typen unterscheiden. Der erste Typ ist klein, kräftig, hässlich, mit dicken Nasen und typischen Negergesichtern, der zweite dagegen hochgewachsen, schlank, mit schmalen Nasen und weniger aufgeworfenen Lippen. Bei den Bantunegern lassen sich zwei Gruppen unterscheiden, die Kamerun- oder Dualagruppe sowie die Makagruppe oder Bangalagruppe, benannt nach den am Kongo sitzenden Bangala. Der bekannteste Bantustamm in Kamerun war der Stamm der Duala, die ursprünglich Ackerbauern, später jedoch Händler waren und diese Stelle anfänglich gegenüber den Deutschen hartnäckig verteidigten. Ihnen wurde allgemein ein schlechter Charakter zugeschrieben. Über die *Kamerun- Neger* äußerte sich Eduard Woermann, Großkaufmann und Reeder aus Hamburg abfällig:

Überhaupt sind die Kamerunneger die frechesten und unverschämtesten Neger der ganzen Küste, und ich kann nur nicht begreifen, wie die Weißen sich hier haben die Neger so schlecht erziehen können.

Über die *Kamerun Neger* urteilte eine weiße Hausfrau:

Der Neger ist kein Kind, der Neger ist eben Neger.

Ein dem Stamm der Duala benachbarter Bantustamm war der Bakwiri Stamm, der am Großen Kamerunberg in der Gegend von Buea und Soppo siedelte. Er wurde erst Anfang 1895 von den Deutschen unterworfen. Die Bakwiri lebten verstreut und versteckt in langen Giebelhäusern inmitten ihrer Bananenpflanzungen im Urwald. Sie trieben Feldbau, pflanzten Bananen, Ölpalmen, Reis und Erdnüsse und hielten Rinder, vornehmlich zu Schlachtzwecken. Die Bakoko, von Gestalt aus mittelgroß mit scharfgeschnittenen Gesichtszügen war ebenfalls ein Bantustamm. Sie siedelten zwischen dem Unterlauf des Ssanga und des Lokundje und trieben Ackerbau, Viehzucht und widmeten sich darüber hinaus der Jagd und dem Fischfang.

Die Jaunde, ebenfalls ein Bantustamm waren ursprünglich Ackerbauern, verdingten sich jedoch vor allem den europäischen Händler als Träger. Für die Jaunde Frauen war ein hahnenkammartiger Kopfschmuck charakteristisch.Die Bule, ursprünglich ein kriegerisches Volk siedelten zwischen dem Njong und dem Kampo. 1899 griffen sie überraschend deutsche Stationen an der Küste an, wurden jedoch bald von der deutschen Schutztruppe zurückgeschlagen. Neben den Bantuvölkern stellten die Sudanstämme vor allem im Norden Kameruns eine große Bevölkerungsgruppe. Das Gebiet der Sudanstämme begann nördlich des Mittellaufes des Ssanga.

Die im Norden Kameruns beheimateten ca. 100.000 Semiten oder Hamiten waren ursprünglich Araber vom Stamm der Schua, die sich im Süden des Tschadsees angesiedelt hatten. Hamiten waren auch die Fulbe, die vielfach jedoch negertypisch von großer, schlanker Körperstatur mit langen Nasen und dünnen Lippen waren. Sie ähneln darin den nordafrikanischen Berbern. Sie siedelten um Adamaua und in der Massivregion und waren vielfach Hirten und Rinderzüchter. Ebenfalls Hamiten waren die Haussa, die als Händler und Handwerker in ganz Kamerun tätig waren. Sie hatten sich vielfach mit den Fulbe zu einem Mischvolk vermischt.

Im Stromgebiet des Ssanga siedelten die Wute, ein kriegerischer Stamm, deren Ortschaften mit Wall und Graben befestigt waren und die als *Menschenfresser* bis zum Ende des 19. Jahrhunderts ausgedehnte Sklavenjagden zu den Nachbarstämmen unternahmen. Bewaffnet waren sie mit riesigen Lederschilden, Speeren, Bogen und Pfeilen. Sie waren ehemals Vasallen des Emirs von Tibati.

Noch wilder und kriegerischer war der östliche von den Wutes siedelnde Stamm der Baia, der noch zu Beginn der Kolonialherrschaft als *Menschenfresser* gefürchtet waren genauso wie die südlich von ihnen siedelnden Maka, die im Jahre 1908 bei Kämpfen den deutschen Leutnant Reuter töteten.

Als kultivierter waren die Bewohner der Landschaft Bamum angesehen, bei denen es ein hochentwickeltes Kunsthandwerk mit schönen Holzschnitzereien gab.

Nördlich des Stammesgebietes der Wute und Baia und östlich vom Bamum war das Gebiet der Fulbestaaten Banjo, Tibati, Ngaumdere, dazwischen lagen die Siedlungsgebiete der Durru und der Mbum, die im Unterschied zu den Fulbe keine Muslime, sondern Heiden waren. Dies galt für die Musgum, die als auffallend hässlich und plump geschildert wurden. Die Frauen trugen große Lippenscheiben. Sie galten als tüchtige Ackerbauern, ihre Häuser und Felder waren gepflegt und sauber, was für eine gewisse Kultur der Musgum spricht.

Viele dieser Stämme im Norden Kameruns wurden von den Fulbes bedrängt, die ursprünglich ein Reitervolk und viehzüchtende Nomaden mit hamitischer Herkunft waren. Von Hause aus waren die Fulbes schlanke, zierliche Gestalten, sie vermischten sich jedoch schon bald mit den Sudanstämmen in ihrer Nachbarschaft. Die Feldarbeit verrichteten sie in der Regel nicht selbst, sondern ließen sie von Sklaven ausüben. Die Fulbes lebten weitgehend von der Sklaverei. Hierzu unternahmen sie mit arabischen Schwertern und Lanzen sowie mit Pfeil und Bogen bewaffnet, auf ihren Pferden zahlreiche Kriegszüge gegen benachbarte Stämme und waren bei den Nachbarstämmen dementsprechend gefürchtet und verhasst. Erst die Deutschen machten nach Anlage zahlreicher Militärstationen ihren Sklavenjagden ein Ende. Die Fulbes lebten in einer Feudalwirtschaft, bei der eine Anzahl von Dörfern, die von Wällen und Gräben umgeben waren, unter der Herrschaft eines *Lamidos*, eines gemeinsamen Herrschers standen. Die typische Fulbestadt beschrieb von Dominik wie folgt:

Die Fulbastadt ist in der Regel von Wall und Graben umgeben. Die Bauten sind aus Lehm und Laterit errichtet. Den mit Schießscharten versehenen Mauern sind Zinnen aufgesetzt. Hohe Tore und Dämme geben von weitem der Stadt ein fast mittelalterliches Aussehen. Den Mittelpunkt bildet der Sultanpalast mit dem in seiner Nähe befindlichen Markt und dem von Bäumen beschatteten und mit weißem Sand bestreutem Gebetsplatz. Um ihn gruppieren sich die Besitzungen der Großen. Die Lamidenwohnung bildet ein Stadtteil für sich. Hohe Mauern umgeben sie. Den Eingang bildet ein mit hohem kunstvollem Grasdach bedecktes rundes Torhaus, in dessen Hallen die Leibwache lagert. Ein Hof mit mannigfachen Wirtschaftsgebäuden folgt, dann wieder ein großes Torgebäude mit neuer Halle und einem Hof und weiter so Tor an Tor, Halle an Halle, Hof an Hof je nach der Macht und dem Reichtum des Herrschers bis man dorthin gelangt, wo er selbst das Gesicht mit dem Litham umhüllt, von seinen Großen umgeben, Audienzen erteilt.

Über die Frauen der Fulbe äußerte sich der Mediziner und Naturwissenschaftler Siegfried Passarge:

Die Frauen sind solange jung, zum großen Teil große Schönheiten, nur ihre Magerkeit wirkt häufig störend. So mancher und manche Fulba würde als Marmorbüste wohl eher für einen Hermes oder eine Diana als für einen afrikanischen Typus gehalten.

Neben den Fulbes war Nordkamerun von den Haussa besiedelt, Sie trieben in den Fulbestaaten vor allem Handel. Die Haussas sprachen eine reine Sudansprache, die zur Handelssprache wurde. Sie hatten wie die Fulbes einen stark hamitischen Einschlag. Die Haussa lebten nicht in ganzen Stämmen zusammen, sondern in der Regel verstreut. Daneben findet man Ansiedlungen der Haussas auch zu ausgedehnten Dörfern oder besonderen Stadtvierteln vereinigt. Den *Weißen* traten die Haussas stets freundlich und höflich entgegen. In den Fulbestaaten Nordkameruns spielten neben den Haussas auch die Kanuri eine Rolle. Die in Kamerun gesprochenen Sprachen gehörten entsprechend der Stammeszugehörigkeit zu zwei Sprachfamilien, den Sudansprachen und den Bantusprachen. Zu den Sudansprachen gehörte insbesondere das Haussa. Die Bantusprache zerfiel in eine große Anzahl von Dialekten.

b) Die *weiße* Bevölkerung 68)

Die weiße Bevölkerung Kameruns stieg von 528, davon 475 Deutsche im Jahre 1900, im Jahre 1908 auf 896 Personen, darunter 102 Frauen auf 1781 im Jahre 1912, wovon 1560 Deutsche waren. Der Anstieg hing vor allem mit der Verbesserung der äußeren Lebensbedingungen, der gesundheitlichen Verhältnisse, Wohnung, Verpflegung und Verkehrswesen zusammen. Die Verbesserung der Lebensverhältnisse trug auch zur Ansiedlung von Frauen und Kindern bei.

Dabei galt die Losung:

Weiße Frauen für Kamerun, was vom Rassenstandpunkt her zu begrüßen, vom Standpunkt der Rassenhygiene her unverzichtbar ist.

Die Kolonialverwaltung förderte die Ansiedlung von deutschen Frauen mit ihren Kindern dadurch, dass sie verheirateten Beamten die Mitnahme ihrer Familien ermöglichten. So gab es 1900 nur 42 weiße Frauen, von denen 27 verheiratet waren, 1912 jedoch bereits 230 weiße Frauen, von denen 173 verheiratet waren. Die meisten Weißen lebten in den Verwaltungsbezirken Duala, Buea und Viktoria.

c) Die Wohnhäuser 69)

An der Küste Kameruns wohnten die Bewohner insbesondere in größeren Städten wie Duala, Victoria, und Kribi in Wohnhäusern, die nach europäischer Bauweise errichtet wurden. Die vermögenden Häuptlinge wie z.B. der König Manga Bell in Duala lebten in luxuriösen Palästen. Ansonsten waren die Häuser der Eingeborenen traditionell stammes- und landschaftstypisch.

Bei den Bantuvölkern im Waldland war das Giebeldachhaus üblich, welches zumeist aus Palmrippen gebaut wurde. Die Dächer dieser Häuser bestanden aus Bananen- oder Palmblättern. Die Wände waren aus Flechtwerk oder Baumrinde hergestellt und manchmal mit Lehmbewurf versehen.Die Häuser waren als Straßendorf angeordnet, indem sie zumeist auf einer Seite eines schmalen Fußweges lagen, der durch den Urwald führte.

Für die im Grasland siedelnden Sudanstämme sowie die eingewanderten Fulbe waren die Kegeldachhütten typisch, die einen kreisförmigen Grundriss aufwiesen. Die Hauswände bestanden dabei entweder aus einem Geflecht mit Lehmbewurf oder ganz aus Lehm. Darauf ruhte ein spitzes Dach aus Bananenblättern. Im Nordwesten Kameruns herrschte eine Mischung von Kegeldach- und Giebeldachhaus vor mit einem quadratischen Grundriss und einem pyramidenförmigen Dach. Eine ähnliche Form wiesen die Hütten der Musgums am Logonefluss auf, die sich durch eine sorgfältige und gefällige Ausführung auszeichneten. Von einfacher Bauweise waren demgegenüber die Hütten der Haussas, da sie als Händler häufig abwesend waren und deshalb weniger Wert auf ihre Wohnstätten legten. Die Wohnhäuser der Europäer waren zumeist aus Holz gebaut. Sie ruhten in der Regel auf etwa zwei Meter hohen Steinpfeilern. Diese standen in mit Petroleum gefüllten Steinbecken, um Termiten und Ameisen vom Haus abzuhalten. Zugleich wurde dadurch die Ventilation unterhalb des Hauses begünstigt und dadurch ein Feuchtwerden des Fußbodens und der Wände weitgehend verhindert. Die meisten Häuser verfügten über eine breite Veranda.

Dadurch dass die Außenluft frei zirkulieren konnte, wurde durch den Luftzug bei gleichzeitigem Öffnen der Fenster eine stärkere Erwärmung des Hausinneren verhindert. Um sich vor Moskitos und die von ihnen übertragene Malaria zu schützen, wurde das ganze Hausinnere sowie die Fenster durch ein dichtes Drahtgitter abgeschlossen, darüber hinaus waren die Betten im Schlafzimmer von Moskitonetzen umgeben. Jedes Europäerhaus hatte ein Badezimmer sowie eine Küche, die etwas von dem eigentlichen Wohnhaus entfernt lag und mit diesem vielfach durch einen gedeckten Gang verbunden war. Dazu gab es vielfach noch einen kleinen Gemüsegarten mit frischem Gemüse und Obst.

d) Kunst und Handwerk 70)

Kunst und Handwerk traten in Form von Haus- oder Dorfproduktion auf. Hergestellt wurden vor allem Tongefäße, Tonpfeifenköpfe, die oft die Form von stilisierten Tier- oder Menschenfiguren hatten. An Tierfiguren waren vorherrschend die Darstellung von Leoparden, Hasen, Chamäleons, Krokodilen und Spinnen. Dazu kamen Schnitzereien von Speiseschüsseln, Schemeln, Sesseln, die sich vielfach mit der Töpferei und deren Darstellungsformen deckten. Getöpfert wurden Krüge, Töpfe, Schalen und Lampen. Fast jeder Gebrauchsgegenstand konnte durch Verzierungen zu einem freien Kunstwerk werden. Die Verzierungen bestanden vielfach aus Perlen und Kaurischnecken, mit denen vor allem Tanzmasken ausgeschmückt waren.

Für das einheimische Handwerk war auch die Gewinnung des Eisens, welches die Schmiederei und den Metallguss aus Bronze möglich machte, eine große Errungenschaft. Ansonsten beschränkte sich die bildende Kunst mehr auf die Plastik als auf die Malerei, bei der farbige, naturalistische Darstellungen vorherrschten .

e) Musikinstrumente, Textilien 71)

In Kamerun waren zwei Arten von Trommeln bekannt, die im Waldland gebräuchliche Sprechtrommel sowie die mit Fell bespannten Zylindertrommeln, dazu ein aus einfachen Brettern zusammengebautes Xylophon, die Marimba, das *Negerklavier*, bei dem unter den Klangbrettern Kürbisschalen als Resonanzböden hingen sowie zu Signalzwecken verwendete Doppelglocken.

An Blasinstrumenten gab es die Flöte aus Rohr oder aus Tierhorn, Tuthörner aus Elfenbein und Blechtrompeten, an Saiteninstrumenten die Harfe, Gitarre oder der primitive Musikbogen mit nur einer Saite.

Die Kameruner gingen teilweise nackt, ihre Blöße verdeckend allein durch Penisfutterale oder sie trugen Kleider aus Wolle, Baumwolle, Rindenstoffen und Palmfasergewebe. Dazu trugen die Frauen kunstvolle Frisuren, wobei das Haar vielfach in unzähligen, feinen Flechten vom Kopf herabhing. An Schmuck trugen die Frauen Ketten, Schnüre, Ringe und Spangen.

f) Religion, Männer- und Geheimbünde um den Juju, Missionen 72)

Während im Norden Kameruns der Islam vorherrschend war, überwiegte in den übrigen Landesteilen die christliche Religion, aber auch Zauberglaube, Animismus, Ahnenkult und Totemismus. Die Abhängigkeit der Eingeborenen von höheren überirdischen Mächten drückte sich durch die Verwendung von Amuletten, Masken, Kopfaufsätzen oder Fetischfiguren aus.

Vielfach fühlten sich die Eingeborenen abhängig von den Seelen der Verstorbenen und schlossen sich zu Männer- oder Geheimbünden zusammen. Diese waren Träger des sogenannten *Juju*, der allen Lebewesen Menschen, Tieren und sogar unbeseelten Dingen innewohnende Zauberkraft. Diese wurde wirksam in besonderen *Jujuhäusern*, den Treffpunkten der Männer- und Geheimbünde. Äußerer Ausdruck des *Juju* und seines Kultes waren besonderen Fetischfiguren oder Masken.

Als erste kamen 1845 Missionare der Baptisten Missionsgesellschaft in London von *Fernando Poo* nach Kamerun, wo sie in Duala eine Niederlassung gründeten. Dort wurden sie 1858 von katholischen Missionaren, die ebenfalls von *Fernando Poo* kamen und von dem dortigen spanischen Gouverneur unterstützt wurden, verdrängt. Sie wichen in die Gegend der Ambasbucht aus, wo sie Victoria als Niederlassung gründeten. Diese Niederlassung ging, nachdem die Deutschen in

Kamerun als Kolonialmacht Fuß gefasst hatten, 1886 auf die evangelische *Baseler Missionsgesellschaft* über. Die baptistischen Christen vertraten in der Frage der Sklaverei und der Vielweiberei eine andere Auffassung als die strenggläubigen Basler Missionare. Sie zogen sich aus der Gegend um Victoria zurück und gründeten anderswo selbständige Gemeinden. Im Süden Kameruns missionierte seit 1885 von Französisch Gabun aus die amerikanische Presbytermission.

Die katholische Mission, die auf Geheiß der römischen Kongregation *De Propaganda Fide* von der Limburger Pallottiner Kongregation vertreten wurde, hatte ihren Sitz in Duala, wo sich das apostolische Vikariat Kamerun befand. Missionsstationen wurden darüber hinaus in Marienberg am Ssanga, in Kribi sowie in *Engelberg*, einem Ort, der 1.400 Fuß hoch in den *Kamerunbergen* lag und als Station Einsiedeln mit angehängtem Lehrerseminar gegründet. Später kamen die Steyler Missionare, die Priester vom Herzen Jesu nach Kamerun, wo sie in den nördlichen Gebieten missionierten und mit dem Islam konkurrierten.

Um 1900 verfügte die Basler Missionsgesellschaft über 9 Hauptstationen und 129 Außenstellen sowie 243 Missionsschulen mit 21 Missionaren und 145 *schwarzen Lehrern,* die *katholischen Pallottiner* aus Limburg an der Lahn über 12 Missionsstationen mit sieben Priestern und 50 Missionsschulen, 15 Missionsschwestern und 18 Laienbrüder. Die Missionsgesellschaft der deutschen Baptisten in Berlin unterhielt 6 Missionsstationen sowie 50 Unterstationen und Schulen.An der Südküste Kameruns war die amerikanische Presbyterianische Mission mit einigen Missionsstationen und Missionsschulen tätig.Die Missionsgesellschaften betätigten sich neben der eigentlichen christlichen Missionierung vor allem auf dem Gebiet der Bildung und Erziehung als Träger von Missionsschulen und im Medizinal- und Gesundheitswesen als Träger von Krankenhäusern.

Die Basler Mission unterhielt außerdem in Duala eine Handwerkerschule, in denen die Eingeborenen in den Handwerkszweigen unterrichtet wurden.

7. Die Kolonie während und nach dem ersten Weltkrieg

Nach Ausbruch des 1. Weltkrieges konnte sich die deutsche Schutztruppe bis 1916 halten. Am 20. Februar 1916 kapitulierte schließlich die letzte deutsche Garnison nach der Zusage eines freien Abzugs gegenüber der britischen Kolonialarmee. Nach Beendigung des 1. Weltkrieges ging Kamerun durch den Versailler Vertrag im Jahre 1919 in den Besitz des Völkerbundes über. Dieser gab ein Mandat zur Verwaltung an England und Frankreich weiter. Darauf wurde Kamerun in Britisch- Kamerun und Französisch- Kamerun aufgeteilt.

D. Deutsch- Ostafrika

I. Einführung

1. Das Land Deutsch- Ostafrika, Geografie und Klima 73)

Die Kolonie Deutsch Ostafrika war mit einer Fläche von ca. 997.000 qkm Deutschlands größte Kolonie. Sie war damit etwa doppelt so groß wie das Deutsche Reich. Sie umfasste im Wesentlichen die Landfläche der heutigen Staaten Tansania, Burundi und Ruanda sowie einen kleinen Teil von Mozambique. Die politischen Grenzen von Deutsch- Ostafrika fielen im Wesentlichen mit den natürlichen Grenzen zusammen. Als Teil des großen ostafrikanischen Hochlandes reichten sie vom Indischen Ozean bis zum Tanganjikasee einerseits sowie vom Victoriasee bis zum Rowuma andererseits, vom 1. bis nahe an den 12. südlichen Breitengrad und vom 41. bis zum 29. östlichen Längengrad. Im Norden grenzte die Kolonie an die Somaliahalbinsel, im Süden an Zimbabwe und Mozambique.

Zu Deutsch Ostafrika gehörte der Kilimandjaro, *der Berg des Himmelgottes,* eine aus drei ehemaligen Vulkanen bestehende Bergmasse, die insgesamt eine Fläche von 8770 Quadratkilometer bedeckt. Diese bildet in 4.300 Höhe eine Hochfläche, aus der sich der schneebedeckte Bergdom des Kibo mit 6010 Metern als der höchste Berg erhebt, in dessen Gipfel ist ein Krater eingesenkt ist sowie die Zackenfront des Mawensi mit 5355 Metern.

Der Kilimanjaro wurde 1848 von Leipziger Missionaren entdeckt und am 5. Oktober 1889 zum ersten Mal von Hans Meyer und L. Purtscheller bestiegen. Purtscheller hat den Kilimanjaro als einen zusammengesetzten Stratovulkan bezeichnet, bestehend aus dem Kibo, dem Mawensi und dem Schiragebirge.Hans Meyer beschrieb seine Eindrücke in der letzten Phase der Besteigung des Kibogipfels:

Immer noch dehnte sich die Wand unabsehbar, und der oberste Eisgrat wollte nicht näherkommen. Vorwärts rief ich zur Selbstaneiferung aus, der Berg muss doch einmal ein Ende haben. Endlich gegen 2 Uhr näherten wir uns dem höchsten Rand. Noch ein halbes Hundert mühevoller Schritte in äußerst gespannter Erwartung, da tat sich vor uns die Erde auf, das Geheimnis des Kibo lag entschleiert vor uns. Den ganzen oberen Kibo einnehmend, öffnete sich ein riesiger Krater.

Den Kibo tauften Erstbesteiger daraufhin in *Kaiser- Wilhelm- Spitze* um. Ein Stück Felsen der Spitze nahm Meyer in seinem Rucksack mit und machte es dem Deutschen Kaiser nach seiner Rückkehr zum Geschenk. Damit befand sich der höchste deutsche Fels auf dem Schreibtisch des höchsten Deutschen.

Ebenfalls im Nordosten der Kolonie, ca. 70 Kilometer westlich vom Kilimanjaru lag der Meru, ein Vulkanmassiv mit einer Höhe von 4.460 Metern. An den Vulkanberg schließt sich das Paregebirge mit 2030 Metern an, das nach Westen hin steil abfällt . Ein weiteres Vulkangebirge sind die Kirunga Vulkane im Zwischenseengebiet zwischen Viktoriasee und Tanganjika- und Kiwusee. Dem Verlauf der Küste folgt das Gebirgsmassiv von Nguru, das sich durch Ussagara und Uhehe über die Rubehoberge bis zum Njassa hinzieht. Am Njassasee steigt das Livingstonegebirge bis auf eine Höhe von 3.400 Metern an.

Im Osten reichte Deutsch- Ostafrika an den Indischen Ozean, im Norden an der Mündung des kleinen Umbaflusses an das Gebiet des heutigen Kenias heran, das unter britischem Einfluss stand. Von dort aus erstreckte sich Deutsch Ostafrika über 680 Kilometer bis tief in den Süden bis nach Mozambique zum portugiesischen *Cap Delgado*.

Deutsch- Ostafrika war Teil des sich von Äthiopien bis Kapstadt erstreckenden Hochplateaus mit einer Höhe von 1000 bis 1500 Metern, das zentrale Tafelland von Unjamwesi oder das Dach Ostafrikas. Dieses misst in der größten Nordsüdlänge 600 Kilometer, in der Breite 360 Kilometer. Vom Zentrum des Tafellandes fliessen die Gewässer nach allen Seiten ab durch den Victoriasee und den Nil zum Mittelmeer, durch den Kongo zum Atlantik sowie durch den Rufiji zum Indischen Ozean.

In der Oberflächengestaltung, dem geologischen Bau, Klima, der Vegetation und Bevölkerung zeigt dieses Gebiet weitgehend einen einheitlichen Charakter. Das Tafelland steigt vom Indischen Ozean landeinwärts an und wird durch meridonial verlaufende Längsspalten (Gräbern) durchbrochen. Auf den Neuankömmling. der vom Indischen Ozean nach Ostafrika kommt, macht die Küste mit den vorgelagerten Inseln Sansibar, Pemba und Mafia einen eher gleichförmigen, durch die Farbe Grün dominierten Eindruck. Kommt er näher so fallen ihm die zahlreichen Sandbänke auf, welche die Einfahrt zu zahlreichen Buchten freigeben.

Vor der Küste deutsch Ostafrikas brechen sich die Wogen des Ozeans an Korallen und Sandsteinbildungen. Bei Ebbe ragen vorgelagerte Riffe heraus, die bei Flut im kristallgrünen Wasser wieder verschwinden und eine ständige Gefährdung der Schifffahrt sind. Auf der anderen Seite sind durch die Wogen des Meeres Buchten entstanden, die sich als Naturhäfen eignen und um die herum Städte und Häfen entstanden wie in Tanga, Daressalam und Lindi. Ihre Bedeutung als Handelszentren wurde in der Kolonialzeit von den Deutschen noch durch eine bessere Verkehrsanbindung wie vor allem durch den Bau von ins Landesinnere führende Eisenbahnlinien verbessert. Andere Küstenstädte wie Pangani, Sadani und Kilwa waren schon deshalb weniger bedeutend, weil sie über keinen geeigneten Hafen verfügten. Die diese Städte anlaufenden Schiffe mussten mehrere Seemeilen vor der Küste ankern, was für den Handelsverkehr und Personenverkehr von großem Nachteil war. Auf der anderen Seite waren diese Städte für die Araber und ihren Sklavenhandel strategisch von Vorteil, weil sie dort verhältnismäßig wenig von europäischen Kriegsschiffen befürchten mussten. Sie waren deshalb bis zum Verbot der Sklaverei bedeutende Zentren für den von den Arabern dominierten Sklaven- und Elfenbeinhandel.Insoweit wirkte die Küstenentwicklung stark auf die Städtebildung in Ostafrika ein.

Von der Küstenregion aus steigt das Land als Gebirgsvorland zwischen Küstenzone und dem Ostrand der innerafrikanischen Hochländer noch heute zunächst ganz allmählich an, wobei sich wenige hundert Meter hohe Terassen bilden, die geologisch noch dem Küstengebiet zugerechnet werden können. Das Küstenvorland wird vom Rufiji, dem größten Fluss der Kolonie Deutsch Ostafrika in einen nördlichen und südlichen Teil getrennt. Dieses Bild ändert sich erst nach 200 Kilometern von der Küste, im nördlichen Teil der Kolonie sowie erst nach 400 Kilometern im südlichen Teil der Kolonie. Dort steigt das Land steil an oder es türmen sich mächtige Randberge als Gebirgsinseln auf mit tief eingeschnittenen Tälern , die den Weg zum ostafrikanischen Hochland freigeben. Dieses Randgebirge verläuft östlich des Njassasees von Süden nach Norden, im weiteren Verlauf von Südosten nach Nordosten. Das dort anzutreffende Klima, die Vegetation sowie die Fauna sind im Wesentlichen gleich.

Das Hochplateau im Landesinnern, ca. 1200 bis 1500 Meter über dem Meeresspiegel liegend nahm den größten Teil der Kolonie Deutsch- Ostafrika ein und erstreckt sich im Süden vom Zambesifluss bis in den Norden nach Äthiopien. Dieses Hochplateau ist nicht überall flach, sondern teilweise zerklüftet. Es ist von Bruchspalten durchzogen und mit Gebirgszügen und Bergkuppen durchsetzt, die Höhen von 2000 Metern oder mehr erreichen. Hierzu gehören die Bergzüge von Ruanda im Westen sowie des Utschungwegebirges im Osten in Uhehe, die mit Urwäldern und tiefen Schluchten bedeckt sind, sowie das Ngurugebirge, die Usagaraberge und das Hochland von Ungoni.

Auf dem ostafrikanischen Hochplateau befinden sich das Zwischenseengebiet bestehend aus den großen Binnenseen im Osten der Victoriasee, im Westen der Albert-Edward See, der Kiwusee und der nördlichste Teil des Tanganjikasees.

Der Victoriasee ist   66.500 Quadratkilometer groß und 75 Meter tief und liegt auf einer Höhe von 1132 Metern über dem Meeresspiegel . In ihn mündet der Kagera, für John H. Speke ist er der Ursprung des Nils. Im Süden, im Njassagraben der 29.690 Quadratkilometer große, auf einer Höhe von 500 Meter über dem

Meeresboden liegende Njassasee sowie im Westen der Tanganjikasee auf einer Höhe von 795 Metern über dem Meeresboden mit 35.000 Quadratkilometer Fläche und einer tiefsten Stelle von 648 Meter, der im Zentralafrikanischen Graben in 1460 Meter Höhe liegende und vom Gebirge umgebende Kiwusee, der Albert-Edward See sowie der Albertsee und der im abflusslosen Gebiet des Rukwagrabens liegende Rukwasee.

Dahinter senkt sich das ostafrikanische Hochland zum Kongobecken hinab.Die Flüsse, die nach Osten in Richtung Indischen Ozean fließen, müssen sich durch die Randberge des Hochplateaus durchkämpfen und sind mit Stromschnellen und Wasserfällen durchsetzt, bevor sie vom Hochland über die Küstenterassen in Richtung Meer hinabstürzen.

Es sind der Umba als Grenzfluss im Norden, der am Kilimanjaro entspringende Pangani mit seinen zahlreichen Wasserfällen, der Wami und der Kingani, der gegenüber der Insel Sansibar ins Meer mündet, der Rufiji mit dem Ulanga und Ruaha als Nebenflüsse bei der Insel Mafia sowie ganz im Süden an der Grenze zu Portugiesisch- Ostafrika der in den Njassabergen entspringende Rovuma. In den Tanganjikasee mündet der Mlaragarassi,in den Viktoria-Njanza See der Kagera, der südlichste Quellfluss des Nils.

Das Klima in Deutsch- Ostafrika wird beeinflusst einerseits von der Bodengestaltung, andererseits von der Sonnenstrahlung und der Häufigkeit der Niederschläge, die wiederum von den Einwirkungen des Passatwindes abhängen. Dabei bestimmen weniger die Temperaturen als vielmehr die Winde und die dadurch bedingten Niederschläge das Klima von Deutsch- Ostafrika. So wirken sich insbesondere die unregelmäßigen und stellenweise schwachen Niederschläge auf das Klima und damit auf die Lebensweise der Eingeborenen aus. Für eine wirtschaftliche Erschließung der Kolonie ist deshalb eine rationelle Wasserversorgung von äußerster Wichtigkeit.

Deutsch- Ostafrika wird geographisch bestimmt durch seine Lage um den Äquator zwischen den Wendekreisen mit senkrechten Sonnenständen am 21.März und 23. September. Mit dem Stand der Sonne verschiebt sich das Gebiet stärkster aufsteigender Luftströme, die einen stetig niederen Luftdruck sowie eine Zirkulation der Passatwinde mit Hochdruckgebieten an ihren äußeren Grenzen zur Folge haben. Die Sonnenstrahlung ist auch Ursache für den Eintritt des für den Gürtel zwischen den Wendekreisen charakteristischen Wärmeregen, der dem Lauf der Sonne folgt wie auch die täglichen Maxima und Minima der Barometerstände. Diese schwanken mehrmals am Tage. Der Februar oder März sind die Monate mit den niedrigsten, der Juli und August die Monate mit den höchsten

Luftdruckständen. Auf dem Gebiet der Kolonie drei Klimatypen zu unterscheiden:

- das *Passatklima* im größten Teil der Kolonie,
- das *Monsunklima* im Nordosten sowie
- das *äquatoriale Klima* im Nordwesten.

Von Mai bis September wehte in den Gebieten mit Passatklima der Südostpassat, vom Dezember bis März der Nordostpassat . Die Winde trugen Luftfeuchtigkeit über das Festland und bestimmten damit die Regen-und Trockenzeit. Diese Gebiete hatten nur eine Regenzeit im Jahr von Dezember bis April, die heißeste Periode fiel in die Wochen zwischen Ende November und Anfang Dezember. Im Landesinnern wechselte eine durchschnittlich sechs Monate andauernde Regenzeit mit einer ebenso langen Trockenperiode ab.

Das im Nordosten der Kolonie, insbesondere im Gebiet des Kilimanjaro herrschende Monsunklima wurde demgegenüber durch zwei Regenzeiten bestimmt, einer kleinen beim Übergang des Passats in den Monsun, sowie einer größeren beim umgekehrten Wechsel. Heißester Monat ist der Februar.

Für das im Nordwesten anzutreffende äquatoriale Klima sind zwei Sommer und zwei Winter mit zwei Regenzeiten charakteristisch, mit Temperaturschwankungen von maximal 2,5 Grad Celsius bei einer mittleren Jahrestemperatur von 24 Grad Celsius. An der Küste treten die Regenzeiten Ende Dezember und Ende April auf. Das Hochplateau im Innern ist demgegenüber wasserarm.

Für ganz Deutsch Ostafrika ist der 22. Juni der kürzeste Tag mit dem niedrigsten Sonnenstand, der Juli ist im Allgemeinen der kälteste Monat. Entlang des Wendekreises des Steinbocks zieht sich von Ozean zu Ozean durch den afrikanischen Kontinent ein Band hohen Luftdrucks.

Nördlich davon weht von Ende Mai bis Anfang November der Südostpassat, der eine Trockenzeit einleitet. Nur im Nordosten der Kolonie bringt Steigungsregen durch das Aufsteigen von Luftströmungen eine dritte Regenzeit. Die erste kleine Regenzeit im November und Dezember bringt der Nordostmonsun.

Die Monate Januar und Februar, in denen die Niederschläge gering sind, sind die heißesten Monate des Jahres. In den Monaten März bis Mai steigt die Luft infolge des Nachlassens und eines Wechsels der Luftströmungen vom Nordostmonsun zum Südostpassat stark auf und bringt in diesen Monaten die große Regenzeit. Unmittelbar vor Einsetzen der Regenzeit erreicht die Jahrestemperatur ihr Maximum. Daran schließt sich ab Mai bei stärker werdendem Südostpassat die regenarme, kühle Jahreszeit an, bei der die nächtlichen Temperaturen bis auf 10 Grad sinken können. Die Nächte sind dann entsprechend kühler, so dass für Ostafrika der Grundsatz gilt: *Die Nacht ist der Winter der Tropen.* Erträglich für Europäer sind die Tagestemperaturen im Hochland und um den Kilimanjaro, während die Nächte aufgrund der starken Abkühlung empfindliche Kälte bringen können. Je nach der Höhe des Gebietes lassen sich sechs Klimazonen unterscheiden:

1. Die Küstenzone bis 100 Meter über dem Meeresspiegel. Hier sind die Luftfeuchtigkeit hoch, die Niederschläge mäßig und die mittlere Jahrestemperatur beträgt um 25 Grad Celsius.

2. Die Vorlandzone 100 bis 500 über dem Meeresspiegel mit heißem trockenen Klima, geringeren Luftfeuchtigkeit, Niederschlägen und Jahrestemperaturen als an der Küste.

3. Die Randgebirgszone mit einer Höhe von 500 bis 2000 Metern über dem Meeresboden. Luftfeuchtigkeit und Niederschlagsmengen sind hoch insbesondere an den Osthängen, die Temperatur niedriger.

4. Das innere trocken- heiße Hochplateau durchschnittlich 1200 Metern über dem Meeresspiegel mit hohen, stark schwankenden Jahrestemperaturen bis 25 Grad Celsius, geringer Luftfeuchtigkeit und Niederschlagsmenge.

5. Die Zone der subalpinen Höhen von 1900 bis 3000 Meter ist gekennzeichnet durch hohe Luftfeuchtigkeit, häufigen Nebel und niedrige Jahrestemperatur.

6. In einer Höhe von 3000 Meter und darüber beginnt die kalte und trockene alpine Zone, über 4000 Metern geht der Regen in Schnee über.

Die Temperaturschwankungen im Gebiet von Deutsch-Ostafrika sind verglichen mit den Temperaturschwankungen in Europa infolge der geringen Unterschiede zwischen den Sonnenhöhen und der Länge der Tage verhältnismäßig gering. So beträgt die durchschnittliche Jahrestemperatur 25,5 Grad Celsius, die durchschnittliche Temperatur im heißesten Monat Januar 27,5 Grad Celsius sowie die im kältesten Monat Juli ca. 23 Grad Celsius.

2. Flora, Pflanzenwelt

Die Pflanzenwelt Deutsch Ostafrikas wird durch Pflanzen beherrscht, die viel Wärme bedürfen, aber mit wenig Wasser und Feuchtigkeit auskommen, da in großen Teilen Ostafrikas mehrmonatliche Trockenzeiten vorherrschen. Für die Pflanzenwelt und die Pflanzenarten sind vor allem die unterschiedlichen Feuchtigkeitsverhältnisse bedeutsam.

Insoweit gibt es den feuchten, tropischen Urwald, den Regenwald mit seiner tropischen Üppigkeit nur in wenigen kleinen rund 2 % der Fläche Deutsch-Ostafrikas ausmachenden, zumeist warmen, gebirgigen Gebieten, z.B. an den Süd- und Osthängen von Usambaras sowie an den Hängen des Kilimanjaros und des Meru mit den für sie typischen immergrünen, gewaltigen Baumarten *(Ocotea usumbarensis)* und dichtem Unterholz. Diese können eine Höhe von 70 Metern erreichen. Beim Kilimanjaru und beim Meru liegen zahlreiche verschiedene Klimazonen gürtelförmig übereinander.

Die unterste Stufe bis ca.1000 Meter hoch ist die Steppenebene der Massai. Daran an schließt sich bis etwa 1600 Metern eine durch viele Regenfälle außerordentlich fruchtbare Zone Mit steigender Höhe beginnt ab 1600 Metern der Bergurwald, der tropische Höhenwald oder Nebelwald (temerierter Regenwald) mit Bambus und Nadelhölzern. Über ihm liegt in der Regel ein Wolkendach, das von den Tumuluswolken gebildet wurde.

Daran schließt sich das Hochweideland an mit fußhohem Niedergras sowie die Hochgebirgsbusch- oder Steppenlandschaft, ab 4400 Meter findet man eine durch Krummholzformationen geprägte bzw. eine wüstenartige Landschaft.Der übrige Teil wird von Busch und Grasfluren sowie durch wüstenartige Landstriche mit eintöniger, fast öder Vegetation bestimmt. Zu den Merkmalen der ostafrikanischen Grassteppe gehören neben ihrer räumlichen Ausdehnung vor allem die geringen Niederschläge und die nur kurze Dauer der Regenzeit. In der Grassteppe herrscht vertrocknetes Dornengestrüpp vor auf einem gelbroten, kahlen und rissigen Boden . Die Landschaft ähnelt dabei einer Steppe mit niedrigwüchsigen Gräsern und Kräutern sowie mit Baumarten wie dem Affenbrotbaum und dem Baobab . Auf Böden, die auch während der Trockenzeit viel Grundwasser enthalten, wachsen auch Palmenarten wie Dumpalmen oder Borassuspalmen.

In Küstennähe gibt es auf von dem durch Meerwasser während der Flut durchfeuchteten und gesalzenen Böden Mangrovenwälder an den Flussmündungen und an der Meeresküste sowie Galeriewälder mit Schilf- und Papyrusdickichten. Daneben gibt es an der Küste auch Kulturpflanzen, vor allem die Kokospalme und der Mangobaum. Erst nach Beginn der Regenzeit erblühen die Busch-oder Savannenlandschaften, überwiegend Grasland mit meist dünnen Beständen von Busch und Bäumen in sattem Grün, wobei der Boden mit einem dichten Teppich von Gräsern und Kräutern bedeckt wird.

3. Fauna, Tierwelt

Die Fauna, Tierwelt wird ebenfalls durch die geographischen und klimatischen Verhältnisse bestimmt. Es existiert damit eine Steppen- sowie eine Waldfauna, vornehmlich in den westlichen Gebieten Ostafrikas mit großen Menschenaffen, Pinselohrschwein und den Riesenturakos *(Kuckusvogel)*. Große Säugetiere wie z.B. Elefanten, Flusspferde, Löwen, Leoparden, Geparden, Strauße, Nashörner, Giraffen, Antilopen, Gnus, Zebras, Büffel, Affen etc. bewohnen die Savannen und Tropensteppen. In allen größeren Flüssen sowie in den meisten Seen gibt es Flusspferde. Am Rande der Gewässer halten sich große Vögel auf wie Flamingos, Kraniche, Gänse, Enten, Marabus und Raubvögel wie der Schopfadler und der Schreiseadler, das Wappentier von Deutsch-Ostafrika. Sie finden hier zwischen Victoriasee und Kilimanjaro ideale Lebensbedingungen, obwohl sie ständig vor allem durch Seuchen und durch den Menschen bedroht waren.

Geschützt wird die Tierwelt durch den Erlass von Jagdschutzverordnungen, insbesondere das Jagdgesetz aus dem Jahr 1909 sowie durch die Einrichtung von Wildreservaten, um die Wildtiere vor unkontrolliertem Abschuss zu schützen. Mannigfaltig ist auch die Kleintierwelt vertreten durch Skorpione, Ameisen, Termiten mit ihren hohen, roterdigen Hügelbauten, Flöhe, Moskitos, insbesondere durch die Malaria übertragene Anopheles- Mücke sowie Tsetsefliegen, Zecken oder die die Schlafkrankheit übertragene *Glossina palpalis*. Artenreich ist auch die Welt der Fische. In Deutsch Ostafrika werden von den Eingeborenen Hunde, Katzen, Ziegen, Schafe, Rinder, Hühner, Schweine und Esel als Haustiere gehalten.

A. Die Geschichte der Kolonie Deutsch-Ostafrika

I. Die Anfänge

1. Ostafrika in der Antike bis zum 13. Jahrhundert 74)

Die ostafrikanische Küste war seit der Antike Ziel zahlreicher Expeditionen auf der Suche nach dem Seeweg nach Indien oder nach geeigneten Plätzen für Handelsniederlassungen. So soll bereits der altägyptische König Necho um 600 v. Chr.

eine Expedition mit phönizischen Seefahrern ausgesandt haben mit dem Auftrag vom Roten Meer aus den afrikanischen Kontinent bis zum Mittelmeer zu umschiffen.

Bereits vorher schickte der Pharao Ramses II (1290-1224 v.Chr) Expeditionen in die oberen Nilländer mit dem Auftrag die dortigen Goldminen auszubeuten. Aus der Zeit der griechischen Ptolemäer um 80 v.Chr. nennt eine Segelanweisung (Periplus) für das Rote Meer und die benachbarten Teile des Indischen Ozeans den Ort Rhapta an der Rufijimündung als südlichsten Punkt 8) Seit dem 9. und 10.Jahrhundert nach Christus siedelten muslimische Araber und Perser an der ostafrikanischen Küste. Bereits im Jahr 975 n.Chr. soll es in Kilwa eine arabische-persische Dynastie gegeben haben. In diesem Zeitraum entstanden wichtige Handelsplätze wie Malindi, Barawa und Mukdischu.

Seit dem 13. Jahrhundert wurde die ostafrikanische Küste regelmäßig von Händlern aus Arabien, Indien und China besucht, die dort vor allem ihre Waren gegen Elfenbein eintauschten.

2. Ostafrika unter portugiesischem Einfluss

Nach der Entdeckung des Seeweges nach Ostindien durch Vasco da Gama im Jahre 1498 und die vorherige Umsegelung des Kaps der Guten Hoffnung durch Bartolomeo Diaz 1487 errichteten portugiesische Seefahrer Stützpunkte an der ostafrikanischen Küste. 1506 wurde Kilwa, 1507 Mozambique den dort siedelten Arabern entrissen. In Kilwa zeugen noch heute gewaltige Ruinen portugiesischer und arabischer Bauten auf einer Insel in der Hafeneinfahrt von einer blühenden Kultur. Um 1520 befand sich die gesamte ostafrikanische Küste in den Händen der Portugiesen.

3. Eroberung Ostafrikas durch omanische Araber und der englische Einfluss

Im 17. Jahrhundert schwand die Seemacht der Portugiesen und sie verloren viele ihrer Besitzungen in Ostafrika an die omanischen Herrscher von Maskat, welche die ostafrikanische Küste von Sansibar aus bis in das 19. Jahrhundert beherrschten. Sie besetzten 1698 Mombasa sowie 1784 die Inseln Pemba und Sansibar. Der Einfluss beschränkte sich jedoch im Wesentlichen auf die Küstenregion und die vorgelagerten Inseln, während das Hinterland weitgehend unberührt blieb und nur von Sultans Expeditionen durchzogen wurden um von den Eingeborenen Tribute einzutreiben oder um Sklaven und Elfenbein zu erbeuten. Die Häuptlinge des Hinterlandes herrschten deshalb weitgehend autark, ohne die Herrschaft des Sultans von Sansibar anzuerkennen. Die größte Ausdehnung hatte dieses Reich unter dem Sultan Sayyid Said von Maskat, nachdem er 1840 seinen Regierungssitz von Maskat nach Sansibar verlegt hatte. Nach dessen Tod wurde das Reich unter seinen Söhnen Sayyid Thueni und Sayyid Madjid aufgeteilt. Während Sayyid Thueni nach Maskat zurückkehrte, wurde Sansibar unter dem Sultan Sayyid Madjid 1856 selbständig. Der Wohlstand ging vor allem auf den Gewürzhandel auf Sansibar zurück. Seit 1818 wurde auf Sansibar der Gewürznelkenbaum angepflanzt und schon bald wurde in Sansibar 75 % der Weltproduktion an Gewürznelken produziert, die vor allem nach Indonesien zur Verwendung in der Zigarettenindustrie exportiert wurden. Darüber hinaus brachten die Araber weitere Kulturpflanzen wie Apfelsinen und Mangos nach Ostafrika und führten Pferde und Esel als Haustiere ein.

Daneben schickten die Sultane von Sansibar stark bewaffnete Expeditionen ins Landesinnere zur Erbeutung von Elfenbein und Sklaven. Sansibar wurde der größte Umschlagplatz für Sklaven in Afrika, auf dem bis zu 50.000 Sklaven im Jahr überwiegend nach Arabien und Persien verkauft wurden. Das gesamte Osmanische Reich versorgte sich damals mit Sklaven aus Ostafrika.Dies änderte sich 1873, als Sansibar immer mehr unter den Einfluss der Engländer geriet und diese den Sklavenhandel durch ihren Generalkonsul Dr. John Kirk verboten.

Da die Araber für ihre Expeditionen ins Landesinnere große Kredite benötigten, gerieten sie wirtschaftlich in Abhängigkeit zu indischen Händlern, die über viel Geld verfügten. Da die Inder überwiegend britische Untertanen waren, wuchs auch der Einfluss Englands in Ostafrika, das eine Reihe britischer Missionsstationen errichtete. Nachdem die europäischen Missionen das Hinterland für ihre Missionstätigkeit entdeckt hatten, kamen Mitte des 19. Jahrhunderts europäische Forscher und Wissenschaftler nach Ostafrika um das Hinterland wissenschaftlich geographisch zu erforschen. Dabei stand anfangs vor allem die Suche nach den Nilquellen im Vordergrund, deren Erforschung sich vor allem die *Royal Geographical Society* in London widmete.

Die Regierungsgewalt über das Küstengebiet lag in den Händen des Sultans von Sansibar, außerdem übten die Engländer über ihren Konsul in Sansibar eine Art indirekte Herrschaft aus. In den Jahren 1848- 1849 entdeckten die deutschen Missionare Rebmann und Krapf den Kilimanjaro sowie die Berge Mount Meru und Kenia. 1858 fanden die englischen Offiziere Burton und Speke von Bagamoyo aus der Route Bagamoyo- Morogoro- Tabora folgend den Tanganjikasee und in demselben Jahr Speke allein das Südufer des Victoriasees.1860-1863 reiste Speke zusammen mit seinem Landsmann James Grant im Auftrag der Geographischen Gesellschaft in London erneut nach Ostafrika und entdeckte am

Nordende des Viktoriasees den Abfluss des Nils, dem sie stromabwärts folgten. Der schottische Missionar Livingstone startete 1859 zu seiner zweiten großen afrikanischen Durchquerungsreise und entdeckte nach Erforschungen des Sambesi und des Schire den Njassasee, 1866 zog er am Rovuma aufwärts wiederum zum Njassasee und entdeckte den Bangweolosee sowie das östliche Quellengebiet des Kongo.

1876 fand Henry Morton Stanley den Albert- Edward See sowie den Kagera und umschiffte zum ersten Mal den Tanganjikasee. Am 10. November 1871 fand Stanley, der von der Royal Geographic Society beauftragt wurde, den vermissten Livingstone zu suchen , diesen krank in dem Ort Ujiji in der Gegend zwischen dem Njassa- und Tanganjikasee. Livingstone weigerte sich nach Europa zurückzukehren und sich von Stanley retten zu lassen. Er begann erneut mit der Erforschung der Kongoquellflüsse und setzte seinen Kampf gegen die Sklaverei unverändert fort. Am 1. Mai 1873 starb er in Tschitambo im Urwald völlig entkräftet an Dissenterie.

Als Verney Cameron Livingstone entgegenreisen wollte, traf er in Tabora nur noch auf die Karawane, die Livingstones Leiche zur Küste brachte. Cameron zog weiter bis zum Tanganjika See, wo er den Abfluss des Lukuga entdeckte, der den Tanganjika See mit dem Kongoflusssystem verband. Von dort aus reiste er weiter nach Westen bis nach Benguela an der Westküste Afrikas. Stanley unternahm von Bagamoyo aus eine zweite große Expedition an den Viktoriasee, weiter bis zum Albert-Edward-See und den schneebedeckten Gambaragaraberg , den Kagera, dessen Flusslauf er untersuchte. Danach setzte er seine Entdeckungen im Kongogebiet fort.

Es folgten weitere Entdeckungen und Expeditionen bis 1884, danach konnte Afrika als erschlossen angesehen werden . Anschließend folgten nur noch Detailforschungen durch Missionare, Militärs und Beamte der Kolonialverwaltung.Im Anschluss an die großen Entdeckungen begannen die Europäer gegen Ende des 19. Jahrhunderts Afrika unter sich aufzuteilen. Zu den damaligen europäischen Kolonialmächten gehörte inzwischen auch Deutschland in der Person von Carl Peters, der den Anstoß zum Erwerb großer Gebiete in Ostafrika gab.

Bereits in den 1840 er Jahren entstand in Deutschland eine Welle kolonialer Begeisterung sowie Weltmachtsträume, angetrieben von der Furcht der Deutschen, sie kämen bei einer fortschreitenden Aufteilung der Welt zu kurz. Diese Kolonialbegeisterung trat vor allem bei den liberalen Bürgerlichen und den Demokraten, den sogenannten Achtundvierzigern auf. Diese Begeisterung wirkte fort bis in die achtziger Jahre des 19. Jahrhunderts, als Deutschland sich nach dem deutsch- französischen Krieg 1870- 1871 zum Deutschen Reich vereinigte. Der damalige Reichskanzler Otto von Bismarck war grundsätzlich an überseeischen Besitztümern nicht interessiert, nachdem die Samoaverträge im Reichstag abgelehnt worden waren. Für ihn galt die Devise:

Meine Karte von Afrika liegt in Europa.

Er befürchtete durch eine deutsche Kolonialpolitik Spannungen mit den anderen europäischen Kolonialmächten zu provozieren. Während der Reichstag und die Reichsregierung nicht als kolonialfreundlich galten, war die deutsche Öffentlichkeit durchaus am Besitz von Kolonien interessiert.

II. Die Geschichte Ostafrikas als deutsche Kolonie

1. Carl Peters als Gründer der Kolonie Deutsch-Ostafrika und Vorsitzender der Deutsch- Ostafrikanischen Gesellschaft 75)

Gründungsvater und Motor für die Gründung der Kolonie Deutsch-Ostafrika war Carl Peters. Er wurde 1856 als achtes von neun Kindern einer evangelischen Pastorenfamilie in Neuhaus an der unteren Elbe geboren. Seine Eltern schickten ihn zur Erziehung in eine Klosterschule. Nach Bestehen des Abiturs nahm Peters in Göttingen zunächst ein Jurastudium auf, besuchte danach in Tübingen und Berlin historische, psychologische und geographische Vorlesungen, bis er sich letztlich für ein Geschichtsstudium entschied, das er 1879 mit der Promotion über Schopenhauer und im Sommer 1884 in Leipzig mit der Habilitation abschloss.

Wegen seiner Kurzsichtigkeit wurde er für den Wehrdienst für untauglich erklärt und entschied sich anstatt dessen für eine Gelehrten- und Universitätskarriere mit 24 Jahren zu einem Onkel nach England zu gehen. In England fühlte er sich als Deutscher als unbeliebter Außenseiter. In seiner Biographie äußerte er sich hierzu wie folgt: *Wenn man ein egoistisches Moment in diesem Motiv für meine kolonialpolitische Tätigkeit suchen will, so mag man es darin finden, dass ich es satt hatte, unter die Parias gerechnet zu werden und dass ich einem Herrenvolk anzugehören wünschte.*

In England wurde Peters zu einem Bewunderer der englischen Kolonialpolitik und des kolonialen Glanzes des britischen Empires. Darin sah er ein Vorbild für die in Deutschland erst noch zu errichtende Kolonialpolitik, die er für die Zukunft Deutschlands für unabkömmlich hielt. Deutsche Kolonien waren für Peters Garanten für die geschichtliche Stellung des Kaiserreiches und für seinen Anspruch auf Weltgeltung. Sie waren sowohl Heimat für deutsche Auswanderer, als auch Rohstofflieferanten und Absatzmarkt für deutsche Produkte. Sein Aufenthalt in England untermauerte seine kolonialen Ambitionen, die durch ein radikal sozial-arwinistisches und rassisches Weltbild verstärkt wurden. Er war überzeugt, dass die Deutschen noch vor den Briten die erste Rasse in der Welt seien und dass es um so besser für die menschliche Rasse sei, je mehr Deutsche die Welt bewohn-ten. Im Kolonialismus sah er die legitimierte rücksichtslose und entschlossene Bereicherung des eigenen Volkes auf Kosten anderer schwächerer Völker.

Diese Haltung zeigte er fortan nach seiner Rückkehr aus England auch in seinem äußerem Auftreten in Kanonenhosen mit Sporen und Hetzpeitsche.Über den Afrikaner äußerte sich Peters menschenverachtend:

Unter weißer Herrschaft erhält man in der Regel den Eindruck, dass der Afrikaner gutmütiger sei, als er tatsächlich ist und lernt ihn nicht als das brutale Vieh kennen, als welches er aus den Händen der Natur hervorgegangen ist.

Der Onkel hinterließ Peters nach seinem Tod im Herbst 1882 ein kleines Vermögen. Nach Deutschland zurückgekehrt ging er an die Umsetzung seiner kolonialpo-litischen Ziele und seiner Politik im Sinne eines volks- und nationalbezogenen Sozialdarwinismus und gründete 1884 die *Gesellschaft für deutsche Kolonisation*, die den Zweck verfolgte, *in entschlossener und durchgreifender Weise die Aus-führung von sorgfältig erwogenen Kolonisationsprojekten selbst in die Hand zu nehmen und Gebiete in Afrika als Siedlungsland in Besitz zu nehmen*. Es war der Plan Peters die Kolonialgesellschaft nach Art der alten britischen Adventures durch Ausgabe von Anteilscheinen zu je fünftausend Mark zu finanzieren. In ei-nem Aufruf der Gesellschaft schrieb er:

Die deutsche Nation ist bei der Verteilung der Erde leer ausgegangen. Alle übrigen Kulturvölker Europas besitzen auch außerhalb unseres Erdteils Stätten, wo ihre Sprache und Art feste Wurzel fassen und sich entfalten können. Der deutsche Auswanderer, sobald er die Grenzen des Reiches hinter sich gelassen hat, ist ein Fremdling auf ausländischem Grund und Boden.

Das Deutsche Reich, groß und stark durch die mit Blut erzwungene Einheit, steht da als führende Macht auf dem Kontinent von Europa. Seine Söhne in der Fremde müssen sich überall Nationen einfügen, welche der unsrigen ent-weder gleichgültig oder geradezu feindlich gegenüberstehen. Der große Strom deutscher Auswanderung taucht seit Jahrhunderten in fremde Rassen ein, um in ihnen zu verschwinden. Das Deutschtum außerhalb Europas verfällt fortdauernd nationalem Untergang.

In dieser, für den Nationalstolz so schmerzlichen Tatsache, liegt ein ungeheurer wirtschaftlicher Nachteil für unser Volk. Alljährlich geht die Kraft von etwa 200.000 Deutschen unserem Vaterland verloren. Diese Kraftmasse strömt meistens unmittelbar in das Lager unserer wirtschaftlichen Konkurrenten ab und vermehrt die Stärke unserer Gegner. Der deutsche Import von Produkten tropischer Zonen geht von ausländischen Niederlassungen aus, wodurch alljährlich viele Millionen deutschen Kapitals an fremde Nationen verloren gehen. Der deutsche Export ist abhängig von der Willkür fremdländischer Zollpolitik. Ein unter allen Umständen sicherer Absatzmarkt fehlt unserer Industrie, weil eigene Kolonien unserem Volk fehlen.

Um diesem nationalen Missstande abzuhelfen, dazu bedarf es praktischen und tatkräftigen Handelns. Von diesem Gesichtspunkt ausgehend ist in Berlin eine Gesellschaft zusammengetreten, welche die praktische Inangriffnahme solchen Handelns als ihr Ziel sich gestellt hat. Die Gesellschaft für deutsche Kolonisation will in entschlossener und durchgreifender Weise die Ausführung von sorgfältig erwogenen Kolonisationsprojekten selbst in die Hand nehmen und somit ergänzend den Bestrebungen von Vereinigungen ähnlicher Forderungen zur Seite treten. Als ihre Aufgabe stellt sie sich in besonderem:

1. Beschaffung eines entsprechenden Kolonisationskapitals
2. Auffindung und Erwerbung geeigneter Kolonisationsdistrikte
3. Hinlenkung der deutschen Auswanderung in diese Gebiete

Durchdrungen von der Überzeugung, dass mit der energischen Inangriffnahme dieser großen nationalen Aufgabe nicht länger gewartet werden darf, wagen wir es mit der Bitte an das deutsche Volk zu treten, die Bestrebungen unserer Gesellschaft tatkräftig zu fördern. Die deutsche Nation hat wiederholt bewiesen, dass sie bereit ist, für allgemein patriotische Unternehmungen Opfer zu bringen; sie möge auch der Lösung dieser großen geschichtlichen Aufgabe ihre Beteiligung in tatkräftiger Weise zuwenden. Jeder Deutsche, dem ein Herz für die Größe und die Ehre unserer Nation schlägt, ist aufgefordert, unserer Gesellschaft beizutreten. Es gilt das Versäumnis von Jahrhunderten gut zu machen; der Welt zu beweisen, dass das deutsche Volk mit der alten Reichsherrlichkeit auch den alten deutsch- nationalen Geist der Väter übernommen hat. Es gilt das Versäumnis von Jahrhunderten gutzumachen und Deutschland durch den Erwerb von Kolonien Weltgeltung und Weltgeschichte zu verschaffen.

Peters war der Meinung, dass der Erwerb von Kolonien Deutschland in die Lage versetzen würde, sich Rohartikel wie Gummi, Kaffee oder Vanille und Tierprodukte zu verschaffen und damit nicht mehr aufs Ausland angewiesen sei. Zunächst zeigte die Gesellschaft Interesse an Gebieten in Südamerika, in Rhodesien, in *Portugiesisch Angola* sowie in Mozambique. So plante die Gesellschaft trotz geringen Kapitals eine Expedition in das Hinterland von Mossamedes im Humpatagebirge, um dort eine Siedlungs- und Handelskolonie zu gründen. Diesen Plan musste sie jedoch aus politischen Gründen wieder aufgeben, weil der Ort zum portugiesischen Hoheitsgebiet gehörte.

Die ursprüngliche Gesellschaft für deutsche Kolonisation wurde um weiteres Kapital für ihre ehrgeizigen Ziele zu gewinnen in die *Kommanditgesellschaft Deutsch Ostafrikanische Gesellschaft Carl Peters & Genossen* und später am 7. September 1885 in die unter Aufsicht des Reichskanzlers stehende *Deutsch- Ostafrikanische Gesellschaft* umgewandelt.

Peters schlug dem Auswärtigen Amt die Gründung einer Kolonie am Sambesi vor. Mit seiner Idee stieß er jedoch beim Auswärtigen Amt und vor allem bei Reichskanzler Otto von Bismarck, der gegen Peters offensichtlich eine Antipathie hatte, auf Ablehnung. Als Grund für die Ablehnung wurde angegeben, dass das Sambesigebiet zur englischen Interessenssphäre gehöre. Bismarck lehnte es grundsätzlich ab, für koloniale Abenteuer sich in europäische Verwicklungen zu stürzen. Diese Haltung hatte er auch Peters gegenüber oftmals zu verstehen gegeben.

Zur Finanzierung seines Projektes der Gründung einer deutschen Kolonie in Ostafrika gab Peters 5000 Mark Anteilscheine heraus. Bereits im September hatte er fünfunddreißig Zeichner gefunden, die sich mit insgesamt 175.000 Mark an dem Projekt beteiligten und dessen Realisierung ermöglichten.Peters reiste in der Folgezeit mit zwei Begleitern Felix Graf Pfeil von Behr-Bendelin und Dr. Otto Jühlke als Mechaniker getarnt unter falschem Namen nach Sansibar. Ihr ursprüngliches Vorhaben sich in Südwestafrika nach Siedlungsland für Deutsche umzusehen, gaben sie auf, da ihnen Adolf Lüderitz mit dem Kauf von *Angra Pequena* zuvorgekommen war. Ostafrika schien sich für das Vorhaben Peters auch schon deshalb anzubieten, da es nach Eröffnung des Suezkanals im Jahre 1869 von Deutschland aus gut erreichbar war. Für Peters war Ostafrika darüber hinaus ein Sprungbrett für den asiatischen Raum. Seine Ziele in Ostafrika formulierte er wie folgt:

Landwerbung zwecks Anlegung einer Ackerbau- und Handelskolonie an der Ostküste, Sansibar gegenüber, in Usagara, falls dies nicht möglich an einem anderen Punkt der Ostküste.

Als das Trio im November 1884 in Sansibar, dem Zentrum des damaligen Sklavenhandels ankam, nahm es sogleich Kontakt zum deutschen Konsul William Oswald auf, der zugleich Chef des größten deutschen Handelshauses auf Sansibar war. Dieser überreichte ihnen ein Schreiben Bismarcks, in dem dieser die Unternehmungen von Peters ausdrücklich missbilligte und ihm jeden Reichsschutz verwehrte. Dieses Schreiben hatte folgenden Inhalt:

Es sei der Reichsregierung zu Ohren gekommen, dass ein gewisser Dr. Peters sich nach Sansibar begeben habe, um im Gebiet seiner Hoheit des Sultans von Sansibar eine deutsche Kolonie zu gründen. Falls der p.p. Peters wirklich in Sansibar eintreffen solle, so wolle der deutsche Konsul ihm eröffnen, dass er den Anspruch weder auf Reichsschutz für eine Kolonie, noch auch Garantie für sein eigenes Leben habe. Gehe er dennoch mit seinem Plan vor, so geschehe dies lediglich auf seine eigene Gefahr und Verantwortung.

In Sansibar trafen Peters und Jühlke auf Vertreter anderer europäischer Nationen, die dieselben Ziele verfolgten, so auf eine belgische Expedition unter Leitung eines belgischen Offiziers Bekker. Dieser hatte von seinem König Leopold II. den Auftrag erhalten, in ganz Zentralafrika von Sansibar bis zur Kongomündung Regierungsstationen zu errichten. Es kam zu einem Wettlauf der Europäer um Ostafrika, dem *Scramble for Africa*. Hierzu schrieb Peters in seinen Memoiren:

Damals, im November 1884 ist mir zum ersten Mal in meinem Leben die befreiende Wirkung des rücksichtslosen Handelns klar geworden. Entmutige Empfindungen verlieren ihre praktische Bedeutung im Augenblick, wo man sich nicht mehr um sie kümmert, sondern darauf losgeht, als ob sie nicht beständen. Um dies zu können, muss man in sich selbst den empfindenden und den kalkulierenden Teil seines Wesens ganz trennen und die vorliegenden Schwierigkeiten mathematisch wie eine Schachaufgabe auffassen, an deren Lösung man gewissermaßen nur noch ein theoretisches Interesse hat. Dies ist um so leichter, je mehr man sein eigenes Los als bereits erledigt betrachtet, mit anderen Worten, wenn man sich mit dem eigenen Untergang abgefunden hat und man nur noch versucht, soviel sachlich zu retten, als geht. Dann verliert die Außenwelt ihr Drohendes, die Situation wird interessant; dann wird man frei, dann siegt man.

Es kommt immer wieder auf die uralte tiefe Weisheit hinaus: Wer sein Leben von sich wirft, wird es gewinnen. Man muss imstande sein sich über sich selbst zu erheben, sich gewissermaßen in die Vogelperspektive über dieses enge und armselige Leben und alles, was damit zusammenhängt, emporzuschwingen. Dann wird der Kopf frei, er arbeitet nüchtern, kühl und sicher, selbst in der drohendsten und unmittelbarsten Gefahr. Bleibt man dagegen in seiner individuellen Umgebung mit ihren Wünschen und Befürchtungen stecken, dann wird der Verstand rettungslos mit in die zappelnde Angst des Lebenswillens hineingerissen, er wird unsicher, nervös, kann nicht kaltblütig arbeiten, und das Individuum saust in den Abgrund. Deshalb ist mir stets das Wort von Horaz als der Inbegriff praktischer

Lebensweisheit erschienen: Aequam memento rebus in arduis servare mentem, Gleichmut der Seele, auch in der schwersten Zeit, such dir zu wahren. Solchen Gleichmut der Seele und der daraus fließenden Kaltblütigkeit des Handelns, bedurfte ich zum ersten Male in meinem Leben in vollstem Maße im November 1884.

Peters beschwerte sich über den fehlenden Rückhalt und die mangelnde Unterstützung in Deutschland:

Gefährlicher als Hungersnot und Massais waren für mich und meine Pläne die Stimmungen und Intrigen in der Heimat, der Mitbewerb europäischer Mächte. Es waren die Stimmungen in Berlin, das nächste Postschiff aus Europa drohte, die den eigentlich vernichtenden Strich durch meine Rechnung machten. Also vorwärts um jeden Preis ! Vor uns lag die Rettung und möglicherweise der Sieg, hinter uns das Fiasko und elender Untergang.

Für Carl Peters kam es darauf an schneller zu sein als seine Mitkonkurrenten. Er setzte schon bald am Morgen des 10. November 1884 mit einem arabischen Segelschiff mit seinen beiden Gefährten Otto Jühlke und Graf Pfeil, sechs persönlichen Dienern und 36 einheimischen Trägern aufs ostafrikanische Festland über.

Arrogant berichtete er in seinen Lebenserinnerungen hierüber:

Ich bestieg den Rücken eines Dieners, um mich sofort an Land tragen zu lassen.

Sein Ansinnen war es Kontakte zu den lokalen Stammeshäuptlingen aufzunehmen mit dem Ziel für seine Gesellschaft für deutsche Kolonisation Schutz- und Abtretungsverträge mit den eingeborenen Häuptlingen abzuschließen und dabei jedesmal auch die Besitzergreifung durch Hissung der deutschen Reichsflagge anzuzeigen, obwohl ihm hierfür die Genehmigung durch das deutsche Reich fehlte.

Dies gelang ihnen auch auf Anhieb am 4. Dezember 1884 mit dem Stammeshäuptling Muinin Saggara in Usagara und dessen Sohn Kibuana. Der Schutzvertrag sicherte der Gesellschaft für deutsche Kolonisation und damit Peters die privatrechtliche unbefristete Nutzung des Stammesgebietes, die Einrichtung einer eigenen Verwaltung, die Erhebung von Steuern und Zöllen, die Ausbeutung von Bodenschätzen, Forsten und Flüssen bis hin zur ungestörten Wassernutzung , das ausschließlich Recht zur Ansiedlung von Kolonisten sowie das Hissen der kaiserlichen Flagge auf einer weithin sichtbaren Anhöhe zu. Dem Häuptling wurde dafür der erbliche Titel Sultan, der Schutz vor Sklavenjäger, eine Rente in Handelsartikeln oder Vieh sowie ein ewiges Freundschaftsversprechen gegeben. Peters schrieb hierzu in seinen Lebenserinnerungen voller Stolz:

Die bloße Erwerbung von Negergebieten erfordert ein gewisses diplomatisches Talent, was von einem, der es im küstennahen Binnenland gegenüber Sansibar in rund vier Wochen auf zwölf Schutzverträge bringt, sicher nicht übertrieben sein kann. Seine Vorgehensweise beschrieb er detailliert wie folgt 15):

Zogen wir in einen Kral ein, so begaben sich Dr.Jühlke und ich uns zu seiner Hoheit in Mbusine bei Mbuela knüpften wir sofort ein recht kordiales Verhältnis an, indem wir den Sultan zwischen uns auf ein Lager nahmen, von beiden Seiten unsere Arme um ihn schlagend. Wir taten dann einen Trunk guten Grogs und brachten Seine Hoheit von vornherein in die vergnügliche Stimmung. Als Graf Pfeil erschien, meinte er, das sei ja schon ein recht vielversprechender Anblick. Alsbald begannen dann auch die diplomatischen Verhandlungen und aufgrund derselben wurde der Kontrakt abgeschlossen. War dies geschehen wurden die Fahnen gehisst, der Vertrag im deutschen Text von Dr. Jühlke verlesen, ich hielt eine kurze Ansprache, die mit einem Hoch auf seine Majestät den Deutschen Kaiser endete, und drei Salven, von uns und den Dienern abgegeben, demonstrierten den Schwarzen ad oculos, was sie im Fall einer Kontraktbrüchigkeit zu erwarten hätten. Man wird sich leicht vorstellen können, welchen Eindruck der ganze Vorgang auf die Neger zu machen pflegte.

In das Hoch auf den Kaiser stimmten sie kreischend und springend, die Sultane voran, mit ein; bei den Salven wichen sie zurück.Nach dem Austausch verschiedener Ehrengeschenke begaben wir uns wieder in unser Lager, wo wir die Fortsetzung der Verhandlungen erwarteten. Nach dem Essen stattete uns der Chief seinen Gegenbesuch ab, wobei wir ihn mit süßen Kaffee traktierten. Alsbald begannen danach auch diplomatische Verhandlungen und aufgrund derselben wurde der Kontrakt abgeschlossen.

Unter dem Alkoholeinfluss unterzeichneten die Häuptlinge daraufhin die Verträge mit Kreuzzeichen. Dann ließ Peters den Kaiser erneut dreimal hochleben und ließ die Flagge des deutschen Reiches gut sichtbar auf einer Anhöhe hissen. Aufgrund von nur wenigen billigen Geschenken und leeren Versprechungen traten die Häuptlinge die staatliche Oberhoheit mit allen Rechten wie das uneingeschränkte Recht der Ausbeutung von Bergwerken, Flüssen, Forsten, das Recht Zölle aufzuerlegen, Steuern zu erheben, eine eigene Justiz und Verwaltung einzurichten sowie das Recht eine bewaffnete militärische Macht zu schaffen an die Gesellschaft für deutsche Kolonisation und damit an Carl Peters ab.Nach dem demselben Muster und derselben Vorgehensweise schloss Peters innerhalb von nur 4 Wochen in der Zeit vom 10. November 1884 bis zum 17. Dezember 1884 12 Schutzverträge gleichen Inhalts mit Mangungu von Msovero sowie den Stammesherrschern von Ussagara, Uluguru, Useguha und Ukami, insgesamt in einem

Gebiet von 140.000 Quadratkilometern westlich von Daressalam und Pangani. In seiner grenzenlosen Selbstüberschätzung sprach Peters davon wie Napoleon I seinen Einzug in Kairo vom Süden aus zu halten.

In der Heimat erregte Peters mit seiner rabiaten und schnellen Vorgehensweise nicht nur Bewunderung. Nachdem Peters stolz mit seinen Schutzverträgen nach Berlin zurückkehrte und bei Kaiser Wilhelm I. um einen Schutzbrief nachsuchte, der die Besetzung seiner ostafrikanischen Gebiete legitimierte, stieß er bei Bismarck weiterhin auf eisige Ablehnung. Er bezeichnete die von Peters abgeschlossenen Verträge als *Papiere mit einigen Negerkreuzen*. Bismarck Sohn Herbert nannte Peters sogar einen ganz üblen Burschen, mit einem so phantastischen Tölpel muss es ein böses Ende nehmen.

Über die Kritik in der Heimat setzte sich Peters einfach hinweg. In seinen Lebenserinnerungen schrieb er:

Man hat sich über diese Form der Besitzergreifung hernach in Deutschland weidlich mockiert. Das war so recht etwas für diese politischen Kindsköpfe, die Kalauerfritzen und Possenreißer in Berlin. Ha,ha,ha! Verträge mit Schwarzen! Die werden gerade wissen, was Verträge bedeuten, die werden Verträge gerade halten. Das ist ja der größte Schwindel, den es gegeben hat.

Erst nachdem Peters mit einer Vereinbarung mit dem belgischen König Leopold einen nach Bismarcks Meinung zweitrangigen Monarchen drohte, lenkte Bismarck aus innenpolitischen Gründen und in der Hoffnung auf wirtschaftlichen Erfolg durch ein ostafrikanisches Schutzgebiet schließlich ein und ließ am 27. Februar 1885, nur einen Tag nach dem Ende der Kongo-Konferenz in Berlin, auf der der Kongo auf Druck von Deutschland und Frankreich zum neutralen Gebiet und zur Freihandelszone erklärt und der Sklavenhandel in Afrika geächtet wurde, einen entsprechenden Schutzbrief ausstellen und durch Kaiser Wilhelm I unterzeichnen. In diesem wurden die von Peters erworbenen Gebiete unter kaiserlichen Schutz gestellt und der Gesellschaft für deutsche Kolonisation, unter der Bedingung, dass sie eine deutsche Gesellschaft bleibt, die Befugnis zur Ausübung aller aus den Verträgen fließenden Rechte, einschließlich der Gerichtsbarkeit übertragen.

Der Schutzbrief vom 27. Februar 1885 hatte folgenden Wortlaut:

Wir Wilhelm von Gottes Gnaden deutscher Kaiser, König von Preußen tun kund und fügen hiermit zu wissen: Nachdem die derzeitigen Vorsitzenden der Gesellschaft für Deutsche Kolonisation Dr. Carl Peters und unser Kammerherr Felix Graf Behr- Bendelin unseren Schutz für die Gebietserwerbungen der Gesellschaft in Ostafrika, westlich von dem Reiche des Sultans von Sansibar, außerhalb der Hoheit anderer Mächte, nachgesucht und uns die vom besagten Dr. Carl Peters zunächst mit den Herrschern von Usagara, Nguru, Useguha und Ukani im November und Dezember abgeschlossenen Verträge, durch welche ihm diese Gebiete für die deutsche Kolonialgesellschaft mit den Rechten der Landeshoheit abgetreten worden sind, mit dem Ansuchen vorgelegt haben, diese Gebiete unter unsere Oberhoheit zu stellen, so bestätigen wir hiermit, dass wir diese Oberhoheit angenommen und die betreffenden Gebiete, vorbehaltlich unserer Entschließung auf Grund weiterer uns nachzuweisender vertragsmäßiger Erwerbungen der Gesellschaft oder ihrer Rechtsnachfolger in jener Gegend, unter unseren kaiserlichen Schutz gestellt haben.

Wir verleihen der besagten Gesellschaft unter der Bedingung, dass sie eine deutsche Gesellschaft bleibt und dass die Mitglieder des Direktoriums oder die sonst mit der Leitung betrauten Personen Angehörige des Deutschen Reichs sind sowie den Rechtsnachfolgern dieser Gesellschaft unter der gleichen Voraussetzung die Befugnis zur Ausübung aller aus den uns vorgelegten Verträgen fließenden Rechte, einschließlich der Gerichtsbarkeit gegenüber den Eingeborenen und den sich in diesen Gebieten niederlassenden oder zu Handels- und anderen Zwecken sich aufhaltenden Angehörigen des Reiches und anderen Nationen unter der Aufsicht unserer Regierung und vorbehaltlich weiterer von uns zu erlassender Anordnungen und Ergänzungen dieses unseres Schutzbriefes. Zur Urkunde dessen haben wir diesen Schutzbrief höchst eigenhändig vollzogen und mit unserem kaiserlichen Siegel versehen lassen.

Gegeben, Berlin, den 27. Februar 1885

Damit erkannte das Deutsche Reich die aus den Schutzverträgen fließenden Rechte, einschließlich der Gerichtsbarkeit gegenüber den Eingeborenen und den in diesen Gebieten sich niederlassenden oder zu handels- und anderen Zwecken sich aufhaltenden Angehörigen an. Die Negerländer in Ostafrika Usegaha, Ussagara, Uluguru und Ukami mit ca. 140.000 Quadratkilometer Fläche waren damit deutsch und bildeten den Grundstock für die spätere Kolonie Ostafrika.

Dennoch blieb es Bismarcks Absicht das Deutsche Reich nicht direkt zur Kolonialmacht zu machen, sondern er wartete, dass die Gesellschaft Peters aus eigener Kraft ein funktionierendes Staatswesen in Ostafrika installieren könnte. Sein Erfolg in der Heimat, insbesondere gegenüber dem Reichskanzler machte Peters erst recht stolz. Er nutzte den Erfolg für weitere Übernahmen und verkündete dabei: *Von der Erteilung des Schutzbriefes ab schossen in Deutschland die kolonialgründerischen Talente wie die Pilze aus der Erde. Dutzende ha-*

ben sich an mich gewandt mit der Bitte, ihnen doch zu sagen, wie das gemacht werden müsse.

Der nächste Schritt Peters war seiner Gesellschaft für deutsche Kolonisation eine ihr angemessene und für die mit ihr verfolgten Ziele effektive juristische Form zu geben. Peters wandelte die Gesellschaft am 2.April 1885 zunächst in die *Kommanditgesellschaft Carl Peters und Genossen* sowie anschließend in die *Deutsch- Ostafrikanischen Gesellschaft Carl Peters & Genossen*, eine Chartered Company nach englischem Vorbild um. Danach gelang es ihm für seine Ziele finanzkräftige Teilhaber wie die Bankiers Hugo Oppenheim und Ludwig Dellbrück, Finanzassessor Klüpfel und den Prinz zu Sayn- Wittgenstein zu gewinnen. Selbst der spätere Kaiser Wilhelm II. erwarb Anteilsscheine von Peters Gesellschaft. Mit dem Wachsen seiner Gesellschaft durch Aufnahme potenter Geldgeber verschwand jedoch der Einfluss Peters auf die Gesellschaft und deren Geschäftsführung immer mehr.

Am 7. September 1885 entstand die unter der Aufsicht des Reichskanzlers stehende *Deutsch- Ostafrikanische Gesellschaft*, abgekürzt *DOAG*.
Als Gesellschaftszweck wurde festgelegt:

Erwerb, Besitz, Verwaltung und Verwertung von Ländereien, Ausbeutung von Handel und Schifffahrt durch Selbstbetrieb oder Übertragung an andere Gesellschaften, sowie deutsche Kolonisation im Osten von Afrika.

Den Posten des Bevollmächtigten der Gesellschaft übernahm Carl Peters. Dr. Jühlke gelang der Abschluss weiterer Schutzverträge, der wichtigste war der Vertrag mit dem Sultan Mandara, dem Herrscher über das Dschaggaland, Aruscha, Ugueno, der am 19.Juni 1885 abgeschlossen wurde. Im Laufe des Jahres 1885 wurden im Auftrag der Gesellschaft allein 10 Expeditionen mit dem Auftrag ausgesandt, weitere Gebiete zu erwerben. Dabei besetzte Graf Pfeil die Landschaft Khutu und erforschte das Ulangagebiet sowie Gebiete südlich des Rufiji bis zum Rovuma. Dr. Jühlke besetzte zusammen mit Leutnant Curt Weiß Usambara, bevor er 1886 von aufständischen Somalis am Juba ermordet wurde. Claus von Anderten eroberte das Tanagebiet und die Somaliküste.

Die Aktivitäten von Peters und der *Deutsch- Ostafrikanischen Gesellschaft* wurden vom Sultan von Sansibar Said Bargasch, der selbst seinen Einfluss auch auf die Küstengebiete von Ostafrika ausgedehnt hatte, von Beginn an mit Misstrauen und Argwohn verfolgt. Er sah insbesondere seine Zollinteressen im Küstengebiet als gefährdet an. Als ein nach Berlin gesandtes Protestschreiben erfolglos blieb, schickte er zur Demonstration seines Herrschaftsanspruches mehrere

Expeditionen in die Küstenländer aus. Nachdem auch der Versuch des von Bismarck mit Verhandlungen mit dem Sultan von Sansibar beauftragten Afrikareisenden Gerhard Rohlfs gescheitert war, rief Peters das Deutsche Reich um Hilfe. Bismarck entsandte im August 1886 ein Kreuzer Geschwader mit sieben kriegsschiffen und zwei Tendern unter dem Befehl von Admiral Knorr in den Hafen von Sansibar. Nachdem dieses drohend seine Geschütze auf den Sultanspalast gerichtet hatte, lenkte der Sultan ob dieser deutschen Kanonenbootpolitik ein und erkannte die Schutzherrschaft des deutschen Kaisers über die Gebiete auf dem ostafrikanischen Festland, insbesondere das Mitbenutzungsrecht für die Häfen Pangani und Daressalam sowie das von den Brüdern Denhardt über das Sultanat Witu erworbene Protektorat an. Die Brüder Clemens und Gustav Denhardt hatten am 8. April 1885 vom Sultan von Wituland 25 Quadratmeilen Land erworben mit dem Ziel eine Niederlassung in Wituland zu gründen.

Im selben Jahr schloss Deutschland mit den beiden anderen europäischen Kolonialmächten England und Portugal Verträge ab, mit denen die gegenseitigen Interessensphären abgegrenzt wurden.

Der mit England am 1. November 1886 in London abgeschlossene Vertrag regelte die Nordgrenze und bestimmte die Grenze zwischen beiden Kolonialmächten im Norden durch eine Trennlinie von der Mündung des Umbaflusses mit Umgehung des Kilimanjaros bis zum nordöstlichen Ufer des Viktoriasees und des Tanaflusses. Englisches Interessensgebiet wurde ein Gebiet, das nördlich an der Wangaflussmündung begann, weiter über den Jupsee zu den Gebieten von Taweta und Dschagga hin zum Ostufer des Viktoria- Njanzasees reichte. Im Süden bildete der Rowuma bis zum Njassasee die Grenze.

In diesem Gebiet durfte Deutschland keine Landerwerbe machen und keine Protektorate annehmen. In dem Vertrag erkannten England und Deutschland weiterhin ausdrücklich auch die Souveränität des Sultans von Sansibar über den ganzen Küstenstreifen von Kipini bis zum Rowuma in einer Breite von 10 Seemeilen sowie über die Inseln Sansibar, Mafia, Lamu und Pemba an. Zugleich versprach Großbritannien den Sultan zur Zustimmung der Hafenverwaltung, zur Anpachtung der Häfen von Daressalaam und Pangani und zur Verpachtung der Zölle in den Häfen von Daressalam und Pangani zu bewegen, um den Deutschen einen Zugang zum Meer zu sichern.

Am 27. März 1887 wurde die *DOAG* kraft königlicher Order juristische Person. Carl Peters wurde für fünfzehn Jahre zum Vorsitzenden Direktor ernannt. In Erfüllung dieser vertraglichen Abmachung schloss Carl Peters am 30.Juli 1887 mit dem Sultan von Sanisbar Said Bargasch einen Vertrag, wonach der Sultan der *DOAG* die Verwaltung und den Zoll entlang der gesamten Küste vom Wanga bis zum Rovuma für fünfzig Jahre übertrug. In dem Vertrag wurde dem Sultan der bisherige Zollertrag garantiert, dazu 50 Prozent vom Nettoertrag einer zukünftigen Steigerung der Zölle sowie die Dividende des Wertes von demjenigen Teil ihres Kapitals, welcher einer Gründeraktie der *Britisch- Ostafrikanischen Gesellschaft entsprach (ca. 100.000 Mark).*

Der Vertrag trat nach einigen Schwierigkeiten bei der Ratifizierung in Deutschland erst am 28.April 1888 in Kraft. Zugleich sicherte sich die *DOAG* die Souveränität über das ganze Küstengebiet, Am 18. August übernahm die *DOAG* die Zollstationen Tanga, Pangani, Bagamoyo, Kilwa, Lindi und Mikindani und hissten die Flagge ihrer Gesellschaft neben der Sultansflagge. Dadurch wurden vor allem die Araber in ihrem Stolz verletzt, was 1889 den Araberaufstand auslöste. Fast überall kam es bei der Flaggenhissung zu Unruhen.

Die südliche Grenze der Kolonie wurde am 30. Dezember 1886 durch einen Vertrag mit Portugal geregelt. Über das neue Deutsche Schutzgebiet in Ostafrika schrieb die Deutsche Kolonialzeitung im Jahre 1885:

Die bisher wohlweislich in Dunkel gehüllte Tätigkeit der Berliner Gesellschaft für deutsche Kolonisation ist plötzlich mit einem großen Erfolge ans Tageslicht getreten, welcher in Anbetracht der Kürze der Zeit eine um so größere Anerkennung allseitig verdient. Wir verdanken der persönlichen Aufopferung weniger energischer Männer heute ein Deutsches Schutzgebiet im Hinterland von Sansibar im Umfange von 2500 englischen Quadratmeilen, welches der in Ostafrika langjährig angesiedelt gewesene Konsul Roghe in einem an die Weserzeitung gerichteten Schreiben als die weitaus wichtigste unserer bisherigen Erwerbungen in Afrika bezeichnete.Die Expedition, welcher der Ankauf von Ländereien in Afrika seitens der Gesellschaft übertragen war, bestand aus den Herren Dr. Karl Peters, Referendar Dr. Jühlke und Joachim Graf Pfeil.

Dieselben reisten unter angenommenen Namen am 1.Oktober an Bord der Titania als Passagiere dritter Klasse durch den Suezkanal nach Aden, von wo sie am 22.Oktober auf dem Dampfer Bagdad der Britisch India Linie nach Sansibar fuhren. Die Expedition ging nicht wie absichtlich verbreitet wurde, ins Land der Buren, sondern von Saadani gegenüber der Insel Sansibar aus ins Innere, dem Wami Flusse folgend 6 Grad südliche Breite und 39-35 Grad östliche Länge. Hier im Gebiet der Nguru, Useguha, Ukami und hauptsächlich im Gebiet des Bergvolkes der Usagara, auf dem Hochplateau zwischen der Sansibarküste und dem Tanganjikasee wurden umfangreiche Gebiete erworben, auf deren Grund und Boden die deutsche Flagge gehisst wurde. So wurden von Dr. Karl Peters im

Namen der Gesellschaft für deutsche Kolonisation nach und nach in kurzer Frist 12 bündige und völlig rechtsgültige Verträge mit 10 unabhängigen Sultanen abgeschlossen und dadurch die Landschaften Useguha (mit Ausnahme derjenigen Küstenpunkte, welche dem Sultan von Sansibar gehörten), Nguru, Usagara und Ukami mit allen Privat- und Hoheitsrechten für ewige Zeiten erworben.

Im April 1887 erreichte Peters beim Papst in Rom eine Regelung, welche die Einflussbereiche der katholischen und protestantischen Missionsgesellschaft in Ostafrika regelte. Auch hierfür wurde Peters in Deutschland kritisiert, indem man ihm vorwarf, er habe seine Vollmacht überschritten. Peters blieb für die deutsche Presse stets ein rotes Tuch, indem man ihm einerseits vorwarf er sei ein bloßer Theoretiker, andererseits ihn als Draufgänger bezeichnete, der von diplomatischen Feinheiten keine Ahnung habe.

Die Kritik in der deutschen Presse war durchaus berechtigt. Die *Deutsch- Ostafrikanische Gesellschaft* errichtete in den *ostafrikanischen Schutzgebieten* sehr schnell eine Herrschaft voller Brutalität und Willkür. Ihre Vertreter sahen sich als Herrenmenschen und hielten sich konsequent an die von ihrem Chef herausgegebene Marschroute, der erklärt hatte:

Ich habe gefunden, dass diesen Völkern nur männliche Energie und gegebenenfalls rücksichtslose Gewalt imponiert.

Mit seinem Vorgehen schuf sich Peters neben Freunden viele Feinde wie z.B. den Sohn des Reichskanzlers Herbert von Bismarck, dem Peters unterstellte, dass er ihn in Afrika umbringen lassen wolle. Kritiker bezeichnete er schnell als *Unpatrioten*, der ihm gegenüber kritisch eingestellten deutschen Presse unterstellte er *Petershetze*.

In seiner Biographie beklagte sich Peters über die Anfeindungen aus der Heimat und glaubte, dass sich diese auf seine Vaterlandsliebe negativ auswirkten:

Denn schließlich ist auch der Patriotismus nicht gerade ein mysteriöser Drang im Einzelnen, der unveränderlich bleiben muss, wenn die andere Seite unbekümmert mit Fäusten haut und mit Füßen tritt. Wie alles in der Natur, beruht auch bei der Vaterlandsliebe des Einzelnen auf einer gewissen Gegenseitigkeit von Pflichten und Neigungen, und nur diejenigen Gemeinwesen in der Geschichte werden groß, wo auch die Gesamtheit Dankbarkeit gegen den Einzelnen ausübt, welcher für das Gemeinwesen sich bemüht. Ich aber hatte von der Mehrheit der deutschen Presse durch die ganze Zeit wesentlich nur Lügen, Verleumdungen und Beschimpfungen; von der Regierung Missachtung der wesentlichsten meiner Arbeiten, vom deutschen Spießer Gleichgültigkeit oder Hohn erfahren. Ich fing an, mich als Prügeljunge des deutschen Volkes vorzukommen und ich wurde es allmählich satt, dauernd diese Rolle zu spielen.

Zu seinen größten Feinden zählte Peters Dr. Kayser, Geheimrat im Auswärtigen Amt, den er als Meister der Intrige und der Hintertüren-Politik bezeichnete sowie als einen Mann, der als Exzellenz sterben wolle und zu diesem Zweck seine Eliminierung aus der deutschen Kolonialpolitik betreibe.

Am 31.Juli 1887 gelang es Peters mit dem Premierminister des Sultans von Sansibar Mohamed Bin Salim einen Vertrag zu schließen, der der DOAG für fünfzig Jahre die Verwaltung mit allen Hoheitsrechten, einschließlich des Münz, Zoll- und Steuerrechtes, der Ausnutzung des Bodens über und unter der Erde an der ganzen Küste von Umba bis zum Rowuma sicherte. Damit erregte er nicht nur den Zorn der Engländer sondern auch die Missgunst des Auswärtigen Amtes, insbesondere von Dr. Kayser.

Am 23.Dezember 1887 wurde Peters als Vorsitzender der DOAG abberufen, weil er als Vorsitzender der Gesellschaft angeblich völlig versagt hatte und die Gesellschaft wegen der von Peters zu verantwortenden Misswirtschaft kurz vor der Insolvenz stand. Vorher war die Gesellschaft im März 1887 in eine Kommanditgesellschaft mit einem Gründungskapital von 3,48 Millionen Mark umgewandelt worden, und hatten der Elberfelder Bankier Carl von der Heydt eine Einlage von 1 Millionen Mark sowie selbst Kaiser Wilhelm I hatten eine Einlage von 500.000 Mark übernommen. Am 24. April 1888 einigte sich der deutsche Generalkonsul Michaelles mit dem Nachfolger von Said Bargasch Said Khalifa, dem neuen Sultan von Sansibar über die Anpachtung des Küstenstreifens.

Bevor der Vertrag mit dem Sultan von Sansibar am 15. August 1888 in Kraft treten konnte, brach der Araberaufstand aus. Einer der Gründe für den Aufstand war, dass Peters nach Abschluss des Abkommens mit dem Sultan von Sansibar voreilig damit begann die Gebiete Khutu und Usambara zu besetzen und die Gebiete südlich des Rufiji zu erforschen.

2. Der Araberaufstand von 1888- 1889 69)

Die Araber an der Küste Ostafrikas sahen in dem zwischen Peters und dem Sultan von Sansibar geschlossenen Abkommen vom 28. April 1888, mit dem dieser den Deutschen die Verwaltung des 10 Meilen langen Küstenstreifens und die Erhebung der Zölle übertragen hatte, als Verletzung ihrer bisherigen Souveränität und als Beginn einer völligen Unterwerfung unter die deutsche Herrschaft an.

Zugleich befürchteten sie ihre Haupterwerbsquellen im Sklavenhandel sowie im Handel mit Elfenbein und Kautschuk zu verlieren. Die deutschen Beamten begannen die Einheimischen bei der Erhebung der Steuern und Zöllen und durch Einführung der Meldepflicht zu schikanieren und zu drangsalieren. Sie verboten darüber hinaus die Einfuhr von Gewehren und Munition und forderten die einheimischen Landbesitzer auf durch Vorlage von Urkunden die Rechtmäßigkeit ihrer Besitzansprüche zu belegen und drohten bei Weigerung mit der Beschlagnahme des Landes. Überall hissten sie anstelle der Flaggen von Sansibar Flaggen der *Deutsch-Ostafrikanischen Gesellschaft* an den Flaggenmasten in den Küstenorten.

Vor allem unter den muslimischen Küstenbewohnern von Pangani, Tanga im Norden bis Lindi im Süden, die sich wie Sklaven behandelt fühlten, kam es im September 1888, zu einem Aufstand gegen die deutschen Kolonialherren. Dieser ging unter dem Namen Araberaufstand in die Geschichte von Ostafrika ein. Die Aufständischen verbündeten sich dabei mit den Arabern und den Indern, insbesondere mit der arabisch- suahelischen Führungsschicht, die von den Sultanen aus Sansibar dort angesiedelt worden war.

Anführer des Aufstandes war Buschiri bin Salim, ein charismatischer und kluger Führer als Sohn eines Arabers und einer nordafrikanischen Hamitin halb Afrikaner und halb Araber, der wegen seiner Grausamkeit gefürchtet wurde. So soll er jedem Eingeborenen, der im Verdacht stand mit den Deutschen zu kollaborieren, Füße oder Hände abgeschlagen oder lebendig verbrannt zu haben.

Die Unruhen begannen Mitte August 1888 an fast allen Küstenplätzen. Den Anfang machte Pangani, nachdem der dortige Stationsvorsteher der Deutsch-Ostafrikanischen-Gesellschaft die Landung einer größeren Pulvermenge verboten hatte . Die Bevölkerung nahm den Beamten gefangen, der jedoch einige Tage später durch Truppen des Sultans von Sansibar befreit werden konnte. Mit etwa achthundert Rebellen zog Buschiri von Pangani nach Bagamoyo. Auf dem Weg dorthin bewog er den Useguka Häuptling dazu sich ihm anzuschließen.

Die in Tanga von der einheimischen Bevölkerung festgesetzten Beamten der Gesellschaft wurden von dem deutschen Kriegsschiff, dem Kreuzer Möwe mit Waffengewalt befreit. In Bagamojo versuchten Aufständische das Haus der *Deutsch-Ostafrikanischen Gesellschaft* zu stürmen, in Pugu bei Daressalam wurden im Januar 1889 drei Angehörige der katholischen Mission ermordet. Im Süden in Lindi, Mikindani und Kilwa begannen die Unruhen Mitte Dezember 1888 mit Angriffen gegen Vertreter der *Deutsch- Ostafrikanischen-Gesellschaft*. Auslöser für den Aufstand war unter anderem auch das Verbot des Sklavenhandels, der sich in den Händen der Araber befand und für sie ihre wichtigste Einnahmequelle darstellte. Dazu kam das herrische Auftreten der Vertreter der *DOAG* Gesellschaft, die sich wie Eroberer aufführten und der Bekehrungseifer der Missionare, der die Zerstörung der traditionellen Gesellschaftsstruktur und Kultur zum Ziele hatte. All dies Negative sahen die Aufständischen in der Person von Emil von Zelewski, dem Stationschef der *DOAG* in Pangani vereint. Er selbst sah sich als Sultan, bedrohte Andersdenkende mit Hinrichtung und Deportation und verletzte vor allem das religiöse Empfinden der Mohammedaner, indem er in Verfolgung des lokalen Vertreters des Sultans unbefugterweise mit seinen Hunden am Tage des Opferfestes als Ungläubiger eine Moschee in Pangani betrat. Die daraufhin entstehenden Unruhen verbreiteten sich schnell über die ganze Küste, vor allem in Tanga und Bagamoyo brachen Aufstände aus. Die Gesellschaft musste alle ihre Handelsposten in diesem Gebiet räumen. Als dann zwei Deutsche von den Aufständischen getötet wurden, kam es zu einer kriegerischen Auseinandersetzung mit Deutschland.

Vom Auswärtigen Amt in Berlin wurde dieser Krieg dem Reichstag, dort vor allem der katholischen Zentrumspartei, die den Kolonialabenteuern vielfach kritisch gegenüberstand sowie der deutschen Öffentlichkeit als *Anti- Sklaverei- Bewegung* oder *Aufstand der Sklavenhändler* und als Krieg gegen den arabischen Sklavenhandel verkauft, der in Übereinstimmung mit den internationalen Rechtsbestimmungen der Berliner Kongoakte von der Konferenz aus dem Jahre 1884 vorgenommen werde.

Es wurde in Deutschland sogar eine Anti- Sklaverei Lotterie eingerichtet, in welcher man ein Los für den Kampf der Sklaven um den Platz an der Sonne erwerben konnte. Das dabei eingenommene Geld wurde jedoch weitgehend in die Ausrüstung privater Expeditionskorps investiert, bei denen es weniger um die Befreiung afrikanischer Sklaven als vielmehr um die brutale Eroberung von Ländereien ging. Insoweit hatten diese Anti-Sklaverei Expeditionen einen grausamen Ruf. Ein besonders absurdes und infames Unternehmen des Anti- Sklaverei- Komitees war der Transport von zwei in Einzelteilen zerlegten Dampfschiffe, der *Hermann und der Hedwig von Wissmann* an den Njassa bzw. Tanganjikasee, wo sie wieder zusammengebaut wurden. Für diesen Transport brauchte die Trägerkolonne aus Eingeborenen fast 14 Monate, viele der Träger bezahlten den Wahnsinn mit ihrem Leben.

Am 27. November wurde der berühmte Antisklaverei-Antrag im Reichstag gestellt. Dieser wurde am 30. Januar 1889 wie folgt angenommen:

§ 1: Für Maßregel zur Unterdrückung des Sklavenhandels und zum Schutz der deutschen Interessen in Ostafrika wird eine Summe in der Höhe von zwei Millionen Mark zur Verfügung gestellt.

§ 2: Die Ausführung der erforderlichen Maßregeln wird dem Reichskommissar übertragen.

§ 3 Der Reichskanzler wird ermächtigt, die erforderlichen Beträge nach Maßgabe des eintretenden Bedürfnisses aus den bereiten Mitteln der Reichshauptkasse zu entnehmen.

Im Januar 1889 bewilligte der deutsche Reichstag zwei Millionen Mark für die Bekämpfung des Sklavenhandels und zum Schutze der deutschen Interessen in Ostafrika. Kaiser Wilhelm I. verfügte durch Gesetz am 22.März 1891:

Zur Aufrechterhaltung der öffentlichen Ordnung in Deutsch-Ostafrika, insbesondere zur Bekämpfung des Sklavenhandels wird eine Schutztruppe verwendet, deren oberster Kriegsherr der Kaiser ist.

Zu Kommandeuren der Ostafrikatruppe und Leiter der militärischen Aktion gegen die Aufständischen benannte Bismarck den berühmten Afrikareisenden und- kenner Hermann von Wissmann (1853-1905). Wissmann hatte zwischen 1880 und 1882 Afrika von Westen nach Osten durchquert und im Auftrag des belgischen Königs mehrere Expeditionen im Kongo geleitet. Er verfolgte dabei die Strategie, dass die Afrikaner nicht durch Verhandlungen, sondern allein mit Gewalt zu bekehren wären und nur damit das Ansehen Deutschlands in Ostafrika wiederhergestellt werden könnte.

Deutschland sandte ein Flottengeschwader an die Küste von Ostafrika, welches die Küstenstädte bombardierte. Deutsche Offiziere gingen an Land, um eine Armee aus afrikanischen Soldaten als Söldner anzuwerben. Die meisten als Söldner angeworbenen Soldaten waren ehemalige Soldaten der ägyptischen Armee, 650 Sudanesen und in Mozambique 350 Krieger vom Stamm der Shangaan in Mozambique. Die Sudanesen hatten unter Hicks Pascha gegen die Mahdisten gekämpft und fürchteten sich vor einer Rückkehr in die Heimat.

Sie waren billiger als deutsche Soldaten und waren mit Land und Leute in Ostafrika vertrauter und für tropische Krankheiten weniger anfällig. Da die Soldaten zumeist aus fremden Regionen kamen, hatten sie keinerlei moralische Probleme gegen die eingeborenen Bewohner mit aller Härte vorzugehen. Die Sudanesen stellten mit sechs Kompanien zu je 100 Mann den Kern der von Wissmann angeworbenen Privattruppe. Dazu kamen 80 eingeborene Askaris (bezeichnet nach dem Suaheli Wort für Wächter oder Krieger) und 40 Somalis. Als Führer seiner

Privattruppe verpflichtete Wissmann 25 deutsche Offiziere, Ärzte und Beamte, 7 Deckoffiziere und 56 Unteroffiziere. Unterstützt wurde Wissmann durch Schiffe des deutschen Blockadegeschwaders unter Admiral Deinhard. Wissmann übernahm in Bagamoyo als Reichskommissar den Oberbefehl an der Küste.

Im Laufe des Jahres 1889 eroberte Wissmann nach und nach die Küstenorte zurück. Viele von ihnen wurden von Wissmanns Truppen bombardiert und anschließend geplündert. Am 8.Mai 1889 erstürmte Wissmann Buschiris Lager bei Kaule in der Nähe von Bagamoyo. Buschiri konnte entkommen.

Die Küstenorte Pangani wurden am 8. Juli 1889, Tanga am 10.Juli 1889 zurückerobert jeweils nach Artelleriebeschuss durch deutsche Kriegsschiffe. Mit seinen Gegnern machte Wissmann kurzen Prozess. Soweit sie ihm lebend in die Hände fielen, ließ er sie vom Feldgericht zum Tode verurteilen. Die einheimischen Herrscher und Häuptlinge spielte er gegeneinander aus, indem er sie durch Versprechungen auf seine Seite brachte.

Wissmann überschritt vielfach seinen Auftrag und seine Befugnisse, indem er nicht die Aufständischen bekämpfte, sondern auf eigene Faust Feldzüge ins Hinterland unternahm. Bismarck befürwortete diese Eigenmächtigkeiten Wissmanns nicht, ließ ihn aber gewähren. Leutnant Freiherr Hugold von Behr berichtete:

Der Donner der Geschütze und das Geknatter von einigen tausenden Gewehren verursachten einen betäubenden Lärm. Das ganze Lager war förmlich in Rauchwolken eingehüllt, so dass die einzelnen Truppenteile sich kaum zu erkennen vermochten.

Unterstützt wurde Wissmann von der See aus durch den Beschuss der gegnerischen Befestigungen durch Schiffe der kaiserlichen Flotte von Admiral Deinhard Leipzig Möwe, Schwalbe und Pfeil . Während die Söldnersoldaten Wissmanns Dörfer und Erntevorräte der Aufständischen zerstörten, ließ Wissmann die zerstörte Station Mpwapwa als Deckung der Karawanenstraße nach Tabora neu herrichten. Am 6. Juni 1889 griff Wissmann, mit 500 Mann Bana Heris Lager bei Sadani an. Unterstützt wurde er durch die deutschen Kriegsschiffe Möwe, Leipzig, Schwalbe und Pfeil, welche das gegnerische Lager zur Vorbereitung des Angriffs beschossen.

Nach Eroberung und Zerstörung des Lagers zog Wissmann weiter nach Norden und eroberte mit Unterstützung eines Landungskorps der Marine Pangani und Tanga zurück. Unterdessen hatte Bushiri sich durch Anhänger der Mafiti verstärkt und zog mit ihnen in Richtung Küste. Auf dem Weg dorthin wurde er von der

Truppe von Hauptmann Karl Freiherr von Gravenreuth, der den Beinamen *Löwe von Afrika* führte, in der Kinganiebene gestellt und vernichtend geschlagen. Als Bushiri mit wenigen Getreuen versuchte nach Britisch- Ostafrika zu entkommen, wurde er Anfang Dezember 1889 von Eingeborenen in Kwamkoro, die sich das auf ihn ausgesetzte Kopfgeld von 15.000 Mark verdienen wollten, ergriffen und an die Deutschen übergeben. Buschiri wurde am 15. Dezember 1889 am Galgen durch Erhängung hingerichtet.

Sein Nachfolger Bana Heri hatte sich inzwischen im Hinterland von Sadani festgesetzt und dort für Unruhe gesorgt. Nach einigen erfolgreichen Gefechten, gelang es Wissmann Bana Heri in seiner Festung bei Membule zu stellen und diese am 4. Januar 1890 zu erobern, Nach einer erneuten Niederlage bei Palamakaa am 8. und 9. März 1890, gab Bana Heri auf Vermittlung des Sultans von Sansibar am 6. April 1890 auf und wurde von Wissmann, der seine Gastfreundschaft nach seiner Afrikadurchquerung 1883 genossen hatte, als ehrenvoller Gegner begnadigt. Damit war der Aufstand im Norden niedergeschlagen.

Darauf wandte sich Wissmann nach Süden und eroberte am 3.Mai 1890 Kilwa Kiwindje und am 10.Mai 1890 Lindi jeweils nach Artelleriebeschuss.Damit war auch im Süden Mitte Mai 1890 der Aufstand niedergeschlagen.In der Folgezeit gelang es den Deutschen sich auch im Hinterland festzusetzen und die dort siedelnden Binnenstämme friedlich zu unterwerfen. Mit der Niederschlagung des Araberaufstandes begann die Geschichte der Kolonie Deutsch- Ostafrika.

Mit den geschlagenen Aufständischen machten die Sieger kurzen Prozess. Über das Schicksal der anderen Aufständischen stellte ein Offizier der Wissmanntruppe lapidar fest:

Ohne Ausnahme wurden diese Halunken von Wissmann zum Tod durch Erschießen oder durch den Strang verurteilt und nicht allzu gering ist die Zahl derer, die mit ihrem Körper in den Küstenorten den Galgen oder eine Palme geziert haben.

Mit der Eroberung der ostafrikanischen Küste war der Auftrag von Wissmann beendet und andererseits das Schicksal der Deutsch-Ostafrikanischen Gesellschaft und letztlich auch das von Carl Peters besiegelt. Neben den sudanesischen Söldnern hatten auch die einheimischen Askari Soldaten einen wesentlichen Anteil am Sieg der Wissmanntruppe. Von ihnen, die dem deutschen Kaiser ewige Treue geschworen hatten, wurde später gesagt sie seien so deutsch wie Sauerkraut und Bier. Die einheimischen Askaris bekamen Sold und hatten einen Pensionsanspruch. Dadurch blieben sie auch nach ihrer Entlassung aus dem aktiven Dienst den Interessen der Kolonialherren eng verbunden.

Der Oberstabsarzt beschrieb den Stolz der Askaris mit folgenden Worten:

Die aus Metall geschlagene Kompanienummer oder der versilberte Adler machte den Askari so stolz auf die Truppe, die ihn so schmuck kleidet und dadurch aus der Masse der Eingeborenen hervorhebt.

Die eroberten Gebiete übernahm das Deutsche Reich am 1.Januar 1891 von der Deutsch-Ostafrikanischen Gesellschaft als Schutzgebiete, die Geburtsstunde der Kolonie Deutsch-Ostafrika war da. Die Soldaten von Wissmann erhielten am 22.März 1891 die offizielle Bezeichnung *Kaiserliche Schutztruppe*.

Weil er die vom Reichstag genehmigten Summe von 100.000 Reichsmark um das Fünffache überschritten hatte, wurde von Wissmann 1891 als Reichskommissar abgesetzt und Julius von Soden als erstem Gouverneur die Leitung der Kolonie übertragen. Als Zivilperson genoss von Soden jedoch kein Ansehen bei der Schutztruppe, die in Emil von Zelewski 1891 wiederum einen starken Kommandanten erhielt, der in der Folgezeit Strafexpeditionen an von Soden vorbei durchführte. Wissmann wurde in den Jahren 1895 und 1896 Gouverneur von Deutsch- Ostafrika. 1893 übernahm er den schwierigen Transport des nach ihm benannten Dampfers *Hermann von Wissmann* zum Njassasee.

3. Die Emin Pascha Expedition 70)

In den Jahren 1889 und 1890 übernahm Peters nach seiner Abberufung als Vorsitzender der *DOAG* gegen den Willen des Reichskanzlers Bismarck die Leitung der Emin- Pascha- Expedition, vordergründig mit dem Ziel den verschollenen Emin Pascha zu finden. Peters gelang es in ganz Deutschland genügend Spendengelder zu sammeln, um die Enim- Pascha- Expedition zu finanzieren. Reichskanzler Bismarck plante dagegen, dass Hermann von Wissmann in einer Art Vorhut bereits den Kontakt zu Enim Pascha herstellen sollte, bevor Peters Afrika erreichte. Als von Wissmann jedoch bei der Bekämpfung des Aufstandes der Küstenbevölkerung in Deutsch Ostafrika gebunden war, übertrug Bismarck notgedrungen Peters die Gesamtleitung der Expedition.

Die eigentliche Rettungsexpedition verfolgte den Zweck den während des Mahdisten Aufstandes im Sudan als verschollen geltenden Emin Pascha zu befreien. Emin Pascha (1840-1892) hieß eigentlich Eduard Schnitzler und wurde geboren am 28.März 1840 in Oberschlesien. Er war Quarantänearzt, Forscher und Kolonialpionier. Nach einem Medizinstudium ging er 1875 in die sudanesische Äquatorialprovinz nach Khartum, wo er vom Gouverneur Gordon Pascha als Regierungsarzt in türkischen Diensten angestellt wurde. Nach seinem Übertritt zum Islam nannte er sich Mehmet Emin Pascha. Als Gordon Pascha 1878 zum Generalstatthalter vom Sudan ernannt worden war, machte er Emin Pascha zu seinem Nachfolger als Gouverneur der Äquatorialprovinz des südlichen Sudans. Diesen Posten hatte er bis 1889 inne.

Nachdem sich Ägypter und Engländer offiziell aus dem Sudan zurückgezogen hatten und das Gebiet dadurch zu *Nobodys Country* geworden war, nutzte Enim Pascha die Gelegenheit und eignete sich die Hoheitsrechte über die Äquatorialprovinz an. In diese Zeit fiel der Mahdistenaufstand, eine in 1888 beginnende Rebellion gegen die anglo-ägyptische Herrschaft in den Sudan Provinzen am mittleren Nil durch Muhammad Ahmad als Anführer, der sich zum Mahdi, eine Art islamischen Messias erklärt hatte. Enim Pascha gelang es, den Aufstand niederzuschlagen. Seit 1896 galt Emin Pascha als verschollen. Mit der Suche nach ihm und seiner Befreiung wurde Henry Morton Stanley und später die Expedition unter Carl Peters beauftragt. Stanley fand Enim Pascha bereits 1888. Dieser wollte sich jedoch von Stanley weder befreien noch retten lassen, sondern begleitete 1889 freiwillig den erkrankten Stanley nach Ostafrika, wo er in die Dienste der Deutsch-Ostafrikanischen-Gesellschaft eintrat.

1890 unternahm Enim Pascha im Auftrag der *Ostafrikanischen Gesellschaft* eine Expedition, die ihn 1890 in das Landesinnere führte, wo er die Ortschaften Ugogo, Unjamwesi und Tabora eroberte und am Westufer des Victoriasees die Regierungsstation Bukoba gründete. Von dort aus marschierte er im Februar 1891 in nordwestlicher Richtung weiter, wo er auf sudanesische Soldaten seiner ehemaligen sudanesischen Provinz traf. Anschließend überschritt er mit seiner Truppe ohne sich an Weisungen zu halten, eigenmächtig die deutsche Grenze zum Kongo und drang über den Albertsee sowie den Edwardsee bis nach Andebah vor. Wegen Erschöpfung seiner Leute musste er nach Undussuma umkehren, wo er an Pocken erkrankte und fast erblindete. Mit arabischer Hilfe gelang es ihm Undussuma in Richtung Kongo zu verlassen, wo er in die kriegerischen Auseinandersetzungen zwischen Belgiern und Arabern geriet. In Kinena wurde er am 23. Oktober 1892 auf Befehl des Arabers Kibonge von Kirundu ermordet.

Erhalten geblieben sind sein wissenschaftlicher Nachlass, seine Reise- und Forschungsberichte. Peters hatte neben der Suche nach Enim Pascha ein weiteres Ziel im Auge, das Gebiet Deutsch- Ostafrika bis zum Oberen Nil abzurunden und Uganda unter deutschen Schutz zu stellen. Peters brach von Daressalam mit seinen Begleitern Rusk, Tiedemann und Borchert mit einem Schiff auf und erreichte nach Umschiffung der britischen Seeblockade vor der Küste Kenias, die Kwaihubucht im Wituland, das zu dieser Zeit noch unter deutschem Schutz stand. Von dort aus brach Peters mit 17 Somalis und ca. 60 afrikanischen Trägern in das Hinterland auf. Dabei zog er mit seiner Expedition den Tana Fluss hinauf am Mont Kenya vorbei. Als Peters im Februar 1890 Uganda erreicht hatte, erhielt er dort die Nachricht, dass Enim Pascha längst vom britischen Afrikaforscher Henry Morton Stanley gefunden und von diesem nach Deutsch-Ostafrika gebracht worden sei. Mitte Juni 1890 traf Peters schließlich in Mpapua auf den gesuchten Enim Pascha. Peters beschrieb die Enim Pascha Expedition in seinen Lebenserinnerungen als seinen größten Erfolg:

Sie war ein Versuch, unsere Interessenssphäre über den Norden des Viktoriasees und nilabwärts bis nach Lado auszudehnen, also Uganda und Enim Paschas Provinz in unser Schutzgebiet einzubeziehen. Sie beruhte politisch auf der Tatsache, dass Ägypten und Großbritannien bereits 1885 auf den ganzen Sudan in einer Note an die Mächte verzichtet hatten, dass diese Gebiete demnach nach europäischer Fiktion „Nobodys country" waren. Dass Deutschland umgekehrt schon 1889 seinerseits wieder auf diese Gebiete verzichtet hatte, das wusste ich nicht. Übrigens hatte ich bereits auf der Reise die Möglichkeit erwogen, dass das Deutsche Reich es ablehnen könne, die Erwerbungen im Norden Deutsch-Ostafrikas anzugliedern… In diesem Fall hätte ich die erworbenen Landstriche für mich persönlich genommen und würde sicherlich mir ein eigenes Herrschaftsgebiet gegründet haben… Die deutsche Enim Pascha Expedition stellt jedenfalls den Höhepunkt meiner irdischen Tätigkeit dar und so liegt sie auch vor meiner Erinnerung.

Peters landete zu einem Zeitpunkt als Enim Pascha bereits gefunden und mit Stanley auf dem Weg zur Küste war, mit einem Major a.D. von Tiedemann, 17 Somalis und 58 Trägern in der Witubucht von Uganda und drang von dort aus ins Innere des Landes vor. Peters Vorgehensweise wurde bestimmt durch sinnloses Töten der Eingeborenen und eine Politik der verbrannten Erde.

Am 26. Februar 1890 traf Peters in Mengo auf den König Mwanga von Uganda, mit dem er einen Schutzvertrag nach dem Muster der vorher von ihm abgeschlossenen Verträge abschloss. Peters nutzte dabei geschickt die Notlage von Mwanga, der sich zu dieser Zeit in einem Konflikt mit seinem Bruder Karema und den Mahadis befand. Nachdem Peters Mwanga die Lieferung von deutschen Waffen versprochen hatte, war dieser bereit sein Herrschaftsgebiet unter deutschen Schutz zu stellen mit der Option aus dem Gebiet eine deutsche Kolonie zu machen.

Der Abschluss dieses Schutzvertrages wurde auch im Ausland als Kunststück und Meisterleistung Peters anerkannt. Das ostafrikanische Reich war damit so groß wie das deutsche Kaiserreich und wurde in Deutschland nach seinem Urheber *Petersland* genannt.

171

Dieses Erfolges konnte sich Peters nicht lange erfreuen. Bismarck war am 20. März 1890 von Kaiser Wilhelm II entlassen und durch Leo Graf von Caprivi ersetzt worden. Nachdem bereits sein Vorgänger Bismarck den Briten zugesichert hatte, die deutsche Einflusssphäre nicht über Deutsch-Ostafrika hinaus zu erweitern, suchte auch sein Nachfolger von Caprivi den Schulterschluss mit England in Afrika. Es kam zum Abschluss des sogenannten Helgoland-Sansibar- Vertrages vom 1.Juli 1890, in dem das Deutsche Reich auf Uganda und das Wituland verzichtete.

4. Das Helgoland-Sansibar-Abkommen

Im Kolonialabkommen vom 1.Juli 1890, dem sogenannten Helgoland- Sansibar Vertrag sollten die Grenzen in Ostafrika endgültig geregelt werden. In diesem Abkommen verzichtete das Deutsche Reich zugunsten von England auf Ansprüche nördlich vom Umbafluss auf die Königreiche Uganda und Witu, insgesamt 170.000 Quadratmeter Land, außerdem auf die Unabhängigkeit des Sultans von Sansibar. Das Wituland hatten die Brüder Clemens und Gustav Dernhardt 1885 von dem dortigen Sultan erworben. Als Gegenleistung trat England die Insel Helgoland, fünf Quadratmeter groß sowie den Caprivizipfel in Deutsch- Südwest an Deutschland ab und erkannte die Hoheitsrechte Deutschlands über das Schutzgebiet an.

Die Insel Helgoland hatten die Engländer 1807 erobert, nachdem Napoleon die Kontinentalsperre gegen Großbritannien verhängt hatte. Die Insel diente deutschen Intellektuellen als Zuflucht, so unter anderem dem Dichter Hoffmann von Fallersleben, der dort 1841 den Text der deutschen Nationalhymne geschrieben hat. Die Insel Sansibar war niemals Teil des Deutschen Reiches, sondern gehörte lediglich zur deutschen Interessenssphäre.

Der Sultan von Sansibar trat den ihm formell noch gehörenden Küstenstreifen gegen Zahlung von 4 Millionen Mark an die *Deutsch- Ostafrikanische- Gesellschaft* ab. Damit war auch der Traum von Peters auf ein *deutsches Indien*, auf ein zusammenhängendes mittelafrikanisches Kolonialreich von der afrikanischen Westküste mit Deutsch-Kamerun und Togo und Deutsch- Ostafrika geplatzt. Der berühmte britische Entdecker und Kolonialforscher Sir Henry Morton Stanley (1841-1904), der 1874-1877 Afrika von Bagamoyo im Osten nach Leopoldville im Westen durchquert hatte, meinte hierzu verächtlich ironisch, Deutschland hätte einen Anzug für einen alten Hosenknopf hergegeben. Dieser Vertrag wurde von Peters, den Kolonialpolitikern und der nationalistischen Presse in Deutschland heftig kritisiert als Hingabe eines Königreiches für eine Badewanne.

5. Gründung der Kolonie Deutsch- Ostafrika zum 1. Januar 1891 71)

Peters hatte inzwischen Schwierigkeiten die erworbenen Gebiete in Ostafrika zu stabilisieren und wirtschaftlich zu nutzen. Das lag vor allem daran, dass die von ihm gegründete Deutsch-Ostafrikanische Gesellschaft über zu wenig Kapital verfügte, um das gesamte Gebiet selbst zu verwalten und zu regieren.

Die Gesellschaft war schon bald außerstande ohne fortdauernde, nachdrückliche Hilfe des deutschen Reiches ihre Rechte in der Kolonie durchzusetzen. Um das Bestehen der ostafrikanischen Gebiete nicht zu gefährden, sah sich das Deutsche Reich dazu gezwungen die unter den Namen Petersland bekannt gewordenen, von Peters erworbenen Gebiete am 1.1.1991 von der Deutsch-Ostafrikanischen-Gesellschaft gegen eine an die Gesellschaft zu zahlende Entschädigung von insgesamt 6,25 Millionen Mark jährlich 600.000 Mark, zahlbar bis zum 31.12.1935 als Kolonie zu übernehmen. Dabei verpflichtete sich das Deutsche Reich eine von der Gesellschaft aufzunehmende Anleihe von 10,5 Millionen Mark mit Jahresraten in Höhe von 600.000 Mark zu verzinsen und zu amortisieren. Diese Entschädigung erhielt die Gesellschaft zusätzlich zu den 4 Millionen Mark, die sie für den Küstenstreifen bekam.

Der *Deutsch- Ostafrikanischen- Gesellschaft* verblieben in Teilen der Kolonie das ausschließliche Okkupationsrecht von herrenlosem Land und das Monopol zur weiteren Ausbeutung des Landes, darunter das Vorrecht zum Eisenbahnbau. Damit wurde die Gesellschaft zu einer reinen Erwerbsgesellschaft. Bismarck selbst sprach niemals von *Petersland*, allein schon wegen seiner Antipathien gegenüber Carl Peters, sondern stets vom Schutzgebiet *Deutsch-Ostafrika*.

Zum ersten Gouverneur der Kolonie Deutsch Ostafrika wurde am 14. Februar 1891 der bisherige Gouverneur von Kamerun von Soden ernannt. Peters, Wissmann und der inzwischen mit Stanley an die Küste zurückgekehrte Emin Pascha wurden von Soden als Reichskommissare zur Seite gestellt. Sitz der Kolonialverwaltung wurde zunächst Bagamoyo, schon bald wegen seines besseren natürlichen Hafens wurde deren Sitz nach Daressalam verlegt. Die Deutsch-Ostafrikanische- Gesellschaft wurde in eine reine Erwerbsgesellschaft, die private Truppe von Wissmann nach einer Verstärkung um 1000 Mann durch kaiserlichen Erlass vom 9. April 1891 in die kaiserliche Schutztruppe umgewandelt.

Dabei übernahm Peters als Reichskommissar das Gebiet um den Kilimanjaro. Dort hielt er Hof und baute sich einen kleinen Harem auf. Schon bald machte er sich durch seinen schlechten und vor allem herrischen Führungsstil, seine Trinkgelagen und Prügelorgien sowohl bei den einheimischen Eingeborenen als auch bei den Aussiedlern schnell unbeliebt. Für ihn waren die Afrikaner Untermenschen, die nicht zählten. Er bezeichnete sie als Sklavenrasse, die man allenfalls als Muskelarbeiter gebrauchen konnte. Auf seiner Regierungsstation ließ er gleich neben dem Fahnenmast einen Galgen errichten. Von den Eingeborenen wurde er *Mkono-wa-duma, Mann mit Blut an den Händen* genannt. Eine ehemaliger Mitarbeiter Peters beschrieb ihn als weißes Monster folgendermaßen:

Übrigens ist Peters halb verrückt. Alles um ihn herum geht krumm vor Hieben. 100 bis 150 sind an der Tagesordnung Es ist kaum zu glauben, welche Angst die Leute vor Peters und seinen Leuten haben.

Besucher aus der Heimat pflegte Peters zynisch zu fragen:

Haben sie schon einmal einen Neger getötet?

An seine Schwester schrieb er:

Leider führt mein Weg über Leichen

.

Einen Höhepunkt der Greueltaten Peters wurde mit der Hinrichtung von dessen achtzehnjährigen Diener Mabruk erreicht. Peters hatte seinen Diener Mabruk und seine Konkubine Jagodja durch Hängen hinrichten lassen, weil er sie bei Intimitäten überrascht hatte. Daraufhin bezichtigte der eifersüchtige Peters seinen Diener des Diebstahls von seinen Zigarren, seine Geliebte der Desertation, der zweimaligen Flucht zu einem von Peters bekämpften Häuptling und sowie des Landesverrates und ließ beide durch ein Kriegsgericht, das er eigenhändig zusammengestellt hatte, zum Tode verurteilen.

Seine Reaktion war:

Eine solche Frechheit verdient die Todesstrafe.

In dem Verfahren beschuldigte er die Beiden, dass ihnen als Wilde als Teil der Natur alles abgehe, was unter aufrechten Deutschen als Ehrfurcht, Dankbarkeit und Hingebung geachtet sei. Mabruks Hinrichtung soll von vielen Pannen begleitet gewesen sein. So soll beim ersten Versuch der Strick gerissen sein, mit dem Mabruk aufgehängt wurde. In Deutschland wurde Peters die beiden Todesurteile als unbefugte Tötung von Schutzbefohlenen und Amtsmissbrauch angelastet. Darüber hinaus wurden ihm auch weitere Affären vorgeworfen, die eines Reichskommissaren als nicht würdig angesehen wurde. Peters hatte es darüber hinaus unterlassen die beiden Hinrichtungen wie es Vorschrift war an den Gouverneur in Daressalam zu melden, was ihm später als Dienstvergehen angelastet wurde und 1897 zu seiner Entlassung aus dem Reichsdienst führte. Peters selbst sah sich als Opfer von Verleumdungen und Intrigen. Später schrieb er hierüber in seiner Biographie:

Die beiden Hinrichtungen, von denen ich erzählt habe, die eines Negers und einer Negerin, welche miteinander gar nichts zu tun hatten, wurden in eine einzige grelle Skandalangelegenheit verknüpft, und es wurde die Anschuldigung gegen mich von der englischen Mission in Moschi an das Gouvernement nach Daressalam geschickt, ich hätte willkürlich meinen Diener und eine Konkubine wegen geschlechtlicher Vergehungen aufhängen lassen.

Die von Peters begangenen brutalen Taten führten immer mehr zu Unruhen unter den Eingeborenen und zum Aufstand der Wachagga, der blutig niedergeschlagen wurde. Seine brutale Amtsführung wurde auch in der Heimat bekannt .Man versuchte die Sache zu vertuschen, um den Kolonialkritikern in Deutschland keine Munition an die Hand zu geben und berief Peters nach Deutschland zurück und versetzte ihn dann in den einstweiligen Ruhestand.

Peters sah sich weiterhin als ein Opfer, vor allem der deutschen Medien und der in seinen Augen unfähigen Politiker des Deutschen Reichstages. Davon zeigte er sich nach außen wenig beeindruckt:

Dass dieses Geschimpfe von allen Seiten, diese Gesinnung, welche meine Landsleute bewiesen, mein eigenes Selbstbewusstsein nicht eigentlich beirren konnte, liegt auf der Hand. Die Monate, welche den Lärmszenen im Deutschen Reichstag folgten, gehören zu den glücklichsten meines ganzen Aufenthaltes in Deutschland. Ich hatte solche Niedrigkeit bei diesem Volke nicht erwartet, aber gerade das Übermaß machte meine Seele gewissermaßen immun gegen ihre Wirkung. Ich hatte ihnen immerhin ein Gebiet, doppelt so groß wie das Deutsche Reich erworben. Sie hatten das angenommen. Wenn sie darauf mit Gemeinheiten antworten wollten, so war das schließlich ihre eigene Sache, nicht meine.

Erst fünf Jahre später am 13.März 1896 wurden die Greueltaten durch den SPD Abgeordneten August Bebel durch seine Rede im Reichstag einer breiten Öffentlichkeit bekannt gemacht. Im Reichstag geriet Peters von den Sozialdemokraten und Linksliberalen wegen seiner Greueltaten Negerfresser oder Hänge Peters genannt, unter schweren Beschuss. Daraufhin sah sich das Auswärtige Amt genötigt ein förmliches Disziplinarverfahren wegen Pflichtverletzung gegen ihn einzuleiten, das durch Disziplinarurteil vom 15. November 1897 mit seiner unehrenhaften Entlassung wegen Missbrauchs der Amtsgewalt aus dem Staatsdienst endete. Strafrechtlich wurde Peters jedoch nie belangt. Im Juli 1896 bis zum Ausbruch des 1. Weltkrieges ging Peters freiwillig ins Exil nach London, wo er eine Firma gründete, die Reisen nach Angola und Rhodesien vermittelte. Außerdem war er als Schriftsteller tätig und befasste sich mit Studien zur Lokalisierung des sagenhaften Landes Ophir.

In London wurde Peters zu einem gewalttätigen Alkoholiker, der Phantasie und Realität nicht mehr unterscheiden konnte. Später wurde er noch vor Beginn des ersten Weltkrieges durch Kaiser Wilhelm II. rehabilitiert, der ihm bereits 1890 den *Kronen Orden III. Klasse* verliehen hatte.

Peters wurde sogar im Juli 1905 durch den Kaiser persönlich der aberkannte Titel eines Reichskommissaren a.D. samt der damit verbundenen Pensionsansprüchen und einer jährlichen Apanage von 3900 Reichsmark aus dem kaiserlichen Dispositionsfonds wieder rückwirkend zuerkannt. Ab 1913 wurde von einer Gruppe von Peters Freunden für ein Denkmal gesammelt, das vom Bildhauer Karl Möbius in 1 ½ facher Lebensgröße geschaffen und am Eingang des Hafens von Daressalam aufgestellt werden sollte. Deren Errichtung verhinderte allein der Ausbruch des 1. Weltkrieges.

In seinen Lebenserinnerungen dachte Peters darüber nach, wieweit die Schuld an seiner eigenartigen Laufbahn in Deutschland bei ihm selbst zu suchen sei.

Sicherlich hat mir mein temperamentvolles und offenes Wesen manche Gegner zugezogen…Wenn ich im Kampf mit einzelnen und ganzen Einrichtungen geraten bin, so ist dies daher gekommen, weil ich nicht Ehrfurcht und Achtung heucheln wollte, wo ich sie nicht fühlte, und weil mir oft Schein und Formen, welche anderen Deutschen ungeheuer wichtig dünken, eben wirklich keinen Eindruck machen konnten. Alle solche nachträglichen Betrachtungen haben jedoch nicht den geringsten praktischen Zweck. Könnte ich meinen Lebenslauf noch einmal einrichten, würde ich vielleicht manche Klippe des hinter mir liegenden Lebens vermeiden.… Die nutzloseste Kraftvergeudung ist die Reue über Dinge, welche nicht mehr geändert werden können.

Peters starb am 10. September 1918. Zu spätem Ruhm gelangte Peters posthum in der Nazizeit, die ihn als Held verehrte, weil er mit den Nazis durch den Gebrauch von Begriffen wie Edelrasse, Herrenrasse und Herrenmensch und das durch das von ihm verfolge Ziel der Züchtung einer deutschen Edelrasse auf der gleichen Wellenlänge lag. So befand die nationalsozialistische Reichsstelle zur Förderung des deutschen Schrifttums, dass die Gedankengänge Peters fast wörtlich mit denen des Führers Adolf Hitler übereinstimmten und wie nahe damit

Peters den Gedanken des Dritten Reiches bereits fünfzig Jahre vorher stand. Peters Leben und Wirken wurde auf Veranlassung des Reichspropagandaministers Joseph Göbbels mit Hans Albers in der Hauptrolle verfilmt. Der Film wurde zwar nicht der erwartete wirtschaftliche Erfolg, Karl Peters verhalf er jedoch zu nachträglichem Ruhm; so wurden in Deutschland im Dritten Reich zahlreiche Straßen und Plätze nach dem Rassisten und Mörder benannt.Die auf ihn lautende Straße in Berlin wurde inzwischen umbenannt.

5. Der Aufstand der Wahehe und Wadschagga 72)

Im Jahre 1891, ein Jahr nach Niederschlagung des Araberaufstandes erhob sich Mkawawa, genannt *der Töter* (Muhinja), der König des Wahehevolkes gegen die deutsche Schutzmacht und fügte den Deutschen ihre schwerste Niederlage in Ostafrika zu. Das Wahehereich erreichte unter Mkwawas 1884 seine größte Ausdehnung mit einem Fünftel der Fläche des heutigen Tansanias. Den Ehrennamen *der Töter* führte Mkwawas in Anerkenntnis dessen, dass er viele Leute im Krieg umgebracht hatte.

Die Wahehe war ein Bantu sprechender, Buckelrinder züchtender Volksstamm, der im Flussgebiet des Rufiji siedelte. Vor den anderen Negerstämmen in ihrer Umgebung zeichnete er sich nach einer Beschreibung des Missionars Adams durch ihren hohen, schlanken Wuchs und ihr würdiges selbstbewusstes Benehmen aus. Den ihnen angeborenen Stolz verleugneten die Wahehe auch gegenüber den Europäern nicht.Ihren Namen hatte der Stamm nach ihrem markerschütternden Kriegsgeschrei: *Hä, Hä*. Die Wahehe hatten von den Sangu die disziplinierte Kampfweise der Zulu in geschlossenen Verbänden übernommen und waren dadurch ihren Nachbarn militärisch überlegen. Sie zeichneten sich als Soldaten vor allem durch ihre Tapferkeit und Opferbereitschaft aus. Andererseits wurde ihnen besonders Rohheit, Brutalität und Raublust nachgesagt.

Die deutschen Schutztruppen standen unter dem Kommando von Oberleutnant Emil von Zelewski, der drei Jahre vorher durch sein taktisch unkluges Verhalten den Araberaufstand heraufgeschworen hatte. Unter seinem Kommando standen 4 Kompanien mit drei Geschützen, 14 deutsche Offiziere sowie 320 einheimische Askari Soldaten und 170 Trägern sowie Maschinengewehren und leichten Feldgeschützen, die fast 90 Prozent der gesamten deutschen Schutztruppe in Ostafrika stellten und preußisch gedrillt waren. Zelewski vertrat die Meinung, dass nur das rücksichtsloseste und schonungsloseste Mittel auch wieder das gelindeste, weil am schnellsten wirkende Mittel sei. Zelewski hatte von der Kolonialregierung den Auftrag erhalten die Wahehe zu unterwerfen, da sie eine Gefahr für die wichtige Karawanenroute von der Küste nach Ujiji am Tanganyikasee darstellten. Mordend und brandschatzend zog von Zelewski seit dem 30. Juli 1891 von der Küste aus in Richtung Südwesten durch das Land der Hehe. Insbesondere die Askari Soldaten plünderten, mordeten und vergewaltigten. Über seine Greueltaten führte Zelewski auch noch genau Buch:

Am 30. Juli eine befestigte Siedlung mit 20 Granaten und 850 Maschinenpatronen beschossen, am 5. und 6. August 25 Gehöfte den Flammen preisgegeben, am 15. und 16. weitere 50 Gehöfte angesteckt.

Mkwawa unternahm noch einen letzten Versuch die Auseinandersetzung friedlich zu lösen. Jedoch ließ Zelewski die fünf Unterhändler, die Mkwawa mit Rindern als Geschenke zu dem Friedenstreffen geschickt hatte, brutal niederschießen, noch bevor sie ihre Gastgeschenke überreichen konnten. Einem der Unterhändler gelang es zu entkommen und Mkwawa vom Fehlschlag der Unternehmung zu berichten. Daraufhin schlugen die Hehe zurück. Am 17. August 1891 überfielen ca. 3000 Krieger unter dem Kommando von Mkwawas Bruder Mpangie stehend, aus dem hohen Buschgras kommend, von zwei Seiten die Schutztruppe in der Nähe des Ortes Lugalo, rund 12 Kilometer vor dem Stützpunkt der Wahehe Iringa.

Obwohl die Hehe nur mit Speeren und Schilden, die Askari Soldaten der Schutztruppe jedoch über moderne Schnellfeuergewehren verfügte, gelang es den Hehekriegern schon nach wenigen Augenblicken in die Reihen der Schutztruppe einzudringen und damit in den Nahkampf mit ihren Speeren einzutreten, in dem sie der Schutztruppe überlegen war. Nach zehn Minuten war ein Großteil der Truppe vernichtet und getötet darunter der Kommandant Emil von Zelewski mit 10 europäischen Offizieren und 256 Askari Soldaten sowie 74 einheimische Träger. Die Hehe eroberten dabei 300 Gewehre, Geschütze und Maschinengewehre. Nur vier Deutschen, 2 Effendis, 62 Askaris und 74 Trägern gelang die Flucht. Von den Hehes fielen 250 bis 700 Soldaten. Die Niederlage gegen die Hehes, in den Augen der deutschen Heimat unzivilisierte Wilde wurde als nationale Schande empfunden. Ihr Chef Mkawawa wurde zum Reichsfeind Nr.1 ausgerufen. Die Hauptstärke der Wahehekrieger lag dabei im Auflauern und dem katzenähnlichen Ansprung, um danach schlangenähnlich in schwer zugänglichen Verstecken zu verschwinden.

Nur ein Jahr später wurde eine Expedition der Schutztruppe gegen den aufständischen Wadschagga (Massai) Stamm am Kilimanjaro in einen Hinterhalt gelockt und besiegt. Von Sodens Nachfolger Oberst Friedrich von Schele (1893-1895) besiegte zunächst im August 1893 die Wadschagga-Massai im Norden und führte anschließend 1894 eine Militärexpedition gegen die Wahehe im Süden durch.

Dabei machte Mkwawa einen entscheidenden taktischen Fehler als er seine bislang bewährte Hinterhalts- und Guerillataktik aufgab und sich mit seinen Soldaten in seiner zur Festung ausgebauten Hauptstadt Iringa (Kalenga) verschanzte. Damit spielte er der Schutztruppe in die Karten, der es gelang mit ihrer Artillerie, insbesondere mit einem von der Küste herangeschafften 6,7-cm Geschütz von einem naheliegenden Bergrücken die Festung sturmreif zu schießen. Danach drangen die Askari Soldaten in die Stadt ein und nahmen sie am 30.Oktober 1894 nach einem erbitterten Häuserkampf ein. Mkwawa gelang es mit einem großen Teil seiner Getreuen durch eine Lücke im deutschen Belagerungsring zu entkommen. Vorher ließ er noch die alte Wahrsagerin Chanzi, die Mkwawa einen Sieg vorhergesagt hatte, hinrichten. Seinen militärischen Erfolg meldete Schele wie folgt telegrafisch nach Berlin: 250 Feinde beerdigt, viele weitere in ihren Häusern verbrannt, befreite 1500 Weiber und Kinder, meistens geraubte Sklaven, 2000 Stück Groß- und 5000 Stück Kleinvieh. Die Stadt selbst wurde dem Erdboden gleichgemacht.

Es begann ein jahrelanger blutiger Kleinkrieg mit Überfällen Mkwawas auf deutsche Stationen und Stützpunkten in Guerillataktik unter Vermeidung von offenen Feldschlachten. Die deutschen Schutztruppen verwüsteten Felder und Siedlungen, verschleppten und töteten Frauen und Kinder. Vor allem die Verschleppung von Frauen und Kindern der Hehe galt als wirksamstes Mittel, um den Kampfeswillen der Hehe Männer zu brechen.

Zum neuen Kommandanten im Krieg gegen die Hehes wurde Tom von Prince berufen, ein auf Mauritius geborener Engländer. Es wurde ein sieben Jahre dauernder Kampf, bis die Hehes endgültig besiegt werden konnten. Price setzte auf den Kopf von Mkwawa ein Kopfgeld von 5000 Rupien, etwa 8000 Mark aus. Erst im Juni 1898 konnte der Hehestamm durch den Feldwebel Merkl besiegt werden, ihr Häuptling Mkwawa begang daraufhin am 19.Juli 1898 Selbstmord, um nicht in die Hände der Deutschen zu fallen. Nach vier Jahren Kampf gegen die Schutztruppe war Mkawawa müde und erschöpft und zog den Freitod vor, als lebendig in Gefangenschaft zu geraten und bedingungslos zu kapitulieren.

Feldwebel Merkl trennte dem Toten den Kopf vom Rumpf und übergab als Beweis für Mkawawas Tod den abgetrennten Kopf Mkwawas in Neuiringa dem deutschen Kommandanten der Schutztruppe von Prince. Dieser ließ den Schädel auskochen und ihn anschließend für ein paar Tage in Neu Iringa öffentlich ausstellen. Ein Gerücht kam auf, dass es sich bei dem Kopf nicht um Mkwawas Kopf, sondern um den eines anderen Hehe Kriegers handelte, mit dem sich jemand das Preisgeld sichern wollte. Die meisten Deutschen in Iringa waren jedoch sicher, dass es sich um den Kopf Mkwawas handelte. Viele der besiegten

Wahehekrieger wurden hingerichtet oder als Kettengefangene zur Zwangsarbeit gezwungen. Ihre Frauen und Kinder gerieten in Gefangenschaft, wobei sie häufig Missionsstationen zugewiesen wurden.

Der Kopf Mkwawas wurde zum Gegenstand einer abenteuerlichen Odysse. Ein Jahr nach Kriegsende schickte von Prince den abgetrennten Kopf offenbar zu wissenschaftlichen Zwecken nach Deutschland, wo sich seine Spur zunächst verlor. Erst nach Beendigung des 1. Weltkrieges wurde der Schädel wieder zum Gegenstand der Aufmerksamkeit der Weltöffentlichkeit dadurch, dass die Engländer im Artikel 246 Abs.2 des Versaillervertrages von den Deutschen die Rückgabe des Mkawawas Schädels forderten.

Nach dem für Deutschland verlorenen Ersten Weltkrieg verlor das Deutsche Reich alle überseeischen Besitzungen und musste umfangreiche Reparationszahlungen an die Siegermächte leisten. Im Abschnitt VIII des Versaillervertrages waren Gegenstände und Kunstwerke aufgezählt, welche die Deutschen innerhalb von sechs Monaten nach Inkrafttreten der Vereinbarung abzuliefern hatten. Hierzu gehörten der Original Koran, der von den Türken aus Medina entfernt wurde und dem deutschen Kaiser Wilhelm II als Geschenk gemacht wurde sowie die französischen Fahnen, die im Laufe des Krieges 1870/1871 erbeutet worden waren. Zu den Gegenständen gehörte gemäß Artikel 246 des Versailler Vertrages auch der Schädel des Sultans Mkawawas, der aus Deutsch- Ostafrika weggenommen und nach Deutschland gebracht worden war.

Dieser Schädel sollte der britischen Regierung übergeben werden. Die britische Regierung erfüllte damit den besonderen Wunsch der in ihren Reihen im 1. Weltkrieg kämpfenden Hehesoldaten. Dieser Wunsch stieß bei den Deutschen auf Probleme, weil sie den Aufenthaltsort des Schädels nicht kannten. Man legte daraufhin den Briten drei Negerschädel wahlweise zur Auswahl vor. Die Auswahl erfolgte per Los und der ausgeloste Schädel wurde daraufhin nach Ostafrika geschickt.

Die Geschichte schien damit ihren Abschluss gefunden zu haben bis im Jahre 1953 sich der britische Gouverneur Sir Edward Twining erneut auf die Suche nach dem Mkwawa Schädel machte und dazu nach Deutschland reiste. Dort fand er im Bremer Kolonialmuseum einen Schädel mit einem passenden Einschussloch, das er trotz wissenschaftlicher Bedenken als Schädel des Mkwawa identifizierte und nach Iringa brachte, wo er seitdem im Mkwawa Gedächtnismuseum in Kalenga in einem Schrein verwahrt und wie eine wertvolle Reliquie von den eingeborenen Nachfahren Mkwawa verehrt wird. Aufgrund seiner Verdienste um sein Volk und seine militärischen Leistungen erhielt Mkwawa den Beinamen *Schwarzer Napoleon*.

7. Militäraktionen 1891- 1905

Bis zum Beginn des Maji- Majiaufstandes im Jahre 1905 folgte seit der Unter-schutzstellung des Gebietes durch das Deutsche Reich im Jahr 1891 eine Zeit verhältnismäßiger Ruhe. Dennoch musste die Schutztruppe zwischen 1891 und 1897 allein 61 Mal zur Niederschlagung kleinerer Aufstände ausrücken. Um 1900 war die gesamte Kolonie unter der Kontrolle der Deutschen, die sich darum be-mühten eine Art Normalität einzuführen. Dazu wurde eine Verwaltung eingerichtet.

Unterbrochen wurde diese Zeit des Friedens vor allem durch häufige Strafexpe-ditionen, insgesamt 61 in den Jahren zwischen 1891 und 1897. In der Taborare-gion am Kilimanjaro und Rovuma brachen 1892 Unruhen aus. Am 10.Juni 1892 war es Meli vom Moschi, der eine deutsche Expedition vernichtete. Nachdem er von Gouverneur von Schele (1893-1895) im Jahre 1893 besiegt wurde,konnte dieser das Gebiet um den Kilimandscharo weitgehend befrieden, wobei er ge-schickt die ethnische Zersplitterung und die lokalen Rivalitäten unter den lokalen Stämmen ausnutzte.

1897 wurden die Ngoni im Südosten der Kolonie durch eine deutsche Expedi-tionstruppe unter Einsatz von Maschinengewehren besiegt. Danach wurde die Militärstation Songea eingerichtet. Im Dezember 1899 wurde ein Aufstand der Dschagga niedergeschlagen, welche zusammen mit Leuten aus Aruscha die Mi-litärstation in Moschi angegriffen hatten. Nach Niederschlagung des Aufstandes wurden 19 Todesurteile gegen Dschagga Leute gefällt.

Ein Grund für die häufigen Aufstände waren vor allem die unentgeltlichen Fron-arbeiten und seit dem 1.November 1897 die Hüttensteuer, zu denen die Einge-borenen herangezogen wurden und die ihren Unwillen auslöste. Dazu kam die brutale Härte der Askaris vor allem gegen die weiblichen Kettenarbeiter. Viele Eingeborenen waren gezwungen für die Hüttensteuer ihr lebensnotwendiges Kleinvieh, Ziegen und Schafe unter Preis zu verkaufen.

Nach Niederschlagung eines Aufstandes suchte die deutsche Kolonialverwal-tung zumeist einheimische Häuptlinge, die zur Zusammenarbeit mit der Kolo-nialverwaltung bereit waren und ernannte sie zu Ortsvorstehern (Jumbe). Als äußere Zeichen ihrer Macht und Autorität wurden ihnen Flaggen, Häuptlingsstä-be, Häuptlingsbücher und rote Mützen gegeben. Darüber hinaus wurden sie mit 4 bis 10 % am Steueraufkommen für die Erfüllung ihrer Pflichten entlohnt. Zur Verhinderung von Fraternisierungsversuchen machte man Ortsfremde, zumeist Araber oder Suhaeli zu Vorstehern mehrerer Orte.

8. Missstände: Arbeiterfrage, Hütten- und Kopfsteuer, Pombesteuer 73)

Bis zum Jahre 1905 existierte keine Rechtsgrundlage der Kolonialverwaltung für eine zwangsweise Arbeiterrekrutierung. Vorher versuchte die deutsche Kolonialregierung die Arbeiterfrage über die Erhebung von Steuern zu lösen. So wurde am 1.11.1897 durch den Gouverneur Liebert die sogenannte *Hüttensteuer* in Höhe von 3 Rupien auf jede Hütte (ca. 4 Personen) eingeführt, die durch indirekten Zwang eingetrieben wurde. Diese konnte durch Naturalien und Arbeitsleistung der Steuerpflichtigen abgelöst werden.

Als die Arbeiterfrage sich weiter dadurch verschärfte, dass die Baumwollwirtschaft eine Menge an Arbeitskräfte erforderlich machte, suchte der Gouverneur Götzen den Arbeitskräftemangel dadurch zu begegnen, dass er mit der Steuerverordnung vom 22. März 1905 eine Kopfsteuer von drei Rupien einführte. Die Kopfsteuer hatte jeder erwachsene arbeitsfähige Mann im Binnenland der Kolonie zu entrichten . Die Einführung der Kopfsteuer bedeutete gegenüber der Hüttensteuer, bei der nur jede Hütte, ca. 4 steuerpflichtige Personen 3 Rupien zu zahlen hatten, eine Verschärfung der finanziellen Belastungen der Eingeborenen um ein Vielfaches. Die Kopfsteuer konnte auch nicht mehr durch Naturalzahlungen abgelöst werden. Zeitgleich mit der Einführung der Kopfsteuer verpflichtete die Verordnung betreffend die Heranziehung der Eingeborenen zu öffentlichen Arbeiten alle arbeitsfähigen Männer unentgeltlich zur Reinigung, Unterhalt und den Bau von öffentlichen Wegen sowie diejenigen, die ihre Kopf- und Hüttensteuer nicht zahlen konnten, zu Tributarbeiten, teilweise in weiter Entfernung von ihren Heimatdörfern.

Die Tributpflichtigen konnten zudem an Plantagenbesitzer weiterverkauft werden. Bei der Erhebung der Steuern gingen die eingeborenen Eintreiber nicht zimperlich vor. Ein Missionar berichtet:

In einer Siedlung wurden zehn Frauen als Geiseln genommen und von den Askari geschändet, weil die Steuer noch nicht bezahlt worden war. Sie wurden anschließend in die Sklavengabel geworfen und auch nachts nicht befreit. Zwei fliehende Männer wurden erschossen.

Die Erhebung der Hütten- und Kopfsteuer wurde den Akiden oder Askarisübertragen, denen exekutive und legislative Rechte verliehen wurden und die davon brutal und erbarmungslos gegenüber den steuerpflichtigen Eingeborenen Gebrauch machten. Dieser Missstand war verbunden mit der allgemeinen Unterdrückung der einheimischen Bevölkerung durch die Deutschen, auch eine Hauptursache für den Ausbruch des Maji- Maji Aufstandes im Jahre 1905, der mit dem Überfall auf das Haus eines Akiden begann.

Das schrieb zumindest ein Angestellter der Diskonto-Gesellschaft aus Ostafrika am 3.Oktober 1905:

Die Ursache des Aufstandes ist in der Hauptsache die sogenannte Kopf- oder Hüttensteuer. Die Neger haben so gut wie keinen lohnenden Absatz für ihre Produkte des Feldes, ihre Rinder und Ziegen haben dieselben bis auf geringen Bestand zur Aufbringung der Steuer hergegeben und nur noch sehr wenige haben etwas Vieh. Wer die Steuer nicht bezahlen kann, muss für die Station fern von den Seinigen arbeiten und ist der Willkür der Askaris preisgegeben... Diese sogenannte Tributarbeit...hasst der Neger bis aufs Tiefste, er muss sich derselben jedoch fügen, sonst wird ihm das Vieh fortgenommen und seine Hütte mit allem, was darin ist, verbrannt...Meine Ansicht geht dahin, dass wir nach dem bestehenden System Gefahr laufen, diese Kolonie durch unsere eigene Schuld zu verlieren. Wir müssen erst lernen, den Neger richtig als Menschen und nicht als Vieh zu behandeln.

Vor Einführung der Kopfsteuer wurden zur Lösung der Arbeiterfrage auf den Baumwollfeldern in dafür geeigneten Dörfern zum gemeinsamen Anbau von Baumwolle sogenannte Dorfschamben errichtet. In diesen wurden Frauen und Männer, Freie und Sklaven verpflichtet gegen eine nur geringe Entlohnung gemeinsam eine bestimmte Fläche mit Baumwolle zu bebauen. Das geringe Entgelt wurde den Arbeitern nicht sofort ausgezahlt, sondern erst dann, wenn die Baumwolle in Hamburg verkauft war und der Kauferlös nach Ostafrika transferiert wurde. Dieser Lohnbetrug führte in den von dem Zwangsanbau betroffenen Gebieten zwangsläufig zu Unzufriedenheit und zu Unruhen.

Als weiteren Missstand empfanden die Eingeborenen die Jagd- und Waldschutzverordnung von Juni 1903, welche den Eingeborenen die Elefantenjagd und die traditionelle Netzjagd untersagte. Dazu kam die Einführung der sogenannten Pombesteuer auf das einheimische Afrikanerbier, das den Bierkonsum der Eingeborenen eindämmen sollte. Hierdurch fühlten sich die Einheimischen von den Kolonialherren gegängelt und unterdrückt. Ein deutscher Marineoffizier beschrieb diese Missstände, die letztlich zum Ausbruch des Maji Maji Aufstandes führten:

Der Neger muss Steuern zahlen, muss bestimmte Bäume pflanzen, einige Arten seiner Ngoma (Tänze) sind ihm verboten, der Ort, wo er seine Hütte bauen soll, wird ihm zugewiesen, die Jagd ist ihm eingeschränkt, er muss produzieren, muss auf der Dorfshamba arbeiten und sieht sich um einen Teil des Lohnes, der zum Teil erst nach vielen Monaten, d.h. nach der Fassungskraft des Negers vorläufig gar nicht, gezahlt wird, von Jumben betrogen, seine Pombefeste werden ihm eingeschränkt, die Arbeitspombe wird unterdrückt.

Als genauso schlimm und diskriminierend wurden von den Eingeborenen auch die unkorrekten Methoden der indischen und arabischen Händler empfunden.

9. Maji- Maji Aufstand 74)

Der Maji-Maji Aufstand begann Ende Juli 1905 in der Nähe des Dorfes Nandete als Aufstand der Bauern und Arbeiter, die sich gegen die Praxis des Anbaus von Baumwolle wehrten. Sie verweigerten die Arbeit und rissen die Baumwollpflanzen, für sie ein Symbol der Zwangsarbeit und Ausbeutung aus der Erde. Der Aufstand weitete sich schnell auf das südliche Gebiet von Deutsch- Ostafrika aus, im Süden bis zur Grenze von Mozambique und im Westen bis zum Nordufer des Njassasees. Betroffen waren die Bezirke im Süden der Kolonie: Iringa, Kilwa, Langenburg, Lindi, Mahenge, Morogoro und Songea.

Begünstigt wurde der Maji-Maji Aufstand durch die zahlreichen durch den Handel entstandenen Handelswege, insbesondere die Karawanenwege und die dabei entstandenen Netzwerke, welche die Teilnahme von insgesamt 20, sehr unterschiedlichen afrikanischen Völkern erst möglich machte. Zu den Hauptträgern des Aufstandes gehörten die Ngoni, während die Hehe sich weitgehend neutral verhielten oder sich sogar mit Hilfstruppen den Deutschen anschlossen aufgrund negativer Erfahrungen, die sie in der Vergangenheit bei Rebellionen gegen die deutsche Kolonialmacht gemacht hatten. Darüber hinaus kollaborierten wegen interner Zwistigkeiten auch andere Stammesführer mit den Deutschen und nicht mit den Aufständischen.

Auch der Einfluss der Missionen und der christlichen Religion hielten einige Stämme davon ab, sich den Aufständischen anzuschließen. Die Missionare genossen bei den Afrikanern in der Regel ein hohes Ansehen, das sie teilweise sogar vor Übergriffen durch die Aufständischen schützte, obwohl für sie alle Weiße gleich waren, alle Freunde von Steuern und Baumwolle. Teilweise zeigten die Missionare sogar für die Aufständischen und ihre Ziele, sich gegen das Vordringen des weißen Mannes zu wehren Verständnis und Sympathie. So verglich ein Memorandum der Benediktinermission den Aufstand mit der nationalen Auflehnung der Tiroler im Jahre 1809 und der Deutschen gegen Napoleon in den Freiheitskriegen von 1813.

Dennoch waren die Missionare Teil des bei den Afrikanern verhassten weißen Herrschaftssystemes, das ihre Religion und Sitten, insbesondere die Initiationsriten, Polygamie, Ahnenverehrung, Häuptlingsherrschaft sowie ihre Lebens- und Arbeitsauffassung zerstört hatten.die Gründe für den Maji- Majiaufstand waren vielfältig, Magie und Zauberei, Mythen und Heilslehre. Verstärkt und angefacht wurde die Rebellion noch von Geheimbünden und Flüsterpropaganda.Der Aufstand begann zu Beginn des Jahres 1905 als größere Gruppen von Eingeborenen den im Hinterland des Küstenortes Kilwa im Dorf Ngarambe an den Westhängen der Matumbiberge residierenden Medizinmann Kinjiktikle vom Stamm der Ikemba in seinem eigens errichteten großen Tempel in Ngarambe aufsuchten. Dieser hatte 1904 ein einschneidendes Erlebnis. Er fühlte sich von Hongo besessen. Dieser galt als Geist des Gottes Bokero, der nach einem alten Bantu Mythos in den Pangani- Stromschnellen des Flusses Rufiji lebte. Von Konjiktikle erzählte man sich, dass er für eine Nacht in einem Teich verschwunden und am nächsten Morgen vollkommen trocken wiederaufgetaucht sei. In dieser Nacht soll er in die Welt seiner Ahnen abgetaucht sein. Diese hätten ihm mitgeteilt, dass sich die Verhältnisse in Ostafrika umkehren und die Afrikaner die Deutschen vertreiben würden.

Die Ahnen sollen ihm eine Zaubermedizin, einen magischen Trank bestehend aus Wasser, Mais und Sorgumkörner, eine Hirseart, Maji genannt - in Kisuhaeli das Wort für *Wasser* gegeben haben, die Kraft verleihen und unverwundbar machen soll. Die Zauberwirkung der Medizin soll in ihrer Wirkung liegen, denn sie soll die Geschosse eines Gegners von den Zielen wie Regentropfen von gefetteten Leibern abfallen lassen. Insoweit könne sie die Kraft verleihen, um das deutsche Besatzerjoch abzuschütteln. Zugleich sollte die Medizin ihrem Besitzer materiellen Wohlstand durch reiche Ernten und Schutz vor Schäden ihrer Pflanzungen durch Fernhalten von wilden Tieren bringen. Die Zaubermedizin wurde in kleinen Bambusbüchsen abgefüllt und anschließend dem Gewehrpulver beigemischt. Damit entfaltete es die Wirkung der Treffsicherheit.

Danach gingen die Krieger mit dem Ruf *Maji, Maji, Tod den Deutschen* in den Kampf. Man konnte den Zauber aber auch trinken, ihn in einem Gefäß um den Hals hängen oder sich einfach über den Kopf schütten. Als Zeichen ihrer Zugehörigkeit zum Majikult banden sich die Krieger Hirse- oder Maiskolben um den Kopf, durch deren durchdringendes Rasseln sie sich gegenseitig zu erkennen gaben. Mit der Maji- Maji Botschaft waren aber auch moralische Vorschriften verbunden, so mussten die Anhänger sexuell enthaltsam leben, Hexerei und bestimmte Speisen sowie Plünderungen waren verboten.

Die Maji- Maji Medizin war eine Schutzmedizin, die sich mit dem Glauben an Talismane und übernatürliche Schutzmächte und Gottheiten verband. Die Überreichung der Majimedizin durch Kinjikkitle erfolgte im Rahmen einer nächtlichen Zeremonie, eines Initiationsrituales. Über die Gründe für den Aufstand und Verhältnisse im Süden der Kolonie im Sommer 1905 äußerte sich Hauptmann Merker wie folgt:

Einige weit bekannte Häuptlinge hatten zunächst den Plan zu gemeinsamer Aktion entworfen, und dann die ihnen durch Stammeszugehörigkeit, Verwandtschaft oder Blutsfreundschaft verbundenen Häuptlinge dafür gewonnen, die nun ihrerseits immer mehr Anhänger unter bekannten und befreundeten Häuptlingen warben. Dann wurden Häuptlingsversammlungen abgehalten, in welchen den Teilnehmern, nachdem sie zur absoluten Verschwiegenheit verpflichtet waren, der Kriegsplan bekannt gegeben und weiter beraten wurde. Es ist hier nicht der Ort, die Gebräuche, welche die Eingeborenen zur Erreichung solch vollkommener Geheimhaltung haben, zu erläutern. Ich muss mich vielmehr auf die Feststellung der Tatsache beschränken, dass sie dafür fast nie versagende, im Volksglauben wurzelnde Mittel kennen, und dass diese es bei allen Eingeborenenkriegern den Angreifern ermöglichten, trotz der bei ihnen wohnenden Spione und politischen Agenten des Gegners, diesen zu überfallen, bevor er die feindliche Absicht ahnte. Solange man noch unter den Häuptlingen Anhänger fand, sollte das Volk in voller Unwissenheit über die Pläne und ihre Ziele bleiben; nur sollte es für die später zu bewerkstelligende Aufreizung in einer äußerlich durchaus harmlos scheinenden Weise so vorbereitet werden, dass die Verhetzung im geeigneten Moment schnell und sicher wirken musste, ohne dass den breiten Massen vorher das Endziel enthüllt oder der Verdacht irgend eines in dieses nicht Eingeweihten erregt wurde.

Die im Sommer 1905 von Konjitikle und seinen Anhängern getroffenen Vorbereitungen beschrieb Merker wie folgt:

Nun hatte die deutsche Verwaltung für die Kulturen der Eingeborenen ein besonderes Interesse gezeigt, hatte auch bei drohender Hungersnot große Mengen von Lebensmitteln aufgespeichert und damit den Hungernden bis zur nächsten Ernte geholfen. Ein in diesem Sinne gefärbtes Mäntelchen der vorbereitenden Beeinflussung umzuhängen, war sicher kein törichter Gedanke und bewies wieder einmal, dass der Naturmensch den Charakter des Europäers instinktiv besser durchschaut, als dieser mit Vernunft, Logik und Gemüt das Herz des Wilden sondieren kann. Die Häuptlinge der Matumbi- und Kitschiberge verbreiteten unter ihren Leuten, dass ein in den Pangani Schnellen des Rufijiiflusses in Gestalt einer Schlange lebender Geist dem in Ngarambi wohnenden Medizinmann, der sich jetzt den Amtstitel Bokero (Vermittler zwischen den Menschen und jenem Geist) beigelegt hatte, eine Zaubermedizin gegeben habe, die den, welcher sie besäße, von allen Landwirtssorgen befreien würde. Sie würde ferner Wohlstand und Gesundheit verleihen, Hungersnot und Seuchen fernhalten und insbesonders die Pflanzungen vor den Verwüstungen durch Wildschweine schützen. Sie garantiere reiche Ernte, so dass die Leute in Zukunft nicht mehr für die Fremden Lohnarbeiten zu verrichten brauchten, um sich den gewohnten Luxus (Stoffe, Glasperlen etc.) zu verschaffen. Die Medizin sollte schließlich auch- und dabei war nur auf die früher ständigen Kriege der Eingeborenen untereinander Bezug genommen- unverwundbar machen, sollte bewirken, dass die Geschosse des Gegners von den Zielen wie Regentropfen von gefetteten Leibern abfielen; Weiber und Kinder sollte sie für die in Kriegszeiten übliche Flucht und die damit verbundenen Strapazen und Entbehrungen stärken, sowie vor einer Verschleppung durch den siegenden Angreifer schützen, der Weiber und Kinder als Beute mitzunehmen pflegte. Die Medizin bestand aus Wasser, Mais und Sorghumkörnern (eine große Hirseart). Das Wasser wurde in Ngarambi durch Übergießen des Kopfes und Trinken appliziert, aber auch in kleinen Bambusbüchsen, die um den Hals zu hängen waren, verabfolgt. Die Getreidekörner sollten die Weiber in die von ihnen bearbeiteten Felder legen zur Erzielung reicher Ernte und Fernhaltung von Wildschweinen; die Männer sollten je eines der beiden Arten in das Pulver jeder Gewehrladung stecken, wodurch Treffsicherheit erreicht würde.

Die Sache sah durchaus harmlos aus und wurde auch von den vielen Leuten, die zum Medizinmann pilgerten, im eben skizzierten Sinne aufgefasst. Keineswegs heimlich, sondern offen und ungeniert wanderten unter den Augen der später in Mitleidenschaft gezogenen Araber, Inder und Küstenleute große Trupps (es wurden solche von über 500 Erwachsenen beobachtet) zum Medizinmann.

Die eigentliche Aufreizung sollte erst im letzten Moment vor Beginn der Feindseligkeiten erfolgen, die von allen verschworenen Häuptlingen zu einem bestimmten Termin, der einige Monate nach dem ersten August lag, gleichzeitig aufgenommen werden sollten. Zum Glück für die vielen weit ab von Militärstationen liegenden und daher schutzlosen Europäeransiedlungen kam es indes nicht dazu, sondern man schlug, anscheinend infolge eines Privatstreits zweier Matumbi-Jumben Ende Juli in Kibata los.

Der damalige Gouverneur Adolf von Götzen nannte in einer Stellungnahme gegenüber dem Reichstag den Einfluss von Alkohol sowie ein Reagieren des Buschnegers gegen die vordringende europäische Kultur, die unvermeidbare Unzufriedenheit des Naturmenschen mit der vordringenden Zivilisation und ihre Forderung nach Arbeit in Verkennung der wirklichen Situation als Hauptgründe für den Maji- Maji Aufstand.

Es war von Götzen selbst, dessen Regierungsführung im Wesentlichen den Aufstand auslöste. So führte er anstelle der Hüttensteuer die Kopfsteuer ein, die anstelle der Hütte mit bis zu vier Bewohnern jeden Bewohner belastete. Um den Mangel an Arbeitskräften auf den staatlichen Baumwollplantagen, den sogenannten Kommunalschamben zu bekämpfen, wurden alle Männer der umliegenden Dörfer gezwungen dort 28 Tage Zwangsarbeit gegen einen geringen Lohn zu verrichten. Dieser Lohn wurde erst nach dem Verkauf der Ernte, oftmals erst nach einem Jahr ausgezahlt. Dies hatte zur Folge, dass die Eingeborenen ihre eigenen Felder nicht mehr bearbeiten konnten, was die wirtschaftliche Not und Versorgungslage der einheimischen Bevölkerung extrem verschlechterte und für viele Dorfbewohner zum Todesurteil wurde.

Der Glaube an die wunderwirksame Kraft das Maji Wassers aus dem Rufiji Fluss, das vermischt mit Hirse und Mais als Medizin eingenommen sie vor den Kugeln der Weißen unverletzbar machen sollte, wurde vielen Maji Kriegern zum Verhängnis.

Bei Beginn der Aufstandes, der für die Deutschen und ihren Gouvebornen Graf von Götzen ohne Vorwarnung völlig überraschend kam, standen den Aufständischen und ihren Sympathisanten nur rund 200 Deutsche, 1701 Askari der Schutztruppe und 659 farbige Polizisten gegenüber, eine nach Ansicht des Gouverneurs unlösbare Aufgabe. Erst sehr spät am 13. Juli 1903 wurden die deutschen Behörden in dem Küstenort Kilwa in einem Schreiben eines Akiden aus den Matumbibergen auf das Treiben des Zauberers und der von ihm ausgehenden Gefahr aufmerksam.

Ein deutscher Plantagenbesitzer, Hopfer mit Namen der sich weigerte seine Plantage zu verlassen, wurde am 30. Juli das erste Opfer der Aufständischen. Daraufhin ließ man den Zauberer Kinjikkitle verhaften und ihn von einem Kriegsgericht zum Tod durch den Strang verurteilen. Das Urteil wurde am nächsten Tag, am 4. August bereits vollstreckt. Vor seiner Hinrichtung äußerte sich Kinjikkitle, er fürchte sich nicht vor dem Tod. Seine Hinrichtung werde auch nicht mehr nützen, weil seine Medizin schon bis 100 Kilometer weit nach Kilosa und Malende Wirkung entfalte.

Den Aufstand konnte die deutsche Verwaltung nicht mehr stoppen. Der Glaube an die Maji Medizin verbreitete sich rasend schnell über die Handels- und Karawanenwege. Die Aufständischen zwangen jedes Dorf im Süden der Kolonie dazu, sich dem Aufstand anzuschließen. Wer sich weigerte, wurde mit dem Speer getötet. Als Kriegserklärung gegen das Deutsche Reich galt das Ausreißen von Baumwollpflanzen auf den Kommunalschamben, die den Eingeborenen als Symbol für Fremdherrschaft, Ausbeutung und Unterdrückung galten. Darüber hinaus wurden Dörfer geplündert und angesteckt.

Insgesamt 20 Volksstämme schlossen sich 1905 den Aufständischen an. Der Aufstand drohte sich zu einem Flächenbrand auszuweiten, verstärkt durch den Glauben an den Maji Zauber. Selbst diejenigen, die nicht an den Zauber glaubten, schlossen sich dem Aufstand gegen die Deutschen an, um die Unterdrücker loszuwerden. Meldungen hiervon an den deutschen Gouverneur wurden von den Deutschen als Hokuspokus, als für den Eingeborenen nicht ungewöhnlichen Aberglauben abgetan. Man sah die Einheimischen und ihre Volksstämme als viel zu träge an, um sich zu einer großen gemeinsamen Aufstandsbewegung zusammenzuschließen. In den bevorstehenden Aufstand waren nur wenige Häuptlinge und Zauberer, nicht jedoch die einheimische Bevölkerung und erst recht nicht die deutschen Kolonialbeamten eingeweiht.

Ein prominentes Opfer der Aufständischen wurde Bischof Cassian Spiss, der Vorsteher der Benedektiner für den Süden Deutsch-Ostafrikas, der sich mit zwei Nonnen und Mönchen im Süden auf einer Visitationsreise befand. Sie wurden von Wabondekrieger mit Speeren und Pfeilen getötet.

Am 16. August 1905 gelang es den Aufständischen die deutsche Militärstation Liwale zu zerstören. Dies war das erste und letzte Mal, dass eine deutsche Station in die Hände der Maji-Maji Krieger fiel. Ende Oktober 1905 war ein Drittel von Deutsch-Ostafrika in den Händen der Aufständischen.

Trotz der zahlenmäßigen Überlegenheit der Aufständischen gelang es der deutschen Schutztruppe infolge ihrer überlegenen Technik, insbesondere bei den Waffen, durch den Einsatz von Maxim Maschinengewehren und der Nachrichtenübermittlung durch Heliografen und Telegrafenstationen die Aufständischen entscheidend zu besiegen und den Aufstand niederzuschlagen.

Die Bewaffnung der Aufständischen bestand abgesehen von einigen Vorderladegewehren vorwiegend nur aus einheimischen Waffen wie Speere, Bogen und Pfeile, mit denen sie gegenüber der mit Mausergewehren ausgerüsteten Kolonialsoldaten letztlich nichts ausrichten konnten. Insoweit machte sich das von der Kolonialregierung verordnete Waffenmonopol bemerkbar, nach dem sich die Kolonialverwaltung das alleinige Recht der Einfuhr und des Verkaufs von Feuerwaffen und Munition vorbehalten hatte. Vorderladegewehre wurden nur an Europäer oder bestimmte Einheimische abgegeben wie Postboten oder an zuverlässige Jäger oder Personen, die sich nachweislich ohne Feuerwaffen der Löwen und Wildschweine nicht erwehren konnten.

Zum Wendepunkt des Krieges wurde die von den Maji- Maji versuchte Eroberung der deutschen Militärstation von Mahenge, am 30. August 1905. Bis zu 10.000 Krieger hatten sie dort zur Erstürmung der Station zusammengezogen. Demgegenüber standen dem Stationsleiter, dem Hauptmann Theodor von Hassel nur vier europäische Soldaten, achtzig Askarisoldaten sowie einige Hundert Hilfskrieger zur Verfügung. Darüber hinaus verfügte er jedoch über zwei Maxim Maschinengewehre, mit denen die Deutschen die Erstürmung ihrer Militärstation durch die haushohe Übermacht der Maji- Maji Krieger erfolgreich abwehren konnten. Als diese die Station am 29. August 1905 in dichten Formationen und mehreren Wellen angreifen wollten, wurden sie von den beiden Maschinengewehren gnadenlos niedergemäht. Sie standen schutzlos der Maschine gegenüber, für sie ein böser Zauber der Weißen. Die nicht getötet wurden, entkamen dem Inferno in heilloser Flucht. Kommandant von Hassel berichtete:

Ganze Reihen, ja Berge von Toten konnte ich durch mein Glas auf allen Kampfplätzen erkennen. Während die Deutschen nur 20 Hilfssoldaten als Opfer zu beklagen hatten, starben über 600 Aufständische, der Rest wandte sich entsetzt vom Ort des Schreckens ab.

Der Grund für das Versagen der Maji Medizin wurde teilweise bei den Getöteten selbst gesehen, die irgendwelche Vorschriften wie das Verbot der sexuellen Enthaltsamkeit und der Plünderungen gebrochen hätten oder die Initiation sei fehlerhaft gewesen und damit sei die Schutzwirkung des Maji aufgehoben. Andere Propheten des Maji verkündeten, die Gefallenen seien gar nicht tot, sondern würden wieder lebendig.

Die Deutschen reagierten erst im September 1905 mit einer Verstärkung der Schutztruppe durch 150 Marineinfanteristen und fünfzig weitere Offiziere sowie durch Anwerbung weiterer einheimischer Askarisoldaten. Dann begannen sie mit einer Gegenoffensive, die zur Strafexpedition wurde. Dabei verfolgten die Deutschen die Politik der verbrannten Erde, bei der Dörfer, Brunnen und Felder zerstört, Vieh weggeführt, die Ernten vernichtet, die Felder verwüstet und die Aufständischen und ihre Sympathisanten ausgehungert und getötet wurden. Die Taktik der verbrannten Erde wurde als Kriegsführung von allen übrigen Kolonialmächten angewandt. Sie bezweckte die Zerstörung der Lebensgrundlagen der Eingeborenen, um deren Widerstand zu brechen, ohne einen Unterschied zwischen Kämpfenden und Zivilpersonen zu machen. Diese Taktik widersprach eindeutig dem Kriegsvölkerrecht, das nach Ansicht der europäischen Kolonialstaaten nur auf europäische Gegner anzuwenden war. Der Gouverneur Graf von Götzen rechtfertige die Strategie damit:

Wie in allen Kriegen gegen unzivilisierte Völkerschaften war auch im vorliegenden Fall die planmäßige Schädigung der feindlichen Bevölkerung an Hab und Gut unerlässlich.

Dazu zählte er wie selbstverständlich auch das Abbrennen von Ortschaften und von Lebensmittelbeständen. Die Askari Soldaten waren furchtbar roh mit den verwundeten Feinden. Schonung kannten sie nicht. Gefangene wurden nicht gemacht. Sie wurden zur Strafarbeit verurteilt oder hingerichtet.Die Aufständischen änderten daraufhin ihre Taktik, indem sie Kämpfen mit der Schutztruppe aus dem Wege gingen und dafür in Guerillamanier „Hit and Run" einzelne Farmen und Missionsstationen angriffen , deren Bewohner töteten und sich danach sofort zurückzogen. Dabei nutzten sie vor allem ihre bessere Ortskenntnis aus. Nach ihren Siegen verlangten die Deutschen die Auslieferung der Rädelsführer, die sie dann zur Abschreckung aufhängten und ihre Heimatdörfer niederbrannten.

Der Glaube der Maji- Maji Krieger an ihre Unverwundbarkeit war unter dem Feuer der deutschen Maschinengewehre zerbrochen. Mitte März 1906 hatte die deutsche Schutztruppe den Aufstand unter Kontrolle. Im Januar 1907 war er beendet.

Die Folgen des Maji-Maji Aufstandes waren genauso verheerend wie die des Hereroaufstandes in Deutsch- Südwest. Über 75.000 bis 100.000, manche sprechen sogar von 300.000 Eingeborene kamen um, darunter fast 29.000 Pangwas, die fast völlig ausgerottet wurden. Die meisten von ihnen kamen nicht bei Kampfhandlungen ums Leben, sondern verhungerten, weil die Deutschen bei ihrer Politik der verbrannten Erde alle Nahrungsmittel und Vorräte vernichteten oder sie wurden in ihrer Schutzlosigkeit Opfer von wilden Tieren, insbesondere von Löwen. Auf Seiten der deutschen Kolonisten starben demgegenüber nur 15 Weiße und 389 schwarze Untertanen. Allein deswegen wurde diesem Aufstand in der deutschen Heimat nicht die Bedeutung beigemessen wie dem Hereroaufstand in Deutsch Südwest.

10. Die Zeit nach dem Maji- Maji Aufstand 75)

Der Maji- Maji Aufstand hatte die sozialen Strukturen im Süden der Kolonie Deutsch-Ostafrika völlig zerstört. Vor allem waren die alte Familienordnung, die Clans und Stämme zusammengebrochen, dazu kamen zahllose Seuchen und Hungersnöte. Für die Deutschen war der Sieg die Chance, unter Änderung ihrer Kolonialpolitik das von ihnen verfolgte Ziel, den kolonialen Frieden, die *pax colonialis* in Deutsch-Ostafrika dauerhaft und flächendeckend durchzusetzen. Dies drückte der Staatssekretär im neu errichteten Reichskolonialamt Bernhard Dernburg wie folgt aus:

Unsere Kolonien müssen ein Denkmal deutschen Fleißes, deutscher Tüchtigkeit und deutscher Kultur werden.

Äußerlich wurde diese Forderung in den Europäervierteln der größeren Städte erfüllt, vor allem in Daressalam. *Eine Symphonie in Rot und Weiß und Grün. Es gab breite, asphaltierte und Akazien gesäumte Straßen, villenartige Einzel-*

häuser, eine Apotheke und eine Bank, einen Kaufladen, Parks, eine Schule, ein Hospital und eine große Strandpromenade, das Kaiser- Wilhelm- Ufer. Selbst mit einer elektrischen Straßenbeleuchtung konnte der Stadtteil aufwarten.

Unter dem Einfluss des neuen Staatssekretärs Dernburg und seiner neuen Kolonialpolitik, Erhaltungsmaßnahmen anstatt von Zerstörungsmaßnahmen in den Vordergrund zu stellen, schien sich die Forderung der Deutschen nach einem *pax colonialis* zu erfüllen. Dernburg beschrieb die von ihm verfolgte Kolonialpolitik wie folgt:

Hat man früher mit Zerstörungsmitteln kolonisiert, so kann man heute mit Erhaltungsmitteln kolonisieren und dazu gehören ebenso der Missionar, der Arzt, die Eisenbahn wie die Maschine, also die fortgeschrittene theoretische und angewandte Wissenschaft auf allen Gebieten.

Damit leitete von Dernburg in Deutsch- Ostafrika eine neue Politik ein, indem er die größten Missstände in der Kolonie behob, um einen wirtschaftlichen Aufschwung einzuleiten. Allein wegen der hohen Militärausgaben für die Niederschlagung von Aufständen war die Kolonie zu einem einzigen Verlustgeschäft geworden.

Um sich ein eigenes Bild von der Lage in den deutschen Kolonien zu machen, unternahm Dernburg im Mai 1907 als eine seiner ersten Amtshandlungen eine Inspektionsreise durch die deutschen Kolonien, um auf Grund der vor Ort gewonnenen Einsichten Unterlagen für wirtschaftliche und administrative Reformen zu gewinnen. Dabei hielt er sich allein zehn Wochen in Deutsch Ostafrika auf.

So standen Reformbestrebungen wie die Eindämmung der Plantagenwirtschaft sowie der Verkauf von Land an Europäer, ein Ausbau und Verbesserung der Infrastruktur durch den Ausbau eines Eisenbahnnetzes, der Bau von Straßen und Hafenbefestigungen, die Errichtung von Schulen und Krankenhäusern sowie die Verbesserung der medizinischen Versorgung im Vordergrund. Als gemeinsame Sprache wurde in der Kolonie die Küstensprache Kisuhaeli in Armee und Verwaltung eingeführt.

Nach Niederschlagung des Maji- Maji Aufstandes wurde der Diplomat und Katholik Freiherr von Rechenberg der erste Zivilgouverneur Deutsch Ostafrikas. Er kannte Ostafrika aus seiner Tätigkeit als Richter und Bezirksamtmann in Tanga und Daressalam seit 1893 und war anschließend Vizekonsul in Sansibar.Er bewirkte mit seiner Rekonstruktionspolitik einen radikalen Kurswechsel und eine Aussöhnung mit den Afrikanern. Er leitete vor allem wirtschaftliche Reformen ein, indem er Ostafrika von einer Siedlungs-oder Plantagenkolonie nach dem Vorbild Togos in eine Handelskolonie für Kaufleute, indische Händler und eingeborene Kulturen umgestaltete, zu einem wie er sagte *Negerland unter deutscher Flagge*. Diese Formulierung würde ihm heute als Rassismus vorgeworfen werden. In der damaligen Zeit war sie doch als ihr Gegenteil gemeint als Aufforderung an die Deutschen auf die Einheimischen zuzugehen. Von den Siedlern wurde die Kolonialpolitik von Rechenbergs als negerfreundlich kritisiert.

Von Rechenberg hob das System des Baumwollanbaus, die Zwangsarbeit auf den Baumwollplantagen, den Auslöser des Maji- Maji Aufstandes auf und schaffte die Zwangsarbeit auf den Dorfschamben ab. Diese wurden in die Regie der einheimischen Oberschicht übergeben.

Zwar hielt von Rechenberg an der Kopf- und Hüttensteuer fest, schaffte jedoch die Verpflichtung zur Zwangsarbeit bei Nichtleistung ab. Durch das Landgesetz von 1907 verbot er den Verkauf von Land, das bereits von Eingeborenen besetzt war und beschränkte die Prügel- und Rutenstrafe für Eingeborene. Diese ging daraufhin um fast die Hälfte zurück. Die bestehende Verordnung, nach der von neu erworbenem Land pro Jahr ein Zehntel kultiviert werden musste, ehe es nach fünf Jahren endgültig in den Besitz des Siedlers überging, ließ er strenger überwachen. Dadurch sollten vor allem Landspekulationen verhindert werden, weil die Grundstückspreise aufgrund des Eisenbahnbaues stark angestiegen waren.

Von Rechenberg baute außerdem die Handelshindernisse für die agilen und genügsamen Inder ab und förderte deren Zuwanderung als handelspolitisches Bindeglied zwischen Europäern und Afrikanern. Die weißen Siedler sahen die Inder als ernsthafte Bedrohung an und bezeichneten sie als die Juden Ostafrikas. Im Reichstag und vor allem von den deutschen Siedlern wurde die Politik von Rechenbergs sowie des Kolonialstaatssekretärs Dernburg als *negerfreundlich* und *siedlerfeindlich* kritisiert.

Von Rechenberg ließ sich trotz der rassistischen Kolonialpolitik der multinationalen kolonialen Gesellschaft von Deutsch-Ostafrika und rassistischen Äußerungen der weißen Siedler von dieser Kritik jedoch nicht beirren.Er machte in seinen Reformen, insbesondere innerhalb der Kolonialverwaltung unbeirrt weiter. So hob er 1909 die lokalen Selbstverwaltungsorgane, insbesondere die 1901 gegründeten Kommunalverbände, mit Ausnahme der in Daressalam und Tanga auf. Damit beschnitt er vor allem den Einfluss der Europäer, die bislang auf Bezirksebene über die Verwendung der Hüttensteuer und 20 % der Gewerbesteuer verfügen konnten. Dies taten sie zumeist ausschließlich aus Eigennutz zu Lasten der Eingeborenen. Die in einigen Bezirken noch mit zivilen Verwaltungsaufgaben beauftragte

Militärverwaltung ersetzte er durch Einrichtung von Zivilverwaltungen, was auch zur Abnahme von Strafaktionen gegen Eingeborene führte.Zur Kontrolle aller regionalen Institutionen führte von Rechenberg Distriktkommissare ein, welche auch die Behandlung der eingeborenen Arbeiter auf den Plantagen überwachten und Ungerechtigkeiten und Brutalitäten der weißen Pflanzer ahndeten wie z.B. Auswüchse bei der Prügelstrafe. Von Rechenbergs weitergehende Pläne wie die Errichtung eines Repräsentationsorganes für die eingeborene Bevölkerung sowie die Einführung des Frauenwahlrechtes scheiterten an der Berliner Reichsbürokratie. Erfolge verzeichnete von Rechenberg auch bei der Förderung der einheimischen Produktion insbesondere bei Baumwolle, Erdnüssen, Kopra und Kaffee, deren Exportquoten kontinuierlich gesteigert werden konnten. An diesen wirtschaftlichen Erfolgen wurden die Afrikaner bis zu 50 % beteiligt. Es bildete sich eine afrikanische Händlerschicht, welche die für den Export bestimmten Produkte aus dem Inland an die Küste transportierte. Unter von Rechenberg wurde auch der Eisenbahnbau vorangetrieben, insbesondere die Zentral- oder Mittellandbahn, die über 1252 Kilometer in 57 Stunden von Daressalam bis zum Tanganjikasee führte und eine technische Meisterleistung darstellte.

Die Eisenbahn löste als Transportmittel den Transport durch menschliche Träger ab. Für den Eisenbahnbau sprachen schließlich auch militärische Überlegungen, da mit der Eisenbahn Truppen viel leichter und kostengünstiger verlegt werden konnten. Um die Landwirtschaft und deren Produkte zu verbessern, errichtete von Rechenberg landwirtschaftliche Versuchsstationen, die sogenannten Amani Institute. Diese trugen weiter zur Entwicklung der Kolonie bei. Zugleich förderte von Rechenburg kleine bäuerliche Betriebe der Eingeborenen und deren Anbau von Exportgütern wie Kaffee und Baumwolle gegenüber den großen Plantagenbetrieben.

Die weißen Siedler beschuldigten von Rechenberg, die *Neger* zu Lasten der Siedler zu bevorzugen und führten eine erbitterte Hetzkampagne in der Kolonie, aber auch in Deutschland gegen ihn, solange bis er entnervt aufgab und 1912 von einem Deutschlandurlaub nicht mehr zurückkehrte. Sein Nachfolger Heinrich Schnee machte viele der Reformen von Rechenbergs wieder rückgängig und sich dadurch schnell bei den weißen Siedlern beliebt. So öffnete er die zuvor von Rechenberg für Neuansiedlungen gesperrten Bezirke und senkte den Anteil des jährlich von den Neuansiedlern zu kultivierenden Landes auf ein Zwanzigstel.

11. Lettow Vorbeck und sein Widerstand 76)

Paul Emil von Lettow Vorbeck (1870-1964) wurde am 20.März 1870 in Saarlouis geboren.Seit 13. April 1914 war er Kommandant der ostafrikanischen Schutztruppe und damit Nachfolger von Kurt Freiherr von Schleinitz. Es war nicht sein erster Einsatz im Kolonialdienst im Dienst des deutschen Reiches, sondern er hatte sich erste Verdienste beim Niederwerfen des Boxeraufstandes in China 1900/1901 erworben. Danach wurde er zum Hauptmann befördert und war in Deutsch- Südwest als Erster Adjutant im Stab des Kommandeurs der Schutztruppe Lothar von Trotha und Kompaniechef bei der Bekämpfung des Aufstandes der Hereros und Namas von 1904 bis 1906 eingesetzt.

Nur ein halbes Jahr nach seinem Amtsantritt brach im August 1914 in Europa der 1. Weltkrieg aus. Der Kriegsausbruch traf die Kolonie völlig unerwartet und unvorbereitet. Besonders die Kriegserklärung Englands an Deutschland wirkte für die deutschen Siedler in Ostafrika erschütternd. Der deutsche Gouverneur Heinrich Schnee wollte sich an die Bestimmungen der Kongo- Konferenz halten, die für Deutsch- Ostafrika einen Kurs der Neutralität vorsah. Der Kommandant der Schutztruppe von Lettow Vorbeck widersetzte sich diesen Plänen; für ihn galt die Maxime *Pflichtgefühl und Dienst am Vaterland*.

Mit Beginn des 1. Weltkrieges wurden der Schutztruppe Polizeieinheiten mit 2200 Askaris, darunter 60 deutsche Polizeioffiziere und Wachtmeister unterstellt. Dazu kamen in der Kolonie wohnende oder sich dort aufhaltende Freiwillige, deutsche oder Angehörige der mit Deutschland im Dreierbund verbündeten Staaten Italien und Österreich-Ungarn oder dienstverpflichtete Deutsche. Darüber hinaus unterstellten sich Marinesoldaten der SMS Möwe unter ihrem Kapitän Zimmer sowie die Besatzung des Kreuzers SMS Königsberg, der im Verlauf des Krieges versenkt wurde, dem Kommando Lettow- Vorbecks. Zu den Soldaten und Hilfstruppen kam eine große Anzahl von Trägern, im Jahr 1916 betrug ihre Anzahl ca. 45.000.

Lettow- Vorbeck hatte zu Beginn des Krieges allein schon wegen der zahlenmäßigen Unterlegenheit der deutschen Schutztruppe wenig Hoffnung die britischen Truppen in Ostafrika zu besiegen. Sein Ziel war es vielmehr viele britische Soldaten auf dem afrikanischen Kriegsschauplatz zu binden, so dass sie nicht auf den europäischen Schlachtfeldern eingesetzt werden konnten. Hierüber schrieb er in seinen Lebenserinnerungen Mein Leben:

In meiner Wilhelmshavener Zeit hatte ich gelernt den Engländern nicht zu trauen, ein Krieg mit ihnen lag im Bereich der Möglichkeit. Die Frage drängte sich auf: Was ist die Aufgabe von uns Ostafrikanern bei einem Krieg gegen England? Meine Antwort war, wir müssen von dem entscheidenden europäischen Kampf möglichst viele feindliche Streitkräfte auf unseren ostafrikanischen Nebenkriegsschauplatz ablenken; und das umso mehr, wenn der Krieg sich zu einem Weltkrieg erweitert. Über sein Verhältnis zum damaligen kaiserlichen Gouverneur Dr. Schnee schrieb er in seinen Lebenserinnerungen:

Der Kommandeur stand in einem doppelten Unterstellungsverhältnis: einmal unter dem militärischen Oberkommando der Schutztruppen in Berlin und gleichzeitig unter dem Zivilgouverneur der Kolonie. Nach der Bibel ist es schwer, zwei Herren zu dienen.

Weiter berichtete er davon, dass Gouverneur Schnee seinen Vertreter in Daressalam mit der Übergabe der Stadt an die Engländer beauftragt habe und beschrieb seine Reaktion auf diese Meldung:

Ich marschierte nun nach Daressalam und übernahm die vollziehende Gewalt, was der Gouverneur durch eine Anzahl verletzender Telegramme rückgängig machte. Da die Engländer abfuhren, hatte ich kein Interesse, den Konflikt mit dem Gouverneur auf die Spitze zu treiben.

Die Briten entschlossen sich die deutsche Kolonie von der Seeseite aus zu erobern. Am 2. November 1914 gingen die Briten mit 8000 Mann bei der Hafenstadt Tanga an Land. In Tanga hatte sich Lettows- Vorbecks Schutztruppe mit 1100 Soldaten und 15 Maschinengewehren verschanzt. Die britischen Soldaten, die bereits durch das unübersichtliche Gelände behindert waren, gerieten schnell unter das Trommelfeuer der deutsche Askari Soldaten. Der darauf eingeleitete Gegenangriff der deutschen Schutztruppe zwang die Briten zum Rückzug und leitete deren Niederlage ein. 800 britische Soldaten wurden getötet, 500 verwundet, ein großer Teil ihrer Ausrüstung und Vorräte fielen in die Hände der Deutschen.

Demgegenüber hatte die Deutschen nur 69 Tote zu beklagen, darunter war jedoch Tom von Prince, der Kriegsheld aus dem Krieg gegen die Wahehe. Die Briten zogen sich nach der Niederlage unter Zurücklassung des größten Teils ihrer Waffen, Munition und anderer Ausrüstung zurück. Das dabei erbeutete Material bildete danach den Grundstock der Ausrüstung für Lettows- Vorbeck Truppe.Sein Sieg über die britischen Truppen in Tanga machte Lettow Vorbeck in der Heimat zum Helden. Er bewies, dass der Widerstand gegen die englischen Truppen durchaus Erfolg haben konnte.

Lettow -Vorbeck beschrieb dies in seinen Lebenserinnerungen wie folgt:

Der Waffenerfolg von Tanga ging durch die Kolonie wie Schwertgeklirr und Wogenprall und brachte den Umschwung. Alles, Schwarze und Weiße, strömten zu den Waffen, und auch der Gouverneur erklärte schließlich, er könne seinen ablehnenden Standpunkt nicht aufrechterhalten. Allerdings brauchte er hierzu drei Wochen, aber glücklicherweise war es noch eben früh genug, um die Engländer, als sie wiederum vor Daressalam erschienen, zurückzuweisen.

Lettow- Vorbeck setzte sich damit von der zögernden und abwartenden Haltung des Gouverneurs Heinrich Schnee ab, der vorher im August 1914 nach einem Beschuss von Daressalam durch englische Kriegsschiffe kapituliert hatte und zur Übergabe der Stadt an die Engländer bereit war. Dies konnte Lettow Vorbeck durch seinen energischen Einsatz gerade noch verhindern.

Im Januar 1915 eroberten die deutschen Truppen mit neun Kompanien die Stadt Jassini, nördlich von Tanga zurück, welche die Engländer mit 25 Kompanien am Weihnachtstag 1914 besetzt hatten. In seinen Lebenserinnerungen beschrieb Lettow Vorbeck die Auswirkungen dieser militärischen Erfolg:

Durch diese Waffenerfolge und das durch sie geschaffene moralische Überge-
wicht wurde die Grundlage gelegt, um in einem Kleinkrieg an der Grenze aus-
gezeichnete selbständige Unterführer und gute Krieger herauszubilden und die
Kolonie auch wirtschaftlich für ihre Aufgabe instand zu setzen. Hierbei haben alle
Zivilbehörden ausgezeichnet mitgewirkt.

Nach Ausbruch des 1. Weltkrieges verlor das Deutsche Reich jedoch seine Kolonien, der größte Teil von Deutsch- Ostafrika ging dabei an England als B Mandant des Völkerbundes. Britischen Truppen unter dem Oberbefehl des Südafrikaners Jan Christian Smuts gelang es bis zum Herbst 1916 den größten Teil der Kolonie Ostafrika zu erobern. Damit war der Krieg um Deutsch- Ostafrika eigentlich beendet. Doch Lettow -Vorbeck weigerte sich zu kapitulieren. Er ging zum Guerillakrieg über und leistete mit seinen Askaris noch in 1916 mit insgesamt 15.107 Mann erbittert Widerstand. Lettow -Vorbeck verfolgte weiterhin das Ziel möglichst größere Teile der englischen Truppen in Ostafrika zu binden, um deren Einsatz auf dem europäischen Kriegsschauplatz zu verhindern. Ob der Krieg in Ostafrika letztlich Auswirkungen auf den Krieg in Europa hatte, darf bezweifelt werden, da die Briten selbst bei einem vorzeitigen Sieg kaum die ostafrikanischen Truppen nach Europa verlegt hätten.

Dabei gelang es ihm in zwei größeren Schlachten 1914 in Tanga sowie 1917 in Mahiwa den britischen Truppen schwere Niederlagen beizubringen. Nachdem die Engländer im Januar 1916 unter General Jan Smuts eine Gegenoffensive gestartet hatten, mussten sich die Deutschen aus dem Norden der Kolonie zurückziehen und in den Süden nach Rhodesien ausweichen. Hierzu schrieb Lettow Vorbeck in seiner Biographie:

Nach der Kapitulation von Südwestafrika 1915 sahen wir den Augenblick gekom-
men, wo die gegen Ostafrika verfügbaren Kräfte zu stark werden würden. Wir
mussten uns auf einen zähen Rückzugsfeldzug vorbereiten und schon von Mitte

1915 an die vielen Bestände aus den Magazinen der Feldtruppe nach Süden ab-
transportieren. Leider ist es nicht gelungen, im März 1916 den General Smuts mit
seinen Südafrikanern entscheidend zu schlagen, obgleich sich, wie ich glaube
hierzu einmal die Chance bot.

Langsam wirkte sich vor allem die personelle Überlegenheit der britischen Streitkräfte aus. 50.000 Soldaten auf britischer Seite standen 3000 Deutsche und
12.000 Askaris auf deutscher Seite gegenüber. Das zwang Lettow- Vorbeck zu
einer Änderung seiner Taktik. Er musste offene Feldschlachten vermeiden und
ging zu einer Guerillataktik der kleinen Nadelstiche über, mit denen er den britischen Truppen sehr zusetzte. Lettow- Vorbeck beschrieb die Folgezeit in seiner
Biographie wie folgt:

Es folgte ein zäher, jahrelanger Rückzugskrieg, der aber kein Ausreißen war,
sondern dem Feind immer wieder Einzelschläge beibrachte, die oft erheblich
waren. Der Krieg zog sich in die Länge und das schaffte uns Verbündete,
eigenartige, grausame Verbündete. Sie hießen: Klima, Strapazen, Tropenkrank-
heiten. Weder die weißen Truppen Südafrikas noch die Inder waren diesen
Einflüssen gewachsen… Die Leistungsfähigkeit des Feindes ließ merkbar nach.
Gewiss war er numerisch und im Material noch weit überlegen. Aber sein Nach-
schub konnte kaum folgen über die Riesenentfernungen. Unsere Patrouillen
stellten Massen toter Pferde und Maultiere fest…".

Lange Zeit zog die deutsche Truppe tausende Kilometer kreuz und quer durch die
Kolonie. Ständig auf der Flucht, nicht nur gegen den Feind kämpfend, sondern
auch gegen Nachschubprobleme. Durch ihre Nahrungs- und Versorgungspro-
bleme ließen sie ein Spur der Verwüstung, geplünderte und ausgebrannte Dörfer
hinter sich. Im Oktober 1917 gelang es Lettow- Vorbeck nochmals in Mahiwa einer britischen Truppe von insgesamt 8000 Soldaten mit insgesamt 1600 eigenen
Soldaten in einer letzten Feldschlacht eine schwere Niederlage beizubringen, bei
der die Hälfte der britischen Streitmacht verwundet oder getötet wurde. Dabei
hatten auch die Deutschen hohe Verluste, was für sie infolge ihrer Unterzahl
und der fehlenden Verstärkung bedeutend schmerzlicher war. Lettow- Vorbeck
beschrieb die Lage wie folgt:

So wie es tatsächlich kam, wurde unsere Lage nach und nach geradezu ver-
zweifelt. Der Grund hierfür lag in der katastrophal fortschreitenden Erschöpfung
unseres Materials. Wir hatten ja keinerlei Nachschub, waren also gezwungen,
uns die Verpflegung selbst im Lande zu beschaffen. Hatten wir eine Zeitlang in
einer Gegend operiert, so waren die Verpflegungsvorräte erschöpft, wir mussten
weiter, schon aus Hunger…. Die Gefechte, die fast täglich stattfanden, hatten für

dortige Verhältnisse einen großen Umfang. Viele Patronen wurden verschossen, wenige erbeutet und so schmolz der Patronenbestand rapide zusammen. Wir pfiffen tatsächlich auf dem letzten Loch und der Gegner wusste das.

Im November 1917 zogen sich die Reste der Schutztruppe nach einem letzten aussichtslosen Gefecht und nachdem die Truppe vom Gegner eingeschlossen war, in das Makonde Hochland im äußersten Südwesten der Kolonie Ostafrika zurück und von dort aus weiter nach Mozambique, das für Lettow- Vorbeck unbekanntes Neuland war. Er führte damit den Buschkrieg fort. Lettow -Vorbeck schrieb in seiner Biographie:

In der Nacht des vierten Gefechtstages bin ich mit dem kleinen ausgesiebten Rest von nur 300 weißen Soldaten und 1700 Askaris durch eine Lücke der feindlichen Einschließung hindurchmarschiert, um die Organisation der Truppe für die weitere Kriegsführung durchzuführen. Die Truppe war auf ein Sieben-tel zusammengeschmolzen. Wir besaßen kein Magazin, kein Lazarett, keine Kolonne, nur das, was die Truppe selbst mittrug und auch das langte nur für wenige Tage. Es war die Frage, ob es unter solchen Umständen ohne jede eigene materielle Grundlage, ohne eigenes Land, das uns als Basis dienen könnte, überhaupt möglich war, weiter Krieg zu führen.

Seine damalige Situation schilderte Lettow- Vorbeck als:

den Zeitpunkt, an dem es nicht mehr darum ging, Deutsch- Ostafrika zu verteidigen. Es galt vielmehr, sich nun auf die höhere Ebene einzustellen und unseren kolonialen Kampf hineinzupassen in den großen Krieg, den das deutsche Vaterland in seiner Gesamtheit führte um seine Existenz. Wir hatten gar nicht das Recht nachzugeben, wir mussten die Unternehmung ins Portugiesische machen auf jede Gefahr und auf jedes Risiko hin, dass die Truppe buchstäblich niederbricht, verhungert und verdurstet, erst dann dürfen wir sagen: Jetzt ist alles geschehen, was das Vaterland und die Pflicht von uns fordern können.

In Deutschland wollte man den Nachschub der Truppe dadurch sicherstellen, dass man von Bulgarien aus das Marineluftschiff L 59 mit 30 Maschinengewehren, 300000 Patronen und Verbandsmaterial nach Ostafrika schickte. Dieses kam jedoch niemals an seinem Bestimmungsort im Makonde Hochland an, weil es auf einen feindlichen Funkspruch der Briten hin, in Ägypten nach Bulgarien zurückkehrte. Nachdem die Briten ihre Truppen in Mozambique verstärkt hatten, zog Lettow- Vorbeck nach einigen kleineren Gefechten mit den Resten seiner Truppe wieder in Richtung Norden bis nach Nordrhodesien.

Seine damalige Strategie beschrieb er in seiner Biographie wie folgt :

Zum ersten Mal marschierte die Truppe nun in einer geschlossenen Masse in der gleichen Richtung in Gewaltmärschen vorwärts. Voran die Askaris, die häufig erst den Weg schlagen mussten mit Buschmesser und Seitengewehr durch Dornen und Busch, dahinter in langer, langer Reihe, einer hinter dem anderen, die weißen Soldaten, die schwarzen Soldaten, die Maschinengewehrträger, Munitionsträger, Krankenträger und der lange, lange Tross. Das war eine Marschlänge von weit über 20 Kilometern.

In einem persönlichen Brief forderte der britische Oberbefehlshaber, General Deventer Lettow- Vorbeck zur Aufgabe auf. Ostafrika sei nun geräumt, weitere Kriegsführung habe keinen Zweck. Mit Rücksicht darauf, dass Lettow- Vorbeck den Krieg bisher anständig und menschlich geführt habe, wollte Deventer den Deutschen bei einer Kapitulation günstige Bedingungen einräumen. Mit dieser Taktik des ständigen Ausweichens gelang es Lettow- Vorbeck jedoch bis zum Kriegsende unbesiegt zu bleiben. Er plante zunächst nach Ostafrika zurückzukehren, wo sich zu dieser Zeit nur wenig gute Feldtruppen des Gegners befanden und die Verpflegungsverhältnisse zu dieser Jahreszeit günstiger waren als in Mozambique.

Am 25.November1918 ergaben sich die Deutschen der englischen Übermacht bei Abercorn in Nordrhodesien, südlich des Tanganjikasees, nachdem Lettow Vorbeck erst eine Woche vorher am 13. November 1918 die Nachricht vom Waffenstillstand in Europa und von der deutschen Niederlage im ersten Weltkrieg erfahren hatte. Damit endeten auch die kriegerischen Handlungen der deutschen Schutztruppe in Ostafrika.

Offiziell gab es 7000 Tote auf deutscher sowie 45.000 Tote auf britischer Seite. Leidtragende des Krieges waren aber auch die einheimischen Träger, die von den Kriegsparteien einfach aus der Eingeborenenbevölkerung zwangsrekrutiert wurden. So kamen auf einen weißen Soldaten drei bis fünf eingeborene Träger. Unter ihnen waren damit die Opfer viel größer als unter den Soldaten. So sollen auf Seiten der Deutschen 100.000 bis 120.000 einheimische Träger, bei den Alliierten sogar 250.000 Träger gefallen sein . Weitere 300.000 Menschen sollen durch Hunger und Krankheiten gestorben sein.

Alle Deutschen wurden aus der Kolonie ausgewiesen, die deutschen Siedler enteignet. Die ehemalige deutsche Kolonie fiel als Mandat an Großbritannien. Danach entstanden um Lettow- Vorbeck und seine Schutztruppe Mythen von den *im Felde unbesiegten Soldaten* und von der *Askaritreue*. Diese hatten Lettow-

Vorbeck bis zum Schluss versichert:

Du kannst dich darauf verlassen, wir bleiben bei euch, bis wir fallen.

Der Mythos von der Treue der Askaris wurde vor allem in der Nazizeit verbreitet. Höhepunkt des Askari Kultes war die Einweihung des *Askari- Denkmals,*eines fast drei Meter hohen Terrakotta Reliefs 1939 in der Lettow- Vorbeck Kaserne in Hamburg-Jenfeld.Dargestellt werden mehrere afrikanische Söldner und Träger, die unter der Führung eines weißen deutschen Unteroffiziers in Reih und Glied marschieren. Es bezweckte eine abenteuerliche Safariromantik zu verbreiten. Lettow- Vorbeck ging als „Löwe von Afrika" in die Geschichte ein. Ihm und der Schutztruppe wurde bei ihrer Rückkehr nach Berlin im März 1919 von tausenden Menschen auf dem Pariser Platz ein triumphaler Empfang bereitet. Anschließend ritt Lettow- Vorbeck als Kriegsheld durch das Brandenburger Tor, gefolgt von seiner Schutztruppe.

Deshalb traf ihn der von den Alliierten den Deutschen im Versailler Vertrag auf-gezwunge Verzicht auf die Kolonie wegen Misswirtschaft und Misshandlung der Eingeborenen besonders schwer. Es entstand der Vorwurf von der *Kolonial-schuldlüge,* der insbesondere von Lettow- Vorbeck in der Folgezeit erhoben wur-de, obwohl sich die vom Deutschen Kaiserreich und auch von Lettow- Vorbeck in die Kolonien gesetzten großen Hoffnungen und Erwartungen nie erfüllt hatten. Der frühzeitige Verlust der Kolonien sollte sich angesichts des weiteren Schick-sals der Kolonien und der Kolonialmächte nach Beendigung des 2. Weltkrieges für Deutschland jedoch letztlich als Glücksfall erweisen. Weiterhin traf Lettow- Vorbeck auch seine vorzeitige Entlassung aus dem Dienst der Reichswehr im Jahr 1920 wegen seiner Beteiligung am gescheiterten Kapp Putsch schwer. In der Nazizeit gewann Lettow- Vorbeck zum Teil seinen Heldenstatus zurück, ohne jedoch selbst der Hitlerpartei, der NSDAP beigetreten zu sein. Am 13. April 1964 verstarb Lettow Vorbeck in Hamburg nach einem erfüllten Leben.

III. Die staatliche Struktur in Deutsch- Ostafrika

1. Liste der Gouverneure von Deutsch-Ostafrika 77)

Deutsch-Ostafrika wurde 1891 als Schutzgebiet der Verwaltung des Deutschen Reiches unterstellt. An der Spitze des Schutzgebietes stand ein Zivilgouver-neur. Zu seinen Aufgaben gehörte die polizeiliche und sonstige Verwaltung des Schutzgebietes. Auf die Nichtbefolgung seiner Anordnungen stand Gefängnis-strafe bis zu drei Monaten oder die Verhängung einer Geldstrafe. Der erste vom

Kaiser eingesetzte Gouverneur war Julius Freiherr von Soden. Ihm folgten bis zum Ende des Ersten Weltkrieges noch sechs weitere Gouverneure. Danach ergibt sich chronologisch folgende Liste der Gouverneure von Deutsch- Ostafrika:

14.2.1891- 15.9.1893 Julius Freiherr von Soden
15.9.1893- 26.4.1895 Friedrich Radbod Freiherr von Schele
26.4.1895- 3.12.1896 Hermann von Wissmann
3.12.1896- 12.3.1901 Eduard von Liebert
12.3.1901- 15.4.1906 Gustav Adolf Graf von Götzen
15.4.1906- 22.4.1912 Georg Albrecht Freiherr von Rechenberg
22.4.1912- 25.11.1918 Heinrich Albert Schnee

Für die Gouverneure ergeben sich folgende biographische Besonderheiten:

a) Julius Freiherr von Soden

Julius Freiherr von Soden wurde am 5. Februar 1846 in Ludwigsburg geboren. Im Jahr 1885 wurde er als erster Gouverneur nach Kamerun entsandt und gleichzeitig zum Oberkommissar von Togo ernannt. Nach dem Sturz Bismarcks 1890 erteilte ihm dessen Nachfolger Leo von Caprivi den Auftrag für die Kolonialverwaltung einen Lagebericht über Deutsch Ostafrika zu erstellen, das von der Deutsch Ostafrikanischen Gesellschaft auf das Deutsche Reich übergegangen war.

Nach Erstellung des Berichts, der alles andere als positiv ausfiel, wurde von Soden am 1.Januar 1891 zum ersten Gouverneur von Deutsch Ostafrika ernannt. Von 1891 bis 1893 war er Gouverneur der Kolonie Deutsch- Ostafrika. Von Soden widmete sich vor allem infrastrukturellen Problemen, um die Kolonie friedlich zu erschließen und den volkswirtschaftlichen Nutzen der Kolonie zu maximieren.

Hierzu gehörte auch die Begründung eines Schulsystems. Seine Arbeit wurde wesentlich gehindert durch die zahlreichen Verfügungen und Anordnungen des Auswärtigen Amtes in Berlin. So wurden ohne Absprache mit ihm für seine Kolonie drei Kommissare ernannt, der als Emin Pascha bekannte Eduard Schnitzer sowie Carl Peters und Herrmann von Wissmann, die beiden direkten Vorgänger von Sodens in der Kolonialverwaltung. Ihre Kompetenzen waren jedoch von Beginn an unklar. Von Soden war Zivilist und hatte den Beinamen *Bwana Karatsi Herr der Papiere*. Dies erschwerte ihm die Anerkennung und seine Autorität bei der Schutztruppe und beim Militär. Dies war auch der Grund, weil er 1893 um seine Versetzung in den Ruhestand bat und von diesem Zeitpunkt als privatisierender Freiherr auf seinem Gut Vorra lebte.

b) Friedrich Radbod Freiherr von Schele

Friedrich Radbod Freiherr von Schele wurde am 15. September 1849 in Berlin geboren. Nachdem er 1892 zum Stellvertreter des Gouverneurs von Deutsch-Ostafrika ernannt wurde, wurde er nach seiner Beförderung zum Oberst 1893 bis 1895 Gouverneur von Deutsch- Ostafrika und mit den Funktionen des Kommandeurs der deutschen Schutztruppe betraut. In seine Amtszeit fielen im Sommer die erfolgreiche Expedition gegen aufständische Massaistämme am Kilimanjaro sowie gegen die aufständischen Wahehe, deren Festung Kalenga bei Iringa er einnehmen und deren Hauptstadt Kuirenga er am 30.Oktober 1894 erobern konnte. Deswegen wurde er am 20. November 1894 mit dem Orden Pour le merite ausgezeichnet. Er verstarb am 20. Juli 1904 in Berlin.

c) Hermann von Wissmann

Herrmann von Wissmann war von 1889 bis 1891 Reichskommissar in Deutsch-Ostafrika und Kommandant der Schutztruppe. In dieser Funktion wurde er zum Kriegshelden, nachdem er den Araberaufstand niedergeschlagen und die Rädelsführer Buschiri und Bana Heri hingerichtet hatte. Von 1895 bis 1896 war er Gouverneur von Deutsch Ostafrika bis ihn seine geschwächte Gesundheit 1896 zum Rücktritt zwang. Er starb 1905 bei einem Jagdunfall in der Steiermark.

d) Eduard von Liebert

Eduard von Liebert wurde am 16. April 1850 in Rendsburg geboren, war zunächst im Rang eines Generalmajors Kommandeur der kaiserlichen Schutztruppe und anschließend vom 3.Dezember 1896 bis Februar 1901 Gouverneur von Deutsch-Ostafrika. In seine Regierungszeit fiel der Kampf gegen den Wahehe-Sultan Quawa sowie die Wangoni im Süden. Beide Konflikte konnte von Liebert beenden und Frieden herstellen. Ein besonderes Anliegen war ihm die Ausbreitung der deutschen Verwaltung über das ganze Gebiet von Deutsch- Ostafrika bis zu den großen Seen. Jedoch machten die in seiner Regierungszeit erhobenen neuen Steuern, vor allem die Einführung der Hüttensteuer und einer Gewerbesteuer ihn schnell unbeliebt und führte 1901 zu seinem Rücktritt vom Gouverneursposten. Bei der Hüttensteuer hatte jede Hütte, darunter verstand man eine Familie von 4 bis 5 Köpfen für das Jahr 3 Rupien, was 4,20 Mark entsprach, zu entrichten. Diese Steuer konnte in Geld, aber auch in Naturalien (Landesprodukten) oder durch Arbeitsleistung entrichtet werden. Von Liebert verstarb im Jahre 1934.

e) Adolf Graf von Götzen

Adolf Graf von Götzen wurde am 12. Mai 1866 auf Schloss Grafeneck geboren. Von 1901 bis 1906 war er Gouverneur von Deutsch- Ostafrika und Kommandant der Schutztruppe. 1905 beendete er erfolgreich den Maji-Maji Aufstand. Er setzte sich verstärkt für die Interessen der Siedler ein, die sich vor allem über den Arbeitermangel und die Faulheit der Afrikaner beschwerten. Dies versuchte von Götzen durch den Erlass von Verordnungen und Steuergesetzen zu ändern. So erließ er 1902 eine Verordnung, nach der Zwangsarbeiter auf Plantagen, den sogenannten Kommunalschamben eingesetzt werden konnten, die von den Kommunen eingerichtet worden waren. Die zu den einzelnen Kommunalschamben gehörenden Felder wurden von bestimmten Dörfern gemeinsam bebaut und unterhalten. Die erwirtschafteten Gewinne flossen jeweils zu einem Drittel an die afrikanischen Aufseher bzw. Hilfsbeamten, zu einem Drittel in die Kommunalkasse sowie zu einem Drittel an die Dorfbewohner. Auf den Feldern wurde zumeist Baumwolle angepflanzt. Dieses System führte dadurch zu Unfrieden, weil die Gelder erst viele Monate nach Erbringung der Leistung, vielfach auch nicht in voller Höhe oder gar nicht ausgezahlt wurden. Dies war einer der Gründe für den Ausbruch des Maji- Maji Aufstandes. Außerdem erließ Götzen 1903 eine Jagd- und Wildschutzverordnung, die viele traditionelle Jagdaktivitäten der Eingeborenen untersagte und an die Genehmigung der örtlichen Behörden knüpfte. Damit griff er stark in den Lebensalltag der Eingeborenen ein, deren Familie sich oft vom Fleisch der Wildtiere ernährte. Das gleiche geschah dadurch, dass durch eine Verordnung die Pombesteuer eingeführt und damit das selbstgebraute Bier abgabepflichtig wurde.

f) Georg Albrecht Freiherr von Rechenberg

Georg Albrecht Freiherr von Rechenberg wurde am 15. September 1859 in Madrid geboren. 1893 wurde er Bezirksrichter in Deutsch- Ostafrika, von 1896 bis 1906 war er im Konsulatsdienst des deutschen Reichs, unter anderem Konsul in Sansibar, Moskau und Warschau. Nach Niederschlagung des Maji-Maji Aufstandes ernannte Reichskanzler von Bülow Rechenberg im Jahr 1906 zum Gouverneur. Von 1906 bis 1912 war er Gouverneur in Deutsch- Ostafrika. Er war vom Leiter der Kolonialabteilung des Auswärtigen Amtes von Dernburg mit dem Auftrag nach Ostafrika geschickt worden, Reformen durchzuführen. Seine Arbeit wurde ihm durch seine Kenntnisse des Kisuhaeli erleichtert. Außerdem beherrschte er neben dem Arabischen noch mehrere andere afrikanischen Sprachen und Dialekte. Rechenberg hat in seiner Regierungszeit viel für die Einheimischen und die Kolonie getan. So lockerte er für die Einheimischen bestehende

Zwänge. Er erlaubte ihnen mehr für ihren eigenen Bedarf anzubauen, andererseits zwang er sie Baumwolle für den Export anzubauen, um damit die Einnahmen der Kolonie zu vergrößern. Um Ostafrika mehr für den Handel zu öffnen, erlaubte er eine größere Zuwanderung durch Inder. Außerdem ließ er Straßen, Brücken und ein Eisenbahnnetz mit einer Länge von 4.500 Kilometern bauen und erleichterte damit den Export von einheimischen Produkten wie Kautschuk, Reis, Erdnüsse und Baumwolle nach Deutschland. In seiner Amtszeit gelang es ihm damit den Export zu verdreifachen. Um den Analphabetismus unter den Eingeborenen zu bekämpfen ließ er über 1.500 Schulen bauen, über 100.000 Afrikaner erhielten bis zum Beginn des 1. Weltkrieges eine Ausbildung und arbeiteten bei wachsendem Wohlstand anstatt als Träger, Sammler, Fischer und Krieger als Lehrer, Dolmetscher, Handwerker und Schreiber.

Den deutschen Siedlern verbot er den eigenmächtigen Gebrauch der Nilpferdpeitsche , um damit die vorher übliche Prügelstrafe einzudämmen. Den bisher blühenden Sklavenhandel brachte er durch Verbote weitgehend zum Erliegen. Damit machte er sich bei den deutschen Siedlern, den Kolonialvereinen und bestimmten national konservativen Reichstagskreisen viele Feinde.

g) Heinrich Albert Schnee

Der Jurist Heinrich Albert Schnee (1871-1949) war zunächst von 1898 bis 1900 stellvertretender Gouverneur in Deutsch Neuguinea, danach ab 1900 Bezirksamtmann und stellvertretender Gouverneur in Deutsch Samoa. Von 1912 bis 1919 war er letzter Gouverneur von Deutsch- Ostafrika. Geprägt wurde seine Amtszeit durch den Ausbruch des 1. Weltkrieges im Jahr 1914. Als Gouverneur hatte er zwar die oberste Befehlsgewalt über die Schutztruppe. Als Nichtmilitär kam es jedoch schon bald zu Differenzen mit dem Kommandeur der Schutztruppe General Paul von Lettow- Vorbeck. Dieser setzte sich mit seiner Guerillataktik schon bald gegenüber Schnee durch und übernahm an ihm vorbei weitgehend eigenmächtig die Leitung der militärischen Operationen, die er noch fünf Jahre nach Ausbruch des 1. Weltkrieges bis 1919 weiterführte.

2. Verwaltung 78)

An der Spitze der zivilen Verwaltung und der Polizei stand der Gouverneur. Seine Aufgabe bestand darin die Verwaltung der Kolonie nach den Gesetzen des Reiches, den kaiserlichen Verordnungen und den vom Reichskanzler erlassenen Vorschriften zu führen. Die Stellung des Gouverneurs war in der *Kaiserlichen*

205

Verordnung über die Organisation der Schutztruppen wie folgt geregelt:

Dem Gouverneur steht die oberste militärische Gewalt im Schutzgebiet zu. Er kann die Schutztruppe nach eigenem Ermessen sowohl im Ganzen wie in ihren einzelnen Teilen zu militärischen Unternehmungen verwenden. Er erlässt seine Weisungen für die Schutztruppe an den Kommandeur. Der Kommandeur ist verantwortlich für die Leistungsfähigkeit der Schutztruppe zur Erfüllung der ihnen zugewiesenen Aufgaben, für die Disziplin, Ausbildung, den inneren Dienst und die Verwaltung. Der Gouverneur bestimmt nach Anhörung des Kommandeurs den Führer und die Stärke der für eine militärische Unternehmung notwendigen Abteilung. Sein Vertreter ist der Erste Referent, ihm stehen verschiedene Referenten zur Seite. Diese haben dem Ersten Referenten sämtliche von ihnen bearbeiteten Verwaltungssachen vorzulegen, bevor sie dem Gouverneur vorgelegt werden.

Besondere Referenten gab es für allgemeine und spezielle Verwaltungsangelegenheiten, für die Personalien, für die Justizverwaltung, für die Finanzverwaltung, für Handels-, Verkehrs- und Zollwesen, für das Medizinal- und Vetrinärwesen, für Landwirtschaft und Viehzucht, für Hoch-, Wasser- und Straßenbauten, für Forstverwaltung und Jagdangelegenheiten, für das Bergwesen, für die Polizeitruppe, für die Verwaltungsangelegenheiten der Schutztruppe, für Eisenbahnbau- und Betriebsangelegenheiten sowie für meterologische Beobachtungen.

Die Zentralverwaltung war entsprechend der Verwaltungsaufgaben in verschiedene Verwaltungsbereiche untergliedert, an deren Spitze ein Referent (Regierungsrat) stand. Der Personalreferent war für 450 Beamte und Angestellte in der Kolonialverwaltung zuständig. Der Justitiar vertrat die Interessen des Landesfiskus in Rechtsstreitigkeiten.

Das Baureferat war für die Errichtung von Hochbauten zuständig, vor allem für Bürogebäude der Kolonialverwaltung, die Wohnungen von Beamten , Krankenhäuser und Lazarette, später auch für den Tiefbau und die Einrichtung einer Infrastruktur. Daneben gab es weitere Referate wie das Referat für Bergwesen, das für die Verleihung der Bergrechte und Bodenschätze sowie für die Beaufsichtigung von Bergbaubetrieben zuständig war. Die Feststellung der geologischen Struktur der Kolonie gehörte zu den Aufgaben eines Geologen.

Der Waldschutz fiel in die Zuständigkeit des Forstreferates, dem drei Forstämter mit Förstern und farbigen Waldwärtern sowie insgesamt 129 Waldreservate mit über 400.000 Hektar Waldfläche unterstanden. Zu ihren Aufgaben gehörten auch der Brandschutz sowie die Aufforstung. Für die Landwirtschaft, die europäischen Plantagen und Farmen sowie die Eingeborenenkulturen war das Landeskulturreferat zuständig. Ihm unterstanden auch die landwirtschaftlichen Institute wie das Biologisch-Landwirtschaftliche Institut in Amani, die Versuchsstation Kibongoto am Kilimanjaro für Ackerbau, die Institute für Viehzucht und Tropenkulturen, insbesondere für Tabak und Kaffee, drei Baumwollversuchsstationen in Mpanganja, Mjombo und Mabama, eine Fruchtkulturstation für Obst in Morogoro. Außerdem wurden Eingeborene durch beim Landeskulturreferat angestellte Bezirkslandwirte angelernt.

Für den Wetterdienst waren 40 Wetterstationen eingerichtet, die unter der Oberleitung eines Regierungsmeteorologen standen. Für Geschäfte, die nicht in die Zuständigkeit eines Spezialreferates fielen, war das Referat der Inneren Verwaltung zuständig, so insbesondere für Missions- und Schulangelegenheiten. Diesem Referat waren auch alle Abschlüsse von Verkäufen und Verpachtungen von Kronland zur Überprüfung und Genehmigung vorzulegen.

Der Eisenbahnbau wurde verschiedenen Gesellschaften übertragen, so der Bau der Nordbahn der Deutschen-Kolonial-Eisenbahnbau- und Betriebsgesellschaft, die neben der Ostafrikanischen Eisenbahngesellschaft als Pächter auch für den Betrieb zuständig wurde. Die für den Bahnbetrieb gezahlte Pacht betrug 1914 eine halbe Million Mark. Die Zentralbahn wurde von der Firma Philipp Holzmann & Co gebaut. Das Eisenbahnreferat übte auch die Aufsicht über den Bau und den Betrieb der Bahnlinien aus.

Dem Gouverneur beratend zur Seite stand der Gouverneursrat, dessen außeramtlichen Mitglieder, zwölf in der Kolonie ansässige bedeutende und erfolgreiche Privatpersonen der Gouverneur selbst benannte aus einer Liste von je fünfzehn männlichen deutschen Staatsangehörigen, die in drei Wahlkreisen gewählt wurden. Zu den amtlichen Mitgliedern des Gouverneursrats gehörten der Erste Referent, der Oberrichter und der Kommandeur der Schutztruppe. Der Gouverneursrat war an der Gesetzgebung sowie am jährlichen Haushaltsetat beratend beteiligt. Sämtliche vom Gouverneur zu erlassenden Verordnungen wurden dem Rat zur Begutachtung vorgelegt. Während die größeren Städte Daressalam, Tanga direkt den deutschen Behörden unterstanden, wurde das übrige Küstengebiet durch einen Bezirksamtmann zusammen mit afrikanischen Verwaltern regiert. Ein Verwaltungsbezirk war dabei in sogenannte Akidate unterteilt, denen ein Akide vorstand.

Die untere Verwaltungsebene bildeten die Häuptlingschaften, denen Jumben, gleichsam als einheimische Bürgermeister vorstanden. Der Aufbau eines kolonialen Verwaltungssystems stieß angesichts der Fläche der Kolonie Deutsch-Ostafrika, die mit ca. 1 Million Quadratmetern fast doppelt so groß war wie das

Mutterland und insgesamt sieben bis acht Millionen Einwohner hatte, die über 130 Ethnien angehörten und der Vielzahl der von ihnen gesprochen Sprachen naturgemäß auf Schwierigkeiten. Beim Verwaltungsaufbau berücksichtigten die Deutschen sowohl die Einheimischen als auch die Angehörigen der Schutztruppe als Mitarbeiter. Die Kolonisierung Ostafrikas erfolgte zunächst rein militärisch dadurch, dass die ins Landesinnere ausgesandten Truppenabteilungen nach Unterwerfung der einheimischen Stämmen militärische Standlager errichteten, von denen aus die umliegenden Ländereien durch die betreffenden Truppenchefs verwaltet wurden. Diese fungierten zugleich als Richter bei Streitigkeiten, zu ihren Aufgaben gehörte damit Recht zu sprechen, später aber auch Steuern zu erheben und Wege zu bauen. Es erwies sich als zweckmäßig den Militärs neben der Besatzung auch die Verwaltung der besetzten Gebiete anzuvertrauen.

Dem Gouverneur stand der Gouvernementsrat zur Seite, bestehend aus dem Gouverneur, aus 3 amtlichen und 5 außeramtlichen Mitgliedern. Die außeramtlichen Mitglieder wurden aus den in 3 Wahlbezirken mit den meisten Stimmen gewählten 30 Personen vom Gouverneur auf die Dauer von 2 Jahren berufen. Zu den Aufgaben des Gouvernementsrat gehörten Vorschläge für den jährlichen Haushaltsetat zu machen und zu Verordnungsentwürfen des Gouverneurs Stellung zu nehmen. Für Verwaltungszwecke wurde die Kolonie in 22 Verwaltungsbezirke sowie 18 einzelne Bezirke und Bezirksnebenstellen unterteilt. Dabei regierte die Kolonialverwaltung in den Küstenstädten direkt, im sonstigen Küstenbereich sowie im Hinterland erfolgte die Verwaltung über die sogenannten Akiden, die einem deutschen Bezirksamtmann direkt unterstanden. Diesen wiederum unterstanden die Jumben, die afrikanischen Dorfvorsteher. Im Innern der Kolonie oblag die Verwaltung den Stammeshäuptlingen, die direkt dem Bezirksamtmann unterstellt waren. Sie hatten die Regierungsgewalt gegenüber ihrem eigenen Stamm, was oftmals zu Konflikten mit der Kolonialverwaltung führte. Es gab insgesamt 22 Verwaltungsbezirke, die zunächst fast alle der Militärverwaltung unterstanden und später in Zivilbehörden umgewandelt wurden. Gerade in den Außenposten lagen exekutive und rechtsprechende Gewalt bei einer Person, was vielfach zu Machtmissbrauch führte. Die wichtigsten Bezirksämter waren in

a) Wilhelmstal

das heutige Lushoto inmitten der Usambara Berge im Norden der Kolonie. 1900 hatte *Wilhelmstal* ca. 200 Einwohner und war Sitz einer Regierungsstation. Darüber hinaus beherbergte der Ort ein Forstamt mit Musterplantage, ein Vermessungsbüro, zwei Gasthäuser, sechs ausländische Firmen sowie eine Post- und Telegraphenagentur. In dem Ort war eine Polizeitruppe mit 64 Mann stationiert. Über eine Landstraße war Wilhelmstal mit einer Haltestelle der Usambarabahn verbunden.

b) Tanga

c) Pangani

In der Nähe des heutigen Ortes haben Archäologen Reste einer Besiedlung aus dem 15. Jahrhundert gefunden. Möglicherweise liegt der Ort an der Stelle des antiken Raphta. Im 19. Jahrhundert erlebte der Ort durch die Nachfrage nach Elfenbein und Sklaven seitens Sansibars eine wirtschaftliche Blütezeit. Von Pangani aus führte der Karawanenweg ins Landesinnere. Nachdem der Ort am 16.August 1888 durch den Sultan von Sansibar zusammen mit dem Küstenstreifen an die Deutsch-Ostafrikanische Gesellschaft verpachtet worden war, kam es zu einem Aufstand der Bevölkerung. Auslöser waren ein provokantes Auftreten durch Emil von Zelewski, dem Vertreter der Deutsch-Ostafrikanischen Gesellschaft in Pangani, der mit seinem Hund in eine Moschee eindrang und dort den Liwali von Pangani beleidigte. Dies war das Signal für den sogenannten Araberaufstand der Küstenbevölkerung unter Führung von Buschiri Bin Salim gegen die Deutschen, der von den deutschen Kolonialtruppen blutig niedergeschlagen wurde. Am 9.Juli 1889 wurde Pangani zurückerobert und der Kolonie Deutsch- Ostafrika einverleibt. In der folgenden Kolonialzeit verlor Pangani weitgehend seine wirtschaftliche Bedeutung als Hafenstadt, weil der Naturhafen für moderne Dampfer als Anlegeplatz ungeeignet war. Stattdessen wurde ein moderner Hafen in Tanga gebaut. Pangani war in der Kolonialzeit nicht nur Sitz eines Bezirksamtes und der Polizeitruppe, sondern besaß ein Zollamt II. Klasse, eine Post und Telegrafenstation.

d) Bagamoyo

war ursprünglich ein Handelszentrum für Sklaven, Elfenbein und Kopra. In den Jahren 1888 bis 1891 war Bagamoyo Hauptstadt von Deutsch-Ostafrika. Dann wurde der Sitz wegen des tieferen Hafens nach Daressalaam verlegt. Bagamoyo blieb bis zum Einmarsch der britischen Truppen im Jahre 1916 Sitz der Bezirksverwaltung. Der Ort war der Ausgangspunkt vieler Forschungsreisen , z.B.die von David Livingstone, Richard Francis Burton und Henry Morton Stanley in das Landesinnere.

e) Rufiji

war Sitz eines Bezirksamtes. Es erlangte während des 1. Weltkrieges durch sein verwinkeltes Flussdelta Berühmtheit. Dieses wurde dem deutschen Kreuzer Königsberg, der dort versenkt wurde, zum Verhängnis.

f) Lindi

war Hauptstadt mit etwa 4000 Einwohnern der nur dünnbesiedelten Region im Südosten der Kolonie an der Mündung des Flusses Lukuledi. In Lindi befand sich ein Bezirksamt, ein Hauptzollamt sowie eine Post- und Telegrafenanstalt. Lindi besaß einen Hafen, der von Schiffen der Deutschen-Ost-Afrika Linie angelaufen wurde und war Stationsort der 3. Kompanie der deutschen Schutztruppe.

g) Neu- Langenburg

wurde nach der Aufgabe des ursprünglichen Ortes Langenburg am Njassasee, der wegen des stetig steigenden Wasserstandes verlassen wurde, Sitz eines Bezirksamtes. Zugleich war die Stadt Sitz der lutherischen Konde Diözese sowie Standort eines kleinen lutherischen Krankenhauses und einer medizinischen Forschungsstation. In der Region befanden sich einige Tee- und Kaffeeplantagen. Darüber hinaus gab es Bezirksämter in Daressalam mit dem Polizeiposten Kissangire, Kilwa mit den Bezirksnebenstellen Kilindoni, Kibata und Liwale, Morogoro mit den Bezirksnebenstellen Kilossa und Kissaki, Ssongea mit der Bezirksnebenstelle Wiedhafen, Moschi, Aruscha mit der Bezirksnebenstelle Umbulu, Kondoa-Irangi mit der Bezirksnebenstelle Mkalama, Dodoma mit dem Polizeiposten Mpapua und dem Offiziersposten Singidda, Muansa mit der Bezirksnebenstelle Schirati und dem Militärposten Ikoma, Tabora mit den Bezirksnebenstellen Schinjanga und Uschirombo, Ujidji mit dem Militärposten Kassulo sowie *Bismarckburg*.

Die Stadtgemeinden Daressalam und Tanga bildeten selbständige kommunale Verbände mit einem städtischen Rat bestehend aus einem Bezirksamtmann und 4 Mitgliedern, von denen 3 von den Gemeindeangehörigen gewählt und einer vom Gouverneur ernannt wurden.

Unabhängig von den Bezirksämtern befanden sich in den von Sultanen verwalteten Eingeborenenstaaten , vor allem im Nordwesten der Kolonie zwischen dem Tanganjika- Kiwu- und Victoriasee Residenturen, nämlich in Bukoba, Zuanda mit Sitz in Kigali und Urundi, dem heutigen Burundi mit Sitz in Gitega. Deren Aufgabe war es durch persönlichen Einfluss die deutschen Interessen bei den dortigen Sultanen wahrzunehmen, sie zu beaufsichtigen und zu beraten, sie jedoch im Wesentlichen intakt zu halten und die Autorität der örtlichen Herrscher zu bestärken, ohne sich jedoch in die Verwaltung des Landes einzumischen. Stationen der deutsche Schutztruppen befanden sich in Orten wie Daressalam, Bukoba, Mwansa, Moshi, Marangu, Udjidju, Tabora, Kilimatinde, Pangani, Iringa, Mpapwa, Kilossa, Malangali, Kalinga, Dwangire und Ssongea.

Polizeitruppen waren in Kisswani, Wilhelmsthal, Masinde, Tanga, Pamgani, Saadani, Kissakki, Bagamoyo, Daressalam, Langenburg, Barikiwa, Kilwa ,Lindi und Mikindani stationiert. An der Spitze der Bezirke standen als oberste Verwaltungsorgane Bezirksamtmänner bzw. Stationsleiter I. Klasse bzw. die Führer der dort stationierten Teile der Schutztruppe.

Die Bezirksämter waren besetzt mit einem Bezirksamtmann, zumeist einem Juristen, einem Sekretär, einem Polizeiwachtmeister und einem Kanzlisten. Die Verwaltung der Kasse oblag einem Sekretär. Die Bezirksnebenstellen waren mit einem Sekretär und einem Polizeiwachtmeister besetzt. Zu ihren Aufgaben gehörten die Ausübung der Polizeigewalt und die Gerichtsbarkeit über die Afrikaner. Sie regelten Landfragen und die Erhebung und Eintreibung von Steuern.

Dem Bezirksamtmann stand der Bezirksrat zur Seite. Dieser hatte insbesondere bei der Aufstellung des Haushaltsetats des Bezirkes ein Mitspracherecht.In den einzelnen Distrikten gab es Distriktkommissare, Beamte die dafür zu sorgen hatten, dass die Arbeitgeber und Arbeiter ihre Pflichten erfüllten. Zu ihren Aufgaben gehörte die Anwerbung und Überwachung der farbigen Arbeiter sowie der gesundheitspolizeilichen Auflagen der Arbeitgeber. Weiterhin hatten sie Streitigkeiten zwischen Arbeitgeber und Arbeiter zu schlichten.

Zu den Aufgaben der Kolonialverwaltung gehörten weiterhin die Förderung und Überwachung von Landwirtschaft und Viehzucht durch Einrichtung von landwirtschaftlichen Versuchsstationen und Instituten, die Tierseuchenbekämpfung, die Fleischbeschau sowie die Überwachung und Förderung der öffentlichen Gesundheitspflege, die Seuchenbekämpfung durch besondere Gesundheitskommissionen und die Forstverwaltung. Jeder Bezirk besaß einen oder zwei Regierungsärzte, die von der Schutztruppe abkommandiert waren.

Zur Kolonialverwaltung gehörten außerdem Vermessungsämter zu Zwecken der Farm- und Grundstücksvermessung sowie die Zollverwaltung durch Zollämter und Zollstationen zur Durchführung von Zollinspektionen.Nach der Zollverordnung vom 13. Juni 1903 bestand für die Einfuhr generell die Erhebung eines Wertzolles von 10 %, für Branntwein, Wein, Bier und Tabak galten besondere Tarife. Maschinen, Instrumente und Bücher waren dagegen vom Einfuhrzoll befreit.

Für bestimmte Güter wurde ein Ausfuhrzoll erhoben, die Erzeugnisse der einheimischen Plantagen- und Landwirtschaft waren dagegen zollfrei.

3. Die Hauptstadt, Regierungs- und Verwaltungssitz Daressalam 79)

Daressalam, übersetzt *Haus des Friedens* war eine multikulturelle Stadt, die von einem unbedeutenden Fischerdorf mit ca. 3200 Einwohnern im Jahre 1887, das dem Sultan von Sansibar als Nebenresidenz diente, zum Zentrum der Kolonie Deutsch Ostafrika mit 166.169 Einwohnern auf 11.000 Quadratkilometern im Jahre 1913 aufstieg. Von seinen Bewohnern waren 161.500 Eingeborene, 3616 Farbige sowie 1053 Europäer. Von diesen waren 968 Deutsche, davon 190 Regierungsbeamte sowie 146 Kaufleute, Händler oder Gastwirte.

Begünstigt wurde das Wachstum des Ortes vor allem durch die Lage seines Hafens, der durch die enge Einfahrt völlig vor Winden und Stürmen geschützt war und auch großen Seeschiffen das Ankern gestattete. Im Jahre 2012 betrug der Schiffsverkehr 164 einlaufende Handels- und Passagierschiffe, 102 Gouvernementsdampfer und 702 Dhaus. Um den Hafen und den Ladekais, den Werften und Dockanlagen konzentrierte sich das Hauptleben in Daressalam.In Daressalam gab es 1913 neben dem Gouverneurs- und dem Bezirksamt zwei Kirchen eine katholische und eine evangelische, 18 europäische Handelshäuser, sechs Gasthöfe, ein großes Krankenhaus, eine Telegraphenstation, ein Klubgebäude, eine Bierbrauerei, eine Bank sowie Hafenwerkstätten aller Art. Die Bedeutung des Ortes lag darin, dass er Sitz der Kolonialverwaltung, der Justiz und des Oberkommandos der Schutztruppe war. Daressalam war dadurch wirtschaftliches und geistiges Zentrum der Kolonie, nach Meinung vieler Besucher und Siedler die schönste Stadt im ganzen tropischen Afrika. Wilhelm Arning, der Direktor der Deutschen Kolonialschule GmbH beschrieb Daressalam wie folgt:

Die Straßen sind sauber und beleuchtet, durch die Umgegend ziehen sich gute Wege, zahlreiche Negerdörfer sind begründet und blühen kräftig unter dem Segen der Kultur. Schön ist es auch an den anderen Plätzen in Ostafrika. Gummibäume, Baumwolle, Kokospalmen und andere Ölgewächse sind angepflanzt und gedeihen unter der Leitung angestellter Kulturinspektoren vortrefflich.

Gesellschaftliche Höhepunkte im Leben von Daressalam waren die Feiern zu Kaisers Geburtstag und das Sedanfest, zu denen der deutsche Gouverneur die Stadtprominenz einlud. Zu Beginn der Feierlichkeiten spielte eine schwarze Musikkapelle aus Askarimusikern den deutschen Marsch.In ähnlicher Weise äußerte sich bei einem Besuch ein sächsischer Textilunternehmer bei seiner Ankunft im Jahre 1807 über seinen ersten Eindruck von Daressalam:

Alles nagelneu mit roten Ziegeldächern, ein prächtiger Anblick in der Tat. Der Hafen hat vielleicht 2000 bis 4000 Meter im Durchmesser, die Hälfte seines

Ufers nehmen die Bauten ein, zwei schöne Kirchen, Regierungsbauten, eine kleine Werft, Kasernen, dazwischen Palmen und Mangobäume, eine Symphonie in
Rot und Weiß und Grün…Auch das Eingeborenenviertel machte einen sauberen
und reinlichen Eindruck. Die Gesundheitsverhältnisse hatten sich stark verbessert, nachdem die Kolonialverwaltung die Küstensümpfe trockengelegt hatte und
damit wirksam gegen Malaria und Schwarzwasserfieber vorgegangen war. Die
Straßen in der Neger- und Inderstadt sind ungepflastert, während die Straßen des
Europäer- und Handelsviertels eine Art Betonpflaster haben, das von den schwarzen Gefangenen, die mit eisernen Halsringen und Ketten zusammengeschlossen
sind, sauber gehalten wird. Ein eingeborener Soldat (Askari) hat die Aufsicht.

4. Die Schutztruppe 80)

Die Schutztruppe ist aus der sogenannten Wissmanntruppe hervorgegangen, die
in den Jahren 1889 und 1890 erfolgreich den Araberaufstand niedergeschlagen
hatte .Hermann von Wissmann hatte sie 1889 als private Truppe aus deutschen
und afrikanischen Rekruten aufgestellt. Wegen der klimatischen Verhältnisse in
Ostafrika bestand die Truppe in der Mehrzahl aus Afrikanern. Zunächst hatte
Wissmann im Februar 1889 61 deutsche Offiziere und Unteroffiziere angeworben
und sie nach Sansibar geschickt. Zusätzlich warb er aus den Restbeständen der
gerade aufgelösten angloägyptischen Armee 600 zumeist sudanesische kriegs-
gewohnte Soldaten an. Sie waren gerade aus der ägyptischen Armee entlassen
worden und waren auf Suche nach neuen Abenteuern und Verdienstmöglich-
keiten. Mit ihnen übernahm Wissmann für seine Truppe auch ihre alten osmani-
schen Rangbezeichnungen wie Ombascha (Gefreiter), Schausch (Unteroffizier),
Betschausch (Sergeant, Unterfeldwebel) und Effendi (Offizier). Eine zweite Gruppe Soldaten ca. 100 Zulus hatte Wissmann im südlichen Mozambique rekrutiert,
nachdem die englische Regierung im Sudan die Werbung von Sudanesen verboten hatte.

Durch Reichsgesetz vom 22.März 1891 wurde die Wissmanntruppe zur staatlichen Schutztruppe. Die bis dahin private Truppe wurde in die Schutztruppe
übernommen und bildete zu Beginn dessen Kern. In den ersten Jahren war sie
noch der Kaiserlichen Marine unterstellt, ab 1896 wurde sie unter die Aufsicht
des Reichskolonialamtes gestellt. Später ergänzten auch einheimische Unteroffiziere die Führung, ohne mit den deutschen Unteroffizieren in den Dienstgraden
gleichgestellt zu werden. Selbst einige ehemalige ägyptisch-osmanische Offiziere, die den Rang eines Effendi innehatten, wurden gleichfalls als Farbige einge-
stuft und besoldet. Nach und nach wurde die Schutztruppe durch Einheimische
aus unterschiedlichen Volksstämmen, den Askaris aufgefüllt. Einige Einheiten
fingierten bis 1894 als Polizeitruppe und waren direkt den örtlichen Verwaltungs-

stellen unterstellt. In den Jahren 1894 und 1895 erfolgte eine vollständige Trennung von Polizei und Schutztruppe. Die Schutztruppe war ein eigenständiger, dem Gouverneur unterstellter Truppenteil der deutschen Armee. Zugehörigkeit zur Schutztruppe, Musterung, Dienst, Besoldung und Bestrafung waren in den Schutztruppengesetzen geregelt. Die deutschen Offiziere entstammten zumeist dem Reichsheer. Sie hatten sich entweder aus Abenteuerlust oder häufig wegen eines in der Heimat anhängigen Disziplinarverfahrens zur Schutztruppe gemeldet.

Die Schutztruppe bestand aus Angehörigen nach Größe, Hautfarbe, Gesichtsbildung und Intelligenz unterschiedlicher afrikanischer Völker. Ihre Vorgesetzten waren weiße Offiziere und Unteroffiziere, die zumeist aus dem Reichsheer ausgeschieden waren und nach einer besonderen Unterrichtung im orientalischen Seminar in Berlin in der Schutztruppe angestellt wurden.

Eingeteilt war die Schutztruppe in Kompanien, ohne dass diese zu Bataillionsverbände zusammengefasst waren. Anfänglich gab es 10 Kompanien mit ca. 1600 Mann. Davon waren 1500 einheimische Askaris aus unterschiedlichen Volksstämmen. Dazu kamen 31 deutsche und 12 farbige Offiziere, 42 deutsche und 50 farbige Unteroffiziere. Am meisten vertreten waren Stammesangehörige der Wanjamwesi, Wasuhaeli und Manjema. Sie wurden frei angeworben und mussten sich für fünf Jahre verpflichten. Die meisten Askaris waren verheiratet und hielten sich einen farbigen Diener, der mit ins Feld ziehen durfte. Der Sold betrug monatlich 20 bis 30 Rupien und stieg mit dem Dienstgrad auf 60 Rupien für einen Feldwebel. Die Kommandosprache war deutsch, ansonsten waren die Dienstvorschriften sowie der Alltag den einheimischen Verhältnissen angepasst.

Bis 1914, zu Beginn des Ersten Weltkrieges stieg die Schutztruppe auf 14 Kompanien mit jeweils 2 Maschinengewehren, einem Rekrutendepot, einer Intendantur und einer Signalabteilung an, die auf Standorte in der ganzen Kolonie verteilt waren. Die Schutztruppe bestand am 1. Januar 1914 aus 68 Offizieren, 42 Sanitätsoffizieren, 12 Beamten, 12 Feuerwerker und Waffenmeister, 126 Unteroffizieren und 2472 Askaris . Die farbigen Askarisoldaten hatten Aufstiegsmöglichkeiten bis hin zum Feldwebel. Sie standen in der Rangordnung jedoch stets unter den weißen Soldaten. Wegen des guten Verdienstes und anderer Vergünstigungen hatten sie in der afrikanischen Gesellschaft einen privilegierten Status. Das Kommando der Schutztruppe befand sich in Daressalam. Neben der Schutztruppe bestand noch eine Polizeitruppe aus 700 Mann.

Die Bewaffnung der Schutztruppe bestand aus einem Einzellader, der Jägerbüchse Modell 71 sowie einem kurzen Seitengewehr. Die Uniform war aus Kaki, dazu wurden Schnürstiefel, Strümpfe und blaue Beinwickel getragen.

An der Spitze einer Kompanie oder eines Zuges stand immer ein deutscher Soldat. Dabei handelte es sich um freiwillig aus der Armee in den Kolonialdienst gewechselte Offiziere. Diese hatte sich in der Regel für 2 ½ Jahre zum Kolonialdienst in der Schutztruppe verpflichtet und konnten nach ihrer Rückkehr in die Reichsarmee zurückkehren. Dadurch bewarben sich viele Militärs für den Kolonialdienst.

Über die ganze Kolonie verteilt gab es an leicht zu verteidigenden Stellen Militärstationen, die als kleine Festungen mit bis zu drei Meter hohen Mauern ausgebaut waren. Mit Hilfe dieser Militärstationen gelang es den Deutschen die Kontrolle über die Kolonie auszuüben. Auch neben ihren militärischen Aufgaben und der Rekrutenausbildung nahmen die Angehörigen der Schutztruppe noch weitere vielfältige zivile Aufgaben wahr wie beim Wegebau, bei der Einrichtung von Krankenhäusern, bei der Steuererhebung und der Rechtsprechung. Die Schutztruppe bewährte sich militärisch vor allem in den Kriegen gegen die Hehe (1891-1894) sowie im Maji-Maji Aufstand 1905 im Süden der Kolonie. Kommandeure der Schutztruppe, die vielfach anschließend auch den Gouverneursposten übernahmen, waren:

Leutnant Emil von Zelewski	1891
Oberst Friedrich Freiherr von Schele	1893-1895
Oberstleutnant Lothar von Trotha	1895-1897
Generalmajor Eduard von Liebert	1897-1901
Major Gustav Adolf Graf von Götzen	1901-1906
Oberstleutnant Kurt Freiherr von Schleinitz	1907-1914
Oberstleutnant Paul von Lettow-Vorbeck	1914-1918

5. Polizei

Die Polizeitruppe bestand zuletzt 1914 aus etwa 1800 Farbigen, die nach dem Muster der Schutztruppe organisiert waren. Für die Ausbildung, Ausrüstung und Überwachung der einheimischen Polizeisoldaten war die Polizeiinspektion zuständig, die mit einem Hauptmann sowie mehreren Inspektionsoffizieren und Beamten besetzt war.Die Truppe stand unter dem Kommando eines Polizeiinspektors und mehrerer Inspektionsoffiziere. In Daressalam gab es ein Polizeidepot zum Zwecke der Ausbildung der Polizeimannschaften sowie der Verwaltung der Kammer und Munitionsbestände.Die Polizisten waren den einzelnen Verwaltungsbehörden je nach Bedeutung zugewiesen. Für die Aufrechterhaltung der Sicherheit und Ordnung in den einzelnen Ortschaften war der örtliche Polizeidienst bestehend aus Walisoldaten und Knüppelaskari zuständig.

6. Recht und Gerichtsbarkeit 81)

Für die Gerichtsbarkeit über Nichteingeborene ‚Weiße sowie diesen gleichge-stellten Personen der Kolonie Deutsch-Ostafrika waren in Daressalam, Tanga, Muansa, Neu-Moschi und Tabora Bezirksgerichte mit Bezirksrichtern eingerich-tet. Gegen Entscheidung des Bezirksrichters war Berufung oder Beschwerde an den Oberrichter beim Obergericht in Daressalam möglich. Die Gerichtsbarkeit zweiter Instanz oblag dem Gouverneur und wurde in seinem Auftrag von dem Oberrichter wahrgenommen.

Für die Deutschen und *Weißen* galt im Wesentlichen deutsches Recht, für die Eingeborenen, ein besonderes *Eingeborenenrecht*. Die Rechtsprechung über die Eingeborenen in der Kolonie und die ihnen gleichgestellten Angehörigen fremder *farbiger* Stämme fiel in die Zuständigkeit der örtlichen Verwaltungsbe-hörden. Während die Prügelstrafe in Deutschland durch Erlasse längst verboten war, war sie in Deutsch- Ostafrika an der Tagesordnung. So hieß es über deren notwendige Anwendung:

Wie die Erfahrung gelehrt hat, ist die körperliche Züchtigung den Eingeborenen gegenüber als Strafe nicht völlig zu entbehren. Sie wird auch von diesen nicht als besonders hart empfunden.

Mit Prügeln bestraft wurden nicht nur Verbrechen, sondern auch Trägheit, Wi-derspruch oder anderes unbotmäßiges Verhalten der Eingeborenen. Die *Nil-pferdpeitsche* gehörte gleichsam zum Alltag. Als vom Gouverneur genehmigtes Prügelinstrument war die *Nilpferdpeitsche*, die sogenannte Kiboko. Selbst die Durchführung der Prügelstrafe sowie die Beschaffenheit der Peitsche waren durch Verordnungen geregelt. So sollte die Peitsche etwa 80 bis 100 Zentime-ter lang sein, das Schlagende sollte einen Durchmesser von einem Zentimeter besitzen und rund und glatt sein. Die Anzahl der Peitschenhiebe war auf 25 be-schränkt, weitere Hiebe durften frühestens nach zwei Wochen stattfinden. Die Vollstreckung war sofort abzubrechen, wenn Blut floss oder der Zustand des De-linquenten es erforderte. An diese Reglementierung hielt sich in der Praxis kaum jemand. Viele Opfer der Prügelstrafe erlitten schwere Verletzungen und starben sogar daran. Verstöße Weißer wurden kaum verfolgt oder nur sehr milde bestraft

7. Steuern und Finanzen

Die Unterhaltung der Kolonie Deutsch Ostafrika war für das Deutsche Reich ein teures Vergnügen, das eine Unmenge an Geld, ca. 2,5 Millionen Mark jährlich für die Bezahlung der Kolonialbeamten und Soldaten, für die Errichtung von Verwaltungsbauten und den Ausbau einer Infrastruktur verschlang. Dazu kamen noch die Zuschüsse für den Eisenbahnbau. Diese Kosten wurden ständig zum Zankapfel im Deutschen Reichstag, wo dieses Thema ständig von den Kolonialgegner und-skeptikern hochgekocht wurde. Da der von der Reichsregierung erhoffte Gewinn ausblieb, sah man in der Erhebung von Steuern eine Möglichkeit, um die Kolonie rentabel werden zu lassen.

Als erstes wurde eine Erbschaftsteuer erhoben, die jedoch wenig ertragreich war, weil nur wenig vererbt wurde. Als Eduard von Liebert Kommandeur wurde, orientierte er sich hinsichtlich der Einführung eines adäquaten Steuersystems an der in Südafrika erhobenen Haus- oder Hüttensteuer. Diese war schon äußerlich eine den Eingeborenen verständliche Besteuerungsgrundlage, da sie ihr Haus oder Hütte jeden Tag vor Augen hatte.

Die Hüttensteuer erwies sich auch bei der Erhebung einfacher als eine Kopfsteuer, bei dem sich die steuerpflichtigen Personen beim Auftauchen eines Steuereintreibers einfach durch Verbergen einer Besteuerung entziehen konnten. Die Hütten- oder Haussteuer wurde 1898 eingeführt. Sie unterschied zwischen der Besteuerung von europäischen, indischen, arabischen und landesüblichen Häusern und Hütten. Nach der Steuerverordnung standen von den Einnahmen aus dieser Steuer jeweils die Hälfte der Kolonialverwaltung, die andere Hälfte der Kommune zu.

Die Steuer war in Handelswaren wie Baumwolle, Kopra, Elfenbein und Wachs, Verkaufsfrüchten oder Kleinvieh, später auch durch Arbeitsleistung zu entrichten. Dadurch glichen die Erhebungsstellen für diese Steuer manchmal aufgrund der Vielfalt der Handelswaren Jahrmärkten. Der höchste Steuersatz betrug vier Mark pro Behausung. Benachteiligt waren damit vor allem Eingeborene, die mehrere Frauen und damit mehrere Hütten hatten. Vielfach reagierten diese damit, dass sie die ganze Familie und ihrer mehreren Frauen nur in einer oder zwei Hütten unterbrachten.

Gegen die Besteuerung leisteten viele Stämme wie die Matumbi hartnäckig Widerstand. So fanden in der Amtszeit des Gouverneurs Liebert im Januar 1901 allein 25 Aufstände statt, die sich gegen die Hüttensteuer richteten. Allein beim Stamm der Wachagga wurden drei Häuptlinge sowie 16 Unterhäuptlingen wegen ihrer Steuerrevolten hingerichtet. Sie mussten sich jedoch jedes Mal wie z.B. die Matumbi 1897 im sogenannten Kürbiskrieg, in dem sie Kürbisse als Wurfgeschosse gegen die Schutztruppe verwendeten, der Übermacht der Kolonialregierung beugen. Die Steuereintreiber (Karani) wurden von ehemaligen Militärs, den

Askaris unterstützt, deren Vorgehen als besonders rücksichtslos galt. Fußtritte und Prügel mit der *Nilpferdpeitsche* gegen säumige Steuerschuldner waren dabei an der Tagesordnung. Selbst gegen Unbeteiligte gingen sie vor, indem sie kurzerhand deren Vieh konfiszierten für die Steuerschulden eines Mitbewohners eines Dorfes.

Konnten die Afrikaner ihre Steuern nicht bezahlen, wurden sie zur Zwangsarbeit verpflichtet. Damit verloren sie selbst ihre persönliche Unabhängigkeit, betroffen waren aber auch ihre Familien, weil sie die nicht mehr ernähren konnten. Häufig kauften die weißen Siedler der Kolonialverwaltung die zur Zwangsarbeit verpflichteten Steuerschuldner einfach ab oder sie mussten gegen Entgelt Aufgaben übernehmen wie die Bestellung eines Feldes oder den Bau eines Weges. Die Bezahlung durch den Siedler erfolgte an die Kolonialverwaltung erst, nachdem der eingeborene Schuldner diese Aufgabe ordnungsgemäß erledigt hatte. Dies wurde auf einer Karte vermerkt, die jeder Arbeiter bei sich tragen musste. Kam der Arbeiter seiner Verpflichtung nicht nach, wurde er mit der Nilpferdepeitsche ausgepeitscht und für sechs Monate in das Gefängnis geworfen. Neben diesen Brutalitäten, welche die eingeborenen Zwangsarbeiter zu ertragen hatte, waren viele durch die Schwere der Arbeit physisch überfordert und von Krankheiten bedroht, ohne medizinisch verpflegt zu werden. Viele versuchten deshalb zu fliehen.

Als von Lieberts Nachfolger Gustav Adolf Graf von Götzen mit Erlass vom 23. März 1905 anstelle der Hüttensteuer eine Kopfsteuer von drei Rupien für jeden erwachsenen Mann, demnach eine Erhöhung um das Vierfache der Hüttensteuer einführte, die zudem nicht mehr in Naturalien, sondern in Bargeld zu zahlen war, brach einige Monate später im Süden der Kolonie der Maji-Maji Aufstand aus. Die Neuregelung sollte unter anderem die Eingeborenen dazu zwingen sich als Arbeiter auf den Plantagen oder für die Kolonialverwaltung beim Wegebau zu verdingen.

Außer der Kopfsteuer wurden von der Kolonialverwaltung eine Gewerbesteuer sowie weiterhin eine Erbschaftsteuer erhoben. Ausserdem wurde auf den Ausschank einheimischer und geistiger Getränke eine Verbrauchsteuer erhoben. Daneben gab es eine Salzverbrauchsabgabe, Spielkartenstempel und Marktgebühren. Mit den Steuereinnahmen sollten insbesondere die Ausgaben für die Zivilverwaltung beglichen werden.

Zu der Steuererhöhung kam noch eine zunehmende Landenteignung zugunsten der europäischen Plantagenbesitzer. Umgekehrt verringerte sich der Ackerboden, der für die Anbau und die Gewinnung der Nahrungsmittel für die Eingeborenen zur Verfügung stand. Neben den Steuern erhob die Kolonialverwaltung an den Außengrenzen auf die Aus- und Einfuhr von Waren Zölle. Die Steuer- und Zollverwaltung war dem Referat Handel und Finanzen angegliedert mit einem Zoll- und einem Finanzdirektor an der Spitze.

Dem Zolldirektor unterstanden die Zollinspektion, fünf Haupt- und acht Nebenzollämter sowie an den Binnengrenzen zwölf Zollstationen, die durch die Bezirksämter verwaltet wurden. Die Küste von Ostafrika wurde durch zwei Zollkreuzer überwacht. Der Einfuhrzoll betrug 10 Prozent des Wertes der eingeführten Waren. Für die Einfuhr von alkoholhaltigen Getränken, Tabak und einigen Nahrungs- und Genussmitteln gab es höhere Zollsätze. Zollfrei waren demgegenüber Güter des Gouvernements und der Reichsbehörden, Kult- und Unterrichtsgegenstände, Maschinen, Geräte, Betriebsmittel, Anzugs- und Heiratsgut.

Ausfuhrzölle wurden auf Erzeugnisse der Viehzucht (Vieh, Häute) und der Jagd, insbesondere Elfenbein erhoben, nicht jedoch auf Produkte des Ackerbaus und der Plantagenwirtschaft. Bis zum Jahre 1908 bildeten die Zölle die Haupteinnahmequelle der Kolonie. Sie wuchsen von 1901 bis 1913 von 1,4 Millionen Mark auf 4,5 Millionen Mark an, die direkten Steuern von 750.000 Mark auf 5,5 Millionen Mark.

8. Wirtschaft

Die Handelsbilanz Deutsch- Ostafrikas war ständig negativ. So standen 1913 einer Warenausfuhr von 35 Millionen Mark eine Wareneinfuhr von 53 Millionen Mark gegenüber. Der Gesamthandel der Kolonie belief sich im Jahre 1911 beim Handel über die Küste: Einfuhr 40,4 Millionen Mark und 17,1 Millionen Mark Ausfuhr, beim Handel über Land: 5,5 Millionen Mark Einfuhr und 5,3 Millionen Ausfuhr.

Deutsch- Ostafrika lebte von den Zuschüssen des Reiches, insgesamt 122 Millionen Mark. Mit der steigenden Produktivität der Kolonie sank der Zuschuss von 5,5 Millionen Mark in 1903 auf 3,5 Millionen Mark in 2013. Gleichzeit stiegen die Einnahmen von 3,5 Millionen Mark auf 13,75 Millionen Mark.

Die wichtigste Einnahmequelle der Kolonie bildete die Plantagenwirtschaft. Von dem zur Verfügung stehenden Gesamtareal von 542124 Hektar Ländereien waren 106292 Hektar bebaut. Die Zahl der europäischen Pflanzer und Siedler, die sich vor allem im Gebiet des Kilimanjaros angesiedelt hatten, stieg von 180 im Jahre 1905 auf 882 im Jahre 1913. Diese Entwicklung hatte das Ergebnis, dass Deutsch-Ostafrika zunehmend zu einem Land des weißen Mannes wurde, obwohl 1914 weniger als 1 Prozent des Bodens in europäischem Besitz war. Es war die Absicht der Siedler durch Enteignung und Verhinderung von Bodenerwerb durch Eingeborene die Arbeiterfrage zu lösen, indem ihnen die schwarzen Plantagenarbeiter als billiges Produktionsmittel mit dem Status von Hörigen erhalten blieben und zugleich die Marktproduktion der Afrikaner, insbesondere die Produktion von Kaffee, Sisal, Kautschuk, Baumwollen, Erdnüsse, Sesam, Reis und die Viehprodukte zugunsten der Lohnarbeit eingeschränkt wurden.

Bei der Ausfuhr von tierischen Produkten spielte vor allem die Elfenbeinausfuhr eine bedeutende Rolle. Während die Elfenbeinausfuhr seit 1890 zunächst zurückging aufgrund des rücksichtslosen Abschießens der Elefanten und durch einen Beschränkung der Abschusserlaubnis bedingt durch einen verstärkten Schutz des Elefantenbestandes , stieg die Ausfuhr im Jahre 1912 wieder an auf 16.959 Tonnen Elfenbein im Werte von 3.113.115 Mark.

Neben einer Beschränkung des Abschusses wurden hohe Jagdscheingebühren und Schussgelder erhoben. Zum Schutze der nicht ausgewachsenen Tiere wurde der Handel mit Elefantenzähnen unter 15 Kilogramm verboten und einzelne Gebiete zu geschlossenen Wildreservaten gemacht, in denen jede Jagd verboten ist. Von Bedeutung für die einheimische Wirtschaft waren auch die Gewinnung und die Ausfuhr von Bienenwachs. An die Stelle des Raubbaues trat eine Art Imkerei. Die gewerbliche Tätigkeit der Eingeborenen beschränkt sich auf die häusliche Produktion von Flecht-, Holz- und Töpferwaren, an der Küste von Matten sowie die Gewinnung von Öl, Seifen und Salz.

9. Handel und Industrie 82)

Verbreitet waren vor allem handwerkliche Tätigkeiten wie die Holzbearbeitung. Dabei wurde vor allem Holz in einem Stück bearbeitet. So wurden Tanzmasken, Trommeln als Gebrauchs- aber auch als Kunstgegenstände sowie Hausgeräte und Möbel hergestellt. Eine Technik wie bei der Tischlerei, das kunstgerechte Zusammenfügen durch Verzapfung oder Verzahnung und Leim war jedoch weitgehend unbekannt. Alles wurde aus einem Stück gearbeitet. Das galt sowohl für Werkzeuge, aber auch für die Resonanzböden der Trommeln sowie für Kunstgegenstände.

Obwohl die Eingeborenen Metall kannten, fehlte eine Metallverarbeitungsindustrie. Die alte Eisenindustrie, an die allerorts noch vorhandene Blasebalge erinnern, wurde fast völlig durch eingeführte Erzeugnisse verdrängt. An Orten, wo Tonvorkommen waren, gab es auch eine Töpfereiindustrie. Töpfe wurden dabei überwiegend von Frauen hergestellt. Das gleiche galt für die Flechterei wie das Flechten von Körben oder von Matten. Unbekannt war auch das Gerben von Tierfellen, die nach Durchtränken mit tierischen Fetten, Butter und Rizinusöl durch Walken mit den Händen zu Leder verarbeitet wurden.Von lokaler Bedeutung waren auch die Weberei, die Baumwollstoffe auf breiten, horizontalen Webstühlen lieferte und die Salzfabrikation.

Im Unterschied zur auf die Befriedigung der eigenen Bedürfnisse ausgerichteten Produktion der Eingeborenen erzeugten die in Deutsch- Ostafrika ansässigen europäischen Unternehmen in erster Linie Produkte für den Export. Diese Unternehmungen waren überwiegend Plantagen mit tropischen Nutzpflanzen, vor allem Kaffee, Baumwolle, Tabak, Tee, Kakao, Vanille, Sisalagave und Handelsunternehmungen. Viele Plantagenbetriebe erwiesen sich dabei als unrentabel und kamen nie über das Versuchsstadium hinaus. Als lohnend erwies sich vor allem der Anbau von Sisalagaven, da sie auch auf schlechteren Böden wuchsen und weitgehend auch gegen Witterung und Schädlinge resistent waren. Andererseits erforderte der Transport der bis zu fünf Zentner schweren Hanfballen modernere Verkehrsmittel und Verkehrswege. Für die Aufbereitung der Agavenblätter waren teurere Maschinen und zur Heranschaffung der Blätter an die Maschinen Feldbahnen nötig, ein Aufwand, der sich nur für Großbetriebe lohnte . Wirtschaftlich von Bedeutung war auch der Anbau von Baumwolle und von Kautschukpflanzen. Die wichtigsten Ausfuhrprodukte waren:

Kautschuk, Sisalhanf, Häute und Felle, Kopra, Gold, Kaffee, Baumwolle, Elfenbein, Insektenwachs und Erdnüsse. Davon stammten Kautschuk, Sisalhanf und Gold fast ausschließlich aus der Produktion europäischer Unternehmen, die anderen Produkte aus der Eingeborenenproduktion, Kaffee und Baumwolle waren gemischten Ursprungs. Im Jahre 1897 betrug der Exporterlös 5.146.611 Mark, 1902: 5.283.290 Mark sowie 1903: 6.738.906 Mark.

Haupteinfuhrartikel in die Kolonie Deutsch- Ostafrika waren Baumwollgewebe und baumwollene Bekleidungsgegenstände aller Art, Roheisen, Eisenwaren, Nahrungsmittel wie Wein, Butter, Käse, Schmalz, Speck, Schinken, Fleisch, Bier, Wein, Petroleum,geschälter Reis, Gemüse und Früchte, eiserne Schienen sowie andere Eisenwaren, hauptsächlich zum Bau von Eisenbahnen, Feldbahnen, Brücken und Minenanlagen überwiegend aus Deutschland, Reis aus Indien, Silbermünzen, Transportmaschinen und Fahrzeuge aller Art, Zement, Tabakfabrikate, landwirtschaftliche und industrielle Maschinen.

Der Versuch den Kaffeeanbau um den Kilimanjaru zur Haupteinnahmequelle der Kolonie zu machen scheiterte daran, dass die Weltmarktpreise für Kaffee bis 1910 ständig sanken.Im Jahre 1897 wurden Importwaren im Wert von 9.423.106 Mark, 1902 Waren im Werte von 8.858.463 Mark und in 1903 Waren für 10.688.804 Mark eingeführt. In der Salinie Gottorp produzierte die Zentralafrikanische Seengesellschaft ca. 1850 Zentner Salz. Der Kleinhandel lag überwiegend in den Händen von Indern.

Daneben gab es ein beschränkte Anzahl von industriellen und gewerblichen Unternehmen wie eine Bierbrauerei und 2 Möbeltischlereien in Daressalam, einige Sägewerke und Sägemühlen vor allem an der Küste, welche die Holzbestände in Deutsch-Ostafrika nutzten, 4 größere Druckereien zwei Eisfabriken in Daressalam und Tanga, eine Seifenfabrik in Tanga sowie eine Kanikifärberei in Daressalam. Darüber hinaus gab es entsprechend den lokalen Bedürfnissen gewerbliche Kleinbetriebe wie Stellmacherei, Schlächterei, Schmiedehandwerk und Sodafabrikation.

Für die Jagd wurden entgeltliche Jagdscheine sowie Erlaubnisscheine zum Abschuss von Elefanten ausgestellt. Begonnen wurde in Ostafrika auch mit der Goldförderung, wie z.B. durch die Kironda- Goldminengesellschaft in Sekenke und im Muansabezirk. Um den Eingeborenen zu ermöglichen, sich gegen die Übervorteilung durch die indischen Händler zu schützen, führte die Kolonialregierung um 1900 einen Markthallenzwang ein. Dafür bauten die Gemeinden Markthallen, in denen der Wert der Handelsprodukte durch öffentliche Versteigerungen festgestellt werden sollte. Der Markthallenzwang galt sowohl für Exportwaren als auch für Waren, die im Land selbst verkauft werden sollten. Die Kolonialregierung profitierte von dem Marktzwang vor allem dadurch, dass sie den Handel besser kontrollieren konnte. Zugleich kassierten sie für den Handel in den Markthallen Gebühren, die in die Kassen der örtlichen Gemeinden flossen.

10. Geld- und Bankwesen, Währung 83)

Seit Ende des 18. Jahrhunderts war in Ostafrika neben holländischen und portugiesischen Dukaten, spanischen Dublonen, nordamerikanischen Golddollars der Maria-Theresien-Taler Zahlungsmittel. Gegen Ende des 19. Jahrhunderts, als die Deutsch-Ostafrikanische Gesellschaft das spätere Schutzgebiet übernahm waren infolge der vielen indischen Händler die indische Rupie und Pesa (1 Rupie = 64 Pesa) das gängigste Zahlungsmittel.

1890 wurde der Deutsch-Ostafrikanischen Gesellschaft auf einen Antrag hin vom Reichskanzler die Erlaubnis erteilt, eigene Silberrupien und Kupferpesa zu prägen. Im Jahre 1904 wurde die Silberrupie des Schutzgebietes gesetzliches Zahlungsmittel, wobei die Rupie anstatt in 64 Pesas in 100 Heller unterteilt wurde. 1 Rupie entsprach dabei 11/3 Mark. 1905 wurde die Deutsch-Ostafrikanische Bank mit Sitz in Berlin und Zweigniederlassung in Daressalam gegründet mit

dem Recht der Notenausgabe, Noten von 5, 10, 20, 50 , 100 und 500 Rupien.
1911 wurde die Handelsbank für Ostafrika gegründet mit dem Zweck Bankgeschäfte jeglicher Art zu betreiben, insbesondere den Geld- und Kreditverkehr in
Handel, Gewerbe, Industrie und Landwirtschaft Deutsch-Ostafrikas und der benachbarten Gebiete zu fördern. 1901 nahm die Bezirkssparkasse in Daressalam
ihren Geschäftsbetrieb auf, die in Form eines selbständigen Kommunalinstitutes
der deutschen Sparkasse nachgebildet war und bei der die weiße und farbige
Bevölkerung ihre Ersparnisse sicher und zinsbringend anlegen konnte.
Als Währung und Wertmesser galten vor der Einführung der Metallwährung
durch die Kolonialmächte Perlen und kostbare Stoffe.

11. Die Arbeiterfrage 84)

Die Eingeborenen Ostafrikas galten unter den Deutschen in Ostafrika als faul
und wenig arbeitswillig mit einer Neigung zur Lüge und der Unfähigkeit abstrakt
zu denken. Gegen Leiden anderer Kreaturen, insbesondere Tieren waren sie
weitgehend unempfindlich. Über den Charakter der Neger äußerte sich Hermann Schubert, ein Textilunternehmer aus dem sächsischen Zittau, der den
Kolonialstaatssekretär von Dernburg 1907 auf seiner Inspektionsreise nach
Deutsch- Ostafrika begleitete:

*Der Neger ist zuerst faul, dann immer wieder faul in infinitum, er arbeitet, solan-
ge er braucht, um für das Verdiente oder auch durch sein Nichtstun während
der Arbeit nicht verdiente Geld das zu kaufen, was er eben benötigt, oft auch
nur um seiner Bibi (Frau) ein Geschenk zu machen. Seine nächste Tugend
nach seiner Faulheit ist seine Eitelkeit.*

Carl Peters hatte sich in seinen Schriften über die wirtschaftliche Besitzergreifung
von Deutsch-Ostafrika insbesondere mit der afrikanischen Arbeiterfrage beschäftigt und sprach sich dabei für die Einführung eines fiskalischen Arbeitszwanges
aus. Dabei sollten die indolenten und faulen Afrikaner durch Prügelstrafen zur
Zwangsarbeit für die Deutschen im Straßenbau sowie auf den Plantagen der weißen Siedler gezwungen werden.Der Arbeitskräftemangel war vor allem auf die
schlechte Behandlung und die Sterblichkeit der Plantagenarbeiter zurückzuführen.

Die Arbeiterfrage hatte sich durch die Praxis der Anwerbung von Saison- und
Wanderarbeitern für die Plantagen, den Eisenbahnbau und die Kautschukgewinnung, vor allem durch die die betrügerischen und rigorosen Praktiken der
konzessionierten Arbeiteranwerber in Richtung eines modernen Sklavenhandels
bewegt. Dabei betrieben die Arbeiteranwerber offen Menschenraub, indem sie ihre
Ware Mensch gegen ein vorher vereinbartes Kopfgeld an der Küste ablieferten.

Dabei wurden sie von den lokalen Stammeshäuptlingen unterstützt, die ein Kopfgeld erhielten. Hierdurch wurden ganze Landstriche im Innern der Kolonie von
arbeitsfähigen Männern entvölkert. Auf den Plantagen mussten die Kontraktarbeiter lange Zeit oder sogar auf Lebenszeit arbeiten gegen geringe Löhne, die
oftmals nur teilweise oder gar nicht ausgezahlt wurden.1913 erließ der Gouverneur Schnee eine Verordnung, wonach Arbeiteranwerber eine offizielle Lizenz
benötigten.

12. Das Bildungs- und Schulwesen 85)

Die Arbeiterfrage war letztlich auch eine Frage von Ausbildung und Bildung.
Insoweit war es eine der wichtigsten Anliegen der Kolonialverwaltung den Bildungsstand der Eingeborenen zu verbessern und ihnen damit die Möglichkeit zu
eröffnen nach einer Ausbildung einen Beruf zu ergreifen und damit eine Arbeit zu
erhalten, durch die es dem Eingeborenen möglich war seinen Lebensunterhalt
und den seiner Familie zu bestreiten. Insbesondere die einheimische, jugendliche Bevölkerung profitierte von dem geschaffenen Bildungsangebot infolge des
Ausbaus des Schulwesens von der Situation eines zunehmenden wirtschaftlichen und sozialen Erfolges im Bereich von Wirtschaft und Gesellschaft. Zugleich
gelang es ihnen dadurch sich aus den alten Stammesbindungen zu befreien.

Das im Wesentlichen von den Missionen organisierte Schulwesen und damit
eine vermehrte Bildung der Jugendlichen war damit der Schlüssel für eine Verbesserung der wirtschaftlichen und sozialen Situation in der Kolonie. Schulangelegenheiten fielen in die Zuständigkeit des Referates der Inneren Verwaltung.

Die Schulen befanden sich von Beginn an in der Hauptsache in den Händen der
Missionsgesellschaften. Diese verfolgten damit den Zweck durch die Erziehung
der eingeborenen Kinder und durch die Erteilung von Religionsunterricht an diese die Schüler und über diese ihre Eltern und Verwandten zum christlichen Glauben zu bekehren .Dabei ergaben sich in den islamischen Gebieten Probleme,
da durch diese Zielsetzung bestehende Gesellschaftsstrukturen in Frage gestellt
wurden. Die Missionare fürchteten sich vor allem vor einer Islamisierung und
einer Stärkung der arabischen Kultur.

Der Lehrplan der Missionsschulen umfasste neben der Religion Lesen, Schreiben, Rechnen, Singen, Kisuhaeli sowie in den höheren Klassen vor allem auch
Deutsch, dessen Erlernen durch Prämien besonders gefördert wurde.Die Missionare waren der Ansicht, dass man nur im muttersprachlichen Religionsunterricht Herz und Gewissen der einheimischen Schüler erreichen könne. Ziel der

Missionare war es eine Angleichung der einheimischen Kultur an die westliche Zivilisation und Moderne und damit eine Verwestlichung der Einheimischen zu verhindern. Statdessen strebten sie eine Christianisierung der geläuterten einheimischen Kulturformen an unter Aufrechterhaltung der kleinbürgerlichen Ideale von Familie, Frömmigkeit und Fleiß.

An die Missionsschulen angebunden waren vielfach Handwerkerschulen, in denen den jungen Eingeborenen eine Ausbildung zum Tischler, Schneider, Schmied, Schlosser, Ziegelmacher sowie im Ackerbau und in Land- und Forstwirtschaft sowie für die Mädchen in Hausarbeit angeboten wurde. Die besten Schüler wurden von der Kolonialverwaltung ausgewählt und ihnen eine Übernahme in den Regierungsdienst als Schreiber, Zollbeamte oder Akide ermöglicht.

Neben den ca. 800 Missionsschulen für Eingeborene gab es 6 Missionsschulen für Europäerkinder in Leganga, Gare, Tandala, Hohenfriedeberg und Daressalam. Dem Unterricht der Knaben lag der deutsche Gymnasiallehrplan, dem der Mädchen der Lehrplan der deutschen höheren Mädchenschulen zugrunde. Neben den Missionsschulen gab es in Deutsch- Ostafrika auch Regierungsschulen getrennt nach Eingeborenen- und Europäerschulen.

Die erste Regierungsschule wurde 1892 auf Initiative des Gouverneurs von Soden in Tanga gegründet, darauf folgten weitere Schulen in Bagamoyo und Daressalam im April sowie im Oktober 1895. Bei ihnen übernahm der Staat die Kosten. Zwischen den Missionsschulen und den staatlichen Schulen ergab sich Konfliktpotential,was die Lehrpläne und die Sprachenfrage anging. Bei den Lehrplänen ging es vor allem um den Stellenwert der Religion, die in den Missionsschulen eine zentrale Rolle einnahm. Während in den Missionsschulen auch Fächer wie Singen und Schönschreiben zum Lehrplan gehörten, standen bei den staatlichen Schulen Fachkenntnisse im Vordergrund, welche die Absolventen zum niederen Verwaltungsdienst in den Kolonien qualifizierten.

Während der Unterricht in den Missionsschulen vielfach in der einheimischen Sprache erfolgte, legte man in den staatlichen Schulen Wert auf den Deutschunterricht. Die Afrikaner weigerten sich zunächst ihre Kinder in diese Regierungsschulen zu schicken, weil sie die Schule wie die meisten anderen Schulen für eine weitere Missionsschule hielten, deren einziger Zweck war das Christentum zu verbreiten. Um dieses Misstrauen abzubauen stellte die Reichsregierung einen Lehrer an der Schule an, der den Koran und die Kultur des Islam unterrichtete. Dies wiederum rief Proteste der evangelischen Kirche in Deutschland hervor, was zur Folge hatte, dass die Stelle des Islamlehrers wieder gestrichen wurde. Eine weitere Folge war jedoch, dass die Afrikaner nunmehr Vertrauen in das deutsche Schulsystem fanden, was wiederum zu höheren Schülerzahlen in den nachfolgenden Jahren führte. 1899 wurde in Tanga eine Schulpflicht für Jungen eingeführt. Nach Umstellung des Alphabets vom Arabischen auf das Lateinische stieg die Anzahl der Schüler, nachdem in den ersten Jahren sich die Regierungsschulen noch über den mangelhaften Zulauf beklagten.

Während an der europäischen Regierungsschule im ersten Jahr als Schulfächer nur Deutsch und Rechnen angeboten wurde, wurde der Stundenplan der Regierungsschule bis 1912 um die Fächer Kisuaheli, Rechnen, Deutsch, Rechtschreiben, Singen, Turnen, Naturkunde, Geographie und Zeichnen erweitert. Die Lehrkräfte kamen aus Deutschland und wurden am Orientalischen Seminar in Berlin auf ihren Einsatz in Deutsch-Ostafrika vorbereitet. Afrikanischen Schülern wurde über den im Jahre 1911 gegründeten Fonds zur Verbreitung der Deutschen Sprache die Gelegenheit eröffnet in Deutschland zu studieren. Später überwiegten aus praktischen und sprachlichen Gründen einheimische Lehrer und Hilfslehrer bzw. Katecheten.

Die eingeborenen Regierungsschulen lassen sich unterteilen in Hauptschulen, die von deutschen Lehrern geleitet wurden und deren Lehrstoff dem einer deutschen Volksschule entsprach und Hinterland- oder Außenschulen, die von befähigten Absolventen der Hauptschulen geleitet wurden. Schulsprache war Kisuhaeli, um durch eine gemeinsame Sprache eine einigende Wirkung für die verschiedenen Stämme hervorzurufen. In den eingeborenen Hauptschulen wurde darüber hinaus für besonders Begabte auch Deutsch gelehrt. Eingeborene Hauptschulen gab es in Tanga, Pagani, Daressalam, Kilwa, Lindi, Tabora, Bukoba, Muansa und Udjidji.

An den Regierungsschulen wurden vor allem auch Fertigkeiten gelehrt, die den eingeborenen Schüler ermöglichte nach Abschluss als gesuchte Fachkräfte im Regierungsdienst zu arbeiten als Verwaltungsbeamter, Schreiber, Aufseher, Steuereintreiber, Lehrer oder aber in der freien Wirtschaft als Handwerker oder Pflanzungsgehilfe zum eigenen Nutzen sowie zum Nutzen der deutschen Kolonialmacht. Dadurch entstand eine einheimische Elite, die jedoch in Abhängigkeit zu den deutschen Kolonialherren stand.

Den eingeborenen Hauptschulen waren vielfach Internate angeschlossen, in denen besonders befähigte auswärtige Schüler aus dem Hinterland unentgeltlich untergebracht waren und dort Kost, Wohnung und vielfach auch Kleidung erhielten. Religion gehörte in den Regierungsschulen im Unterschied zu den Missionsschulen nicht zum Lehrstoff, jedoch wurde den Schülern ermöglicht den Religionsunterricht einer lokalen Missionsschule zu besuchen.

Die Schüler der Hauptschulen wurden jährlich von den deutschen Lehrern geprüft, die Außenschulen unterlagen einer jährlichen Revision. Die Schülerzahl an den deutschen Regierungsschulen stieg weiter an. Im Jahr 1911 wurden an insgesamt 78 Regierungs-Volksschulen 3494 eingeborene Schüler unterrichtet, die übrigen Schüler besuchten eine der 875 christlichen Missionsschulen. Darüber hinaus gab es zwei Höhere Schulen und 29 Höhere Missionsschulen.1914 besuchten 61815 einheimische Schüler die katholischen, 46730 Schüler die protestantischen Missionsschulen, das waren ca. 1,5 % der Bevölkerung von 7.642.200. Die Moslems unterhielten in gleicher Weise Koranschulen, die von eingeborenen muslimischen Religionslehrern geleitet wurden. Zum Lehrplan der Koranschulen gehörte das Erlernen von Koranversen, das Lesen des Korans, arabische Schrift und Rechnen.

13. Verkehrswesen 86)

Das Verkehrswesen hing weitgehend von den örtlichen Gegebenheiten ab. In Ostafrika war von alters her der Trägerverkehr durch Menschen üblich, bei dem auch größere Massen von Wertgegenstände wie Elfenbein und Kautschuk im Karawanenverkehr über große Entfernungen hinweg zwischen Tanga und dem Kilimanjaro, Pangani und Udjidji durch menschliche Träger auf den Köpfen auf schmalen gewundenen Negerpfaden transportiert wurden. Die eingeborenen Träger hatten dabei Lasten zwischen 40 und 80 Pfund auf der Schulter, auf dem Kopf oder in einer so genannten Kraxe auf dem Rücken zu transportieren.Als wichtiger Verkehrsknotenpunkt für den Trägerverkehr galt dabei Tabora, der jährlich von ca. 120.000 Trägern angesteuert wurde

Am Tage legte eine Karawane zwischen 20 und 40 Kilometer zurück. Erst 1894 begann man von der Küste aus mit dem Bau von breiten Straßen, die in das Landesinnere führten. Zugleich wurden Brunnen, Isolierstationen und feste Brücken angelegt. Als Transportmittel wurden vor allem Tiere wie Esel, Ochsen oder Kamele verwendet, die jedoch ständig von für das Vieh verderblichen Seuchen wie die Tsetsekrankheit sowie das Küsten- und Texasfieber bedroht waren.

Später wurden zum Teil bereits Automobile als Transportmittel verwendet, wobei Wagenreparaturen und die Benzinbeschaffung sowie der schlechte Zustand der Straßen sich oftmals als Hindernisse erwiesen. Auf den Flüssen bewegten sich die Eingeborenen mit Einbäumen fort. Dies war vielfach auch nur in der Regenzeit möglich und nur über kurze Strecken. Die Einbäume konnten streckenweise zur Umgehung von Hindernissen auch über Land getragen werden. Schiffbar waren einige Flüsse vor allem im Süden der Kolonie wie der Rufiji auf seinem Unterlauf bis zu den Panganischnellen, wo der Heckraddampfer „Tomondo" regelmäßig verkehrte. Viele Flüsse waren jedoch aufgrund von Wasserfällen, Stromschnellen und Sandbänken nicht schiffbar.

Auf dem Viktoriasee gab es eine Dampfschifffahrt mit den Dampfern „Heinrich Otto", „Alter Schwarz" und „Schwaben" der Deutschen Njansa Schifffahrtsgesellschaft, die mit der britischen Ugandabahn verbunden war, die damit von großer Bedeutung für den Handel über die Binnengrenze hinaus wurde.

Auf dem Tanganjikasee verkehrte der Gouvernementsdampfer „Hedwig von Wissmann" und der belgische Dampfer „Alexandre Beiomene", auf dem Njassasee der deutsche Dampfer „Hermann von Wissmann", der kleine Dampfer „Paulus" der Berliner Missionsgesellschaft sowie fünf größere englische Dampfer, die die Küstenorte miteinander verbanden.

Der Güter-und Personentransport zwischen Europa und Deutsch- Ostafrika wurde hauptsächlich durch die 1890 gegründete Deutsche Ostafrika Linie durchgeführt. Schiffe verkehrten zweimal monatlich zwischen Hamburg und Tanga bzw. Daressalam. Dort gab es jeweils einen gut ausgebauten Hafen mit Ladevorrichtungen. Die anderen Häfen an der Küste wie Pangani, Sabani und Bagamojo waren von größeren Dampfern wegen mangelnden Tiefganges nur schwer anzulaufen. Sie mussten weit vor der Küste ankern. Waren sowie die Passagiere mussten über eine Strecke von bis zu 3 Kilometern durch Träger an den Strand transportiert werden. Küstenorte wie Bagamojo, Kilwa, Linda und Mikindani waren im Anschluss daran von Daressalam und Tanga mit Küstendampfern oder flachen Dhaus erreichbar. Zu den Küstendampfern gehörten der Gouvernementsdampfer Kaiser Wilhelm II. und der Zollkreuzer Kingani. Außerdem liefen Dampfer der *British India Steam Navigation Company* und anderer Gesellschaften die Häfen in der Kolonie an. Gesichert waren die Häfen an der Küste mit Bojen und Leuchttürmen vor für die Schifffahrt gefährlichen Riffen und Sandbänken.

Die bedeutendsten Handelsplätze der Kolonie waren durch die Eisenbahn verbunden wie Daressalam, Tanga, Bukoba, Muansa, Lindi und Bagamojo. Bagamojo, das der Insel Sansibar gegenüberlag, war vor allem vor der Eisenbahn als Ausgangspunkt der Hauptkarawanenstraße, die ins Landesinnere führte, von großer handelspolitischer Bedeutung. In Deutsch-Ostafrika gab es folgende Eisenbahnverbindungen: Im Norden die 352 Kilometer lange Usambara Bahn von Tanga bis Neu-Moschi am Kilimanjaro, die von Daressalam ausgehende Mittellandbahn, die 1912 bis Tabora fertiggestellt wurde sowie 1914 bis nach Kigoma am Tanganjikasee weitergeführt wurde. Insgesamt betrug 1914 das gesamte Eisenbahnnetz in Deutsch- Ostafrika 1.628 Streckenkilometer.

Als erste deutsche Eisenbahnlinie in Ostafrika wurde von Juni 1893 bis April 1896 die 40 Kilometer lange Eisenbahnstrecke von Tanga nach Muhesa im Nordosten gebaut. Diese wurde bis 1905 um 129 Kilometer bis nach Mombo und 1912 bis nach Neu-Moschi verlängert mit einer Gesamtlänge von 352 Kilometern. Eine weitere Verlängerung der sogenannten Nord- oder Usambarabahn um weitere 86 Kilometer bis Arusha konnten wegen des Beginns des 1. Weltkrieges nicht fertiggestellt werden.

Die zweite Eisenbahnlinie, die Mittellandbahn verlief 1250 Kilometer quer durch die Kolonie von Daressalam bis Kigoma am Tanganjikasee. Fertiggestellt wurde sie in drei Abschnitten, die erste Teilstrecke bis Morogoro wurde in den Jahren 1905 bis 1907 gebaut, die zweite Teilstrecke, welche die großen Bruchstufen überwinden musste, wurde 1912 bis Tabora, die letzte Teilstrecke bis Kigoma am 1.Februar 1914 fertiggestellt. Von Tabora aus wurde eine Stichstrecke von 481 Kilometer bis nach Ruanda im Nordwesten der Kolonie gebaut.

Danach fehlte nur noch eine Eisenbahnverbindung im Süden der Kolonie. Der Süden war damit weiterhin auf Menschen als Träger angewiesen war. Diese konnten an einem Tag höchstens 30 kg Lasten 25 Kilometer transportieren, was einer Tagesleistung von nur 0,75 Tonnen pro Kilometer entspricht. Dies erwies sich im Vergleich zu Leistung eines Güterzuges als absolut unwirtschaftlich und nicht konkurrenzfähig.

14. Post- und Telegraphennetz, Presse 87)

Deutsch Ostafrika war seit dem 1.April 1891 an den Weltpostverein angeschlossen. In Daressalam befand sich das Hauptpostamt. Darunter befand sich in Tanga ein Postamt sowie in verschiedenen weiteren Orten 44 Postagenturen. die von Fachpersonal, aber auch von Personal im Nebenberuf verwaltet wurden.

Der Post- und Telegraphendienst unterstand nicht dem Gouverneur, sondern direkt dem Staatssekretär des Reichspostamtes. Geleitet wurde der Post- und Telegraphendienst durch den Postdirektor in Daressalam. Diesem unterstanden 3 Postinspektoren, 24 Beamte, 13 Unterbeamte und ca. 100 eingeborene Hilfskräfte.

Die Postverbindung nach Europa und insbesondere nach Deutschland wurde durch die Deutsche- Ostafrika Linie, sowie über Sansibar durch die monatlich Sansibar anlaufenden Dampfer der Messageries Maritimes und englische Postdampfer hergestellt. Im Landesinnern erfolgte die Postbeförderung durch die Eisenbahn und durch Postboten. Postämter, die abseits der Eisenbahnlinie lagen , wurden per Botenpost in den Postverkehr eingebunden.

Zur Wahrnehmung des Telegraphendienstes wurden zahlreiche Telegraphenlinien gebaut, die auch für einen Fernsprechverkehr genutzt wurden. So gab es insgesamt 14 Ortsfernsprechnetze in Deutsch Ostafrika. Telegraphenlinien verliefen von Tanga nach Mikindani, von Tanga nach Aruscha, von Kilossa nach Iringa sowie von Daressalam über Kilossa und Tabora nach Muansa. In Bukoba und Musansa waren seit dem 20. März 1911 Funkentelegraphenstationen in Betrieb. Der Bau einer transkontinentalen Großfunkstation bei Tabora konnte wegen des Beginns des 1. Weltkrieges nicht mehr durchgeführt werden.Über ein Kabel der Eastern and South African Telegraph Co. war Ostafrika in Bagamojo und Daressalam über Sansibar an das Welttelegraphennetz angeschlossen.

Für die Vermittlung von Nachrichten zwischen den Siedlern innerhalb der Kolonie gab es neben lokalen Blättern und Zeitungen zwei politische deutschsprachige Zeitungen die Usambara Post und die Deutsch- Ostafrikanische Zeitung (DOAZ), die seit 1899 von Willy von Roy in Daressalam herausgegeben wurde und bis 1916 wöchentlich erschien.

Die Deutsch- Ostafrikanische Zeitung war das Sprachrohr der deutschen Siedler und setzte sich mit die Siedler interessierenden Themen wie dem Eisenbahnbau und der Rekrutierung von Lohnarbeitern für die Festigung der Kolonialherrschaft und der Siedler ein. Bis zum Jahre 1906 waren die beiden Zeitungen weitgehend regierungsfreundlich eingestellt. Dies änderte sich mit dem Regierungsantritt des Gouverneurs Albrecht von Rechenberg, der durch seine eingeborenfreundliche Haltung und der Förderung der afrikanischen Kultur viele Siedler verprellte. Nachdem von Rechenberg der Usambara Post jegliche staatliche Unterstützung entzogen hatte, musste diese ihr Erscheinen einstellen. Danach richtete sich von Rechenberg gegen die Berichterstattung der Deutsch- Ostafrikanischen Zeitung und gründete mit der Deutsch-Ostafrikanischen Rundschau eine eigene Zeitung, die jedoch von den Siedlern nicht angenommen wurde.

29. Medizinalwesen 88)

Größere Krankenhäuser für Europäer und Eingeborene gab es in Daressalam und Tanga. Im Jahre 1913 wurden dort 4.700 Krankheitsfälle von Europäern und 60.000 Eingeborene behandelt. In den einzelnen Bezirken gab es staatliche Regierungs- und Stationsärzte, die dem an der Spitze des Medizinalwesens stehenden Medizinalreferenten, unterstanden. Dieser war zugleich Chefarzt der Schutztruppe. Ein großes Problem für Ostafrika stellte die Seuchenbekämpfung dar. Insbesondere die Schlafkrankheit stellte eine Geißel dar. Diese wurde von der Tsetsefliege übertragen und forderte Tausende Todesopfer unter den Eingeborenen. Sie war insbesondere um den Tanganjikasee verbreitet. Symptome der Krankheit waren Gesichts- und Lidschwellungen, Fieberschübe , Schlaf-, Bewegungsmangel und Sprachstörungen. Der Tod kündigte sich durch einen Dämmerzustand an, in den der Erkrankte fiel und aus dem er nicht mehr erwachte.

Robert Koch, der Begründer der modernen Bakteriologie hatte im Atoxyl, ein arsenhaltiges Präparat ein wirksames Medikament gegen die Schlafkrankheit gefunden, das jedoch einige Nebenwirkungen wie Übelkeit, Schwindelgefühl und kolikartige Schmerzen hatte. Daneben wurde versucht die Schlafkrankheit mit anderen Maßnahmen zu bekämpfen. So wurden zur Eindämmung der Verbreitung des Überträgers, den Tsetsefliegen die Urwälder großflächig abgeholzt. Außerdem wurden die an der Schlafkrankheit Erkrankten von ihren Wohnorten entfernt und in besonderen Schlafkrankenlagern untergebracht. Erst mit dem Medikament *Bayer 205* wurde 1921 das wirksamste Mittel für die Bekämpfung der Schlafkrankheit gefunden.

Auch andere Krankheiten und Epidemien wüteten in Deutsch- Ostafrika. So forderte 1893 eine Pockenepidemie in weiten Teilen der Kolonie eine Vielzahl von Todesopfern. Gegen die Pocken wurden jährlich etwa 600.000 bis 900.000 Impfungen vorgenommen. Anlegende Schiffe wurden in Quarantäne genommen. Außerdem wurden Vernichtungsaktionen gegen Ratten, die Hauptüberträger der Pest durchgeführt. Eine Epidemie, die von Sandflöhen aus Lateinamerika eingeschleppt worden war und eiternde Infektionen verursachten, führte ebenfalls zu zahlreichen Opfern. Dazu kamen Epidemien, bei denen weniger die Menschen zu Opfern wurde, sondern die ihnen die wirtschaftliche Existenzgrundlage nahm und in tiefe Not stürzten wie die zahlreichen Heuschreckenplagen, insbesondere die im Jahre 1894, die eine Hungersnot zur Folge hatte, bei der viele Menschen starben. Die deutsche Kolonialverwaltung versuchte die Folgen dadurch abzumildern, indem sie den Einfuhrzoll für Getreide und Lebensmittel um 50 % senkte.In diesen Jahren überstiegen die Lebensmittelimporte die von der Kolonialregierung angestrebten Lebensmittelexporte bei weitem.

16. Bevölkerungsstatistik 89)

Am 1.1.1913 betrug die einheimische Bevölkerung 7.645.000 Menschen, die weiße Bevölkerung in Deutsch Ostafrika 5339, davon waren 3536 Männer, 1075 Frauen und 725 Kinder. Von diesen waren 4107 Deutsche, 321 Kolonial-Engländer, 208 Griechen, 130 Franzosen, 99 Österreicher und Ungarn, 71 Türken, christliche Syrer und Rumänen, 90 Engländer, 62 Niederländer, 65 Italiener und 51 Russen. Ihren Berufen nach setzte sich die weiße Bevölkerung aus 551 Regierungsbeamten, 186 Schutztruppenangehörigen, 498 Geistlichen und Missionaren,

882 Siedlern, Pflanzer, Farmern und Gärtnern, 352 Ingenieuren, Technikern, Bauunternehmern, 355 Handwerkern, Arbeitern, 523 Kaufleuten und Händlern, 19 Ärzten und Arztgehilfen sowie 169 Angehörigen anderer Berufe zusammen. Die meisten Weißen wohnten in den Bezirken Daressalam (1053), Aruscha (500), Moschi (467), Tanga (581) und Wilhelmstal (423) sowie wegen der für Europäer günstigen klimatischen Verhältnisse in der Gegend von Usambara, das auch in Küstennähe lag. Dadurch verkürzten sich die Transportwege für Personen und Güter. Auf einen Quadratkilometer in Deutsch- Ostafrika kamen etwa 7 Personen.

IV. Die Bevölkerung und deren Alltag

1. Die Eingeborenenbevölkerung 90)

Deutsch- Ostafrika war ethnographisch ein Grenz- und Mischungsgebiet, wo 80 verschiedene Sprachen gesprochen wurden.Die älteste Schicht der ostafrikanischen Bevölkerung lebte im Nordwesten in Ruanda und Urundi, westlich des Kagera. Es waren die zu den Zwergvölkern gehörenden Batwa. Diese Urbevölkerung war eine ziemlich kleinwüchsige Bevölkerung mit Körperlängen von 150-160 cm, teilweise aber auch von zwergenhaftem Wuchs von 140 cm, den Pygmäen in West- und Zentralafrika und den Buschmännern in Südwest ähnlich. Vorherrschend waren jedoch die Bantustämme.

Als Bantu bezeichnete man alle Eingeborenen des südlichen Dreiecks Afrikas, soweit sie zu Sprachfamilie der Bantusprachen gehörten. Diese sind mit den Zulus im südlichen Afrika verwandt. Den Bantustämmen als zugehörig angesehen wurden viele Stämme im mittleren und südlichen Teil der Kolonie wie die Wasaramo im Hinterland von Daressalam, die Wadonde und Wagindo im Hinterland von Kilwa, die Wajao und Makua im Hinterland von Lindi sowie die Wabena, Wapogoro und Wabunga im oberen Ulangagebiet. Im Süden der Kolonie lebten die Wangoni, ein von Süden vom Sambesi eingewanderter kriegerischer und raubender Zulustamm, der sich immer wieder mit der deutschen Schutztruppe Kämpfe lieferten.

Noch gefährlicher als die Wangoni waren die Wahehe sowie die Mafiti für die Deutschen. Diese wurden erst nach langwierigen, harten sowie verlustreichen Kämpfen von der deutschen Schutztruppe besiegt und unterworfen. Sie siedelten im Flussgebiet des Rufiji und waren monarchisch organisiert.Die Menschen im Norden sowie im Nordosten von Deutsch- Ostafrika hatten demgegenüber ein hamitisches hellhäutigeres Gepräge. Zu den hamitischen oder nilotischen Bevölkerungsgruppen gehörten insbesondere die Massai, ein stolzes Krieger- und

Hirtenvolk sowie die großwüchsigen Watussi oder Wahuma, beides nomadisierende Hirtenvölker, die im Westen des Viktoriasees siedelten, von der Viehzucht lebten und ihre Rinderherden durch Raub vermehrten. Sie sind Hamiten, ihre Sprache ist die von nilotischen Völkern. Sie haben eine Körpergröße bis zu zwei Metern, ihre Gesichter sind länglich, die Köpfe schmal und seitlich zusammengedrückt, die Nasen gerade.

Die Bevölkerung des Kilimanjarogebietes setzte sich vor allem aus Wadschaggas zusammen, die sich aus Furcht vor den Massais in das Gebirge zurückgezogen hatten. Bei ihnen oblag den Männern die Viehzucht, den Frauen der Ackerbau sowie insgesamt alle schweren Arbeiten.

Das Zwischenseengebiet wurde von den Wahinda, Wahuma und Watussi bevölkert, vom Norden her eingewanderte hamitische Stämme. Dabei gehören die Wahuma zu den längsten Menschen der Erde. Sie konnten bis zu 2,20 Meter hoch sein und waren von großem Selbstbewusstsein und körperlicher Gewandtheit.

Im mittleren Teil der Kolonie bis zum Viktoriasee lebten die Wanjamesi als sesshafte Landbauern, die von ihren Feldfrüchten und den Erträgen aus der Viehzucht lebten.Die an der Küste siedelnden Mischvölker von Arabern, Indern und Eingeborenen wurden mit dem Namen Wasuaheli bezeichnet, denen die Sprache das Suaheli gemeinsam war sowie ihr semitisch- mohammedanischer Einschlag aufgrund der Vermischung mit den Arabern.

In den Urwaldregionen lebten die Waschensi oder Buschneger, die sich durch ihre Sprache, den Sitten und religiösen Vorstellungen von den anderen Volksstämmen unterschieden und wegen ihrer Wildheit und Primitivität von den Nachbarstämmen vielfach geringgeschätzt wurden. Eine besondere und noch heute viel beachtete Gruppe der eingeborenen Bevölkerung sind die Massai.

2. Die Massai

Die noch heute mit Ostafrika verbundenen Massai waren bis zum großen Viehsterben im Jahre 1891 die unumschränkten Herren im nordöstlichen Deutsch-Ostafrika, im Gebiet zwischen dem Viktoriasee und dem Kilimanjaro. Hauptmann Merker behauptete in seinem 1904 erschienen Buch über die Massai, dass sie Semiten seien und von den alten Hebräern abstammten. 5000 v.Chr. seien sie aus Vorderasien nach Ostafrika eingewandert. Ein Beweis für diese Hypothese gibt es nicht. Nach Ansicht von Merker sind die Massai in drei Gruppen vom Norden nach Ostafrika eingewandert. Die erste Gruppe waren die Asa oder Wander-

abba, die als Steppenjäger bei der Jagd vergiftete Pfeile verwendeten und damit auch den weißen Siedlern gefährlich werden konnten. Die zweite Gruppe, die Wakufi waren friedliche Ackerbauern, während die dritte Gruppe als nomadische Vierzüchter Krieger und Viehräuber (El Moran) ihre Nachbarschaft in Schrecken versetzten. Diese bildeten die eigentlichen Massai. Sie unterschieden sich schon äußerlich stark von den Bantus durch ihre große, schlanke und magere Gestalt und die hellere Hautfarbe, die kaffee- bis hellschokoladenbraun war. Ihre Augen waren etwas geschlitzt, das Haar leicht gekräuselt Ihre Bekleidung bestand ursprünglich nur aus Leder, später jedoch aus Baumwolle, ihre Helme ursprünglich aus Löwenmähnen, später vermehrt aus Straußenfedern
.

Die Frauen schmückten sich mit großen, tellerförmigen über die Schultern hinüberreichenden Halskrausen aus Eisen-, Kupfer oder Messingdraht. Um Ober- und Unterarm sowie an den Unterschenkeln trugen sie lange, schwere Drahtmanschetten aus den gleichen Metallen, dazu metallenen Ohrschmuck.

Die Massai lebten in kreisförmigen Kraals mit dicht aneinander gereihten Hütten, die sich zu einem Kral zusammenschlossen. Die Hütten waren ca. 1,50 Meter bis 1,75 Meter hoch und 4 bis 5 Meter lang und bestanden aus einer von Pfählen und mit Ruten gestützten sowie einer mit Kuhmist bestrichenen Strohschicht.

Die unverheirateten Krieger (el Moran) und die jungen Mädchen (Ndito) wohnten gemeinsam in besonderen Kraalen. Die Bewaffnung der unverheirateten Krieger bestand aus einem fast 2 Meter langen Eisenspeer sowie einem festen bemalten Lederschild, die der verheirateten Krieger aus Pfeil und Bogen. Die übrigen Männer, die keine Krieger waren, gingen der Viehzucht nach. Als Oberhaupt erkannten die Massai den Oberpriester (el oiboni) an, der seinen Sitz am westlichen Fuß des Kilimanjarus hatte.

1891 brach im Norden der Kolonie eine Rinderpest aus, die von den Italienern mit indischem Vieh nach Äthiopien eingeschleppt worden war. Durch die Rinderpest wurden fast 95 % der Viehbestände der Massai vernichtet. Dadurch verhungerten nahezu zwei Fünftel bis drei Viertel der Massaibevölkerung. Dem Rest nahmen die Deutschen ihre Ländereien weg und sperrten sie in ein Reservat.

3. Die Ausländer 91)

In der Kolonie Ostafrika lebten viele Ausländer unterschiedlicher Nationalitäten wie Araber (Maskat-und Schihiraraber), Belutschen, Inder, Parsi, Goanesen, Syrer, Ägypter, Türken und Europäer. Viele Ausländer, die sich in der Kolonie

Deutsch Ostafrika angesiedelt hatten, waren Abenteurer, Militärs, Siedler, Kaufleute und Missionare, die alle besondere Vorstellungswelten und Mentalitäten hatten. In Europa galt Afrika vielfach als Abenteuerspielplatz für ganze Männer, als Ort, wo Glücksucher Gold und Diamanten finden konnten, Großwildjäger kostbare Jagdtrophäen, ein Paradies mit jagdbarem Großwild und exotischen willigen Frauen. Auf der anderen Seite wurden die Afrikaner als auf der untersten Gesellschaftsstufe stehend angesehen. Sie galten als faul und gewalttätig. Insoweit basierte die Kolonisierúng Afrikas auf einem besonderen Sendungsbewusstsein der Europäer.

In Daressalam hatten die Afrikaner vor den *Weißen* den Hut zu ziehen, ihnen war es untersagt die Bürgersteige zu benutzen. Diesen sozialen Unterschied zwischen *Weißen* und *Schwarzen* nutzten vor allem die Inder, indem sie mit ihren kleinen Ladengeschäften als Zwischenhändler zwischen Negern und Weißen fungierten. Für einen europäischen Händler galt es als unzumutbar stundenlang mit einem Neger um einen Pfennig zu feilschen. Das würde seiner Würde einen schweren Stoß versetzen. Ohne dieses stundenlangen Handeln und Feilschen kam jedoch in Ostafrika kein Geschäft zustande. Negativ erwiesen sich die indischen Händler vor allem dadurch, dass sie viele Einheimische aber auch Europäer durch Kreditvergaben von sich abhängig machten.

Die deutschen Siedler fühlten sich als *Angehörige einer höheren Rasse*, was sie ihrer Ansicht nach zum Herrschen über die Eingeborenen legitimierte. Ihre politische Einstellung war zumeist rechtsnational. Man sah sich als Vormund der Afrikaner und beanspruchte das Recht für sie entscheiden und Ansprüche mit Gewalt durchzusetzen. Hierzu gehörte auch die Ausübung des Züchtigungsrechtes durch Prügelstrafen.

Diese wurden nicht nur für kriminelles Unrecht angewandt, sondern auch zur Aufrechterhaltung der Disziplin in Arbeits- und Dienstverhältnissen. Die Zahl der Hiebe war nicht begrenzt, sondern man sollte lediglich darauf achten, dass der bestrafte Eingeborene keine körperlichen Folgeschäden davontrug. Hieran hielten sich jedoch nur wenige Siedler, was ein wichtiger Grund für das Auftreten lokaler Aufstände gegen *weiße* Siedler und schließlich auch die Hauptursache für den Ausbruch des Maji- Maji Aufstandes war. Viele Siedler fühlten sich auf ihren Besitztümern als lokale Fürsten, die ihr Besitztum sogar durch eine Privatarmee aus Eingeborenen verteidigten.

Dennoch lobten die Weißen die Eingeborenen wegen ihrer Munterkeit. Ihre Lebenslust, ihr Freundschaftsbedürfnis sowie die Treue zu ihrer Herrschaft, soweit sie von ihr freundlich, streng und gerecht behandelt wurde.

4. Körper- und Gesichtsverschönerungen 92)

Das Schönheitsideal der Eingeborenen enthielt Körper- und Gesichtsverschönerungen, die nach unserem europäischen Schönheitsidealvorstellungen eher Verunstaltungen darstellen. Über die Frauen der Wangoni schrieb Weule:

Es gibt in Afrika eine ganze Reihe von vielseitigen und abenteuerlichen Körperverunstaltungen, aber so häufig und nach unseren Begriffen entstellend und scheußlich wie hier im Südosten treten sie anderswo kaum auf. Die Schönheit einer Frau wurde nach der Größe der in der durchlochten Oberlippe getragenen Lippenscheibe beurteilt.

Zu Verunstaltungen führten vor allem die Bearbeitung des Gebisses und der Zähne. So nahmen die Bantustämme Auskerbungen an den mittleren oberen Schneidezähnen vor, die Massai brachen die beiden unteren mittleren Schneidezähne aus, während sie gleichzeitig die oberen verbogen. Teilweise wurden die beiden mittleren oberen Schneidezähne geschärft oder vier oder acht obere Schneidezähne. Teilweise wurden die Zähne der Quere nach halbiert und die Lücken in den einzelnen Zähnen ausgefeilt. Der übrige Körper der Eingeborenen trug bei einigen Stämmen Narbenverzierungen, Ziernarben waren im Gesicht, auf der Brust, dem Bauch, dem Rücken und den Oberschenkeln. Außerdem wurden Fremdkörper in gewisse Körperteilen eingefügt wie z.B. Ohr- oder Nasenpflöcke, Stifte in die Unterlippe oder andere Lippenzierate.

5. Bekleidung, Schmuck 93)

Die Bekleidung der Eingeborenen war im Allgemeinen aus Baumwollgewebe. Dieses wurde auf breiten, primitiven Webstühlen hergestellt. Die Männer trugen im Allgemeinen den langen, nachthemdartigen, weißen oder braunen Kansu, auf dem Kopf eine weiße Mütze sowie einen roten Fes. Die Frauen waren unverschleiert.

Im Nordwesten der Kolonie benutzten die Eingeborenen zur Herstellung ihrer Kleidung Rindenstoffe. Die Waheia stellten Mäntel und Schurze aus den Fasern der Raphiapalme her.

Der Schmuck war bei den Bantus eher einfach und bestand aus Arm-, Hals-, Leib und Knöchelringen aus Leder oder Fell, weitaus üppiger war der Schmuck der Massai und der ihnen verwandten Stämmen. Er bestand aus einer Vielzahl von Metallspiralen, Metallkettchen, Holzklötzchen, Perlen, das sie an Armen und Beinen, am Hals und in den Ohrläppchen trugen, dazu vielfach eine Oberarmspange

von der Gestalt eines mit den freien Enden aneinander geschweißten Hufeisen-
paares, das nach ihrem Glauben den Arm stärken soll. Die Massaimänner trugen
Kopfbedeckungen aus Affen- und Löwenfell oder Straußenfedern. Sie brachen
sich die beiden unteren und mittleren Schneidezähne aus und trugen Ziernarben
am ganzen Körper sowie im Gesicht.

Bei vielen Eingeborenenstämmen fügten sich die Frauen Holzpflöcke in die Ohren, die Makondefrauen um Südosten setzten sich sogar große Holzscheiben in
die Oberlippen ein. Dies sollte ursprünglich die Sklavenjäger davon abhalten die
Frauen einzufangen und zu verkaufen.

6. Siedlungsform, Wohnungen der Eingeborenen 94)

Die Wahl der Wohnungsform wurde von den Eingeborenen vielfach aus dem
Gesichtspunkt des wirksamsten Schutzes und der größtmöglichen Sicherheit
her getroffen. Einige lebten noch in Höhlen oder legten ihre Dörfer auf schwer
erreichbaren Berggipfeln und Talvorsprüngen an. Andere versteckten ihre Hütten zwischen Felsblöcken oder im Busch, wieder andere versuchten sich durch
Palisadenzäunen und Anlage von Hecken zu schützen oder bauten die Hütten
(Temben) so niedrig, das sie aus der Ferne kaum erkennbar waren.

Die Bantus wohnten in einer Zylinderhütte mit aufgesetztem Kegeldach. In der
Nähe der Küste herrschte als Hausform das Viereckhaus mit Satteldach vor,
das dann durch die Tembe ersetzt wurde. Im Norden der Kolonie herrschten
als Hausform bienenkorbförmige Rund- oder Kuppelhütten vor. Die Hausformen
waren sehr unterschiedlich, sie reichten von primitiven Windschirmen bis hin zu
den kunstvoll geschmückten Häusern der Wakonde im Kondehochland.Die im
Makondehochland siedelnden Wakonde besaßen zylindrische Kegeldachhütten.
Die Wanjakjussa errichteten Wohnhäuser in Form von Kegelstümpfen, die oben
breiter als unten und mit einem Kegeldach versehen waren; daneben kannten sie
aber Viereckhäuser mit einem Satteldach wie die Wadigo im Nordosten.

7. Berufe, Eingeborenenproduktion 95)

Die Berufe der Afrikaner waren auf der einen Seite von ihrer Rassenstellung,
andererseits von ihrer Umgebung abhängig. So waren die meisten Bantu Hack-
bauern, die Hamiten, insbesondere die Massai Viehzüchter, insbesondere von
Großhornrindern, während die Pygmäen Sammler und Jäger waren ohne Eigen-
produktion.Im Wirtschaftsleben der Afrikaner spielte die Produktion von Produkten, die dem eigenen Bedarf dienten, die Hauptrolle. Dabei wurden Vieh- und

237

Ackerwirtschaft meist nebeneinander betrieben. Ackerbauern waren zumeist die Eingeborenen im Süden, die Stämme in Norden trieben vor allem Viehwirtschaft und besaßen große Viehherden. Sie fanden in der weiten Steppenlandschaft auch in der Trockenzeit genügend Nahrung.

Die Wahuma und Watussi züchteten ein großhörniges Rind. Der Feldbau erfolgte in den primitivsten Formen. Dabei wurde der Boden zunächst durch Brennen und Hauen vom Holzbestand befreit und anschließend aufgelockert. Beim Hackbau wurde als Werkzeug vor allem der Grabstock sowie die Hacke verwendet. Mit dem Grabstock wurde der Boden aufgelockert, während die Hacke für die weiteren Arbeiten, insbesondere das Reinhalten der Felder sowie für die Ernte verwendet wurde. Eine Düngung des Bodens war weitgehend unbekannt.

Die Felder wurden alljährlich gewechselt und teilweise beetartig angelegt. Soweit Produkte über den Eigenbedarf hinaus produziert wurden, hingen deren Absatzmöglichkeiten in erster Linie von den Verkehrsverhältnissen ab.Es gab einige Versuchs- und Lehrplantagen, um moderne landwirtschaftliche Anbautechniken zu ermitteln. Es gab sogar landwirtschaftliche Forschungsstationen. Deren Ergebnisse und damit verbundene Entwicklungschancen kamen allenfalls den heimische Export-Betriebe zugute, die damit Gewinne erzielen konnten.Im Norden der Kolonie in den Usambarabergen entstand 1902 das Biologisch- Landwirtschaftliche Institut Amani, die damals modernste Agrareinrichtung in Afrika. Das wichtigste und verbreiteste Volksnahrungsmittel war die Körnerfrucht Hirse, die überall in Deutsch-Ostafrika angebaut wurde. Hirse wurde auch bei der Herstellung von Bier verwendet.

Neben Hirse wurden auch Mais, Yams und Reis, vor allem in der Form des Sumpf- oder Wasserreis angebaut. An Getreidearten fand man Weizen, der zu Weizenmehl verarbeitet wurde. Ein wichtiges Nahrungsmittel stellten auch Bananen dar. Für den örtlichen Bedarf wurden Knollengewächse wie Maniok und Süßkartoffeln sowie Hülsenfrüchte, Bohnen und Erbsen angepflanzt. Das gleiche gilt für den Anbau von Dattelpalmen, Ananas, Kürbisse, Erdnüssen und Tabak. Zur Gewinnung von Zucker wurde an vielen Stellen Zuckerrohr angebaut.

Für die Ausfuhr waren die Produkte der Kokospalme, die Kopra, das getrocknete Fruchtfleisch bestimmt. Kokosplantagen gab es vor allem in den Küstengebieten und den vorgelagerten Inseln. Für den Export bestimmt waren auch die Erdnüsse. Eine weitere ölliefernde Pflanze war die Ölpalme, deren Produkt das Palmöl vor allem als Speiseöl sowie zur Seifenfabrikation verwendet wurde. Erfolge konnten zeitweise auch mit der Kaffeekultur erzielt werden, der Kaffeeexport stieg von 7682 kg in 1904 auf 672.478 kg in 1914. Ein wichtiger Exportartikel war zuletzt auch die Baumwolle, die jedoch starken Preisschwankungen unterlag. Die gesamte Ausfuhr an Baumwolle betrug im Jahre 1908 270.149 kg im Werte von 249.438 Mark, im Jahre 1912 1.881.597 kg im Werte von 2.210.236 Mark. Davon wurde der größere Teil durch die Produktion der Eingeborenen gewonnen. Neben der Baumwolle und dem Kautschuk wurde seit Anfang des 20. Jahrhunderts vor allem der Anbau von ursprünglich in Mexiko beheimateten Sisalagaven ein wichtiger Wirtschaftsfaktor in Deutsch- Ostafrika. Ihre Fasern eigneten sich vor allem zur Herstellung von Garn, Tauen, Säcken, Teppichen und Netzen.Exportartikel waren außerdem unbearbeitetes Elfenbein, Harz, Matten, Kaffee, Tee, Kakao, einheimische Bauhölzer, Hörner, Flusspferdzähne.

8. Sprachen und Schrift

Die in Deutsch Ostafrika gesprochen Sprachen waren so vielfältig wie die Stammesgliederung. Neben der Landessprache Kisuaheli gab es noch ca. 80 andere Sprachen und Dialekte. Fast jeder Stamm sprach eine eigene Sprache oder Dialekt, die von den anderen nicht verstanden wurden. Am verbreitesten war jedoch die Kisuhaeli Sprache, die Sprache der Küstenbewohner und der Insel Sansibar, die über Händler auch in andere Gebiete getragen wurde und von einem großen Teil der Häuptlinge anderer Stämme verstanden wurde. Neben dem Kisuhaeli spielte auch das Pidginenglisch, eine Mischung aus Englisch und eingeborener Mundart als Verständigungsmittel eine Rolle.

Die Kolonialverwaltung erklärte das Kisuahaeli zur Landessprache und ließ sie in den Regierungsschulen als Unterrichtsfach lehren. Die Missionsschulen unterrichteten demgegenüber in Deutsch, weil sie in dem Kisuaheli die Sprache der muslimischen Küstenbewohner sahen und damit die Ausbreitung des Islams förderte. Als eine Art Anfang der Schrift und des Kalenders können die Knotenschnüre der Eingeborenen angesehen werden. Ansonsten kannte nur das Kisuaheli eine Schrift. Von den Kolonialmächten wurde die lateinische Schrift eingeführt.

9. Kunst

Anders als in Westafrika spielten plastische Darstellungen in Ostafrika kaum eine Rolle. Nur bei den Makondes findet man plastische Darstellungen der menschlichen Figur und des Antlitzes.Die Malerei beschränkt sich auf Tier- und Menschenbilder, die über das Niveau von Kinderzeichnungen nicht hinausgehen.

10. Kriege, Waffen

Als Angriffswaffen verwendeten die Bantus Pfeil und Bogen, Keule und Wurfspeer, die Massai und Wahumas im Norden Deutsch Ostafrika die 2 Meter lange nordostafrikanische Lanze mit aufgesetzter Klinge sowie das Massaischwert. Als Schutzwaffen wurden Schilde aus Leder und Fell bzw. aus Pflanzenstoffen oder gegen Stock- und Keulenhiebe eine einfache Parierstange oder Parierschilde verwendet.

11. Tanz und Musik 95)

Die Eingeborenen liebten Tanz und Musik. Als Tanzform war der Reigentanz (Ngoma) üblich, der in geraden Fronten oder im geschlossenen Kreis getanzt wurde. Begleitet wurden die Tänzer von einer Trommelkapelle. Bei bestimmten Festen, insbesondere bei den Mannbarkeitsfesten trugen die Tänzer vor allem bei den Makonde Masken.

Die Trommel war das allgemeinste Instrument in Ostafrika, nur bei den Massai fehlte sie. Von den Saiteninstrumenten waren verbreitet der Musikbogen mit einer Hohlfrucht als Resonanzbogen, die Sese mit starrem Saitenträger, die Schalenzither, eine ovale Holzmulde mit einer von Rand zu Rand hin- und herlaufenden Einheitssaite, die Lyra sowie das mit dem Bogen gestrichene Monochard. Weitere Instrumente waren die Schalmei, die Klimper oder die Marimba, ein *Negerxylophon* mit hölzernen Tasten.

V. Religion und Mission

1. Religionen der Eingeborenen

Glaubens- und Kultusäußerungen der Eingeborenen in Ostafrika bewegten sich auf einem niedrigen, primitiven Niveau. Vorherrschend waren Manismus und Ahnenkult. Teilweise herrschte der Glauben, dass die Ahnen ihren Sitz in heiligen Bäumen hätten. Die Makonde glaubten, dass ihr Volk aus dem Schoß der Stammesmutter entstanden sei.

Darüber hinaus waren der Animismus weit verbreitet, der Glauben an das Beseeltsein der ganzen Natur sowie ein präanimistischer Zauberglaube, der Glaube an die eigene Zauberkraft und an die Macht über die Geister innerhalb der Natur. Zauberer (waganga) und Regenmacher spielten dabei wichtige Rollen. Es gab eine Vielzahl von Zaubermitteln und Medizinen, die auch den gewöhnlichen Mann in die Lage versetzten aus eigener Kraft und ohne Ekstase zu zaubern.

Viele dieser Mittel wurden aus den Wurzeln von Pflanzen gewonnen, denen z.B. in Form von Pflanzensäften Zauberkraft zugeschrieben wurden sowohl heilende Wirkung als Medizin bei bestimmten Erkrankungen oder aber auch schädigende Wirkungen, bei der Bekämpfung von Feinden auf jede Entfernung hin.

Zauberkraft wurde auch bestimmten Teilen von Tierkörpern oder Tierkadavern zugeschrieben. Mit Apparaten aus zauberwirksamen Tierteilen sollten auch Verbrecher überführt oder die Zukunft vorhergesagt werden. Was den Totenglauben angeht, so glaubten die wenigsten Afrikaner an einen natürlichen Tod, sondern führten den Tod auf böse Mächte von Toten oder Lebenden und deren Wirken zurück.

Zugleich findet man einen stark ausgeprägten Ahnenkult. Die Ahnen mussten gut gestimmt und besänftigt werden, indem man ihnen Gaben wie Mehl, Getränke, Glasperlen spendete, die man unter bestimmte hohe Bäume, an Wegekreuzungen oder in Höhlen ablegte. Zugleich musste der Einfluss der bösen Geister gebannt werden, vor allem durch Zauber.

2. Kirchen und Missionen 96)

Die deutschen Missionsgesellschaften begannen mit ihrer Missionstätigkeit erst nach 1891, als Ostafrika zur deutschen Kolonie wurde. Vorher kamen deutsche Missionare wie Johannes Rebmann und Johann Krapf im Auftrag der englischen Church Missionary Society von Mombasa in das Gebiet des späteren Deutsch-Ostafrikas um dort Missionsstationen zu gründen Am 11. Mai 1848 stand Rebmann als erster Europäer am Fuß des Kilimanjaro und berichtete in seinem Reisebericht von dem schneebedeckten Gipfel nach Europa, womit er ungläubiges Staunen auslöste. Die christliche Missionstätigkeit wurde dadurch erschwert, dass Ostafrika seit dem 8. und 9. Jahrhundert zum Einflussbereich des Islam gehörte. Die christlichen Konfessionen konkurrierten insoweit nicht nur mit den Naturreligionen, sondern vor allem mit dem an der Küste vorherrschenden Islam.

Als Ziel sahen es die Missionsgesellschaften an, die Wilden zunächst zu zivilisieren und den Ungläubigen das Evangelium zu bringen. Verbunden mit der Missionierung war auf der anderen Seite die Annahme der europäischen Kultur, der europäischen Lebensweise und Wertvorstellungen. Hierzu zählten auch deutsche Tugenden wie Pünktlichkeit und Sauberkeit mit dem Ziel die vermeintlich Wilden zu zivilisierten Menschen zu erziehen. Dazu bedienten sich die Missionen verschiedener Wege und Mittel. Andererseits sahen sich die Missionare auch als Beschützer der Eingeborenen gegen die Willkür von Häuptlingen und der Kolonialverwaltung, von Akiden und Askaris, deren Verhalten oftmals ungerecht und gewalttätig war. Vielfach war die Haltung der Missionare gegenüber der deutschen Kolonialverwaltung und der Schutztruppe von Zwiespalt und Gewissensnöten geprägt. Dies galt insbesondere während des Maji-Maji Aufstandes, bei dem die Missionare zwar ihre Missionsstationen verteidigten, nicht jedoch offensiv in das Kriegsgeschehen eingriffen. Dennoch wurden sie häufig Opfer der Aufständischen, jedoch weniger wegen der Religion, sondern weil sie politisch als Repräsentanten der deutschen Herrschaft angesehen wurden. Nach Niederschlagung des Maji- Maji Aufstandes befürworteten die Missionare zwar eine Bestrafung der Aufständischen, auch deren Tötung und die Anwendung von Kettenhaft. Andererseits ermöglichten sie bei der nach Kriegsende einsetzenden Hungersnot vielen Menschen das Überleben, indem sie auf den Missionsstationen Nahrungsmittel an die hungernde Bevölkerung verteilten.

Mit der Verbreitung der christlichen Heilsbotschaft in den Kolonien ordneten die christlichen Missionen den säkularen Kolonialismus und Imperialismus in den göttlichen Heilsplan der Weltgeschichte ein. Dabei hielten sie zunächst an der Formel *Taufe oder Tod* fest. Sie glaubten, dass sich in der Missionierung und der Kolonisierung der offenbare Ratschluss Gottes manifestierte, sein Reich in der Welt zu verbreiten.Segensreich war die Arbeit der Missionare jedoch vor allem auf dem Gebiet der Bildung und Ausbildung, insbesondere durch die Einrichtung von Missionsschulen.

Darüber hinaus wurden auf den Missionsstationen Wirtschafts- und Handwerksbetriebe eingerichtet, Ackerland bewirtschaftet, europäische Kulturpflanzen wie Kartoffeln und Weizen angebaut. Dazu unterhielten die Missionen Krankenhäuser, Apotheken, Waisen und psychiatrische Krankenhäuser mit angestellten Ärzten, Krankenpflegerinnen und Hebammen. Außerdem waren die Missionen auch im Handel tätig und unterhielten Handelsgesellschaften. Damit banden die Missionen vor allem jüngere Menschen an sich, welche in der Hoffnung auf eine bessere Zukunft sich taufen ließen und freiwillig fremdartige Namen annahmen unter Aufgabe ihrer traditionellen Glaubensvorstellungen.

Um die Afrikaner zu zivilisieren, versuchten die Missionen ihr monastisches Arbeitsethos vom *Ora et labora* zu propagieren, womit sie nicht nur die einheimischen Arbeitern auf den Missionsstationen zu sinnvoller Tätigkeit anhielten, sondern damit zugleich den weißen Siedlern in ihrer Ausbeutung der schwarzen Arbeiter, die wie Sklaven gehalten und angesehen wurden, in die Karten spielten. Auch bei den auf den Missionsstationen mit Feldarbeit beschäftigten einheimischen Arbeitern handelte es sich zumeist um freigekaufte Sklaven, die vielfach immer noch wie Sklaven behandelt wurden. Auf der anderen Seite war den weißen Siedlern sowie der Kolonialverwaltung die Ausbildung durch die Missionsschulen suspekt, welche ihrer Meinung die Afrikaner verweichlichte und sogenannte Hosenneger produzierten, die zur körperlichen Arbeit nicht mehr in der Lage waren und der kolonialen Kontrolle entzogen wurden.

Die Missionare kümmerten sich auch um Volkstum und Sprache. Sie sammelten Sprichwörter, Lieder, Fabeln und Sagen. Missionare waren als Ärzte, Richter, Lehrer, Tierpfleger, Jäger und Botaniker tätig. Vor allem ihre medizinischen Kenntnisse wurden von den Einheimischen geschätzt, wo heidnische Zauberkunst versagte.

Bevor sich eine Missionsgesellschaft in Ostafrika niederließ, wurde der Niederlassungsort mit der Kolonialverwaltung abgestimmt, um den zwischen den Konfessionen bestehende Konkurrenzkampf einzudämmen. Danach überwog im Gebiet des Tanganjika- und Viktoriasees die katholische Mission, in den Bezirken Tanga, Pangani und *Wilhelmstal* und in der Umgebung des Njassasees die evangelische Mission.

Die christlichen Missionen sah in der Kolonisierung die Geltendmachung eines moralischen Rechtes der Europäer, sich fremde Länder und Gebiete selbst mit Waffengewalt unterzuordnen. Insoweit waren die Missionare auch niemals von fundamentalen Zweifeln geplagt. Die Missionen hielten nicht nur die imperialistische Landnahme,sondern auch nachfolgende militärische Aktionen und Repressalien im Interesse ihrer freien Glaubensverkündigung gut. Damit akzeptierten sie auch einen unduldsamen Kulturimperialismus und auch koloniale Gewalt. Letztlich gingen die Erfolge der Missionen weniger auf das Evangelium zurück, sondern auf die größere Waffengewalt der Weißen. Ihr Ziel, ein europäisch geprägtes Christentum erreichten sie damit nur teilweise.

3. Die katholischen Missionen

Die katholischen Missionen übten die kirchliche Fürsorge für die katholische weiße Bevölkerung und die Eingeborenen aus.Die Katholische Mission bestand aus den apostolischen Vikariaten Bagamojo, Daressalam, Süd-Njansa, Kivu, Unjanjembe, Tanganjika und Kilimanjaro mit einem Bischof an der Spitze.

Die *Väter vom heiligen Geist* wirkten in den Vikariaten Bagamojo und Kilimanjaru. Der ganze Süden der Kolonie gehörte zum Vikariat Daressalam und bildete eine eigene apostolische Präfektur mit Sitz in Lindi. Sie wurde verwaltet von der Kongregation der Benediktiner von Sankt Ottilien am Lech. Der übrige Teil der

Kolonie wurde den Vikariaten Süd-Njansa, Kiwu, Unjanjembe und Tanganjika zugeordnet und von der Kongregation der *Weißen Väter*, der im Jahre 1868 in Algier gegründete *Societe des Missionaires de Notre Dame des Missions d´Afrique et de d´Algerie* verwaltet.

4. Die evangelischen Missionen 97)

Anders als bei der katholischen Mission ist bei der evangelischen Mission die kirchliche Fürsorge für die weiße Bevölkerung von der Mission getrennt. Es bestanden selbständige evangelische Kirchengemeinden in Daressalam, Tanga und Leganga. Bis zur Befriedung der Kolonie und dem Aufbau einer staatlichen Kolonialverwaltung waren die Missionsgesellschaften vielfach auch mit Verwaltungsarbeiten bis hin zur Eintreibung von Steuern und zur Gerichtsbarkeit beschäftigt. Sie verhängten Strafen und vollstreckten sie anschließend.

Damit wurden sie für die Errichtung und Aufrechterhaltung der deutschen Kolonialherrschaft missbraucht, anstatt was ihr eigentliches Ziel war afrikanische Volkskirchen aufzubauen. Andererseits nutzten sie staatliche Machtmittel insbesondere bei der Durchsetzung von Arbeits- und Schulzwang und partizipierten als Arbeitgeber insbesondere bei ihren Plantagenbetrieben von der Erhebung der Hüttensteuer.

Für die Eingeborenen war der Kampf der Missionsgesellschaften gegen die althergebrachten Naturreligionen ein Frontalangriff auf ihre Religion, ihre Sitten, ihre Lebens- und Arbeitsauffassungen sowie gegen die gesamte Sozialstruktur. Bekehren ließen sich vor allem nur sozial Niedriggestellte wie ehemalige Sklaven, Aussätzige und Ausgestoßene. Die Missionen wurden damit zu einer Kirche der Armen, Häuptlinge ließen sich zumeist nur durch das Versprechen wirtschaftlicher Vorteile bekehren, um damit an der Überlegenheit und den Errungenschaften der Europäer partizipieren zu können.

Die mäßigen Erfolge bei der Bekehrung der erwachsenen Eingeborenen versuchten die Missionen dadurch auszugleichen, dass sie verstärkt Missionsschulen betrieben und sich damit verstärkt um Kinder und Jugendliche bemühten, deren Glaubensvorstellungen noch nicht verfestigt waren. Beim Betrieb der Missionsschulen bevorzugten die Missionen als Unterrichtssprache die jeweilige lokale Landessprache gegenüber dem Kisuhaeli als einheitliche Landessprache, die von der Kolonialverwaltung als Unterrichtssprache für ihre Regierungsschulen gewählt wurde. Missionsschulen wurden in allen Teilen der Kolonie eingerichtet. Der dort erteilte Unterricht beschränkte sich in der Regel nur auf wenige Stunden, in denen Rechnen, Lesen und Schreiben gelehrt wurde. Mit ihrem Unterricht gerieten die Schulen vielfach in Kollision mit den weißen Plantagenbesitzern, welche befürchteten, die Kinder durch den Unterrichtsbetrieb als billige Arbeitskräfte zu verlieren und für die schlecht ausgebildete und damit besser ausbeutbare Eingeborene weitaus lukrativer erschienen. Vielfach mussten die Kinder neben ihrer schweren Arbeit auf den Plantagen morgens und abends noch die Schulen besuchen. Da die Missionen auf ihren Plantagen selbst Kinder beschäftigten, stießen sie deshalb bei vielen weißen Plantagenbesitzern auf Unverständnis.

Die auf den Missionsplantagen beschäftigten Kinder waren jedoch dadurch bessergestellt, dass die Missionen strikt auf die Einhaltung bestimmter Arbeitszeiten, ausreichende Pausen achteten, darüber hinaus die Prügelstrafe ablehnten und auch für eine medizinische Betreuung der Kinder sorgten. Da es nur wenige Regierungsschulen in Deutsch-Ostafrika gab, hatten die christlichen Missionsschulen gleichsam ein Bildungsmonopol inne. Es setzte geradezu ein Run auf die Missionsschulen ein, da die Eingeborenen letztlich verstanden hatten, dass nur eine gute Bildung ihnen berufliche und gesellschaftliche Aufstiegschancen boten. Dadurch stieg die Schülerzahl

Die evangelische Gemeinde in Daressalam wurde 1887 von der Berliner Missionsgesellschaft gegründet und 1891 an die evangelische Landeskirche der älteren preußischen Provinzen angeschlossen.1902 erhielt die Gemeinde in Daressalam ein eigenes Gotteshaus. Im Jahre 1909 wurde die evangelische Gemeinde in Tanga gegründet, ebenfalls unter Angliederung an die altpreußische evangelische Landeskirche.

Da die Gemeinden keine öffentlich rechtliche Körperschaften waren, wurden Kirchensteuern nicht erhoben, sondern mussten von den Gemeinden durch freiwillige Beiträge aufgebracht werden.In Deutsch- Ostafrika arbeiteten folgende evangelische Missionsgesellschaften: die Berliner Missionsgesellschaft, die Herrenhuter Brüdergemeinde, die Evangelische Missionsgesellschaft für Deutsch-Ostafrika, die englische Church Missionary Society, die Leipziger Evangelisch-Lutherische Missionsgesellschaft, die englische Universitätenmission, die Adventisten vom siebenten Tage, die Missionsgesellschaft von Neukirchen sowie die amerikanische Afrika- Inland- Mission.

VI. Zum Verständnis der deutschen Kolonialpolitik 98)

Ihr Verständnis von Kolonialpolitik und die Stellung der deutschen Kolonialverwaltung gegenüber den Eingeborenen ließ die deutsche Reichsregierung in folgenden Worten einer Denkschrift erkennen:

Die Kolonialverwaltung ist sich bewusst, dass ihr zur Befestigung der deutschen Herrschaft und gleichzeitig zur wirtschaftlichen Entwicklung der Kolonie kein wirksameres Mittel zur Verfügung steht, als die Hebung des Kulturstandes der Eingeborenen.

Gouverneur Graf von Götzen konkretisierte diesen Standpunkt wie folgt:

Wir haben erkannt, dass uns in den afrikanischen Negern ein Volk von starker Vitalität und gleichzeitig von großer Anpassungsfähigkeit gegenübertritt, eine Rasse, die keinesfalls vor uns vom tropisch-afrikanischen Boden verschwinden wird, etwa so, wie einst die Australier oder Indianer vor den weißen Einwanderer das Feld räumte. Wir rechnen vielmehr bewusst mit ihrer reichlichen Vermehrung unter den von uns geschaffenen geordneten Verhältnissen und mit einer Steigerung ihrer Fähigkeit, nützliche Mitarbeit bei der Durchführung unserer kolonisatorischen Absichten zu leisten. Unser Bedürfnis, Glück- und Kulturbringer zu sein, findet also eine durchaus reale Stütze.

Das Potential der Afrikaner sich geistig und kulturell weiterzuentwickeln schätzte von Götzen als sehr niedrig ein:

Ich persönlich gehöre zu denen, die an eine der unsrigen gleichen Entwicklungsmöglichkeit der Schwarzen nicht zu glauben vermögen, denn den Negern scheint jede Fähigkeit zu schöpferischem Denken und Handeln zu fehlen. Jede Äußerung eines kulturellen Fortschritts dürfte bei ihnen auf Beeinflussung durch unsere Rasse, auf Nachahmungstrieb oder auf äußeren Zwang zurückzuführen sein und, sich selbst überlassen, pflegen Individuum und Gemeinschaft nicht nur in ihrer Kulturentwicklung Halt zu machen, sondern sogar von der erreichten Stufe auf eine tiefer liegende herabzusteigen…

Ich weiß, dass unter den Kolonialpolitikern, die von ihrem menschlich schönen Standpunkt aus meinen, den Negern alles geben und von ihnen alles erwarten zu können, manchem auch eine dritte Möglichkeit für die Zukunft vorschwebt, nämlich ein friedliches Leben beider Rassen nebeneinander, ohne nennenswerte Vermischung und mit annähernd gleichen Rechten; denn so logisch sind auch die Vertreter solcher Hoffnungen, dass sie erhöhter Kultur auch entsprechend höhere Rechte gewähren. Aber ihrem Traum wird keine Wirklichkeit entsprechen. Er kann sich nicht erfüllen, weil Weiß und Schwarz von zu verschiedener Schattierung sind, weil ihre Entwicklung sich auf zwei verschiedenen Bahnen bewegt.

E. Die Kolonie Deutsch- Südwest

I. Allgemeines

Die Kolonie Deutsch- Südwest ist noch heute die bekannteste Kolonie des früheren Deutschen Reiches. Dazu tragen nicht nur die Hottentotten und Hereros, sondern auch die berühmteste Pflanze von Südwest bei, die *Welwitschia mirabilis*, die ein Alter von 1000, unter guten Umständen sogar bis zu 2000 Jahren erreichen kann und dadurch zur Wappenpflanze im Wappen des heutigen Namibias und der Stadt Swapokmund wurde. Während die Hereros historisch unsterblich durch ihre Beinah- Ausrottung wurden, halten sich auch die Hottentotten hartnäckig im deutschen Sprachgebrauch.

Meine Großmutter hat gesagt: Hier geht es ja zu wie bei den Hottentotten

Eine Redewendung mit der die Deutschen seit der Kolonialzeit in Südwest Chaos, völliges Durcheinander sowie undiszipliniertes zügelloses Verhalten ausdrücken. Das gleiche ist gemeint, wenn Großmutter die Musik der Enkel, die ihr auf die Nerven geht, als *Hottentottenmusik* bezeichnet.

Es lohnt sich, sich mit der ehemaligen Kolonie Deutsch- Südwestafrika näher zu beschäftigen, nicht nur mit ihren Bewohnern und Pflanzen. Südwest, über das ein südafrikanisches Scherzwort sagt:

Zuidwestafrika is een bezonderlyk land, waar die honde lammen, die bokkies melk geef, Südwestafrika, ein wunderliches Land, in dem die Hunde lammen und die Böcke Milch geben.

1. Land und Klima 99)

Die Kolonie Deutsch- Südwest umfasste ein Gebiet von insgesamt beinahe 835.100 Quadratkilometer und war damit ungefähr anderthalbmal so groß wie das damalige Deutsche Kaiserreich.Die geographische Lage des Landes und das in der Kolonie herrschende Klima waren lange Zeit die Gründe für ihre Isolierung von der übrigen Welt und seine Unberührtheit.

Das Innere von Deutsch- Südwest besteht aus einer Terassenlandschaft, einem 1000 bis 2000 Meter über dem Meeresspiegel liegenden Hochland, das nach Westen hin steil zur Küste des Atlantischen Ozeans abfällt und sich nach Osten

hin, ca 300 Kilometer von der Küste entfernt bis zu der 500 Meter tiefer gelegenen Kalaharisteppe senkt. Die Küste des Atlantischen Ozeans ist fast regenlos
und gleichmäßig kühl. An der Küste verursacht das kalte Gewässer mit einer
Mitteltemperatur von nur 14,3 Grad Celsius häufig Dunst und dichten Nebel. Besonders die kühle Jahreszeit ist durch häufige Nebel, vor allem in den Morgen-
stunden charakterisiert, in denen diese wie eine dichte Decke über dem Boden
liegen und bis 50 Kilometer landeinwärts Nebelniederschläge verursachen.

Die Temperatur wirkt sich vor allem auf die an der Atlantikküste gelegenen Orte
aus. So beträgt die durchschnittliche Temperatur in Swapokmund nur 15,2 Grad
Celsius und steigt in den Sommermonaten Februar und März auf 17,5 Grad Celsius an. Nur wo die Ufer gegen den Einfluss der offenen See und der vom Wasser
auf das Land wehenden Luftströmung geschützt sind, wie z.B. in Lüderitzbucht,
herrschen höhere Temperaturen.

In der Namib Wüste mit einer Fläche von 95.034 Quadratkilometern sind Menge
und Dauer der Nebel geringer als an der Küste. Bei Tage herrscht vor allem im
Sommerhalbjahr eine ungeheure Hitze. Dadurch werden Augentäuschungen
hervorgerufen von der Vergrößerung entfernter Gegenstände und Menschen
bis zu einer echten Fata Morgana, die dem Wanderer Wasserspiegel oder ferne
Landschaften vorgaukeln, die sich bei Näherkommen als trostlose Wüste ent-
puppen. Ansonsten herrscht im Sommer eine trockene Hitze, die Temperaturen
im Winter sind eher gemäßigt, wobei auch Nachtfröste vorkommen können.Die
Bevölkerungsdichte der Kolonie betrug in der Kolonialzeit ca. 0,22. Das bedeutet,
dass auf jeden Einwohner fast 5 Quadratkilometer Land kam.

Anlegestellen für Schiffe fanden sich nur in Lüderitzbucht und Walfischbucht,
später auch in Swapokmund. Zwischen der 1400 Kilometer langen Atlantikküste
und dem Hochland liegt die 100 bis 150 Kilometer breite, wasserlose, unwirtliche
Namib Wüste mit ihren gewaltigen, mal hellgelb und mal rötlich schimmerden
Sanddünen, Sandgebirgen und kargen Vegetation.

Der Name Namib bedeutet *Ort der Leere*. Mit einem Mindestalter von 20 Millionen Jahren ist sie die älteste Wüste auf der Erde. Diese leere und tote Wüs-
tenlandschaft ist gekennzeichnet durch Pflanzen und Tiere, die sich den unwirt-
schaftlichen Bedingungen und der Wasserarmut vor allem in der Südhälfte der
Namibwüste angepasst haben. Nach Osten senkt sich das Hochland zur 800-
1300 Meter hohen Kalahari, einer wasserarmen Grassteppe ab. Inzwischen wurde die Namib Wüste mit ihrer Fauna und Flora zum Weltkulturerbe der UNESCO
ernannt. Die Grenze Deutsch-Südwest zum Süden bildet der Oranjefluss, zum
Norden die beiden Flüsse Kunene und Okavango.

Der südliche Teil von Südwest bis zum Oranjefluss ist Halbwüste, der nördliche Teil Grassteppe. Baumwuchs findet sich nur an den Ufern der zumeist wasserlosen Flussläufe. Das Land ist sehr niederschlagsarm (mit jährlich nur 80-250 mm Niederschlag) und bietet nur Kleinvieh wie Ziegen und Schafen ausreichend Nahrung.

Die Mitte von Südwest bildet das Windhuker Hochland. Hier verlief zur Kolonialzeit auch die Grenze zwischen den Völkern der Hereros und den Namas (Hottentotten). Die höchste Erhebung bildet das Auasgebirge zwischen Rehoboth und Windhuk mit 2130 Meter Höhe, das die Wasserscheide für die nach Norden bzw. Süden fließenden Flüsse ist und auch die Grenze zwischen den Ländereien der Hereros im Norden und den Hottentotten im Süden bildete. Es regnet dort häufiger, bei einer Niederschlagsmenge von 300-500 mm. Der Regen wird in Staudämmen aufgefangen. Weiter nördlich des Auasgebirges liegt der Omarakoberg mit 2.680 Metern die höchste Erhebung Namibias.

Im Westen des Windhuker Hochlandes befindet sich das wasserarme und schwer zugängliche Komas Hochland, im Osten ein sanft abfallendes Hügelland mit zahlreichen Flüssen, die jedoch nicht schiffbar sind und den größten Teil des Jahres kein Wasser führen. Quellen finden sich vor allem im Hereroland, wo die Regenmenge größer ist als im Süden.

Nach Norden hin senkt sich das Hochland in das dornbuschreiche Weideland der Hereros ab mit zahlreichen Inselbergen wie dem Waterberg und dem Erongogebirge. Hier lagen die geschichtlich vom Hereroaufstand bekannten Hereroorte Otjikango, Okahandja, Omaruru. Im Norden des Hererolandes schließt sich ein wasserarmes, durch Sand und Dünen geprägtes Gebiet an, das nach Nordwesten zum Kaokofeld hin zur Grassteppe wird.

Noch weiter nach Norden schließt sich das Ovamboland an, das bis zum Fluss Kunene reicht. In den zahlreichen Bodenwellen bilden sich in der Regenzeit Flüsse, die sogar Fischfang ermöglichen. Geprägt wird das Landschaftsbild von gewaltigen Affenbrotbäumen, Feigenbäumen und Fächerpalmen. Besonders begünstigt durch seinen Reichtum an Grundwasser ist das Grootfonteiner Gebiet. Dort werden Mais, Weizen, Gemüse, Zitrusfrüchte und Pfirsische angebaut.

2. Fauna und Flora 100)

Die Flora von Südwest weist das Land als Übergangsgebiet aus, in dem im Norden tropische Formen mit Palmen, Adansonie und Baobab vorherrschen. Im Süden des Hererolandes beginnt das Gebiet der Dornenpflanzen, der Akazien, des Kameldorns, im Süden des steppenartigen Namalandes herrschen Alooar-ten vor. Nach Osten hin überwiegen Graslandschaften bzw. savannenartige oder parkartige Landschaften.

In der Namibwüste befinden sich seltene Pflanzen, die sich der Umgebung an-gepasst haben, der Milchbusch sowie die sonderbare Welwitschia mirabilis. Da-bei handelt es sich um ein Holzgewächs aus der Familie der Gnetaceen, das nach dem Botaniker Welwitsch benannt wurde. Das Gewächs besteht aus einem halbkuglig, auf dem Boden ruhenden, oben abgeflachten bis einen halben Meter im Durchmesser erreichenden Stamm. Dieser trägt oben am Rande rechts und links je ein schmales meterlanges Blatt, das vielfach in Streifen zerrissen ist. Die Früchte befinden sich im Winkel zwischen Blatt und Stamm und haben die Form von Tannenzapfen.

Ansonsten zeigt die Wüste größte Pflanzenarmut, im Gebiet der Dünenregion mit ihren großen Sandwehen sogar Pflanzenleere.Grundsätzlich hat die Pflan-zenwelt sich an das Klima angepasst, vor allem an die Trockenheit, die Sonnen-bestrahlung sowie den Wind.

Daneben gedeihen außerhalb der Wüste neben den auch in Mitteleuropa verbrei-teten Obstsorten und Gemüsen auch Weizen, Mais, Wein, Pfirsiche, Feigen, Oran-gen und Zitronen sowie Dattelpalmen,soweit genügend Wasser vorhanden ist.

Südwests Fauna gehört zur südafrikanischen Region und besitzt grundsätzlich die gleichen Tierarten und -gattungen wie Südafrika und die Hochländer am Oranje. Im Norden und Nordosten, wie dem Ovamboland und der Etoschapfanne kommen alle Tierarten des südlichen Zentralafrikas vor.

Hierzu gehören vor allem auch größere Tiere wie Nashörner, Elefanten, Giraffen, Flusspferde und Raubtiere wie Löwen, Geparden und Leoparden, verschiede-ne Antilopenarten, Kudu, Springböcke und Gnus. Ebenfalls reich an Arten und Größe ist die Vogelwelt mit Nashornvögeln, Webervögel, aber auch Adler und Aasgeier, Perlhühner und Steppenhühner sowie der große Laufvogel, der Strauß vor allem im Innern und der Namibwüste.

In großer Fülle kommen Eidechsen, Schildkröten sowie in den Flüssen des Nor-dens auch Krokodile sowie viele Schlangenarten vor, von denen einige sehr giftig sind wie die Puffotter und die Naja, außerdem Riesenschlangen wie der Python vor allem in Norden von Südwest.

II. Geschichte der Kolonie Deutsch- Südwest

I. Anfänge der Kolonie Deutsch- Südwest 101)

Die ersten Weißen, die ihren Fuß auf den Boden von Südwest setzten, waren portugiesische Seefahrer unter Führung von Bartolomeo Diaz und Diego Cao, die 1485 auf Befehl des portugiesischen Königs Johann II. Afrika umsegelten, um die südliche Umschiffbarkeit von Afrika zu erforschen und den Handelsweg nach Indien zu finden. Dessen Handelsware wie Gewürze, Seide, Teppiche und Elfenbein waren auf den europäischen Märkten heiß begehrt. Sie umsegelten 1486 das sogeannte *Vorgebirge der Stürme*, das spätere *Kap der Guten Hoffnung*

Portugal war damals bemüht diesen Handel an sich zu ziehen. Voraussetzung hierfür war der Fund eines Handelsweges nach Indien. Diego Cao hatte den Befehl an den Landungsstellen steinerne Kreuze als Zeichen der Besitzergreifung zu errichten.So errichtete er am sogenannten Kreuzkap etwa hundert Kilometer nördlich von Swapokmund ein derartiges Steinkreuz, an einer Stelle, die von Tausenden Robben bewohnt war. Der Stein wurde später nach Berlin in das Museum für Meereskunde gebracht. Der Stein trägt folgende Inschrift:

Im Jahre 6685 nach Erschaffung der Welt und 1485 nach Christo ließ der erhabene und glorreiche König Don Joao II von Portugal dieses Land entdecken und diese Säule errichten durch seinen Ritter Diego Cao. Zugleich hatte Diego Cao den Auftrag von seinen Entdeckungsreisen einige Eingeborene mit nach Portugal zu bringen, um sie mit der portugiesischen Kultur und Sprache vertraut zu machen.

Vorher hatte jedoch Herodot im 42. Kapitel des IV. Buches seines Geschichtswerkes davon berichtet, dass bereits um 600 v.Chr. der ägyptische Pharao Necho eine Expedition von phönizischen Seefahrern vom Roten Meer ausgeschickt hatte mit dem Auftrag Afrika zu umsegeln. Nach drei Jahren Fahrt sollen diese auch wohlbehalten nach Ägypten zurückgekehrt sein.

Als Ureinwohner von Deutsch- Südwest werden im Allgemeinen die Bergdamaras sowie die Buschmänner angesehen. Im Jahr 1760 soll ein Bure aus der südafrikanischen Kapkolonie Jacobus Coetsee mit 12 Hottentotten vom südafrikanischen Piketberg den Oranjefluss auf der Jagd nach Elefanten überschritten haben. Nach seiner Rückkehr erzählte er, dass er auf dieser Fahrt von einem schwarzen Volk, den Damaras gehört hatte, welche noch 10 Tagesreisen weiter von dem nördlichsten Punkt, den er erreicht hatte, wohnen sollten. Diese trugen langes Haar und gewebte Kleider.

Auf die Berichte von Coetsee schickte die Regierung der Kapkolonie im Jahre 1761 eine große Expedition über den Oranjefluss nach Südwest in der Hoffnung dort Gold zu finden. Die Expedition kehrte jedoch ohne den erhofften Erfolg und nach etlichen Verlusten aufgrund von Überfällen von Buschmännern und wilden Tieren in die Kapkolonie zurück. Auch eine weitere Expedition unter Willem von Reenen, der auf die Kunde von Goldfunden im Jahre 1791 nach Südwest aufbrach, blieb weitgehend erfolglos.

Die Verluste der Expeditionen, die schwere Zugänglichkeit des Landes nördlich des Oranjeflusses und die Aussichtslosigkeit der erhofften lukrativen Erzfunde ließ das Interesse der Bewohner der Kapkolonie an Südwest deutlich abkühlen.

Südwest wurde von den Buren der Kapkolonie danach verächtlich als isoliertestes Gebiet der Welt bezeichnet als trocken, trostlos und feindselig. Die Buren bezeichneten es als *Kafferland* als Land für Ungläubige, abgeleitet von dem arabischen Wort für Ungläubige *Kafir*. Mit *Kaffern* wurden später auch die Bewohner dieses Landes bezeichnet die Hereros im Norden, die Damara in der Mitte sowie die Namas oder Hottentotten im Süden.

Gegen Ende des 17. Jahrhunderts drangen die Buren von der Spitze Südafrikas ins Landesinnere vor und vertrieben die dort lebenden Eingeborenen die San *(Buschmänner)* sowie die Hottentotten *(Namas)*. Aus dem Süden, der Kapkolonie drangen nunmehr verstärkt Hottentottenstämme, insbesondere der Stamm der Bondelszwarts nach Norden vor und verdrängten die Urbewohner, die Bergdamaras und die Buschmänner. Diese traten danach entweder in die Dienste der Hottentotten oder zogen sich in schwer zugängliches Gelände im Innern zurück.

Zu diesen Hottenstämmen stießen aus der Kapkolonie andere Hottentottenstämme die sogenannten Orlams. Sie flohen vor den weißen Siedlern in der südafrikanischen Kapkolonie über den Oranjefluss, der die Grenze zu Südafrika bildete, nach Norden. Sie waren die Nachkommen von Hottentottenknechten.

Der bedeutendste Orlamsstamm war der Afrikaanerstamm.Dieser besetzte das Gebiet um Windhuk und spielte nach der Besetzung von Südwest unter ihrem Anführer Jonker Afrikaaner eine bedeutende Rolle. Zu den Orlams gehörten auch die Hottentottenstämme der Witboois sowie der Khauus-, der Bethanier- und Bersaba Hottentotten. Von diesen ließen sich nach längerem Umherschweifen und zahlreichen kriegerischen Auseinandersetzungen die Witboois in Gibeon, die Khauas in Gobabis, die Bethanier in Bethanien sowie die Bersabaer in Bersaba nieder. Deren biblische Namen wurden den Hottentottenstämmen von den christlichen Missionaren gegeben.

Zu Beginn des 19. Jahrhunderts kamen vom Nordosten aus der Gegend des Njassasees, aus dem Innern Afrikas auf der Suche nach neuen Weidegründe für ihre gewaltigen Rinderherden, die Ovahereros, ein kriegerischer Bantustamm nach Südwest. Dies führte in der Folgezeit zu ständigen Konflikten mit den dort siedelnden Hottentottenstämmen, nachdem sie nach Süden bis ins Kaokoveld vordrangen.

Im Norden bis zum Kunenefluss siedelten die Ambo oder Ovambo. Sie waren Ackerbauern und Viehzüchter und kamen mit den Deutschen kaum in Berührung. Die Afrikaner- Hottentotten nannten sich nach ihrem Kapitän Jager Afrikaaner *Afrikaaner*. Wegen eines Mordes an einem Buren mit Namen Pienaar befand sich das Volk zu beiden Seiten des Oranjeflusses ständig auf der Flucht. Dabei kam es mit Missionaren in Berührung, die Jager und seine Familie überreden konnten, die christliche Religion anzunehmen und sich taufen zu lassen.

Nach dem Tod von Jager Afrikaaner im Jahre 1823 übernahm dessen ältester Sohn Jonker Afrikaaner das Häuptlingsamt. Er zog mit seinem Stamm über den Oranjefluss nach Norden und ließ sich in der Gegend von Windhuk nieder. Dabei unterwarf er einen Orlam- und Namastamm nacheinander und drang weiter nach Norden bis in das Stammesgebiet der Hereros vor. Es gelang schließlich den Afrikaaner Hottentotten in mehreren Schlachten die Hereros zu besiegen und sie zu Viehwächtern und Sklaven der Hottentotten zu machen. Jonkers Ziel war es in Südwest aus den verschiedenen, von ihm unterworfenen Stämmen einen monarchisch, einzig auf ihn ausgerichteten Zentralstaat zu errichten. Jonker Afrikaaner starb 1861 in Windhuk.

Nach seinem Tod erhoben sich die Hereros unter Kamaharero und brachten den Hottentotten unter Jonkers Sohn und Nachfolger Christian 1863 in Otjimbingwe eine völlige Niederlage bei.Christian Afrikaaner verlor in der Schlacht sein Leben. Ihm folgte sein Bruder Jan Afrikaaner, der jedoch bei weiteren Kämpfen gegen die Hereros mehr Niederlagen als Siege erreichte und letztlich in der Schlacht bei Okanadja am 5. November 1864 entscheidend besiegt wurde.

Auf Bemühungen der Missionare kam es 1870 zum Friedensschluss von Okahandja, in dem Jan Afrikaaner Windhuk zugesprochen wurde. Damit waren die fast zehnjährigen kriegerischen Auseinandersetzungen zwischen Hottentotten und Namas zunächst beendet.

In den achtziger Jahren des 19. Jahrhunderts zog eine Anzahl südafrikanischer Buren in den Norden von Südwest und ließ sich in der Nähe der Etoschapfanne nieder in der Absicht, dort ein selbständiges politisches Gemeinwesen zu errichten. Dies scheiterte jedoch. Es folgte eine längere Zeit des Friedens bis 1880, als

Kamaharero sämtliche unter den Hereros lebenden Hottentotten ermorden ließ. Ende des 19. Jahrhunderts traf das deutsche Reich, das sich nach dem Erwerb von Angra Pequena durch Lüderitz inzwischen in Südwest politisch engagiert hatte, mit den Südwestafrika benachbarten Kolonien Grenzvereinbarungen. So wurde am 30.12.1886 zwischen der deutschen und der portugiesischen Regierung eine Grenzregelung bezüglich der portugiesisch- deutschen Grenze im Norden von Südwestafrika getroffen. Durch den deutsch- englischen Vertrag vom 1.7.1890 erfolgte die Abgrenzung gegen das britische Gebiet im Süden.

2. Völker in Südwest

Während die Namas oder Hottentotten den Süden besiedelten, finden sich in der Mitte die Damaras sowie die Buschmänner und im Norden die Hereros und Ovambos. Um 1910 machten die Hereros mit 24 %, die Bergdamara ebenfalls mit 24 % sowie die Namas oder Hottentotten mit 14 % den größten Teil der Eingeborenen aus.

2.1 Hottentotten oder Namas 102)

Die Hottentotten nannten sich selbst Koikoin, was soviel wie Menschen bedeutete. Unter der Bezeichnung Namas wurden alle Hottentottenstämme zusammengefasst, obwohl diese Bezeichnung zunächst nur für die in Südwest vor 1800 siedelnden Hottentottenstämme galt. Diese wurden in der ersten Hälfte des 19. Jahrhunderts von den Orlamstämme, Einwanderern aus dem südafrikanischen Kapland überflutet und teilweise verdrängt.

Die Hottentotten gliederten sich danach in folgende selbständige Stämme: die Bethanier, Bondelzwarts, Bersaber, Franzmann-Hottentotten, die Khawas Hottentotten und die Orlams, Hottenottenstämme, die Anfang des 19. Jahrhunderts aus der Kapkolonie einwanderten und dort als Sklaven gehalten worden waren. Sie sprachen Holländisch und kannten sich um Umgang mit Gewehren aus. Der größte Stamm der Orlams war der der Afrikaaner, deren charismatischer Häuptling Jan Jonker Afrikaner, ein ehemaliger Sklave und späterer Christ war. Sie waren jedoch gegen Ende des 19. Jahrhunderts bis auf kleine Reste im Süden nach dem Tod ihres mächtigen Führers Jonker Afrikaaner fast völlig verschwunden.

Die Witboois, welche ursprünglich in Gibeon siedelten, hatten ihren Stammsitz unter ihrem Kapitän Hendrik Witbooi nach Norden, nach Hornkranz verlegt, um den Rinderherden der Hereros näher zu sein, von deren Diebstahl sie weitgehend lebten. In Rehobeth hatten sich die Hottentotten- Bastards angesiedelt. Dabei handelte es sich um Abkömmlinge von weißen Buren aus der Kapkolonie und Hottentottenfrauen, die sich selbst mehr zu den Weißen als zu den Eingeborenen rechneten. Sie stellten sich bei den folgenden Auseinandersetzungen mit den Hereros und den Namas auf die Seite der weißen Kolonialmacht.

Die Weidegebiete der Hottentotten erstreckten sich im Süden von Südwest vom Oranjefluss bis zum Swapok-Fluss. Die Hottentotten waren Nomaden und lebten von der Viehzucht, der Jagd und Sammeltätigkeiten. Anders als die Hereros verfügten sie über keinen Großviehbestand und deshalb über keine Vieh- und Vorratswirtschaft. Deshalb hielten sie sich in Dürrezeiten und drohender Nahrungsmittelverknappung durch Raub über Wasser. Opfer der Raubzüge waren dabei vornehmlich die durch ihren Viehbestand reicheren Hereros im Norden.

Bei den Kämpfen zwischen Hottentotten und Hereros handelte es sich um echte Existenz- und Verteilungskämpfe. Die Hottentotten waren von den *Weißen* vertrieben worden und mussten sich neues Weideland suchen. Die Hereros wurden vor allem durch Dürreperioden zu Wanderungen veranlasst. Die Kämpfe zwischen Hereros und Namas wurden dadurch so verheerend, weil die *Weißen* den beiden verfeindeten Parteien Feuerwaffen lieferten. Bei den Kämpfen handelte es sich deshalb weniger um afrikanische Stammeskämpfe im traditionellen Sinne, sondern um Auseinandersetzungen zwischen Stämmen, die in erheblichem Ausmaß durch europäische Einflüsse verursacht und verschärft worden sind.

Die Namas und Hottentotten waren hellfarbig, stroh, rötlich- bis welkgelb mit einem hässlichen Gesicht, abgeplatteten Schädelbau, großer platter Nase, schiefen Augenlinien und breiten Backenknochen, Wulstlippen, mit warzenartigen, wolligen Kraushaarbüscheln als Haarwuchs, die von den Buren verächtlich *Pepperkopp mit Pfefferkörner bestreuter Kopf* genannt wurden. Ihre Gesichtsform war etwas mongolisch. Auffällig waren auch ihre eher zierlichen Hände und Füße und der starke Fettansatz an der Außenseite der Oberschenkel bei den Frauen.

Sie bildeten mit diesem Äußeren eine eigene Rasse, die sich von den Bantus oder Negern ebenso unterschied wie von den Europäern. Anders als die hochgewachsenen Hereros waren sie von mittlerer Körpergröße, kaum über 165 cm. Die Hottentotten waren die Ureinwohner Südafrikas, die jedoch frühzeitig von den *weißen* Siedlern am Kap der guten Hoffnung vertrieben wurden. Sie siedelten sich daraufhin in der regenarmen Steppe im Süden von Südwest an. Bekleidet waren die Männer mit einem ledernen Lendenschurz, die Frauen dazu noch mit einem großen Fell, das unter dem linken Arm hergezogen und über der rechten Schulter verknotet wurde. Ihre Kopfbedeckung waren Mützen zumeist aus Schakalsfellen. An den Füßen trugen sie Ledersandalen. Als Schmuck verwendeten sie Lederringe, Ringe aus Straußeneierschalen und später Metallringe am Handgelenk, an den Oberarmen und Fußknöcheln.

Die Häuser der Namas bestanden aus bienenkorbartigen, aus Matten errichteten Hütten, welche sowohl als festes Haus, als auch als Wanderzelt, Verwendung fanden. Sie konnten leicht abgebrochen und wieder aufgebaut werden.Der Aufbau der Hütten erfolgte in der Weise, dass man gebogene Holzstäbe in einem Kreis von 3 bis 4 Meter Durchmesser in die Erde steckte und diese oben zu einer flachen Kuppel vereinigte. Die einzelnen Stangen wurden durch Querstangen miteinander verbunden und dann mit Binsenmatten bedeckt und verschlossen. Die Binsenmatten ließen einerseits in der heißen Jahreszeit einen kühlen Luftzug in das Innere der Hütte zu, andererseits schützten sie die Bewohner vor Regengüssen. Die Hütten eigneten sich für den Transport und einen Umzug und Aufbau an anderer Stelle, da sie innerhalb von nur einer Stunde abgebaut werden konnten, wobei die Matten aufgerollt, die Stangen gebündelt werden konnten.

Die Hütten wurden in Kreisform ausgerichtet, wobei die Türöffnungen der Hütten zur Mitte des Kreises hin orientiert waren und damit ein Runddorf bildeten, den typischen Hottentottenkraal.Jede einzelne Sippe lebte abgetrennt in einem Runddorf, wobei jeder Gruppe innerhalb der Sippe wie Söhne, Töchter oder sonstigen Verwandten eine eigene Hütte zustand. An der Spitze eines Dorfes stand der Sippenvorsteher, dessen Wort uneingeschränkt galt.

Mehrere Sippen bildeten einen Stamm mit einem Häuptling an der Spitze, dessen Amt auf den ältesten Sohn vererbt wurde. Privateigentum war weitgehend unbekannt, Grund und Boden sowie die Viehherden waren Eigentum der Sippe.Privateigentum wurde nur an den Sachen anerkannt, die jemand mit eigenen Händen hergestellt hatte. Selbst an den Kindern behielten die Eltern, solange sie lebten, Eigentum. Über eine Heirat hatten sich die Eltern von Braut und Bräutigam zu einigen. Sie einigten sich dabei auf eine Morgengabe, die von den Eltern des Bräutigams zu erbringen war und zumeist aus Vieh bestand. Anlässlich der Hochzeit wurde ein Festmahl gehalten, das ein üppiges Fleischmahl für die gesamte Verwandtschaft von Braut und Bräutigam war. Die Frau war Eigentümerin des Hauses und hatte dort das Sagen. Trotzdem gab es Vielweiberei, wobei die Nebenfrau ihre eigene Hütte hatte. Trotzdem kam es in diesen Fällen oftmals zu Streitigkeiten.

An den Gerüststangen wurden die Hausgeräte aufgehängt, Töpfe und Milcheimer, aber auch Bogen und Köcher. Die Ernährung der Namas wurde bestimmt durch Produkte der Viehwirtschaft, Milch und Fleischprodukte insbesondere aus der Zucht von Rindern, Schafen und Ziegen. So verstanden sich die Namas auch auf die Herstellung von Butter. Die Namas wurden wegen ihrer hastigen Sprache, die mit Schnalz- und Klicklautenlauten durchsetzt war Hottentotten, was soviel wie Sprachgestörte oder Stotterer bedeutete, genannt. In der Namasprache gibt es insgesamt vier Schnalzlaute, die durch zwei Bewegungen der Zunge bei mäßig geschlossenen Lippen hervorgerufen wurden. Die mit Schnalzlauten versehenen Wortstämme scheinen den Buschmannsprachen entnommen zu sein.

Da die Namas keine Schrift hatten, erfolgte die Verständigung und Überlieferung zwischen ihnen mündlich. Die Überlieferung erfolgte überwiegend über Sprichwörter und in Form von Liedern, die von Generation zu Generation als Sprachdenkmäler vererbt wurden. Besingt wurden Alltagsszenen, aber auch außergewöhnliche Ereignisse im ihrem Leben wie Krieg und Frieden, Unglücks- oder Glücksfälle. Die von ihnen verwendeten Musikinstrumente waren einfache Saiteninstrumente oder Trommeln. Populär waren vor allem Tanzlieder, die für die Namas eine gottesdienstliche Bedeutung hatten.

Über die Religion der Namas vor ihrer Missionierung ist nur weniges bekannt. Es gab ein göttliches Wesen, dessen Namen *Gäuab* lautete, das als Herrscher über die Naturgewalten, z.B. über den segenspendenden Gewitterregen verehrt wurde. Dieses göttliche Wesen hielt nach dem Glauben der Namas die Weltordnung aufrecht, trat für Wahrheit und Recht ein, gab Gesundheit und Krankheit und besorgte Regen und Wind.Die Namas lebten in steter Furcht vor Geistern, blindem Aberglauben und vor Zauberei.

Die Namas waren nomadisierende Kleinstviehzüchter, vor allem von Ziegen. Sie verfügten nicht über das Geschick und die Kenntnisse der Hereros in der Zucht von Rindern. Stattdessen versuchten sie durch Raubzüge bei den Hereros Rinder für die Versorgung ihrer Familien zu erbeuten und waren in kleinen Stammeseinheiten organisiert. Ihre Häuptlinge nannten sich nach Art der Buren *Kapitäne* und regierten ihre Stämme wie Monarchen.

Wenig schmeichelhaft war die Beschreibung des Charakters der Namas durch den deutschen Missionaren Carl Hugo Hahn in seinem Tagebuch aus dem Jahre 1853:

Zum rechten Verständnis ist es nötig, die Namas in ihrem Charakter und Gewohnheiten kennenzulernen. Die hervorstechenden Züge ihres Charakters sind: unbegrenzter Hochmut, Treulosigkeit, Hinterlist, Misstrauen, Verschlossenheit und Unversöhnlichkeit und auch Hartnäckigkeit und doch auch Wankelmut, Mord- und Raubsucht, Feigheit und ein solcher Grad der Faulheit, wie sich eine Parallele dazu vielleicht nur bei den Holländern wird finden können, und Wollust und Trunksucht. Dazu gesellt sich ein unauslöschlicher bitterer Hass gegen alle

Weißen, die sich jene durch ihre Bedrückungen und Verachtung zugezogen haben. Ferner sind sie unstet und unruhig, leicht erregbar zum Zorn wie zur Fröhlichkeit, zuweilen aber melancholisch vor sich hinbrütend, unternehmend, wenn nicht zu große Gefahr, Mühe und Ausdauer damit verbunden sind.

Ihre Häuptlinge konzentrierten in sich, was vom Volke im allgemeinen gesagt ist und wahrten ihre Rechte mit Eifersucht gegen die Eingriffe von Seiten der Europäer, die sie oft wähnten, wo sie gar nicht sind und wenn auch zuweilen kriechen und schmeichelnd, wo es ihr Vorteil oder augenblicklich Furcht erforderte, sind sie auf der anderen Seite unerträglich anmaßend und frech, wie z.B. Friedrich Wilhelm, bei meiner Anwesenheit in Rehoboth allen Ernstes die Forderung machte, dass alle Briefe, welche die Missionare empfingen und schrieben, erst ihm müssten vorgelesen werden.

Unter allen Völkern der Erde stehen wohl die Hottentottenstämme auf der niedrigsten Stufe körperlicher Schönheit, vielleicht einige Negerstämme ausgenommen, und so denke ich, auch in geistiger Beziehung (Entwicklung) nicht sowohl eine der niedrigsten, aber wohl eine der bösartigsten Stufen einnehmen. Selbst die Sprache, Ausdruck des Gefühls und der Ideen, ist eine absonderliche, harte, überaus übel klingende, wenn auch anders formenreiche und bildungsfähige. Und so wie sie, soweit man bis jetzt weiß, einzig in ihrer Art dasteht, so auch dieses Volk, von dessen Woher man noch nichts weiß.

Andererseits galten die Hottentotten als intelligent, familienverbunden sowie als tapfere und gute Krieger, Meister in der Behandlung von Feuerwaffen.

2.2 Hereros 103)

Die Hereros wanderten Mitte des 18. Jahhunderts aus nördlicher Richtung am Kunenestrom in das Kaokoveld ein, das sich vom Lauf des Kinene längs der Küste bis über den Omarurufluss hinunterzieht. Von dort aus besiedelten der Hereros mit ihren riesigen Rinderherden ein Gebiet, das sich bis zum Swakopfluss und nach Osten hin bis zur Omahekewüste erstreckte.

Möglicherweise war Ursache für ihre Einwanderung ein Rückstau, den die vorwärtsdrängenden Bantustämme von Südostafrika durch das Zusammentreffen mit den Europäern der Kapkolonie verursachten. Zu Beginn des 19. Jahrhunderts dehnten sie ihr Gebiet nach Süden bis Windhuk, das Komashochland und die Stromgebiete des Weißen und Schwarzen Nosob aus. Dort stießen sie auf die Hottentotten, wodurch zahllose Konfikte entstanden, die sie zu unversöhnlichen

Feinden machten. Bei den Hereros handelte sich ursprünglich um Bantustämme, die aus Innerafrika nach Südwest kamen und die dort siedelnden Bergdamaras und Buschmänner verdrängten. Die Hereros unterstanden nominell einem Oberhäuptling, zerfielen jedoch tatsächlich in verschiedene Stämme, die wiederum Unterhäuptlingen unterstanden. Diese erkannten die Autorität des jeweiligen Oberhäuptlings nur widerwillig an. Die Hereros siedelten nördlich der Hottentotten, in der Mitte sowie im Norden von Deutsch- Südwest.

Man unterscheidet bei den Hereros drei Gruppen: die Kaokovelder Hereros, benannt nach ihrem Siedlungsgebiet Kaokoveld im äußersten Nordwesten, die in der Mitte von Südwest siedelnden Ovahereros und die im Osten siedelnden Mbandjeru- oder Osthereros.

Die Hereros waren nomadisierende Viehzüchter und besaßen riesige Rinderherden. Während der Grund und Boden Stammeseigentum war, standen die Rinder im Privateigentum. Ihrem Wesen nach waren die Hereros hochmütig, geizig, lügenhaft und arrogant. So bezeichneten sie jeden, der kein Herero war als omutua, was soviel wie Sklave oder Fremder bedeutete. Stehlen und Lügen galt ihnen nicht als *Sünde*, solange man nicht auf frischer Tat ertappt wurde. Die Lüge war ihnen *zur zweiten Natur* geworden. Auf der anderen Seite wurden ihre Gastfreundlichkeit, ihre Mitteilsamkeit, Friedfertigkeit und Genügsamkeit gerühmt.

Die Sprache der Hereros war sehr melodisch und vokal- und formenreich, dennoch war sie schwer zu erlernen.In der Sprache gab es zahlreiche Sprichwörter, in denen die Weisheit der Alten erhalten blieb. Zahlreich waren auch die Fabeln und Märchen sowie das Liedgut der Hereros.In ihnen wurden die Taten hervorragender Häuptlinge besungen sowie Eigenschaften und Farben besonders ausgezeichneter Ochsen.

Der Stamm der Hereros war, was die Anzahl ihrer Mitglieder, ihre Wirtschaftskraft und ihre geschichtliche Bedeutung angeht, der bedeutendste Volksstamm in Südwest. Auch äußerlich stachen die Hereros mit ihrem hohen und athletischen Wuchs, den wohlgeformten Körperformen, der schokoladenbraunen bis tiefschwarzen Hautfarbe, den schwarzen Kraushaaren und ihrem stolzen, selbstbewussten Auftreten gegenüber den Angehörigen der anderen Volksstämme in Südwest besonders hervor. Sie betrachteten sich vielfach als ein den anderen Stämmen überlegenes Herrenvolk.

Bekleidet waren die Hereromänner mit einem Lederschurz um die Hüften, den ein künstlich geflochtener Ledergürtel festhielt.Die Schurzen der Hererofrauen waren länger und bedeckten den Rücken und fielen bis auf die Waden hinab.

Der Unterleib und die Hüften waren durch ein korsettähnliches, kettenartiges Geflecht aus Plättchen von Straußeneierschalen bedeckt. Ketten gleicher Art zierten Hals und Brust. Als Schuhwerk trugen sie vielfach Sandalen aus Giraffenfell, die mit Riemen am Fußgelenk festgehalten wurden. Jede Hererosippe siedelte sich in einem geschlossenen Dorf an. Die Häuser waren Rundhäuser mit einem Kuppeldach. Sie wurden von den Frauen errichtet und galten als deren Eigentum. Sie dienten im Wesentlichen nur als Schlafraum und als Aufbewahrungsort für die Wirtschaftsgeräte wie Schüsseln, Milchgefäße und Löffeln.

Tagsüber hielten sich die Hereros überwiegend im Freien auf. Infolge der bei den Hereros üblichen Vielweiberei besaßen die Männer keinen eigenen Wohnraum, sondern übernachteten jeweils in einem Haus ihrer zahlreichen Frauen und Nebenfrauen. Die Dörfer wurden nach einem bestimmten Muster als Runddorf errichtet. Im Osten lag das geräumige Haus der Hauptfrau, in Richtung Süden die Hütten der Nebenfrauen, nach Norden und Nordwesten die Hütten der heranwachsenden Söhne, der Verwandten und der Knechte sowie die Viehkräle und der Platz des heiligen Ahnenfeuers, das von der Hauptfrau unterhalten wurde. Ein Verlöschen des Ahnenfeuers bedeutete den Untergang der Sippe.

Die Hauptfrau bewahrte die Kohlen für das Feuer auf und schickte jeden Morgen bei Sonnenaufgang ihre älteste Tochter mit dem Auftrag los, das Feuer anzufachen. Das morgendliche Auflodern des Feuers war zugleich das Signal zum Melken der Kühe. Um das Ahnenfeuer herum waren bei feierlichen Handlungen die Ahnengeister versammelt, die durch die Ahnenstäbe symbolisiert wurden. Bei einer Verlegung des Sitzes der Sippe musste das Ahnenfeuer an den neuen Sitz gebracht werden. Dem Häuptling oblag es den Dienst am Ahnenfeuer zu versehen. Dieses Amt wurde beim Tod des Häuptlings auf den ältesten Sohn oder die älteste Schwester vererbt.

Ihr höchster Gott war Ndjambi, ein Regengott, der den Menschen die tägliche Nahrung gab und sie auf Reisen behütete.Er hatte sich jedoch nach dem Glauben der Hereros in den Himmel zurückgezogen und den bösen Geistern der Ahnen, insbesondere den verstorbenen Stammeshäuptlingen die Erde überlassen. Die Furcht vor den Ahnengeistern war letztlich die Triebkraft der Religiösität der Hereros. Die Ahnengeister galten als böse, weil sie den Menschen Krankheit, Unglück und Tod brachten.

Um sich vor den bösen Ahnen zu schützen wurden ihre Gräber mit einem starken Dornenzaun befriedet und durften von niemanden betreten werden. Der Furcht vor den Ahnengeistern trieb die Hereros täglich zu abergläubischen Handlungen. Die Wirtschaft der Hereros war ausschließlich auf Viehhaltung ausgerichtet, die

Hauptnahrung war Milch. Reiche Familien besaßen mehrere Tausend Stück Rinder, dazu noch Schafe. Die Rinder waren der ganze Stolz der Hereros.Das Land, wo die Hereros siedelten, eignete sich geradezu für die Zucht von Rindern. Es erforderte jedoch auch, dass die Hirten mit den Herden viel umherzogen auf der Suche nach Plätzen, wo Regen oder Quellen gutes Weideland versprachen. Die Rinderzucht hat deshalb aus den Hereros Nomaden gemacht, die nirgendwo richtig sesshaft wurden.Teilweise hatten die Hereros Herden mit über 10.000 Rindern.

Die Hauptnahrung der Hereros war Milch. Fleisch wurde nur ausnahmsweise gegessen als Fleisch von einem erlegten Jagdwild oder, nachdem ein Rind bei einem Unfall zu Tode kam. Selbst der Verkauf von Rindern galt als Sünde gegen die Ahnen. Der Sarg des Herero war eine große Kuhhaut. Starb ein Herero wurde ein Ochse ausgesucht und für das Totenmahl durch Ersticken getötet, damit die Seele des Tieres seinem Herrn unverletzt ins Totenreich folgen konnte.

Der Grund und Boden und insbesondere das Weideland für die Rinder waren bei den Hereros Stammeseigentum. Deren Grenzen lagen in der Regel nicht fest, wie überhaupt die Grenzen des gesamten Stammesgebietes. Grundbesitz konnte ohne Zustimmung aller Männer nicht veräußert werden. Typisch für die Stammesgesellschaft der Hereros war neben dem Gemeineigentum an Grund und Boden, das Matriarchat bei der Häuptlingsfolge, Privateigentum an Vieh und Gegenständen sowie ein Feudalismus in der Stammeshierarchie bestehend aus Oberhäuptlingen, Häuptlingen und Räten des Landes.

2.3 Buschmänner oder San (Sammler)

Neben den Hereros und den Namas stellt die dritte Volksgruppe der San, Sammler oder Buschmänner nur eine Minderheit, von ca. 5000 Personen dar. Die erste von den Deutschen im Jahre 1910 durchgeführte Volkszählung ergab für das Gebiet von Südwest nur 4858 Buschmänner. Sie sind die Ureinwohner Südwests. Von den anderen Eingeborenen wurden sie verachtet und bekämpft. Deshalb waren sie gegen Fremde äußerst misstrauisch und hielten sich überwiegend in unzugänglichen Verstecken im Gebirge sowie in Schlupfwinkeln im Dornbusch auf.

Die deutsche Bezeichnung Buschmänner leitet sich ab von Bosjesmans oder Leute, die hinter Zweigen wohnen, wie die Stammesangehörigen von den Kapholländern bezeichnet wurden. Sie waren schon vor den Hereros und den Namas in Südwest. Sie lebten noch weitgehend auf steinzeitlicher Stufe in Familienclans, ihre Stärke war ihre Naturverbundenheit, sie waren Jäger und Sammler (saan), kannten genau die Stellen, wo es Wasser gab, kannten Bäume und Büsche, von deren wild wachsenden, essbaren Früchte, Wurzeln, Zwiebelgewächse und Feldkost sie sich ernährten. Am Saft der Wasserwurzel, die sie ausgruben, stillten sie ihren Durst. Sie waren als *die gelbe Gefahr* gefürchtet, weil sie mit Pfeil und Bogen auf die Jagd oder in den Krieg zogen und dabei ihre Pfeilspitzen mit dem milchig verdickten, giftigen Saft der Euphorbia candelabria bestrichen. Bei ihrer Jagd machten sie oft keinen Unterschied zwischen Wild und Farmtieren. Eine Herrschaft des Menschen über den Menschen kannten die Buschmänner nicht, auch keine Kontrollen und Sanktionen gegen einzelne Mitglieder.

In ihrer Lebensart, Religion, Recht und Sitte standen die im Süden lebenden Buschmänner den Hottentotten nahe. Die in der Kalahari lebenden Buschmänner fielen durch ihre hellgelbe Hautfärbung und ihre geringe Größe auf, viele waren nicht größer als 1,40 Meter. Für die Buschmannfrauen war der Fettsteiß typisch, für ihre Kinder unförmlich dicke Bäuche. Die Kleidung der Buschmänner und-frauen war sehr einfach und bestand aus einer Lendenschürze aus Leder, der von einem ledernen Leibriemen festgehalten wurde. Die Frauen trugen dazu ein gewalktes Wildfell als Rückenbedeckung. Als Schmuck trugen sie Lederringe und Ketten aus Straußeneierschalen um Hals Arme und Knöchel.

Buschmänner entwickelten sogar künstlerische Fertigkeiten. So werden ihnen die vielen Malereien und Zeichnungen von Tieren, Menschen und Fußspuren in Höhlen und Felsgrotten, die sie in den Stein ritzten oder auf Fels malten, zugeschrieben, die an die Höhlenzeichnungen in Europa erinnern. Sie zeugen von genauer Naturbeobachtung und bei aller Einfachheit von künstlerischer Begabung. Die Buschmänner kannten Märchen und Mythen, welche Sonne, Mond und Sterne zum Gegenstand hatten.

Bei ihnen herrschte der Aberglauben, dass jemanden das Jagdglück verlassen wird, der seine Haut mit Wasser reinige. Deshalb lehnten die Buschmänner es ab, sich zu waschen. Genauso einfach wie die Kleidung waren auch die Hütten der Buschmänner, die aus in den Boden gepflanzen Ästen, deren Spitzen in einer Höhe von 1,50 Metern zusammengebunden waren und einem Schirmgerüst aus laubreichen Zweigen und trockenem Gras bestanden. Sie passten sich dadurch vollkommen ihrer Umgebung an und waren insoweit nur schwer zu entdecken.

Die Buschmänner wohnten in Familienverbänden zusammen, wobei jede Familie in einer eigenen Hütte lebte. Diese waren in Kreisform um einen schattigen Baum angeordnet, unter dem das heilige Feuer entfacht wurde. Jede Frau, jeder erwachsene Sohn und Tochter hatte ihre eigene Hütte. Die verheirateten Männer lebten in der Hütte der Ehefrau mit den minderjährigen Kindern. Ein Familienverband wurde von einem Familienoberhaupt geleitet, nicht von einem Kapitän oder Häuptling. Dieser bestimmte auch den Standort der Niederlassung. Er galt als Eigentümer und Besitzer des Familienvermögens, insbesondere der Wasser, Feuerstelle sowie der Felder und des Jagdgebietes und des heiligen Feuers. Dieses brannte an einem zentralen Platz unter einem Baum im Umkreis der Hütten. Von ihm gingen nach dem Glauben der Buschmänner Wohltaten aus wie die Gesundheit der Familie, gute Erträge bei der Jagd und beim Sammeln. Für die Unterhaltung des Feuers war das Familienoberhaupt zuständig. Als Unglück wurde ein Erlöschen des Feuers angesehen. Das heilige Feuer brannte nur ein Jahr, am Neujahrstag, am Ende der Regenzeit Ende April hatte das Familienoberhaupt ein neues Feuer anzuzünden.

Individualeigentum war ihnen unbekannt.Jeder Fremde, der unberechtigt auf dem Gebiet eines Familienverbandes angetroffen wurde, wurde getötet, erschlagen oder mit einem vergifteten Pfeil getötet. Insoweit waren viele Buschmannsippen miteinander verfeindet. Kaum einer wagte es sein Gebiet zu verlassen. Zu den Aufgaben der Buschmannfrauen gehörte das Einsammeln der Feldkost, zu denen sie jeden Morgen mit ihren Grabstöcken auszogen.

Aufgabe der Männer war demgegenüber die Jagd. Nur die alten Männer blieben zuhause und bewachten das heilige Feuer. Gejagt wurde mit Pfeil und Bogen, wobei die Pfeile mit einem schnell wirkenden Gift aus Pflanzen und kleinen Käfern präpariert waren. Das von einem Giftpfeil getroffene Wild verendete bald und wurde anschließend zerlegt und von den Frauen und Kindern in das heimische Dorf gebracht, wo es in heißer Asche gebraten wurde. Ausser mit Pfeil und Bogen jagten die Männer auch mittels Schlingen und Fallgruben.

Für die Buschmänner wichtig waren die ererbten Sitten und Ordnungen, über deren Einhaltung die Familienoberhäupter zu wachen hatten. Wer gegen die Sitten verstieß, sündigte zugleich gegen die Geister der Ahnen und der unsichtbaren Mächte, die sich mit Bestrafungen wie Misserfolg bei der Jagd oder beim Sammeln sowie mit Krankheiten und Tod rächten. Die Geister befanden sich nach dem Glauben der Buschmänner überall in der Natur, auf dem Berg, im Tal, im Fluss oder in einer Quelle. Sie irrten überall ruhelos umher, wobei die guten Geister sich im Mond aufhielten und keine Gefahr für die Menschen darstellten.

Die Geister der bösen Menschen waren nach dem Glauben der Buschmänner für die Lebenden gefährlich, da sie im Körper der Menschen Krankheitserreger verbergen konnten. Diese sollten die Gestalt von kleinen Skorpionen, Schlangen, Dornen und Pfeilspitzen, Steinen und Schnüren haben, welche nur ein geschickter Zauberer aus dem Mund des Befallenen hervorsaugen konnte. Der Buschmann konnte sich jedoch gegen deren Wirken zur Wehr setzen und sie abwehren mit Hilfe von Losen, länglichen Blättchen aus Fell, Tierklauen oder Knochen, die er befragen konnte, indem er sie auf die Erde warf.

Ein weiteres Mittel zur Abwehr von bösen Geistern, aber auch von Feinden bestand aus einem Miniaturbogen aus Horn und Miniaturpfeilen aus harten Grasstengeln. Fühlte ein Buschmann sich von bösen Geistern bedroht, so schoss er diese Miniaturpfeile in alle vier Himmelsrichtungen ab und vertrieb damit die bösen Geister. Dieselbe Wirkung hatten Pfeile, soweit sie von dem Buschmann mit Verwünschungen in Richtung auf den Feind abgeschossen wurden. Danach würde nach dem Glauben der Buschmänner der Feind an einer Lungenentzündung erkranken und sterben, ohne dass ihm ein Zauberer helfen könnte. Daneben kannte der Buschmann ein höchstes Wesen, das er *Hue* nannte. Diese Gottheit konnte in vielen Formen erscheinen, so z.B. in Menschenform oder in einer Stabheuschrecke, dem sogenannten *Hottentotten- Hergott*.

2.4 Bergdamaras 104)

Jäger und Sammler war auch eine vierte Volksgruppe in Südwest, die negriden, schwarzhäutigen Bergdamara, auf Kolonialdeutsch auch *Klippkaffern* genannt, da sie mit den Namas aus Südafrika nach Südwest kamen. Sie zählten zur Kolonialzeit ca 23.000 Personen, die in Bergschluchten ihre Wohnsitze hatten. Auch sie galten vielfach als auf einer steinzeitlichen Stufe stehend und wurden von allen Nachbarvölkern, sogar von den Buschmännern verachtet und als Sklaven und Hörige geknechtet. Von den Namas wurden sie *Dreckdama* genannt und mit Pavianen auf eine Stufe gestellt.

Sie ernährten sich von Ziegenhaltung und der Jagd mit vergifteten Pfeilen oder Fallgruben, ansonsten von Zwiebeln, Heuschrecken, Beeren, Honig. Sie waren andererseits hochspezialisierte Fallensteller und Jäger und verfügten über große handwerkliche Fähigkeiten. Sie konnten sogar Kupfer und Eisen bearbeiten Vielfach lebten sie vom Viehdiebstahl, waren andererseits anders als die anderen Volksstämme durchaus arbeitswillig. Sie hatten einen Hang zur Sesshaftigkeit und zur Bildung kleiner patriarchalischer Gemeinschaften.

Sie lebten überwiegend in Dörfern mit mehr als 200 Menschen. Ihre Werfte genannten Ansiedlungen bestanden aus einfachen Bienenkorbhütten und waren mit Vorliebe in der Nähe versteckter Wasserstellen errichtet. Sie hatten keine Häuptlinge, sondern Sippenälteste als Oberhäupter. und hielten sich bei den Aufständen der Hereros und Namas weitgehend neutral. Viele von ihnen waren jedoch von den Namas und Hereros versklavt. Darüber hinaus wurden sie von den Weißen als Arbeitskräfte ausgebeutet. Sie hatten ihre ursprüngliche Sprache aufgegeben und sprachen dafür die Sprache ihrer Herren. Sie waren wie die Buschmänner im Besitz des heiligen Feuers, das ihnen Glück bei der Jagd und beim Sammeln bringen sollte. Bei ihnen gab es auch wie bei den Buschmännern Ahnendienst, Zauberei und Furcht vor allgegenwärtigen Dämonen.

2.5 Ovambos 105)

Die Ovambos, die Bewohner des Ambolandes siedelten im äußersten Norden von Südwest. Sie selbst nannten sich *Aajamba*, die *Reichen* im Gegensatz zu den armen Hereros. Mit dem Wort Ovambo bezeichneten die Hereros alle Stämme, die von ihnen aus im Norden lebten und eine gemischte Wirtschaft aus Ackerbau und Viehzucht betrieben. Sie waren damit vor der deutschen Kolonialzeit die einzigen in Südwest sesshaften und Ackerbau treibenden Stämme. Dadurch war ein Teil ihrer arbeitsfähigen Bevölkerung frei von der Nahrungsmittelbeschaffung und -produktion, was die Entstehung von Ausbeutungs- und Herrschaftsverhältnissen begünstigte.

Die Ovambos zerfielen wie die Namas und die Hereros in verschiedene selbständige Stämme, von denen der wichtigste Stamm der Ondonga oder Aadonga Stamm war. Die Stammeshäuptlinge gingen aus der Masse der Adeligen hervor. Charakteristisch war ihre Unterwürfigkeit gegenüber den Mächtigen. Sie waren vielfach despotisch regiert. An den Aufständen gegen die deutsche Kolonialverwaltung waren sie im Unterschied zu den Hereros und Namas nicht beteiligt.

2.6. Zusammensetzung der Eingeborenenbevölkerung in Südwest 106)

Vor der Kolonisierung lebten in Südwest ca. 80.000 Herero, 60.000 Ovambo, 35.000 Damara und 20.000 Nama. Ingesamt setzten sich die Einwohner in Deutsch- Südwest im Jahre 1892 wie folgt zusammen:

15.000 bis 20.000 Hottentotten
3.000 bis 4.000 Bastards
70.000 bis 80.000 Hereros
90.000 bis 100.000 Ovambos
30.000 bis 40.000 Buschmänner und Bergdamaras

Um 1892 war das Holländische der Buren die von allen Stämmen verstandene Sprache und nicht Deutsch. Auch der Titel „Kapitän", welchen die Stammeshäuptlinge führten, ist dem Holländischen entlehnt. Zehn Jahre später im Jahre 1902 hatte Südwest ungefähr 200.000 Einwohner, darunter 2595 Deutsche, 1354 Buren und 452 Engländer. Bis 1914 kamen weitere 9000 deutsche Siedler hinzu.

3. Die Missionen und Händler als Vorbereiter der Kolonisation

Die ersten Weißen, die mit dem Land Südwest in Berührung kamen, waren Händler, Jäger und später Missionare.Die meisten Händler und Jäger kamen aus der südafrikanischen Kapkolonie über den Oranjefluss nach Südwest, vielfach auf der Suche nach Elfenbein und Straußenfedern. Die Händler aus Südafrika versorgten die Eingeborenen mit Waffen und Pulver sowie Tabak und Schnaps. Neben den südafrikanischen Händler und Jäger kamen auch Mitarbeiter südafrikanischer Minengesellschaften nach Südwest, nachdem der Häuptling Jonker Afrikaaner ihnen Minenkonzessionen gegen Waffenlieferungen versprochen hatte.

Seit dem Beginn des 18. Jahrhunderts kamen auch Missionare aus Südafrika nach Südwest. Vielfach handelte es sich dabei um Deutsche. Insoweit kann die einsetzende Missionierung von Südwest als Beginn der deutschen Kolonisations- und Siedlungsgeschichte in Südwest angesehen werden.

Als erster deutscher Missionar kam Johann Heinrich Schmelen (1776-1848) aus Kassebruch bei Bremen 1814 im Auftrag der im Kapland wirkenden Londoner Mission, der kongregationalistischen London Missionary Society, der Londoner Missionsgesellschaft über den Oranje nach Südwest.

Schmelen lernte in London einen englischen Missionar mit Namen Kicherer kennen, der mit drei christlichen Hottentotten nach London gekommen war. Er ließ sich nach dieser Begegnung in der Missionsschule von Pastor Jänicke in Berlin zum Missionar der Londoner Missionsgesellschaft ausbilden. Nach Abschluss seiner Ausbildung im Jahre 1811 ging Schmelen mit zwei anderen Missionaren zunächst nach Südafrika. Dort lernte er in Kapstadt den Missionar Albrecht aus Warmbad kennen. Mit ihm ging er nach Pella in Südwest, wo er den Auftrag erhielt im westlichen Namaland eine Missionsstation zu gründen. 1814 gründete Schmelen in Bethanien eine Kirchengemeinde. Zugleich errichtete er das erste Steinhaus in Südwest. Er war mit Zara, einer Hottentottin verheiratet und übersetzte vor Ort die vier Evangelien in die Namasprache. Die Eingeborenen interessierten sich anfangs weniger für die von ihm gepredigte Christenlehre als vielmehr für europäische Kulturgüter wie Schreiben und Lesen, Rechnen und das Erlernen der kapholländischen Sprache, als auch für europäische Waren, insbesondere Waffen und Alkohol.

Nachdem er von den Eingeborenen für eine Heuschreckenplage und die darauf folgende Dürreperiode verantwortlich gemacht wurde, floh Schmelen 1830 in Richtung Norden und gab seine Missionierungsversuche ganz auf. Von einem Zeitgenossen wurde Schmelen wie folgt beschrieben:

Schmelen sattelte seinen ungehörnten Reitochsen und durchstreifte das Namaland nach allen Richtungen. Kein Stamm blieb unbesucht. Gesund und bedürfnislos, wie er war, nahm er auf solchen Reisen nur ein großes Schaffell, ein Stück Fleisch und seine Bibel mit sich. Auch ein Gewehr pflegte er immer bei sich zu haben, nicht um der Gefahr willen, sondern um des Unterhaltes willen. Er nährte sich von der Jagd. Das Schaffell diente ihm am Tage als Sattel, in der Nacht als Schlafdecke. Nach mehreren Jahren war er so abgerissen, dass er weder Schuhe noch Kleider mehr besaß. Er half sich mit Fellkleidern, sah dann aber doch eine Notwendigkeit einer Reise nach Kapstadt ein, um sich eine neue Ausstattung zu besorgen.

Durch die Berichte Schmelens über seine Missionsarbeit bei den Namas wurde die *Rheinische Missionsgesellschaft* aus Wuppertal Barmen auf die Gegend aufmerksam und ließ sich das Missionsgebiet in Südwest von der Londoner Mission abtreten.

Im Jahre 1842 sandte sie ihre ersten drei Missionare nach Südwest: die Deutschen Hahn und Kleinschmidt sowie den Norweger Knudsen. Kleinschmidt heiratete die Tochter Schmelens und übernahm zunächst die Missionsstation in Bethanien. 1842 zog Kleinschmidt weiter nach Windhuk. Knudsen übernahm von Kleinschmidt die Missionsstation Bethanien, die er bis 1851 leitete. Die Rheinische Mission trat damit in Konkurrenz zu den Wesleyaner, was diese nicht gerne sahen. Auf Zureden von Jonker Afrikaaner, des charismatischen Führers blieb Kleinschmidt in Windhuk und rief auch Hahn dorthin. Jonker unterstützte die Missionare, indem er selbst Gottes Wort verkündigte und Weihnachten 1842 mit den Hererohäuptlingen von Okahandja Frieden schloss. Es war eine Zeit, in der der christliche Glaube aufblühte.

1851 übernahm der Missionar Krönlein die Missionsstation in Berseba. Er erwarb sich große Verdienste durch das Studium der Namasprache, was ihm schon bald ermöglichte seine Predigten ohne Mithilfe eines Dolmetschers in der Eingeborenensprache zu halten. Über seine Studien verfasste er ein Buch Der Wortschaft der Khoi- Koinhottentotten, das 1889 in Berlin erschien. Anschließend übersetzte er die biblischen Schriften in die Namasprache.1842 stießen er und Hahn, der ihm gefolgt war, auf einen fruchtbaren und quellenreichen Talkessel, der von den Eros- und Auasbergen umsäumt war. Dieser Platz wurde von den einheimischen Aigams, *Feuerwasser* oder. Otjomuise, *Dampfplatz* bzw. von dem einflussreichsten Mann dieser Gegend, Jonker Afrikaaner *Klein Winterhoek* genannt.

Hahn taufte Klein- Winterhoek nach dem Heimatort der Rheinischen Missionsgesellschaft in Elberfeld sowie Groß-Winterhoek in Barmen um. Carl Hugo Hahn stammte aus Riga, wo er am 18.10.1819 geboren wurde . Er war dort ursprünglich Landvermesser, bevor er Missionar wurde. Da in Windhuk schon Missionare der Wesleyaner tätig waren, zogen Kleinschmidt und Hahn um Streitigkeiten mit diesen zu vermeiden, im Oktober 1844 weiter nach Norden in Richtung Okahandja, um die dort ansässigen Hereros zu missionieren. Schließlich gelangten sie nach Otjikango *(Ort der heißen Quellen)*, wo Hahn, Kleinschmidt und der farbige Johannes Heinrich Bam am Reformationstag 1844 die erste Missionsstation, Neu-Barmen gründeten. Die Bekehrungsarbeit war schwieriger als gedacht. Die Eingeborenen ließen sich vielfach nur aus einem Nachahmungstrieb taufen.

Nachdem die meisten Hereros wegen der Dürre Okahandja verlassen hatten, trennten sich auch Kleinschmidt und Hahn.Kleinschmidt zog nach Süden und eröffnete in Rehoboth eine Missionsstation für den Namastamm der Swartboois. Hahn zog mit den Hereros nach Otjikango, wo er seine erste Herero- Missionsstation *Groß Barmen* eröffnete. Hahn erlernte schon bald die Hererosprache und erhielt für die Erforschung der Hererosprache den Ehrendoktor.1864 begründete Hahn die Ansiedlung deutscher Handwerker in Otjimbingwe und die dortige Schule zur Ausbildung eingeborener Missionsgehilfen.

In der Folgezeit wurden weitere Missionsstationen gegründet wie 1845 eine Station in Rooibank für die Topnaar, 1849 die zweite Hererostation in Otjimbingwe durch den Missionar Rath sowie ein Jahr später im Jahr 1850 eine dritte Station in Okahandja.durch den Missionar Kolbe Im gleichen Jahr wurde eine Station in Berseba, dem Hauptort der Geikhauas sowie in Hoachanas bei dem Roten Volk 1856 in Gobabis für die Khauas errichtet.

Die Missionare erwarben sich große Verdienste um Südwest und die Eingeborenen. Sie waren die ersten Europäer, mit denen die Einheimischen in Berührung kamen und stellten die Verbindung zwischen Deutschland und Südwest her, was das Interesse der Deutschen an Südwest erst erweckte.

Zwischen der kolonialen Mission sowie der kolonialen Herrschaft und Wirtschaft bestand von Beginn ein enger Zusammenhang. Diesen drückte treffend der

Kapitän der Okavango Himarua aus, der einem Missionspater auf dessen Niederlassungsgesuch wie folgt antwortete:

Wenn einmal die Missionare hier sind, dann kommen bald andere Deutsche, sind diese aber mal hier, kommen auch bald die deutschen Soldaten und dann werde ich meine Herrschaft verlieren.

Für die Einheimischen war deshalb das Christentum die ideologische und rituelle Begleitseite des europäischen Imperialismus. So waren die seit den 1870 Jahren zu beobachtenden Kolonialinteressen Deutschlands für die Missionen in Deutschland die Chance das Reich Gottes in Afrika und den anderen Kolonialländern zu verbreiten und damit aus ihrem bisherigen Schattendasein hinauszutreten.

Die Missionare schufen die ersten Kontakte zu den Einheimischen dadurch, dass sie ihnen Waren anboten und sich dadurch unentbehrlich machten. Insoweit waren die Rheinischen Missionare auch Händler, die sogar Gewehre und Pulver anboten.

Als Händler lernte auch Jonker Afrikaaner die Missionare kennen. Der Kontakt zu Jonker Afrikaaner ließ Hahn von der Errichtung eines Missionsstaates in der Kolonie Südwest träumen mit ihm als geistlichen, und Jonker als weltlichen Oberhaupt.

Die ersten Missionare wie Schmelen kamen als Vertreter der von England ausgehenden, protestantischen Erweckungsbewegung, die durch ein koloniales, biblisch-christlich fundiertes Auserwähltheits- und Überlegenheitsgefühl gekennzeichnet war.

Hahn und Kleinschmidt von der Rheinischen Missionsgesellschaft suchten jedoch ihren eigenen Weg der Missionierung, der weitgehend unabhängig von dem der englischen Missionare sein sollte. Hierzu sahen sie es als notwendig an, sich von Jonker Afrikaaner zu lösen, der unter dem Einfluss der englischen Methodisten stand. Sie verließen deshalb die Gegend um Windhuk.

Mit der landesweiten Gründung von Missionsstationen machten die Missionare Politik. Dafür suchten sie sich den entsprechenden Rückhalt in Deutschland nicht nur bei ihrer Missionsgesellschaft in Wuppertal Barmen, sondern auch bei deutschen Politikern. In der Kolonisierung sahen die deutschen Missionare ein Eingreifen Gottes zugunsten eines geeinigten und wiedererstarkten Deutschlands.

Als Dolmetscher und Vermittler hatten deutsche Missionare wesentlichen Anteil an den vom Deutschen Reich geschlossenen Schutzverträgen und Landabtretungen, wobei sie auch nicht davor zurückschreckten dabei vorkommende Übervorteilungen von Einheimischen zu decken, so z.B. beim Landabtretungsvertrag Lüderitzs vom Oktober 1885 mit Kamaharero. Die von den Missionaren geleistete Pionierarbeit wurde vom Deutschen Reich anerkannt und entsprechend gewürdigt.

Ein weiterer Rivale entstand den Missionaren in Jonker Afrikaaner, der selbst eine eigene unabhängige Sektenkirche gründete und versuchte, die Hereros zu missionieren. Jonker Afrikaaner hatte nach dem Tod seines Vaters Jager Afrikaaner im Jahre 1823 das Häuptlingsamt über den aus der Kapkolonie nach Südwest eingewanderten Stamm der Afrikaaner- Hottentotten übernommen.

Er zog mit seinem Orlam Stamm über den Oranjefluss nach Norden und ließ sich in der Gegend von Windhuk nieder. Dabei unterwarf er einen Orlam- und Namastamm nach dem anderen und drang nach Hilferufen der nördlich siedelnden Hottentottenstämmen, die von den Hereros bedrängt wurden, weiter nach Norden bis in das Stammesgebiet der Hereros vor. Es gelang ihm schließlich in mehreren Schlachten die Hereros zu besiegen und sie zu Viehwächtern und Sklaven der Hottentotten zu machen.

Sein Ziel war es in Südwest aus den verschiedenen, von ihm unterworfenen Stämmen einen monarchisch, einzig auf ihn ausgerichteten Zentralstaat zu errichten, Hierbei hatte er zunächst auch Erfolg, da er die Mehrzahl der Hererostämme unterworfen hatte. Seine expansive Politik und Missionierungsbestrebungen richteten sich nunmehr auch gegen die Ovambos im Norden, die er in mehreren Kriegszügen besiegte. Im Süden versuchte jeder einzelne Missionar den jeweiligen Häuptling der dort lebenden Nama- und Orlamstämme auf seine Seite zu ziehen.

Jonker Afrikaaner starb am 18. August 1861 in Windhuk. Mit ihm starb auch die Idee eines namibischen Großreichs vom Oranje im Süden bis zum Ovamboland im Norden.Kurz nach seinem Tod erhoben sich überall die Hereros. Auch der immer stärker werdende europäische Einfluss über die Missionen und der Handelsgesellschaften führte letztlich zum Verfall des Traumes von einem namibischen Großreich.

Nachfolger von Jonker Afrikaaner wurde 1861 dessen Sohn Christian. Es kam schon bald zu einem Streit mit Kamaharero, der die Nachfolge seines Vaters als Häuptling der Okahandja Hereros angetreten hatte. Eigentlich war Kamaharero nur der Vasall Christians Afrikaaner, als Oberhirte seiner Rinderherden und Kommandant seiner Leibgarde. Als er die Rinderherden jedoch schon bald wie seine eigenen ansah, kam es 1864 vor Otjimbingwe zu einer kriegerischen Auseinandersetzung, bei der Christian Afrikaaner getötet wurde.

Nachfolger von Christian Jonker wurde dessen Bruder Jan Jonker Afrikaaner, von dem der Missionar Hugo Hahn sagte:

Die verkehrte Idee seines Vaters, sich zum Herrn aller Namas, Hereros und Ovambos zu machen und so ein großes Reich zu errichten, hat er von seinem Vater geerbt.

Hahn verbündete sich mit Kamaharero gegen Jan Jonker Afrikaaner. Dieser war damit völlig isoliert, sein *Afrikaaner* Stamm war ein Stamm unter Anderen, dem ein Wohngebiet um Windhuk zugewiesen wurde. Damit war der Traum seines Vaters von einem Zentralstaat Vergangenheit. Von ihm blieb in der Geschichtsschreibung das Klischee von einem blutrünstigen, ruhelos in Südwest umherziehenden *schwarzen Napoleon*.

Es kam 1870 zum Missionsfrieden von Okahandja, durch den der Status quo vor Jonker Afrikaaner und der Stammeszersplitterung wiederhergestellt wurde. Es folgte eine längere Zeit des Friedens bis 1880, als Kamaharero sämtliche unter den Hereros lebende Hottentotten ermorden ließ. Die Rheinische Mission verfolgte weiterhin das Ziel der Errichtung eines Missionsstaates in Südwest und bemühte sich in der Folgzeit zunächst um die englische, sowie später um die deutsche Schutzherrschaft für Südwest.

Neben der evangelischen Rheinischen Mission waren seit 1896 auch die Katholiken als Missionare in Südwest, im Norden die Oblaten der unbefleckten Jungfrau Maria sowie im Süden die Oblaten des heiligen Franz von Sales. Gouverneur Leutwein gab ihnen die Erlaubnis zur Niederlassung in Südwest unter der Bedingung, dass nur deutschsprechende Brüder und Schwestern ausgesandt werden durften. Die katholische Mission war jedoch von Beginn an im Nachteil gegenüber der Rheinischen Mission, die bis 1896 überall in Südwest bereits Missionsstationen errichtet hatten.

Alle Missionierungsbemühungen wurden durch die ständigen Streitigkeiten und Kämpfe der verfeindeten Hereros und Namas empfindlich behindert. Da die Engländer in der Kapkolonie schon geographisch näher an dem Geschehen waren als die deutschen Landsleute, riefen die Missionare seit 1868 verstärkt diese um Schutz an. Dabei war es ihnen in ihrem Streben nach geordneten Verhältnissen gleichgültig, ob England oder Deutschland die Schutzmachtfunktion übernahm.

Dennoch war die deutsche Kolonialverwaltung sich darin einig, dass es im wesentlichen die Missionare waren, die durch ihr entschiedenes Eingreifen die Entscheidung in Südwest für Deutschland gegen England herbeigeführt hatten und ohne die Pionierarbeit der Missionare die Besitzergreifung von Südwest ein völlig illusorischer Akt auf dem Papier gewesen wäre.

4. Kolonialpionier Adolf Lüderitz 107)

Adolf Lüderitz (1834-1886) wurde 1834 als Sohn eines Bremer Großkaufmannes im Tabakhandel geboren. Nach dem Besuch der Handelsschule in Bremen, trat er Ostern 1851 als Lehrling in das Geschäft seines Vaters ein. Nach Beendigung der dreijährigen Lehrzeit zog es ihn im April 1854 nach Amerika in die Tabakstaaten Virginia und Kentucky sowie von dort an die Westküste Mexikos. Dort arbeitete er zunächst in einer Bremer Firma als Lehrling, danach kaufte er sich eine Ranch und begann Pferde- und Viehzucht zu betreiben bis ein Überfall von mexikanischen Banditen sein Vorhaben jäh beendete.

Nach dem erfolglosen Amerikaaufenthalt kam er ausgeplündert und verarmt 1859 nach Bremen zurück und arbeitete zunächst wieder im Tabakgeschäft seines Vaters. Nach dem Tod des Vaters im Jahre 1878 übernahm er das Geschäft. Seine Heirat mit der vermögenden Emmy von Lingen im Jahr 1866 ermöglichte es ihm, sich an einem Unternehmen im englischen Lagos zu beteiligen, was für ihn die ersten Kontakte im Afrikahandel brachte.

Adolf Lüderitz war vom Charakter laut, derb und unruhig, womit er viele preußischkonservative Landsleute abstieß. Er war mehr Abenteurer und Spekulant als Geschäftsmann. Sein Motto lautete:

Keine Schwierigkeiten schrecken, sondern auf rauem Pfad voran.

Er lernte den Kaufmann Vogelsang, den Sohn eines befreundeten Bremer Tabak- und Zigarrenfabrikanten sowie den Kapitän Karl Timpe kennen, die wie er mit den Afrikanern Geschäfte machen wollten. Auch Vogelsang war bereits als Zwanzigjähriger nach Westafrika gegangen, dort an Malaria erkrankt und wieder nach Bremen zurückgekehrt. Gemeinsam beschlossen sie ihr Glück in Südwestafrika zu suchen, weil dieses Gebiet noch von keiner europäischen Macht besetzt und für Europäer gesünder war als West-oder Ostafrika. Vogelsang gegenüber soll Lüderitz erklärt haben:

Nach Westafrika gehen wir nicht, die Westküste von Afrika ist zu ungesund. Wenn wir eine Kolonie gründen und wenn aus der Kolonie mal was werden soll, will ich auch, dass der Deutsche dort leben kann.

Timpe überredete Lüderitz zum Kauf des 260 Tonnen Schoners Tilly. Geplant waren die Ausbeutung von Naturschätzen insbesondere von Kupfer, aber auch von Gold und Diamanten, der Handel mit Elfenbein, Waffen und Munition sowie der Erwerb von herrenlosem Land. Man verabredete, dass Vogelsang nach Kapstadt vorausfahren sollte um Erkundigungen einzuziehen.

Am 6.Januar 1883 kam Vogelsang in Kapstadt an. Dort entschloss er sich, den Hafen von Angra Pequena, der von keiner europäischen Macht besetzt war, als Ausgangspunkt für seine Unternehmungen zu machen. Hierzu gründete er die Firma F.A.E. Lüderitz, zu deren Bevollmächtigten Lüderitz den damals 21- jährigen Heinrich Vogelsang machte.

Im März 1883 segelte Lüderitz mit der Tilly zunächst nach Kapstadt, beladen mit Teilen für Fertighäuser, Wohn- und Lagerhäuser, Munition und Gewehren. Dort kam er am 31. März 1883 an.

Von dort segelten am 5. April 1883 Vogelsang und Timpe weiter nach Südwest, an Bord Ochsenwagen, Zelten und Proviant, die sie in Kapstadt eingekauft hatten und gingen dort am 9. April 1883 in *Angra Pequena*, der *Engen Bucht* vor Anker. Die portugiesische Bezeichnung *Angra Pequena* verweist auf die Entdeckung der Bucht durch den portugiesischen Seemann Bartholomeu Diaz im Jahre 1487 und die Errichtung eines Kreuzes an dieser Stelle.Vogelsang hatte von Lüderitz urspünglich den Auftrag erhalten, einen Hafen zu finden, der sich als Basis für eine deutsche Niederlassung eignete.

Die Umgebung von Lüderitzbucht bestand damals aus Fels, Sand und Meer. Zwischen 1908 und 1914 entstand dort in der Einöde eine deutsche Kleinstadt, die noch heute einem Freilichtmuseum gleicht, die deutscheste Stadt Namibias im reinen Jugendstil mit dreistöckigen Geschäftshäusern mit Erkern und Spitzdächern in der Bismarckstraße, der zweistöckigen Reichsapotheke im reinsten Jugendstil, einer Post, einem Bahnhof, einer Lese- und Turnhalle für den deutschen Männerverein aus dem Jahre 1913. Wahrzeichen von Lüderitz waren das Magistratgebäude sowie die deutsche evangelisch-lutherische Felsenkirche. Sie war im neugotischen Baustil errichtet worden, die Kirchenfenster waren von Kaiser Wilhelm II. sowie dem Herzog von Mecklenburg gestiftet worden. Am Hafen befand sich das Woermannhaus, eine Agentur des Hamburger Reeders Woermann, der in der Kolonialzeit das Schifffahrtsmonopol nach Deutsch- Südwest innehatte.

An den Ostertagen des Jahres 1983 gedachten die Namibia Deutschen in einer aufwendigen 100 Jahr Feier der Ankunft der ersten Siedler in der Lüderitzbucht und der Errichtung des Ortes Lüderitz. Von der Lüderitzbucht reiste Vogelsang mit zwei Begleitern dem Landwirt von Pestalozzi und dem Holländer de Jongh als Dolmetscher am 26. April zur Station der Rheinischen Mission in Bethanien, die er nach einem 5 Tageritt am 30. April 1883 erreichte. Dort traf er den Nama Kapitän Joseph Fredericks, dem er am 1.Mai 1883 nach langen Verhandlungen die Angra Pequena Bucht sowie das sie umgebende Land im Umkreis von fünf Meilen gegen 100 englische Pfund in Gold und 200 Gewehre abkaufte.

Nach seiner Rückkehr zur Angra Pequena Bucht hisste er am 12.Mai1883. um 16.30 Uhr die Flagge des Kaiserreiches und errrichtete eine Siedlung aus Holz- häusern, die er Fort Vogelsang nannte. In Deutschland löste die neue Kolonie Deutsch- Südwest allgemeine Begeisterung aus. Als Bismarck von jener Flag- genhissung erfuhr, schrieb er in einer Notiz an das Auswärtige Amt:

Das Aufhissen der deutschen Flagge würde ein Zeichen der Besitzergreifung sein, zu der die Genehmigung Kaiser und Reich erforderlich sei. Es würde des- halb ein frivoles Beginnen sein, wenn solches ohne Auftrag geschehen sei.

In einer weiteren Randnotiz äußerte sich Bismarck zu seinem Verständnis von Kolonialpolitik . Bismarck fragte sich:

Was ist Kolonialpolitik? Wir müssen unsere Landsleute schützen.

Bereits wenige Monate später am 25. August 1883 kaufte Vogelsang vom Kapi- tän Fredericks weitere Ländereien, einen Küstenstreifen vom Oranjefluss nord- wärts bis zum 26. südlichen Breitengrad in einer Tiefe von 20 Meilen mit sämtli- chen Häfen an der Küste sowie einem Hinterland auf einer Breite von 20 Meilen. landeinwärts Der Kaufpreis war 500 Pfund Sterling, 60 Wesley Richard Gewehre, eine rote Husarenuniform sowie ein paar Spielzeugsoldaten.

Bei beiden Käufen machte sich Vogelsang die Unkenntnis des Kapitäns Fredericks zunutze, dem der Unterschied zwischen der deutschen geografischen Meile (7,5 Kilometer) und der englischen Meile (1,5 Kilometer) nicht geläufig war. So glaubte Fredericks Ländereien in der Größe von englischen Meilen zu verkaufen, wäh- rend der Kauf als Bezugsgröße die deutsche, geografische Meile beinhaltete. Während die Bethanier-Hottentotten glaubten nur den Wüstenstreifen verkauft zu haben, hatten sie in Wirklichkeit einen großen Teil ihres Weidelandes verkauft. In Deutschland sprach man daraufhin von *Vogelsangs Meilenschwindel.*

Im Oktober 1883 reiste Lüderitz über Kapstadt persönlich nach Angra Pequena, um die von ihm erworbenen Ländereien zu begutachten. In Kapstadt erfuhr er durch seine Agenten, dass auch die englische Firma Spence Ansprüche nicht nur auf drei, vor dem Festland liegende Inseln, sondern auch auf Ländereien auf dem Festland stellte, die Lüderitz gekauft hatte. Beim deutschen Konsul in Kapstadt fand er hinsichtlich seiner Besitzansprüche wenig Unterstützung, sondern er riet ihm stattdessen dem Engländer seine Ansprüche abzukaufen. Um die streitigen Besitzverhältnisse zu klären, reiste Lüderitz nach Bethanien weiter, um mit Fredericks noch offene streitige Fragen zu besprechen. Am 11. Oktober 1883 kam Lüderitz in Angra Pequena an. Von dort aus reiste er im Ochsenwagen nach Bethanien. Dort traf er mit Fredericks und anderen Hottentottenhäuptlingen zusammmen.Diese versicherten Lüderitz, dass sie an den Engländer kein Land verkauft, sondern nur zur Nutzung überlassen hätten. Auf die Frage nach dem Landverkauf an Vogelsang beruhigte er den argwöhnisch gewordenen und nachfragenden Kapitän, dass die Grenzen in den Karten falsch eingezeichnet seien. Tatsächlich hielt er den von Vogelsang begangenen Meilenschwindel weiter aufrecht, worauf sein Schreiben vom 26. März 1884 an Vogelsang hindeutet:

Da in unserem Contract steht 20 geographische Meilen Inland, wollen wir diese auch beanspruchen. Lassen sie Joseph Fredericks aber vorläufig im Glauben, dass es 20 englische Meilen sind.

Am 16. November 1883 hatte Lüderitz eine Eingabe an das Auswärtige Amt in Berlin gemacht mit der Bitte um Schutz der deutschen Flagge für die zu erwerbenden Gebiete in Südwest. Im Januar 1884 reiste Lüderitz persönlich nach Berlin, um beim Auswärtigen Amt um den Schutz für seine Niederlassung Angra Pequena Bay nachzusuchen. Am 11. Januar 1884 hatte Lüderitz die erste Unterredung mit dem Sachbearbeiter im Auswärtigen Amt von Holleben. Dabei bat Lüderitz um den Schutz seiner Niederlassung sowie darum seine Besitzungen dem kaiserlichen Konsulat in Kapstadt zu unterstellen und durch ein deutsches Kriegsschiff die deutsche Flagge zeigen zu lassen.

Der Reichskanzler Otto von Bismarck war grundsätzlich an überseeischen Besitztümern nicht interessiert, nachdem die Samoaverträge im Reichstag abgelehnt worden waren. Während der Reichstag nicht als kolonialfreundlich galt, war die deutsche Öffentlichkeit durchaus am Besitz von Kolonien interessiert. Im Februar 1884 richtete Reichskanzler von Bismarck eine erste Anfrage an England, ob England Ansprüche auf Angra Pequena erhebe.Von England wurde die Anfrage nur ausweichend und unzureichend beantwortet unter Hinweis darauf, man müsse sich zunächst mit der Kapkolonie abstimmen. Sein Ansinnen versuchte Lüderitz den Beamten in Berlin dadurch schmackhaft zu machen, dass er seiner Niederlassung den Namen *Kaiser Wilhelm Bay* geben wollte. Bismarck ließ sich darauf die Karte zeigen um zu wissen wie weit die Bucht von der englisch- portugiesischen Grenze entfernt läge. Lüderitz erhielt daraufhin nur eine allgemein gehaltene Zusage einer Unterschutzerklärung für den Fall, dass der Landstrich von keiner anderen völkerrechtlich anerkannten Macht mit Recht beansprucht würde. Bismarck nahm über seinen Sohn Graf Herbert Bismarck, der deutscher Botschafter in London war, Kontakt zur englischen Regierung auf. Weitere Nachfragen der Deutschen blieben unbeantwortet. Stattdessen versuchten die Engländer die Kapkolonie zu ermuntern, die Schutzherrschaft über Südwestafrika zu erklären und damit Deutschland zuvorzukommen. Diese Behandlung der Angelegenheit Südwestafrika verstimmte Otto von Bismarck sehr, da er bislang die Interessen Englands in Ägypten stets unterstützt hatte. Am 4. April 1884 schrieb er hierzu an den deutschen Botschafter,seinen Sohn in London:

Wenn wir selbst in einem Falle, wo das Recht zweifellos an unserer Seite steht, nicht einmal eine schriftliche Prüfung unserer Forderungen, sondern nur ausweichende Antworten erreichen können, so wird die englische Regierung sich vielleicht fragen, ob sie dem ungeachtet auf unsere dauernde Unterstützung ihrer Politik rechnen kann.

Obwohl *Angra Pequena* sogar von den eingeborenen Buschmänner realistisch als *Platz an dem es nichts gibt* eingeschätzt wurde, meldeten die Engländer gegen die Inbesitznahme von *Angra Pequena* durch Deutschland Bedenken an, weil sie nach Art einer afrikanischen Monroedoktrin ausländische Staaten von der Kapkolonie fernhalten wollten. Inzwischen hatte Vogelsang in *Angra Pequena* bereits die deutsche Flagge gehisst, obwohl es noch unklar war, ob die Reichsregierung die Erwerbung Lüderitzs als deutsches Territorium anerkennen würde. Bismarck schickte zur Sondierung der Lage in Angra Pequena das deutsche Kriegsschiff Nautilus nach Südwest. Deren Kapitän Aschenborn ging an Land und hisste zum Zeichen der Besitznahme die kaiserliche deutsche Flagge und erstattete Bismarck darüber Meldung. Bismarck handelte nach der Devise:

Die Flagge folgt dem Handel. Daraufhin sagte Bismarck am 19. April 1884 Angra Pequena Bay den Schutz des deutschen Reiches zu. Dieser Akt wurde zwei Tage später durch den deutschen Kaiser Wilhelm I bestätigt.

Am 24. April 1884 sandte Bismarck ein Telegramm an den deutschen Konsul in Kapstadt mit folgendem Wortlaut:

Nach Aussagen von Herrn Lüderitz bezweifeln koloniale Stellen in der Kapkolonie, ob seine Erwerbungen nördlich des Oranjeflusses deutschen Schutz unterstünden. Sie werden offiziell erklären, dass er und seine Erwerbungen unter dem Schutz des Reiches stehen.

Zugleich schickte Bismarck drei deutsche Kriegsschiffe wie die Kreuzerfregatten Elisabeth, Leipzig und Wolf nach Südwest. Der Kommandant der Elisabeth, Kapitän zur See Schering hatte den Befehl erhalten in Angra Pequena die deutsche Flagge zu hissen. Das geschah am 7. August 1884 auf dem von Lüderitz zu Ehren des Kriegsschiffes Nautilus benannten Hügel in der Bucht von *Angra Pequena*. Zugleich wurde das Dokument der Schutzherrschaftserklärung verlesen.

Über diesen historischen Moment schrieb der teilnehmende Marinegeneralarzt Harry König in einem Bericht:

Am 7. August 1884 wurde es in der deutschen Niederlassung auf Angra und auf beiden Kriegsschiffen Elisabeth und Leipzig sehr früh lebendig. Schon um 6 Uhr wurde Kaffee getrunken, und um 7 Uhr fuhren in etwa zwölf großen Booten Offiziere und Mannschaften von beiden Schiffen an Land. Das Wasser stand leider so niedrig, dass die Boote nicht ans Ufer anlegen konnten. So wurden die kräftigsten Bootsruderer ausgesucht, die ohne Strümpfe und Schuhe ins Wasser drangen, um die Offiziere an Land zu tragen, ein Anblick, der geeignet war, die feierliche Stimmung in eine recht fröhliche umzuwandeln. Die Küste machte mit ihrem nackten felsigen Boden, den kein Baum, kein Strauch zierte, zunächst keinen günstigen Eindruck. Dagegen war der Blick von der Küste aus über die blaue See und die von unzähligen Vögeln umflogenen Inseln sehr freundlich, ja geradezu schön, wenn Schiffe die Bucht belebten, zahlreiche Boote Land und Schiffe verbanden und über dem Ganzen der wolkenlose Himmel lachte.

Der Landungsplatz war öde. Vorläufig standen dort nur drei Holzhäuser, die den fünf Angestellten der Firma Lüderitz Wohnung und ihren Waren Schutz gewährten. Mit voller Musik zogen wir den Abhang hinauf, in dessen Mitte eine hohe Flaggenstange errichtet worden war. Zu beiden Seiten nahmen die etwa 300 Matrosen Aufstellung, während hinter ihr, mit Front zur See der Kommandant der Leipzig, Kapitän zur See Herbig, in Vertretung des erkrankten Kommandanten der Elisabeth seinen Platz wählte. Hinter ihm standen wir Offiziere, alle in großer Uniform, die Seekadetten, unter denen sich Franz Hipper, der spätere Führer in der Skagerakschlacht befand sowie Heinrich Vogelsang und die Angestellten des Hauses Lüderitz. Die Mannschaft präsentierte das Gewehr und unter lautloser Stille verlas Kapitän zur See Herbig die Schutzherrschaftserklärung….

Seine Majestät der deutsche Kaiser Wilhelm I., König von Preussen, haben mir befohlen, mit Allerhöchstderen gedeckter Korvette Elisabeth nach Angra Pequena zu fahren und das dem Herrn Lüderitz gehörige Territorium an der Westküste Afrikas unter den direkten Schutz Seiner Majestät zu stellen. Das Territorium des Herrn Lüderitz wird nach den amtlichen Mitteilungen als sich erstreckend von dem Nordufer des Oranjeflusses bis zum 26. Grad Südbreite, 20 geographische Meilen landeinwärts angenommen einschließlich der nach dem Völkerrecht dazu gehörigen Inseln.

Die Kriegsflagge stieg am Mast empor, und in das donnernde dreifache Hoch mischte sich der Kanonenschall der beiden Fregatten, die der Flagge den Salut von je 21 Schüssen brachte. Die Musik spielte Heil dir im Siegerkranz. In kaum 20 Minuten war eine Tat geschehen, die für unsere Kolonialpolitik von größter Bedeutung werden sollte. Im Gespräch mit den Beamten des Hauses Lüderitz Vogelsang, Franke, Wegner und Falkenthal erschien uns die Größe dieser kolonialen Unternehmung, in der bereits eine Million Mark steckte, erst in ihrem vollen Lichte.

Das Kanonenboot Wolf wurde beauftragt, entlang der Küste Südwest Afrikas an geeigneten Stellen die deutsche Flagge zu hissen. Dies geschah im August 1884 in Sandwich Hafen, an der Swapokmündung und auf Kap Frio. Kurz danach am 19. August 1884 erwarb Lüderitz durch Herrn Dr. Höpfner vom Topnaarkapitän Piet Haibib weitere Ländereien zwischen dem 22. und 26. südlichen Breitengrad, Euxamab im Kaokofeld, von Jan Afrikaaner Gebiete im Windhuker Bezirk sowie am 25.Januar 1885 durch Vogelsang weitere Gebiete von den Bersabahotten-totten, von dem Häuptling von Hoakhanas und von den Bastards von Rehoboth.

Sämtliche Erwerbe und Verträge waren von Lüderitz als Privatmann geschlossen worden. Als Privatmann konnte er gegenüber einer Regierung keine Hoheitsrech-te ausüben, insbesondere keine Zölle erheben. Deshalb drängte er darauf, seine Ländereien unter den Schutz der deutschen Reichsregierung zu stellen. Dazu be-durfte es einer Änderung der Bismarckschen Kolonialpolitik. In Heinrich von Kus-serow, dem Leiter der handelspolitischen Abteilung hatte er darin einen wichtigen Fürsprecher. Bismarck lehnte es jedoch strikt ab, deutsche Kriegsschiffe auszu-senden, um fremde Länder zu besetzen. Er war einzig dazu bereit, die deutschen Kaufleute zu schützen, wobei diese auch die Kolonien selbst verwalten sollten.

Am 5. September1884 meldete der deutsche Konsul in Kapstadt die deutsche Flaggenhissung an das Auswärtige Amt in Berlin, die darauf die englische Re-gierung benachrichtigte. Am 21. September 1884 wurde die deutsche Schutz-herrschaft über Angra Pequena in einer Note offiziell von der englischen Regie-rung anerkannt.Darin teilte sie Bismarck mit, dass Großbritannien Deutschland in allen Teilen der südwestafrikanischen Küste als Nachbarn begrüße, die sich noch nicht im britischen Besitz befinden. Mit letzteren waren *Walfischbai* und die vorgelagerten Guano Inseln gemeint.

Lüderitz ging danach daran, seine Erwerbungen zu erweitern und auszuwerten. In der Folgezeit im August 1884 schickte Lüderitz eine erste bergmännische Expedition unter dem Bergwerksdirektor Pohle mit der Aufgabe nach Bodenschätzen zu suchen. Ihre Aufgabe bestand darin, ausgehend von der Mündung des Oranjeflusses eine möglichst umfassende Untersuchung des nördlichen Ufergeländes und eine botanische Exploration vorzunehmen. Die Ergebnisse waren mager. Es wurde zwar Kupfer gefunden, jedoch nur in geringer, nicht abbauwürdiger Menge. Dabei stießen die Expeditionsteilnehmer auch auf einheimische Namastämme wie die Rehobother Baster, welche ebenfalls um den Schutz des deutschen Kaisers nachfragten. Diesen sicherte ihnen der Mineningenieur Höpfner von der Firma F.A.E. Lüderitz gegen die Einräumung der Prioritätsrechte für den Grubenerwerb zu. Höpfner verpflichtete sich gegenüber dem Kapitän der Baster, so weit tunlich Ruhe und Ordnung im Land herzustellen, durch Grubenabbau Arbeitsplätze zu schaffen und die Baster zur Wiederherstellung des Friedens mit Waffen und Munition zu versorgen.

Bei den Bemühungen sein Territorium nach Norden zu vergrößern nahm Lüderitz durch seinen Bruder August Lüderitz und durch Höpfner, der von dem Elberfelder Industriellen Hasenclever zur Suche nach Kupfervorkommen 1883 in das Land der Herero gesandt worden war, Kontakt zum Häuptling der Hereros Kamaharero in Okahandja auf. Der Kontaktaufnahme standen jedoch Lewis, ein englischer Händler, der sich bemühte eine englische Schutzherrschaft über die Hereros einzurichten sowie auch der deutsche Missionar Hahn entgegen, der eine Verbindung von Handel und Mission zum Besten der Eingeborenen anstrebte. Er befand sich damit in einem Widerspruch zur Leitung der Rheinischen Mission in Südwest, die eine Scheidung von Mission und Handel wünschte. Aufgrund dieser Meinungsverschiedenheiten schied Hahn 1873 aus dem Dienst der Mission aus. Hahn hatte großen Einfluss bei den Hereros und riet ihnen ab auf die Vorschläge von Lüderitz einzugehen. Diesem folgte schließlich der Hererohäuptling Kamaharero.

Am 28. Oktober 1884 schloss Gustav Nachtigal, der kaiserlicher Generalkonsul und Kommissar für Westafrika war und am 7. Oktober 1884 aus Kamerun nach Angra Pequena kam, einen Schutz- und Freundschaftsvertrag mit Josef Fredericks, dem Kapitän der Bethanier Hottentotten ab. Als äußeres Zeichen dieses Schutzverhältnisses wurde vor dem Haus des Kapitäns die deutsche Flagge gehisst und Dr. Nachtigal erklärte das Gebiet von Bethanien offiziell zum deutschen Schutzgebiet. Der Schutzvertrag vom 28. Oktober 1884 hatte folgenden Wortlaut:

Seine Majestät der Deutsche Kaiser, König von Preußen usw. Wilhelm I im Namen des Deutschen Reiches einerseits und der unabhängige Beherrscher von

Bethanien im Großnamaqualand, Kapitän Josef Fredericks für sich und seine Rechtsnachfolger,andererseits von dem Wunsche geleitet, ihre freundschaftlichen Beziehungen und gegenseitigen Interessen möglichst zu fördern und zu befestigen, haben beschlossen, einen Schutz- und Freundschaftsvertrag abzuschließen. Zu diesem Zwecke ist der Kaiserlich Deutsche Generalkonsul Dr. G. Nachtigal, von seiner Majestät, dem Deutschen Kaiser in guter und gehöriger Form bevollmächtigt, mit dem Kapitän Josef Fredericks und dessen Ratsversammlung über nachstehende Artikel übereingekommen:

Artikel I: Der Kapitän Josef Fredericks von Bethanien bittet seine Majestät den deutschen Kaiser über das von ihm beherrschte Gebiet die Schutzherrlichkeit übernehmen zu wollen. Seine Majestät der Kaiser genehmigt diesen Antrag und sichert dem Kapitän Seinen Allerhöchsten Schutz zu. Als äußeres Zeichen dieses Schutzverhältnisses wird die deutsche Flagge gehisst.

Artikel II: Der Kapitän Josef Fredericks verpflichtet sich, sein Land oder Teile desselben nicht an irgendeine andere Nation oder Angehörige einer solchen ohne Zustimmung Seiner Majestät des Deutschen Kaisers abzutreten, noch Verträge mit anderen Regierungen abzuschließen, ohne jene Zustimmung.

Artikel III: Seine Majestät der Deutsche Kaiser will die von anderen Nationen oder deren Angehörigen mit den Beherrschern von Bethanien früher abgeschlossenen und zu Recht bestehenden Handelsverträge und Kontrakte respektieren und den Kapitän weder in der Erhebung der ihm nach den Gesetzen und Gebräuchen des Landes zustehenden Einnahmen, noch in der Ausführung der Gerichtsbarkeit über seine Untertanen beeinträchtigen

Artikel IV: Der Kapitän hat durch Kaufverträge vom 1. Mai und 25. August 1883 das zwischen dem 26. Grad südlicher Breite und dem Oranjefluss gelegene und sich zwanzig Meilen landeinwärts erstreckende Küstengebiet seines Landes dem deutschen Reichsangehörigen F.A.E. Lüderitz in Bremen mit allen darauf haftenden Rechten abgetreten.

Artikel V: Seine Majestät der Deutsche Kaiser anerkennt diese Landesabtretung, unterstellt das betreffende Gebiet dem Schutz des Deutschen Reiches und übernimmt die Oberhoheit über dasselbe…

Artikel XIII: Der gegenwärtige Vertrag wird vom Tage der Unterzeichnung ab in Kraft und Gültigkeit treten, vorbehaltlich dessen, dass derselbe wieder ungültig wird, falls die Ratifikation desselben seitens der deutschen Regierung innerhalb der Frist von achtzehn Monaten, vom Tag der Unterzeichnung ab, nicht erfolgt sein sollte….

Über *Angra Pequena* soll sich Dr. Nachtigal wie folgt geäußert haben:

Welche Steinwüste haben wir uns da aufreden lassen.

Anschließend schloss Lüderitz mit weiteren Kapitänen Erwerbsverträge hinsichtlich weiterer Ländereien ab, unter anderem mit dem Afrikaaner Kapitän Jan Joncker einen Vertrag über den Erwerb von Windhuk und dem dazugehörigen Weideland für nur 100 Pfund Sterling.

Seine weiteren Versuche mit den Hereros Verträge abzuschließen scheiterten jedoch. Damit besaß Lüderitz zwar Land im Überfluss sowie eine Vielzahl von Faktoreien in Aus, Kuibis und Bethanien, seinem eigentlichen Ziel dem Abbau von Bodenschätzen kam er jedoch mangels entsprechender Funde nicht näher. Zwar hatte sein Angestellter Graf Spee per Zufall in den Küstendünen einige gelbliche Steinchen gefunden, aber zur damaligen Zeit wurde deren Wert noch nicht erkannt.

Aufgrund seiner zahlreichen Landerwerbe und weiteren kostspieligen Unternehmungen schmolz Lüderitzs Vermögen schnell dahin. Zu Beginn des Jahres stellten sich bei Lüderitz erste finanzielle Sorgen ein.

Der Handel warf nichts ab, da Kunden ausblieben, die Kosten für die Verkaufsläden und die hohen Gehälter der Angestellten überstiegen die Einnahmen.Die erhofften Mineralfunde erfüllten sich nicht.Die täglichen Kosten für das Südwestafrikaunternehmen bezifferte Vogelsang Ende 1884 auf 1000 Mark täglich.

Der Verlust seiner Brigg Tily, die am 1. Februar1885 mit teuren Ackerbau- und Bohrmaschinen, landwirtschaftlichen Geräten und Waren an Bord vor dem *Angra Point Riff* kenterte und sank, war für Lüderitz ein schwerer finanzieller Verlust, von dem er sich nicht wieder erholte. Lüderitz war bankrott. Seine Pläne der Ankauf eines Dampfers und die Errichtung einer Landungsbrücke in *Angra Pequena* ließen sich nicht mehr verwirklichen. Die Bitte von Lüderitz um Hilfe der deutschen Regierung und der deutschen Wirtschaft blieb weitgehend unerfüllt, obwohl ihm von allen Seiten versichert wurde, dass die Erhaltung seiner Unternehmungen in nationalem Interesse liege.

Er war gezwungen, einen Teil seiner Besitzungen mitsamt den Minenrechten an die Deutsche- Kolonialgesellschaft für Südwestafrika zu verkaufen . Die deutsche Kolonialgesellschaft wurde als Konsortium von Bankiers der Deutschen und Dresdener Bank und Industriellen mit einem Kapital von 800.000 Mark am 20.April1885 in Berlin gegründet und kurz darauf wurde das Kapital auf 2 Millionen

Mark aufgestockt. Davon waren aber nur 1.287.000 Mark eingezahlt. Am 4.April 1885 übertrug Lüderitz der Gesellschaft Land- und Bergrechte und Eigentum in Südwest mit Ausnahme der Handelsniederlassungen in Angra Pequena, Aus und Bethanien. Als Kaufentgelt erhielt Lüderitz 300.000 Mark in bar sowie 200.000 Mark in Aktien. Seinen Besitz an Häusern, Handelsrechten, Waren und Vieh behielt er weitgehend. Damit befand sich Südwest zwar in den Händen des deutschen Großkapitals. Deren Vertreter dachten jedoch nicht daran das Land wie Bismarck es erhofft hatte, zu entwicklen, sondern sie betrachteten es nur als Spekulationsobjekt, indem sie es jahrelang liegenließen und abwarteten.

Diese Hoffnungen erfüllten sich jedoch erst später mit dem Fund von großen Kupferlagern in Otavi und Tsumeb sowie vor allem 1908 durch den Fund von Diamanten unweit der Lüderitzbucht. Ansonsten war die Deutsche Kolonialgesellschaft mit nur 800.000 Reichsmark völlig unterkapitalisiert und insoweit nicht in der Lage, Hoheitsrechte auszuüben, die mit finanziellen Risiken verbunden waren.

In der Folgezeit versuchte Lüderitz seinen alten Plan zu verwirklichen, eine deutsche Siedlungskolonie an der Mündung des Oranje zu gründen. Auch glaubte er immer noch, dass sich in diesem Gebiet Erze finden und gewinnbringend abbauen ließen. 1886 entschloss er sich zu diesem Zweck eine Expeditionsreise zur Oranjemündung zu unternehmen. Da er selbst nicht mehr über genügend Geld für die Finanzierung dieser Reise verfügte, ließ er sich von der deutschen Kolonialgesellschaft einen Zuschuss von 6000 Mark geben.

Am 30. August 1886 brach Lüderitz zusammen mit Steingröver, Hodkins und Iselin als Begleiter von Bethanien aus nach dem Oranjefluss auf. Am 20. September 1886 starteten sie in zwei zerlegbaren Booten zu einer Erkundungsfahrt auf dem Oranje. Nach einer 27tägigen Fahrt kamen sie am 17. Oktober 1886 wohlbehalten in Ariensdrift, etwa 100 Kilometer von der Flussmündung entfernt an. Von dort schrieb Lüderitz am 19. Oktober 1886 einen letzten Brief an seine Frau:

Nach glücklicher Reise kamen wir hier vorgestern an. Der Fluss ist hübsch und romantisch, machte uns aber viel Arbeit, da wir 52 Stromschnellen von Nabasdrift bis hier zu überwinden hatten. Wir sind alle wohlauf trotz der Strapazen. Hier können wir leider keinen Boten nach Aus bekommen, um die Wagen zu holen, die uns mit unserem Gepäck befördern, und so gehen Steingröver und ich morgen früh allein nach Angra. Iselin und Hodkins bleiben hier bei unserem Gepäck zurück, Ich werde in zirka 8 Tagen in Angra sein, von wo aus ich ausführlich schreibe. Es war eine höchst interessante Reise. Die kleinen Boote haben sich famos bewährt.

Trotz vielfacher Warnungen vor dem Wagnis mit dem kleinen Boot auf dem Seeweg nach *Angra Pequena* zurückzukehren, unternahmen Lüderitz und Steingröver die Weiterfahrt. Beide galten seit dem 21.Oktober 1886 nach Aufkommen eines Sturmes als verschollen. Ihre Schicksale konnten niemals aufgeklärt werden. Damit wurde Lüderitz mit 52 Jahren das Opfer seines Wagemutes.

Über das tragische Ende seines Vaters schrieb sein Sohn, der Konsul Karl Lüderitz:

In der Nacht vom 21. zum 22. Oktober 1886 übernachtete mein Vater mit seinem Gefährten Steingröver auf einer Farm Kott Dorn. Der Besitzer der Farm R. Coetze hat nachher ausgesagt, dass das Wetter am Tage der Abfahrt und den darauffolgenden Tagen gut gewesen sei. Er habe Lüderitz geraten, über Land zu reisen und gesagt: Das Boot ist zu klein für die See. Hierauf erklärte Steingröver: Ich bin lange auf See gewesen, es ist keine Gefahr dabei. Lüderitz sagte: Ich vertraue Steingröver, er ist ein erfahrener Mann.

Nach seinem Unfalltod wurde Lüderitz in der Heimat zu einem Kolonialhelden, seine Niederlassung *Angra Pequena* wurde in Lüderitzbucht umbenannt. Der Besitz der Lüderitzbucht wurde in Deutschland schon nach Lüderitzs Tod, so z.B. von dem linksliberalen Politiker Eugen Richter spöttisch kommentiert:

Wer spricht heute noch von Angra Pequena, von Lüderitzland, von Lüderitz? Das ist ein ganz verkrachtes Geschäft…Angra Pequena ist nichts wie ein ödes Sandloch. Das bestreitet heute niemand. Zu bedauern sind da nur die armen drei Beamten, die jetzt dort unsere Flaggenstangen auf dem öden Sandmeer bewachen müssen.

In der Folgezeit erlebte der Ort jedoch eine Blütezeit. Auf dem Hügel über der Bucht von Lüderitz, das mit seinen heutigen 13.000 Einwohnern als Keimzelle des heutigen Namibias gilt, thront die 1912 eingeweihte Felsenkirche. Außerdem wurden ein Konzerthaus und eine Turnhalle gebaut, sowie zahlreiche Villen und Geschäfte vielfach mit Fachwerkelementen und in Gründerzeit- Architektur.

Viele der alten Häuser sind heute für Touristen wieder hergerichtet und versprühen den Charme einer verschlafenen deutschen Kleinstadt.Im Jahr 1904 wurde die Bucht von Lüderitz anlässlich des Herero- und Namaaufstandes zum Kriegshafen ausgebaut, über den die deutschen Truppen über eine neu ausgebaute Eisenbahnlinie an die Front gelangten. In den letzten Jahren sind allein rund zwei Millionen Euro für den Bau eines Waterfrontkomplexes, ähnlich dem im südafrikanischen Kapstadt mit Läden, Büros, Restaurants und Yachthafen ausgegeben worden. An der Oranjemündung entstand nach dem Fund von Diamanten rund zehn Kilometer von Lüderitz entfernt der Ort Kolmanskuppe, zwar keine deutsche Niederlassung, sondern eine Diamantenstadt mit Villen, Eisfabrik und Kasino mit Ballsaal und Kegelbahn, die heute nach dem Ende des Diamantenbooms anders als Lüderitz nur noch eine Geisterstadt ist.

5. Reichskommissar Dr. Göring (1885-1890) 108)

Die Deutsche Kolonialgesellschaft verlegte schon bald den Schwerpunkt ihrer Tätigkeit nach Norden. Dort ließ sie sich von Jan Jonker Afrikaaner 1888 das ganze Gebiet zwischen Windhuk und der Küste für eine monatliche Entschädigungssumme von nur 5 Pfund abtreten.

Die Entwicklung in Südwest entsprach in keinster Weise den Erwartungen des Reichskanzlers Bismarck und des Auswärtigen Amtes, die nach ihrem Motto Der *Kaufmann soll vorangehen* den Erwerb und die Entwicklung von Kolonien der privaten Initiative überlassen wollten. Erst nachdem der Kaufmann Niederlassungen begründet und Rechte erworben hatte, sollte die Regierung tätig werden, wobei sich das Tätigwerden nur auf den Schutz der Kolonie und auf die Ausübung der Rechtspflege beschränken sollte. Zweck dieser Kolonialpolitik war es, der Reichsregierung finanzielle und militärische Belastungen zu ersparen.

Die Verhältnisse in Südwestafrika nach dem Tod Lüderitz zwangen Bismarck und die Reichsregierung jedoch mehr zu tuen, als sie vorher beabsichtigten, indem sie nicht nur den Schutz deutscher Interessen, sondern auch die Erschließung und Entwicklung der Kolonie selbst in die Hand nahmen. Dazu entsandten sie 1885 zur Unterstützung der Kolonialgesellschaft und zur Ausübung der deutschen Hoheitsrechte drei Beamte, den Landgerichtsrat Dr. Heinrich Göring als Reichskommissar, den Kanzler Louis Nels und den Feldwebel Hugo von Goldammer als Polizeimeister nach Südwest.

Dr. Göring war vorher Landgerichtsrat in Metz und mit der Klärung verwickelter Rechtsbeziehungen insoweit bestens vertraut. Er richtete am damaligen Missions- und Handelszentrum Otjimbingwe auf dem nördlichen Swakopufer sein Reichskommissariat ein. Otjimbingwe war in der ersten Hälfte des 19. Jahrhunderts das von den Hereros bevorzugte Zentrum, wo die Rheinische Mission im Jahre 1849 eine Missionsstation errichtete. Vor allem mit der Entdeckung der Kupfervorkommen erlebte der Ort seit 1859 einen wirtschaftlichen Aufschwung. Dort hatte sich auch der schwedische Unternehmer und Abenteurer Karl Johan Andersson niedergelassen. Er übernahm die Kupfermine und kaufte danach schließlich den ganzen Ort. Eine dort stationierte Privatarmee sorgte für seine

Sicherheit. Trotzdem wurde die Stadt 1863 von den Namas aus dem Süden angegriffen. Dem Hereroführer Maharero gelang es mit Hilfe der Weißen die Eindring-
linge zu besiegen. Danach verlor der Ort an Bedeutung. Andersson verkaufte
seinen ganzen Besitz an die Rheinische Mission, die 1866 dort das Augustineum,
die erste Ausbildungsstätte für einheimische Priesterschüler und 1876 die erste
deutschsprachige Schule in Südwest errichtete.

Dr. Göring kam Mitte 1885 in *Angra Pequena* an. Er wählte Otjimbingwe als
Amtssitz, wo er im ehemaligen Gebäude der Rheinischen Missionsgesellschaft
residierte.1888 wurde in Otjimbingwe das erste Postamt in Südwest errichtet.

Im Oktober 1885 führte der Missionar der Rheinischen Missionsgesellschaft Dr.
Carl Büttner Göring in Okahandja in sein Amt ein. Während sich Büttner im Süden
bei den Nama Häuptlingen um den Abschluss von Schutzverträgen bemühte, tat
Göring dasselbe im Norden, im Hereroland. Bereits am 21.Oktober1885 gelang
es ihm mit Kamaharero, dem Oberhäuptling der Hereros einen Schutzvertrag abzuschließen. In diesem Vertrag verpflichtete sich Kamaharero, allen deutschen
Staatsangehörigen und Schutzgenossen Sicherheit von Person und Eigentum
sowie Handelsfreiheit zu gewähren, bei Rechtsstreitigkeiten zwischen Weißen
und Nichtweißen die deutsche Gerichtsbarkeit anzuerkennen und ohne Zustimmung der deutschen Regierung kein Land und keine Gerechtsame abzugeben.

Dafür verpflichtete sich die deutsche Regierung, Kamaharero und seinen Hereros
Schutz zu gewähren, ihm die Gerichtsbarkeit über seine eigenen Leute zu belassen
und dafür zu sorgen, dass die Weißen die Gesetze, Sitten und Gebräuche der
Eingeborenen achteten.

6. Die deutsche Schutzherrschaft über Südwest und die Schutztruppe 109)

Die Aufrichtung der deutschen Schutzherrschaft in Südwest erfolgte Ende des
19. Jahrhunderts dadurch, dass das Deutsche Reich mit den Eingeborenen
Häuptlingen entsprechende Schutzverträge abschloss. Mit diesen gaben sie einen Teil ihrer Regierungsgewalt an das Deutsche Reich ab und erhielten dafür
das Versprechen des Schutzes. Zum Abschluss derartiger Schutzverträge wurde
Dr. Büttner, ein Missionar der Rheinischen Mission 1884 vom Deutschen Reich
nach Südwest gesandt. Die Häuptlinge sicherten den deutschen Staatsangehörigen den Schutz der Person und des Eigentums zu und gewährten ihnen das
Recht im Land zu reisen, zu wohnen und Handel zu treiben. Die Häuptlinge verpflichteten sich weiterhin, kein Land an eine fremde Macht ohne Einwilligung der
deutschen Regierung zu verkaufen. In den Schutzverträgen war weiterhin das

Verfahren bei Rechtsstreitigkeiten zwischen deutschen Staatsangehörigen und Eingeborenen geregelt.

Eigentlich verdienten diese Schutzverträge nicht ihren Namen, denn wirklichen Rechtsschutz und militärischen Schutz wollte das Deutsche Reich gar nicht leisten. In den Schutzverträgen übernahmen die Eingeborenen keine Verpflichtungen zur Deckung etwaiger Kosten, sie durften auch weiterhin Steuern erheben. Das wesentlichste Zugeständnis der Eingeborenen in den Schutzverträgen bestand darin, dass sie sich verpflichteten ihr Land nicht an andere Nationen, Staaten oder Angehörige ohne Zustimmung der deutschen Regierung abzutreten und Verträge mit ihnen abzuschließen.

Die meisten Stämme verknüpften mit dem Abschluss eines derartigen Schutzvertrages die Erwartung, dass die deutsche Regierung bei etwaigen Auseinandersetzungen mit anderen Stämmen auf ihrer Seite in die Kämpfe eingriff. Bezeichnend hierfür war ein Brief des Hererohäuptlings Manasse von Omaruru an den Hauptmann Francois:

Ich habe sie über etwas zu fragen, damit sie es mir sagen. Nämlich bezüglich der Hilfe, von der sie mir sagten, dass Sie mir solche gebracht haben, bitte ich sie sehr, mir mitzuteilen, welche? Denn ich weiß noch nicht, welche Hilfe und sollte ich es wissen, so habe ich es vergessen…Ich sage das, weil mir noch nicht erkennbar ist, worin diese Hilfe besteht, über die wir in Okahandja gesprochen haben, als wir mit Ihnen und Dr. Göring zusammen waren.

Diese skeptische Frage wurde angesichts des Umstandes, dass die Schutzmacht nur über drei Beamte und eine kleine Polizeitruppe verfügte, Dr. Göring von allen Seiten gestellt. Dr. Büttner gelang es Schutzverträge am 28.Juli 1885 in Bersheba mit dem dortigen Kapitän Samuel Izaak sowie am 15.September 1885 in Rehoboth mit dem dortigen Kapitän Hermanus van Wyk abzuschließen.

Der Einzige, der sich ständig weigerte, einen Schutzvertrag mit der deutschen Regierung abzuschließen, war der Kapitän der Witboois Hendrik Witbooi, der weiterhin fortfuhr die Rinderherden der Hereros zu rauben. Viele Stämme, die entsprechende Schutzverträge abgeschlossen hatten, zeigten sich in ihren Erwartungen auf Schutz vor Übergriffen durch andere Stämme von den Deutschen als Schutzmacht entäuscht. Nach dem Tod von Kamaharero am 27.10.1890 wurde dessen Sohn Maharero (1854-1923) dessen Nachfolger. Dr. Göring hatte des Vertrauen von Kamaharero vor allem dadurch gewonnen, dass er sich in aufopfernder Weise um die bei dem Gefecht bei Osona am 15.Oktober 1885 zwischen den Hereros und den Witbooi-Namas verwundeten Hereros gekümmert hatte.

Kamaharero fühlte sich damals schutzbedürftig, weil er Schwierigkeiten mit den Herero Unterhäuptlingen hatte, von den Buren bedroht wurde und von der englischen Kapregierung, die sich aus Südwest zurückgezogen hatte, enttäuscht war. Anschließend gelang es Dr. Göring einen gleichen Schutzvertrag in Omaruru mit dem dortigen Häuptling Manasse abzuschließen.

Das gleiche versuchte er mit dem Stamm der Witboois. Verhandlungspartner waren der Anführer Moses *(Vater)* und dessen Sohn Hendrik Witbooi. Dieser war christlich erzogen worden und sah sich als Christ und Gottesgeißel zugleich. Er verfolgte Großmachtpläne, die er mit seiner göttlichen Berufung rechtfertigte. In dem Angebot auf Abschluss eines Schutzvertrages mit Göring sah er eine Gefahr für die Selbständigkeit der Nama. Nach Ansicht von Witbooi beschnitt das deutsche Angebot den Namas, die kriegerische Halbnomaden waren, weitgehend ihrer Existenzgrundlage.Selbst der oftmals erfolgreiche Versuch den Namaführer mit einer Flasche gemeinsam genossenen Weinbrand, dem noch von Lüderitz zur Täuschung der Missionare eingeführten *Eau de Breme*, hatte bei Hendrik Witbooi wegen dessen Prinzipientreue keinen Erfolg. Als die Deutschen dann noch versuchten den für Witbooi äußerst einträglichen Waffenhandel zu unterbinden, der gegenüber Göring die Meinung vertrat, der Mensch habe ein natürliches Recht auf das Tausch- und Prestigemittel Waffen ebenso wie auf Sonne und Regen, kam es zu einer kriegerischen Auseinandersetzung mit Witbooi und dessen Namastamm.

Zwei Jahre später 1890 suchten die Hereros wegen weiterer kriegerischer Auseinandersetzungen mit den Namas sich wiederum des deutschen Schutzes zu versichern. Für die Deutschen waren die Hereros mit ihrem Großvieh wirtschaftlich interessanter als die Namas mit ihrem weitgehend wertlosen Kleinvieh.

Da Göring mit seiner Gesellschaftstruppe einen derartigen Schutz nicht gewähren konnte, bat er offiziell in Berlin um Entsendung einer Schutztruppe. Um seiner Bitte Nachdruck zu verleihen, bediente er sich einer Lüge, die als *Görings Goldschwindel* bekannt wurde. Er sprach unter anderem von zu erwartenden Goldfunden im Küstenbereich, in einem Riff von fünf Kilometer Länge. Göring reiste Ende 1887 nach Deutschland, um mit der Reichsregierung die Goldfunde zu besprechen. Die Nachricht von den Goldfunden in Südwest hatte in Deutschland ein großes Echo ausgelöst. Es wurden Minengesellschaften gegründet und Expeditionen zur Untersuchung der Bodenschätze nach Südwest geschickt.

Mit Verordnung vom 25. März 1888, dem sogenannten Goldgesetz, wurden die Suche nach Erzen, das Schürfrecht und der Erzabbau sowie durch Verordnung vom 1.Oktober1888 der Erwerb von Grundeigentum geregelt. Eine weitere Folge des Goldfundes war der Beschluss des Reiches nunmehr eine Schutztruppe in Südwest aufzustellen. Schutztruppe war die offizielle Bezeichnung der militärischen Einheiten in den afrikanischen Kolonien. Sie waren vor allem für die Aufrechterhaltung der öffentlichen Ordnung und Sicherheit in den Schutzgebieten zuständig. Zu ihren weiteren Aufgaben gehörte die Eroberung von Gebieten, die bislang noch keinen Schutzvertrag mit den Deutschen abgeschlossen hatten, die Niederschlagung von Aufständen, die Sicherung der Grenzen des Schutzgebietes und der Schutz von Expeditionen. Die Schutztruppe bildete ein vom Heer und Marine unabhängiger Teil des Militärs und unterstand der unmittelbaren Hoheit des Kaisers. Der örtliche Oberbefehl oblag dem Gouverneur des Schutzgebietes, diesem unterstand der Kommandant der Schutztruppe.

Die Schutztruppe für Deutsch-Südwest bestand fast ausschließlich aus Soldaten des Heeres und der Marine, die sich freiwillig aus ihren Regimentern für den Dienst in Südwest gemeldet hatten, afrikanische Soldaten gab es in Südwest nicht. Vor ihrer Verschiffung nach Südwest wurden sie auf Ausbildungsstützpunkten in Deutschland, z.B. in Karlsruhe für ihre speziellen Aufgaben in Afrika besonders vorbereitet. Diese Schutztruppe sollte 1887 jedoch nach den Vorstellungen des Reichskanzlers nicht das Reich, sondern die Kolonialgesellschaft auf Grund der ihr verliehenen Hoheitsrechte aufstellen und unterhalten. Die Mitglieder dieser Söldnertruppe, die ein Lohn von monatlich 83,33 Mark, freie Verpflegung und Unterkunft sowie Kleidung erhielten, unterstanden nicht dem Deutschen Reich, sondern nur ihrem Kommandeur.

Im Mai 1888 wurde die Truppe, die aus zwei Offizieren, fünf deutschen Unteroffizieren und 20 Bastardsoldaten bestand, in Otjimbingwe stationiert. Nachdem sich die unter dem Kommando der Kolonialgesellschaft stehende Schutztruppe in den Kämpfen gegen die Hereros und die Hottentotten als zu schwach erwiesen hatte, richtete die Reichsleitung auf Drängen der Kolonialgesellschaft im Mai 1889 eine eigene Heereseinheit unter dem Kommando des Hauptmannes Curt von Francois ein. Diese wurde mit dem Gesetz vom 9.Juni 1895 zur regulären Schutztruppe ausgebaut.1913 besaß die Schutztruppe eine Stärke von 1966 Mann mit dem Kommando in Windhuk.

Kommandeure der Schutztruppe waren in chronologischer Reihenfolge:

Major Curt von Francois	1894-1897
Oberst Theodor Gotthilf Leutwein	1897-1904
Generalleutnant Lothar von Trotha	1904-1906
Generalmajor Berthold von Deimling	1906-1907
Oberst Ludwig von Estorff	1907-1911

Oberstleutnant Joachim von Heydebreck   1912-1914
Hauptmann Victor Franke   1914-1915

Nicht Teil der militärischen Verwaltung waren die Polizeitruppen. Sie umfassten 1914 sieben Offiziere, neun Verwaltungsbeamte, 68 Polizeiwachtmeister, 432 Polizeisergeanten und 50 Vertragspolizisten sowie eine unbestimmte Anzahl einheimischer Polizeidiener.

Nachdem die Untersuchungen ergaben, dass das vorhandene Gold nicht abbauwürdig war, verflog der Goldrausch so schnell wie er gekommen war. Die Goldgräber verschwanden, die Minengesellschaften lösten sich auf. Später wurde Göring unterstellt, dass die Goldfunde ein großes Betrugsmanöver gewesen seien, um die Aufmerksamkeit der deutschen Öffentlichkeit auf Südwest zu lenken.

Die Meldungen der Goldfunde hatte auch das Interesse der Engländer und der Kapkolonie wiedererweckt. Darin sah vor allem der englische Händler Robert Lewis seine Chance. Mit Geschenken, Versprechungen und letztlich auch mit Schnaps bemühte er sich um die entsprechenden Minenkonzessionen von den Hereros, welche Maharero bereits in dem Schutzvertrag den Deutschen eingeräumt hatte. Lewis bemängelte vor allem, dass die Deutschen für die Minenkonzessionen zu wenig gezahlt hätten und mit ihren paar Soldaten den Hereros keinen wirksamen Schutz gewähren könnten.

Auf Veranlassung von Lewis berief Maharero Ende Oktober 1888 eine Versammlung der Hererohäuptline nach Okahandja ein. Zu dieser Versammlung wurde auch Göring eingeladen. In der Versammlung versuchten die Hererohäuptlinge einen Grund für die Beendigung der deutschen Schutzherrschaft und der den Deutschen erteilten Bergbauberechtigungen zu finden. Dr. Göring wies Maharero auf seine Erklärung vom 15. September 1887 hin, in der er alle mit Ausnahme den Deutschen erteilten Bergbauberechtigungen für nichtig erklärt hatte. Am Ende sagten sich die Herero Unterhäuptlinge unter Führung von Lewis von dem mit Deutschland abgeschlossenen Schutzvertrag los und beauftragten Lewis Verhandlungen zur Einführung eines englischen Protektorates einzuleiten.

Soweit befreundete Stämme mit deutschen Gewehren ausgerüstet wurden, bestand ständig die Gefahr, dass sie diese Waffen auch gegen die deutsche Schutztruppe richteten. Hierzu schrieb der Hauptmann von Francois in seiner Geschichte zu Deutsch- Südwestafrika:

Ich habe es immer als einen Fehler angesehen, an Eingeborene Hinterladungsgewehre und Munition zu überlassen, bin von Beginn meiner Tätigkeit im Schutz-

gebiet an immer der Ansicht gewesen, dass der wichtigste Schritt zur Entwicklung des Schutzgebietes nach Herstellung einer Landungsstelle und einer Eisenbahn in das Besiedlungsgebiet die Entwaffnung der Eingeborenen sei und habe in diesem Sinne gewirkt.

Eine kaiserliche Verordnung vom 21. Dezember 1887 regelte die Rechtsverhältnisse der Europäer im Schutzgebiet. Danach wurde die Schnapseinfuhr beschränkt. Die Einfuhr von Waffen und Munition wurde an die Erteilung einer Erlaubnis des Kommissars geknüpft. Durch Verordnung vom 1. August 1888 wurde ein Zoll auf die Ausfuhr von Vieh und Federn gelegt, der jedoch wenig einbrachte, da sie meist umgangen wurde. Die meisten dieser Verordnungen erwiesen sich als unnütz, da sie sich nicht durchführen ließen. Schwierigkeiten bereitete bereits ihr Bekanntmachen.

Im Herbst 1888 wurde der Schutzvertrag mit den Hereros auf einer Versammlung der Hereros von diesen einseitig aufgekündigt, weil diese sich von den Deutschen bei ihren Auseinandersetzungen mit den Namas und insbesondere mit Hendrik Wtbooi nur unzureichend unterstützt fühlten.So hatte z.B. Hendrik Witbooi die Hereros am 1.September 1887 in Otjimbingwe überfallen und Vieh geraubt. Die deutsche Schutzmacht hatte tatenlos zugesehen. Der Versuch Dr. Görings Hendrik Witbooi in Rehoboth zur Einstellung seiner Raubzüge zu bewegen, scheiterte. Die darauf ausbrechenden Unruhen der Hereros zwang den Reichskommissar Göring sogar dazu zeitweise mit seinen Beamten in das englische Walfischbai zu flüchten, um sich und seine Familie in Sicherheit zu bringen. Dadurch sank das Ansehen der deutschen Schutzmacht auf den Nullpunkt.

Die deutschen Siedler sowie die Vertreter der Deutschen Kolonialgesellschaft schoben diese Katastrophe auf die Ungeschicklichkeit der deutschen Beamten, vor allem auf die von Göring und beschwerten sich über das mangelnde Interesse der Behörden und der Politiker in der Heimat. Bismarck ging zunächst über die Angelegenheit ganz hinweg und schien ihr keinen Wert beizumessen. Er vertrat die Ansicht, dass es nicht Aufgabe des Deutschen Reiches sein könne, für die Herstellung staatlicher Einrichtungen unter unzivilisierten Völkern einzutreten und durch Aufwendung militärischer Machtmittel den Widerstand eingeborener Häuptlinge zu bekämpfen.

In der Reichstagssitzung vom 14. Dezember 1888 kündigte Bismarck jedoch eine Verstärkung der deutschen Schutztruppe unter Leitung des Hauptmannes Kurt von Francois an, der sich in Togo zur Regelung von Grenzfragen befand. Schließlich wurde in Berlin die Wiedereinsetzung der deutschen Beamten durch eine deutsche Schutztruppe beschlossen, die dem Hauptmann Francois unterstellt wurde.

Damit erkannte Bismarck an, dass die   Schutztruppe zu schwach war, um im Konfliktfall etwas gegen aufständische Einheimische ausrichten zu können. Die Unteroffiziere zeigten kaum Führungsfähigkeiten. Die zur Truppe gehören-den Farbigen zeichneten sich durch mangelnde Disziplin und ihrem Hang zum Alkohol aus.Göring hatte bereits im Mai 1887 die Entsendung von 150 Marine-soldaten beantragt, um Hendrik Witbooi zu unterwerfen. Dieser Antrag wurde urspünglich von Bismarck mit der Begründung abgelehnt:

Eine bewaffnete Intervention würde nicht dem deutschen Kolonialsystem entsprechen.

7. Hauptmann Curt Carl Bruno Francois 110)

In der Nachfolge von Dr. Göring wurden Curt Carl Bruno von Francois (1852-1931), der sich militärische Verdienste im deutsch-französischen Krieg von 1870-1871 sowie 1889 bei zwei Reichsexpeditionen im Togo- Hinterland erwarb sowie sein Bruder Hugo von Francois (1861-1904), zwei Hugenottenenkel zu Komman-deuren der Schutztruppe ernannt.

Sie reisten mit einer Truppe von 21 Freiwilligen um Schwierigkeiten mit England und der Kapregierung zu vermeiden, am 24. Januar 1889 als wissenschaftliche Ex-pedition getarnt in die Walfischbucht ein. Dort trafen sie auf Dr. Göring, der sie über die Lage in Südwest informierte. Anschließend ging Dr. Göring auf Heimaturlaub. Hauptmann von Francois hatte folgende Instruktion aus Berlin:

Wiedereinsetzung der deutschen Beamten, Festnahme oder Ausweisung von Robert Lewis, Einschränkung der Einfuhr von Feuerwaffen und Munition, Be-such der treugebliebenen Häuptlinge, um ihre Wünsche und Beschwerden zu vernehmen und Frieden unter den verschiedenen Stämmen aufrechtzuerhalten. Die Truppe soll nicht zu kriegerischen Unternehmungen verwendet werden und nur bei Zuwiderhandlungen einzelner Individuen gegen deutsche Anordnungen tätlich einschreiten.

Curt Francois verließ mit seiner Truppe bereits nach vier Tagen Walfischbucht in Richtung Otjimbingwe, obwohl viele ihn vor der feindseligen Haltung der Hereros gewarnt hatten. Lewis war nach der Ankunft von Francois nach Okahandja ge-fahren, um bei den dort lebenden Hereros mit Hilfe von Branntwein Stimmung gegen die Deutschen zu machen.

Zunächst reiste Curt Francois am 16.Juli 1889 nach Omaruru, um sich der Freund-schaft des Häuptlings Manasse zu versichern, der in Opposition zum Oberhäuptling der Hereros Kamaharero stand. Am 1. August 1889 erhielt Curt Francois die Nachricht, dasss Lewis in den nächsten Tagen in Walfischbay eintreffen werde. Elf Fässer Branntwein waren bereits für ihn nach Otjimbingwe unterwegs. Francois ließ Lewis bei seiner Ankunft in Walfishbay einen Ausweisungsbefehl zustellen und verhinderte damit das Stiften weiterer Unruhen durch den Engländer.

Während Curt Carl Bruno von Francois Reichskommissar, Landeshauptmann sowie erster Kommandeur der Schutztruppe wurde, wurde sein Bruder Hugo Farmer auf Otjihase, bevor er 1904 beim Hereroaufstand bei der Wasserstelle Owikokorero fiel. Mit der Entsendung der Schutztruppe trat Südwest aus dem Stadium der kaufmännischen Selbstverwaltung, in das der Militärverwaltung ein. Bald nachdem Curt Francois die Geschäfte des Kommissars übernommen hatte, benachrichtigte er hiervon die Häuptlinge des Hererolandes. Dies führte zu einer umfangreichen Korrespondenz mit verschiedenen Häuptlingen.

Nachdem Reichskommissar Dr. Göring im März 1890 zunächst nach Südwest zurückgekehrt war, kam es am 20. Mai 1890 zu einer Besprechung mit Kamaharero, Manasse und einigen anderen Hererohäuptlingen. Das Ergebnis dieser Besprechung war, dass die Hereros den von ihnen aufgekündigten Schutzvertrag von 1885 bestätigten und dabei um Hilfe gegen Hendrik Witbooi baten. Daraufhin schrieb Göring am 20.Mai 1890 einen Brief an Hendrik Witbooi, in welchem er ihn aufforderte, Frieden zu halten und von Hornkraans nach Gibeon zu ziehen.

Ich höre aus dem Namalande, dass Du beabsichtigst Krieg gegen die Herero zu führen, so wie Du das bisher getan hast, Werften abzuschießen und Berater zu rauben. Aber die deutsche Regierung kann es nicht lange mehr mit ansehen, dass Du das Land und Volk, welches unter deutschem Schutz steht, immer und immer beunruhigst, so dass Arbeit, Handel und Wandel leiden. Sie wird dies mit allen Mitteln zu verhindern suchen, um den Frieden, der dem ganzen Land nottut, wiederherzustellen.

Ich bitte Dich daher, lass ab von dem ewigen Kriegführen, mache Frieden mit den Hereros und ziehe wieder nach Gibeon. Ich oder ein später an meine Stelle Tretender werden gerne bereit sein, zu vermitteln, um die Freundschaft wiederherzustellen. Dass die englische Regierung uns in unserem Bestreben, den Frieden herzustellen, beisteht, wirst Du zu Deinem Nachteil erfahren haben, indem sie Deine Munition in Britisch- Betschuanaland gestoppt hat. Dass die deutsche Regierung ganz andere Macht besitzt, Dir zu schaden, wirst Du wohl einsehen. Darum ersuche ich Dich nochmals ernstlich mache Frieden, wenn Du Dich, Dein Land und Leute erhalten willst.

Auf diesen Brief von Dr. Göring schrieb Hendrik Witbooi an den Oberhäuptling der Hereros Maharero:

Du wirst es am Ende schwer bereuen, dass Du Dein Land und Deine Regierungsrechte in die Hände der Weißen abgegeben hast.

Der Versuch Görings war genauso erfolglos wie ein persönliches Treffen mit Hendrik Witbooi in Rehoboth. Daraufhin gelang es Dr. Göring auf dem Weg nach Kapstadt und von dort aus nach Deutschland am 21. August 1890 in *Warmbad* Schutzverträge mit den Bondelswarts und den Veldskondraers *(Feldschuhträger)* Hottentotten abzuschließen und die deutsche Flagge in *Warmba*d zu hissen. Anschließend kehrte er für immer nach Deutschland zurück. Er hatte getan, was er tun konnte, aber mit den ihm zur Verfügung stehenden geringen Mitteln war nicht viel mehr möglich.

Curt Francois verlegte am 7. August 1889 den Regierungssitz und damit den Hauptort des Schutzgebietes von Otjimbingwe, zunächst nach Tsaobis und später mit Zustimmung von Kamaharero nach Windhuk, auf die Überreste der Missionsstation Klein- Windhoek aus dem Jahre 1871.In *Klein- Windhuk* hatten die Orlams unter ihrem Kapitän Jonker Afrikaaner eine Siedlung errichtet. Dort nahmen die Missionare Carl Hugo Hahn und Franz Heinrich Kleinschmidt ihre Tätigkeit auf.

Windhuk war damals herrenloses, wasserreiches Land, ein Puffer zwischen den Hereros und den Namas und hatte ein für Europäer günstiges Klima mit heißen Quellen.Nach dem Eintreffen der beantragten Verstärkung für die Schutztruppe am 18. Oktober 1890 begann Francois mit dem Bau der Feste Windhuk.

Dort legte Francois den Grundstein für die Feste *Groß Windhuk*. Er errichtete auf einem Hügel eine Festung mit vier Ecktürmen, 61,5 Meter lang und 35,5 Meter breit, die von den Eingeborenen nicht eingenommen werden konnte. In dem Ort baute er steinerne Wohnhäuser, das eigentliche Francoisehaus, das Proviantamt, Ställe und Depots sowie einen Beobachtungsturm. *Weiße* und *Schwarze* waren strikt getrennt. Entlang der Kaiserstraße ließen sich viele Unternehmen und Geschäftsleute nieder. Neben der Feste entstanden als Wahrzeichen der Stadt die vom Architekten Sander entworfenen Windhuker Stadtburgen, die Schwerins-, die Heinitz- und die Sanderburg.

Am 1.Juli 1890 schloss der Nachfolger Bismarcks von Caprivi einen Kolonialvertrag mit den Engländern, in dem die Grenzen Südwestafrikas gegen das britische Gebiet festgesetzt wurden. Dabei bedauerte Francois, dass anstatt natürlicher Grenzen Längen- und Breitengrade vorgezogen wurden.

Am 12. Mai 1981 wurde Francois zum stellvertretenden Reichskommissar und im November 1891 zum Landeshauptmann ernannt. Damit waren Truppenführung und Reichskommissariat in einer Person vereinigt. Am 7. Dezember 1891 wurde das Reichskommissariat nach Windhuk verlegt. Damit war Windhuk Sitz der Regierung, des Kommandos der Schutztruppe und der Post.

Das Schutzgebiet Deutsch- Südwest gliederte sich in folgende sechs Verwaltungsbezirke: Keetmanshoop, Windhuk, Otjumbingwe, Gibeon, Swapokmund und Outjo. Diese Verwaltungsregionen waren jeweils einer Anzahl von Ortspolizeibehörden unterstellt. Um Siedler aus Deutschland anzulocken und in Südwest ein Absatzgebiet für die deutsche Industrie zu schaffen, wurde von der Deutschen Kolonialgesellschaft für Südwestafrika das Südwestafrikanische Siedlungssyndikat gegründet. 1893 wanderten daraufhin 60 deutsche Siedler ein.

Nachdem in Deutschland nach Differenzen mit dem jungen Kaiser Wilhelm II der Reichskanzler Otto von Bismarck von Georg Leo Graf von Caprivi de Caprera de Montecuccoli (1831-1899), der zugleich Chef der Admiralität und preußischer Ministerpräsident war, abgelöst worden war, kam es 1893 zu einem Umdenken in der deutschen Kolonialpolitik. Während Caprivi noch 1891 die Meinung vertrat:

Erst muss was zu schützen sein, dann kommt die Truppe, bezeichnete er 1893 *Südwestafrika als deutsches Land, das auch als deutsches Land geschützt werden müsse, einerlei ob es gut war, es zu erwerben oder nicht.*

Am 4. Februar 1891 hatte von Caprivi in einer Reichstagsrede versichert, dass die Reichsregierung nicht die Absicht habe, Südwestafrika zu verkaufen. Man sehe das Jahr 1891 als ein Versuchsjahr an. Man könne nicht wissen, was aus dieser Kolonie noch einmal werde, sobald man Zeit habe und Geld hineinstecke.

Zugleich wandelte er die vormalige private Schutztruppe in eine kaiserliche Schutztruppe um, die zunächst dem Reichsmarineamt, später dem Preußischen Kriegsministerium unterstellt wurde. Die Angehörigen der Schutztruppe waren Freiwillige, die als Teil des deutschen Heeres bei Invalidität und Tod Versorgungsansprüche hatten. Als Freiwillige traten vor allem deutsche Jugendliche der Schutztruppe bei. Sie wurden nicht nur als Ordnungskräfte, sondern auch als Pioniere im Wege- und Bahnbau, beim Bau von Brunnen und Staudämmen eingesetzt.

Caprivi erfüllte 1890 den Wunsch vieler Deutschen im Norden von Deutsch Südwest eine Verbindung zum schiffbaren Sambesi und von dort aus zu den anderen Wasserwegen in Zentralafrika zu schaffen. Hierzu bedurfte es der Zustimmung Englands. Mit Abschluss des deutsch- englischen Abkommens wurde der sogenannte *Caprivi Zipfel* geschaffen, ein 450 Kilometer langer und 20 englische Meilen breiter Streifen. Die Schaffung des Zipfels erfolgte durch die Unterhändler des Abkommens, die mit dem Lineal vom Okawango auf der Höhe des 18. Breitengrades einen geraden Strich zum Flusslauf des Sambesi und von dort aus bis zu einem seiner Nebenflüsse zogen.

Hauptmann Francois musste sich am 14.Juni 1891 vom Oberhäuptling der Hereros Manasse folgendes sagen lassen:

Was ihre Verordnungen betrifft, die sie erlassen, so erkenne ich an, dass dieselben recht gut sind. Nachdem ich jedoch etwas darüber nachgedacht habe, will es mir scheinen, dass es gut gewesen wäre, wenn Sie, da sie jetzt Stellvertreter des Kaisers sind, zunächst mit den Häuptlingen der Hereros sich verständigt und dann die Verordnungen erlassen hätten. Ich sage so, weil mir noch nicht erkennbar ist, worin die Hilfe besteht, über die wir zuletzt auf Okahandja gesprochen haben, als wir mit ihnen und Dr. Göring zusammen waren. Vielmehr sind Menschen und Eigentum der Hereros nach jenem Bündnis in höherem Maße als früher durch den Krieg vernichtet worden, und keine Hand eines Deutschen hat sich geregt, sie zu schützen. Die unverständigen Hereros, die die Weise dieser Verordnungen nicht einsehen, werden deshalb dieselben jetzt nicht anerkennen.

8. Gründung von Swapokmund 111)

Neben dem Ausbau von Windhuk zum Regierungssitz und zum Stützpunkt der Schutztruppe war für Francois auch die Einrichtung einer Landungsstelle an der Swapokmündung eine vordringliche Aufgabe, da der englische Magistrat in Walfishbay angekündigt hatte, er werde in Zukunft ein Landen deutscher Truppen in Walfishbay nicht mehr gestatten. Francois hatte daraufhin im November 1892 eine geeignete Landungsstelle nördlich der Swapokmündung gefunden, die er zu Swapokmund als Landungsort und Stadt ausbauen ließ. Bereits 1894 hatte *Swapokmund Walfishbay* als Landungsort überflügelt.

Swapokmund wurde 1892 geradezu aus dem Nichts heraus gegründet. Der Gründung lag der Wunsch der deutschen Kolonialverwaltung zugrunde einen Ort zur Anlage eines für Güter- und Truppentransporte strategisch günstig gelegenen Hafen zu bauen. Der nächstgelegene Hafen war *Walfish Bay* und gehörte den Engländern. Mit diesem Ort und mit den Engländern hatte die deutsche Kolonialverwaltung Probleme, wie Francois in seinen Erinnerungen feststellte:

Dass der Kapbeamte in Walfischbay alles tun würde die Truppendurchzüge und Durchführung von Kriegsmaterial zu hindern, war seit seinen Auslassungen im August 1889 zu erwarten. Weniger Interesse hatte er daran, die Durchfuhr von Verpflegungsartikeln für die Truppe, die größtenteils aus Kapstadt kam, zu verhindern. Ein Vorteil war es für Walfischbay, dass die Ansiedler ihre Landungsspesen etc. auf englischem Gebiet ließen, dort ihren ersten Aufenthalt nahmen und ihre ersten Bedarfsartikel kauften. Mehr wie früher erschien mir deshalb die baldige Einrichtung der Landungsstelle in Swapokmund wichtig.

Als Gründungstag von Swapokmund wird der 4. August 1892 angesehen, als das deutsche Kriegsschiff Hyäne dort einen Zugang zur Küste sowie auch Trinkwasser in der nahegelegenen Mündung des Flusses Swapok fand und diesen mit zwei Baken markierte. Dort sollte später die Mole gebaut werden. 1894 zählte der Ort nur 19 Einwohner. Dies änderte sich jedoch schon bald, nachdem Handelshäuser den Ort für eine Handelsniederlassung für attraktiv gefunden hatten wie z.B. die Handelsniederlassung Mertens & Sichel, die den Sitz der Firma in Walfish-Bay hatte sowie 1895 die Handelsgesellschaft Damara & Namaqua. Daraufhin wurden eine Postagentur sowie eine regelmäßige Postkarrenverbindung nach Windhuk eingerichtet. 1898 richtete die Woermannlinie eine regelmäßige monatliche Dampferverbindung zwischen Hamburg und Swapokmund ein.

Gouverneur Leutwein trieb die Pläne für eine Eisenbahnverbindung zwischen Swapokmund in Windhuk voran Der Reichstag bewilligte auch die entsprechenden Mittel von ca. 4 Millionen Mark. Diese reichten jedoch nur zum Bau einer Schmalspurbahn mit einer Spurweite von 60 cm. 1897 wurde mit dem Bahnbau begonnen, am 19.Juni 1902 wurde der Bahnbetrieb zwischen Winkhuk und Swapokmund aufgenommen. Erst im August 1911 wurde die Umstellung auf eine größere Spurweite von 1 Meter, die sogenannte Kapspur fertiggestellt. Danach verkehrten wöchentlich zwei Personenzüge auf der Strecke Swapokmund über Karibib nach Windhuk. Die Strecke wurde in zwei Tagen mit einer Übernachtung in Karibib zurückgelegt.

Mit dem Bau der Eisenbahn ging der Ausbau der Landungsstelle Swapokmund zu einem Hafen einher. Bislang mussten die Schiffe ca. 500 bis 1000 Meter vor dem Ort ankern, Waren und Personen mussten anschließend von dort mit Leichtern nach Swapokmund gebracht werden. Im Jahr 1899 begann man mit dem Bau einer 373 Meter langen Mole, die den Schiffen eine sichere Einfahrt gegen die Brandung nach Swapokmund ermöglichen sollte. Am 12.Februar 1903 wurde die Mole, die mit einem Kostenaufwand von 2,5 Millionen Mark erstellt wurde, eingeweiht. Danach konnten die Dampfer direkt im Hafen anlegen. Im April 1905 wurde, nachdem die Mole immer mehr versandet war, noch eine hölzerne Landungsbrücke gebaut.Gleichzeitig mit der Mole wurde der elf Meter hohe Leuchtturm in Betrieb genommen. Sein Blinkfeuer reichte 14 Seemeilen weit über das Meer. Ab 1912 wurde mit der Errichtung einer Eisenbrücke begonnen, die 640 Meter lang werden und den hölzernen Landungssteg ersetzen sollte. Er wurde jedoch nur 262 Meter lang, dann wurden die Arbeiten wegen des Beginns des Ersten Weltkrieges eingestellt.

Nach 1900 wurden die ersten Steinhäuser im Kolonialstil gebaut. 1901 wurde das Bahnhofsgebäude fertiggestellt, danach weitere historisch bedeutende Gebäude wie 1903 das Ludwig Schröder Haus der Woermann Linie sowie 1905 das ursprünglich Damarahaus genannte Woermannhaus als Hauptgeschäftssitz der Handelsgesellschaft Damara und Namaqua mit seinem typischen Turm und zwei Giebeln.

9. Witboois- Namas und ihr Kapitän Hendrik Witbooi 112)

Die Auseinandersetzung der Deutschen mit den Namas ist eng mit dem Namen ihres Kapitäns Hendrik Witbooi verbunden. Dieser wurde 1830 südlich des Oranjeflusses geboren. Er gehörte dem Stamm der Nama Khowesin an, der aus der Kapkolonie von den Treckburen vertrieben, sich auf der Flucht nach Norden nach Südwest begab. Seine Kindheit verbrachte Hendrik in Pella am Oranjefluss. Dort besuchte er eine Schule. Sein Großvater war der Kapitän der Khowesin Kido Witbooi, der mit seinem Stamm, nach seinem Anführer nunmehr auch *Witboois*genannt, den Oranjefluss überschritt und sich nach erbitterten Kämpfen mit anderen Stämmen 1863 in Gibeon niederließ.

Der Name des Ortes war einem Wort des biblischen Josua entnommen: *Sonne, stehe still in Gibeo*n. Der Stamm war arm und lebte von Diebstählen von Vieh, das sie bei südafrikanischen Händlern gegen Bekleidung, Gewehre, Munition Werkzeuge und Pferde eintauschten. In Gibeon bestand eine Missionsstation der Rheinischen Mission , die von dem Missionar Knauer und danach von Johannes Olpp aus Mercklingen in Württemberg geleitet wurde. Von diesem wurde der junge Hendrik wesentlich beeinflusst. Er besuchte unter Olpp den Schul- und Taufunterricht und wurde anschließend getauft. Über seine Begegnung mit dem jungen Hendrik schrieb Olpp am 15.3.1868 in sein Tagebuch:

Heute kam ein Enkel des alten Kapitäns mit Namen Hendrik und meldete sich zum Taufunterricht. Meint es einer aufrichtig, so ist es dieser junge Mann. Er war bis dahin einer meiner fleißigsten Schüler, liest Holländisch und Nama schon ziemlich fertig und schreibt mit unsäglicher Mühe eine passable Hand, obwohl er im Krieg den Daumen der rechten Hand verloren hat.

Olpp unterstützte Hendrik nicht nur wirtschaftlich, sondern machte ihn auch zum Oberhirten der Gemeinde- und Schulherde und schließlich als Gemeindeältester zu seinem engsten Mitarbeiter. Als Olpp nach zwölfjähriger Tätigkeit in Gibeon nach Deutschland zurückkehrte, war dies für Hendrik, der ihn wie einen Vater liebte, ein großer Verlust.

Als 1875 der Kapitän Kido Witbooi verstorben war, wurde Hendriks Vater Moses Witbooi dessen Nachfolger. Zwischen Hendrik und seinem Vater Moses kam es jedoch schon bald zu Spannungen, als Hendrik die ständigen Beutezüge seines Vaters gegen andere Stämme, insbesondere gegen die Hereros verurteilte.

Im Jahre 1880 wurde Hendrik sogar von den Kriegern des Hererokapitäns Maharero kurzzeitig gefangen genommen, konnte sich aber befreien und nach Gibeon zurückkehren. Hendrik sah darin eine göttliche Fügung, die mit dem Auftrag verbunden war, seinen Stamm, die Witboois nach Norden ins gelobte Land zu führen. Hendrik war damit klargeworden, dass ein blühendes christliches Gemeinwesen nicht auf einer Ökonomie des Plünderns aufgebaut werden könne.

Die Idee alle Nama und später auch die Herero zu vereinigen, lief wie ein goldener Faden durch das Leben Hendrik Witboois. Ihm, dem von Gott Auserwählten sei im Traum der Herr erschienen und habe ihn zu neuen Taten aufgerufen, so erzählte Hendrik Witbooi seinen Stammesmitgliedern, *ihm ließ Gott den leuchtenden Stern aufgehen, der ihm den Weg wies zum Lager seiner Feinde.*

Die spezifische Schwäche seines Volkes, der Khowesin, machte es erforderlich, es in eine größere und stabile Daseinsform einzubetten. Nur so konnte der Stamm auf Dauer überleben. Diese Einstellung entzweite Hendrik endgültig von seinem Vater. Hendrik brach daraufhin mit dem größeren Teil seines Stammes nach Norden auf und ließ sich in Hornkranz am Gamsberg, südwestlich von Windhoek nieder. Inzwischen war Dr. Göring zum ersten Reichskommissar für Südwest ernannt worden. Seine Aufgabe sollte darin bestehen mit allen Stämmen im Namen des Reiches Schutzverträge abzuschließen und damit das Land auf friedliche Weise zu annektieren.

Mitte Oktober 1885 kam Göring zu diesem Zweck nach Okahandja, um mit den Hereros einen Schutzvertrag abzuschließen. Damit hatte er zunächst keinen Erfolg, da ihr Anführer Maharero unter dem Einfluss britischer Händler aus *Walfischbay* stehend mit Großbritannien einen Schutzvertrag abschließen wollte. Erst als Göring sich anlässlich der Schlacht bei Osona, welche die Hereros mit den ins Hereroland eingefallenen Truppen Hendrik Witboois führte, auf die Seite der Hereros stellte, schloss Maharero mit Göring einen Schutzvertrag ab.

Nach der Niederlage zog sich Hendrik Witbooi nach Süden zurück und änderte seine Taktik, indem er zum Kleinkrieg gegen die Hereros überging. Dabei überfielen kleine Trupps Viehposten der Hereros, trieben ihre Rinder ab und verschwanden daraufhin schnell wieder. Gegenüber Göring und den Weißen verhielt sich Hendrik Witbooi weitgehend neutral.

Als in Gibeon ein Aufstand gegen seinen Vater Moses Witbooi ausbrach, bei dem sein Vater getötet wurde, kehrte Hendrik sofort nach Gibeon zurück und schlug den Aufstand nieder. Als die Rheinische Mission daraufhin ihre Missionsstation in Gibeon schloss, machte er sich zum Oberhaupt einer eigenen unabhängigen Kirche und ließ sich nach alttestamentlichem Ritus zum neuen Kapitän der Witboois salben. Zugleich strebte er die Würde eines Oberkapitäns aller Namastämme an. Dies gelang ihm 1890, nachdem er die anderen Namastämme wie die Jan Booischen, die Velkskoendragers, die Groot Doden und den Stamm der Afrikaaner unterworfen und deren Anführer Jan Jonker Afrikaaner getötet hatte. Zu den Deutschen bewahrte Hendrik seine neutrale Haltung.

Göring versuchte immer wieder Hendrik Witbooi zum Abschluss eines Schutzvertrages zu überreden. Selbst die Verhängung von Liefersperren bezüglich von Waffen und Munition konnte Hendrik nicht in seinem Freiheits- und Unabhängigkeitswillen beirren. Er fühlte sich in seiner Haltung bestätigt, als die Deutschen trotz des Schutzvertrages mit den Hereros diesen nicht beistanden, als Hendrik seine Beutezüge gegen die Rinderherden der Hereros fortsetzte. Daraufhin widerrief Maharero 1888 den Schutzvertrag mit den Deutschen und wandte sich erneut an die Engländer als Schutzmacht. Damit brach die deutsche Kolonialherrschaft in Südwest zunächst zusammen und Göring flüchtete vor den Hereros in das englische *Walfischbay*.

Hendrik Witbooi hatte sich inzwischen in Hornkranz ein eigenes Staatswesen und eine eigene Kirche mit eigener Theologie aufgebaut. Oberstes Gesetz dieser Theologie Hendriks waren die zehn Gebote. Grundlage seines Staatswesens war die Gleichberechtigung und der gemeinsame Besitz im Sinne eines Urkommunismus und einer alttestamentlichen Gütergemeinschaft unter der Oberleitung von Hendrik. Kriegsbeute wurde gleichmäßig verteilt, Nahrungsmittel und Kleidung erhielten die Bewohner über Bezugsscheine.

Unter den Bewohnern herrschte Disziplin. Der Genuss von Alkohol war verboten. Unzüchtige Frauen wurden mit Prügel, Männer mit dem Ausschluss aus dem Kriegsdienst oder mit einer Buße bestraft. Voller Bewunderung beschrieb Dr. Schwarz, der Chef der ersten Expedition der Deutsch- Afrikanischen Minengesellschaft Hendrik Witbooi anläßlich eines Besuches im Jahre 1888 wie folgt:

Hendrik Witbooi ist ein Mann von untersetzter, kräftiger Gestalt und mag etwa fünfzig Jahre zählen. Sein Gesicht zeigt ganz den Hottentottentypus, vorstehende Backenknochen und kleine, geschlitzte Augen, daneben hat es aber doch etwas Besonderes, ein Zug von Herbheit und Unnahbarkeit paart sich mit einem träumerischen und melancholischen, ja fast kindlich- weichen Ausdruck. Freilich, wie er jetzt so dahockt und die Stirn in drohende Falten gelegt, unbeweglich in das Feuer am Boden starrt, möchte man sich eher vor ihm fürchten.

10. Die Auseinandersetzung mit den Namas 113)

Den Deutschen erschienen Hendrik und seine Witboois als eine wilde, blutrünstige Räuberbande, die man möglichst schnell vernichten musste.

Als Göring im Jahre 1888 fluchtartig das Land verlassen hatte, schickte man den Hauptmann Kurt von Francois 1889 mit einer Schutztruppe von 30 Mann nach Südwest.Dieser war bereits afrikaerfahren und vertrat gegenüber den Schwarzen eine klare und kompromisslose Haltung, die er wie folgt beschrieb:

Die Europäer haben nicht verstanden, den Schwarzen gegenüber richtig aufzutreten. Sie haben ihnen zuviel Rechte eingestanden, alle Wünsche erfüllt, ohne zu bedenken, dass dies von den Negern nur als Schwäche ausgelegt wird. Rücksichtslose Strenge kann hier nur zum Ziele führen.

Diese Haltung bekamen die Einheimischen schon bald zu spüren. Francois trat den Eingeborenen gegenüber mit menschenverachtender Arroganz auf. Zunächst gelang es ihm den Hereros den Nachschub an Gewehren und Munition sowie an Tabak und Alkohol abzuschneiden, indem er die von britischen Händlern gelieferten Waren kurzerhand beschlagnahmen ließ. Der Hererohäuptling Maharero war danach bereit nicht nur den Schutzvertrag mit den Deutschen zu erneuern, sondern duldete darüber hinaus, dass Francois Hereroland um Windhuk einfach konfiszierte und dort ein Fort errichtete, das er später zum Regierungssitz ausbaute.

Nach der Abberufung von Göring wurde Francois im Jahr 1891 dessen Nachfolger als Reichskommissar. Als Maharero im Jahre 1890 gestorben war, wurde dessen Sohn Samuel Maharero zu seinem Nachfolger. 1891 versuchte Francois erneut Hendrik Witbooi zum Abschluss eines Schutzvertrages zu bewegen. Dazu schickte er seine beiden Brüder nach Hornkranz. Diese hatten jedoch ebenso wenig Erfolg wie Francois ein Jahr später bei einem erneuten Besuch. Auf die Frage, warum er sich nicht den Deutschen als Schutzmacht unterstellen wolle, antwortete Hendrik Witbooi mit der Gegenfrage:

Weswegen und warum sollte ich dies tuen?

Außerdem bestand Hendrik Witbooi auf seinem Recht weiterhin Minenkonzessionen zu vergeben. Hendrik war der Ansicht, dass er Gefahren selbst abwehren könne. Besonders wandte sich Hendrik gegen die von Francois angeordnete Munitionssperre.Seiner Meinung nach hätten alle Menschen ein Recht auf Munition wie ein Recht auf Regen. Ein Friede, der durch Munitionssperre herbeigeführt worden sei, sei kein wahrer Frieden. Nach diesem Gespräch sah Francois die Zwecklosigkeit weiterer Verhandlungen ein und war davon überzeugt, dass man Hendrik unterwerfen müsse, um Frieden in Südwest zu haben.

Francois plante zunächst ein gemeinsames Vorgehen mit den Hereros gegen die Witbooi. Als diese zögerten, ergriff Hendrik Witbooi, der über ein eventuelles gemeinsames Vorgehen der Hereros mit Francois informiert war, die Initiative und machte durch Vermittlung von Hermanus von Wyk, dem Kapitän der Rehoboth den Hereros ein Friedensangebot. Damit hatte er im November 1892 Erfolg.

Francois sah diesen Frieden als gegen die Deutschen gerichtet an. Er befürchtete, dass Hereros und Witboois nun gemeinsam gegen die deutsche Truppe vorgehen würden. In ähnlicher Weise hatten sich auch Missionare über den Friedensschluss geäußert:

Mit dem Einfuhrverbot von Waffen und Munition werden die Eingeborenen empfindlich getroffen und sind deshalb in gereizter Stimmung gegen die Regierung. Ich fürchte nun, Hendrik Witbooi macht sich dies zu Nutzen und sucht durch Friedensschluss mit den Herero eine Einigung zum Widerstande gegen die Regierung zu erzielen, verschiedene dahin zielende Äußerungen sind schon laut geworden.

Als Francois nach seiner Rückkehr von Swapokmund am 11. November 1892 von dem Frieden erfuhr, beschloss er sofort, mit Rücksicht auf die möglicherweise eintretenden Verwicklungen seinen für Dezember 1892 beabsichtigten Heimaturlaub aufzugeben. In hohem Grade beunruhigend war nach Ansicht Francois das Munitionseinfuhrverbot. Der wahrscheinliche Verlust ihres Landes, der ihnen durch das Munitionseinführungsverbot vor Augen geführt wurde, erbitterte und reizte die Witboois gegen die deutsche Regierung, so dass nach Ansicht von Francois von da bis zur Auflehnung nur ein kleiner Schritt war. Francois spürte instinktiv, dass Witbooi Vorbereitungen zu einem Vorgehen gegen die deutsche Truppe traf. Durch einen Spion erfuhr er, dass ein gemeinschaftliches Vorgehen aller Eingeborenen gegen die deutsche Truppe geplant war und man damit gewaltsam die Freigebung der Munitionseinfuhr erzwingen wollte. Ein dauerndes Zusammengehen der Herero und Witbooi hielt Francois dagegen bei ihrer

Rassenfeindschaft für wenig wahrscheinlich. Die Abneigung der Eingeborenen richtete sich nicht nur gegen die deutsche Truppe, sondern auch gegen die deutschen Händler und gegen die deutschen Beamten.

Im März 1893 traf die längst erwartete Vestärkung aus Deutschland ein, statt der erwarteten 100 Mann unerwartet 212 Mann sowie 2 Offiziere. Die Verstärkung war gedacht, um Windhuk gegen etwaige Angriffe zu halten und die deutschen Siedlungen zu schützen. Die Truppe sollte nicht zu kriegerischen Unternehmungen verwendet werden, sondern nur bei Widerstand einzelner Individuen gegen deutsche Anordnungen einschreiten. Inwieweit dies auch weitere Unternehmungen erlaubte, wurde Francois eigener Beurteilung überlassen.

Hierunter fiel nach Ansicht Francois auch die Entscheidung über Krieg und Frieden. Francois glaubte, dass nur die allgemeine Furcht vor der deutschen Herrschaft weiterhelfen könne, weil die Liebe letztlich versagt hätte. Jede Maßnahme sei nur halb, die gestattete, dass jeder Eingeborene bewaffnet umherlaufen durfte, solange noch einige tausend Eingeborene hochmoderne Hinterladungsgewehre besaßen. Nicht eher dürfe das Schwert eingesteckt werden, ehe nicht die Eingeborenen die deutsche Herrschaft anerkannten und durch Entwaffnung zivilisierte Zustände eingeführt waren.

Francois hielt dabei Witbooi für gefährlicher als die Hereros. Francois Plan war Hornkranz, den Wohnsitz der Witbooi zu überrumpeln, Hendrik gefangen zu nehmen oder zu töten und dadurch den Stamm der Witbooi unschädlich zu machen.

Im Morgengrauen des 12. April 1893 griff Francois mit 200 Mann der Schutztruppe Hendrik in seinem privaten Quartier in Hornkranz an. Hendrik rechnete zu dieser Zeit nicht mit einem derartigen Vorgehen und war davon total überrascht worden. Dies äußerte er später in einem Brief an Francois Nachfolger Major Leutwein:

Ich lag ruhig in meinem Haus und schlief, da kam Francois um mich wachzuschießen, und das nicht um des Friedens willen oder um eine Missetat, deren ich mich durch Wort und Tat schuldig gemacht habe, sondern darum, dass ich etwas, was allein mein Eigentum ist und worauf ich Recht habe, nicht aufgegeben habe. Solche Taten hätte ich von Francois nicht erwartet, umso weniger, als ihr weißen Menschen die verständigsten und gebildetsten Menschen seid und uns Wahrheit und Gerechtigkeit lehrt.

Bei dem etwa halbstündigen Überfall wurden 78 Frauen und Kinder der Witboois getötet. Hendrik selbst konnte mit dem größten Teil seiner Krieger fliehen. Die Hottentotten erkannten schnell die Aussichtslosigkeit ihres Widerstandes und flohen unter Zurücklassung von Weibern und Kindern in die Berge. Die verbleibenden Frauen und Kinder ließ Francois gefangen nehmen und nach Windhuk bringen.

Francois, der Hendrik noch 1892 bei seinem letzten Besuch in Hornkranz versichert hatte, seine Unterstellung unter die deutsche Schutzherrschaft sei ein absolut freiwilliger Akt, hatte damit gegen den Ehrenkodex und das Ehrgefühl des preußischen Offiziers verstoßen. In Windhuk ließ sich Francois deswegen von seinen Landsleuten feiern. Stolz meldete Francois seinen Erfolg nach Berlin:

Der bei Hornkranz erzielte Erfolg ist so bedeutend, dass an ein Widerstandleisten Witboois nicht zu denken ist.

Damit hatte er jedoch Unrecht. Die Reaktion Hendrik Witboois ließ nicht lange auf sich warten. Es war der Beginn eines langwierigen Klein- und Bewegungskrieges. So raubten Hendriks Krieger kurz nach ihrer Flucht aus Hornkranz der abziehenden Schutztruppe 30 Pferde sowie 120 weitere Pferde, die Francois als Ersatz bei dem deutschen Händler Schmerenbeck angefordert hatte. Mit der Wegnahme der Pferde wollte Hendrik Francois zeigen, dass er sich nicht geschlagen gab. Außerdem forderte er über seinen Boten Samuel Isaak Samuel Maharero erneut auf, gemeinsam einen Aufstand gegen die Deutschen zu unternehmen. Maharero lehnte dies ab wie auch der Kapitän der Bastards, den Hendrik ebenfalls hierzu aufgefordert hatte.

Die Namas operierten danach in Guerillataktik und legten den Frachtverkehr zwischen der Küste und Windhuk lahm, indem sie die Transportwege unsicher machten. So erschienen sie plötzlich vor den Toren von Windhuk und überfielen im August 1893 auf dem Baiweg , der von Swapokmund nach Windhoek führte, einen Warentransport,wobei sie 20 Ochsengespanne erbeuteten.

Mit dem militärischen Erfolg Hendriks wuchs seine Truppe durch Zulauf von Kriegern aus anderen Hottentottenstämmen, insbesondere der Khauas, Simon-Kopper und Bethanier Hottentotten auf insgesamt 600 Männer, 400 Gewehre und 300 Pferde an. Nach seinen Erfolgen zog sich Hendrik in das unzugängliche Naukluftgebirge, südwestlich von Rehobooth zurück.
Friedensangebote von Seiten Francois schlug Hendrik Witbooi mit der Frage aus:

Wer ist würdiger von uns beiden Frieden zu machen, Du oder ich?

Die wirtschaftlichen Auswirkungen dieser Taktik für die Siedler wurden langsam sichtbar. Mitten im Krieg wurde der spätere Gouverneur Leutwein nach Südwest geschickt, wo er in der Neujahrsnacht 1893-1894 eintraf. Er hatte den Auftrag, sich eingehend über die Lage in Südwest zu unterrichten, hierüber und über die gegen Hendrik Witbooi zu ergreifenden Maßnahmen zu berichten und die Amtsgeschäfte des Landeshauptmannes von Francois nach dessen Urlaubsantritt zu übernehmen. Francois wurde trotz seiner Beförderung zum Major vorgeworfen einen vermeidbaren Kolonialkrieg ausgelöst, nicht beendet und nicht genug für die Entwicklung des Landes getan zu haben. Schließlich wurde er vom Kanzler Caprivi, als Landeshauptmann und Befehlshaber der Schutztruppe abgelöst und durch Major Theodor Leutwein ersetzt.

Um die Rivalitäten zwischen den Namas und Hereros sowie anderen Stämmen und Stammesgruppen *ohne Blutvergießen* zu beenden, sandte man den Kriegsschullehrer Major Leutwein (1894-1905) aus Strümpfelbrunn im Odenwald als Gouverneur nach Südwest.

Die Entsendung Leutweins erfolgte auf Vorschlag des Obersten im Generalstab, Liebert. Leutwein hatte vom Reichskanzler den Auftrag erhalten über die Lage in Südwest auf Grund eigener Anschauung zu berichten. Dabei sollte er sich eines Eingreifens in die Truppenführung und Verwaltung enthalten, andererseits aber befugt sein, nötigenfalls vertretungsweise die Geschäfte des Landeshauptmannes zu führen.

Caprivi selbst zeigte zunächst wenig Interesse an Südwest und bezeichnete das Jahr 1892 als Versuchsjahr für die Kolonie. Erst nach dem erfolgreichen Krieg gegen Hendrik Witbooi sprach er sich dafür aus, dass Südwest eine deutsche Kolonie bleiben würde. Die bisherige Politik des Deutschen Reichstages war, die Ausgaben für Südwest möglichst gering zu halten. Im Haushaltsjahr 1889-1900 waren nur 102.000 Mark, im Haushaltsjahr 1893-1894 273.300 Mark an Ausgaben bewilligt worden.

Am 1.Januar 1894 kam Leutwein in *Walfisch- Bay* an. Er reiste sofort nach Windhuk weiter, wo er jedoch Francois nicht antraf, der sich im Süden des Landes befand und erst am 14.2.1884 nach Windhuk zurückkehrte. Leutwein führte zunächst den Titel Landeshauptmann, später nahm er den Gouverneurstitel an. Er erbte von Francois vor allem den Streit mit Hendrik Witbooi.

Leutwein schlug vor durch einen Zug durch das Namaland und die Errichtung von Militärstationen die deutsche Schutzherrschaft über Südwest aufzurichten. Dabei sollte Francois mit einem Teil der Schutztruppe das westliche Namaland, Leutwein mit dem anderen Teil der Truppe das östliche Namaland durchziehen, wo die Khauas- und die Franzmannhottentotten siedelten, die dort für Unruhen sorgten und Widerstand gegen die deutsche Schutzmacht leisteten. Hierbei verfolgten beide auch die Taktik Hendrik von seinem Waffennachschub aus dem Kapland abzuschneiden.

Leutwein ging zunächst äußerst brutal gegen die aufständischen Khauas Hottentotten im Osten vor. Diese hatten im Oktober 1893 einen deutschen Kaufmann ermordet und Vieh eines kleinen Betschuanenstammes abgetrieben. Die Forderung von Francois den Mörder auszuliefern, kamen die Khauas nicht nach.

Zunächst zeigte sich der Khauas Kapitän Andries Lambert durchaus kooperationsbereit. Er versprach Leutwein die deutsche Schutzherrschaft anzunehmen und für die Ermordung des deutschen Händlers sowie für die Ausraubung der Betschuanen eine angemessene Buße zu entrichten. Unter dieser Voraussetzung war Leutwein bereit zu glauben, dass Lambert an der Ermordung des deutschen Händlers unschuldig gewesen sei. Der Khauas Kapitän wurde danach entlassen und für ihn zwei Geiseln zurückbehalten. Als Spione jedoch Leutwein meldeten, dass Lambert Vorbereitungen zu einem Angriff oder zur Flucht ergriffen hatte, ließ Leutwein ihn wieder gefangen nehmen und ihn vor ein Kriegsgericht stellen.

Dieses stellte fest, dass Lambert zur Ermordung des deutschen Händlers angestiftet hatte, um damit seine Schulden gegenüber ihm loszuwerden. Zugleich wurde seine Täterschaft an der Ermordung der Betschuanen festgestellt. Das Gericht verurteile ihn daraufhin zum Tode durch Erschießen. Hierdurch wollte Leutwein auch ein Exempel für die übrigen Namastämme schaffen.

Den Khauas Stamm ließ er umsiedeln, nahm ihm den größten Teil seines Viehs ab und machte das Land zu Kronland, d.h. zu Siedlungsland für deutsche Farmer. Der Nachfolger Andries Lamberts wurde sein Bruder Eduard, der sich kooperationsbereiter zeigte und einen Schutzvertrag mit den Deutschen abschloss. Das gleiche geschah mit dem Kapitän der Franzmann- Hottentotten Simon Cooper, ein Freund des hingerichteten Andries Lambert aus Furcht vor einem ähnlichen Schicksal.Anschließend vereinigten sich Leutwein und Francois in Bethanien, wo Francois die gesamte Truppe Leutwein übergab. Francois reiste weiter nach Süden um über Kapstadt auf Heimaturlaub nach Deutschland zurückzukehren. Zuvor gründete er in Warmbad noch eine Militärstation.

Leutwein zog weiter im Namaland umher, um mit den noch nicht gebundenen Namakapitänen Schutzverträge abzuschließen. Nach Abschluss eines Schutzvertrages richtete er jeweils Militärstationen ein, um Hendrik Witbooi einzukreisen. Bereits mit Schreiben vom 5. Mai 1894 hatte Leutwein durch einen Brief in deutscher Sprache Kontakt zu Witbooi aufgenommen:

Wir führen keinen Krieg gegen Deine Leute. Wir führen Krieg gegen Dich persönlich, solange Du Dich für den Oberherrn des Namalandes hältst und glaubst, das Recht zu haben, andere Kapitäne nach Belieben abzuschießen. Das hast Du früher so tun können. Das soll jetzt aufhören.

Danach wandte Leutwein sich Hendrik Witbooi zu, der sich in die Naukluft zurückgezogen hatte.Zunächst wartete Leutwein jedoch die bereits Francois versprochenen Verstärkungen aus der Heimat ab. Nachdem diese am 18.Juli 1894 eingetroffen waren, konnte der Kampf gegen Hendrik Witbooi beginnen.

Die Auseinandersetzung war zunächst rein verbaler Natur und begann mit einem Briefwechsel, in dem es um die grundsätzliche Berechtigung der deutschen Forderung nach Unterwerfung ging. Witbooi zeigte sich dabei mit sämtlichen europäischen- christlichen Staatsvorstellungen und Theorien legitimer Herrschaft vertraut.

Leutwein beschloss Hendrik Witbooi persönlich zu treffen. Dieser hielt sich zu der Zeit weiterhin in einem Lager der Naukluft auf, einem Gebirgszug, der in Größe und Form dem Harz ähnelte, aber zerklüfteter und unzugänglicher war. Leutwein beschrieb Hendrik und die persönliche Begegnung mit ihm in seiner Biographie:

Um auch seine persönliche Bekanntschaft zu machen, ritt ich in sein Lager und fand einen wohlgebildeten Hottentotten von kleiner, gedrungener Figur und würdevollem Benehmen. Wir unterhielten uns über die Ereignisse der jüngsten Zeit und schieden äußerlich als die besten Freunde. Heimlich hatte jeder beim Anerbieten wie auch bei der Annahme des Waffenstillstandes seine Hintergedanken. Ich wollte meine Verstärkung abwarten, und er hatte, wie sich später ergab, noch einen Teil seiner Leute, auch Munition außerhalb der Naukluft. Es wurde ein Waffenstillstand bis zum 1. August 1894 vereinbart. Danach trat die Schutztruppe zunächst den Rückmarsch nach Windhuk an.

Nachdem beide Kriegsparteien die Zeit des Waffenstillstandes zu Verstärkungen genutzt hatten, traf Leutwein am 4. August 1894 wieder im Lager Hendriks an der Naukluft ein. Hierüber schrieb Leutwein in seiner Biographie:

Als ich dann am 4. August für meine Person vor der Naukluft erschien, hatte sich zwischen beiden Lagern ein friedliches Stillleben entwickelt. Die Weiber wuschen bei den unserigen gegen Tabak und Kaffee, täglich die Wäsche unserer Soldaten. Das letzte Mal taten sie dies am 26. abends und am 27. früh erfolgte der Sturm…. Vorläufig galt es den Gegner noch hinzuhalten, da die in zwei Kolonnen marschierende Verstärkung noch lange nicht zu erwarten war.

Leutwein ließ die Naukluft umstellen und schrieb Hendrik am 15. August zunächst einen weiteren Brief:

Dein zweimonatliches Nachdenken hat Dich also dahin geführt, dass Du die An-erkennung der deutschen Oberherrschaft abermals ablehnst. Das bedauere ich. Denn nach dem, was ich Dir bis jetzt über diese Sache geschrieben habe, musst Du wissen, dass Deine Ablehnung einer Kriegserklärung gleichzuachten ist. Zum Schlusse will ich Dir als Zeichen unseres freundlichen Wohlwollens noch fol-gendes schreiben: Die Zeiten der unabhängigen Kapitäne im Namaland sind für immer vorbei und diejenigen Kapitäne, die das rechtzeitig erkannt und sich offen der deutschen Regierung angeschlossen haben, waren die klügeren, denn sie haben bei der Sache nur Nutzen und gar keinen Schaden gehabt…Dem Deut-schen Kaiser gegenüber bist Du nur ein kleiner Kapitän. Ihm Dich zu unterwerfen würde für Dich keine Schande, sondern eine Ehre sein.

Hendrik antwortete am 17. August 1894 auf den Brief Leutweins:

Sie sagen ferner, dass es ihnen leid tut, dass ich den Schutz des Deutschen Kai-sers nicht anerkennen will, und dass sie mir dies als Schuld anrechnen und mich mit Waffengewalt strafen wollen. Dies beantworte ich so: Ich habe den Deut-schen Kaiser in meinem Leben noch nicht gesehen, deshalb habe ich ihn auch nicht erzürnt mit Worten oder Taten. Gott, der Herr, hat verschiedene Königreiche auf die Welt gesetzt, und deshalb weiß und glaube ich, dass es keine Sünde und kein Verbrechen ist, dass ich als selbständiger Häuptling meines Landes und Volkes bleiben will, und wenn Sie mich wegen meiner Selbständigkeit über mein Land und ohne meine Schuld töten wollen, so ist das auch keine Schande, denn dann sterbe ich ehrlich über meinem Eigentum.

Es ist wahrlich keine Schuld, dass ich zu Ihnen nicht stehen will, denn ich habe wahrhaftig keine Schuld an den Sachen, welche sie mir in ihrem Briefe als Ver-brechen vorgetragen haben und welche sie als Gründe gebrauchen, um über mich ein Todesurteil zu sprechen. Denn das sind Ihre eigenen Gedanken, die Sie zu ihrem Vorteil ausgesonnen haben, die sie selber ausgedacht haben, um vor der Welt die Ehre, das Recht und die Wahrheit auf ihrer Seite zu haben.

Aber ich sage ihnen lieber Freund, ich bin wahrhaftig frei und ruhig in meinen Ge-danken, weil ich weiß, dass ich wahrhaftig unschuldig bin. Aber sie sagen Macht hat Recht, und nach ihren Worten handeln Sie mit mir, weil sie mächtig in Waf-fen und allen Bequemlichkeiten sind, darin stimme ich überein, dass sie wirklich mächtig sind, und dass ich nichts gegen Sie bin. Aber, mein Freund Sie kommen zu mir mit Waffengewalt und haben mir erklärt, dass Sie mich beschießen wollen.

So denke ich diesmal auch, wieder zu schießen, nicht in meinem Namen, nicht in meiner Kraft, sondern in dem Namen des Herrn und in seiner Kraft, und mit seiner Hilfe werde ich mich wehren. Weiter sagen sie auch, dass sie unschuldig sind an diesem Blutvergießen, welches nun geschehen soll, und dass sie die Schuld auf mich legen; aber das ist unmöglich, dass sie so denken können, da ich ihnen gesagt habe, dass ich ihnen den Frieden geboten habe und dass durch mich kein Blutvergießen geschehen soll. So liegt die Rechenschaft über das unschuldige Blut, das vergossen werden soll von meinen Leuten und von ihren Leuten, nicht auf mir, denn ich bin nicht der Urheber dieses Krieges.

Ich ersuche Sie, lieber Freund nochmals: Nehmen sie den wahren und aufrichtigen Frieden, den ich ihnen geboten habe und lassen sie mich stehen in Ruhe. Gehen sie zurück. Nehmen sie ihren Krieg zurück, gehen sie von mir weg, dies ist mein ernstliches Ersuchen an Sie. Zum Schluss grüßt Sie Ihr Freund und Kapitän Hendrik Witbooi.

.
Am 21. August folgte eine weitere Replik Leutweins, bevor es endgültig zum Krieg kam:

Auf Deinen letzten Brief vom 17. des Monats antworte ich folgendes: Dass Du Dich dem Deutschen Reich nicht unterwerfen willst, ist keine Sünde und keine Schuld, aber es ist gefährlich für den Bestand des Deutschen Schutzgebietes. Also mein lieber Kapitän, sind alle weiteren Briefe, in denen Du mir Deine Unterwerfung nicht anbietest, nutzlos. Ich hoffe indessen, dass Du mit mir darin einverstanden bist, dass wir den Krieg, der bei Deiner Hartnäckigkeit leider nicht zu vermeiden ist, menschlich führen, und hoffe ferner, dass derselbe kurz sein werde. Ferner bin ich gerne bereit. Dir auch während des Krieges jede Aufklärung zu geben, die Du wünschst, da ich dann hoffen kann, dass nicht mehr Blut vergossen wird, als durchaus notwendig ist.

Am 27. August 1894 griffen Leutwein und seine Truppe Hendrik Witbooi und seine Soldaten in der Naukluft an. Der Angriff erfolgte programmgemäß von allen Punkten aus. Das Lager Hendriks, die Hauptwerft wurde von der Truppe Leutweins schnell eingenommen. Danach zog sich Hendrik zurück und fügte den Deutschen immer wieder durch blitzschnelle Angriffe in Guerillataktik Verluste zu.

 Nachdem Leutwein seine Truppe durch 100 Mann und 4 Offiziere weiter verstärkt hatte, setzte sich langsam die Waffenüberlegenheit der Deutschen durch. Dennoch reichten die vorhandenen Kräfte nicht aus, um einen Vernichtungsschlag gegen Witbooi zu führen.Es bestand die Gefahr, dass Hendrik nach Westen aus der Naukluft ausbrechen und seine Raubzüge wieder aufnehmen würde.

Am 11. September 1894 machte Hendrik Witbooi Leutwein ein ernsthaftes Angebot, das zum *Unterwerfungs- und Schutzvertrag* vom 15. September 1894 führte.

Darin wurde den Witboois das Gebiet um Gibeon als unveräußerliches Reservat zugewiesen. Die Krieger Hendriks durften ihre Waffen behalten. Hendrik erhielt wie andere Häuptlinge auch ein Jahresgehalt von der deutschen Regierung. Dafür verpflichtete sich Hendrik der deutschen Schutzmacht in der Folgezeit Heeresfolge zu leisten. Hendrik stellte mit dieser Regelung das Wohl seines Stammes über sein privates Interesse an Unabhängigkeit und Freiheit. Über den Tag des Friedensschluss, den 15. September 1894 schrieb Leutwein in seinen Erinnerungen:

Als ich am 15. vormittags in das feindliche Lager kam, erwartete mich Witbooi inmitten seiner Großleute in einer Haltung, die mir sofort den Eindruck erweckte, als ob seine gestrige Hartnäckigkeit wieder verschwunden wäre. Auf meine Annäherung stand der Kapitän auf und ging mit den Worten auf mich zu: Ich werde mich unterwerfen. Der Vertrag wurde sofort aufgesetzt und vom Kapitän und seinen Großleuten unterschrieben, worauf ich ihn in Gedanken, ohne zu unterschreiben, in die Tasche steckte. Der Kapitän sah dem mit Misstrauen zu und bat mich, vor seinen Augen auch noch zu unterschreiben.

Dem Schutz- und Friedensvertrag wurde am 16. September 1894 folgender Zusatzartikel beigefügt, um die Ernsthaftigkeit und Endgültigkeit der Abmachung besonders zu betonen:

Der Kapitän Hendrik Witbooi verspricht für sich und seine Nachfolger Seiner Majestät, dem Deutschen Kaiser und der Regierung Desselben, gegen alle äußeren und inneren Feinde des deutschen Schutzgebietes auf den Ruf des von seiner Majestät dem deutschen Kaiser eingesetzten Landeshauptmannes hin mit allen waffenfähigen Männern unbedingt und unverzüglich Heeresfolge zu leisten. Die dieses heilige Versprechen betreffenden Einzelheiten, als da sind: jährliche Angaben über die Zahl der waffenfähigen Männer, ihre Bewaffnung usw., setzt ein zwischen dem Kapitän Witbooi und dem Distriktchef von Gibeon besonders aufzusetzender Vertrag fest.

Bei den deutschen Siedlern und in der Heimat stieß der Friedensschluss auf geteiltes Echo. Am meisten wurde die Abmachung kritisiert, wonach Witbooi und seinen Gefolgsleuten Waffen und Munition überlassen wurden, selbst die deutschen Waffen, welche Witbooi in die Hände gefallen waren. Fünf Monate später verpflichtete sich Hendrik Witbooi jedoch in einem Zusatz die Gewehre zurückzugeben. Dafür behielt er seine Häuptlingsstellung und erhielt sogar von den Deutschen ein kleines Jahresgehalt von 2000 Mark. Umgekehrt verpflichtete sich

Hendrik den Frieden einzuhalten und den Deutschen Heeresfolge zu leisten. Obwohl Hendrik unter diesem ihm aufgezwungenen Vertrag schwer gelitten hatte, hielt er sich die nächsten zehn Jahre bis 1904 daran und vermied es in Zukunft die Deutschen zu provozieren.

Leutwein hatte damit an dem von ihm als recht erkannten Weg festgehalten, beim Kampf die eingeborenen Stämme nicht zu vernichten, sondern durch Angliederung für den Frieden zu gewinnen. Es war das Prinzip, das er beim Studium der englischen Kolonialgeschichte kennengelernt hatte, das bereits von den Römern angewandte strategische Prinzip *Divide et impera*. Dieses versuchte er in Südwest umzusetzen. Leutwein zog damit friedliche Lösungen, Verträge und Gehälter an kooperierende Häuptlinge gewaltsamen Lösungen vor.

Dieses System Leutwein, das vom Prinzip einer deutschen Oberherrschaft auf der Basis eines allgemeinen Landfriedens ausging, hatte bis zum Beginn des Hereroaufstandes im Jahre 1904 durchaus Erfolge. Es unterschied sich damit von dem allgemeinen Prinzip der bisherigen europäischen Kolonialpolitik, die als Ziel jeder Kolonialpolitik das Geschäft und den wirtschaftlichen Gewinn ansah.

Im Vordergrund des Leutwein Systemes stand die Loyalität gegenüber der deutschen Herrschaft.Die Häuptlinge sollten sich unter Beibehaltung und Stärkung ihrer internen Machtstellung an die deutsche Oberherrschaft gewöhnen und soweit erforderlich Heeresfolge leisten. Insoweit verpflichteten sich die Stammeshäuptlinge im Namen des deutschen Kaisers in ihrem Stammesgebiet für Ruhe und Ordnung zu sorgen. Dafür wurde ihnen als materieller Ausgleich eine jährliche Rente ausgesetzt. Mit seinem System wollte Leutwein das Entstehen von Kriegen und Aufständen verhindern, zu denen es mit dem Hereroaufstand 1904 kommen sollte und der letztlich zum Scheitern des Systems und der Politik Leutweins führen sollte. Leutwein konnte sich in der weitgehend friedlichen Folgezeit der Organisation und der Entwicklung von Südwest widmen.

Im November 1894 kam es zwar zu einem Konflikt mit dem Hererohäuptling Manasse in Omaruru. Als dort ein Engländer einen Weißen ermordet hatte, wollte Manasse dessen Bestrafung in die eigene Hände nehmen. Als er den Täter durch seine Abgesandten verhaften lassen wollte, überschritten diese den Befehl des Häuptlings und erschossen den Engländer. Manasse befürchtete nun die Vergeltung der *Weißen* und traf bereits Vorbereitungen für einen Krieg. Als Leutwein darauf Manasse in Omaruru aufsuchte, zeigte sich dieser außergewöhnlich kooperationsbereit und lieferte ihm den Mörder des Engländers aus. Nachdem dieser zum Tode verurteilt und der Anführer der Abteilung ein Neffe Manasses zu drei Monaten Gefängnis verurteilt worden waren, zeigte sich Leutwein zufrieden gestellt. Er verschonte Manasse und seinen Stamm vor weiteren Vergeltungsmaßnahmen, weil er ihn als Gegengewicht zum Oberhäuptling Samuel Maharero nutzen wollte. Letztlich begnügte Leutwein sich mit der Einrichtung einer deutschen Militärstation in Omaruru und die Unterstellung eines kleinen Damarastammes, über den Manasse herrschte, unter die deutsche Oberhoheit.

Bei der Verfolgung eines anderen Zieles, der Schaffung von Siedlungsland für deutsche Siedler stieß Leutwein jedoch an seine Grenzen. Er traf dabei nicht nur auf den Widerstand bei den Einheimischen, vor allem bei den Hereros, für die das Land zum Gemeineigentum des Stammes gehörte, über das auch die Häuptlinge nicht verfügen konnten, sondern auch auf Widerstand der großen deutschen und britischen Kolonialgesellschaften, die zu Beginn der Kolonisierung von den Stämmen Land für geringe Summen erhalten hatten. Sie weigerten sich nicht nur dieses Land zu erschließen, sondern ließen es unbewirtschaftet liegen, um es später nach Spekulantenmanier meistbietend zu veräußern. Den größten Teil des Siedlungslandes, das Leutwein schaffen konnte, erfolgte aus Konfiszierungen von Land nach einem gegen die Eingeborenen gewonnenen Krieg.

11. Zeit von 1897 bis 1901 114)

Nach dem Sieg über Hendrik Witbooi kam für das Schutzgebiet eine Periode relativen Friedens, die geprägt war durch alltägliche wirtschaftliche Arbeit und Probleme. Im Jahr 1897 brach die Rinderpest aus, die durch Wild von Betschuanaland eingeschleppt worden war. Zunächst versuchte Leutwein durch Einrichtung einer viehfreien Zone von 20 Kilometer Breite vom Ovamboland bis zum Betschuanaland ein weiteres Vordringen der Seuche zu verhindern. Zur Überwachung der Grenze waren zwar Soldaten abkommandiert worden, diese waren jedoch wegen ihrer Unerfahrenheit und durch Erkrankungen geschwächt, so dass trotz der Sperre der Grenzen die Rinderpest sich weiter in Südwest ausbreiten konnte.

Die Rinderpest wurde durch einen Virus verursacht. Nach 4- 9 Tagen Inkubationszeit erkrankten die Rinder an hohem Fieber, Durchfall sowie Ausfluss aus der Nasenhöhle und dem Mund. Nach 4- 7 Tagen trat der Tod der Rinder ein. Zur Bekämpfung der Krankheit wurden die Rinder mit einem von Professor Koch entwickelten Impfstoff geimpft. Viele Hereros waren nicht bereit ihre Rinder impfen zu lassen, weil sie glaubten die Weißen hätten die Rinderpest absichtlich eingeschleppt und wollten durch das Impfen die Rinderbestände der Hereros vernichten. Trotz der Impfaktion starben etwa 50 % der Hereorinder, die Rinderverluste der Weißen waren etwas geringer. Der Süden sowie das am Meer gelegene

Gebiet um Swapokmund blieben weitgehend von der Rinderpest verschont. Die Rinderpest bedeutete für die Hereros die Vernichtung ihrer politisch-kulturellen Selbstsicherheit. Durch den Verlust der wirtschaftlichen Existenzgrundlage waren sie gezwungen sich bei den Weißen als Lohnarbeiter zu verdingen. Dies verletzte ihren Stolz, da sie bisher als Besitzer von Viehherden weitgehend frei und unabhängig waren. Zugleich waren sie aus finanziellen Gründen gezwungen, Vieh und sogar Grundbesitz an die weißen Farmer zu verkaufen.

Als Folge der Verminderung des Rinderbestandes stiegen die Rinderpreise um das Dreifache. So musste für einen Zugochsen 150-200 Mark, für eine Kuh 100-140 Mark gezahlt werden. Für die *Weißen* war der Anstieg der Rinderpreise ein wirtschaftlicher Vorteil, für die Hereros in den meisten Fällen der wirtschaftliche Ruin.

Durch den Anstieg der Rinderpreise wurde die Rinderzucht für die *weißen* Farmer profitabel, was den Zuzug weiterer Siedler aus Deutschland zur Folge hatte. Durch die Veräußerung der einheimischen Ländereien verringerte sich der Restgrundbesitz der Hereros auf ca. zwei Fünftel des gesamten Bodens in Südwest.Wer keine Rinder mehr besaß, war gezwungen sich bei den weißen Farmern als Lohnarbeiter zu verdingen oder wurde zum Landstreicher *(Lofer)*.

Für die Eingeborenen nachteilig waren auch die von *weißen* Händlern angebotenen Geschäfte auf Kredit, wobei diese die entstandenen Schulden unbarmherzig eintrieben. Dann brach unter den Hereros eine Malariaepidemie aus, welche viele Hereros, die infolge Milchmangels körperlich geschwächt waren, tötete. Dies zwang die einst freien und unabhängigen Hereros, die durch die Epidemien und den Verlust der Rinder wirtschaftlich geschwächt waren, sich erneut durch Lohnarbeit bei der Regierung und den privaten Siedlern in Abhängigkeit zu begeben.

Da sie vom europäischen Warenangebot weitgehend abhängig waren, waren sie gezwungen anstelle der Rinder, die als Tauschobjekte weggefallen waren, Ländereien an die *Weißen* zu verkaufen

Eine weitere Folge der Rinderpest war, dass das Transportsystem in Südwest, das auf Ochsenwagen aufgebaut war, weitgehend zusammenbrach. Dies führte zu dem Plan des Gouverneurs eine Eisenbahnlinie zu bauen, die Swapokmund mit Windhuk verbinden sollte. Leutwein ließ zur Behebung der Transportprobleme eine Schmalspurbahn mit einer Spurweite von 60 cm über 382 Kilometer von Swapokmund bis Windhoek bauen. Beim Bahnbau waren insgesamt 370 *Weiße* beschäftigt. Dazu musste Leutwein der *South West Africa Company* das Monopolrecht gegen Einräumung von Minenkonzessionen in Ovamboland teuer abkaufen.

Nachdem Leutwein den Bahnbau beim Reichstag durchgesetzt hatte, wurde am 30. Mai 1900 ein Teilabschnitt bis Karibib fertiggestellt. Am 19.Juni 1902 fuhr schließlich anlässlich der Eröffnung der zweiten landwirtschaftlichen Ausstellung in Windhuk der erste Zug von Swapokmund nach Windhuk. Links und rechts der Bahntrasse entstanden Farmen, auf denen sich viele neu eingewanderte weiße Siedler niederließen. Eine zweite Bahntrasse wurde von der Otavi- Minen- und Eisenbahngesellschaft von Swapokmund nach Otavi gebaut. Für den Bau dieser Trasse und das Umland neben der Trasse wurde Hereroland mit Genehmigung von Samuel Maharero kostenlos zur Verfügung gestellt. Leutwein begann daraufhin für die landlos werdenden Hereros Reservate zu planen.

Neben Handwerkern und Kleinbauern waren auch Intellektuelle und Künstler nach Südwest gekommen. Einer von ihnen war der Kunstmaler Edmund Troost, der im Jahre 1894 als Siedler nach Südwest kam. Bekannt wurde er weniger durch sein künstlerisches Schaffen, als durch eine innovative Aktion im Jahre 1896, bei der er auf eigene Kosten eine Dampf- Straßenlokomotive der Maschinenfabrik Dehne/Halberstadt nach Namibia verschiffen ließ. Dabei ließ er sich auch nicht davon abschrecken, dass Dampflokomotiven wegen der für ihren Antrieb erforderlichen verfeuerbaren Holzmengen und des benötigten Süsswassers sich als Verkehrsmittel in Südwest kaum eigneten. Schließlich blieb die Lokomotive bei ihrer ersten Fahrt im Sand der Namibwüste stecken, was ihr im Volksmund den Spottnamen *Martin Luther* einbrachte getreu nach einem Ausspruch Luthers:

Hier stehe ich, ich kann nicht anders.

Leutweins Bestreben war es nach Beendigung der kriegerischen Auseinandersetzungen Siedler ins Land zu holen, ihm fehlte es jedoch an Ländereien, die für Siedlungszwecke zur Verfügung standen mit Ausnahme von Gebieten in der Nähe von Windhuk. Mit seiner Siedlungspolitik wollte Leutwein einerseits die Landspekulation ausschalten, andererseits versuchte er möglichst viele wehrpflichtige Männer als Siedler zu gewinnen.

So erließ er eine Verordnung, dass ehemalige Schutztruppler bei ihrer Entlassung kostenlos eine Farm von 5000 Hektar erhielten, soweit sie ein Kapital von 2500 Mark nachweisen konnten. Einwanderungswilligen Wehrpflichtigen aus Deutschland bot er an eine Farm bis zur Größe von 5000 Hektar zum Preis von 30 Pfennig pro Hektar zu erwerben. Der Mindestpreis für andere Käufer betrug nach den Bestimmungen für den Verkauf von Regierungsland vom 1.August 1899 demgegenüber 0,50- 1,00 Mark. Die Käufer mussten das Land binnen 6 Monaten bewirtschaften und durften die Farm innerhalb der ersten 10 Jahre nicht verkaufen. Die für den Aufbau der Farm benötigten Rinder konnten die Farmer von den

Hereros kaufen. Da die meisten kein Geld hatten, um sich Zugochsen, Wagen und Waren aus eigenen Mitteln zu kaufen, besorgten sie sich diese auf Kredit von einem städtischen Geschäft. Eine andere Möglichkeit für den angehenden Farmer an das zum Aufbau der Farm benötigte Geld zu kommen, bestand darin, zunächst als Handwerker beim Hafen- oder Eisenbahnbau zu arbeiten oder mit Ochsenwagen Fracht zu fahren. Für den Aufbau einer Farm waren 1902 ca. 15.600 Mark erforderlich.

Für die Ansiedlung deutscher Siedler wurde aus den Kreisen der Deutschen Kolonialgesellschaft eine Ansiedlungskommission Syndikat für südwestafrkanische Ansiedlung mit dem Ziel geschaffen, für Neuansiedler kleine Heimstätten zu schaffen. Die Zahl der auf Veranlassung des Syndikats eingewanderten Neuansiedler betrug im Jahre 1893 50 Personen. Erst als das Gouvernement die Niederlassung von Weißen durch die Gewährung von Darlehen unterstützte, und das Syndikat ab 1903 von dem zum Ansiedlungskommissar ernannten Dr. Rohrbach geleitet wurde, stieg die Anzahl der Neuansiedler weiter an.Die Anzahl der Farmer vergrößerte sich insbesondere durch die zur Entlassung kommenden Schutztruppenangehörigen. Die Einwanderung Weißer nach Südwest stieg erst nach der Niederwerfung des Hereros- und Namaaufstandes ab 1906 merklich an, anschließend ab 1909 vor allem aufgrund der Diamanten- und Kupfervorkommen.

Die Zunahme der *weißen* Bevölkerung betrug in der Zeit von 1900 bis 1913 in 1900: 3387, 1901: 3643, 1902: 4674, 1903: 4682, 1906: 6372, 1907: 7110, 1908: 8218, 1909:11791, 1910: 12935, 1911: 13962, 1912: 14816, 1913: 14830. Ungefähr die Hälfte der Weißen lebte dabei in geschlossenen Ortschaften, die andere Hälfte auf dem Lande.

12. Auseinandersetzungen nach 1897 115)

Nach der Niederwerfung von Hendrik Witbooi im September 1894 war im wesentlichen Frieden in Südwest eingekehrt. Es fanden jedoch noch kleinere kriegerische Auseinandersetzungen statt, die jedoch nur von lokaler Bedeutung waren.

12.1 Afrikaaneraufstand von 1897

Der unter dem Kapitän Jonker Afrikaaner einstmals so mächtige Stamm der Afrikaaner Hottentotten war inzwischen zu einem kümmerlichen Rest zusammengeschrumpft, der sich das Leben mit Jagd, Hunger und Viehdiebstählen vertrieb. Als die Viehdiebstähle im Jahre 1897 zunahmen und sich die Afrikaaner zu Diebstahlsbanden zusammenrotteten, beschloss die Kolonialverwaltung diesem kriminellen Treiben Einhalt zu gebieten. Hierzu wurde eine Expeditionstruppe zusammengestellt, welche die Aufgabe hatte, kriminelle Eingeborene gefangen zu nehmen und zu bestrafen. Dabei kam es am 2. August 1897 in der Gamsibschlucht zu einem Gefecht, bei dem die Hottentottenkrieger entscheidend besiegt wurden. Ihre Anführer wurden vor ein Kriegsgericht gestellt und sämtlich erschossen.

12.2 Aufstand der Swartbooi- Hottentotten in den Jahren 1897 und 1898

1897 brach im Kaokefeld ein Aufstand der Swartboois aus, der für die deutsche Schutzmacht ernstere Folgen hatte als der Afrikaaneraufstand. Kapitän der Swartboois war David Swartbooi; sein nach der Kapitänschaft strebender Vetter Lazarus Swartbooi stellte sich auf die Seite der deutschen Schutzmacht. Der damalige Bezirksamtmann von Outjo, Hauptmann von Estorff ließ daraufhin David Swartbooi in Otjitambi festnehmen und nach Windhuk bringen. An dessen Stelle wurde Lazarus Swatbooi als Kapitän eingesetzt. Dies beendete jedoch nicht die Auseinandersetzungen mit den Anhängern Davids, die im November 1897 wieder offen ausbrachen.

Während Hauptmann von Estorff mit den Aufständischen Verhandlungen über eine Beilegung des Konfliktes führte, wurde ihm seine eine Stunde von Franzfontein weidenden Pferde und Esel weggenommen. Von Estorff sah dies als Kriegsfall an und brach sofort die Verhandlungen ab. Es folgte ein Krieg mit Überfällen, Patrouillenschießereien und größeren Gefechten, die für die Schutztruppe durch den Mangel an Wasser und Weiden beschwerlich wurden. Dazu wollten sich die Westhereros und die Toopmaars den Aufständischen anschließen. Im Februar 1898 kam es zum Gefecht von Grootberg mit großen Verlusten auf Seiten der Aufständischen.

Am 13. März 1898 bot der Führer der Aufständischen in einem Brief an die deutsche Schutztruppe Frieden an. Am 17. März 1898 erschienen die Aufständischen im Lager der Schutztruppe und gaben ihre Waffen sowie ihr Vieh ab. Sie wurden nach Windhuk umgesiedelt und dort mit öffentlichen Arbeiten beschäftigt. Den aufständischen Toopmaars wurde nach Zahlung einer Buße von Vieh und Gewehren verziehen. Die Westhereros flohen anschließend zu den Ovambos, von denen sie beraubt und später ermordet wurden.

13. Lage der Hereros vor Ausbruch des Aufstandes im Jahre 1904 116)

Die Hereros waren eigentlich kein Volk in dem Sinne, dass sie eine zentrale Oberherrschaft anerkannten, sondern zerfielen in eine Vielzahl von Stämmen. Von diesen Stämmen war der in Okahandja beheimatete Stamm nördlich von Windhuk, der stärkste und mächtigste. Seinem Häuptling wurde die Würde eines Oberhäuptlings aller Hereros übertragen. Damit hatte er zwar formell im Kriegsfall das Oberkommando über alle Hererostämme und deren Krieger, ohne dass er sie zur Kriegsfolge zwingen konnte.

Im Jahre 1890 wurde Samuel Maharero Häuptling des Okahandjastammes in der Nachfolge seines Vaters Maharero, der am 7. Oktober 1890 verstorben war. Dieser wiederum hatte seinen Vater Tjamuaha 1861 beerbt. Das Grab dieser drei bedeutenden Häuptlinge befindet sich noch heute in Okahandja, das eigentlich ein Straßendorf mit einer Geschäftsstraße und ein paar Seitenstraßen ist. Auf ihrem Grabmal steht geschrieben:

Hier ruhen drei Häuptlinge, welche das Reich in der Gunst des Hererovolkes regiert haben, nun aber gestorben sind. Sie waren wirkliche Häuptlinge.

Zu den wichtigsten sakralen Funktionen eines Hererohäuptlinges gehörte die tägliche Weihe der frischen Milch. Dabei ging der Häuptling von Bottich zu Bottich und trank einen Schluck Milch. Da Samuel Maharero Christ war, durfte er diese sakralen Funktionen seines Häuptlingsamtes nicht mehr wahrnehmen. Durch die Wahl von Samuel Maharero fühlte sich Nicodemus, der Sohn der Schwester seines Vaters übergangen, da nach alter matriarchischen Hererositte dem Häuptling der Schwestersohn nachfolgte. Es kam zu einem Streit zwischen Samuel Maharero und Nicodemus, der sich 1894 zuspitzte.

Nachdem Samuel Maherero von Nicodemos aus Okahandja vertrieben wurde, ließ er sich mit seinen Gefolgsleuten 30 Kilometer südlich in Osona nieder und rief den neuen Landeshauptmann Leutwein zu Hilfe, um mit Hilfe der Deutschen seine ihm streitig gemachte Stellung als Oberhäuptling der Hereros wieder zu festigen. Leutwein kam dieser Bitte nur zu gerne nach, um Samuel für seine Zwecke zu benutzen. Im Juni 1894 unterschrieb Samuel eine Vereinbarung mit Leutwein, wonach zum Schutz von Samuel in Okahandja eine deutsche Militärstation eingerichtet werden sollte.Leutwein äußerte sich hierzu in seiner Biographie wie folgt:

Samuels Freundschaft hat uns in der Folge gestattet, auch bei einer nur schwachen Schutztruppe Herr des Hererolandes zu bleiben. Er hat…dem letzteren in der Folge uns zuliebe mehr Schaden zugefügt, als wir, auf unsere Macht allein gestützt, es je hätten tuen können.

Zusammen mit den Deutschen gelang es Samuel seinen Widersacher Nicodemos aus Okahandja zu vertreiben. Dieser zog sich zu den Osthereros, dem Mbandjeru Stamm in die Gegend von Gobais zurück. Da es in der Gegend um Windhuk immer wieder zu Grenzstreitigkeiten zwischen deutschen Siedlern und Hereros kam, schloss Leutwein 1894 mit dem Oberhäuptling der Hereros Maharero einen Vertrag, der die Südgrenze des Hererolandes genau festlegte. Diese Grenze sollte für alle Hererostämme gelten, auch für die Osthereros und die Mbandjeru, die Maharero bei Abschluss des Vertrages nicht gefragt hatte. Als Gegenleistung verpflichtete sich die deutsche Regierung an Maharero ein jährliches Gehalt von 2000 Mark zu zahlen.

Dies führte naturgemäß zu Streitigkeiten mit den übergangenen Hererostämmen. Leutwein schrieb hierüber in seiner Biographie:

Ich wollte die Hereros tunlichst über die neue Grenze zurückdrängen, aber immer und immer fanden Grenzüberschreitungen, verbunden mit Belästigungen der weißen Farmer statt.

Vor allem die Mbandjeru Hereros im Osten weigerten sich die durch den Vertrag geschaffene Südgrenze anzuerkennen. Daraufhin unternahmen Leutwein und Samuel im März 1896 mit insgesamt 50 Hererokriegern gemeinsam einen Feldzug gegen die Mbandjeru im Osten. Eine kriegerische Auseinandersetzung konnte jedoch letztlich nach Einleitung von Verhandlungen vermieden werden. Dabei ging es nicht nur um die Frage der Grenzregelung, sondern auch um die Frage, inwieweit Samuel als Oberhäuptling von den Mbandjerus anerkannt wurde. In dieser Frage wurde schließlich ein Kompromiss erzielt dadurch, dass man Nikodemus, dem bei den Mbandjeru lebenden Gegner Mahar15eros anbot ihn als Häuptling der Mbandjerus zu akzeptieren und sich in der Grenzfrage als Südgrenze auf eine Mittellinie zwischen den beiden Flüssen Nossob und Seeis einigte.Dafür erklärte sich Nikodemus bereit, Samuel als Oberhäuptling der Hereros anzuerkennen.

Als in der Folgezeit die Südgrenze von den Hereros trotz dieser Vereinbarung nicht akzeptiert wurde, ging Leutwein dazu über Vieh der Hereros zu beschlagnahmen. Dabei drohte Leutwein bei einer Zusammenkunft der Häuptlinge und Großleute der Hereros im Januar in Okahandja offen mit Krieg.
In seinen Memoiren schrieb Leutwein hierzu:

Einen Krieg mit uns sollten die Hereros sich anders vorstellen als einen Hottentottenkrieg . Ein solcher könnte nur mit der Vernichtung der einen Partei enden und diese Partei könnte nur die Hereros sein. Noch heute ist mir erinnerlich, wie nach diesen Worten bei den Hereros diejenige nachdenkliche Stille eintrat, von der man sagt, man können eine Stecknadel fallen hören.

Die Drohung zeigte bei den Hereros Wirkung. Leutwein zeigte sich gegenüber den Okahandja Hereros freigiebig und erfüllt ihnen ihren Wunsch nach Verschiebung der Grenze weiter südlich bis zum Seeis Fluss. Den Wunsch der Mbandjeru auf Rückgabe von Gobais, wo sich inzwischen eine deutsche Militärstation befand, lehnte er jedoch ab. Dies führte wiederum zum Streit mit ihnen, die sich mit den Khauus- Namas verbündeten, welche Leutwein aus ihrem alten Gebiet umgesiedelt hatte.

Gegen die Truppe Leutweins sowie die mit ihm verbündeten Okahandjas Hereros , den Witboiis von Hendrik Witbooi und den Franzman Namas von Simon Kopper, die entsprechend der mit Leutwein abgeschlossenen Schutzverträge ihm Heeresfolge leisteten, standen sie von vornherein auf verlorenem Posten. Sie wurden am 6. Mai 1896 bei Otjunda vernichtend geschlagen. Nikodemus stellte sich auf Zureden seines Halbbruders Assa in Okahandja.

Die durch Leutwein eingeleitete gerichtliche Untersuchung der Ursachen und der Urheber des Aufstandes ergab, dass Nikodemus der Anstifter des Aufstandes war. Er hatte auch versucht Hendrik Witbooi in die Auseinandersetzung hineinzuziehen, indem er ihn fragte, wie er sich unter der deutschen Herrschaft fühle. Damit hatte er letztlich jedoch keinen Erfolg.

Die Häuptlinge der besiegten Mbandjeros Nikodemus und Kahimema wurden durch ein Kriegsgericht zum Tode verurteilt und am 12.Juni 1896 erschossen. Kahimema soll dabei mutig gestorben sein, Nikodemus jedoch als Feigling, er war vor Angst schon halbtot, als er zum Richtplatz geführt wurde, sagte man.

Eine Reihe von Großleuten der Mbandjeros wurde zu Zwangsarbeit verurteilt und nach Windhuk gebracht. Die den Mbandjerus darüber hinaus auferlegte Buße in Form von 12.000 Rindern, konnten diese nicht erbringen, da sie während des Krieges den größten Teil des Rinderbestandes eingebüßt hatten.Da Leutwein diese Zahl den deutschen Siedlern jedoch versprochen hatte, ließ er sie bei Stämmen konfiszieren, die sich an dem Krieg überhaupt nicht beteiligt hatten. An den Reichskanzler schrieb Leutwein in seinem Schlussbericht:

Wenn ich nun noch einmal auf den Verlauf des Krieges zurücksehe, so muss ich sagen, dass er ein ungewöhnlich glücklicher gewesen ist. In dem für uns ungünstigsten Moment ausgebrochen, schien der Aufstand das Schutzgebiet an den Rand des Abgrundes zu bringen, zumal in den ersten Anfängen nicht zu übersehen war, welche Ausdehnung er gewinnen würde. Indes gelang dessen Lokalisierung und damit war die größte Gefahr beseitigt.

Ein wesentliches Verdienst hierfür gebührt der unerschütterlichen Freundschaft des Oberhäuptlings Samuel in Verbindung mit der ebenso unerschütterlichen Vertragstreue Hendrik Witboois. Samuels persönliche Macht ist ja nicht groß, aber auch bei den Schwarzen ist das Gewicht der Legitimität nicht zu unterschätzen. Sehr zustatten ist uns auch die Gerechtigkeit unserer Sache gekommen, Dem frivolen Friedensbruch von Seiten unserer Gegner stand die immer bewiesene und von keinem Eingeborenen mehr bezweifelte Friedensliebe auf unserer Seite gegenüber.

14. Deutsche Siedler 117)

Die Besiedlung Deutsch- Südwests durch aus Deutschland kommende Einwanderer verzehnfachte sich innerhalb von zwölf Jahren zwischen 1891 und 1903. Während 1891 nur 310 Deutsche in Südwest lebten, stieg ihre Zahl bis 1903 auf 3701 an. Die Einwanderer nach Südwest gehörten überwiegend der Mittelschicht im Deutschen Reich an, darunter Kaufleute, Handwerker, Bauern und Adelige.

Außerdem beruhte die Zunahme an *weißen* Siedlern in den Jahren 1900 bis 1903 auch auf der Einwanderung zahlreicher Buren aus der Kapkolonie in die Bezirke Warmbad und Keetmannshop im Süden aufgrund eines Abkommens mit dem Oranjefreistaat.

Ein Missverhältnis bestand vor allem zwischen Männern und Frauen; so entfielen auf den weißen Bevölkerungsanteil im Jahre 1903 nur 712 Frauen. Um den Anteil der weißen Frauen in der Kolonie zu erhöhen, wurden in Deutschland für deutsche Frauen Anreize für eine Übersiedelung nach Südwest geschaffen. So wurden an ausreisewillige Frauen Freifahrten gewährt.

Bis 1902 wurden 57 deutsche Frauen unentgeltlich nach Südwest befördert, vor allem im Dezember 1902 gleichsam als Weihnachtsgeschenk an die deutschen Männer in Südwest. Die Auswahl der Frauen traf der Frauenbund, die Verteilung der Frauen im Schutzgebiet die Zweigstellen des Kolonialen Frauenbundes und die Lokalverwaltungen. Dadurch wurden im Schutzgebiet Familien gegründet, Kinder gezeugt, die wiederum den Bau von Kindergärten und Schulen erforderlich machten.

15. Schulwesen

Die erste weiße Schule in Südwest ging auf eine private Initiative der ersten deutschen Siedler zurück. Als die älteste Tochter Helene des Siedlers Nitze das Lehrerexamen abgelegt hatte, wurde sie von anderen Siedlern gebeten ihren Kindern Schulunterricht zu erteilen.Unterstützt wurden sie dabei vom Stellvertreter des Landeshauptmannes von Lindequist, der sie bei der Einrichtung der ersten Schule für Weiße im 3. September 1894 in einem Zimmer des Hauses des Landeshauptmannes tatkräftig unterstützte.

Zunächst waren es nur elf Kinder, welche die Schule besuchten. Eine Schulpflicht gab es damals noch nicht, so dass die Kinder nur sehr unregelmäßig die Schule besuchten. Die Schulkinder unterschieden sich nicht nur durch ihr Alter, sondern auch durch ihre Vorkenntnisse. Unterrichtet wurde nach dem Lehrplan einer einklassigen deutschen Volksschule, wobei die Fächer sich den örtlichen Verhältnissen anpassten. So wurde in den oberen Klassen als Fremdsprache vor allem Englisch angeboten. Nach der Heirat von Fräulein Nitze im Jahre 1899 und deren Ausscheiden aus dem Schuldienst wurde die Schule unter die Leitung eines Regierungslehrers gestellt.

Es folgten weitere Eröffnungen von Regierungsschulen in Otjimbingwe 1895, in Gibeon 1900 sowie 1902 in Swapokmund, Keetmanshop und Grootfontein. Im Dezember 1902 wurde der erste Kindergarten mit 50 Kindern in Windhuk eröffnet. Durch Gouverneurs-Verordnung vom 20. Oktober 1906 wurde eine beschränkte Schulpflicht für Kinder der weißen Bevölkerung eingeführt und durch Verordnung vom 28.Oktober 1911 im Sinne einer allgemeinen Schulpflicht weiter ausgedehnt. 1913 gab es in Deutsch-Südwest 17 Regierungs- und Gemeindeschulen, eine Realschule in Windhuk, eine höhere Knabenschule in Swapokmund und eine höhere Töchterschule in Windhuk.

Die Regierungsschule in Windhuk war fünfklassig mit 5 Lehrkräften, die Regierungsschule in Swapokmund vierklassig, die in Lüderitzbucht dreiklassig sowie die in Omaruru und Warmbad zweiklassig, die übrigen einklassig mit je einer Lehrkraft. Die Gesamtzahl der Schüler betrug 1913 775. Zur Unterbringung von auswärtigen Schülern wurde an den Schulstandorten Schulpensionate geschaffen. Durch die Selbstverwaltungsverordnung wurde später eine Mitwirkungspflicht der Gemeinde- und Bezirksverbände auf dem Gebiet des Schulwesens begründet.

Von den Siedlern waren viele aus Furcht vor einem gesellschaftlichen Abstieg aus Deutschland ausgewandert, da ihnen aufgrund der fortschreitenden Industralisierung Arbeitslosigkeit drohte. Deutschland drohte dadurch zu einem Land

ohne Raum zu werden. Die deutschen Kolonien boten demgegenüber Raum genug, sich frei zu entfalten und dem befürchteten Abstieg ins Proletariat zu entge-
hen, indem der deutsche Siedler zum weißen Herrenmenschen aufstieg. Daraus
entwickelte sich eine Art Adel von Herrenmenschen, die auf die Eingeborenen
und vor allem auf die eingeborenen Neger herabblickten, welche von ihnen als
Untermenschen angesehen und behandelt wurden.

Die Auffassung der Siedler über Afrikaner war die, dass sie gedankenlos in den
Tag hinein lebten, am liebsten im Nichtstun und unter Tendeleien und sinnlosem
Geschwätz, nur Hunger und Geschlechtslust schienen ihn aus seiner Lethargie
wecken zu können.

Dies führte in Einzelfällen zu einer unüberbrückbaren sozialen Distanz der deutschen Siedler zu den Eingeborenen, in schlimmsten Fällen zu brutaler Behandlung der Eingeborenen durch die weißen Siedler, welche als ein Hauptgrund für
die ab 1904 ausbrechenden Aufstände der Eingeborenen anzusehen ist. Dabei
wurde von manchen Weißen das oft gerade bei jungen Eingeborenen vorhandene Selbstbewusstsein und die Lernwilligkeit sowie Lernfähigkeit einfach ignoriert,
weil sie nur daran dachten die Eingeborenen wie Tiere abzurichten und von ihrer
Arbeitsleistung einseitig zu profitieren.

Einzig die Missionare nahmen die Eingeborenen ernst und behandelten sie als
Menschen. Prügelstrafen waren für Eingeborene, die bei weißen Siedlern in
Diensten standen an der Tagesordnung. Auch vor Gericht wurden die Eingeborenen nur als Menschen zweiter Klasse behandelt, einen Prozess gegen einen
Weißen zu gewinnen war für sie aussichtslos. Für dieselbe Straftat wurden Weiße
und Eingeborene unterschiedlich bestraft, die Weißen kamen in der Regel mit
einer geringen Geldstrafe davon. Das Leben eines Weißen wurde generell höher
eingeschätzt als das eines Eingeborenen. Bei der Tötung eines Eingeborenen
kam der Weiße mit einer Gefängnisstrafe oder Geldstrafe davon, sofern er nicht
wegen eines angeblichen Tropenkollers freigesprochen wurde, ein Eingeborener
wurde für die Tötung eines Weißen generell mit dem Tode bestraft.

16. Rechtswesen, Gerichtsbarkeit 118)

Das Rechtswesen war in den Schutzverträgen mit den einheimischen Häuptlingen
wie folgt geregelt: Den Kapitänen verblieb die Gerichtsbarkeit über ihre eigenen
Leute. Die *Weißen* sollten die Gesetze, Sitten und Gebräuche der Eingeborenen
achten. Bei Rechtsstreitigkeiten zwischen *Weißen* und Eingeborenen galten die
folgenden Bestimmungen in den Verträgen mit den Hottentotten von Bethanien

und den Hereros: Gerichtsbarkeit durch den vom Kaiser berufenen Vertreter mit einem Beisitzer des betreffenden Kapitäns. In den Verträgen mit den Kapitänen von Warmbad, der Veelkskoendraers und von Berseba galt das Gleiche ohne eingeborenen Beisitzer. In den Verträgen mit Hendrik Witbooi und den Bastards von Rehoboth galt Gerichtsbarkeit durch das kaiserliche Gericht mit Beisitzer des Kapitäns, in dem Vertrag mit dem Kapitän von Gochas das Gleiche ohne eingeborenen Beisitzer.

Diese Regelung wurde erst ab 1889, dem Amtsantritt von Francois umgesetzt, bis dahin mussten sich die Weißen den Stammesgerichten unterwerfen. Danach wurden entgegen des Wortlauts der Schutzverträge alle Eingeborenen der Rechtsprechung der deutschen Gerichte unterworfen, die ausschließlich deutsche Gesetze anwandten. Die Gerichtsbarkeit über Eingeborene wurde bis 1889 durch die örtlichen Behörden der inneren Verwaltung ausgeübt. Deren Entscheidungen bedurften in schwereren Fällen einer Bestätigung durch den Gouverneur.

Für die weiße Bevölkerung wurden ab 1890 von der Verwaltung losgelöste Bezirksgerichte mit 11 unabhängigen Richtern geschaffen. Bezirksgerichte bestanden in Windhuk, Omaruru, Swapokmund, Lüderitzbucht und Keetmanshop.

In zivilen Rechtsstreitigkeiten über größere Objekte und bei mittleren Strafsachen entschieden die Gerichte mit 2 Laienbeisitzern, bei schwereren Strafsachen mit einem Bezirksrichter und 4 Laienbeisitzern.

Dabei wurden bei den Gerichten auch eingeborene Beisitzer zugezogen. Diese waren jedoch reine Zuhörer, die den Eingeborenen das Gefühl übermitteln sollten, dass die deutschen Gerichte unparteiisch seien und nicht einseitig die *Weißen* bevorzugten. An der Urteilsfindung waren die Eingeborenen- Beisitzer nicht beteiligt. Dies führte dazu, dass bei den Eingeborenen immer mehr der Eindruck entstand, dass die deutschen Gerichte über die *Weißen* milder urteilten als über die Eingeborenen selbst. Soweit *Weiße* durch Eingeborene ermordet wurden, erging in der Regel ein Todesurteil, während umgekehrt ein *Weißer*, der einen Eingeborenen ermordet hatte, in der Regel mit einer Gefängnisstrafe davonkam.

Seit 1890 bestand bei den Bezirksgerichten auch eine Staatsanwaltschaft, die vom Gouverneur aus der Zahl seiner Beamten bestellt wurde.Auch im Strafvollzug gab es eine unterschiedliche Behandlung von *Weißen* und Eingeborenen. Während *weiße* Gefangene in der Regel innnerhalb des Gefängnisses gehalten wurden, mussten eingeborene Gefangene in Sträflingskleidern draußen arbeiten. Was die Besetzung der Gerichte betraf, so war der erste Kommissar in Südwest, der Landgerichtsrat Dr. Göring zunächst der alleinige Richter über Europäer und

Eingeborene. Seit dem Jahre 1891 wurde dessen Funktion vom Assessor Köhler ausgeübt. Mit dem Anstieg der abzuurteilenden Rechtsfälle wurden 1894 zwei Gerichtsbezirke geschaffen, den Nordbezirk mit dem kaiserlichen Richter Assessor von Lindequist und den Südbezirk mit dem Bezirksamtmann Duft als kaiserlichen Richter im Nebenamt. Als Berufungsinstanz fungierte die Landeshauptmannschaft in Windhuk, die jedoch in der Praxis nur selten angerufen wurde.

1896 wurde außerdem ein westlicher Gerichtsbezirk zunächst mit Sitz in Otjimbingwe, später in Swapokmund eingerichtet.

Die erste Instanz bildete das Bezirksgericht mit einem Bezirksrichter als Einzelrichter oder zusammen mit Beisitzern, deren Anzahl von der Bedeutung des Rechtsfalls abhing. Bezirksrichter war der Bezirksamtmann, soweit dieser eine juristische Ausbildung hatte. Dies führte vor allem dann zu unlösbaren Schwierigkeiten, wenn sich die Klage gegen Verwaltungshandeln richtete. Es kam daraufhin zu einer Neuordnung des Gerichtswesens durch den Gouverneur Leutwein, der anstelle der Bezirksamtmänner Juristen zu Bezirksrichtern machte. Als zweite Instanz stand das Obergericht in Windhuk mit dem Oberrichter Richter.In der Praxis funktionierte danach das Gerichtswesen aufgrund der Gewissenhaftigkeit und Unparteilichkeit der zu Richtern ernannten Personen erstaunlich gut. Ernstliche Beschwerden gegen die Gerichtsbarkeit sind nicht vorgebracht worden.

17. Kolonialverwaltung 119)

Die Reichsregierung in Berlin zögerte lange Zeit eine funktionierende Kolonialverwaltung in Südwest einzurichten, und die dafür benötigten und befähigten Beamten nach Südwest zu schicken.Lange war es unsicher, ob Deutschland Südwest als Kolonie behalten würde.

Dr. Göring, der erste zum Kommissar in Südwest bestellte deutsche Amtsträger musste sich mit zwei Kräften begnügen, dem Kanzler Nels als seinem Stellverteter und dem Polizeimeister von Goldamer, der zugleich Gerichtsvollzieher und Gefängnisaufseher war.

Die Reichsregierung versuchte offensichtlich in den Kolonien Geld zu sparen. So wurde Görings Nachfolger Francois zunächst nur zum stellvertretenden Kommissar ernannt, bis er 1891 Landeshauptmann wurde. Als Landeshauptmann verfügte er ebenfalls über wenig Personal. Nachfolger des nach Deutschland zurückgekehrten Kanzlers Nels wurde 1891 Assessor Köhler. Dazu kamen 1892 als weitere Beamte Sekretär Reichelt und Bergreferendar Duft.

Darüber hinaus hatte Francois als Landeshauptmann den Oberbefehl über die Schutztruppe, die aus 46 Soldaten und 2 Offizieren bestand.Genauso armseelig wie die Personalausstattung war auch die Sachausstattung der Kolonialverwaltung. Zu Görings Zeiten war die ganze Verwaltung noch in einem Raum untergebracht, für die Anschaffung von Mobiliar fehlte das Geld. Bücher und Akten wurden in unverschlossenen Kisten aufbewahrt.

Die Verwaltungsaufgaben der Kolonialverwaltung beschränkten sich zu Beginn auf militärische und polizeiliche Aufgaben wie z.B. die Überwachung des Waffen- und Alkoholhandels. So wurden der Handel mit Feuerwaffen durch die Verordnung vom 29.März 1897,welche den Handel mit Waffen und Munition zu einem Regierungsmonopol machte und der Handel mit Alkohol durch Verordnung vom 18. Dezember 1900 geregelt, die den Alkoholgenuss der Eingeborenen weitgehenden Beschränkungen auferlegte.

Die Landfrage, den Ausverkauf von Ländereien durch Eingeborene versuchte Leutwein durch die kaiserliche Verordnung vom 10. April 1898 zu regeln, welche die Schaffung von Eingeborenenreservaten vorsah, wodurch den Eingeborenen der Erhalt ihres Stammlandes, das unveräußerlich war, gesichert werden sollte. Im Juli 1898 wurden durch eine Verordnung des Gouverneurs das Gebiet von Rietmond im Bezirk Gibeon in einer Größe von rund 120.000 Hektar zum unveräußerliche Reservat des Witbooistammes und im Jahr 1902 das Stammesgebiet der Roten Nation um Hoachanas in Größe von rund 50.000 Hektar zum unveräußerlichen Eigentum des Stammes erklärt. Das Gleiche wollte Leutwein auch mit Ländereien der Hereros machen, ein Vorhaben, das deren Aufstand im Jahre 1904 letztlich vereitelte.

Unter Leutwein wurde die Koloialverwaltung dezentralisiert. Er förderte den Aufbau einer zivilen Selbstverwaltung, welche die anfängliche Militärverwaltung ersetzen sollte. Diese Maßnahme war wegen des Anwachsens der *weißen* Bevölkerung unabdingbar geworden. Der Gouverneur hatte das Recht zum Erlass von Verordnungen im Auftrag des Reichskanzlers. Ihm unterstanden die Schutztruppe und die Polizei. Sein Vertreter war sein Referent. Nach Beendigung des Eingeborenenaufstandes wurde eine starke Landespolizeitruppe gebildet mit einem Kommandeur, der unmittelbar dem Gouverneur unterstellt war.

Die allgemeine innere Verwaltung war in Bezirke und selbständige Distrikte eingeteilt. In größeren Ansiedlungen wurden Ortspolizeibehörden unter dem Befehl von Offizieren und Unteroffizieren geschaffen, die wiederum den Bezirksämtern unterstellt waren. An die Spitze der wichtigeren Teile von Südwest waren Bezirksämter, an die Spitze der anderen weniger wichtigen Teile Distriktsämter gestellt.

Es wurden zunächst drei Bezirksämter gebildet, Otjimbingwe und Windhuk mit dem Assessor von Linquist als Vorsteher sowie Keetmanshoop im Süden mit dem Bergreferendar Duft als Vorsteher, später kamen Swapokmund, Lüderitzbucht, Gibeon, Karibib, Outjo, Grootfontein, Warmbad, Rehoboth und Omaruru hinzu.

Selbständige Distriktsämter gab es in Gobabis, Okahandja, Bethanien, Maltahöhe und das Distriktsamt Schuckmannsburg für den Caprivizipfel. Die Bezirks- und Distriktämter unterstanden unmittelbar dem Gouverneur und hatten dessen Anweisungen zu befolgen. Die Bevölkerung war über einen ständigen Beirat von 3 Personen, der bei jeder Bezirkshauptmannschaft einzurichten war, an der Verwaltung beteiligt. Der Beirat hatte den Gouverneur zu beraten und war vor dem Erlass von Verordnungen zu hören. Mit Gouverneursverordnung vom 24. Dezember 1903 wurden Gouvernementsräte eingerichtet.

Durch Verordnung des Reichskanzlers vom 28. Januar 1909 betreffend die Selbstverwaltung in Deutsch- Südwestafrika wurde eine umfassende Selbstverwaltung in Form von Gemeinde- Bezirksverbänden als juristische Personen eingeführt. An der Spitze einer Gemeinde stand der Gemeinderat mit dem Gemeindevorsteher als Vorsitzenden.Dieser führte den Titel *Bürgermeister*. An der Spitze eines Bezirksverbandes stand der Bezirksamtmann oder, wenn der Bezirksverband einen selbständigen Bezirk umfasste, der Distriktchef, dem ein Bezirksrat beigestellt war.

An die Stelle des Gouvernementsrat trat nach der Selbstverwaltungsverordnung der Landesrat, der den Gouverneur bei der Wahrnehmung der Interessen des Schutzgebietes unterstützte. Seine Mitglieder wurden zur Hälfte von den Bezirksverbänden und zur Hälfte vom Gouverneur ernannt. Außerdem gehörten ihm laut Ergänzungsverordnung vom 11. März 1914 die Bürgermeister der Städte Windhuk Keetmanshop, Lüderitzbucht, Swapokmund und an.

Der Landesrat tagte mindestens einmal im Jahr unter dem Vorsitz des Gouverneurs oder eines von ihm ernannten Beamten. Zu seinen Aufgaben gehörte die Beratung der jährlichen Vorschläge zum Haushaltsplan, der vom Gouverneur zu erlassenden oder vorzuschlagenden Verordnungen, die nicht lediglich lokale Bedeutung hatten sowie alle ihm vom Gouvernementsrat zur Beratung vorgelegten Angelegenheiten.

Die Polizeibehörden bildeten in Polizei- und Verwaltungssachen die unterste Instanz. Gegen ihre Entscheidungen konnte Berufung beim Bezirksamt sowie weiter beim Gouverneur eingelegt werden. Die Ortspolizeibehörden wurden später in Distriktämter umgewandelt mit einem Distriktchef an der Spitze.

Bei den Bezirksämtern wurden jeweils drei Beiräte ernannt, je ein Vertreter der Kaufmann- und Farmerschaft sowie ein Vertreter der Handwerker.Der Beirat war vor jeder gesetzgeberischen Maßnahme zu hören.

18. Wirtschaft, Landwirtschaft und Viehzucht 120)

Die deutsche Reichsregierung sah den wirtschaftlichen Wert der Kolonie Südwest neben den Mineralschätzen, deren Ausbeutung sich bislang als schwierig und teuer erwies, vor allem in den unendlichen Weideflächen des Landes, welche eine ergiebige Viehzucht erlaubten.

Auch die deutschen Farmbetriebe, die teilweise mehrere tausend Hektar umfassten, waren überwiegend auf Viehzucht ausgerichtet. Das Vieh konnte aufgrund der natürlichen Beschaffenheit der Weiden das ganze Jahr hindurch hinausgetrieben werden. Durch die Verwendung von Futtermitteln wie Luzerne konnte die Viehhaltung auf kleinere Flächen beschränkt werden. Aufgrund von Landeinziehungen von den Eingeborenen nach Beendigung der Herero- und Namaaufständen verfügte die Regierung über ausreichend Grund und Boden, welche sie an Ansiedlungsinteressierte zu einem günstigen Preis verkaufen konnte.

Im Jahr 1913 gab es in Südwest ca. 1331 in Privatbesitz befindliche Farmen.In der Viehzucht spielte die Zucht von Wollschafen und von Fettschwanzschafen als Fleischlieferanten eine wichtige Rolle Auch die Zucht von Ziegen, insbesondere von Angoraziegen war vor allem im Süden verbreitet.

Für den Norden war die Rinderzucht geeigneter, wobei die Rinder der Hereros Ausgangspunkt waren. Die für die Zucht benötigten Bullen wurden aus dem Ausland, vor allem aus Europa importiert. Dabei zahlte die Regierung die Transportkosten. Keine Rolle spielte demgegenüber die Zucht von Pferden und Schweinen, da die lokalen Verhältnisse in Südwest hierfür zu ungünstig waren.

Obwohl die klimatischen Bedingungen schlecht waren, insbesondere im Süden des Landes, wo die Böden steinig und der Regenfall spärlich waren, versuchten insbesondere die Missionare der Rheinischen Mission den Eingeborenen Acker- und Gartenbau zu lehren. Sie befassten sich mit dem Anbau von Kartoffeln, Mais, Orangen, Zitronen und Tabak.Das Interesse hierfür blieb jedoch gering, vor allem fehlte ein Absatzmarkt für die Produkte, abgesehen vom Anbau von Tabak. Die Regierung errichtete mit der *Regierungsfarm Neudamm* eine landwirtschaftliche Versuchsstation für Trockenkultur ein, auf der vor allem Mais und Kartoffeln angebaut wurden.

Keine Rolle spielte auch die Forstwirtschaft, da Südwest ein baumarmes Land war. Dennoch wurde Holz benötigt z.B. als Heizmaterial für Lokomotiven oder als Brennmaterial für die Bevölkerung. Dennoch scheiterten die Pläne für eine Aufforstung der Berge. Neben dem Forstgarten der Regierung in Windhuk gab es noch 4 weitere Forstgärten in verschiedenen Landesteilen.

19. Handel 121)

Die ersten weißen Händler, die nach Südwest kamen, tauschten ihre zumeist gegen Kredit erworbenen Waren gegen Waren der Eingeborenen, vor allem gegen Rinder bei den Hereros sowie in geringerem Umfang gegen Elfenbein, Straußfedern, Hörner und Felle ein. Diese Art des Tauschhandels funktionierte bis zum Beginn des Herero- und Namaaufstandes im Jahre 1904. Nach Niederschlagung des Aufstandes kam über die Verstärkung der Schutztruppe und die Bahnbauten sowie den Bergbau mehr Geld nach Südwest, was zu einer Belebung des Handels führte.

Die Einfuhr von privaten Gütern, vor allem von Gütern zur Verpflegung der *Weißen*, Körnerfrüchte für die Eingeborenen, Bier, Feuerwaffen, Gewebe Eisenmaterial und Maschinen stieg von 23.632.000 Mark in 1905 auf 43.425.000 Mark in 1913, die Ausfuhr von privaten Gütern, insbesondere von rohen Diamanten, Kupfererze und Blei von 216.000 Mark in 1905 auf 70.303.000 Mark in 1913. Beschränkt wurde von der Kolonialverwaltung der Handel mit Alkohol, Feuerwaffen und Munition. Der Handel mit Rohdiamanten wurde dadurch beschränkt, dass die Förderer der Diamanten ihre gesamte Produktion an die Diamantenregie des südwestafrikanischen Schutzgebietes in Berlin zum Zwecke der Verwertung abzuliefern hatten. In Zollfragen wurde Deutsch- Südwest gegenüber dem Deutschen Reich als Ausland behandelt. Es wurden Einfuhr- und Ausfuhrzölle erhoben. Der Ausfuhrzoll auf Diamanten wurde in eine Diamantensteuer umgewandelt.

20. Geld- und Bankwesen 122)

Durch Gouverneursverordnung vom 15.Dezember 1900 wurde die deutsche Reichsmark als gesetzliches Zahlungsmittel eingeführt. Zu den anerkannten Zahlungsmitteln gehörten neben den Reichsgoldmünzen und den Talern auch die Reichssilbermünzen sowie die Nickel- und Kupfermünzen bis zu einem Betrag von 5 Mark. Ein Bankwesen entwickelte sich erst nach Beendigung der Herero- und Namaaufstände im Jahre 1905. Die Deutsche Kolonialgesellschaft für Südwestafrika verfügte über eine Bankabteilung, daneben gab es den Swapokmunder Bankverein sowie die Genossenschaftsbanken als örtliche

Bankinstitute. Bankgeschäfte aller Art betrieb außerdem die Deutsche Afrikabank AG mit Sitz in Hamburg mit ihren Zweigniederlassungen in Windhuk, Swapokmund und Lüderitzbucht.

21. Bergbau

Die Regelung des Bergwesens erfolgte aufgrund einiger Goldfunde bereits im Jahre 1888 durch die Kaiserliche Verordnung vom 25.März 1888, durch welche der Deutschen Kolonialgesellschaft für Südwestafrika das Bergregal im Schutzgebiet verliehen wurde. Dieses wurde jedoch durch Verordnung vom 15.August 1889 wieder beseitigt durch die Einführung von öffentlichen Schürfgebieten, für die Schürffreiheit bestand. Daneben wurden Minengesellschaften Sonderrechte gewährt oder Minenkonzessionen verliehen.

Die Kupfer- und Bleiminen in Tsumeb und an verschiedenen Stellen im Otavitale gehörten dagegen der Otavi- Minen- und Eisenbahngesellschaft, die zur South West Africa Company gehörte.Das Prinzip der Schürf- und Bergbaufreiheit, das nur durch die Rechte der Minengesellschaft eingeschränkt war, wurde durch die Verordnung vom 8.August 1905 bestätigt. Der Bergbau in Deutsch-Südwest erstreckte sich auf folgende Mineralien: Diamanten, Kupfer- und Bleierze, Gold, Zinnerze, Marmor sowie sonstige Erze wie Magneteisen, Mottramit und Wolframit.

22. Verkehrswesen

Wegen der Bodenbeschaffenheit des Landes und des weitgehenden Fehlens von Wegen und Straßen blieb der Ochsenwagen lange Zeit das Hauptverkehrs- und Transportmittel in Südwest. Mit dem Schiff war das Land von Deutschland aus lange Zeit nur über das zu Südafrika gehörende *Walfischbay*, später auch über die Landungsstelle inSwapokmund zu erreichen. Durch die Woermann Linie bestand seit 1898 eine regelmäßige Schiffsverbindung nach Deutschland.

Auch der gesamte Außenhandel der Kolonie erfolgte von Swapokmund aus per Schiff nach Deutschland. Hierfür wurde nördlich der Mündung des Swapok eine 370 Meter lange Mole errichtet, deren Verlängerung konnte infolge des Ausbruchs des 1. Weltkriegs nicht mehr fertiggestellt werden. Das innerhalb der Kolonie gebräuchlichste Verkehrsmittel waren bis zum Bau der Eisenbahnlinien die Ochsenwagen. Mit zehn bis zwanzig Ochsen bespannte Karren konnten am Tag 18 bis 35 Kilometer zurücklegen. Dabei konnten neben Personen Frachten von 30 bis 50 Zentner befördert werden. Der Ausbruch der Rinderpest im Jahre 1897 und der weitgehende Ausfall der Ochsenwagen als Verkehrsmittel führte im September 1897 zum Bau der ersten Schmalspureisenbahn von 60 cm Spurweite von Swapokmund nach Windhuk, die im Jahre 1902 fertiggestellt wurde. Die Arbeiten standen unter der Leitung von vier Offizieren und wurden durch 290 Soldaten und 800 einheimische Arbeitskräfte ausgeführt.

Der Eisenbahnverkehr wurde mit 34 Dampflokomotiven durchgeführt. Es gab 7 Wagen erster Klasse, 2 Wagen zweiter Klasse, 5 Gepäckwagen, 308 Güterwagen,83 Wasserwagen und 50 Arbeits- und Bahnmeisterwagen. Die Bahnfahrt von Swapokmund dauerte 3 Tage mit einer Übernachtung in Karibib. Die Fahrgeschwindigkeit betrug etwa 14 km/h. 1910/1911 wurde der Abschnitt Windhuk-Karibib auf die Kapspur (1.067 mm) umgespurt, außerdem verflachte man im Abschnitt Windhuk- Karibib die Kurvenradien und entschärfte die Steigungen.

Eine zweite Schmalspurbahn verband im Jahre 1906 nach Gründung der Otavi-Minen- und Eisenbahngesellschaft Swapokmund mit den Kupfer- und Bleibergwerken bei Tsumeb unter Weiterführung von Otavi nach Grootfontein. Schließlich wurde aus Anlass des Aufstandes der Hottentotten zum Transport der kämpfenden Truppen im Süden des Landes die Eisenbahnlinie zwischen Lüderitzbucht und Aus und weiter bis Keetmanshoop-Seeheim- Kalkfontein durch die Firma Lenz & Co fertig gestellt. Sie war in Kapspur (1,067 m) angelegt.Für den Bau stellte das Gouvernemet 1000 gefangene Hereros und Hottentotten zur Verfügung, für weißes Aufsichtspersonal und Ergänzung der Arbeitskräfte hatte die deutsche Firma zu sorgen.Bereits am 1. November 1906 konnte die Strecke Lüderitzbucht-Aus eingeweiht und in Betrieb genommen werden.

Neben dem Eisenbahnwesen wurde nach Beendigung der Eingeborenenaufstände auch das Post- und Telegraphenwesen in Deutsch- Südwest ausgebaut. Im Jahr 1913 gab es in Deutsch-Südwest 102 Post- und Telegraphenanstalten, 3 Postämter, 25 Postagenturen, 42 Posthilfsstellen und 32 Telegraphenhilfsstellen. Darüber hinaus gab es in 28 Orten Ortsfernsprecheinrichtungen, die Fernsprechanschlussleitungen hatten eine Länge von 1078 Kilometern.

23. Medizinische Versorgung

Die Anzahl der in Deutsch- Südwest vorhandenen Ärzte war gering. Dies machte es notwendig zur Sicherung der medizinischen Versorgung der Bevölkerung auch Sanitätsoffiziere der Schutztruppe für die öffentliche Gesundheitspflege und- vorsorge heranzuziehen und an wichtigen Stellen Regierungsärzte zu bestellen.

24. Bondelzwartsaufstand von 1903 123)

Im Oktober 1903 brach im Bezirk Warmbad ein Aufstand der Bondelzwarts aus. Der Grund für den Ausbruch des Aufstandes war die Verpflichtung der Bondelzwarts sich und ihre Feuerwaffen registrieren zu lassen. Unmittelbarer Anlass war ein Streit zwischen dem Bondelzwarts Kapitän Abraham Christian und einem Unterkapitän, dem er einen Fettschwanzhammel weggenommen hatte. Als sich der Distriktchef Jobst unberechtigterweise in diesen internen Streit der Bondelzwarts einmischte, kamen bei einer Schießerei Jobst und andere Kolonialbeamte und Siedler ums Leben. Weil die Bondelzwarts die Vergeltung der Deutschen fürchteten, bewaffneten sie sich und schlugen los. Schließlich gelang es dem Hauptmann von Koppy den Aufstand im Dezember 1903 niederzuschlagen. Durch Vermittlung des Gibeoner Bezirksamtmannes von Burgsdorff kam es am 27. Januar 1904 zum Frieden von Kalkfontein. Die Bondelzwarts ergaben sich, lieferten 289 Gewehre und die geraubten Güter ab und wurden in einem Reservat um Warmbad angesiedelt.

25. Hereroaufstand von 1904 124)

Über die genauen Gründe für den Hereroaufstand besteht bis heute Ungewissheit. Der Aufstand begann ohne Vorankündigung in einer Zeit, in der von einigen kleineren Unruhen abgesehen Frieden in Südwest eingekehrt zu sein schien. Die Besiedlung des Landes war gewachsen ebenso wie der Viehbestand. Bahnbauten wurden ausgeführt, große Hoffnungen setzten die Deutschen in den Ausbau des Bergbaus mit ensprechenden Aussichten auf Gewinn.

Leutwein selbst äußerte sich in seiner Biographie auch nicht konkret zu den Gründen des Aufstandes, sondern gab nur einige ausweichende, ungenaue Angaben. So sprach er unter anderem davon, dass die Frage nach den Gründen für den Aufstand im Schutzgebiet sowie in der Heimat eine zu große Rolle gespielt und allzu viele ebenso überflüssige wie unerquickliche Erörterungen hervorgerufen habe.

Ende Januar 1904 schrieb Leutwein in seinem Bericht an die Kolonialabteilung des Auswärtigen Amtes über die Gründe des Hereroaufstandes:

Der Aufstand ist der Regierung wie den Missionaren und den Ansiedlern gleich unerwartet gewesen. Ich habe mit den Hereros nunmehr zehn Jahre lang zu tun gehabt und glaube sie zu kennen, aber ein derartiges gemeinsames und tatkräftiges Handeln hätte ich ihnen niemals zugetraut.

Leutwein selbst hatte den Anführer der Hereros Maharero gefragt, was ihn zu dem Aufstand veranlasst habe. Dieser antwortete ihm in seinem Schreiben vom 6. März 1904, das in Otjisonjati aufgegeben worden war:

Deinen Brief habe ich erhalten, und ich habe gut verstanden, was Du mir und meinen Großleuten geschrieben hast. Ich und meine Großleuten antworten folgendermaßen: Der Anfang des Krieges ist nicht jetzt in diesem Jahr durch mich begonnen worden, sondern er ist begonnen worden durch die Weißen; wie Du weißt, wie viele Herero durch die Leute, besonders Händler mit Gewehren und in Gefängnissen getötet sind. Und immer wenn ich diese Sache nach Windhoek brachte, kostete das Blut meiner Leute (nicht mehr, als) einige Stück Kleinvieh, nämlich fünfzig oder fünfzehn. Die Händler vermehrten die Not noch in der Weise, dass sie aus sich selbst meinen Leuten auf Borg gaben. Nachdem sie so getan, raubten sie sie aus, bis sie soweit gingen, sich bezahlen zu lassen, indem sie für 1 Pfund (Sterling) Schuld zwei oder drei Rinder gewaltsam wegnahmen. Diese Dinge sind es, die den Krieg in diesem Lande erweckt haben.

Und jetzt in diesen Tagen, da die Weißen sahen, dass Du, der Du Frieden mit uns und Liebe zu uns hast, nicht da warst, da begannen sie uns zu sagen: Der Gouverneur, der Euch lieb hat, ist in einen schweren Krieg gezogen, er ist tot, und weil er tot ist, werdet ihr auch sterben. Sie gingen soweit, dass sie zwei Hereros des Häuptlings Tjetjo töteten, bis Leutnant N. anfing, meine Leute im Gefängnis zu töten. Es starben zehn, und es hieß, sie seien an Krankheit gestorben, aber sie starben durch die Arbeitsaufseher und durch die Knüttel. Zuletzt fing Leutnant N., auch mich schlecht zu behandeln und eine Ursache zu suchen, wegen deren er mich töten könne, indem er sagte: die Leute von Kambasembi und Uanja machen Krieg. Da riet er mich, mich zu befragen. Ich antwortete wahrheitsgemäß, nämlich nein. Aber er glaubte nicht. Zuletzt setzte und verbarg er in der Schanze Soldaten in Kisten. Und er rief mich, damit wenn ich käme, er mich erschieße. Ich ging nicht hin; ich merkte die Absicht und deshalb entfloh ich. Darauf schickte Leutnant N Leute mit Gewehren, mich zu erschießen. Darüber wurde ich zornig und sagte: Jetzt muss ich die Weißen töten, sei es selbst dass ich sterbe. Denn dass ich sterben sollte, habe ich gehört von einem Weißen mit Namen X...

Ich bin der Häuptling Samuel Maharero!

Samuel Maharero gab damit den Weißen die Schuld am Krieg. Tatsache war, dass dem im Januar 1904 ausbrechenden Hereroaufstand schwerwiegende Misshandlungen von Eingeborenen unter Missachtung des Rechtes vorausgegangen waren. Der politisch- gesellschaftliche Einfluss der Häuptlinge ging immer mehr zurück, die Eingeborenen selbst radikalisierten sich. Kapitalverbrechen der Eingeborenen wurden härter bestraft als solche von Weißen. So wurden für die Tötung von weißen Siedlern 15 Eingeborene zum Tode verurteilt sowie einer zu einer Freiheitsstrafe, während für fünf durch Weiße begangene Tötungen Eingeborener lediglich Gefängnisstrafen zwischen drei Monaten und drei Jahren ausgesprochen wurden.

Für besonderes Aufsehen sorgte die Tötung der Tochter des Häuptlings von Otjimbingwe durch einen deutschen Händler. Als Grund für den Mord gaben die Hereros an, dass der Händler sich der Frau *mit unlauteren sexuellen Absichten* genähert und als sie ihn abwies, erschossen haben soll. In der 1. Instanz wurde der Deutsche noch freigesprochen, auf Veranlassung von Leutwein kam es jedoch zu einer Revisionsverhandlung, die den Angeklagten zu 3 Jahren Gefängnis verurteilte.

Auch die Stammeszugehörigkeit bildete für die Eingeborenen keinen wirksamen Schutz. Die schlechte Behandlung der Eingeborenen und nicht so sehr die Landfrage bei dem Erwerb von Eingeborenenland durch Weiße war der Hauptgrund für den Ausbruch des Hereroaufstandes im Jahre 1904. Die Prügelstrafe für Eingeborene wurde sogar von Gouverneur Leutwein als unverzichtbares Straf- und Züchtigungsmittel erklärt.

Als diskriminierende Handlung und Enteignung der Eingeborenen wurde auch die Bildung von zwei Reservaten jeweils im Nama und Hereroland angesehen. Nach den Plänen des Gouverneurs Leutwein sollte für jeden einzelnen Hererostamm ein Reservat geschaffen werden, in dem Land nicht an *Weiße* verkauft werden durfte. Diese Reservate waren als letzte Festung der Eingeborenen gegen die weiße Kolonisation gedacht. Sie sollten den Eingeborenenstämmen einen Schutz vor der weißen Einwanderung geben und ihnen die wirtschaftliche Existenz ermöglichen.Die ersten Reservate wurden im Süden im Namaland errichtet das Witbooi Rietmond- Kalkfontein Reservat im Distrikt Gibeon und das Reservat für die Rote Nation südöstlich von Rehoboth.

Die Gründe für die Errichtung der ersten Reservate im Süden war die Bereitschaft des Witbooi Kapitäns Hendrik Witbooi zur Zusammenarbeit sowie der Umstand dass im Süden genügend Land zur Verfügung stand, das wegen der schlechten Bodenqualität nicht von den weißen Siedlern beansprucht wurde. Dort bemühte sich die Rheinische Mission eine Garten- und Ackerbaukultur zu begründen, die der einheimischen Bevölkerung den notwendigen Lebensunterhalt sicherte.

Die Stämme, denen die Reservate gehörten, schlossen mit der Rheinischen Mission Verträge ab, in denen der Mission das Recht eingeräumt wurde, sich im Reservat niederzulassen, d.h. eine Missionsstation zu gründen, Häuser und

Anlagen für die Seelsorge und die wirtschaftliche Entwicklung zu bauen wie Werkstätten oder Wasseranlagen.Die Reservatsfrage im Norden erwies sich als ungleich schwieriger, weil unter den Häuptlingen der Hereros keine Einigkeit bestand.Die meisten wollten sich nicht ohne weiteres auf die Reservate beschränken lassen. Aufgrund des Hereroaufstandes kam es nicht mehr zu Reservatsgründungen. Schließlich gab es noch andere Umstände, welche beim Ausbruch des Hereroaufstandes eine Rolle spielten wie z.B. die Beschränkung der Waffeneinfuhr über die englische Grenze, sexuelle Belästigung *schwarzer* Frauen durch *weiße* Farmer sowie der Abschuss von Hereorindern, die sich auf *weißes* Farmland verlaufen hatten.

Ein weiterer Grund war die zunehmende Verschuldung der Hereros. Diese beruhte auf dem zu dieser Zeit üblichen doppelten Kreditsystem. Die *weißen* Händler, in der Regel kapitalarme Einwanderer aus Europa kauften auf Kredit in den großen Handelshäusern in Swapokmund und Karibib ein und verkauften ihre Waren weiter an Hereros ebenfalls auf Kredit. Um ihre Schulden bei den Kaufhäusern bezahlen zu können, trieben sie die Schulden bei den Hereros rigoros ein. Zahlungsmittel der Hereros waren in der Regel Rinder, welche die weißen Händler, um ihre eigenen Schulden bezahlen zu können, verkauften oder aber behielten, um mit ihnen später eine Farm zu gründen.

Der Gouverneur Leutwein erkannte schon bald, dass diese Kreditpraktiken leicht Unruhen auslösen könnten. Daher erließ er am 23. Juli 1903 eine Kreditverordnung. In dieser wurde verboten, den Hereros Waren auf Kredit zu verkaufen. Noch bestehende Schulden sollten am Jahresende 1903 erlöschen. Die Absicht der Verordnung war gewesen, die Eingeborenen gegen übertriebene Forderungen zu schützen. Das bewirkte, dass die weißen Händler bis Ende 1903 die Restschulden bei den Hereros noch rücksichtsloser eintrieben, damit sie nicht verfielen.

Dies führte zu weiterer Unruhe unter den Hereros, zu einer Zeit als sich Leutwein zur Bekämpfung des Aufstandes der Bondelzwarts mit einem großen Teil der Schutztruppe im Süden befand. Vielen Hereros wurde das geliebte Vieh gepfändet. Hierzu äußerte sich Leutwein wie folgt:

Ein Gerichtsvollzieher, der ihm sein Vieh wegnehmen will, ist für den Eingeborenen ein viehraubender Feind.

Schließlich spielte auch das Verhalten von Okahandjas Distriktchef Zürn, der den Spitznamen die *kleine Giftkröte* trug, eine Rolle, von dem Maharero behauptete, er wolle ihn umbringen sowie ein bei den Hereros aufgekommenes Gerücht, wonach Gouverneur Leutwein im Süden gefallen sein soll. In einem Brief vom

29.Juni 1904 an die Direktion der Rheinischen Mission beschrieb der Missionar Carl Wandres Zürn wie folgt:

Zürns Feigheit hatte ihren Grund in seinem schlechten Gewissen. Er hat die Okahandjer, besonders Samuel, sehr schroff behandelt. Herr Gathemann hier kann es bezeugen, dass er Samuel in seiner Gegenwart mit den Worten angeschnauzt hat: Halte das Maul, du Schwein! Eines Tages sagte Zürn in Gegenwart Bruder Meiers zu Bruder Diehl. Wenn ein Eingeborener kommt und klagt, dann haue ich ihm ein paar hinter die Ohren.

Zürn hatte den Auftrag in Okahandja und Waterberg für die Eingeborenen Reservate einzurichten. Die Hereros wehrten sich dagegen. Um Erfolge vorweisen zu können, fälschte er die Unterschriften der Häuptlinge auf dem Vertrag, in welchem die Grenzen des Waterbergreservates festgelegt wurden, indem er an den entsprechenden Stellen drei Kreuze machte und darunter vermerkte, es handelt sich um die Unterschrift des Kapitäns David in Waterberg, obwohl David selbst schreiben konnte.

Dennoch waren viele *Weiße* der Ansicht, dass der Hereroaufstand ohne sichtbaren Anlass und unerwartet ausgebrochen sei. Selbst Gouverneur Leutwein erklärte im nachhinein, dass der Aufstand für ihn eine echte Überraschung gewesen sei, zumal er davon ausgegangen sei, dass ihm die Hereros dankbar sein müssten, weil er sie vor den Viehräubereien der Nama schütze und er Samuel Maharero die Würde eines Oberhäuptlings verliehen habe. Carl Wandres, der seit 1870 in Okahandja tätige Missionar hat im nach hinein als Ursachen für den Aufstand bezeichnet:

Hass gegen die Landnahme der Deutschen, vielfach ungerechte Behandlung der Hereros seitens einzelner Händler und das Misstrauen gegen die Reservatspläne der Regierung.

Dennoch gab es vorherige Anzeichen für eine Unruhe unter den Eingeborenen. So berichtete der am Waterberg stationierte Missionar Eich dem Oberleutnant Zürn von zunehmend auffälligem Verhalten der Hereros am Waterberg:

Um jeden Preis kauften sie nach Weihnachten 1903 in einem Art Kaufrausch alles mögliche auf Kredit bei seinem Nachbarn, dem Händler Sonnenberg, der seinen Laden fast leergeräumt, vor dem Andrang schließen musste. Wie im Laden der Sonnenbergs ging es auch in den anderen Läden im Hereroland zu. Zu den Käufen gehörten vor allem warme Decken, Strümpfe, Hemden, Sachen die auf einen baldigen Aufbruch oder eine Reise hinzudeuten schienen. Außerdem kamen beunruhigende Nachrichten über größere Hererozüge.

Die Ehefrau des bei dem Hereroaufstand ums Leben gekommenen Händlers und Farmers von Sonnenberg Else verwitwete Sonnenberg schrieb in ihrer Biographie:

Mir wurde schließlich bange und als am 3. Januar wieder viele Leute um unser Haus lagerten und solche, die ich gar nicht kannte, erfasste mich große Unruhe über das seltsame Treiben und ich eilte zu Frau Missionar, um mir da Rat zu holen, obwohl mir die Leute nachriefen, mit ihnen in den Store zu kommen.

Frau Eich saß bei einer Näharbeit und als ich nach der ersten Begrüßung, sie ohne weitere Einleitung fragte, was denn eigentlich los sei, dass alle Leute so rasend kauften und dass ich mir nicht zu helfen wisse, war sie sehr erschrocken und zitterte am ganzen Körper, doch noch von niemanden hatte sie erfahren, wie es am Platze stand.. Herr Eich wusste auch von nichts, jedoch beruhigte er mich damit, ebenso wie später Herr Rademacher. Dass die Hereros vielleicht durch die Nachrichten von den Unruhen im Süden des Schutzgebietes verwirrt gemacht seien und nun sich rüsten wollten auf einen Krieg für den Fall, dass durch die Siege der Bondelzwarts auch sie den Mut fänden, Feindseligkeiten zu eröffnen. Vielleicht wollten sie auch gegen die aufrührerischen Hottentotten mit ins Feld ziehen. Gefahr liege nicht weiter vor, hieß es.

Dennoch kam Herr Missionar täglich ein- bis zweimal, um sich zu überzeugen, ob alles ruhig sei. Und ich bemerkte, dass die Hereros in den Büschen verschwanden, sobald in der Ferne der weiße Rock des Missionars sichtbar wurde.

Ihr Ehemann sah jedoch noch am 10. Januar 1904 keine derartige Gefahr:

Bis jetzt weiß ich von keiner Gefahr. Auch halte ich die hiesigen Herero zum Kriegführen für viel zu träge und feige, außerdem sind ja die meisten Christen.

Andererseits gab er seinen Befürchtungen in einem Brief in die Heimat Ausdruck:

Obgleich ich meine Waterberger Hereros gut kenne und nichts befürchte, ist mir schrecklich ums Herz. Hoffentlich komme ich bald von hier fort nach Hause zurück

Die erste Periode des Hereroaufstandes nannte Leutwein in seiner Biographie die Zeit der Überlegenheit der Hereros. So war gekennzeichnet durch die Ermordung einzel wohnender weißer Siedler, der Plünderung ihrer Farmen und der Belagerung verschiedener Stationen, insbesondere in Okahandja und Omaruru.

Als Beginn des Aufstandes wählten die Hereros taktisch geschickt einen Zeitpunkt, zu dem sich Gouverneur Leutwein zur Niederwerfung eines Aufstandes der Bondelzwarts mit dem größten Teil seiner Schutztruppe im Süden des Landes befand.Ihr Hauptort war Warmbad, das seinen Namen von den dortigen warmen Quellen erhalten hatte. Der Stamm galt als wild und aufsässig.

Der Grund für den Aufstand war geringfügig und nichtig. Der Kapitän der Bondelzwarts Albrecht Christian hatte sich geweigert beim Distriktchef Jobst zwecks einer Belehrung zu erscheinen. Als dieser versuchte, den Kapitän gewaltsam vorführen zu lassen, eskalierte die Auseinandersetzung. Es gab Tote außer dem Kapitän auch der Distriktchef Jobst. Der Gouverneur Leutwein hielt es für notwendig, den Aufstand so schnell wie möglich niederzuwerfen, um eine weitere Ausdehnung zu verhindern. Er erschien selbst in Warmbad . Die Übermacht der Schutztruppen , die die Bondelzwarts anerkennen mussten, führte am 27. Januar nach Ausbruch des Hereroaufstandes zum Frieden von Kalkfontein. Darin verpflichteten sich die Bondelzwarts alle Waffen und Munition abzugeben.

Leutwein war deshalb vom Aufstand selbst sowie vom Zeitpunkt des Beginnes völlig überrascht. Er hatte sich in Maharero getäuscht, den er lange Zeit an seiner Seite stehend glaubte. Der Befehl von Maharero an die Hereros zum Aufstand lautete:

Ich bin der Oberhäuptling der Hereros, Samuel Maharero. Ich habe ein Gesetz erlassen und ein rechtes Wort und bestimme es für alle meine Leute, dass sie nicht weiter ihre Hände legen an folgende: nämlich Engländer, Bastards, Bergdamaras, Namas, Buren. An diese alle legen wir unsere Hände nicht. Ich habe einen Eid dazu getan, dass diese Sache nicht offenbar werde, auch nicht den Missionaren. Genug.

Maharero schien sich seiner Sache auch nicht sicher zu sein. So schrieb er nach Beginn des Kampfes an den Nama Kapitän Hendrik Witbooi, um ihn und die anderen Nama Häuptlinge zum gemeinsamen Kampf gegen die Deutschen aufzurufen:

Ich mache dir bekannt, dass die Weißen ihren Frieden mit mir gebrochen haben… Und wir sollen für unseren Teil in unserer Schwachheit tuen, was wir können. Und wenn es Gottes Wille ist, lass die Arbeit im Namaland nicht zurückgehen.

Es bleibt noch übrig, dass Du kommst, um nach Swapokmund zu gehen, um zu sehen, was sie dort machen. Und ich bin ohne Munition. Wenn ihr Munition bekommen habt, helft mir und gebt mir zwei englische und zwei deutsche Gewehre, denn ich bin ohne Gewehre. Das ist alles. Grüße..

In einem zweiten Brief vom selben Tag schrieb er an den Bastardkapitän :

Ich mache Dich bekannt, dass unser Bündnis zwischen uns und den Deutschen gebrochen ist. Wir sind nun Feinde geworden, das mache ich Euch bekannt, dass ihr wissend seid, denn ihr müsst wissen, dass ein Bastard ein Herero ist und ein Nama und ein Englischmann. Ein Bergdamara ist ein Knecht der genannten Stämme. Das sind alle von unserer Seite, da ist es, nimm es und halte es fest. Und mache diese Arbeit fertig und das ist alles, kommt, lasst uns nach Swapokmund gehen, lasst uns dort bleiben. Den einliegenden Brief an Witbooi sende weiter und halt Deinen Mann fest, er hat keine Arbeit. Rühre keinen Buren und keinen Englischmann an.

Etwas später sandte Samuel Maharero weitere Briefe an beide Kapitäne. In einem Brief schrieb er an Witbooi:

Lass uns lieber zusammen sterben und nicht sterben durch Misshandlung, Gefängnis oder auf allerlei andere Weise. Weiter mache es allen Kapitänen da unten bekannt, dass sie aufstehen und arbeiten…Ich schließe meinen Brief mit herzlichen Grüßen mit dem Vertrauen, dass der Kapitän meinen Wunsch erfüllen wird. Und schicke mir noch vier von Deinen Männern, dass wir von Mund zu Mund sprechen, Weiter verhindere den Krieg des Gouverneurs, dass er nicht vorbeikommt. Und mache doch schnell, dass wir Windhoek stürmen, dann haben wir Munition. Weiter ich fechte nicht allein, wir fechten alle zusammen

In seinem zweiten Brief an den Bastardkapitän schrieb Samuel Maharero:

Weiter will ich Dich, Kapitän wissen lassen, dass ich mit meinen anderen Kapitänen den Traktat zwischen mir und den Deutschen gebrochen habe. Hier auf Okahandja haben wir dreimal gefochten mit Maschinen und ich habe gewonnen. Ich fechte jeden Tag mit Maschinen. Weiter will ich Dich Kapitän, benachrichtigen, dass mein Wunsch der ist, dass wir schwache Nationen aufstehen gegen die Deutschen, lass uns lieber aufteilen und lass sie alle in unserem Lande wohnen. Alles andere wird uns nicht helfen. Weiter sei so gut und lass vier Ratsmänner zu mir kommen, dass wir zusammen sprechen von Mund zu Mund und mache auf schnellste Weise, dass wir Windhoek in die Hände bekommen, wo genug Munition ist. Weiter habe ich alle Händler ermordet außer Hälbich, Dammert, Burren, Redecker und Engländer. Hiermit schließe ich meinen Brief.

Diese Briefe erreichten Witbooi nie, sondern wurden abgefangen vom Rehobother Kapitän Hermanus von Wyk, der die Briefe an das deutsche Militär übergab sowie einen weiteren an ihn selbst gerichteten Brief. Bemerkenswert ist, dass trotz der großen Anzahl von Eingeweihten der Aufstandsplan Mahareros nicht vorher verraten wurde. Es hatten wohl Vorbesprechungen unter den einzelnen Stämmen stattgefunden, über deren Ergebnis ist jedoch nichts bekannt. Einen festen Plan hatten die Herero Kapitäne jedenfalls nicht. Jeder Stamm handelte danach nach eigenem Plan. So brach der Aufstand auch zu verschiedenen Zeiten aus, in Okahandja am 12.Januar 1904, in Omaruru am 16.Januar 1904 sowie in Otjimbingwe am 22.Januar 1904.

Da der Aufstand für die deutsche Schutztruppe völlig überraschend kam, waren die Hereros zunächst militärisch überlegen. Zwar hatte man vorher Verdächtiges wahrgenommen. In Okahandja gab es bereits am 10. Januar 1904 Anzeichen, dass etwas in der Luft lag.

So wurde aus Waterberg gemeldet, dass die dort lebenden Hereros die Geschäfte umlagerten, in sinnloser Weise Waren auf Kredit kauften, vornehmlich Sättel, Zaumzeug und teure Kleider. Am 11. Januar wurde dem Bezirksamtmann von Windhuk Bergrat Duft gemeldet, dass mehrere Hundert bewaffnete Hereros nach Okahandja marschierten und 200 Hereros bereits bei Osona lagerten, während der Oberhäuptling Samuel verschwunden sei. Von diesen Meldungen alarmiert begab sich Duft nach Okahandja um mit Maharero und den anderen Herero Häuptlingen zu sprechen. Maharero traf Duft jedoch nicht an, stattdessen wurde er von einem christlichen Herero mit Namen Johannes vor den Aufständischen gewarnt.

Der Hereroaufstand begann am 12. Januar 1904, morgens gegen 7.45 Uhr mit Schießereien in Okahandja, dem Sitz Mahareros, in Omaruru am 17. Januar sowie in Otjimbingwe erst am 23. Januar.

Die Morde an Weißen beschränkten sich vor allem auf das Gebiet Okahandja/ Waterberg sowie auf die Gegend von Grootfontein an den ersten Tagen nach Beginn des Aufstandes. In den übrigen Bezirken konnten die weißen Farmer rechtzeitig gewarnt werden und sich danach in Sicherheit bringen.

Die Aufständischen gingen bei der Ermordung von *weißen* Farmern so vor, dass sie den Farmer durch einen Jungen aus dem Hause herausrufen ließen. In dem Augenblick, in dem der ahnungslose Farmer zur Haustüre herauskam, schlugen ihm neben der Türe stehende Hereros mit ihren Knüppelstöcken den Schädel ein.

In anderen Fällen begrüßten die Hereros den Farmer förmlich mit Handschlag, während einer die Hand des Farmers festhielt, schlug ein anderer ihm den Schädel ein. Dann plünderten sie die Farm, raubten das Vieh. Die Hereros überfielen an diesem Tag sowie in den nächsten Tagen vor allem alleinstehende Farmen,

Handelsniederlassungen sowie schwach besetzte Militärstationen. Dabei töteten sie insgesamt 123 *Weiße*, darunter 7 Buren und 5 Frauen. Dabei hatten die Hererohauptlinge auf ihren geheimen Zusammenkünften beschlossen, Frauen, Kinder und Missionare zu schonen.

Den Beginn des Hereroaufstandes und die Tötung ihres Mannes Gustav beschrieb die deutsche Siedlerin und Farmerin Else Sonnenberg in bewegten Worten in ihrem Tagebuch. Sie war erst am 5. März 1903 mit ihrem Mann Gustav nach Südwest gekommen und hatte sich damit ihren Lebenstraum erfüllt. Von Swapokmund zogen sie über Karibib, Okhajande, Omara bis zum Waterberg, wo sie sich niederließen und einen Warenladen errichteten. Später, wenn sie aufgrund des Handels genug Geld beisammenhatten, wollten sie eine Farm gründen.

In Waterberg lebten noch ein paar andere weiße Siedler. Darüber hinaus gab es eine Missionsstation, die vom Missionaren Eich, seiner Frau und einer 5-köpfigen Besatzung bewohnt wurde. Der Waterberg hatte seinen Namen nach einer im Gebirge entspringenden Quelle, deren Wasser sich in Kaskaden von Terasse zu Terasse in das Tal hinabstürzte. Es wurde von Elke Sonnenberg in ihrer Biographie wie folgt beschrieben:

Er steigt aus der Ebene auf wie eine von Riesenhand gebaute Feldmauer und erst, wenn man näher kommt, sieht man am Ende dieser Mauer die wenigen steilen Abhänge, welche sich gebildet haben durch das abfallende Geröll des Berges. Man sieht wohl ähnliche Felswände im südlichen Tirol bei uns in Europa, aber nicht solche von so ungeheurer Mächtigkeit. In der Nacht vom 13. bis zum 14. Januar 1904 tobte nach den Beschreibungen Elke Sonnenbergs ein gewaltiges Gewitter:

Der Regen prasselte mit Gewalt auf das Blechdach unseres Hauses...Als ich morgens früh um sechs Uhr erwachte, war es ganz still. Ich verließ mein Lager und trat vor das Haus. Im Osten erhob sich die glorreiche Sonne in ihrer Pracht. Wir ahnten nicht, welchen Greueltaten sie in diesem Lande seit zwei Tagen ihr Licht geliehen hatte.

Die Ermordung ihres Ehemannes beschrieb Elke Sonnenberg mit folgenden bewegenden Worten in ihrer Biographie:

Ein schmaler Blutstrom rann die Backe herab auf das weiße Kissen. Scharen von Männern drangen in das Haus, stürzten sich auf Kisten und Koffer, rissen Wäsche und Kleider an sich, schlugen drohend mit ihren Kirris, den Kriegskeulen nach ihr, zertrümmerten das Fenster. Draußen hörte sie die Kinderschwester schreien, das Baby an sich pressend. Ihr kleiner Werner war noch keine drei

Monate alt. Laut und grell schrie sie meinen Namen. In furchtbarer Angst um das Kind stürzte ich aus dem Fenster. Wie sie tobten. Es klang wie das Geheul wilder Tiere. Können Menschen so furchtbar schreien?

Mit Hilfe der Herero Kinderschwester gelang Else Sonnenberg mit ihrem Sohn Werner die Flucht in das Missionshaus des Missionars Eich. Hier war sie zunächst vor weiteren Angriffen der Hereros sicher. Nach weiteren Wochen voller Angst und Aufregung gelang es ihr mit ihrem Sohn das Land der Hereros zu verlassen und nach Deutschland zurückzukehren. Bereits am 14. Januar war Okahandja von den Aufständischen eingeschlossen. Sie zerstörten die Telegrafenverbindungen sowie die Eisenbahnbrücke bei Osana. In Windhuk wurden weiße Frauen und Kinder auf der Festung in Sicherheit gebracht. Innerhalb nur weniger Tage starben 123 *Weiße*, darunter 13 aktive Soldaten sowie 5 *weiße* Frauen. Die aufständischen Hereros stahlen Vieh, griffen Militärstationen an, kappten Telegraphenleitungen und fackelten Farmhäuser ab. Die Eisenbahnlinie Windhuk- Swapokmund wurde an mehreren Stellen unterbrochen.

Leutwein, der im Süden operierte, wurde per Heliograf informiert. Zur Vermeidung eines Zweifrontenkrieges brach der Gouverneur den Feldzug im Süden gegen die Bondelzwarts sofort ab und übergab das Oberkommando gegen die Hereros seinem tüchtigsten Offizuer Hauptmann Franke.

Er befahl dem Hauptmann Viktor Franke von Gibeon nach Windhuk zurück zu kehren. Dieses erreicht Franke nach einem viertägigen Gewaltritt.über 336 Kilometer trotz unerträglicher Hitze und starkem Regen.

Franke gelang es von Gibeon über Windhuk, Okahandja, Karibib und Omaruru vorzudringen und dort die von den Hereros blockierten Eisenbahnverbindungen freizukämpfen. Dabei erstürmte er den wildzerklüfteten *Kaiser- Wilhelmberg* bei Okahandja, der von den Hereros besetzt war. Bevor die Hereros die Telegraphen zerstörten, konnte die Verwaltung in Windhuk und Swapokmund von der Lage in Okahandja benachrichtigt werden. Von dort aus wurden Entsatzabteilungen nach Okahandja geschickt. Erfolgreich war der Entsatzversuch von Oberleutnant von Zülow, der mit einer Abteilung von 60 Mann in einem gepanzerten Zug Okahandja am 15. Januar um die Mittagzeit erreichte und die Hereros aus der Stadt vertrieb. Diese zogen sich daraufhin auf den Kaiser- Wilhelm Berg zurück.

Leutwein schloss auf die Nachricht vom Hereroaufstand sofort mit den Bondelzwarts im Süden einen Waffenstillstand und reiste über Port Nolloth auf dem Seeweg nach Swapokmund und von dort aus weiter nach Windhuk,um zusammen mit den Majoren Estorff und Glasenapp, die jeweils eine Truppe anführten in den

Onjatibergen gegen die dort versammelten aufständischen Hereros vorzugehen.

Windhuk wurde von einer aus 230 Reservisten bestehenden Truppe unter Führung von Hauptmann a.D. Francois, dem Bruder des 1. Landeshauptmannes erfolgreich verteidigt. In Windhuk bestand die Gefahr einer drohenden Belagerung nur für eine Woche vom 12. bis 19. Januar 1904, an dem Hauptmann Franke mit der Schutztruppe einrückte und für Sicherheit sorgte.

Das Verdienst für die Rettung Omarurus gebührte dem Stabsarzt Dr. Kuhn und dem dortigen Missionar Dannert. Kuhn, der der Hererosprache mächtig war, wurde zufällig Zeuge eines Gespräches, das den Aufstand zum Inhalt hatte. Es gelang ihm zusammen mit Dannert dem lokalen Kapitän Michael einen Aufschub für den Beginn des Aufstandes abzuhandeln, welche sie dazu nutzten alle *Weißen* aus dem Bezirk Omaruru in Sicherheit zu bringen.

In Otjimbingwe kam den *Weißen* zu Hilfe, dass der dort residierende Kapitän Zacharias wenig Lust verspürte, sich an dem Aufstand seiner Stammesgenossen zu beteiligen. Es gelang dem dortigen Missionaren Olpp ihn bis zum 23. Januar vom Aufstand zurückzuhalten.

Für Franke war die Nachricht vom Hereroaufstand ebenfalls eine große Überraschung. So hatte er noch vor dem Abmarsch nach Süden gegenüber Leutwein erklärt, er sei sich seiner Hereros auch während seiner Abwesenheit ganz sicher.

Die Schutztruppe unter dem Kommando des Hauptmannes Franke hatte erste militärische Erfolge mit seiner Losung:

Was in den Weg kommt, wird niedergeschossen.

So gelang es ihm und der Schutztruppe vor allem den nach Unterbrechung der Eisenbahnlinie Swapokmund- Windhuk bedrohten Militärstationen in Okahandja und Omaruru Hilfe zu bringen Franke berichtete darüber in seinem Tagebuch:

13. Januar: Nachrichten kommen, dass die Herero Okahandja und Windhuk bedrohen.
14. Januar: Reite zur Heliografenstation und bekomme die Nachricht: Okahandja schwer bedroht. Frage daher beim Oberst Leutwein an, ob ich weiter marschieren oder Okahandja Hilfe bringen soll.
19. Januar: In Windhuk sieht es wüst aus. Jeder Krüppel hat Uniform an.
21. Januar: Wir finden die Station Brakwater demoliert; die Bahn ist in auffallend sachgemäßer Weise an verschiedenen Stellen unterbrochen.
22. Januar: Durch das gefährliche Defilee bei Otjihaverera kommen wir unbe-

lästig hindurch. Die Kerle sind doch nur Eingeborene. Lasse die Station Teufelsbach durchsuchen. Auch hier ist alles verwüstet. Das Telefon ist total zertrümmert, sogar die Isolatoren. Jetzt rächt es sich, dass dieser törichte Nenning seine besten Eingeborenen weggejagt hat. Die Kerle wenden die erworbenen Kenntnisse gegen uns an.
27. Januar: Kaisers Geburtstag. Gelange ungetroffen an die Feste, wo mich von Zülow empfängt. Auch die dicke Luft und die kleine Giftkröte, der Zürn sind unversehrt.

Am anderen Tag, dem 28. Januar kam es zum Kampf um die Festung am *Kaiser Wilhelm Berg*, wo sich die Hereros verschanzt hatten. Nach einem sechsstündigen Gefecht räumten die Herero die Höhen. Okahandja war befreit. Anschließend rückte Franke mit seiner Truppe bis nach Karibib und Omaruru vor. Die Bahnlinie Swapokmund- Windhuk war wieder fest in deutscher Hand. Die Einnahme der Festung Omaruru am 4. Februar machte Franke endgültig zum Kriegshelden, der für seine Taten trotz der von ihm bekannten Morphiumsucht vom Kaiser persönlich mit dem Orden *Pour le Merite* geehrt wurde. 1908 wurde für ihn in Omaruru ein Denkmal der *Franketurm* errichtet.

Gouverneur Leutwein traf erst am 12. Februar auf dem Kriegsschauplatz ein und übernahm die Leitung der Operationen. Dazu bildete er eine Westabteilung unter Führung von Major Estorff und eine Ostabteilung unter Führung von Major von Glasenapp im Bezirk Gobais. Er selbst wollte unter seiner Leitung eine Hauptabteilung bei Okahandja bilden. Diese sollte aus Verstärkungen aus Deutschland bestehen, die Ende Februar auch eintrafen, insgesamt 570 Mann und 27 Offiziere.

Weitere Truppen kamen Ende April 1904 in Swapokmund an. Sie mussten sich erstmals an die Landesverhältnisse gewöhnen und auf ihren Einsatz im Kampf gegen die Hereros besonders vorbereitet werden. Hierbei erwies es sich als Nachteil, dass Deutschland keine Kolonialarmee hatte, die im Bedarfsfall sofort eingesetzt werden konnte. So soll sich ein Hererohäuptling abfällig über die neu eingesetzten unerfahrenen Soldaten geäußert haben:

Die alten deutschen Soldaten fürchten wir, die neuen aber nicht, die kommen direkt von der Mutter.

Die als Verstärkung aus der Heimat gesandten Fußsoldaten wurden deshalb auch despektierlich *Frischlinge*, *Klippdachse* oder *Schweißfußindianer* genannt. Sie waren in Europa ausgebildet. Sie verstanden nichts von Land und Leuten in Südwest und auch nichts von Pferden und Maultieren, obwohl die Schutztruppe als berittene Infanterie organisiert war.

Einer von ihnen berichtete auch ganz offen: *Als wir uns anschickten die Maultiere einzuspannen, lief fast die Hälfte weg*. Sie konnten deshalb zunächst wenig ausrichten.

Da auch die benötigten Pferde und Maulesel aus Argentinien erst verspätet eintrafen, war die Hauptabteilung Leutweins erst am 7. April marschfähig. Sie bestand aus 800 Gewehren, 12 Geschützen und 160 eingeborenen Hilfstruppen, aus Witbooi und Bastards.

Die Schutztruppe musste auch schmerzliche Niederlagen hinnehmen wie z.B. Georg von Glasenapp, der vom Hererohäuptling Kandji Tjetjo, einem der engsten Berater von Maharero mit seiner Truppe an der Wasserstelle Owikokorero in einen Hinterhalt gelockt wurde, bei dem 7 Offiziere und 17 Soldaten der Schutztruppe fielen, darunter der Bruder des ehemaligen Kommandanten der Schutztruppe Hugo von Francoise.Zu dem bitteren Verlust war es vor allem gekommen, weil die Deutschen die Kampfkraft der Hereros unterschätzt hatten.

Auch Gouverneur Leutwein und seine Truppe hatten Verluste zu beklagen, so beim Gefecht von Onganjira und Oviambo, wo die Artellerie der Schutztruppe aufgrund des Geländes nicht zur Geltung kam und sich Leutwein gezwungen sah, sich zurückzuziehen, um Verstärkungen abzuwarten. Leutweins Bestreben, den Krieg auf dem Vermittlungsweg zu beendigen, fand beim Generalstab in Berlin keinen Anklang. Diesem gegenüber hatte Leutwein argumentiert, die Hereros seien genug bestraft und es käme in erster Linie darauf an, der Kolonie die überaus wichtige Arbeitskraft dieses Volkes zu erhalten.

Dies wurde ihm von den Deutschen in Südwest, aber auch von Gegnern in Berlin mit Worten wie: *Ein deutscher Offizier weicht vor Gegnern, die gestern noch Kuhhirten, Ochsentreiber oder Bambusen waren, nicht zurück*, als Schwäche ausgelegt. Ihm wurde vor allem vorgeworfen den Ernst der Lage viel zu spät erkannt zu haben. Zugleich warf man ihm vor wegen seines oftmals geäußerten Verständnisses für die Eingeborenen ein Kaffernfreund zu sein.

Die Reaktionen der deutschen Siedler in Südwest auf die Greueltaten der Hereros, welche für sie Untermenschen waren, bestanden aus fassungslosem Unverständnis und Hass.So berichtete ein deutscher Missionar über die Reaktionen seiner Landsleute nach Deutschland:

Die Deutschen sind erfüllt von einem furchtbaren Hass und schrecklichem Rachedurst, ja, ich möchte sagen Blutdurst gegen die Hereros. Man hört in dieser Beziehng nichts als aufräumen, aufhängen, niederknallen bis auf den letzten

Mann, kein Pardon etc. Mir graut, wenn ich an die nächsten Monate denke. Die Deutschen werden ohne Frage schreckliche Rache nehmen.

Die hasserfüllte Stimmung unter den deutschen Siedlern gab auch ein als schlimmsten Rassismus einzustufenden Kommentar des Farmers Conrad Rust in den Alldeutschen Blättern am 19. März 1904 wieder:

Für solch teuflisches Treiben, für solch unbarmherziges Rauben, Morden und Schänden kann es nur eine Strafe geben: den Tod. Darum: Tod den Mördern, Räubern und Plünderern; Tod denen, die dazu anfeuern, und den Tod den heulenden Hyänen, die an den Greueltaten Wohlgefallen finden. Wer da von Schonung spricht, ist ein Verräter an der weißen Menschheit, ein Verräter an seiner Rasse, ein Verräter an der guten Sache, für die Deutschlands Söhne, Kolonisten und Soldaten Gut und Blut einsetzten. Aber unsere der Kolonisten Forderungen gehen noch weiter. Von den überlebenden Mördern, die wir ja kennen, müssen an derselben Stelle, wo sie gemeuchelt, für jeden erschlagenen Weißen mindestens fünf Stück aufgehängt werden, eine Strafe, die im Hinblick auf das, was sie verbrochen, als äußerst milde bezeichnet werden muss. Zu solchen Maßnahmen zwingt die Notwendigkeit, zwingt das sich im Selbsterhaltungstrieb offenbarende, eherne Naturgesetz. Für den Rest, die Überlebenden: Frohndienst, bis diese Nobili sich bewusst geworden sind: der Weiße und ganz speziell der Deutsche ist Herr und nicht gesonnen, seine Herrschaft abzutreten.

Mit einem Aufstand dieser Größenordnung hatte in Deutschland niemand gerechnet. Die Heimat zeigte sich mit ihren Landsleuten in Südwest solidarisch. Es wurden Geld gesammelt an die 300.000 Mark sowie Kleidungs- und Wäschestücke.

Die Schutztruppe schien überfordert. Man versuchte die Truppenstärke durch Einberufung von Reservisten und die Landwehr, insgesamt 796 Mann sowie durch 120 militärisch ausgebildete Baster zu verbessern. Darüber hinaus erklärten sich Buren, Namas und Bethanier zur Waffenhilfe bereit. Während die Schutztruppe bewaffnet überlegen war, hatten die Aufständischen mit ihren 8000 Kriegern und 6000 Gewehren, die jedoch teilweise als Vorderlader völlig veraltet waren, vor allem logistische Vorteile, da sie jeden Fußbreit Boden kannten und sich auch im Dornbusch besser bewegen konnten. Diese Vorteile wurden jedoch von der Heliographie und der Funktelegraphie, die der Schutztruppe zur Verfügung standen, wettgemacht.

In Deutschland genehmigte der Reichstag am 18. Januar 1904 Verstärkungen für die Schutztruppe.So wurden zur Verstärkung 230 Fußsoldaten unter dem Kommando von Oberstleutnant Winkler sowie ein Marine- Expeditionskorps, bestehend aus zwei Seebataillonen unter Führung des Majors Georg von Gla-senapp nach Süd-West geschickt. Die erste Hilfe von ausserhalb kam durch die Marine, durch den kleinen Kreuzer Habicht, der Landungsmannschaften unter dem Oberbefehl des Korvettenkatäns Gudewill zur Entlastung auf den Herero-kriegsschauplatz schickte.

Im März 1904 genehmigte der Reichstag 10 Millionen Mark für die Bekämpfung der aufständischen Hereros, davon 2 Millionen Mark für Entschädigungsleistun-gen an deutsche Farmer, die bei dem Aufstand ihr Hab und Gut verloren hatten. Zur gleichen Zeit verstärkte sich in Deutschland die Kritik an der Kolonialregie-rung und insbesondere an Gouverneur Leutwein. Vor allem suchte man nach den Ursachen für den Aufstand der Hereros.

Der Sozialdemokrat August Bebel kritisierte im Reichstag die deutsche Kolonial-politik, insbesondere den Erlass der Kreditverordnung Leutweins:

Denn nunmehr hatte das blutsaugerische Volk der Händler, das die armen Herero in ihren Klauen hatte, nichts Eiligeres zu tuen, als seine Forderungen geltend zu machen…Jetzt war der Moment gekommen, wo die Herero sich sagten: es ist auf unseren Untergang abgesehen, man will uns um jeden Preis vernichten…Es ist ein Akt der Verzweiflung, der bei diesem Volk die Beschlagnahme seines Landes, das es zu seiner Existenz notwendig hat, der den Aufstand erzeugt…Bei jedem ande-ren Volk würde ein Aufstand gegen einen übermächtigen Feind, der ihm sein Ei-gentum nehmen will, als ein Akt des Heroismus hingestellt werden. Hier aber hören wir das Gegenteil: hier sind die Hereros Attentäter und Verbrecher. Menschen, von denen es als eine Anmaßung erscheint, dass sie es wagen, gegen das deutsche Regiment, gegen die Eroberer ihres Landes Front zu machen.

Kritisiert wurde in Deutschland aber auch das neutrale Verhalten der deutschen Missionare, so öffentlich vom Reichskanzler Bülow:

Ich möchte den Missionaren weder das Recht der Neutralität zwischen den Deut-schen und Herero einräumen, noch das Amt des Anklägers oder Richters zugeste-hen…Der Platz des Missionars in Südwestafrika ist an der Seite seiner Landsleute.

Demgegenüber äußerte sich August Bebel lobend über das Verhalten der Missionare:

Wenn es wahr sein sollte, was hier berichtet wird, dass die Hereros den Missiona-ren gegenüber human verfuhren, dass sie diese loben, nicht gefangen nehmen und nicht misshandeln, am allerwenigsten töten, so muss man voraussetzen, dass sich die Missionare durch ihr menschenfreundliches Verhalten die Gunst dieser Wilden erworben haben, und das rechne ich ihnen hoch an. *Meine Herren, bei meiner speziellen Stellung zu religiösen Fragen als Atheist, als den ich mich jederzeit bekenne, gehöre ich doch nicht zu den Leuten, die an dem sogenannten Pfaffenkoller leide.*

Weiter nimmt Bebel sie gegen den Vorwurf des Vaterlandverrates der Regierung in Schutz:

Das Verhalten der Missionare ist anzuerkennen…die Land und Leute besser kennen als diejenigen, die als Beamte und Ansiedler draußen hausen und zum Teil hinübergehen, um so rasch wie möglich ein Vermögen zusammenzuraffen und dann wieder zu verduften.

Als ein deutscher Soldat der Schutztruppe aus Südwest nach Hause schrieb, dass ihnen befohlen worden sei keine Gefangenen zu machen sondern jeden Schwarzen zu erschießen, griff Bebel diese Äußerung zu einer Anklage gegen die deutsche Regierung im Reichstag auf:

Wenn der junge Mann recht hat, geht man in Südwestafrika sogar weiter als im Boxeraufstand in China; man soll nicht nur keine Männer gefangen nehmen, sondern alles, was schwarze Farbe hat, soll niedergeschossen werden, also demnach auch Frauen und Kinder. Meine Herren, wenn das in der Tat die Kampfweise der Deutschen in Südwestafrika sein sollte, dann wäre sie nicht nur barbarisch, dann wäre sie bestialisch.

Leutwein wehrte sich zwar gegen die gegen ihn vorgebrachten Vorwürfe, so z.B. in einem Vorwort zum Bericht des Farmers Conrad Rust und äußerte sich zu Entschädigungsforderungen von Siedlern:

Der Verfasser steht bedauerlicherweise auf dem Standpunkt fast aller unserer Ansiedler, dass die Regierung verpflichtet sei, mit dem Gelde des deutschen Steuerzahlers, wenn es sich um Zuwendungen an die Ansiedler handelt, so liberal wie möglich zu verfahren. Meine Aufgabe ist es gewesen zwischen den Ansprüchen der Schwarzen und der Ansiedlerbevölkerung zu vermitteln.

Für die Ansiedler ist es jedoch typisch ihre Forderung, die Regierung solle mit den Hereros stets wie mit einer unterworfenen Völkerschaft verfahren…
Dass ich zu Beginn des Hererokrieges die für meine schwere Aufgabe erforderliche Freudigkeit nicht besessen habe, ist richtig. Aber daran war ausschließlich und allein das Auftreten unserer Ansiedler sowohl im Schutzgebiet, wie in der Heimat schuld.

Auch in Berlin gab man überwiegend Gouverneur Leutwein die Schuld am Aufstand und an den mangelnden Erfolgen bei der Niederschlagung. Leutwein setzte demgegenüber immer noch auf Verhandlungen mit den Hereros. So schickte er einen Brief an den Führer der Hereros Kapitän Samuel Maharero, in dem er ihn bat ihm die Gründe für den Aufstand zu benennen. Dies wurde Leutwein von den deutschen Siedlern in Südwest sowie von den rechten Parteien in der Heimat als Schwäche ausgelegt. Von ihnen wurde er als *Kaffernfreund* beschimpft und ihm eine Mitschuld am Aufstand der Hereros gegeben.

Leutwein rechtfertigte sich zu den ihm gemachten Vorwürfen und insbesondere über die Besonderheiten der Kriegsführung in Afrika in seiner Biographie:

In den Kolonien handelt es sich nicht um Kriegsführung im völkerrechtlichen Sinne, sondern um das Niederschlagen von Aufständen, mithin um Wiederherstellung von Ruhe und Frieden im eigenen Lande. Hieraus ergibt sich schon ein wesentlicher Unterschied gegenüber dem Kampf mit einem auswärtigen und europäischen Gegner. Bei diesem kann eine Reihe von hintereinander erlittenen Niederlagen, verbunden mit dem Verlust an Land und Kriegsmaterial, den Feind derart materiell schädigen und moralisch niederdrücken, dass er kriegsmüde und zum Frieden geneigt wird. Anders bei aufständischen südwestafrikanischen Eingeborenen. Diese machen sich aus einem Verlust von Land gar nichts, ihnen ist jede Wasserstelle gleichviel wert, noch weniger aber stört sie die infolge einer Niederlage etwa angegriffene Ehre.

Haben die flüchtenden Eingeborenen keine Viehherden zu decken, so stieben sie nach einem Gefecht auseinander und versammelten sich wieder an einer vorher verabredeten Wasserstelle, wo sie wiederzufinden eine der schwierigsten Seiten der afrikanischen Kriegsführung ist. Gelingt dem Gegner die häufige Wiederholung dieses Manövers und damit die Verlängerung des Krieges ins Unabsehbare, dann fühlt er sich als Sieger wie er auch in den Augen seiner Landsleute als solcher dasteht. Etwas günstiger wird die Lage für uns, wenn der Gegner Viehherden zu decken hat. Dann ist er zu einem geschlossenen Rückzug und zum zeitweiligen Standhalten gezwungen. Sobald er jedoch die Herden verloren hat, kann er dieselbe Rolle spielen wie der besitzlose Eingeborene.

So haben wir 1904 nach Waterberg eine große Verfolgungsaktion gegen die geschlagenen Hereros gesehen, nach derselben aber das Auftauchen einzelner Räuberbanden wie bei den Hottentotten. Derartige Möglichkeiten müssen uns daher veranlassen, die diesseitigen Operationen nicht auf einen bloßen Sieg über den Gegner anzulegen, sondern stets auf dessen Vernichtung….
Eigentlich muss man die Eingeborenen nach jeder erlittenen Niederlage fragen,

ob sie noch nicht genug hätten, denn von selbst sagen sie dies in ihrem Misstrauen dem weißen Mann gegenüber nie.

Über das Ziel der Kolonialpolitik äußerte sich Leutwein in dem abschließenden Kapitel *Ein Ausblick in die Zukunft* in seiner Biographie selten offen:

Das Endziel jeder Kolonisation ist, von allem idealen und humanen Beiwerk entkleidet, schließlich doch nur ein Geschäft. Die kolonisierende Rasse will der Urbevölkerung des zu kolonisierenden Landes nicht das von diesem vielleicht erwartete Glück bringen, sie sucht vielmehr in erster Linie ihren eigenen Vorteil. Ein solches Streben entspricht nur dem menschlichen Egoismus und ist daher naturgemäß. In Bezug auf die Art der Kolonisation gibt es infolgedessen im Grunde nur eine Richtschnur, nämlich diejenige, die am sichersten zu dem erstrebten guten Geschäft führt... Durch die Ereignisse gezwungen haben wir in Südwestafrika die Eingeborenen mit Waffengewalt unterwerfen müssen.....Als einziger errungener Gegenwert bleibt uns somit das den Eingeborenen abgenommene Land. Aber auch dieses nutzt uns nichts, solange nicht die Eingeborenen sämtlich zur Ruhe gebracht worden sind.

Als zunächst auch militärische Erfolge ausblieben, gab Leutwein entnervt auf und bat um Ablösung als Führer der deutschen Schutztruppe. Gouverneur wollte er jedoch bleiben.

26. Entscheidungsschlacht am Waterberg, General Lothar von Trotha 125)

Nach dem Gefecht von Okangundi, das für die Hereros verlustreich war, setzten sie sich zum Waterbergmassiv, einem 1600 Meter hohen wasserreichen Hochlandmassiv ab.Dort blieben sie zunächst, um dort die Entscheidungsschlacht abzuwarten. Diese verzögerte sich noch, da die Schutztruppe für die Entscheidungsschlacht zu schwach war und Leutwein Verstärkungen abwarten wollte. Diese waren ihm in Aussicht gestellt worden zusammen mit dem Generalleutnant Lothar von Trotha, der dann die Schutztruppe anführen sollte. Leutwein sollte bis zum Eintreffen der Verstärkungen nur ein Entweichen der Hereros vom Waterberg verhindern.

Im Mai 1904 wurde Leutwein durch den Kaiser persönlich als Kommandant der deutschen Schutztruppe durch General Lothar von Trotha abgelöst, offiziell wegen seiner angeblich angeschlagenen Gesundheit Zugleich entzog der Kaiser dem Kolonialamt die Oberleitung der Operationen gegen die Hereros und übertrug sie dem Generalstab des Heeres Graf Schlieffen, einem bekannten Scharfmacher. Der 56 Jahre alte Lothar von Trotha war die Geheimwaffe Schlieffens. Als hochdekorierter Kolonialoffizier hatte er als Kommandeur der Schutztruppe in Deutsch-Ostafrika 1896 bei der Niederwerfung des Hehe Aufstandes und im Jahre 1900 während des Boxeraufstandes in China eine radikale Vernichtungs-strategie verfolgt. Für ihn galt nur die Sprache der Waffen. Von Trotha rühmte sich seiner Afrikaerfahrungen:

Ich kenne genügend Stämme in Afrika. Sie gleichen sich alle in dem Gedanken-gang, dass sie nur der Gewalt weichen. Diese Gewalt mit krassem Terrorismus und selbst mit Grausamkeit auszuüben, war und ist meine Politik. Ich vernichte die aufständischen Stämme mit Strömen von Blut und Strömen von Geld.

Ihm ging deshalb ein schlechter Ruf voraus, wie sich aus den Tagebuchaufzeich-nungen von Hauptmann Franke ergibt:

Soll auch dieser Trotha ein elender Theater- General sein, der sich betrinkt und in der Trunksucht üble Sachen macht und weiter schrieb er in seinem Tagebuch über von Trotha: *Ich habe das Gefühl, dass irgendein Fremdkörper eingedrungen ist in unser altes, liebes Südwest. Meine Verachtung für diesen edlen General wächst von Tag zu Tag,... Menschen, die ihn aus Ostafrika kannten, bezeich-neten ihn als einen schlechten Führer, einen schlechten Afrikaner und einen schlechten Menschen.*

Am 11. Juni 1904 traf Lothar von Trotha in Swapokmund ein. Noch am gleichen Tag übernahm er den Oberbefehl über die Schutztruppe von Leutwein, der je-doch sein Gouverneursamt zunächst behielt. Am 13. Juni 1904 kam von Trotha nach Okahandja und richtete dort sein Hauptquartier ein. Er ließ sich in einem ausführlichen Gespräch mit Leutwein von diesem über die militärische Lage un-terrichten. Dabei waren beide überzeugt, dass die Herero nunmehr entscheidend geschlagen werden müssten, aber momentan die vorhandenen Truppen dazu nicht ausreichten. Von Trotha vereinbarte mit Leutwein, dass er nach Windhuk zurückkehren und von dort die Verhältnisse im Süden überwachen sollte.

Leutwein vertrat dabei weiterhin den Standpunkt, wonach die Erhaltung des He-rerovolkes als Arbeitskräfte und seines Viehbestandes im Hinblick auf den Wiederaufbau der Kolonie nach Kriegsende notwendig sei. Darin unterschied er sich von Trotha, der die Vernichtung des Hererovolkes als einzigen Weg zur Lösung des Konfliktes ansah. Da die Herero am Waterberg die Entscheidung su-chen wollten, war es sein Plan sie dort zu umzingeln. Hierzu standen ihm insge-samt 6 Abteilungen mit ca. 1500 Gewehren, 30 Geschützen und 12 Maschinen-gewehren zur Verfügung. Die personelle Stärke der Hereros betrug 6000 Mann.

Eine vollständige Einkreisung der Hereros am Waterberg erschien militärisch nicht möglich. Deshalb sollten Einzelgefechte dieser Abteilungen mit den Hereros im Vordergrund stehen, wobei es notwendig war zwischen den Abteilungen Verbindungen aufrechtzuerhalten, um ein Entweichen der Hereros zwischen den Abteilungen zu verhindern. Hierzu dienten der Schutztruppe Patrouillen sowie die Helio- und Funkentelegraphie.

Im August 1904 hatten sich am Waterberg 35.000 Hereros, Männer, Frauen und Kinder und 10.000 Stück Großvieh versammelt. Ihnen stand die deutsche Schutztruppe mit nur 1500 Mann gegenüber, die jedoch bestens ausgerüstet war mit 30 Geschützen und 12 Maschinengewehren sowie mit einer auf dem neuesten technischen Stand sich befindenden Funken- und Heliographenabteilung. Diese war oben auf der Spitze des Waterbergmassivs positioniert, von wo sie alle Bewegungen der Feinde beobachten und an die Truppe weitergeben konnte.

Als schwierig erwiesen sich die Nachschubtransporte von Okahandja bis Waterberg, die mit Ochsentransporte durchgeführt werden mußten und 14-15 Tage benötigten. Der Plan von Trothas das Nachschubproblem durch den Bau der Otavi Eisenbahnlinie von Swapokmund bis zu den Kupferminen in Otavi zu lösen, scheiterte daran, dass die Bahnstrecke erst am 24.August1905 fertiggestellt wurde, zu einem Zeitpunkt, als die Entscheidung am Waterberg bereits längst gefallen war. Am 4.August1904 erließ der Oberbefehlshaber von Trotha *Direktiven für den Angriff gegen die Herero:*

Der Feind steht heute mit seinen vorgeschobenen Positionierungen in der Linie Westrand des Sandsteinplateaus nordwestlich von Omuweroumue, längs des Hamakari Riviers von Omuweroumue bis Hamakari-Okuambukonda und bei der Station Waterberg; er hat sich im dichten Dornbusch verschanzt. Seine Hauptkräfte sollen bei Hamakari versammelt sein.

Es ist keineswegs ausgeschlossen, dass der Feind jeden Augenblick seine Aufstellung ändert oder Durchbruchversuche macht; aufmerksamste, dauernde Beobachtung des Feindes durch alle am Feind befindlichen Abteilungen, regste Verbindung der Abteilungen untereinander und sofortige Meldung an mich vorkommendenfalls sind daher geboten.

Ich werde den Feind, sobald die Abteilung Deimling ohne 5. Kompagnie versammelt ist, gleichzeitig mit allen sechs Abteilungen angreifen, um ihn zu vernichten. Den Tag des Angriffes werde ich noch durch Funken oder Blitzen bestimmen. Am Nachmittag des Tages vor dem Angriff haben alle Abteilungen bis auf einen kurzen Marsch an die feindliche Stellung heranzurücken, vorsichtig vortastend und ohne Beunruhigung des Feindes unter sorgsamster Sicherung gegen den Feind und unter fortgesetzter Erkundung seiner Stellung. Feuer anmachen ist untersagt.

Am Tage des Angriffes marschieren sämtliche Abteilungen nachstehenden Angriffszielen entsprechend so vor, dass um 6 Uhr morgens der Angriff beginnen kann, und zwar, wo angängig, zunächst mit der Artillerie. Enges Zusammenhalten aller Abteilungen in sich ist dauernd geboten vor allem Wahrung des zusammenhängenden, ununterbrochenen Vorgehens und Verhütung des gegenseitigen Beschiessens. An die Erbeutung des Viehs darf während des Gefechtes nicht gedacht werden; alle Kräfte sind zur Vernichtung des kämpfenden Feindes einzusetzen.

Am 11.August.1904 kam es zu der Kesselschlacht am Waterberg, mit der von Trotha Kolonial- und Militärgeschichte schrieb. Sein Schlachtplan sah die völlige Vernichtung der Hereros vor, Dazu ließ er die Hereros an der Südostseite des Waterbergs so einkesseln, dass sie nicht ausbrechen konnten und dadurch, entweder militärisch vernichtet oder zur Übergabe gezwungen waren.Im Südosten des Waterbergs befand sich die wasserlose Omahekewüste, die den Hereros jeden Fluchtweg abschnitt. Dieser Taktik rühmte sich von Trotha in voller Offenheit im Generalstabswerk über den Hererokrieg :

Sollen die Hereros indessen versuchen, hier durchzubrechen, so musste ein solcher Ausgang der deutschen Führung umso erwünschter sein, als dann der Feind freiwillig in sein Verderben rannte.

Mit folgendem Befehl bestimmte von Trotha den 11. August 1904 als Tag des Angriffes:

Das Vorrücken aller Abteilungen an die feindliche Stellung erfolgt am 10. August nachmittags, der allgemeine Angriff am 11. um 6 Uhr morgens

In der Nacht zum 11. August rückten die deutschen Truppen näher an die Stellungen der Herero heran. Gegen 9 Uhr vormittags am 11. August stießen die deutschen Truppen auf die Hereros. Die Herero hatten sich in großer Übermacht in dichtem Busch verborgen und widersetzten sich dem Angriff der deutschen Schutztruppe mit großem Mut und Tapferkeit.Von Trotha beschloss den entscheidenden Angriff auf den 12. August zu verschieben

Am Morgen des 12. August 1904 stieß die Hauptabteilung der Infanterie von Trothas von Ombuatjipiro, die Abteilung von der Heyde von Okakarara sowie Oberst Deimling vom Omuwermue Pass gegen die Hereros vor. Es kam zu einer Serie von zum Teil weit auseinanderliegenden Gefechtshandlungen. Nachdem die Deutschen am ersten Tag zunächst Schwierigkeiten mit den sich tapfer verteidigenden Hereros hatten,die heldenhaft um ihr Land, ihr Vieh und ihr Überleben kämpften, gelang es den Deutschen am nächsten Tag, dem 13. August die Hereros von vier Seite anzugreifen und einen Einschließungsring zu bilden. Trotz der Aussichtslosigkeit ihrer Lage gelang es den Hereros zunächst immer wieder durch gezielte Angriffe Lücken in den Einschließungsring zu reißen. Gegen die 30 Geschütze und 12 Maschinengewehre der deutschen Schutztruppe waren sie jedoch ohne jede Chance.

Die Lage der Hereros unterhalb des Waterbergs wurde chaotisch und hoffnungslos. Kranke, Alte, Frauen und Kinder irrten ziellos umher. Das Vieh drängte sich an den Wasserstellen, ohne jedoch das Wasser zu erreichen und brüllte kurz vor dem Verdursten. In den Wasserstellen lagen Viehkadaver, so dass das vorhandene Wasser nicht trinkbar war. Der weitere Verlauf ist genauso, wie er von Trotha vorhergesagt wurde.

Den Hereros gelang es schließlich sich der deutschen Einkesselung dadurch zu entziehen dass sie unter Zurücklassung von einigen Leichen, Vieh und Habseligkeiten nach Südosten in das Durstgebiet der Omahekewüste durchbrachen und damit in ihr Verderben liefen.Sie zogen danach ziellos hin und her. Dabei versuchten sie zunächst die Wüste entlang der Trockenflussbetten Eiseb und Epukiro zu durchqueren. Dies erwies sich jedoch als aussichtslos, weil die Flüchtenden über wenig Proviant oder Wasser verfügten.

Von Trotha hatte die Schlacht um den Waterberg und die Einkesselung der Hereros stabsmäßig geplant wie auf einem Reißbrett, als hätte er es einem europäischen Kriegslehrbuch entnommen. Im Generalstabswerk hörte sich dieser Sieg wie folgt an:

Diese kühne Unternehmung zeigt die rücksichtslose Energie der deutschen Führung bei der Verfolgung des geschlagenen Feindes in glänzendem Licht. Keine Mühen, keine Entbehrungen wurden gescheut, um dem Feinde den letzten Rest seiner Widerstandsfähigkeit zu rauben: Wie ein halb zu Tode gehetztes Wild wurde er von Wasserstelle zu Wasserstelle gescheucht, bis er schließlich willenlos ein Opfer der Natur seines eigenen Landes wurde. Die wasserlose Omaheke sollte vollenden, was die deutschen Waffen begonnen hatten: die Vernichtung des Hererovolkes.

Die Verluste der deutschen Truppen am ersten Tag betrugen 26 Personen, davon 5 Offiziere sowie 21 Soldaten, verwundet wurden 7 Offiziere und 53 Soldaten. Die Schlacht von Waterberg beschrieb ein Reiter der Schutztruppe in seinem Kriegstagebuch:

Wir ließen die schwarzen Teufel auf zirka 300 Meter herankommen, dann gings aber los. An das Geschütz treten und losschießen war das Werk eines Augenblickes. Wie mit einer Sense hingemäht fielen die Kerle massenhaft, denn ein solches Maschinengewehr gibt zirka 500 Schüsse in einer Minute

Über die anschließende Verfolgung der Hereros schrieb Oberstleutnant Beaulieu:

Die Szenen, die sich bei der Verfolgung unseren Augen darstellten, werden mir immer unvergesslich bleiben. Mehrere Kilometer weit längs des Flusses befindet sich Werft an Werft, die vielen Tausenden Menschen und zahllosem Vieh als Wohnstätten gedient hatten. Soweit unsere Geschosse gereicht hatten, waren sie in eine Trümmerstätte verwandelt und überall anscheinend in wilder, kopfloser Flucht verlassen worden. In den Pontoks hockten alte Weiber, Männer und kleine Kinder, die sie nicht hatten mitnehmen können. Verwundete, Kranke und Sterbende erwarteten irgendwo in einer Ecke eines Krals ihr Schicksal. Überall, in der Eile zurückgelassenes Vieh, das Heiligtum der Hereros als Wahrzeichen dafür, mit welch kopfloser Eile der Feind geflohen war. Ganze Ochsenwagen, gefüllt mit Stoffen, Pelzen und Hausrat, zur Flucht anscheinend schon vorbereitet, waren in der Not stehen gelassen. Felle, Decken, Weiberschmuck, ganze Kisten voller Straußenfedern sah ich herumliegen.

Einen eigenen Anblick in dieser Wüstennei gewährten ein umhergestreuter Vorrat an Schreibheften, Schiefertafeln und Drucken, wohl das Eigentum eines schwarzen Schulmeisters. Das ganze Vermögen der Hereros lag da an der Landstraße. Ein schon seit langen Jahren in Afrika lebender, in vielen Kämpfen bewährter Offizier sagte mir später, dass der Eindruck des Geschehenen überwältigend auf ihn gewirkt habe, dass er ein derartig kopfloses Fliehen bei den sonst so hochmütigen und stolzen Hereros nicht für möglich gehalten habe, und dass die Hereros nach seiner Ansicht für weitere Kämpfe unfähig seien.

Von Trotha berichtet dem Kaiser stolz: *Jeder Einzelne war ein Held.*

Der Kaiser antwortete von Trotha: *Mit Dank gegen Gott und hoher Freude habe ich ihre Meldung aus Hamakari über den erfolgreichen Angriff auf die Hauptmacht der Herero empfangen. Wenn bei dem zähen Widerstand des Feindes auch schmerzliche Verluste zu beklagen sind, so hat die höchste Bravour, welche die Truppe unter größten Anstrengungen und Entbehrungen nach ihrem Zeugnis bewiesen hat, mich mit Stolz erfüllt. Wilhelm.*

Oberst Franke zeigte sich jedoch in seinen Tagebuchaufzeichnungen zutiefst angewidert von der Kriegsführung von Trothas:

Arme Kolonie, die ganze miltärische Unternehmung ist eine Farce schlimmster Art. Hier handelt es sich um eine verpfuschte Sache. Ich kann und will damit nichts zu tun haben. Die beabsichtigte Verfolgung erscheint mir völlig aussichtslos.

Nach diesem Erfolg war die Schutztruppe so erschöpft, dass an eine gezielte Verfolgung der flüchtenden Hereros nicht zu denken war. Die Soldaten waren zunächst auf Wassersuche, weil die vorhandenen Wasserstellen am Waterberg mit Tierkadavern gefüllt waren.

Es gab keine Verhandlungen mit den besiegten Hereros. Von Trotha ging es nur um deren Vernichtung, um den Massemord an Männern, Frauen und Kindern. Durch die Flucht der Hereros in die Omaheke Wüste fühlte sich von Trotha andererseits um einen ehrenvollen Sieg in einer Schlacht betrogen. Was von Trotha in der Schlacht am Waterberg nicht gelang, die Vernichtung der Hereros, erfolgte durch die Natur, die wasserlose Omaheke Wüste, in die sich die Hereros geflüchtet hatten und die ihnen nunmehr zum Verhängnis wurde. Die Natur bereitete ihnen ein vernichtenderes Schicksal als es je die deutschen Waffen selbst durch eine noch so blutige und verlustreiche Schlacht hätte tun können. In der Wüste kamen fast zwei Drittel der geflüchteten Hereros ums Leben, die meisten verdursteten. Hierüber berichtet der Augenzeuge Alex Kaputu:

Wenn sie an einen Sandbrunnen kamen und es gab Wasser, dann tranken die Krieger. Die Frauen tranken nicht, damit die Krieger Kraft hatten zu kämpfen. Und wenn sie Hunger hatten, sagten die Männer zu den Frauen. Das Kind kann ruhig sterben. Ich muss aus deiner Brust Milch saugen, denn ich kann nicht anders, damit ich kämpfen kann.

Die Lage der Hereros wurde hoffnungslos, weil die Deutschen den Süd- und Westrand der Omaheke Wüste auf rund 250 Kilometer abgeriegelt hatten, und die Wasserstellen durch Patrouillen besetzt waren. Hierüber berichtet Major Ludwig von Estorff (1859-1943):

Wir lagen an den letzten Wasserstellen vor dem Sandfelde, die ergiebig und schön waren und machten gelegentlich Züge in das Sandveld. Sie waren sehr anstrengend und wenig ergiebig, denn wir fingen nur Versprengte und wenig Vieh… Es war eine törichte wie grausame Politik, das Volk so zu zertrümmern.

Am 2. Oktober richtete von Trotha, der sich selbst als *den großen General der deutschen Soldaten* bezeichnete, einen Schießbefehl, im Sinne eines Gennozid Befehls an die Hereros, mit der er ihnen die gnadenlose Ausrottung androhte. Dieser hatte folgenden Wortlaut:

Ich, der große General der Deutschen Soldaten sende diesen Brief an das Volk der Hereros. Die Herero sind nicht mehr deutsche Untertanen. Sie haben gemordet und gestohlen, haben verwundeten Soldaten Ohren und Nasen und andere Körperteile abgeschnitten und wollen jetzt aus Feigheit nicht mehr kämpfen. Ich sage dem Volke: Jeder, der einen der Kapitäne an eine meiner Stationen als Gefangenen abliefert, erhält 1000 Mark; wer Samuel Maharero bringt, erhält 5000 Mark. Das Volk der Herero muss jedoch das Land verlassen. Wenn das Volk dies nicht tut, so werde ich es mit dem Groote Rohr dazu zwingen.

Innerhalb der deutschen Grenze wird jeder Herero mit oder ohne Gewehr, mit oder ohne Vieh erschossen, ich nehme keine Weiber und keine Kinder mehr auf, treibe sie zu ihrem Volk zurück oder lasse auch sie erschiessen. Dies sind meine Worte an das Volk der Herero. Der große General des mächtigen Deutschen Kaisers.

Diesen Befehl gab er beim Appell an seine Soldaten weiter, wobei er anmerkte, dass das Schießen auf Weiber und Kinder so zu verstehen sei, dass über sie hinweggeschossen werden soll.

Weiter ordnete von Trotha an:

Dieser Erlass ist bei den Appells den Truppen mitzuteilen, mit dem hinzufügen, dass auch der Truppe, die einen Kapitän fängt, die entsprechende Belohnung zuteil wird, und das Schießen auf Weiber und Kinder so zu verstehen ist, dass über sie hinweggeschossen wird, um sie zum Laufen zu zwingen.

Ich nehme mit Bestimmtheit an, dass dieser Erlass dazu führen wird, keine männlichen Gefangenen mehr zu machen, aber nicht zu Greueltaten gegen Weiber und Kinder ausartet. Diese werden schon fortlaufen, wenn zweimal über sie hinweg geschossen wird. Die Truppe wird sich des guten Rufes der deutschen Soldaten bewusst bleiben.

In Wirklichkeit wurden alle Hereros, auch Frauen und Kinder, die in die Hände der Deutschen fielen, gnadenlos umgebracht. Dies ergibt sich eindeutig aus unter Eid erklärten Aussagen von auf Seiten der Deutschen kämpfenden Eingeborenen. So sagte der Bergdamara-Kapitän Johannes Krüger unter Eid aus:

Wir, die Bergdamara weigerten uns Hererofrauen und -kinder zu töten, aber die Deutschen schonten niemanden. Sie töteten Tausende und Abertausende. Ich habe diese Schlächterei Tag für Tag mitangesehen.

In gleicher Art äußerte sich der Rehobother Hendrik Campbell :

*Als das Gefecht vorbei war, entdeckten wir acht oder neun kranke Hererofrau-
en, die zurückgelassen worden waren. Einige von ihnen waren blind. Wasser
und Nahrung hatten sie noch. Die deutschen Soldaten haben sie bei lebendi-
gem Leib in der Hütte, in der sie lagen verbrannt.*

Auch Gouverneur Leutwein kritisierte offen die von von Trotha betriebene Ausrottungspolitik. Trotha erstattete darüber Bericht an den Generalstab in Berlin:

*Es fragt sich nun für mich, wie ist der Krieg mit den Hereros zu beendigen. Die
Aussichten darüber bei dem Gouverneur und einigen alten Afrikanern einerseits
und mir andererseits gehen gänzlich auseinander. Erstere wollen schon lange
verhandeln und bezeichnen die Nation der Herero als notwendiges Arbeitsmate-
rial für die zukünftige Verwendung des Landes. Ich bin gänzlich anderer Ansicht.
Ich glaube, dass die Nation als solche vernichtet werden muss oder, wenn dies
durch taktische Schläge nicht möglich ist, operativ und durch weitere Detail- Behandlung aus dem Lande gewiesen wird… Dieser Aufstand ist und bleibt der
Anfang eines Rassenkampfes, den ich schon 1897 in meinen Berichten an den
Reichskanzler für Ostafrika vorausgesagt habe.*

Die Berliner Regierung stellte sich in dieser Auseinandersetzung zunächst noch
eindeutig auf die Seite von Trothas. Insbesondere Kaiser Wilhelm II. zeigte sich
lange von Trotha und dessen Methoden begeistert. Der Gouverneur Leutwein
kehrte im November 1904 resigniert für immer nach Deutschland zurück und ließ
sich pensionieren. Seinen Ruhestand verlebte er in Überlingen am Bodensee
und in Freiburg, wo er im Jahre 1921 starb. In Deutschland war inzwischen die
öffentliche Meinung zu seinen Gunsten umgeschlagen, nachdem die von Trotha an den Hereros begangenen Greueltaten bekannt wurden. Beim Kaiser war
Leutwein jedoch in Ungnade gefallen. Er weigerte sich ihn zu empfangen.

Von Trotha verschärfte weiterhin die gegen die Hereros gerichteten Aktionen und
wurde dadurch zum Symbol des hässlichen Kolonialdeutschen. Ein Versuch der
Rheinischen Mission, die sich für einen menschengerechte Behandlung der geschlagenen Hereros einsetzte, ließ er unbeantwortet. Zu einer Aussprache kam
es erst, als von Trotha duch ein Telegramm des Reichskanzlers angewiesen wurde, die Dienste der Rheinischen Mission anzunehmen.

Im Oktober 1904 meldete von Trotha das Ende des Kampfes sowie der Hereros:

*Alle Zusammenstöße mit dem Feinde seit dem Gefecht am Waterberg haben ge-
zeigt, dass den Herero jede Willenskraft, jede Einheit der Führung und der letzte
Rest der Widerstandsfähigkeit abhanden gekommen ist. Diese halb verhungerten*

und verdursteten Banden, die ich noch bei Osombo-Windimbe im Sandfelde traf und mit denen Oberst Deimling zu tun hatte, sind die letzten Trümmer einer Nation, die aufgehört hat, auf eine Rettung und Wiederherstellung zu hoffen.

In der Heimat erntete er dafür im Reichstag heftige Kritik , so vom sozialistischen Abgeordneten Karl Liebknecht:

Vor Deutsch- Südwest Afrika erbleichen selbst die Sterne eines Cortez, selbst eines Pizzaro

Der SPD Abgeordnete August Bebel empörte sich:

Einen solchen Krieg wie Herr von Trotha kann jeder Metzgerknecht führen.

Auf Intervention des Reichskanzlers Bülow, der gegenüber dem Kaiser äußerte, dass die Ausrottungspolitik von Trothas in Widerspruch mit allen Prinzipien des Christentums und der Menschlichkeit stehe, milderte Kaiser Wilhelm II. am 8. Dezember 1904 den Vernichtungsbefehl von Trothas noch dadurch ab, dass alle sich freiwillig stellenden Hereros bis auf die Anführer weiterleben sollten. Bülow begründete seine Intervention zugunsten der Hereros damit, dass die Eingeborenen für den Ackerbau und die Viehzucht sowie für den Bergbau unentbehrlich seien. Er erklärte:

Die vollständige Ausrottung der Herero übersteigt das gebotene Maß der Bestrafung. Auch tue der Befehl dem deutschen Ansehen unter den zivilisierten Nationen Abbruch und gebe der Hetze gegen Deutschland Nahrung.

Die sich freiwillig stellenden Hereros wurden zu Arbeiten in Swapokmund und beim Bahnbau eingesetzt oder in ein Konzentrationslager eingesperrt. Diese Einrichtung kannte Trotha von den Buren der Kapkolonie. Die Gefangenen wurden dabei in Ketten gelegt und waren zur Zwangsarbeit gezwungen. Auch der zweite von Trotha ausgeteilte Ketten- Befehl, wonach alle sich ergebenden Hereros Arbeitsdienst an der Kette zu leisten hätten, wurde vom Reichskanzler Bülow aufgehoben, um weiteren Imageschaden vom Reich abzuwenden.

Dem Kapitän und Anführer der Hereros Samuel Maharero gelang es mit einer Gruppe von Getreuen, etwa 1000 Hereros ins benachbarte Betschuanaland, das britisches Mandatsgebiet war, zu fliehen. Dort lebten sie eine Zeitlang am Ngami See und bei Nuchei. Samuel Maherero beantragte beim britischen Magistrat und bei Queen Viktoria Asyl, das ihm vom Colonial Office schließlich gewährt wurde. 1923 starb er am Ngamisee im Asyl. Sein Sohn ließ ihn nach Okahandja überführen, wo er am 23. August 1923 an der Seite seines Vaters Maharero und Großvaters Tjamuaha beigesetzt wurde. Dieser Tag wird bis heute alljährlich am 23. August als Hererotag, ein Gedenktag in Okahandja festlich begangen.

Um die durch den Hereroaufstand geschädigten Farmer zu entschädigen bewilligte der Reichstag im Juni 1904 zwei Millionen, später nochmals 5 Millionen Mark. Dieser Betrag wurde durch eine Entschädigungskommission verteilt, die am 14. Juli 1904 in Windhuk unter dem Vorsitz von Oberrichter Richter gebildet wurde.

27. Aufstand der Nama- Hottentotten 126)

Nach Vernichtung der Hereros überlegten die Deutschen mit den übrigen Eingeborenen genauso zu verfahren wie mit den Hereros, vor allem alle Stämme zu entwaffnen und aufzulösen. Hiervon hörte der 74jährige Nama Kapitän Hendrik Witbooi, der seit der Niederlage der Namas in Naukluft und dem mit dem damaligen Gouverneur Leutwein geschlossenen Abkommen treu an der Seite der Deutschen gestanden und ihnen beim Kampf gegen die Hereros sogar mit 150 ortskundigen Spähern ausgeholfen hatte. Witbooi wollte lange Zeit dieses mit Leutwein geschlossene Abkommen nicht brechen. Die Gefahr eines Aufstandes der Hottentotten sah der Vertreter des Gouverneurs Leutwein Regierungsrat Tecklenburg bereits im Februar 1904, als er der Kolonialabteilung des Auswärtigen Amtes berichtete:

Infolge des langsamen Verlaufs des Hererokrieges mögen manchem Eingeborenen Zweifel kommen, ob die Macht der Deutschen wirklich so groß ist, wie er bisher geglaubt hatte. Bei der Urteilslosigkeit des Durchschnittseingeborenen und seiner Unwissenheit, welche Machtmittel das Reich jederzeit nachzusenden imstande ist, kann das übertriebene Gerücht von einem Misserfolg der deutschen Waffen den Aufstand im Süden entfesseln.

Mit dieser Einschätzung lag Tecklenberg völlig richtig. Die Hottentotten erblickten in dem Durchbrechen der Hereros am Waterberg einen Misserfolg der deutschen Waffen und wurden darin noch bestärkt durch Berichte von Stammesangehörigen, die nach dem Kampf am Waterberg von der Hilfstruppe Witbooi weggelaufen waren und zu Hause berichteten, die Deutschen wären mit den Hereros nicht fertig geworden. Dazu kam noch ein weiteres Gerücht von einer von den Deutschen beabsichtigten Auflösung der Stammesverbände und einer allgemeinen Entwaffnung der Eingeborenen. Witbooi sah sich damals nur gegenüber Leutwein im Wort, nicht jedoch gegenüber dem deutschen Reich und dem Kaiser und erst recht nicht gegenüber von Trotha. In seiner tiefen Gläubigkeit war er der

Auffassung, dass Gott den Namas beistehen werde, die Deutschen aus Südwest zu vertreiben. Gott soll ihm im Traum erschienen und einen allgemeinen Befreiungskampf der Eingeborenen gegen die Weißen verkündet haben. Dabei soll er Witbooi ausdrücklich von seinen heiligen Vertragspflichten gegen die deutschen Kolonialherren entbunden haben Am 3. Oktober 1904 kündigte Hendrik Witbooi den Bündnisvertrag mit den Deutschen mit einer förmlichen Kriegserklärung an das Reich und den Kaiser auf.

Die Gründe, die zur Auflösung des Bündnisvertrages führten, waren die gleichen wie die, die zum Aufstand der Hereros führten, insbesondere die weiterhin schlechte Behandlung der Namas durch die Deutschen, die sich weiterhin als *Herrenrasse* aufführten sowie das Schicksal der Hereros, die von den Deutschen in einem blutigen Vernichtungsfeldzug ausgelöscht wurden.

Die Namas mit ca. 20.000 Menschen zahlenmäßig schwächer als die Hereros mit ihren ca. 80.000 Menschen vor Beginn des Aufstandes befürchteten, dass ihnen nunmehr ein ähnliches Schicksal bevorstehe.

In seiner Ansicht wurde Hendrik von dem Propheten Stürmann bestärkt, einem selbst ernannten Priester der äthiopischen Kirche, der das Freisein von europäischen Einflüssen propagierte und das Gebot verkündete *Afrika für die Farbigen* und damit bei Hendrik Witbooi viel Verständnis und Gegenliebe fand. Er versprach, er würde 50 Witboois salben und mit diesen alle Deutschen aus dem Lande jagen. Zu spät begann Hendrik Witbooi an der göttlichen Sendung Stürmanns zu zweifeln, als Stürmann nach der Niederlage der Witboois behauptete, sie seien an ihrem Unglück selbst schuld und Gott habe sie wegen ihres Unglaubens und Ungehorsams bestraft. Die anderen Namakapitäne forderte Witbooi in einem persönlichen Brief auf, sich dem Aufstand anzuschließen:

An meine lieben Söhne und meine Brüder und Kapitäne Christian Goliath von Berseba und Paul Frederiks von Bethanien.

Da ich nicht genügend Papier habe, so schreibe ich Euch beiden diesen Brief zusammen. So musst Du, edler Christian, den Brief erst lesen und schnell an Paul schicken. Meine Söhne! Wie ihr alle wisst, bin ich seit geraumer Zeit unter dem Gesetz, in dem Gesetz und hinter dem Gesetz (der Deutschen) gelaufen und zwar wir alle mit aller Gehorsamkeit, doch in der Hoffnung und mit der Erwartung, dass Gott der Vater die Zeit kommen lassen möchte, wo er uns erlösen würde aus dieser zeitlichen Mühsal. So weit habe ich in Frieden und Geduld ertragen und alles was auf mein Herz drückte, habe ich an mir vorbeigehen lassen, weil ich die Hilfe des Herrn erwartete. Doch ich will nicht viele Worte an Euch schreiben, nur auf zwei Punkte will ich kommen, und ich hoffe, dass ihr mich verstehen werdet.

Erstens: Meine Arme und Schultern sind müde geworden, und ich habe gesehen und glaube, dass die Zeit nun erfüllt ist, dass Gott der Vater die Welt nun erlösen wird, darum sende ich diesen Brief und bitte, ihn auch eilig an Paul zu senden, dass er ihn lese.

Zweitens: Dieser Punkt betrifft, dass ich nun aufgehört habe, noch weiter hinterherzulaufen, und ich werde demgemäß an den Hauptmann (von Burgsdorff) einen solchen Brief schreiben und ihm sagen, dass ich nun müde geworden sei und die Zeit vorbei sei, wo ich hinter ihm herlief. Die Zeit ist vorbei und der Heiland will nun selber wirken und uns erlösen durch seine große Gnade und Barmherzigkeit. Ich wünsche, dass ihr diesen Brief an Kapitän Paul bald senden werdet, dann werde ich an den Hauptmann schreiben, dann wisst ihr, was und wie er die Sache wird angreifen.

Das alles habe ich auch an alle anderen Kapitäne geschrieben. Ich schließe mit herzlichen Grüßen und bin Euer Vater.

Kapitän Hendrik Witbooi.

Der Appell, den dieser Brief bewirken sollte, blieb jedoch weitgehend unerhört. Christian Goliath und Paul Frederiks von Bethanien schlossen sich Hendrik nicht an.

Hendrik Witbooi versammelte seinen Stamm auf seinem Stammsitz Rietmont bei Kalkfontein. Den Witboois schlossen sich Simon Koppers Fransman, Hank Hendricks Feldschuhträger, die Bondelzwarts unter Johannes Christian und die Nordbethanier unter Cornelius mit 600 Orlogleuten an. Zu ihnen gesellte sich noch der Hererobastard Jakob Morenga, dessen Mutter eine Hottentottin, sein Vater Herero war. Er hatte sich mit seinen Anhängern nach dem Scheitern des Hereroaufstandes in die Karrasberge zurückgezogen und von dort aus bereits seit Juli 1904 mit seiner Guerillataktik den Deutschen Verluste zugefügt. So überfiel er Ende August 1904 eine deutsche Patrouille am Schambockberg, bei der er den Leutnant Nikolai Baron von Stempel und vier seiner Leute tötete. Er wurde als „Schimmelreiter" bekannt und gefürchtet und machte weitere Überfälle auf die Patrouille des Unteroffiziers Ebernickel bei Garabis, den Hauptmann Fromm bei Gais und den Hauptmann Wehle am Wasserfall.

Vorher versuchte Leutwein noch eine Eskalation zu vermeiden dadurch, dass er den Bezirksamtmann von Gibeon, von Burgsdorff, zur Vermittlung zu Hendrik Witbooi schickte, zu dem dieser ein gutes Verhältnis hatte. Witbooi hatte diesem in einem Brief angekündigt, dass er den Schutzvertrag mit den Deutschen auflösen wolle. Von Burgsdorff hatte sich dazu noch vor seiner Abreise wie folgt geäußert:

Ich halte die Sache für sehr ernst; denn der Brief lässt an der Gesinnung des alten Hendrik Witbooi keinen Zweifel übrig. Ich glaube jedoch, wenn ich es schaffe bis morgen früh bei Hendrik Witbooi zu sein, dass es noch nicht zu spät sein wird, um das Ernste zu verhüten.

Mit den Worten: *In drei Tagen bin ich zurück*, verabschiedete sich von Burgsdorff.

Am folgenden Tag wurde von Burgsdorff in Mariental von den Witboois gefragt, ob er den Brief ihres Kapitäns Hendrik Witbooi erhalten habe. Nachdem er dies bejaht hatte, wurde er von dem Hottentottenbastard Salomon von hinten erschossen. Von dem Mord distanzierte sich daraufhin Hendrik Witbooi mit den Worten:

Ich hätte es nicht tun können und hätte auch nicht den Befehl dazu geben können.

Der Mörder Salomon floh vor den Truppen von Estorffs in die Kalahari, wo er von einem Blitz getroffen wurde und verdurstete. Leutwein äußerte sich zu dem Verlust von Burgsdorff mit folgenden Worten :

Mit dem Bezirksamtmann von Burgsdorff, der als Opfer seiner Pflichterfüllung gefallen ist, hat das Vaterland einen Kolonialbeamten verloren, wie es einen besseren schwer wird finden können. Er hatte schon Jahre vorher, die ebenso schwierige wie undankbare Aufgabe übernehmen müssen, den soeben erst unterworfenen, in langjährigen Kriegen verwilderten Witbooistamm wieder auf den Boden eines geordneten Staatswesens zurückzuführen. Zur Unterstützung bei dieser Aufgabe konnten ihm nur dreißig Unteroffiziere und Reiter zur Verfügung gestellt werden…Und wie hat von Burgsdorff seine Aufgabe gelöst ! Bereits drei Monate nach dem Friedenssschluss trat Hendrik Witbooi gegen die Kkauas Hottentotten wie auch gegen den noch schwankenden Kapitän von Gochas offen auf unsere Seite. Dies war ausschließlich das Verdienst des Bezirksamtmann von Burgsdorff…

Unmittelbar nach der Ermordung von Burgsdorff in Marienthal begannen die Hottentotten mit der Ermordung von Weißen, insgesamt 38 und der Ausplünderung der Farmen. Dabei verschonten sie auch Missionare und Frauen nicht.Unter den Opfern war auch der Missionar Wilhelm Holzapfel, der kurz vorher noch mit den Namas nach einem Gottesdienst gemeinsam gebetet hatte. Nur langsam folgten die anderen Hottentottenstämme dem Beispiel Witboo021s. Als erste erhoben sich die Franzmann-Hottentotten in Gochas unter Simon Kopper, dann die nur 150

Männer zählenden Rote Nation in Hoachanas und Ende Oktober die Feldschuhträger . Den Deutschen treu blieben nur die Berseba Hottentotten unter ihrem Kapitän Christian Goliath, der Keetmannshooper Hottentotten sowie die Rehobother Bastards.

Die Namas waren gute Reiter bedürfnislos, zäh und hinterlistig, sie verfügten zudem über gute Waffen. Damit gelang es ihnen ihrem Gegner, insbesondere wenn er in Kolonne marschierte, durch blitzschnelle Überfälle wirksam zu treffen und ihm große Verluste zuzufügen. In den ersten Tagen des Aufstandes gelang es ihnen einige Farmer und Mitglieder von kleineren Polizeistationen im Bezirk Gibeon zu ermorden, denen keine rechtzeitige Warnung zugegangen war.

Die Namas bevorzugten anders als die Hereros eine Kleinkrieg- und Guerillataktik,indem sie vor allem Nachschubkolonnen, Meldereiter und schwach besetzte Militärposten der Deutschen angriffen, einer Entscheidungsschlacht jedoch auswichen, indem sie sich jeweils in unzugängliches Gebirgsland zurückzogen. Obwohl die Namas mit ihren 1000 bis 2000 Kriegern den 15.000 Deutschen hoffnungslos unterlegen waren, erzielten sie anfangs militärische Erfolge, So gelang es ihnen die Telegrafenstation Falkenhorst anzugreifen, die Patrouillen des Hauptmannes von Krüger bei Narib, die des Leutnants Steffen bei Momtsas sowie die des Landwehr- Unteroffizier Raabe bei Kunja und die des Leutnants von Brandt vor der Kamelbaum Station zu schlagen. Von Trotha konnte sich lange Zeit auf diese Art der Kriegsführung nicht einstellen

Die Probleme der deutschen Schutztruppe erhöhten sich durch logistische Probleme, da der Nachschub, Personal, Waffen und Verpflegung in das südliche Kampfgebiet ausschließlich nur über den Hafen Lüderitzbucht oder über die südafrikanische Kapkolonie erfolgen konnten und über Inlandtrecks zur kämpfenden Truppe transportiert werden mussten.

Der deutsche Generalstab schickte noch im Juli 1904 auf Anforderung von Leutwein zunächst 300 Reiter nach Lüderitzbucht zur Verstärkung in den Süden. Hierzu wurden von Trotha sogar Kamele als Lasttiere angefordert. Allein die Versorgung der Truppe mit Proviant kostete monatlich ca. zwei Millionen Mark.Problematisch war auch die Versorgung der Truppe und der Zugtiere mit Frischwasser. Allein ein Ochse soff am Tag 40 Liter Wasser. Dieses musste von ihnen in einem fast 25 Tagen dauernden Marsch bis nach Keetmannsshoop geschleppt werden. Man versuchte das Wasserproblem über die Entsalzung von Meerwasser durch Kondensatoren zu lösen. Der Durst blieb lange der ärgste Feind der deutschen Schutztruppe. Der von der Kapkolonie kommende Nachschub wurde häufig von Jakob Morengo und dessen Leute abgefangen. Eine mögliche Lösung für die Nachschubprobleme sah Trotha im Bau einer Eisenbahnlinie von Lüderitzbucht ins Landesinnere, der jedoch kurzfristig nicht durchzuführen war.

Zwischen dem 2. und 4. Januar 1905 kam es an der Wasserstelle und Felsenfestung Groß Nabas zur Entscheidungsschlacht, die 54 Stunden dauerte. Die Namas hatten sich durch 250 Hereros unter Frederick Maharero verstärkt und waren dadurch mit insgesamt 1200 Kriegern der deutschen Schutztruppe mit nur 200 Gewehren fast fünffach überlegen. Überlegen waren die Namas auch aufgrund der Ortskenntnis und des Umstandes, dass sie an der Wasserstelle lagerten. Die deutschen Truppen waren dagegen vom Wasser abgeschlossen. Um nicht zu verdursten bei etwa 40 Grad Hitze, die auf dem Talkessel lastete, tranken sie ihren eigenen Urin und das Blut ihrer getöteten Pferde.Schließlich gelang es der deutschen Truppe, obwohl sie total erschöpft und dem Verdursten nahe war, am 4. Januar 1905 die Felsenfeste und die Wasserstelle mit ihren Bajonetts zu erstürmen.

Bei der Schlacht um Groß Nabas starb der Major Freiherr von Nauendorff nach einem Unterleibsschuss. Hendrik Witboii zog sich mit den geschlagenen Hottentottenstämmen nach Osten in die Kalahari zurück.In den folgenden Wochen trat eine Ruhepause ein, welche die Deutschen dazu nutzten Proviant und Munition von Keetmanshop und Windhuk auf Ochsenwagen an die Front herbeizubringen.

Die Deutschen gingen nunmehr im März 1905 unter dem Kommando von Deimling gegen den Schimmelreiter Jacob Morenga vor. Diesem gelang es zunächst noch die Abteilung Kirchners bei Kosis und Aob am Rand der Großen Karrasberge zu besiegen, wobei Kirchner selbst umkam.

Am Tag darauf geriet Morenga zwischen die Abteilungen Kamptz, Lengerke und Koppy, wobei er schwere Verluste erlitt. Morenga gelang es jedoch in die Karrasberge zu entkommen unter Zurücklassung von 50 Pferden, 700 Rindern und 7000 Stück Kleinvieh sowie ihrer Frauen und Kindern. Es kam zu weiteren Gefechten und Niederlagen der Schutztruppe wie z.B. der Abteilung Manger am Elefantenfluss.

Nachdem Oberst Deimling wegen einer notwendigen ärztlichen Behandlung nach Deutschland abgereist war, übernahm von Trotha vom Norden kommend selbst das Kommando und die Führung des Feldzuges. In einer Proklamation an das Volk der Hottentotten vom 22.April 1905 versprach von Trotha allen Hottentotten, die sich freiwillig ergeben und stellen würden, das Leben zu schenken, ausgenommen waren Hottentotten, die bei Beginn des Aufstandes Weiße ermordet hatten. Er verwies vor allem auf das Schicksal der besiegten Hereros im Norden und setzte Belohnungen auf die Auslieferung der Hottentottenkapitäne, vor allem für Hendrik Witbooi und Stürmann aus. Diese Proklamation machte jedoch auf die Hottentotten keinerlei Eindruck und löste bei ihnen keine Reaktionen aus.

Im April 1905 fiel Siegfried von Bülow während eines Patrouillenrittes bei Humas, Leutnant von Trotha,der Sohn des Generals, der den Bethanierkapitän Cornelius mit einem Brief seines Vaters aufsuchte, um ihn zur Unterwerfung aufzufordern, wurde von dem Bethanier Christoph Lambert erschossen; bei Kanibes am Fischfluss starb Thilo von Trotha, ein Neffe des Generals als Patrouillenreiter. Durch die vielen Verluste in der Truppe, aber auch beim Gegner, den Hereros und Namas, die zum größten Teil ausgelöscht wurden, geriet der General von Trotha in der Heimat zunehmend unter Kritik. Es kam zu weiteren Toten wie Hauptmann Pichler, der bei Kleidorus starb. Lettow Vorbeck verfolgte Morenga. Hauptmann Friedrich von Erckert kämpfte bei Nochas ebenfalls gegen Morenga und Johannes Christian.

Das Kriegsglück wendete sich erst zugunsten der Deutschen, als Hendrik Witbooi am 29.Oktober1905 bei einem Überfall auf einen deutschen Proviantwagen bei Fahlgras im Bezirk Keetmanshoop am Oberschenkel verletzt wurde und verblutete. Seine letzten Worte waren: *Es ist jetzt genug. Mit mir ist es vorbei. Die Kinder sollen jetzt Ruhe haben.* Er wurde bei Vaalgras beigesetzt.

Selbst die Deutschen zollten ihrem hartnäckigsten Widersacher danach Respekt: So beschrieb ihn der der Gouverneur Leutwein in seinen Erinnerungen:

Bescheiden und doch selbstbewusst, anhänglich, aber politisch doch nicht ohne Hintergedanken, niemals von dem abweichend, was er für Recht und Pflicht gehalten hat, voll Verständnis für die höhere Kultur der Weißen, ihr nahestehend, aber doch deren Träger nicht immer liebend, ein geborener Führer und Herrscher, der gewiss auch in der allgemeinen Weltgeschichte unsterblich geworden sein würde, hätte ihn das Schicksal nicht nur auf einem kleinen afrikanischen Thron geboren worden lassen. Er war der letzte Nationalheroe einer dem Untergang geweihten Rasse. Von seinen heutigen Nachfahren wird er immer noch als großer Volksführer im Kampf gegen den Kolonialismus verehrt.

Mit dem Tod von Witbooi sah von Trotha seine Aufgabe in Deutsch- Südwest als erledigt an und bat den Kaiser um Abberufung. Am 19. November 1905 verließ von Trotha in Lüderitzbucht das Land. In Deutschland fiel er wegen seiner Kriegsführung und der Vernichtung der Hereros in Ungnade, der Kaiser weigerte sich ihn zu empfangen.

An die Stelle von Hendrik als Kapitän der Witbooi trat sein Sohn Isaak (1865-1928). Dieser hatte jedoch nicht das Ansehen und das Format seines Vaters.

Bereits am 3. Februar 1906 musste er sich in Nanub mit seinem Stamm dem deutschen Leutnant Pabst ergeben. Der Namaaufstand und der Kampf gegen den Kolonialismus wurden nun von anderen weitergeführt von Cornelius vom Stamm der Bethanier, Jacob Morenga und Johannes Christian vom Stamm der Bondelzwarts sowie Simon Kopper, dem Häuptling der Franzmann- Nama .

Sie führten zunächst den Guerillakrieg gegen die deutsche Schutztruppe fort. Die Versorgung der deutschen Truppen mit Proviant und Munition bereitete dabei die größten Schwierigkeiten. Weiden und Wasser im Süden waren sehr knapp. Dazu brach im November 1905 noch eine Rinderpest aus, die den Verkehr mit Ochsenkarren lahmlegte. Um den Nachschub aufrechtzuerhalten, kaufte von Trotha Kamele, die sich jedoch nicht als Lasttiere eigneten. Der Bau der Eisenbahnstrecke Lüderitzbucht-Keetmanshoop wurde erst im Juli 1906 fertiggestellt.

Der Bethanier Kapitän Cornelius und 86 Bethanier ergaben sich im März 1906 bei Kanis dem Hauptmann Volkmann nach einer unerbittlichen Verfolgungsjagd. Cornelius und seine Gefolgsleute wurden zunächst zur Haifischinsel und später nach Omaruru in Gefangenschaft gebracht.

Der Aufstand schwelte jedoch fort bis zum 31. März 1907, als der Kriegszustand in Südwest aufgehoben wurde. Am gleichen Tag übernahm von Estorff den Oberbefehl von General Deimling. Ihm gelang es schließlich dem Krieg ein Ende zu machen, indem er eine erprobte Taktik anwandte. Er besetzte alle Wasserstellen, verhinderte Vieh- und Pferdediebstähle und verfolgte den Rest der Bondelzwarts unter ihrem Kapitän Johannes Christian bedingungslos. Durch Durst, Hunger und Ermüdung geschwächt baten sie im Oktober 1906 um Frieden. Es kam zu Friedensverhandlungen an deren Ende alle Bondelzwarts sich der deutschen Herrschaft unterwarfen und alle Waffen und Munition ablieferten.

Am Friedenschluss, der zu Weihnachten 2006 mit einer gemeinsamen Messe vollzogen wurde, war Pater Malonowski von der Missionsstation der Marienberger Oblaten maßgeblich beteiligt. Jacob Morenga, der zunächst den Kleinkrieg Hendrik Witbois weitergeführt hatte, wurde an der englischen Grenze von Hauptmann Bech gestellt und besiegt. Schwer verwundet entkam er zunächst über die Grenze stellte sich jedoch am 7. Mai 1906 mit 12 Hottentotten in der Kapprovinz der englischen Kappolizei. Damit glaubten die Deutschen den Nama Aufstand endgültig niedergeschlagen zu haben. Im Generalstabswerk heißt es hierzu:

Das Ausscheiden des Morenga aus der Zahl der Gegner der Deutschen bedeutete einen wichtigen Erfolg der deutschen Waffen. Wenn auch dieses Ereignis infolge des immer mehr abnehmenden Ansehens Morengas unter den Bondels nicht annähernd die Wirkung ausüben konnte, wie seinerzeit der Tod des alten Hendrik Witbooi, so überragte dieser Hererobastard doch alle Hottentottenführer bei weitem an persönlicher Bedeutung, Entschlossenheit, Tatkraft und Mut. Er konnte als der geistige Urheber der meistens mit so großem Geschick durchgeführte Anschläge der Hottentotten angesehen werden.

Als Morenga jedoch Anfang Juni 1907 von den Briten freigelassen wurde, versuchte er zunächst sich mit Simon Kopper, dem Kapitän der Franzman- Namas zu vereinigen, der mit etwa 150 Getreuen von der Kalahari aus weiterhin Krieg gegen die deutsche Kolonialtruppe führte. Die Vereinigung konnte jedoch von Oberst Deimling, dem neuen Chef der Schutztruppe verhindert werden. Obwohl auf Morengas Kopf 20.000 Mark Belohnung ausgesetzt wurde, gelang es den Deutschen nicht ihn auf deutschem Gebiet zu fassen. Immer wieder gelang es ihm über den Oranjefluss auf britisches Gebiet zu entkommen. Erst die gemeinsame Zusammenarbeit zwischen Deutschen und Briten hatte schließlich Erfolg, indem eine britische Polizeitruppe Morenga am 20. September 1907 bei Langklip etwa 100 Kilometer nördlich von Upington aufspürte und ihn bei dem anschließenden Schusswechsel erschoss.

Nach dem Tod Morengas führte allein noch Simon Kopper, der Kapitän der Franzman- Nama bis in den April 1908 von der Kalahari Wüste aus einen Bandenkrieg gegen die Deutschen. Dabei überfiel er in Guerillataktik einsame Farmen und kleine militärische Einheiten und zog sich danach wieder in die Kalahari Wüste zurück.

Zwar gelang es der deutschen Kamelreitertruppe unter dem Hauptmann von Erckert im April 1908 die Gruppe von Koppers Fransmänner bei Setsub auf britischem Gebiet in Betschuanaland zu schlagen. Bei diesem Gefecht verlor jedoch von Erckert das Leben. Simon Kopper gelang es wiederum zu entkommen Erst nachdem ihm im Februar 1909 von den Deutschen über die englische Polizei als Vermittler gegen das Versprechen die deutsche Kolonie nie wieder zu betreten eine deutsche Rente von jährlich 100 Pfund Sterling und für sein Volk eine Anzahl von Milchkühen angeboten wurden, zog sich Simon Kopper zurück. Simon Kopper blieb bis zu seinem Lebensende am 31. Januar 1913 in dem ihm zugewiesenen Reservat in Betschuanaland.

Daneben hatte sich im Dezember 1908 unter Führung von Abraham Rolf, einem Unterkapitän Morengas eine Bande aus Bondelzwarts gebildet, die zahlreiche Farmen überfielen, um sich die notwendige Bewaffnung und Ausrüstung zu holen. Anfang 1909 zog sich die Bande vor der deutschen Übermacht auf englisches Gebiet zurück. Dort wurde sie von der Kappolizei gestellt und nach einem Gerichtsverfahren in Kapstadt an die Deutschen ausgeliefert. Abraham

Rolf wurde vom Bezirksgericht Keetmanshop zusammen mit fünf Mitangeklagten zum Tode verurteilt. Nach Vollstreckung des Urteils kehrte endgültig Ruhe und Frieden in Deutsch- Südwest ein. Der Gouverneur nahm dies zum Anlass zur Entlastung des Haushaltes die Schutztruppe um zwei Kompanien auf 2431 Mann zu verringern.

Die Opfer des Krieges auf Seiten der Hereros und Namas waren ungleich höher als auf deutscher Seite, auf der 1659 Soldaten der Schutztruppe fielen und 160 deutsche Siedler von den aufständischen Eingeborenen getötet worden sind. Insgesamt kostete der Krieg dem deutschen Steuerzahler etwa 405 Millionen Mark.

Auf Seiten der Eingeborenen waren bis zum Jahre 1911 80 Prozent der Hereros sowie 50 Prozent der Namas der deutschen Kolonialherrschaft zum Opfer gefallen. In Zahlen bedeutet dies, dass 1911 von den ehemals 80.000 Hereros nur noch 15.130, von den 20.000 Namas nur noch 9781 lebten.

Selbst bei den Bergdamas, die sich nicht an dem Aufstand beteiligt hatten, ist fast ein Drittel allein deshalb getötet worden, weil die deutschen Soldaten sie nicht von den Hereros unterscheiden konnten.

28. Folgen der Aufstände der Hereros und Namas, die Frage des Völkermordes

Historiker stellen im Zusammenhang mit der deutschen Kolonialgeschichte und den sie prägenden Aufständen der Hereros und Namas folgende Fragen:

Was waren die Gründe für die Aufstände?

Waren sie planmäßige Erhebungen gegen den deutschen Kolonialstaat?

War die Reaktion der deutschen Schutztruppe und des Deutschen Reiches auf die Aufstände eine hysterische Überreaktion oder stellte sie eine gezielte Aktion zur Vernichtung der Völker Hereros und Namas dar, die man als Völkermord im Sinne eines vorweggenommenen Holocosts bezeichnen muss?

Während die Frage nach den Gründen der Aufstände von den Historikern vielfach einheitlich beantwortet wurde, ist die Fragestellung nach dem geplanten Völkermord bislang nicht eindeutig beantwortet worden. Sie ist nicht nur unter den Historikern, sondern vielfach in der Bevölkerung Namibias, aber auch in Deutschland noch heute ein mit vielen Emotionen beladenes Reizthema. Der Vorwurf des geplanten Völkermordes ist nicht nur den Deutschen in Bezug auf die Niederschlagung der Aufstände in Südwest gemacht worden, sondern auch anderen Kolonialmächten, soweit sie Kolonialkriege geführt haben. Ein derartiger Vorwurf gilt dem europäischen Kolonialismus in der Gesamtheit.

Der europäische Kolonialismus war geprägt von einem *entweder- oder*. Entweder Ergaben sich die Kolonialisierten ihrem Schicksal, was den Verlust ihrer ureigenen Kultur bedeutete, oder sie widersetzen sich gegen die Kolonialherren und lösten damit Kolonialkriege aus, bei denen viele ihr Leben verloren und damit die Existenz ihres Stammesverband aufs Spiel setzten. Seit dem Jahr 2015 spricht die deutsche Bundesregierung hinsichtlich der Niederschlagung des Herero- und Namaaufstandes in Deutsch-Südwest und des Maji- Maji Aufstandes in Deutsch-Ostafrika offiziell von einem *Genozid*. Bis dahin hatten sich alle deutschen Regierungen geweigert den Vernichtungskrieg in Deutsch-Südwestafrika als Völkermord anzuerkennen aus Sorge vor möglichen Entschädigungsforderungen. Man hatte sich bis dahin auf den Standpunkt gestellt, die erst 1945 verabschiedete UN Völkermordkonvention könne nicht rückwirkend angewandt werden.

Für die Bezeichnung der Niederschlagung der Herero- und Namaaufstandes als *Genozid* spricht die Anzahl der Opfer sowie der Umstand, dass die Hälfte der Getöteten aufgrund der Behandlung in Gefangenenlagern, von Deportationen und der dadurch ausgelösten Hungerkatastrophen umgekommen sind.

Gegen die Einstufung der Niederschlagung der Herero- und Namaaufstände als Völkermord spricht, dass die zunächst von den Deutschen unter dem Gouverneur Leutwein gewählte Taktik vorsah, den aufständischen Hereros durch die Kriegsführung, insbesondere durch ihre Einkesselung am Waterberg die Sinnlosigkeit ihres Widerstandes klar zu machen und sie dadurch zur Aufgabe zu zwingen. So ließ Leutwein ein Gefangenenlager für ca. 8000 Gefangene vorbereiten. Leutwein dachte deshalb niemals an eine Vernichtung der Aufständischen. Er setzte wie sein Gegner, der Anführer der Hereros Maharero letztlich auf einen kolonialen Ausgleich und einen Verhandlungsfrieden, wie er es bei den vorherigen Auseinandersetzungen mit aufständischen Eingeborenen mit Erfolg praktiziert hatte.

Der Gedanke an eine völlige Vernichtung wurde erst durch seinen Nachfolger Lothar von Trotha in die Auseinandersetzung eingebracht. In seinem Tagebuch hatte er sich dazu bekannt:

dass die Nation der Hereros als solche vernichtet werden müsse, oder wenn dieses durch taktische Schläge nicht möglich sei, operativ und durch weitere Detailbehandlung aus dem Land zu verweisen sei.

Die Konsequenz von Trothas Haltung war sein Schießbefehl vom 2. Oktober 1904, der eindeutig auf Vernichtung des Hererosstammes im Sinne eines Völkermords ausgerichtet war. In die gleiche Richtung ging sein Kettenbefehl, wonach gefangene Hereros mit Ketten zusammenzubinden seien und ihre Arbeit an der Kette leisten mussten.

Reichskanzler von Bülow hob als Vertreter des deutschen Reiches die Befehle von Trothas auf und bezeichnete sie als *unchristlich, wirtschaftlich sinnlos und schädlich für das deutsche Ansehen unter den zivilisierten Nationen.* Zugleich löste er von Trotha ab und ersetzte ihn durch einen Zivilgouverneur.

Dadurch unterscheiden sich die Umstände der Vernichtung der Hereros und Namas vom Gennozid an den Juden oder vom Völkermord an den Armenier durch die Türken, die jeweils von der Regierung selbst, den politisch Herrschenden ausgingen. Beim Hereroaufstand handelte es sich demgegenüber nicht um eine Aktion der deutschen Regierung, sondern um eine Falsch- und Überreaktion eines Einzelnen, des Oberbefehlshabers von Trotha. Dies wurde in Deutschland auch als solches gesehen und entsprechend gewürdigt. Der Mord an den Hereros führte in Anerkennung eines fehlerhaften Verhaltens eines Einzelnen sogar zur Auflösung des Reichtages und zu Neuwahlen, die bezeichnenderweise unter den Namen *Hottentottenwahlen* bekannt wurden. Nach den Wahlen kam es zu einer Reform der deutschen Kolonialpolitik und der Kolonialwirtschaft sowie zur Schaffung eines Kolonialstaatssekretariats, an dessen Spitze der linksliberale Bankier Bernhard Dernburg stand. Dessen Reformprogramm zielte auf eine kolonialpolitische und kolonialwirtschaftliche Neuorientierung in den Kolonien und auf Wiedergutmachung ab.

29. Gouverneur von Lindquist (1905-1907) 127)

Im November 1905 trat von Lindequist seinen Dienst als Gouverneur von Deutsch- Südwest an. Er kannte das Land sehr gut aus seiner Zeit als Vertreter des damaligen Gouverneurs Leutwein von 1894 bis 1899. Danach war er von 1900 bis 1903 Generalkonsul in Kapstadt. Er war der Wunschkandidat der weißen Bevölkerung in Deutsch- Südwest.

Von Lindqist förderte die Politisierung der Siedler, indem er Vertreter der Berufsstände in den Gouvernementsrat berief. Dabei kämpften die weißen Farmer um eine Vorrangstellung gegenüber den anderen Berufsgruppen. Im Oktober 1906 beschloss der Gouvernementsrat unter Leitung von Lindquist den Haushaltsplan und die Einführung der Schulpflicht in Südwest, außerdem drei Eingeborenen

Verordnungen und die Verordnung betreffend den Verkauf und die Verpachtung von Regierungsland. Der Kaufpreis für Regierungsfarmland wurde dabei auf eine Mark für den Hektar, für Wehrpflichtige auf die Hälfte festgesetzt, um Anreize für die Ansiedler zu schaffen ihr Geld für Viehkauf, Wassererschließung und Hausbau auszugeben . Nur ein Zehntel des Landpreises war bei einem Landkauf anzuzahlen, die restlichen neun Zehntel waren in neun unverzinslichen Jahresraten abzuzahlen.

Die drei Eingeborenenverordnungen betrafen das Verbot der Eheschließung von Weißen und Nichtweißen, das Verbot der Weitergabe von Feuerwaffen und Alkohol an Eingeborene (keinem Eingeborenen durften geistige Getränke oder Alkohol enthaltende Essenzen verabreicht werden) sowie die Haltung von Pferden und Großvieh durch aufständisch gewordene Eingeborene , die von einer besonderen Genehmigung durch den Gouverneur abhängig gemacht wurde.

Außerdem wurde die Trennung der Rassen im Wohngebiet, in Kirche, Schule, Krankenhaus, Eisenbahn, Post und Gerichtsbarkeit vom Gouvernementsrat bestätigt.

Für Gouverneur von Lindquist waren Kirche und Schule die Hauptstützen des Deutschtums in Südwest. So legte er im Jahre 1907, als letzte seiner Amtshandlungen den Grundstein für die Windhuker Christuskirche, die am 16.Oktober 1910 eingeweiht wurde.

Wirtschaftlich lohnend erwies sich für die deutschen Siedler die Zucht von Karakulschafen wegen ihres Fells *(Persianerfell)* sowie von Straußen bzw. der Anbau von Wein- und Obst. Über die Einführung des Karakulschafes aus dem kaukasischen Buchara berichtete der Gouverneur von Lindquist:

Ich hatte mit Sorge gesehen, dass in Südwestafrika die Wollschafszucht weniger gut gedieh als in der benachbarten Kapkolonie. Als ich nun während meiner Anwesenheit in Deutschland im Winter 1906- 1907 hörte, dass das die wertvollen Persianerpelze liefernde Karakulschaf in Buchara unter ähnlichen Bedingungen gedeiht, wie sie Südwestafrika hat und dass Professor Kühn in Halle eine Anzahl dieser Tiere besitzt, setzte ich mich mit diesem in Verbindung. Auf Anfrage bestätigte er mir die Möglichkeit eines Erfolgs der Karakulzucht in Südwestafrika und machte mich darauf aufmerksam, dass kürzlich ein größerer Transport dieser Schafe von Professor Adametz in Wien aus Buchara eingeführt worden sei. Meine sofortige Reise nach Wien hatte das Ergebnis, dass ich aus einem rückgängig gemachten Verkauf wenigstens noch zehn Muttertiere erhielt und nach Südwestafrika verschiffen konnte…Die sorgfältige Züchtung und Aufkreuzung mit dem einheimischen Eingeborenenschaf hat den Erfolg gezeitigt, dass im Jahre 1916 zwei Millionen Fellchen zu sehr guten Preisen auf den Markt gebracht worden sind.

In Deutsch- Südwest scheiterten die vom Deutschen Reich und Reichskanzler von Bülow gewünschten Reform- und Pazifierungsversuche letztlich an der starken Stellung der deutschen Siedlerverbände. Diese sahen für kolonisierte Völker letztlich nur drei Lösungen vor: Verdrängung, Vernichtung oder Abschiebung der Eingeborenen in ein Reservat bzw. Ausbeutung der Arbeitskraft der Eingeborenen in den Diensten der Kolonialherren. Sie vertraten dabei eine Politik der Zivilisierung der Eingeborenen mit der Nilpferdpeitsche. Dabei scheuten sie auch keine Auseinandersetzungen mit der Rheinischen Mission, die sich während der Aufstände für einen Schutz der Eingeborenen vor der Willkür der Weißen eingesetzt hatte und beim Reichskanzler von Bülow in hohem Ansehen stand.

Im Vordergrund von Linquists Politik stand die Beruhigung des Landes nach Beendigung der Aufstände durch Konfiszierung des gesamten Stammesvermögens und der Ländereien der Eingeborenen, die Auflösung der Stammesorganisationen, die Begründung eines Systemes gesetzlicher Überwachungs- und Kontrollmaßnahmen, insbesondere die Einführung eines Arbeitszwanges, einer Dienstpflicht und einer Passpflicht, welche die Eingeborenen weitgehend zu recht- und besitzlosen Lohnarbeiter degradierten.

Für einen großen Teil der *weißen* Siedler sowie für weite Kreise in Deutschland gehörten die Hottentotten, *Kaffern*, *Neger* wie die Papuas in Neuguinea zu den *niedrigst entwickelten Arten der Menschenrasse*, die wie Tiere oder Sachen zu behandeln seien. Man sprach ihnen die Menschenrechte ab und forderte eine unbeschränkte Selbstjustiz der *Weißen*. Viele Hereros hatten sich aus Angst vor Repressalien der *Weißen* in abgelegene Stellen, in Gebirgen, Tälern versteckt.

Von Lindquist hatte im Rahmen seiner Pazifierungsbemühungen am 1.Dezember 1905 folgenden Aufruf an die Hereros verfasst, sich in Lagern zu sammeln:

Hereros!

Seine Majestät der Kaiser von Deutschland, der Schutzherr dieses Landes, hat die Gnade gehabt mich zum Nachfolger des Gouverneurs Leutwein zu ernennen und als Gouverneur über dieses Land zu setzen, nachdem General von Trotha vor einigen Tagen nach Deutschland zurückgekehrt ist, der die deutschen Truppen gegen Euch geführt hat. Seine Abreise bedeutet, dass der Krieg jetzt aufhören soll. Hereros, ihr kennt mich ! Fünf Jahre bin ich früher in diesem Land gewesen als Richter und als Stellvertreter des Gouverneurs Leutwein, als Assessor und Regierungsrat, zur Zeit, da Manasse von Omaruru und Kambazembi von Waterberg noch lebten, die mir stets treu gesinnt und ergeben waren. Es ist jetzt mein Wunsch, dass der Aufstand, den Eure Häuptlinge und Großleute und die Kinder, die ihnen gefolgt sind, frevelhafterweise begonnen haben und der das Land verwüstet hat, nunmehr sein Ende erreicht, auf dass wieder Ruhe und Ordnung herrscht. Ich rufe daher alle Hereros, die sich jetzt noch im Felde und in den Bergen herumtreiben und sich von ärmlicher Feldkost und Diebstählen ernähren:

Kommt und legt die Waffen nieder, Hereros ! Tausende eurer Stammesgenossen haben sich bereits ergeben und werden von der Regierung ernährt und gekleidet. Es ist jede Vorsorge von mir getroffen, dass sie gerecht behandelt werden. Dasselbe sichere ich auch Euch zu…So kommt denn schnell Hereros, ehe es zu spät ist. Auch im Namalande wird es bald wieder ruhig sein, denn Hendrik Witbooi ist durch eine deutsche Kugel getötet worden und sein Unterkapitän Samuel Isaak hat sich ergeben und ist in unseren Händen.

Dieser Aufruf war durchaus erfolgreich. In den nächsten Monaten stellten sich an den bei Missionsstationen eingerichteten Sammelstellen rund zwanzigtausend Hereros und lieferten ihre Waffen ab. Viele Männer fanden daraufhin Arbeit beim Bau der Otavibahn. Auf diese Weise war ohne formellen Friedensschluss der Friede im Hereroland in wenigen Monaten wiederhergestellt.

An den für Hereros und Namas eingerichteten Sammellagern wurde jedoch auch heftige Kritik geübt. Das galt insbesondere für das Sammellager im Süden auf der Haifischinsel in der Lüderitzbucht, wo die klimatischen Bedingungen für die Lagerinsassen besonders schlecht waren. Dort führte das dortige feuchtkalte Klima dazu, dass die an das heiße Inlandklima gewöhnten Herero- und Namagefangenen zu Hunderten an Lungenentzündung starben. Allein im Dezember 1906 starben 276 Insassen, im Januar 1907 247. Daraufhin befahl Major von Estorff die überlebenden Frauen und Kinder auf das Festland zu bringen. Als sich der stellvertretende Gouverneur Hintrager dieser Anweisung widersetzte, meldete von Estorff die Angelegenheit telegraphisch nach Berlin mit der Bitte um Weisung. Der Bericht von Estorff über die katastrophalen Bedingungen in diesem Lager hatte folgenden Wortlaut:

Von den überlebenden 245 Männern sind nur periodisch 25 arbeitsfähig. Alle übrigen können sich nur noch an Stöcken fortbewegen, so dass ein weiterer Verbleib auf der Haifisch- Insel die Hottentotten einem langsamen und sicheren Tod entgegenführt. Von September 1906 sind von 1795 Eingeborenen 1032 auf der Haifisch- Insel gestorben. Für solche Henkersdienste, mit welchem ich auch meine Offiziere nicht beauftragen kann, übernehme ich keine Verantwortung, besonders da Überführung und Festhaltung der Hottentotten ein Bruch des Versprechens bedeutet, dass ich mit Genehmigung des Kommandeurs Samuel Isaak und seinen Leuten bei der Übergabe gegeben habe.

Durch den Bericht von Estorff sah sich das Kolonialamt in Berlin veranlasst, das Distriktamt Lüderitzbucht mit einer Untersuchung der Angelegenheit zu beauftragen. Dieses stellte in seinem Bericht fest, dass am 24.April.1907 von den ursprünglich 1795 Namas noch 575 am Leben waren: 151 Männer, 279 Frauen und 143 Kinder. Von diesen waren 55 Männer, 38 Frauen und 29 Kinder so schwer krank, dass ihr Tod zu erwarten war.

Das Kolonialamt stimmte daraufhin dem Vorschlag von Estorff zu. Nachdem die Gefangenen auf das Festland in ein milderes Klima gebracht worden sind, sank die Anzahl der Todesfälle augenblicklich um etwa ein Fünftel.

In den Sammellagern, in denen nicht getötete Hereros und Namas interniert wurden, starben aufgrund der schlechten Behandlung nochmals 7700 Eingeborene, so dass von den 60.- 80.000 Hereros und den 20.000 Namas, die vor Beginn des Aufstandes in Deutsch-Südwest lebten, nach einer im Jahre 1911 vorgenommenen Volkszählung nur noch 15.130 Hereros sowie 9781 Namas am Leben waren. Das bedeutet, dass zwischen 75 % und 80 % der Hereros sowie 50 % der Namas bei den Aufständen ihr Leben verloren.

Von den 14.000 Soldaten der deutschen Schutztruppe fielen ca. 1500 bei Kampfhandlungen oder starben aufgrund ihrer Verwundungen in einem Krankenhaus.

Im Rahmen der von Lindquist eingeleiteten Pazifizierungsmaßnahmen in-Deutsch- Südwest wurden alle Stammesorganisationen bis auf wenige aufgelöst. Alles Stammesvermögen und die Ländereien der Eingeborenen wurden konfisziert. Der Besitz von Kleinvieh und Land wurde den Eingeborenen in begrenztem Umfang nur mit ausdrücklicher Genehmigung der Kolonialverwaltung erlaubt. Die Eingeborenen unterlagen einem System gesetzlicher Überwachungs- und Kontrollmaßnahmen, sie wurden als Tagelöhner zur Arbeit bei einem Weißen gezwungen und hatte über das bestehende Arbeitsverhältnis ein Dienstbuch sowie einen Pass zu führen und Messingmarken mit einer Nummer zu tragen.

Das eingeführte Kontrollsystem scheiterte in der Praxis vielfach bereits an den örtlichen Gegebenheiten vor allem an dem riesigen Gebiet in Südwest, das kaum zu kontrollieren war, aber auch an der mangelnden Unterstützung der weissen Siedler bei der Durchführung der bürokratischen Formalitäten, die bei Fehlen der geforderten Passmarke die Eingeborenensteuer umgehen konnten.

Auf Eingeborene, denen es gelungen war, der Kolonialverwaltung und ihrem Kontrollsystem zu entkommen, wurden förmliche Treibjagden veranstaltet. Sie waren vogelfrei und wurden häufig getötet. Dies versuchte schließlich die

Kolonialverwaltung durch Erlass entsprechener Verfügungen zu unterbinden:

Es darf nicht fortgesetzt auf jeden Hottentotten, der sich zeigt, gefeuert werden, denn dann bekommen wir niemals Ruhe in den Grenzgebieten.

Über die Treibjagden äußerte sich von Lindquist wie folgt:

Die Truppe hat verschiedene sehr gute und interessante Züge in die Namib gemacht und die Buschleute dort aus ihren Verstecken verjagt, auch wohl einige dabei erschossen. Ich sehe keinen rechten Erfolg von der Fortsetzung solch feindseeliger Patrouillen gegen die Buschleute. Es wird immer nur darauf hinauskommen, einige Leute zu schießen, einige gefangen zu nehmen und letztere den Farmern zuzuteilen, dann werden sie bald wieder entlaufen.

Eingeborene, die sich als Arbeiter in Diensten deutscher Siedler befanden, waren häufig schutzlos den Misshandlungen und Quälereien ihrer Arbeitgeber ausgesetzt. Wenn ein Siedler mit der Arbeitsleistung eines Eingeborenen unzufrieden war, schickte er ihn zur nächsten Polizeistation. Dort wurde er von den Polizisten mit 10 bis 15 Schlägen mit der Nilpferdpeitsche diszipliniert und zurückgeschickt. Dort musste er, als sei nichts geschehen, sofort weiterarbeiten.

Vielfach übernahmen die Siedler auch selbst die Disziplinierung ihrer eingeborenen Arbeiter, das sie väterliches Züchtigungsrecht nannten. Dieses verstanden sie so, dass es ihnen das Recht gab ihre eingeborenen Arbeiter nach Gutdünken zu misshandeln. Dies endete teilweise in regelrechten Prügelexzessen.Selbst der Gouverneur sah darin eine Gefahr für das friedvolle Zusammenleben von Eingeborenen und Weißen.Die Aufforderung des Gouverneurs Prügelexzesse an den Eingeborenen aus eigenem Interesse zu unterlassen, verhallte bei den weißen Siedlern vielfach unerhört.

Es mehrten sich auch Fälle, in denen Eingeborene von Siedlern totgeprügelt wurden. Nur in seltensten Fällen wurden die weißen Siedler danach bestraft. Die meisten wurden freigesprochen und nur zu geringen Geldstrafen verurteilt. So galt als Richtschnur für die Tötung eines Eingeborenen eine Gefängnisstrafe von nur drei Monaten, für das Misshandeln eines Eingeborenen 1 Monat Gefängnis.

Um den Widerstand der Eingeborenen zu brechen, plante die Kolonialverwaltung die Namastämme nach dem Norden und die Herero nach dem Süden zwangsweise umzusiedeln. Dieser Plan scheiterte jedoch an den unüberwindbaren organisatorischen und logistischen Plänen angesichts der ungeheuren Personenzahl. Man beschränkte deshalb die Zwangsverschleppung zunächst auf kleinere

Namagruppen wie die Stürmann Namas und die Feldschuhträger, denen vorgeworfen wurde, sich ihrer Zwangsarbeitsverpflichtung zu entziehen. Gouverneur von Lindquist schlug sogar vor, die Namas nach Ostafrika zu deportieren, was jedoch an dem Widerstand des dortigen Gouverneurs Rechenberg scheiterte. Schließlich gab das Reichskolonialamt im März 1910 seine Zustimmung zur Deportation von 93 Namas in die deutsche Kolonie Kamerun, von denen die meisten jedoch auf elende Weise umkamen. Im August 1912 waren von den 93 deportierten Namas nur noch 37 am Leben.

Die brutalen Misshandlungen durch die weißen Siedler veranlassten die Eingeborenen immer wieder zu vereinzelten, spontanen Widerstandsaktionen. Sie waren jedoch isoliert und blieben auf wenige Eingeborene beschränkt. Zu geschlossenen Aktionen wie 1904 beim Aufstand der Hereros und der Namas waren sie nicht mehr in der Lage. Andererseits sorgten die Aktionen dennoch bei den Siedlern zu Verunsicherungen und Vorsichtsmaßnahmen.

Unruhig blieb die Lage vor allem im Süden durch die Namas, insbesondere die Bondelzwarts, die immer wieder versuchten durch Überschreiten des Oranjeflusses sich der deutschen Kolonialherrschaft zu entziehen. Dies versuchte die deutsche Kolonialverwaltung wegen des Arbeitermangels in Deutsch Südwest durch eine Zusammenarbeit mit den Behörden der Kapkolonie nach Möglichkeit zu verhindern.

Als das Zentrum und die SPD gemeinsam gegen einen Nachtragshaushalt zur Finanzierung des Kolonialkampfes stimmten, war es nur folgerichtig, dass der Reichskanzler von Bülow am 13. Dezember 1906 den Reichstag auflöste und Neuwahlen ausschrieb. Der Wahlkampf danach wurde zu einer Abstimmung über Deutschlands Kolonialpolitik, die Reichtstagswahl zu einem Triumph von Bülows und dessen Kolonialpolitik. Zu den Gewinnern gehörten auch die Konservativen, National- und Linksliberalen, die wie von Bülow selbst die Kolonialidee weiterverfolgten. Es wurde als Zeugnis dafür angesehen, dass Deutsche in Südwest nicht umsonst gefallen waren.

Der neu gewählte, kolonialfreundliche Reichstag bewilligte im Februar 1907 alle angeforderten Mittel für die Schutztruppe, die Aufstandsentschädigung und den Weiterbau der Lüderitzbuchtbahn bis Keetmanshop. Darüber hinaus wurde am 16. Dezember 1906 die 560 Kilometer lange Otavieinsenbahn eröffnet die zu den Kupferminen nach Tsumeb führte. Diese Eisenbahnlinie wurde von einem großen Privatunternehmen aus eigener Kraft und ohne staatliche Hilfe erstellt. In den nächsten Jahren flossen Beihilfen sowie Entschädigungszahlungen von Berlin nach Südwest. Den deutschen Siedlern wurde Mitbestimmung und kommunale

Selbstverwaltung versprochen, um eigene Entscheidungen auf den Gebieten der Land- und Forstwirtschaft, dem Straßen- und Wasserbau treffen zu können.

Ende Mai 1907 wurde von Lindquist zum Unterstaatssekretär im Reichskolonialamt ernannt. Er hatte sich in seiner Regierungszeit durchaus Verdienste um Südwest erworben, da es ihm gelungen war das Land vom Kriegs- in den Friedenszustand zu überführen.

Von Lindquist hatte vor allem die Verhältnisse der Eingeborenen trotz vieler Schwierigkeiten mit den weißen Siedlern neu geordnet, sorgte sich um eine Entschädigung der vom Aufstand geschädigten Farmer und bereitete eine weitere Besiedelung des Landes durch eine Landvermessung und günstige Ansiedlungsbedingungen und Ansiedlungsbeihilfen bis 6000 Mark, insbesondere für Soldaten, die nach Beendigung des Aufstandes im Land bleiben wollten, vor. Dabei bevorzugte er vor allem die Anlage von Kleinsiedlungen. Beim Wiederaufbau der Farmwirtschaft war es für die Farmer grundsätzlich schwierig Vieh zu erwerben. Nach Beendigung des Aufstandes war nur wenig Beutevieh an die geschädigten Farmer verteilt worden. Zuchtvieh war nicht in ausreichendem Umfang vorhanden oder musste aus Deutschland eingeführt werden. Durch den Import von Tieflandvieh aus Deutschland, das sich gut in Südwest akklimatisierte, nahm die Anzahl der Rinder bis 1912 schnell zu, so dass es teilweise zu einer Überproduktion kam, was sich auf die Viehpreise auswirkte.

30. Mischehenverbot von 1905 und die Frauenfrage 128)

Deutsch- Südwest litt wie alle anderen deutschen Kolonien von Beginn an an einem Mangel an *weißen* Frauen. Für *weiße* Frauen galt der Alltag in den Kolonien als zu gefährlich. Darüber hinaus hielt sich das Gerücht, dass *weiße* Frauen in den Tropen schneller welken und ihre Gesundheit und Fruchtbarkeit einbüßen würden.

Andererseits waren sexuelle Beziehungen zwischen deutschen Männern und einheimischen Frauen in allen Kolonien weit verbreitet. Viele *weiße* Männer sahen es als ihr Recht an, im Zuge der Kolonisation nicht nur Besitz von fremden Gebieten zu nehmen, sondern zugleich auch von den dort lebenden Frauen.

Aus diesen Verbindungen entwickelten sich oftmals wirkliche Partnerschaften,die in einer nach einheimischen Brauch geschlossenen Ehe endeten.Diese konnte von einem deutschen Standsbeamten beurkundet und vor Gericht anerkannt werden. Damit war eine sogenannte Mischehe vollzogen worden, die in Deutschland vielfach als Bedrohung für das *Deutschtum* betrachtet wurde. Man bezeichnete diese Mischehen als Verkaffern. Allgemein wurde befürchtet, dass die Männer nach einer derartigen Eheschließung auf die Stufe des Eingeborenenlebens heruntersinken und ihre kolonialen Aufgaben nicht mehr gerecht werden würden. Im Jahre 1913 existierten in Deutsch- Südwestafrika offiziell 46 derartiger Mischehen.Deutsche,die mit einheimischen Frauen verheiratet waren,wurden von den übrigen weißen Siedlern systematisch aus der kolonialen Gesellschaft ausgegrenzt..So durften sie Turnvereinen und Farmer-Vereinigungen nicht beitreten,erhielten keine Darlehen und konnten keine Farmen mehr kaufen.1909 verloren sie das aktive und passive Wahlrecht zum Landesrat. Ihre Kinder durften keine Regierungsschule und keinen deutschen Kindergarten besuchen.

Als nach verwerflicher und als *Perversion* wurden Verbindungen von *weißen* Frauen mit einheimischen Männern angesehen. In einer solchen Verbindung sah man eine Gefährdung der Kolonisierung und der der *weißen* Frau zugeschriebenen Teilhabe an der Kolonisierung. Nur *weiße* Frauen konnten *weiße* Kinder gebären und damit die Rassenreinheit und den Fortbestand der Kolonien sichern. Nur *weiße* Frauen galten als in der Lage einen Haushalt gut zu führen und ihrem *weißen* Ehemann eine wirkliche Partnerin zu sein.

Mischehen hatten auch weitreichende rechtliche Folgen.Nach dem deutschen Staatsangehörigkeitsgesetz von 1870 nahm jede ausländische Frau durch die Hochzeit mit einem deutschen Mann dessen Staatsangehörigkeit an, die auch an die Kinder des Paares weitergegeben wurde. Außerdem konnten deutsche Männer uneheliche Kinder, die sie mit ausländischen Frauen hatten, legitimieren lassen und sie dadurch zu deutschen Staatsangehörigen machen.

Der Frauenmangel verschärfte sich noch durch die Entsendung deutscher Soldaten anlässlich der Aufstände der Hereros und Namas. So gab es im Gebiet von Deutsch Südwest am 1.Januar 1903 nur 712 weiße Frauen.Die deutsche Kolonialverwaltung unterstützte deshalb die Bemühungen der Deutschen Kolonialgesellschaft und des Frauenbundes zur Förderung der Frauenauswanderung in die Kolonien.Um den Zuzug von deutschen Frauen in die Kolonien zu fördern,übernahm die Kolonialverwaltung die Reisekosten der Frauen und bemühte sich die hygienische und medinzinische Versorgung der Frauen in den Kolonien zu verbessern.

Da viele Soldaten auch nach Kriegsende in Südwest bleiben wollten, suchten sich einige von ihnen eingeborene Frauen, insbesondere Frauen der Rehobother Bastards, Mischlingsfrauen aus Verbindungen zwischen *Weißen* und Eingeborenenfrauen aus der Kapkolonie. Darin sah das Gouvernement nicht nur ein Ärgernis, sondern auch eine *Gefahr für die Reinerhaltung der deutschen Rasse*.

Es machte deshalb eine Eingabe an die Kolonialabteilung des auswärtigen Amtes, in der es derartige Mischehen als rechtlich unzulässig ansah und sich für ein Verbot von Mischehen aussprach. Die Eingabe wurde wie folgt begründet:

Es ist eine alte, nicht nur in Afrika bestätigte Erfahrungstatsache, dass der mit einer Angehörigen einer tieferstehenden Rasse dauernd zusammenlebende Weiße nicht letztere emporzieht, sondern von ihr herabgezogen wird; er verkaffert wie man hier sagt. Ebenso lehrt die Erfahrung, dass solche Verbindungen die Rasse nicht bessern, sondern verschlechtern:

Die Abkömmlinge sind in der Regel physisch und sittlich schwach, vereinigen in sich die schlechten Eigenschaften beider Eltern und folgen naturgemäß in Sprache und Gesittung mehr der eingeborenen Mutter als dem weißen Vater. Würde die Regierung alle diese Folgen durch die gesetzliche Zulassung der Eheschließung zwischen Nichteingeborenen und Eingeborenen sanktionieren, so würde sie ihrem eigenen Interesse, dieses Schutzgebiet zu einem Lande deutscher Gesittung zu machen, entgegenhandeln. Die gesetzliche Unzulässigkeit von Ehen zwischen Weißen und Eingeborenen sind allerdings Geschlechtsverbindungen solcher und können die Erzeugung von Mischlingen nicht verhindern, aber diese Geschlechtsverbindungen sollen außerhalb des Gesetzes stehen und den Abkömmlingen sollen durch Gesetz nicht die Rechte ehelicher Kinder und kein Einfluss auf die Geschicke des Landes eingeräumt werden. Durch diese Behandlung wird auch ein nicht zu unterschätzender Einfluss auf die in dieser Hinsicht oft sehr unreifen sozialen Anschauungen unserer Ansiedler ausgeübt.

Das die Folgen der gesetzlichen Zulässigeit solcher Ehen eine Gefahr für die Machtstellung des weißen Mannes hier in sich bergen, ist für den, der längere Zeit im Lande gelebt hat, ebenso einleuchtend, als es schwer ist, die den Verhältnissen Fernstehenden davon zu überzeugen..

Diese Begründung nimmt Gedankengut der mehrere Jahrzehnte von den Nazis erlassenen Rassengesetze vorweg. Ohne die Entscheidung aus Berlin abzuwarten schuf der Geheimrat Tecklenburg für Deutsch Südwest durch den Erlass einer Verfügung vom 23.September 1905 mit dem Verbot von Mischehen bereits vollendete Tatsachen. Diese hatte folgenden Wortlaut:

An sämtliche Standesämter

Ich beabsichtige, eine Entscheidung des Auswärtigen Amtes, Kolonialabteilung, über die nach der neuen Fassung des Schutzgebietsgesetzes vom 19.9.1900 zweifelhaft gewordene Zulässigkeit standesamtlicher Trauungen zwischen Weißen und Eingeborenen bzw. Bastarden herbeizuführen. Mit Rücksicht hierauf sind solche Trauungen bis auf weiteres nicht vorzunehmen. Ich bemerke ausdrücklich, dass diese Mischehen diesseits wegen der rechtlichen, politischen und sozialen Folgen als durchaus unerwünscht erachtet werden.

Aus innenpolitischen Rücksichten und wegen der anderen Rassenverhältnisse in den deutschen Schutzgebieten im Stillen Ozean traf die Kolonialabteilung des Auswärtigen Amtes keine grundsätzliche Entscheidung, sondern ließ dem Gouvernement bei der Regelung für Deutsch Südwest freie Hand. Dieses nutzte der Gouverneur zum Verbot der Mischehen.

Das Mischehenverbot wurde 1907 durch ein Urteil des Obergerichts von Windhoek bestätigt und sogar rückwirkend angewandt. Ein Jahr später wurde es 1908 als § 17 in die Selbstverwaltungsordnung der Kolonie übernommen. Dabei verloren bei Mischehen beide Ehepartner automatisch die bürgerlichen Ehrenrecht sowie das Wahlrecht.

Gouverneur von Lindquist vertrat dazu die Ansicht:

dass geschlechtliche Beziehungen zwischen Europäern und Afrikanern nicht nur ein Verbrechen gegen die Reinerhaltung deutscher Rasse und deutscher Geltung seien, sondern die Stellung des weißen Mannes hier überhaupt gefährden könnten.

Ungeachtetdessen versuchte er die Frauenfrage dadurch zu lösen, dass er die Auswanderung von deutschen Frauen und Mädchen über den Frauenbund der Deutschen Kolonialgesellschaft planmäßig förderte. Die Kolonialverwaltung ging dabei mit gutem Beispiel voran, indem sie Stenotypistinnen, Gemeindeschwestern und Kindergärtnerinnen aus Deutschland einstellte.

31. Gouverneur von Schuckmann (1907-1910) 129)

Von Lindquists Nachfolger wurde 1907 der Geheime Legationsrat Bruno von Schuckmann. Er wurde am 3. Dezember 1857 in Rohrbeck geboren. In den Jahren 1888-1890 war er Konsul in Chikago, wurde 1890 in die Kolonialabteilung des deutsches Reiches übernommen und von 1896 bis 1899 deutscher Generalkonsul in Kapstadt . Nachdem er eine Zeitlang aus Gesundheitsgründen in den einstweiligen Ruhestand versetzt worden war, trat von Schuckmann wieder in den Kolonialdienst ein und übernahm 1907 den Gouverneursposten in Deutsch-Südwest. Von Schuckmanns Aufgabe war die Weiterentwicklung der Wirtschaft in Deutsch Südwest, der Aufbau einer Selbstverwaltung und die Bestreitung der

Schutzgebietsausgaben aus den Einnahmen. Um die Ausgaben zu senken, beschränkte er die Verwaltung auf die sogenannte Polizeizone. Außerhalb dieser Zone gelegene Landesteile wie Kaokoveld, Amboland, Caprivizipfel und Kalahari wurden nicht verwaltet , sondern nur beobachtet. Die Kolonialverwaltung schritt nur bei Bedarf bei besonderen Missständen und Notfällen ein.

Von Schuckmann erhöhte die Einnahmen der Kolonie durch die Erhebung von Steuern. Bis dahin war Südwest ein Land ohne Steuern. Am 19.März 1909 wurde die erste Grundsteuerverordnung im Schutzgebiet erlassen. Durch Zollverordnung vom 20.Mai 1908 wurden Zölle auf alkoholhaltige Getränke, Tabak und Tabakfabrikate, alkoholhaltige Arzneien und Zündhölzer eingeführt.

Ein Hauptanliegen von Schuckmann war zur Kostensenkung der Abbau der Bürokratie und unnötiger Verbote und Vorschriften. Dies versuchte er dadurch zu erreichen, dass er die Bewohner der Kolonie durch das Motto: *Hilf dir selbst* zu mehr Selbsthilfe ermunterte.

Am 28. Januar 1909 trat die Verordnung des Reichskanzlers betreffend die Einrichtung der Selbstverwaltung in Südwestafrika in Kraft. Dadurch wurden mit Wirkung vom 5. Februar 1909 die Wohnplätze Windhuk, Swapokmund, Lüderitzbucht, Keetmanshop, Karibib, Omaruru, Okahandja, Aus, Tsumeb, Warmbad, Usakos und am 25. Februar 1909 Klein Windhuk als Gemeinden mit eigener Selbstverwaltung und eigenem Bürgermeister ins Leben gerufen.

Bis 1913 entstanden in Deutsch- Südwestafrika eine moderne Telekommunikation mit 102 Post- und Telegraphenanstalten sowie Telegraphenlinien mit einer Länge von ca. 4000 Kilometern. An 28 Plätzen in Südwest bestanden Ortsfernsprechnetze, dazu gab es über ein britisches Seekabel in der Nähe der Walfischbucht eine Verbindung mit dem Welttelegraphennetz. Darüber hinaus existierten bereits Pläne für die Einrichtung eines drahtlosen Telegraphensystemes über Funkstellen. Am 4. Februar 1912 sowie am 3. Juni 1912 nahmen die Küstenfunkstelle Swapokmund sowie die Funkstelle in Windhuk die 1914 zu einer Großfunkstelle ausgebaut wurde, ihren Betrieb auf.

Von Schuckmann, der in Deutschland selbst das Familiengut Klein- Rohrbeck erfolgreich bewirtschaftet hatte, kümmerte sich insbesondere um die Landwirtschaft in Südwest. Dazu förderte er vor allem die Einfuhr von Zuchtvieh.

Der Abbau von Mineralien und Erzen spielte erst kurz vor Beendigung der deutschen Kolonialzeit eine wichtige Rolle. Das gilt vor allem für die Erschließung neuer Kupferlager (seit 1907) und die Entdeckung von Diamanten (seit 1908).

Für das Deutsche Reich war Südwest vor allem wegen der hohen Militär- und Verwaltungskosten in Folge der Aufstände der Eingeborenen und den beim Eisenbahnbau getätigten Investitionen ein reines Verlustgeschäft. So standen 1910 13,6 Millionen Einnahmen aus Zöllen und Steuern Ausgaben von 32 Millionen Mark gegenüber. Dabei stieß Deutsch- Südwest in der Heimat auf weit mehr Interesse als Ostafrika. Waren es in Südwest vor allem deutsche Soldaten, die ihr Leben verloren, kämpften in Deutsch Ostafrika farbige Askari Truppen unter deutscher Führung.

32. Diamantenfund 130)

Im Mai 1908 kam es an der Kolmanskuppe, 12 Kilometer von Lüderitzbucht entfernt zu einem sensationellen Fund, der das Leben in Deutsch Südwest nachhaltig verändern sollte. Es waren ein paar wasserklare Steine von regelmäßiger Kristallform mit einem Gewicht von ca. ein Viertel Karat, die ein farbiger Streckenarbeiter der Kolonial- und Eisenbahnbaugesellschaft, mit Namen Zacharias Lewala zufällig im Dünensand fand.

Lewalas Aufgabe war es, den Schienenstrang der zwischen Lüderitzbucht und Aus verkehrenden Südbahn vom Treibsand freizuhalten. Die Kolonne der Eisenbahnarbeiter unterstand dem Oberbahnmeister Stauch, der sich von Deutschland nach Lüderitzbucht versetzen ließ, um seine Tuberkulose im afrikanischen Klima ausheilen zu lassen. Stauch hatte seine schwarzen Arbeiter angewiesen auf besonders auffällige Steine zu achten und solche ihm zu bringen.

Bereits im Jahre 1905 hatten Guanoarbeiter auf einer der Küste vorgelagerten englischen Insel einige Diamanten gefunden, eine weitere Suche blieb jedoch erfolglos.

Stauch machte mit dem gefundenen Stein an seinem Uhrglas Ritzversuche, die überraschend gut gelangen. Daraufhin vermutete Stauch, dass es sich bei dem Stein um einen Diamanten handelte und übergab den Stein nach einer Fundanzeige nach der Bergverordnung der Deutschen Colonialgesellschaft, die in dieser Gegend die Minenrechte hatte, zur Untersuchung.

Die Untersuchung durch einen Regierungsgeologen ergab, dass es sich um einen Diamanten handelte, welcher der Oranjefluss vor Millionenjahren ins Meer gespült hatte, der vom Wind und den Wellen in den Dünensand der Küste zurückgetragen und dort versteckt worden war. Stauch kaufte daraufhin ein Dutzend weiterer Schürfrechte, das Stück zu 60 Mark und gründete zusammen mit einem Kompagnon eine Diamantengesellschaft.

Der Fund löste einen wahren Diamantenrausch nach Deutsch- Südwest und einen Run auf die Schürfrechte aus. Das Hottentottengebiet im Süden wurde von Glücksuchern, Abenteurern und zwielichtigen Gestalten, aber auch von vielen Siedlern geradezu überschwemmt. Alles eilte nach dem Diamantengebiet,um seinen Schürfpfahl mit Namen, Schürfnummer und Datum in die Wüste zu pflanzen und mit den Händen oder mit Handsieben im Wüstensand nach Diamanten zu suchen.Da die Rechtslage bezüglich der Schürfrechte unsicher und kompliziert war, galt im Anfang das Recht der Priorität. Es wurden Syndikate und Gesellschaften für den Diamantenabbau gegründet.

Im Januar 1909 wurden im Pomonagebiet weitere, sehr reiche Lagerstätten mit teilweise größeren Diamanten entdeckt. Durch eine Gouvernementsverordnung vom 25. Oktober 1908 wurde der Besitz, die Annahme, Weitergabe und der Handel von Rohdiamanten von der Lösung eines 1000 Mark jährlich kostenden Schürfberechtigungsschein abhängig gemacht und das Betreten des Diamantengebietes außerhalb der öffentlichen Wege unter behördliche Kontrolle gestellt.

Schnell erfuhr Berlin von dem Fund. Da die Bodenschätze Sache des Deutsches Reiches war und der Kolonialverwaltung unterstanden, machte man sich Gedanken über die Verwertung der Diamanten, die Erhaltung ihres Seltenheitswertes sowie die Besteuerung. Durch Reichskanzlerverfügung vom 22.September 1908 hob man schnell die Schürffreiheit in dem 100 Kilometer breiten Küstenstreifen zwischen Oranje und dem 26. Breitengrad auf und erklärte das Schürfgebiet zum Sperrgebiet.Damit sollte der weiteren Zersplitterung des Besitzes der Diamantenlagerstätten vorgebeugt werden.

Zum Sperrgebiet gehörten vor allem die Lagerstätten in Elisabethbucht, Pomona, Bogenfels und Charlottental. Die Ausbeutung der Diamantenfelder wurde einem deutschen Großbankenkonsortium zugesichert, das im Wesentlichen identisch mit den Gesellschaftern der Deutschen Colonialgesellschaft war. Zuwiderhandlungen gegen die Sperrverfügung wurden mit 500 Mark oder mit Haft bestraft. Damit sollte insbesondere der Markt vor Schleuderpreisen geschützt und der Zugriff durch die südafrikanische De- Beers Kompanie abgewehrt werden.

1909 wurde die *Deutsche Diamanten- Gesellschaft*, abgekürzt *DDG* gegründet, welche das Monopol für die Vermarktung der Diamanten hatte. Die Gesellschaft zahlte im Jahre 1909 ihren Anteilseignern 64 Prozent Dividende. Der Aktienkurs der Anteilsscheine der Gesellschaft stieg im gleichen Jahr auf 2000 Prozent. Darüber hinaus wurde durch Erhebung von Zöllen und Steuern auf die Diamantenförderung der Boom dazu genutzt, die Einnahmen der Kolonie zu steigern, um endlich aus den Haushaltsdefiziten herauszukommen und Mittel für die

Entwicklung der Kolonie zu gewinnen. Durch Gouvernementsverordnung vom 16. Dezember 1908 wurde ein Ausfuhrzoll von zehn Mark für das Karat eingeführt. Die Berechnung wurde am 1.März 1909 dahin geändert, dass der Ausfuhrzoll in Höhe auf ein Drittel des in Berlin erzielten Veräußerungserlöses festgesetzt wurde.

Im Jahre 1912 wurde eine Diamantensteuer eingeführt. Diese betrug grundsätzlich sechsundsechzig Prozent des Verkaufserlöses, der jedoch um 70 % der Förderungsunkosten vermindert wurde. Je höher die Förderungskosten waren, desto geringer war die Steuer. Damit wurden die Förderer, deren Felder weit entfernt lagen und weniger Diamanten hatten, entlastet. Die Diamantenförderung stieg in den Jahren von 1908 bis 1913 rasant an. Während sie zu Beginn im Jahr 1908 noch 38.271 Karat betrug, war sie in 1913 auf 1.500.000 Karat angestiegen. Die Diamantenindustrie wurde damit zur stärksten Stütze des Staatshaushaltes in der Kolonie.

Damit profitierten vor allem der Staat an dem Diamantenboom und die Deutsche Kolonialgesellschaft sowie das das deutsche Bankenkonsortium. Die Diamantenpolitik und die Millionengeschenke an die Großbanken wurden vor allem im Reichstag dem Leiter des Reichskolonialamtes Dernburg angelastet. Dieser wiederum schob die Schuld weiter auf die Beamten in Deutsch- Südwest und den Gouverneur von Schuckmann. Dies führte dazu, dass von Schuckmann, der in Südwest äußerst beliebt war, 1910 seinen Abschied nehmen musste, was alle in Südwest mit großem Schmerz erfüllte. Nach seiner Rückkehr nach Deutschland bewirtschaftete von Schuckmann sein Famliengut Rohrbeck. Er starb am 4. Juni 1919.

Nach dem Verlust der Kolonien aufgrund des 1. Weltkrieges ging die Deutsche Diamantgesellschaft an die südafrikanische Consolidated Diamond Mines der südafrikanischen De Beers Gruppe, die schon bald die Diamantenfelder um die Lüderitzbucht schloss.

Die in Südwest gefundenen Diamanten waren wasserklar, jedoch nicht besonders groß. Zwischen 1908 und 1913 wurden insgesamt Diamanten im Wert von ca. 150 Millionen Mark gewonnen. Das waren 4,7 Millionen Karat und entsprach etwa einem Fünftel der damaligen Weltförderung.

33. Gouverneur Dr. Seitz (1910- 1914) und die Kapitulation 131)

Dr. Theodor Seitz wurde am 12. September 1863 in Seckenheim *(Baden)* geboren. Ende 1894 wurde er in die Kolonialabteilung des Auswärtigen Amtes einberufen. Von Juli 1907 bis 1910 war Dr. Seitz Gouverneur von Kamerun, seit August 1910 bis 1914 als Nachfolger von Schuckmann Gouverneur von Deutsch- Südwestafrika. Deutsch-Südwest erlebte in seiner Regierungszeit aufgrund der Diamantenfunde einen wirtschaftlichen Boom, um den man die Deutschen weltweit beneidete.

In Windhuk wurde 1910 die Christuskirche eingeweiht, die als Symbol Deutschlands in Südwest galt. Die eiserne Dachkonstruktion kam aus Hamburg, die Orgel aus Ludwigburg, die Fenster aus Nürnberg, die Glocken aus Apolda. Eine von ihnen trägt die Aufschrift *Friede auf Erden*. Die auf dem Altar ausliegende Bibel war ein Geschenk der deutschen Kaiserin.

Neben der Christuskirche ist der Südwester Reiter in deren Nähe das bekannteste Symbol der deutschen Kolonialzeit.Es soll den politischen Macht- und Besitzanspruch des deutschen Reiches über Deutsch-Südwest demonstrieren.Dies wurde bei seiner Einweihung im Januar 2012 durch den Gouverneur Theodor Seitz zum Ausdruck gebracht:

Der eherne Reiter der Schutztruppe, der von dieser Stelle aus in das Land blickt, verkündet der Welt, dass wir hier die Herren sind und bleiben werden.

Das Reiterdenkmal überstand die Unabhängigkeit Namibias im Jahr 1990 und befindet sich heute im Innenhof der Alten Feste, des ehemaligen Kolonialforts von Windhoek.

Am 9. Juli 1915 kapitulierte die deutsche Schutztruppe mit ca. 5000 Mann vor den 60.000 Mann starken südafrikanischen Unionstruppen unter General Louis Botha. Es war das Ende der Kolonie Deutsch- Südwest, einer Kolonie, deren Spuren noch heute im heutigen Namibia deutlich sichtbar sind.

Anmerkungen

A. Allgemeines

1) N. Hirschfelder, *Black Lives Matter Protest und Widerstand heute* in:
   M. Butler, A.Franke und H. Tann, Von Selma bis Ferguson, *Rasse und Rassismus in den USA*, Bielefeld 2016, S.231-260;
   L. Kupp, *Der Fall Michael Brown* (Symbolische Polizeigewalt und kollektive Fantasie in: M. Butler, A.Franke und H. Tann, Von Selma bis Ferguson *Rasse und Rasismus in den USA*, Bielefeld 2016, S.261- 286;K. Yamattho Taylor, *Black Lives Matter zu Black Liberation*, Münster 2017
   M.Bewerunge, *der langen Kampf ums R-Wort*, Rheinische Post 16.11.2020

2) Immanuel Kant, *Gesammelte Schriften*, Bd., II S.429- 443
   Immanuel Kant, *Physische Geographie*, ca. 1755, ediert und herausgegeben von Theodor Rink nach Kants Vorlesungsmaterialien, 1802
   R. Eisler, Lemma Rasse, *Kant Lexikon 1930*; W.D. Wulf, *Rassismus im Kontext: Geschlecht, Klasse, Nation, Kultur und Rasse*;
   W. Schmidt-Wulffen, *Die Zehn kleinen Negerlein: Zur Geschichte der Rassendiskriminierung im Kinderbuch*, Münster 2010;
   S. Arndt, I*mpressionen, Rassismus und der deutsche Afrika Diskurs* in. Arndt, Afrika Bilder: *Studien zu Rassismus in Deutschland*, Münster 2001
   M. Firla, *Immanuel Kants Rassentheorie über Entstehung und Wurzeln des Rassismus*, 2020 Grin- Verlag.

3) Aleida Assmann, *Der lange Schatten der Vergangenheit. Erinnerungskultur und Geschichtspolitik*, Bonn 2007 (Bundeszentrale für politische Bildung, Schriftenreihe 633); dies. *Das gespaltene Gedächtnis Europas und das Konzept des dialogischen Erinnerns* in Bernd Rill: *Nationales Gedächtnis in Deutschland und Polen*, München 2011: H.H. Hahn H.Hein- Kircher, A. Kochanaowska- Nieeborak, *Erinnerungskultur und Versöhnungskitsch* Marburg 2008

4) Loosen in Gründer/Hiery, *Die Deutschen und ihre Kolonien*, S.22

5) Loosen in Gründer/ Hiery a.a.O. S.223

6) Fröhlich, *Imperialismus, Deutsche Kolonien und Weltpolitik 1880-1914* S.32 in: M. Butler, A. Franke und H. Tann, Von Selma bis Ferguson, *Rasse und Rasissmus in den USA*, Bielefeld 2016, S.231-260;

7) Baumgart a.a.O. S.58

8) Speltkamp, *Deutsche Kolonialgeschichte*, S.181

9) Wehler, *Bismarck und der Imperialismus*, S.423f

10) Speltkamp a.a.O. S.30-35

11) Staas in Zeit Online v. 23.10.2010

12) Fröhlich a.a.O. S.73-88; Fesser, *Der Traum vom Platz an der Sonne*

Deutsche Weltpolitik 1897-1914 S.25

13) Gründer, *Gottes Willen. Eine Kreuzzugsbewegung am Ende des 19. Jahrhunderts* in Geschichte in Wissenschaft und Unterricht 28(1977) S.210- 224

14) Fröhlich a.a.O. S. 73-88

15) Speltkamp a.a.O. S.30-35 sowie ders. in Gründer/ Hiery, *Die Deutschen und ihre Kolonien*, S.65

16) Steltzer, *Die Deutschen und ihr Kolonialreich*, S.281

17) van Laak, *Deutschland in Afrika. Der Kolonialismus und seine Nachwirkungen* in Apu 4/ 2005 der Bundeszentrale für politische Bildung (bpp), Hiery/ Gründer a.a.O. S.317

18) Wolf, *Perspektiven für Afrika*: *Die ewige Safari*, Spiegel Special Geschichte 2/ 2007 v. 22.5.2007, S.142-145

19) Wolf a.a.O.S.142-145

20) *Deutschlands koloniale Vergangenheit.Zaghafte Aufarbeitung nach langer Amnesie* in www.deutschlandfunk.de /deutschland-koloniale-vergangenheit-zaghafte-aufarbeitung.724.de

B. Die Kolonie Deutsch- Togo (Togoland)

21) Gründer, *Geschichte der Deutschen Kolonien*, S.129

22) Schnee, *Deutsches Koloniallexikon (DKL)* Togo Nr.2; Längin, *Die deutschen Kolonien, Schauplätze und Schicksale 1884-1918*, S.34

23) Schnee, *DKL* Togo Nr.5

24) Schnee, *DKL* Togo Nr.6

25) Schnee, *DKL* Togo Nr.7

26) Längin a.a.O. S.31

27) Gründer a.a.O. S.127f, Sebald a.a.O. S.86

28) Sebald , *Die deutsche Kolonie Togo 1884- 1914, Eine Geschichte der deutschen Musterkolonie auf der Grundlage amtlicher Quellen* S.32,41; Längin a.a.O.S.37,41f

29) Trierenberg, *Togo, die Aufrichtung der deutschen Schutzherrschaft und die Erschließung des Landes*, S.14f; Längin a.a.O. S.45f, Sebald a.a.O. S.51f

30) Trierenberg a.a.O. S.44f

31) Sebald a.a.O. S.70; Trierenberg a.a.O.S.46,60f

32) Längin a.a.O. S.44; Trierenberg a.a.O. S.49

33) Gründer a.a.O. S.135; Trierenberg a.a.O. S.46

34) Gründer a.a.O. S.130f; Trierenberg a.a.O. S.46f

35) Sebald a.a.O. S.135

36) Gründer a.a.O. S.134f
37) Haupt a.a.O. S.82
38) Trierenberg a.a.O. S.54f
39) Sebald a.a.O. S.125f
40) Gründer a.a.O. S.131f; Haupt a.a.O. S.85; Sebald a.a.O. S.90f
41) Gründer a.a.O. S.137
42) Längin a.a.O. S.33; Sebald a.a.O. S.77; Schnee, DKL Togo S.16
43) Trierenberg a.a.O. S.53f
44) Trierenberg a.a.O. S.54
45) Trierenberg a.a.O. S.54f

C. Die Kolonie Deutsch- Kamerun

46) Längin a.a.O. S.64f
47) Längin a.a.O. S.64
42) Emmerich, *Zur Geschichte der Deutschen in Afrika*, S.141;
    Gründera.a.O.   S.43; Längin a.a.O. S.49f,61f,70f; Stoecker a.a.O. S.81
43) Längin a.a.O. S.73f,79,84
44) Längin a.a.O. S.80
45) Längin a.a.O. S.85,87
46) Längin a.a.O. S.87
47) Kuma N dume a.a.O. S.96; Längin a.a.O. S.73,88, Schnee,
    DKL Kamerun a.a.O. S.44; Sembritzki a.a.O. S.9
48) Schnee, *DKL Kamerun* a.a.O. S.31
49) Längin a.a.O. S.62; Schnee, *DKL Kamerun* a.a.O. S.33
50) Längin a.a.O. S.62; Schnee, *DKL Kamerun* a.a.O. S.35
51) Haupt a.a.O. S.66; Schnee, *DKL Kamerun* a.a.O. S.57,59
52) Längin a.a.O. S.109; Zollmann in Gründer/Hiery a.a.O. S.239f
53) Schnee, *DKL Kamerun* a.a.O. S.64,66,89
54) Längin a.a.O. S.94; Reichenow a.a.O. S.25
55) Schnee, *DKL Kamerun* a.a.O. S.73
56) Schnee, *DKL Kamerun* a.a.O. S.54
57) Schnee, *DKL Kamerun* a.a.O. S.50,62
58) Schnee, *DKL Kamerun* a.a.O. S.48
59) N dume III a.a.O. S.112
60) Längin a.a.O. S.93; Schnee, *DKL Kamerun* a.a.O. S.60f
61) Längin a.a.O. S.93; Schnee, *DKL Kamerun* a.a.O. S.53
62) Schnee, *DKL Kamerun* a.a.O. S.59
63) Schnee, *DKL Kamerun* a.a.O. S.45,49
64) Schnee, *DKL Kamerun* a.a.O. S.47,49

65) Schnee, *DKL Kamerun* a.a.O. S.72

D. Die Kolonie Deutsch-Ostafrika

66) Bittner, *Ostafrika* S.9,12; Graudenz/ Schindler a.a.O. S.112
67) Bittner a.a.O. S.9
68) Baer/Schröter, *Eine Kopfjagd*, S.28; Bittner a.a.O. S.51; Graichen/ Gründer
     a.a.O. S.283,287; Haupt, *Deutschlands Schutzgebiete in Übersee*
     1884-1914, S.11; *Peters, Gesammelte Schriften* Bd.I S.340;
     Peters, Lebenserinnerungen S.43,67,76,77,87;
     Peters, *Wie Deutsch- Ostafrika entstand*, S.40f;
     Wehler, *Bismarck und der Imperialismus* S.423f
69) Becker/Beez a.a.O. S.32; Bittner a.a.O. S.55,56; Knopp a.a.O. S.196;
     Längin a.a.O. S.178,180,181;Schnee, *DKL* III S.721
70) *Peters, Lebenserinnerungen*, S.89; Schnee, *DKL* I S.561
71) Baer/ Schröter a.a.O. S.92; Knopp a.a.O. S.198;
     Peters, Lebenserinnerungen, S.100,107,111
72) Baer/ Schröter a.a.O. S.50,51; Bittner a.a.O. S.135; Graichen/ Gründer a.a.O. S.289
73) Gründer a.a.O. S.158,159; Knopp a.a.O. S.212
74) Baer/ Schröter a.a.O. S.95; Becker/ Beez a.a.O. S.86;
     Graichen/ Gründer a.a.O. S.52,54,Gründer a.a.O. S.161
75) Baer/ Schröter a.a.O. S.111,119; Knopp a.a.O. S.221,227
76) Baer/ Schröter a.a.O. S.137, *Lettow-Vorbeck, Mein Leben*, S.118ff;
     Zeller in Gründer/Hiery a.a.O. S.300
77) Baer/ Schröter a.a.O. S.82
78) Bittner a.a.O. S.96; von Götzen, *Deutsch-Ostafrika*, S.33,38;
     Schnee, *DKL* S.66 sowie III S.720
79) Haupt a.a.O. S.24; Längin a.a.O. S.218
80) Baer/ Schröter a.a.O. S.83; *von Götzen* a.a.O. S.40; Haupt a.a.O. S.32
81) Baer/ Schröter a.a.O. S.83,85
82) Baer/ Schröter a.a.O. S.87; Becker/ Beez a.a.O. S.55f; Schnee, *DKL* III S.64
83) Schnee, DKL I S.64
84) Hermann Schubert in: *Kolonialer Alltag in Deutsch-Ostafrika in Dokumenten*
85) Schnee, *DKL* I S.70 Nr.16
86) Schnee; *DKL* I S.62 Nr.13
87) Schnee, *DKL* I S, 62 Nr.13; Emmerich a.a.O. S.190
88) Becker/ Beez a.a.O. S.50
89) Schnee, *DKL* I S.45
90) Baer/ Schröter a.a.O. S.86
91) Becker/ Beez a.a.O. S.36

92) Schnee, *DKL* I S.37
93) Bittner a.a.O. S.36
94) Bittner a.a.O. S.35
95) Schnee, *DKL* I S.43
96) Becker/ Beez a.a.O. S.108; Gründer in Gründer/ Hiery a.a.O. S.259f
97) Baer/ Schröter a.a.O. S.66
98) von Götzen a.a.O. S.16f

E.   Die Kolonie Deutsch- Südwest

99) Schnee, *DKL, Deutsch- Südwest*, Bd. I S.410ff Nr.1 und 2, 5 und 6
100) Schnee, *DKL* Bd. III S.701
101) Francois, *Deutsch-Südwestafrika, Geschichte der Kolonisation,*
     zum Ausbruch des Krieges mit Witbooi, S.1; Schnee, DKL Bd.I, Nr.7
102) Helbig, *Mythos Deutsch-Südwest* S.46; Hubrich/Melber, Namibia,
     S.39,41; Schnee, *DKL* Bd.II S.77f; Vedder, Das alte Südwestafrika S.56f
103) Drießler, *Die Rheinische Mission* S.10f; Vedder a.a.O. S.44,47
104) Drießler a.a.O. S.10
105) Hubrich/ Melber a.a.O. S.40
106) Graichen/ Gründer, *Deutsche Kolonien*, S.58f; Helbig a.a.O. S.38,51,57
     Leutwein a.a.O. S.11
107) Helbig a.a.O. S.68; Hintrager, *Südwestafrika*, S.8,12,18f;
     Längin a.a.O. S.110f; Schüßler, Adolf Lüderitz, S.60,62
108) Hintrager a.a.O. S.20
109) Francois a.a.O. S.19ff; Hintrager a.a.O. S.22; Leutwein a.a.O. S.14
110) Hintrager a.a.O. S.24f; Längin a.a.O. S.117f; Leutwein a.a.O. S.14
     Stoldt, *Namibia Magazin* 2013, Heft 3 S.26
111) Francois a.a.O. S.157; Helbig a.a.O. S.56
112) Francois a.a.O. S.160ff; Helbig a.a.O. S.98,105,108
113) Francois a.a.O. S.168; Helbig a.a.O. S.110; Leutwein a.a.O. S.38, 42f, 57f
114) Schnee, *DKL* Bd. I S.410ff Nr.8; von Weber a.a.O. S.88
115) Leutwein a.a.O. S.143
116) Helbig a.a.O. S.127; Leutwein a.a.O. S.117
117) Helbig a.a.O. S.134; Hintrager a.a.O. S.42; Schnee, *DKL* Bd.I S.410ff Nr.5
118) von Weber a.a.O. S.96,100
119) Hintrager a.a.O. S.44; Schnee, *DKL* Bd.I S.410ff Nr.14; von Weber a.a.O. S.101
120) von Weber a.a.O. S.109,113
121) Schnee, *DKL* Bd. I S.410 Nr.10
122) Schnee, *DKL* Bd. I S.410 Nr.11
123) Hintrager a.a.O. S.44

124) Graichen/ Gründer a.a.O. S.134f,142; Helbig a.a.O. S.137f, 146f, 150f;
     Hintrager a.a.O. S.47,55,58; Längin a.a.O. S.132, 134f; Leutwein a.a.O.
     S.466; Sonnenberg, Waterberg, S.61,65; von Weber a.a.O.S.114
125) Graichen/Gründer a.a.O. S.143ff; Helbig a.a.O. S.153ff;
     Hintrager a.a.O. S.62; Längin a.a.O. S.134ff,155ff
126) Helbig a.a.O. S.162; Hintrager a.a.O. S.64ff; Längin a.a.O. S.137;
     Zeller in Gründer/ Hiery a.a.O. S.304
127) Helbig a.a.O. S.72; Hintrager a.a.O. S.82
128) Helbig a.a.O. S.183; Hintrager a.a.O. S.75f, Loosen in Gründer/Hierry a.a.O. S.224f
129) Hintrager a.a.O. S.101; Schnee, *DKL* Bd. III, S.306
130) Hintrager a.a.O. S.114,120; Längin a.a.O. S.149
131) Längin a.a.O. S.149; Schnee, *DKL* Bd. III S.338; Zeller in Gründer/ Hiery aa.O. S.312

Literaturverzeichnis

I. Allgemeines

S. Conrad, *Deutsche Kolonialgeschichte*, München 2008

B. Dernburg, *Zielpunkte des deutschen Kolonialwesens*, Berlin 1907

A. Emmerich, *Zur Geschichte der Deutschen in Afrika*, Köln 2013

G. Graichen/ H. Gründer, Deutsche Kolonien- Traum und Trauma, Berlin 2005

H. Gründer/ H. Hiery, *Die Deutschen und ihre Kolonien*, Berlin Brandenburg 2017

H. Gründer, *Geschichte der deutschen Kolonien* 6. Aufl. Paderborn, München, Wien, Zürich 2012

W. Haupt, *Die deutsche Schutztruppe 1889- 1918*, Auftrag und Geschichte, Utting 1989

B.G. Längin, *Die deutschen Kolonien, Schauplätze und Schicksale 1884-1918*, Hamburg, Berlin, Bonn 2004

H. Schnee, *Deutsches Koloniallexikon* 3 Bde. Leipzig 1920

W. Speltkamp, *Deutsche Kolonialgeschichte*, 3. Aufl. Stuttgart 2014

ders. *Kleine Geschichte Afrikas*, 2. Aufl. Stuttgart 2009

W. Westphal, *Geschichte der deutschen Kolonien*, Gondrom 1991

II. Deutsch- Togo

C. Adick, *Bildung und Kolonialismus in Togo*, Weinheim 1981

A. Full, *Fünfzig Jahre Togo*, Berlin 1935

H. Klose, *Togo unter deutscher Flagge*. Reisebilder und Betrachtungen Berlin 1899

K. Müller, *Geschichte der katholischen Kirche in Togo*, Kaldenkirchen 1958

P. Sebald , *Die deutsche Kolonie Togo 1884-1914*, Auswirkungen einer Fremd-herrschaft , Berlin 2013

P. Sebald, *Togo 1894-1914   Eine Geschichte der deutschen Musterkolonie auf der Grundlage amtlicher Quellen*, Berlin 1988

G. Trierenberg, *Togo, die Aufrichtung der deutschen Schutzherrschaft und die Erschließung des Landes*, Berlin 1914

III. Deutsch- Kamerun

R. Klein- Arendt, *Kamina ruft Nauen. Die Funkstellen in den deutschen Kolonien 1904-1918*, 3. Aufl. Köln 1991

A. Kuma Ndumbe III. *Das deutsche Kaiserreich in Kamerun. Wie Deutschland in Kamerun seine Kolonialmacht aufbauen konnte 1840-1910*, Berlin 2008

U. Schaper, *Koloniale Verhandlungen. Gerichtsbarkeit, Verwaltung und Herrschaft in Kamerun 1884-1916*, Frankfurt 2012

H. Stoecker, *Kamerun unter deutscher Kolonialherrschaft*, Studien 2 Bde. Berlin 1960 und 1968

H. Winkler, *Das Kameruner Protektorat 1906-1914*, in Stoecker, *Kamerun unter deutscher Kolonialherrschaft* Bd. I 1960, S,243-286

IV. Deutsch- Ostafrika

M. Baer/ O.Schröter, *Eine Kopfjagd. Deutsche in Ostafrika. Spuren kolonialer Herrschaft*, Berlin 2001

F. Becker/ J.Beetz, *Der Maji- Maji Krieg in Deutsch-Ostafrika 1905-1907*, Berlin 2005

G. Fesser, *Der Traum vom Platz an der Sonne*, Deutsche Weltpolitik 1897-1914 S.25

M. Fröhlich, *Imperialismus, Deutsche Kolonien und Weltpolitik 1880-1914*

G. Graichen/ H.Gründer, *Deutsche Kolonien, Traum und Trauma*, Berlin 2005

B. Grill, *Ein Kontinent in Flammen* in: Die Zeit v. 18.5.2000

H. Gründer, *Geschichte der Deutschen Kolonien* 3. Aufl. Paderborn 1995

H. Gründer, *Gottes Willen. Eine Kreuzzugsbewegung am Ende des 19. Jahrhunderts* in Geschichte in Wissenschaft und Unterricht 28 (1977) S. 210- 224

W. Haupt, *Die deutsche Schutztruppe 1889- 1918, Auftrag und Geschichte*, Utting 1989

G. Knopp, *Das Weltreich der Deutschen*, München 2010

A. Kumá N´ Dumbe, *Unsere alte deutsche Kolonie, Ein Dokumentarstück*, Lyon 1970

B.G. Längin, *Die deutschen Kolonien, Schauplätze und Schicksale 1884-1918*, Hamburg, Berlin, Bonn 2004

S. Mair, *Ausbbreitung des Kolonialismus*, Bundeszentrale für politische Bildung bpp 2005

C. Peters, *Die Gründung von Deutsch-Ostafrika, Kolonialpolitische Erinnerungen und Betrachtungen*, Berlin 1906

C. Peters, *Lebenserinnerungen*, Hamburg 1918

P. Reed-Anderrson, *Chronologie zur deutschen Kolonialgeschichte*, Bundeszentrale für politische Bildung bpp 2005

H. Schnee, *Deutsches Koloniallexikon* 3 Bde. Leipzig 1920

G.A. von Götzen, *Deutsch- Ostafrika im Aufstand 1905- 06*, Berlin 1909

D. van Laak, *Deutschland in Afrika. Der Kolonialismus und seine Nachwirkungen* in Apu 4/ 2005 der Bundeszentrale für politische Bildung (bpp)

P. von Lettow- Vorbeck, *Meine Erinnerungen aus Ostafrika*, Leipzig 1920

P. von Lettow- Vorbeck, *Heia Safari; Deutschlands Kampf in Ostafrika*, Leipzig 1920

W. Speltkamp, *Deutsche Kolonialgeschichte*, Stuttgart 2005

H.G.Steltzer, *Die Deutschen und ihr Kolonialreich*, Frankfurt a.Main 1984

H.U. Wehler, *Bismarck und der Imperialismus*, München, 4. Aufl. 1976

Wolf, *Perspektiven für Afrika: Die ewige Safari*, Spiegel Special Geschichte 2/ 2007 v. 22.5.2007, S.142-145

V. Deutsch- Südwest

H. Drechsler, *Südwestafrika unter deutscher Kolonialherrschaft, Der Kampf der Herero und Nama gegen den deutschen Imperialismus 1884-1915*, Berlin-Ost 1966

H. Drießler, Die Rheinische Mission in Südwestafrika, Güterloh 1932

C, von Francois, *Deutsch- Südwestafrika, Geschichte der Kolonisation*

H. Gründer, Lüderitz Adolf in: *Neue Deutsche Biographie (NDB)*, Band 15, Berlin 1897

H. und L. Helbig, *Mythos Deutsch- Südwest. Namibia und die Deutschen*, Weinheim 1983

H. Hesse, *Die Schutzverträge in Deutsch-Südwestafrika*, Berlin 1905

O. Hintrager, *Südwestafrika in der deutschen Zeit*, München 1956

H.G. Hubrich/ M.H. Melber, *Namibia, Geschichte und Gegenwart der Dekolonisation einer Siedlerkolonie*, Bonn 1977

U. Kaulich, *Geschichte der ehemaligen Kolonie Deutsch- Südwestafrika, Eine Gesamtdarstellung*, Frankfurt 2003

T. Leutwein, *Elf Jahre Gouverneur in Deutsch-Südwestafrika*, Berlin 1906

W. Schüßler, Adolf Lüderitz. *Ein deutscher Kampf um Südwestafrika 1883- 1896, Geschichte des ersten Kolonialpioniers im Zeitalter Bismarcks*, Bremen 1936

K. Schwabe, *Der Krieg in Deutsch-Südwestafrika 1904-1906*, Berlin 1907

E. Sonnenberg, *Wie es am Waterberg zuging. Ein Beitrag zur Geschichte des Hereroaufstandes*, Berlin 2004

H. Vedder, *Das alte Südwestafrika*, Berlin 1934

O. von Weber, *Geschichte des Schutzgebietes Deutsch- Südwestafrika*, Windhoek

J. Zeller/ J. Zimmerer, *Völkermord in Deutsch- Südwestafrika, der Kolonialkrieg 1904- 1906 in Namibia und seine Folgen*, Berlin 2003

J. Zimmerer, *Deutsche Herrschaft über Afrikaner, Staatlicher Machtanspruch und Wirklichkeit im kolonialen Namibia*, Hamburg 2001

Eine Auswahl meiner bisherigen Publikationen:

Die Kolonie Deutsch- Neuguinea, Paradiesvögel, Kannibalen	2013
Deutsch- Südwest, Welwitscha mirabilis, Hereros und Hottentotten	2013
Siegel und Siegeln im Alten Ägypten- Doktorarbeit	1982
Strafrechtliche Aspekte im altägyptischen Recht	1993
Altägyptisches Zivilrecht	1999
Ägypten und die Bibel	1999
Die Flucht nach Ägypten	2000
Echnaton und Moses, Monotheismus und Aussatz	2011
Recht, Staat, Verwaltung und Wirtschaft im Alten Ägypten	2018
Die Finanzverwaltung im Altertum	1985
Steuervorteile durch Vereinbarungen zwischen Familienangehörigen	1991
Boochs/ Gantefuhrer: Kunstbesitz, Kunsthandel ...	1992
Sponsoring in der Praxis, Steuer und Zivilrecht, Musterfälle	2000
Steuerhandbuch für Vereine, Verbände und Stiftungen	2001
Steuerrecht in der Insolvenz	2007
Kommunale Steuern und Abgaben	2009
Geschichte und Geist der koptischen Kirche	2014
Fragen und Antworten zum koptischen Christentum	2014
Die Kopten, Kirche der Märtyrer	2015
Das Koptische Recht	2018
Chronik der Pfarre Neersen	1998
Briefe aus dem Krieg- Konrad Vander	2010
Neersen, Kulturhistorisches Kleinod des Niederrheins	2013
Chronik der Familie Virmond	2017
Gerhard Vynhoven	2018
Neersen in der Franzosenzeit	2019
Neersen zur Zeit der Weltkriege 1914-1945	2019
Neersen nach dem II. Weltkrieg 1945-2020	2020

Dr. phil. Wolfgang Boochs

Jahrgang 1944, verheiratet, 6 Kinder, Jurist und Ägyptologe. Ehrenprofessor der Staatlichen Finanzakademie von Irpin in der Ukraine. Autor und Herausgeber zahlreicher Publikationen über Ägypten und altägyptische Rechtsgeschichte, die Bibel, die koptische Kirche, Kolonialismus sowie Steuer- und Insolvenzrecht

Der Regierungsdirektor a.D. arbeitet als Rechtsanwalt, vornehmlich in den Bereichen Steuer- Insolvenz- und Asylrecht und ist Treuhänder zahlreicher gemeinnütziger Stiftungen.